여러분의 합격을 응원하[는]
해커스경찰의 특별 [혜택]

FREE 경찰 형사법 **특강**

해커스경찰(police.Hackers.com) 접속 후 로그인 ▶ 상단의 [무료강좌 → 경찰 무료강의] 클릭하여 이용

 해커스경찰 온라인 단과강의 **20% 할인쿠폰**

555DD7E9CC2647SW

해커스경찰(police.Hackers.com) 접속 후 로그인 ▶ 상단의 [내강의실] 클릭 ▶
[쿠폰/포인트] 클릭 ▶ 쿠폰번호 입력 후 이용

* 등록 후 7일간 사용 가능(ID 당 1회에 한해 등록 가능)

합격예측 **온라인 모의고사 응시권 + 해설강의 수강권**

A9DCFB57F969636E

해커스경찰(police.Hackers.com) 접속 후 로그인 ▶ 상단의 [내강의실] 클릭 ▶
[쿠폰/포인트] 클릭 ▶ 쿠폰번호 입력 후 이용

* ID 당 1회에 한해 등록 가능

쿠폰 이용 관련 문의 **1588-4055**

단기 합격을 위한
해커스 커리큘럼

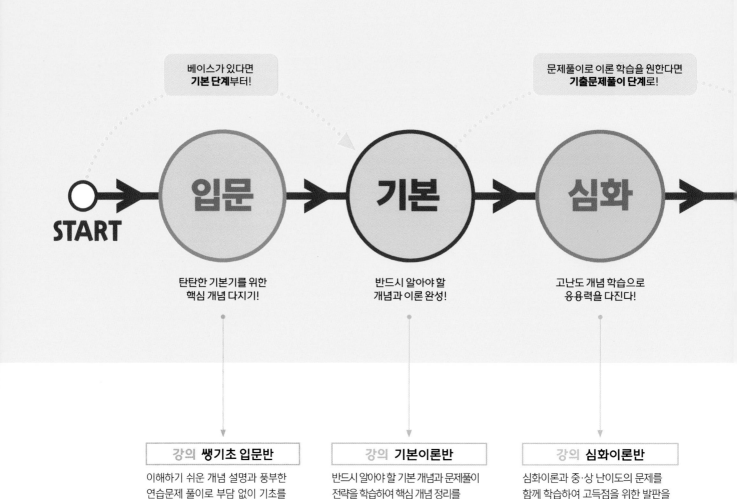

베이스가 있다면
기본 단계부터!

문제풀이로 이론 학습을 원한다면
기출문제풀이 단계로!

START

입문

기본

심화

탄탄한 기본기를 위한
핵심 개념 다지기!

반드시 알아야 할
개념과 이론 완성!

고난도 개념 학습으로
응용력을 다진다!

강의 **쌩기초 입문반**

이해하기 쉬운 개념 설명과 풍부한
연습문제 풀이로 부담 없이 기초를
다질 수 있는 강의

강의 **기본이론반**

반드시 알아야 할 기본 개념과 문제풀이
전략을 학습하여 핵심 개념 정리를
완성하는 강의

강의 **심화이론반**

심화이론과 중·상 난이도의 문제를
함께 학습하여 고득점을 위한 발판을
마련하는 강의

단계별 교재 확인 및
수강신청은 여기서!

police.Hackers.com

* 커리큘럼은 과목별·선생님별로 상이할 수 있으며, 자세한 내용은 해커스경찰 사이트에서 확인하세요.

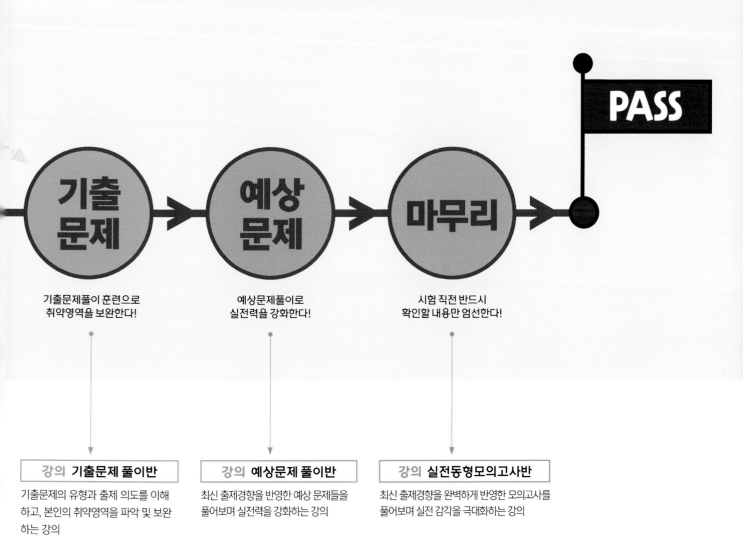

PASS

기출문제

기출문제풀이 훈련으로
취약영역을 보완한다!

예상문제

예상문제풀이로
실전력을 강화한다!

마무리

시험 직전 반드시
확인할 내용만 엄선한다!

강의 **기출문제 풀이반**

기출문제의 유형과 출제 의도를 이해
하고, 본인의 취약영역을 파악 및 보완
하는 강의

강의 **예상문제 풀이반**

최신 출제경향을 반영한 예상 문제들을
풀어보며 실전력을 강화하는 강의

강의 **실전동형모의고사반**

최신 출제경향을 완벽하게 반영한 모의고사를
풀어보며 실전 감각을 극대화하는 강의

강의 **봉투모의고사반**

시험 직전에 실제 시험과 동일한 형태의
모의고사를 풀어보며 실전력을 완성하는 강의

해커스경찰 **합격생**이 말하는
경찰 단기 합격 비법!

해커스경찰과 함께라면
다음 합격의 주인공은 바로 여러분입니다.

완전 노베이스로 시작,
8개월 만에 인천청 합격!

강*혁 합격생

형사법 부족한 부분은 모의고사로 채우기!

기본부터 기출문제집과 같이 병행해서 좋았던 것 같습니다. 그리고 1차 시험 보기 전까지 심화 강의를 끝냈는데 **개인적으로 심화강의 추천** 드립니다. 안정적인 실력이 아니라 생각해서 기출 후 **전범위 모의고사에서 부족한 부분들을 많이 채워** 나간 것 같습니다.

법 계열 전공,
1년 이내 대구청 합격!

배*성 합격생

외우기 힘든 경찰학, 방법은 회독과 복습!

경찰학의 경우 양이 워낙 방대하고 휘발성이 강한 과목이라고 생각합니다. (중략) 지속적으로 **회독**을 하였으며, **모의고사**를 통해서 **틀린 부분을 복습하고 그 범위를 다시 한 번 책**으로 돌아가서 봤습니다.

이과 계열 전공,
6개월 만에 인천청 합격!

서*범 합격생

법 과목 공부법은 기본과 기출 회독!

법 과목만큼은 **인강을 반복해서** 듣고 **기출을 반복**해서 읽고 풀었습니다. 익숙해질 필요가 있다고 생각해서 **회독에 더 집중**했었습니다. 익숙해진 이후로는 **오답도 챙기면서 공부**했습니다.

해커스경찰

허정
형사법

기출문제집 | 1권 형법총론

해커스경찰

허 정

약력

상해푸단대학교 법학과 졸업

현 | 법률사무소 예건 공동대표변호사
　　해커스 변호사 형사법 전임(해커스 변호사 강사 콘테스트 1위)
　　해커스 경찰간부 형사법 전임
　　대법원 국선변호인
　　서울고등법원 소송구조변호사
　　국방부 군범죄 및 유족 국선변호인
　　서울행정법원 소송구조 변호사
　　서울남부지방법원 논스톱 국선변호인 및 국선변호인
　　서울북부지방법원 논스톱 국선변호인 및 국선변호인
　　서울시 공익변호사
　　대한변호사협회 장애인법률지원변호사단 단원
　　대한변호사협회 사회복지시설 무연고 사망자 유류금 신속처리
　　-법률지원단 단원
　　서울지방변호사회 중대재해처벌법 대응 TF 자문위원
　　서울 강서경찰서 형사당직변호사
　　네이버지식iN 전문가 답변 상담변호사
　　서울명덕여자중학교 및 서울화곡초등학교 명예교사
　　9988병원 고문변호사
　　로메디 주식회사 고문변호사
　　P2P 플랫폼 사건 고소대리인
　　가상화폐 브이글로벌 사건 고소대리인
전 | 조선일보 G20 기자

저서

해커스경찰 허정 형사법 기출문제집 1권 형법총론
해커스경찰 허정 형사법 기출문제집 2권 형법각론
해커스경찰 허정 형사법 기본서 1권 형법총론
해커스경찰 허정 형사법 기본서 2권 형법각론
해커스경찰 허정 형사법 기본서 3권 형사소송법
해커스변호사 형사소송법 신체계 암기장
해커스변호사 형법 신체계 H 암기장
해커스변호사 로스쿨 신체계 형법강의
해커스변호사 형법 신체계 최근 3개년 중요판례
해커스변호사 형사소송법 신체계 최근 3개년 중요판례
해커스변호사 변호사시험 핵심기출 형사법 선택형

서문

본 교재는 경찰직을 포함하여 변호사시험, 법원직 등 각종 국가시험의 기출문제를 반영하여 구성하였다.

시중에 출간된 문제집들이 선별 없이 기출문제들을 단순 나열한 것에 반하여 본 교재는 중복지문을 최대한 지양하고 최소한의 문제 풀이를 통해 최대한의 효율적인 법리학습을 할 수 있도록 문제를 수록하였고, 수험생들이 정확하게 법리를 소화할 수 있도록 법리에 맞춰 정확하게 해설하였다.

본 교재는 2023년도에 시행된 경찰간부, 경찰채용, 변호사시험 등 최근 국가고시의 기출문제까지 모두 반영하였고, 강제추행과 관련된 전원합의체 판결을 포함하여 2024년 1월까지 선고된 판례를 반영하여 이와 관련된 문제들을 수정하였다.

최근 3년간의 중요판례는 시험에서 자주 출제되므로 반드시 정리해 두어야 고득점을 할 수 있을 것이다.

더불어 경찰공무원 시험 전문 해커스경찰(police.Hackers.com)에서 학원강의나 인터넷 동영상강의를 함께 이용하여 꾸준히 수강한다면 학습효과를 극대화할 수 있다.

본 교재가 출간되기까지 도움을 주신 관계자 분들께 감사드리며 아울러 독자들이 합격을 하는 데 본 교재가 큰 도움이 되기를 기원한다.

2024년 3월
허정

목차

제1편

형법의 기초

제1장 | 형법의 의의와 성격

01 형법의 기본개념에 관한 설명 중 가장 적절하지 않은 것은? [23 경찰채용]

① 형법은 형벌이란 수단을 통하여 주로 '법익을 보호하는 기능'을 하며, '법익'이란 법률을 통해 보호할 가치 있는 이익을 의미한다.

② 형법은 법규범으로 법공동체의 평화를 유지하기 위하여 부과된 것으로서 강제력이 수반되기 때문에 신중하게 규정 되어야 한다.

③ 형법은 일반 국민에게 일정한 행위를 금지하거나 일정한 행위를 명령함으로써 행위의 준칙을 제시하는 행위규범이 며, 법관을 수명자로 하여 법관에게 형벌권 행사의 한계를 설정함으로써 사법(司法)작용을 규제하는 재판규범이기 도 하다.

④ 형법은 보호적 기능과 보장적 기능을 모두 가지며, 어느 한 기능을 강조하면 다른 한 기능도 함께 강화되는 상호 비례관계에 있다.

해설

① [○] 형법은 법익(예 생명, 신체, 자유, 명예, 재산)을 보호하는 기능을 하는데 이를 보호적 기능이라 한다.

② [○] 형법은 사회생활에 필요불가결한 법익을 보호하는 것이 형법 이외의 다른 수단에 의하여는 불가능한 경우에 최후의 수단 으로 적용된다(보충성, 최후수단성). 형벌 이외의 다른 수단에 의하여 법익을 보호하는 것이 가능한 경우라면 형법이 우선적으 로 개입하는 것은 물론 동시에 개입하는 것도 허용되지 아니한다.

③ [○] 형법은 일반국민에 대하여 일정한 행위를 금지(예 살인죄: 살인하지 말라) 또는 명령(예 퇴거불응죄1): 퇴거요구에 응하 라)함으로써 행위의 준칙을 삼도록 하고 있다(행위규범). 또한, 형법은 법관의 사법활동을 규제한다(재판규범).

④ [×] 형법은 법익을 보호하기 위하여 형벌과 같은 강제력을 수단으로 하므로 이러한 형법의 보호적 기능은 전체주의 국가에서 강조되는 기능이다. 이에 반하여 국가가 형벌의 한계를 명백히 하여 자의적인 형벌로부터 국민의 자유와 권리를 보장하는 기능 은 보장적 기능으로서 자유민주주의 국가에서 강조되는 기능이다. 따라서 양 기능은 한쪽 강화하면 다른 한쪽이 약화되는 관계 에 있으므로 상호 비례관계가 아닌 반비례의 관계에 있다.

정답 ④

---

1) 제319조【주거침입, 퇴거불응】② 전항의 장소에서 퇴거요구를 받고 응하지 아니한 자도 전항의 형과 같다.

police.Hackers.com

01 위임입법에 관한 설명으로 옳은 것은 모두 몇 개인가? (다툼이 있는 경우 판례에 의함)   [23 경찰간부]

> 가. 헌법은 법률에서 구체적으로 범위를 정하여 위임받은 사항에 관하여 하위법령에 규정하는 것을 허용한다.
> 나. 법률의 시행령이나 시행규칙의 내용이 모법의 입법 취지와 관련 조항 전체를 유기적·체계적으로 살펴보아 모법의 해석상 가능한 것을 명시한 것에 지나지 아니하거나 모법 조항의 취지에 근거하여 이를 구체화하기 위한 것인 때에는 모법에 이에 관하여 직접 위임하는 규정을 두지 아니하였다고 하더라도 이를 무효라고 볼 수는 없다.
> 다. 법률의 시행령이 형사처벌에 관한 사항을 규정하면서 법률의 명시적인 위임 범위를 벗어나 그 처벌의 대상을 확장하는 것은 죄형법정주의의 원칙에도 어긋나는 것이므로, 그러한 시행령은 위임입법의 한계를 벗어난 것으로서 무효이다.
> 라. 형벌법규의 위임은 특히 긴급한 필요가 있거나 미리 법률로써 자세히 정할 수 없는 부득이한 사정이 있는 경우로 한정되어야 하며, 이러한 경우에도 법률에서 범죄의 구성요건은 처벌 대상행위가 어떠한 것일 것이라고 예측할 수 있을 정도로 구체적으로 정하여야 한다.

① 1개   ② 2개
③ 3개   ④ 4개

해설

가. [O] 대통령은 법률에서 구체적으로 범위를 정하여 위임받은 사항과 법률을 집행하기 위하여 필요한 사항에 관하여 대통령령을 발할 수 있다(헌법 제75조).

나. [O] 법률의 시행령이나 시행규칙은 그 법률에 의한 위임이 없으면 개인의 권리·의무에 관한 내용을 변경·보충하거나 법률에 규정되지 아니한 새로운 내용을 정할 수는 없지만, 법률의 시행령이나 시행규칙의 내용이 모법의 입법 취지 및 관련 조항 전체를 유기적·체계적으로 살펴 보아 모법의 해석상 가능한 것을 명시한 것에 지나지 아니하거나 모법 조항의 취지에 근거하여 이를 구체화하기 위한 것인 때에는 모법의 규율 범위를 벗어난 것으로 볼 수 없으므로, 모법에 이에 관하여 직접 위임하는 규정을 두지 않았다고 하더라도 이를 무효라고 볼 수는 없다(대판 2009.6.11. 2008두13637).

다. [O] 일반적으로 법률의 시행령은 모법인 법률에 의하여 위임받은 사항이나, 법률이 규정한 범위 내에서 법률을 현실적으로 집행하는 데 필요한 세부적인 사항만을 규정할 수 있을 뿐, 법률의 위임 없이 법률이 규정한 개인의 권리·의무에 관한 내용을 변경·보충하거나 법률에서 규정하지 아니한 새로운 내용을 규정할 수 없는 것이고, 특히 법률의 시행령이 형사처벌에 관한 사항을 규정하면서 법률의 명시적인 위임 범위를 벗어나 그 처벌의 대상을 확장하는 것은 헌법 제12조 제1항과 제13조 제1항에서 천명하고 있는 죄형법정주의의 원칙에도 어긋나는 것으로 결코 허용될 수 없다(대판 1992.2.11. 98도2816).

라. [O] 특히 긴급한 필요가 있거나 미리 법률로써 자세히 정할 수 없는 부득이한 사정이 있는 경우에 한하여, 수권법률(위임법률)이 구성요건의 점에서는 처벌대상인 행위가 어떠한 것인지 이를 예측할 수 있을 정도로 구체적으로 정하고, 형벌의 점에서는 형벌의 종류 및 그 상한과 폭을 명확히 규정하는 것을 전제로 위임입법이 허용된다(대판 2002.11.26. 2002도2998).

정답 ④

02 죄형법정주의에 대한 설명으로 옳은 것은? (다툼이 있는 경우 판례에 의함) [22 경찰간부]

① 헌법재판소의 헌법재판은 법정이 아닌 심판정에서 이루어지므로 법정소동죄 등을 규정한 「형법」 제138조에서의 '법원의 재판'에 헌법재판소의 심판이 포함된다고 해석하는 것은 피고인에게 불리한 확장해석임과 동시에 유추해석이다.

② 행위시에 없던 보호관찰규정이 재판시에 신설되어 법원이 이를 근거로 보호관찰을 명할 경우, 형벌불소급의 원칙 또는 죄형법정주의에 위배된다.

③ 처벌법규의 구성요건은 명확하여야 하므로 처벌법규의 구성요건이 다소 광범위하여 어떤 범위에서는 법관의 보충적인 해석을 필요로 하는 개념을 사용한다면, 이는 헌법이 요구하는 처벌법규의 명확성 원칙에 배치된다.

④ 형을 종전보다 가볍게 형벌법규를 개정을 하면서 개정된 법의 시행 전의 범죄에 대하여 종전의 형벌법규를 적용하도록 부칙에 정하는 것은 형벌불소급의 원칙이나 신법우선주의에 반하지 아니한다.

해설

① [×] 법원의 재판 또는 국회의 심의를 방해 또는 위협할 목적으로 법정이나 국회회의장 또는 그 부근에서 모욕 또는 소동한 자를 처벌하는 형법 제138조의 법원의 재판에 헌법재판소의 심판이 포함된다고 보는 해석론은 문언이 가지는 가능한 의미의 범위 안에서 그 입법 취지와 목적 등을 고려하여 문언의 논리적 의미를 분명히 밝히는 체계적 해석에 해당할 뿐, 피고인에게 불리한 확장해석이나 유추해석이 아니라고 볼 수 있다(대판 2021.8.26. 2020도12017).

② [×] 개정형법 제62조의2 제1항의 보호관찰은 형벌이 아니라 보안처분의 성격을 갖는 것이어서, 과거의 불법에 대한 책임에 기초하고 있는 제재가 아니라 장래의 위험성으로부터 행위자를 보호하고 사회를 방위하기 위한 합목적적인 조치이므로 반드시 행위 이전에 규정되어 있어야 하는 것은 아니고 재판시의 규정에 의하여 보호관찰을 받을 것을 명할 수 있다고 보아야 할 것이고 이와 같은 해석이 형법불소급의 원칙 내지 죄형법정주의에 위배되는 것은 아니다(대판 1997.6.13. 97도703).

③ [×] 처벌법규의 구성요건이 명확하여야 한다고 하여 모든 구성요건을 단순한 서술적 개념으로 규정하여야 하는 것은 아니고, 다소 광범위하여 법관의 보충적인 해석을 필요로 하는 개념을 사용하였다고 하더라도 통상의 해석방법에 의하여 건전한 상식과 통상적인 법감정을 가진 사람이면 당해 처벌법규의 보호법익과 금지된 행위 및 처벌의 종류와 정도를 알 수 있도록 규정하였다면 헌법이 요구하는 처벌법규의 명확성에 배치되는 것이 아니다(대판 2006.5.11. 2006도920).

④ [O] 형법 제1조 제2항 및 제8조[2])에 의하면 범죄 후 법률의 변경에 의하여 형이 구법보다 경한 때에는 신법에 의한다고 규정하고 있으나 신법에 경과규정을 두어 이러한 신법의 적용을 배제하는 것도 허용되는 것으로서, 형을 종전보다 가볍게 형벌법규를 개정하면서 그 부칙으로 개정된 법의 시행 전의 범죄에 대하여 종전의 형벌법규를 적용하도록 규정한다 하여 헌법상의 형벌불소급의 원칙이나 신법우선주의에 반한다고 할 수 없다(대결 1999.4.13. 99초76; 동지 대판 2011.7.14. 2011도1303).

정답 ④

---

2) 제8조【총칙의 적용】본법 총칙은 타법령에 정한 죄에 적용한다. 단 그 법령에 특별한 규정이 있는 때에는 예외로 한다.

03 죄형법정주의에 관한 설명으로 옳지 않은 것을 모두 고른 것은? (다툼이 있는 경우 판례에 의함) [22 경찰채용]

> ㉠ 법규범의 문언은 어느 정도 가치개념을 포함한 일반적, 규범적 개념을 사용하지 않을 수 없는 것이기 때문에 기본적으로 최소한이 아닌 최대한의 명확성을 요구한다.
> ㉡ 유추해석금지의 원칙은 형벌법규의 구성요건과 가벌성에 관한 규정에 준용되므로 형벌법규의 적용대상이 행정법규가 규정한 사항을 내용으로 하고 있는 경우에 그 행정법규의 규정을 해석하는 데에도 마찬가지로 적용된다.
> ㉢ 대법원 양형위원회가 설정한 '양형기준'이 발효하기 전에 공소가 제기된 범죄에 대하여 위 '양형기준'을 참고하여 형을 양정한 경우, 소급효금지의 원칙에 위반된다.
> ㉣ 알 수 없는 경위로 가상자산을 이체 받은 자가 가상자산을 사용 처분한 경우 이를 형사처벌하는 명문의 규정이 없다고 하더라도 착오송금 시 횡령죄 성립을 긍정한 판례를 유추하여 신의칙을 근거로 배임죄로 처벌하는 것은 죄형법정주의에 반하지 않는다.
> ㉤ 형법 제258조의2 특수상해죄의 신설로 형법 제262조, 제261조의 특수폭행치상죄에 대하여 그 문언상 특수상해죄의 예에 의하여 처벌하는 것이 가능하게 되었다는 이유만으로 형법 제258조의2 제1항의 예에 따라 처벌 할 수 있다고 하는 것은 죄형법정주의에 반한다.

① ㉠, ㉡, ㉢

② ㉠, ㉢, ㉣

③ ㉠, ㉢, ㉤

④ ㉡, ㉣, ㉤

해설

- ㉠ [×] 법규범의 문언은 어느 정도 가치개념을 포함한 일반적, 규범적 개념을 사용하지 않을 수 없는 것이기 때문에 명확성의 원칙이란 기본적으로 최대한이 아닌 최소한의 명확성을 요구하는 것으로서, 그 문언이 법관의 보충적인 가치판단을 통해서 그 의미내용을 확인할 수 있고, 그러한 보충적 해석이 해석자의 개인적인 취향에 따라 좌우될 가능성이 없다면 명확성의 원칙에 반한다고 할 수 없다(대결 2008.10.23. 2008초기264).
- ㉡ [○] 대판 2021.11.25. 2021도10981.
- ㉢ [×] 대법원 양형위원회가 설정한 '양형기준'이 발효하기 전에 공소가 제기된 범죄에 대하여 위 '양형기준'을 참고하여 형을 양정한 사안에서, 피고인에게 불리한 법률을 소급하여 적용한 위법이 있다고 할 수 없다고 한 사례(대판 2009.12.10. 2009도11448).
- ㉣ [×] [1] 가상자산 권리자의 착오나 가상자산 운영 시스템의 오류 등으로 법률상 원인관계 없이 다른 사람의 가상자산 전자지갑에 가상자산이 이체된 경우, 가상자산을 이체받은 자는 가상자산의 권리자 등에 대한 부당이득반환의무를 부담하게 될 수 있다. 그러나 이는 당사자 사이의 민사상 채무에 지나지 않고 이러한 사정만으로 가상자산을 이체받은 사람이 신임관계에 기초하여 가상자산을 보존하거나 관리하는 지위에 있다고 볼 수 없다. 가상자산은 국가에 의해 통제받지 않고 블록체인 등 암호화된 분산원장에 의하여 부여된 경제적인 가치가 디지털로 표상된 정보로서 재산상 이익에 해당한다. 가상자산은 보관되었던 전자지갑의 주소만을 확인할 수 있을 뿐 그 주소를 사용하는 사람의 인적사항을 알 수 없고, 거래 내역이 분산 기록되어 있어 다른 계좌로 보낼 때 당사자 이외의 다른 사람이 참여해야 하는 등 일반적인 자산과는 구별되는 특징이 있다. 이와 같은 가상자산에 대해서는 현재까지 관련 법률에 따라 법정화폐에 준한 규제가 이루어지지 않는 등 법정화폐와 동일하게 취급되고 있지 않고 그 거래에 위험이 수반되므로, 형법을 적용하면서 법정화폐와 동일하게 보호해야 하는 것은 아니다. 원인불명으로 재산상 이익인 가상자산을 이체받은 자가 가상자산을 사용·처분한 경우 이를 형사처벌하는 명문의 규정이 없는 현재의 상황에서 착오송금 시 횡령죄 성립을 긍정한 판례를 유추하여 신의칙을 근거로 피고인을 배임죄로 처벌하는 것은 죄형법정주의에 반한다.
  [2] 피고인이 알 수 없는 경위로 甲의 특정 거래소 가상지갑에 들어 있던 비트코인을 자신의 계정으로 이체받은 후 이를 자신의 다른 계정으로 이체하여 재산상 이익을 취득하고 甲에게 손해를 가하였다고 하여 특정경제범죄 가중처벌 등에 관한 법률 위반(배임)의 예비적 공소사실로 기소된 사안에서, 비트코인이 법률상 원인관계 없이 甲으로부터 피고인 명의의 전자지갑으로 이체되었더라도 피고인이 신임관계에 기초하여 甲의 사무를 맡아 처리하는 것으로 볼 수 없는 이상 甲에 대한 관계에서 '타인의 사무를 처리하는 자'에 해당하지 않는다는 이유로, 이와 달리 보아 공소사실을 유죄로 인정한 원심판단에 배임죄에서 '타인의 사무를 처리하는 자'에 관한 법리오해의 잘못이 있다고 한 사례(대판 2021.12.16. 2020도9789).
- ㉤ [○] **판결이유** 폭행치상죄와 특수폭행치상죄 사이의 행위불법의 차이를 고려하지 않고 동일한 법정형에 의하여 처벌하는 것으로 해석하여 왔다는 점, 또한 2016.1.6. 형법 개정 과정에서 특수폭행치상죄의 법정형을 상향(특수상해죄로 처벌)시켜야 할 만한 사회적 상황의 변경이 있었다고 보기 힘들다(대판 2018.7.24. 2018도3443).

정답 ②

04 죄형법정주의에 관한 설명으로 가장 적절하지 않은 것은? (다툼이 있는 경우 판례에 의함) [23 경찰간부]

① 형사처벌의 근거가 되는 것은 법률과 판례이므로 「형법」 조항에 관한 판례의 변경은 그 법률조항 자체가 변경된 것으로 보아 행위 당시의 판례에 의하면 처벌대상이 되지 아니하는 것으로 해석되었던 행위를 판례의 변경에 따라 확인된 내용의 「형법」 조항에 근거하여 처벌하는 것은 헌법상 평등의 원칙과 형벌불소급의원칙에 반한다.

② 형벌을 신설하거나 가중하는 형법법규는 그 시행 이후에 이루어진 행위에 대하여만 적용되고 시행 이전의 행위에까지 소급하여 적용될 수 없다는 것이 소급효금지원칙인데, 이때 소급효는 형벌에 대해서 적용되며, 자유형이든, 벌금형이든, 주형이든, 부가형이든 묻지 않는다.

③ 처벌규정의 입법목적이나 그 전체적 내용, 구조 등을 살펴보아 사물의 변별능력을 제대로 갖춘 일반인의 이해와 판단으로서 그의 구성요건 요소에 해당하는 행위유형을 정형화하거나 한정할 합리적 해석기준을 찾을 수 있다면 죄형법정주의가 요구하는 형벌법규의 명확성의 원칙에 반하지 않는다.

④ 위법성 및 책임의 조각사유나 소추조건, 또는 처벌조각사유인 형면제 사유에 관하여 그 범위를 제한적으로 유추적용하게 되면 행위자의 가벌성의 범위는 확대되어 행위자에게 불리하게 되므로 유추해석금지의원칙에 반한다.

해설

① [×] 형사처벌의 근거가 되는 것은 법률이지 판례가 아니고, 형법 조항에 관한 판례의 변경은 그 법률조항의 내용을 확인하는 것에 지나지 아니하여 이로써 그 법률조항 자체가 변경된 것이라고 볼 수는 없으므로, 행위 당시의 판례에 의하면 처벌대상이 되지 아니하는 것으로 해석되었던 행위를 판례의 변경에 따라 확인된 내용의 형법 조항에 근거하여 처벌한다고 하여 그것이 헌법상 평등의 원칙과 형벌불소급의 원칙에 반한다고 할 수는 없다(대판(전) 1999.9.17. 97도3349).

② [O] 형벌불소급원칙은 범죄행위시의 법률에 의해 범죄를 구성하지 않는 경우뿐만 아니라, 범죄행위시의 법률보다 형을 가중한 경우에도 적용된다. 형벌불소급원칙은 범죄행위시의 법률보다 형의 상한 또는 하한을 높인 경우에도 적용되며, 주형을 가중한 경우 외에도 부가형·병과형을 가중한 경우에도 적용된다(헌재 2017.10.26. 2015헌바239, 2016헌바177(병합)).

③ [O] 사물의 변별능력을 제대로 갖춘 일반인의 이해와 판단으로서도 그 구성요건 요소에 해당하는 행위유형을 정형화하거나 한정할 합리적 해석기준을 찾기 어려운 경우, 죄형법정주의가 요구하는 형벌법규의 명확성의 원칙에 반한다(대판(전) 1998.6. 18. 97도2231).

④ [O] 형벌법규의 해석에서 법규정 문언의 가능한 의미를 벗어나는 경우에는 유추해석으로서 죄형법정주의에 위반하게 되고, 이러한 유추해석금지의 원칙은 모든 형벌법규의 구성요건과 가벌성에 관한 규정에 준용되는데, 위법성 및 책임의 조각사유나 소추조건 또는 처벌조각사유인 형면제 사유에 관하여도 그 범위를 제한적으로 유추적용하게 되면 행위자의 가벌성의 범위는 확대되어 행위자에게 불리하게 되는바, 이는 가능한 문언의 의미를 넘어 범죄구성요건을 유추적용하는 것과 같은 결과가 초래되므로 죄형법정주의의 파생원칙인 유추해석금지의원칙에 위반하여 허용될 수 없다(대판 2010.9.30. 2008도4762).

정답 ①

05 죄형법정주의에 관한 다음 설명 중 가장 적절하지 않은 것은? (다툼 있으면 판례에 의함) [14 경찰채용]

① 성문법률주의란 범죄와 형벌은 성문의 법률로 규정되어야 한다는 원칙을 말하며 여기서의 법률은 형식적 의미의 법률을 의미한다.

② 특히 긴급한 필요가 있거나 미리 법률로써 자세히 정할 수 없는 부득이한 사정이 있는 경우에 한하여 수권법률(위임법률)이 구성요건의 점에서는 처벌대상인 행위가 어떠한 것인지 이를 예측할 수 있을 정도로 구체적으로 정하고, 형벌의 점에서는 형벌의 종류 및 그 상한과 폭을 명확히 규정하는 것을 전제로 위임입법이 허용된다.

③ 일반적으로 법률의 위임에 의하여 효력을 갖는 법규명령의 경우 구법에 위임의 근거가 없어 무효였더라도 사후에 법 개정으로 위임의 근거가 부여되면 그때부터는 유효한 법규명령이 된다.

④ 「특정범죄가중처벌등에관한법률」의 위임을 받은 동법 시행령에서 농업협동조합중앙회를 '정부관리기업체'의 하나로 규정한 경우 위임입법의 한계를 벗어난 것이다.

① [○] 헌법 제12조 제1항이 규정하고 있는 죄형법정주의 원칙은, 범죄와 형벌을 입법부가 제정한 형식적 의미의 법률로 규정하는 것을 그 핵심적 내용으로 한다. 따라서 성문법률주의란 범죄와 형벌은 성문의 법률로 규정되어야 한다는 원칙을 말하며 여기서의 법률은 형식적 의미의 법률을 의미한다(대판 2003.11.14. 2003도3600).

② [○] [1] 특히 긴급한 필요가 있거나 미리 법률로써 자세히 정할 수 없는 부득이한 사정이 있는 경우에 한하여, [2] 수권법률(위임법률)이 구성요건의 점에서는 처벌대상인 행위가 어떠한 것인지 이를 예측할 수 있을 정도로 구체적으로 정하고, [3] 형벌의 점에서는 형벌의 종류 및 그 상한과 폭을 명확히 규정하는 것을 전제로 위임입법이 허용된다(대판 2002.11.26. 2002도2998).

③ [○] 일반적으로 법률의 위임에 의하여 효력을 갖는 법규명령의 경우 구법에 위임의 근거가 없어 무효였더라도 사후에 법 개정으로 위임의 근거가 부여되면 그때부터는 유효한 법규명령이 된다(대판 1995.6.30. 93추83).

④ [×] 농업협동조합법 등 관련 법령의 내용을 종합해 볼 때, 농업협동조합중앙회는 특가법 제4조 제1항 제2호에서 정한 '정부관리기업체'에 해당한다고 보기에 충분하므로, 위 법률 제4조 제1항의 위임을 받은 특가법시행령 제2조 제48호가 농업협동조합중앙회를 정부관리기업체의 하나로 규정한 것이 위임입법의 한계를 벗어난 것으로 위헌·위법이라고 할 수 없다(대판 2008.4.11. 2007도8373).

정답 ④

06 죄형법정주의에 관한 설명 중 가장 적절하지 않은 것은? (다툼 있는 경우 판례에 의함) [23 경찰채용]

① 구 정보통신망 이용촉진 및 정보보호 등에 관한 법률에서 규정하는 '불안감'은 평가적·정서적 판단을 요하는 규범적 구성요건요소이고, '불안감'이란 개념이 사전적으로 '마음이 편하지 아니하고 조마조마한 느낌'이라고 풀이되고 있어 이를 불명확하다고 볼 수는 없으므로, 위 규정 자체가 죄형법정주의에 반한다고 볼 수 없다.

② 형벌법규의 위임은 특히 긴급한 필요가 있거나 미리 법률로써 자세히 정할 수 없는 부득이한 사정이 있는 경우로 한정되어야 하며, 이러한 경우에도 위임법률에서 범죄의 구성요건은 처벌대상행위가 어떠한 것일 것이라고 예측할 수 있을 정도로 구체적으로 정하여야 하며, 형벌의 종류 및 그 상한과 폭을 명백히 규정하여야 한다.

③ 구 근로기준법에서 임금·퇴직금 청산기일의 연장합의의 한도에 관하여 아무런 제한을 두고 있지 아니함에도 불구하고, 같은 법 시행령에서 기일연장을 3월 이내로 제한한 것은 죄형법정주의의 원칙에 위배된다.

④ 게임산업진흥에 관한 법률 제32조 제1항 제7호의 '환전'의 의미를 '게임결과물을 수령하고 돈을 교부하는 행위'뿐만 아니라 '게임결과물을 교부하고 돈을 수령하는 행위'도 포함하는 것으로 해석하는 것은 죄형법정주의에 위배된다.

① [○] 구 정보통신망 이용촉진 및 정보보호 등에 관한 법률에서 규정하는 '불안감'은 평가적·정서적 판단을 요하는 규범적 구성요건요소이고, '불안감'이란 개념이 사전적으로 '마음이 편하지 아니하고 조마조마한 느낌'이라고 풀이되고 있어 이를 불명확하다고 볼 수는 없으므로, 위 규정 자체가 죄형법정주의에 반한다고 볼 수 없다(대판 2008.12.24. 2008도9581).

② [○] 형벌 법규의 위임은 특히 긴급한 필요가 있거나 미리 법률로써 자세히 정할 수 없는 부득이한 사정이 있는 경우로 한정되어야 하며, 이러한 경우에도 위임법률에서 범죄의 구성요건은 처벌 대상행위가 어떠한 것일 것이라고 예측할 수 있을 정도로 구체적으로 정하여야 하며, 형벌의 종류 및 그 상한과 폭을 명백히 규정하여야 한다(대판 2013.3.28. 2012도16383).

③ [○] 대판(전) 1998.10.15. 98도1759.

④ [×] '게임산업진흥에 관한 법률' 제32조 제1항 제7호는 "누구든지 게임물의 이용을 통하여 획득한 유·무형의 결과물(점수, 경품, 게임 내에서 사용되는 가상의 화폐로서 대통령령이 정하는 게임머니 및 대통령령이 정하는 이와 유사한 것을 말한다)을 환전 또는 환전알선하거나 재매입을 업으로 하는 행위를 하여서는 아니된다."고 정하고 있다. 여러 사정을 종합하여 보면, 위 조항이 정한 '환전'에는 '게임결과물을 수령하고 돈을 교부하는 행위'뿐만 아니라 '게임결과물을 교부하고 돈을 수령하는 행위'도 포함되는 것으로 해석함이 상당하고, 이를 지나친 확장해석이나 유추해석이라고 할 수 없다(대판 2012.12.13. 2012도11505).

정답 ④

07 죄형법정주의에 관한 설명으로 가장 적절하지 않은 것은? (다툼이 있는 경우 판례에 의함) [23 경찰채용]

① 「형법」 제349조(부당이득)에서 정하는 '현저하게 부당한 이익'은 그 비교기준이 되는 정당한 이익 내지는 원래의 급부 가치는 무엇인지에 대한 규정이 없어 일반 국민들로서는 해당 법률조항으로는 어느 정도가 정당한 이익인지를 예측하기 어렵고, 수사기관으로서도 객관적이고 구속적인 해석 및 집행의 기준을 제공받지 못하므로 자의적·선별적인 법 집행에로 이끌리기 쉬워 해당 법률조항은 죄형법정주의의 명확성의 원칙에 반한다.

② 「형법」 제207조(통화의 위조 등) 제3항에 규정된 '외국에서 통용된다'고 함은 그 외국에서 강제통용력을 가지는 것을 의미하는 것이므로, 일반인의 관점에서 통용할 것이라고 오인할 가능성이 있다고 하여 외국에서 통용되지 아니하는, 즉 강제통용력을 가지지 아니하는 지폐까지 「형법」 제207조 제3항의 외국에서 통용하는 지폐에 포함시키면 이는 유추해석 내지 확장해석하여 적용하는 것이 되어 죄형법정주의의 원칙에 위배된다.

③ 형사처벌에 관한 위임입법은 특히 긴급한 필요가 있거나 미리 법률로써 자세히 정할 수 없는 부득이한 사정이 있는 경우에 한하여 수권법률(위임법률)이 구성요건의 점에서는 처벌대상인 행위가 어떠한 것인지 이를 예측할 수 있을 정도로 구체적으로 정하고, 형벌의 점에서는 형벌의 종류 및 그 상한과 폭을 명확히 규정하는 것을 전제로 허용된다.

④ 「가정폭력범죄의 처벌 등에 관한 특례법」이 정한 보호처분 중의 하나인 사회봉사명령은 가정폭력범죄행위에 대하여 형사처벌 대신 부과되는 것으로서, 가정폭력범죄를 범한 자에게 의무적 노동을 부과하고 여가시간을 박탈하여 실질적으로는 신체적 자유를 제한하게 되므로, 이에 대하여는 원칙적으로 형벌불소급의 원칙에 따라 행위시법을 적용함이 상당하다.

해설

① [×] '궁박한 상태를 이용하여 현저하게 부당한 이익을 취득'하였는지 여부는 사회통념 또는 건전한 상식에 따라 거래당사자의 신분과 상호 간의 관계, 피해자가 처한 상황의 절박성의 정도, 계약의 체결을 둘러싼 협상과정 및 피해자의 이익, 피해자가 그 거래를 통해 추구하고자 한 목적을 달성하기 위한 다른 적절한 대안의 존재 여부 등 제반 상황을 종합한다면 합리적으로 판단할 수 있다고 할 것이므로 이 사건 법률조항이 지니는 약간의 불명확성은 법관의 통상적인 해석 작용에 의하여 충분히 보완될 수 있고 건전한 상식과 통상적인 법 감정을 가진 일반인이라면 금지되는 행위가 무엇인지를 예측할 수 있으므로 이 사건 법률조항은 죄형법정주의에서 요구되는 명확성의 원칙에 위배되지 아니한다(헌재 2006.7.27. 2005헌바19).

② [○] 「형법」 제207조(통화의 위조 등) 제3항에 규정된 '외국에서 통용된다'고 함은 그 외국에서 강제통용력을 가지는 것을 의미하는 것이므로, 일반인의 관점에서 통용할 것이라고 오인할 가능성이 있다고 하여 외국에서 통용되지 아니하는, 즉 강제통용력을 가지지 아니하는 지폐까지 「형법」 제207조 제3항의 외국에서 통용하는 지폐에 포함시키면 이는 유추해석 내지 확장해석하여 적용하는 것이 되어 죄형법정주의의 원칙에 위배된다(대판 2004.5.14. 2003도3487).

③ [○] 형사처벌에 관한 위임입법은 특히 긴급한 필요가 있거나 미리 법률로써 자세히 정할 수 없는 부득이한 사정이 있는 경우에 한하여 수권법률(위임법률)이 구성요건의 점에서는 처벌 대상인 행위가 어떠한 것인지 이를 예측할 수 있을 정도로 구체적으로 정하고, 형벌의 점에서는 형벌의 종류 및 그 상한과 폭을 명확히 규정하는 것을 전제로 허용된다(대판 2013.3.28. 2012도16383).

④ [○] 「가정폭력범죄의 처벌 등에 관한 특례법」이 정한 보호처분 중의 하나인 사회봉사명령은 가정폭력범죄행위에 대하여 형사처벌 대신 부과되는 것으로서, 가정폭력범죄를 범한 자에게 의무적 노동을 부과하고 여가 시간을 박탈하여 실질적으로는 신체적 자유를 제한하게 되므로, 이에 대하여 원칙적으로 형벌불소급의 원칙에 따라 행위시법을 적용함이 상당하다(대판 2008.7.24. 2008어4).

정답 ①

08 소급효금지의 원칙에 관한 다음 설명 중 판례의 태도와 일치하는 것은? [16 법원9급]

① 보호관찰은 과거의 불법에 대한 책임에 기초하고 있는 제재라 아니라 장래의 위험성으로부터 행위자를 보호하고 사회를 방위하기 위한 합목적인 조치이므로, 소급효금지의 원칙이 적용되지 아니한다.

② 행위 당시의 판례에 의하면 처벌대상이 아니었던 행위를 판례의 변경에 따라 처벌하는 것은 평등의 원칙과 형벌불소급의 원칙에 반한다.

③ 가정폭력범죄의 처벌 등에 관한 특례법이 정한 보호처분 중의 하나인 사회봉사명령은 가정폭력범죄를 범한 자에 대하여 환경의 조정과 성행의 교정을 목적으로 하는 것이므로 원칙적으로 형벌불소급의 원칙이 적용되지 아니한다.

④ 대법원 양형위원회의 양형기준은 법관이 합리적인 양형을 정하는 데 참고할 수 있는 구체적이고 객관적인 기준으로 마련된 것으로 법적 구속력을 가지지 아니하나, 법관의 양형에 있어서 그 존중이 요구되는 것이므로, 대법원 양형위원회가 설정한 '양향기준'이 발효하기 전에 공소가 제기된 범죄에 대하여 위 '양형기준'을 참고하여 형을 양정함으로써 결과적으로 형이 더 무거워졌다면 피고인에게 불리한 법률을 소급하여 적용한 위법이 있다고 할 수 있다.

해설

① [○] 보호관찰은 형벌이 아니라 보안처분의 성격을 갖는 것으로서 과거의 불법에 대한 책임에 기초하고 있는 제재가 아니라 장래의 위험성으로부터 행위자를 보호하고 사회를 방위하기 위한 합목적인 조치이므로, 그에 관하여 반드시 행위 이전에 규정되어 있어야 하는 것은 아니며 재판시의 규정에 의하여 보호관찰을 받을 것을 명할 수 있다고 보아야 할 것이고, 이와 같은 해석이 형벌불소급의 원칙 내지 죄형법정주의에 위배되는 것이라고 볼 수 없다(대판 1997.6.13. 97도703).

② [×] 행위 당시의 판례에 의하면 처벌대상이 되지 아니하는 것으로 해석되었던 행위를 판례의 변경에 따라 확인된 내용의 형법 조항에 근거하여 처벌한다고 하여 형벌불소급의 원칙에 반한다고 할 수는 없다(대판 1999.9.17. 97도3349).

③ [×] [1] 가정폭력범죄의 처벌 등에 관한 특례법이 정한 사회봉사명령은 가정폭력범죄행위에 대하여 형사처벌 대신 부과되는 것으로서 가정폭력범죄를 범한 자에게 의무적 노동을 부과하고 여가시간을 박탈하여 실질적으로는 신체적 자유를 제한하게 되므로 이에 대하여는 원칙적으로 형벌불소급의 원칙에 따라 행위시법을 적용함이 상당하다.
[2] 법원이 가정폭력행위자에게 사회봉사명령을 부과하면서, 행위시법상 사회봉사명령 부과시간의 상한인 100시간을 초과하여 상한을 200시간으로 올린 신법을 적용한 것은 위법하다(대판 2008.7.24. 2008어4).

④ [×] [1] 법원조직법 제81조의2 이하의 규정에 의하여 마련된 대법원 양형위원회의 양형기준은 법관이 합리적인 양형을 정하는 데 참고할 수 있는 구체적이고 객관적인 기준으로 마련된 것이다(같은 법 제81조의6 제1항 참조). 위 양형기준은 법적 구속력을 가지지 아니하고(같은 법 제81조의7 제1항 단서), 단지 법관의 양형에 있어서 그 존중이 요구되는 것일 뿐이다.
[2] 대법원 양형위원회가 설정한 '양형기준'이 발효하기 전에 공소가 제기된 범죄에 대하여 위 '양형기준'을 참고하여 형을 양정한 사안에서, 피고인에게 불리한 법률을 소급하여 적용한 위법이 있다고 할 수 없다고 한 사례(대판 2009.12.10. 2009도11448).

정답 ①

09 다음 설명 중 가장 옳지 않은 것은? (다툼이 있으면 판례에 의함) [20 법원9급]

① 소급효금지의 원칙은 형벌에만 적용되는 것이므로 가정폭력범죄의 처벌 등에 관한 특례법이 정한 사회봉사명령에는 원칙적으로 형벌불소급의 원칙이 적용되지 아니한다.

② 판례의 변경으로 인한 소급처벌은 소급효금지의 원칙에 반하지 아니한다.

③ 형벌법규의 해석에서 법률문언의 통상적인 의미를 벗어나지 않는 한 그 법률의 입법취지와 목적, 입법연혁 등을 고려한 목적론적 해석도 가능하다.

④ 형법 제243조의 '음란한 문서·도화'와 제244조의 '음란한 물건'의 '음란'은 불명확하다고 볼 수 없기 때문에 죄형법정주의에 반하지 아니한다.

해설

① [×] [1] 가정폭력범죄의 처벌 등에 관한 특례법이 정한 사회봉사명령은 가정폭력범죄행위에 대하여 형사처벌 대신 부과되는 것으로서 가정폭력범죄를 범한 자에게 의무적 노동을 부과하고 여가시간을 박탈하여 실질적으로는 신체적 자유를 제한하게 되므로 이에 대하여는 원칙적으로 형벌불소급의 원칙에 따라 행위시법을 적용함이 상당하다.
[2] 법원이 가정폭력행위자에게 사회봉사명령을 부과하면서, 행위시법상 사회봉사명령 부과시간의 상한인 100시간을 초과하여 상한을 200시간으로 올린 신법을 적용한 것은 위법하다(대판 2008.7.24. 2008어4).

② [○] 행위 당시의 판례에 의하면 처벌대상이 되지 아니하는 것으로 해석되었던 행위를 판례의 변경에 따라 확인된 내용의 형법 조항에 근거하여 처벌한다고 하여 형벌불소급의 원칙에 반한다고 할 수는 없다(대판 1999.9.17. 97도3349).

③ [○] 형벌법규의 해석에서 법률문언의 통상적인 의미를 벗어나지 않는 한 그 법률의 입법취지와 목적, 입법연혁 등을 고려한 목적론적 해석도 가능하다(대판 2019.9.25. 2016도1306).

④ [○] 형법 제243조의 '음란한 문서·도화'와 제244조의 '음란한 물건'의 '음란'은 불명확하다고 볼 수 없기 때문에 죄형법정주의에 반하지 아니한다(대판 1995.6.16. 94도2413).

정답 ①

10 죄형법정주의에 대한 설명으로 옳은 것은? (다툼이 있으면 판례에 의함) [21 경찰간부]

① 외국환거래법 제30조가 규정하는 몰수·추징의 대상은 범인이 해당 행위로 인하여 취득한 외국환 기타 지급수단 등을 뜻하고, 여기서 취득이란 해당 범죄행위로 인하여 결과적으로 이를 취득한 때를 말한다고 제한적으로 해석할 필요는 없다.

② 국가보안법 제7조 제5항에서 규정하고 있는 '소지'에 블로그 등의 운영자가 그 사적(私的) 인터넷 게시공간에 게시된 타인의 글을 삭제할 권한이 있는데도 이를 삭제하지 아니하고 그대로 둔 경우를 포함하여 위 규정으로 처벌할 수 있다고 보는 것은 죄형법정주의 원칙 위반이라 할 수 없다.

③ 공공기관의 운영에 관한 법률 제53조가 공공기관의 임직원으로서 공무원이 아닌 사람은 형법 제129조의 적용에서는 이를 공무원으로 본다고 규정하고, 동법 제4조 제1항에서 구체적인 공공기관은 기획재정부장관의 고시에 의하도록 한 것은 죄형법정주의에 위반되지 않는다.

④ 성폭력범죄의 처벌 등에 관한 특례법 제13조는 '성적 수치심이나 혐오감을 일으키는 말, 음향, 글, 그림, 영상 또는 물건을 상대방에게 도달'하게 하는 경우를 처벌하고 있는바, 상대방에게 성적 수치심을 일으키는 그림 등이 담겨 있는 웹페이지의 인터넷 링크를 보내는 행위가 이에 해당된다고 해석하는 것은 죄형법정주의 원칙에 위반된다.

해설

① [×] 외국환거래법 제30조가 규정하는 몰수·추징의 대상은 범인이 해당 행위로 인하여 취득한 외국환 기타 지급수단 등을 뜻하고, 이는 범인이 외국환거래법에서 규제하는 행위로 인하여 취득한 외국환 등이 있을 때 이를 몰수하거나 추징한다는 취지로서, 여기서 취득이란 해당 범죄행위로 인하여 결과적으로 이를 취득한 때를 말한다고 제한적으로 해석함이 타당하다(대판 2017.5.31. 2013도8389).

② [×] 블로그, 미니 홈페이지, 카페 등의 이름으로 개설된 사적 인터넷 게시공간의 운영자가 게시된 타인의 글을 삭제할 권한이 있음에도 이를 삭제하지 아니하고 그대로 두었다고 하더라도 그 운영자가 그 타인의 글을 국가보안법 제7조 제5항에서 규정하는 바와 같이 '소지'하였다고 볼 수 없다(대판 2012.1.27. 2010도8336).

③ [○] 구체적인 공기업의 지정에 관하여는 그 하위규범인 기획재정부장관의 고시에 의하도록 규정하였다 하더라도 죄형법정주의에 위배되거나 위임입법의 한계를 일탈한 것으로 볼 수 없다(대판 2013.6.13. 2013도1685).

④ [×] 통신매체이용음란죄에서 '성적 수치심을 일으키는 그림 등을 상대방에게 도달하게 한다'라는 것은 '상대방이 성적 수치심을 일으키는 그림 등을 직접 접하는 경우뿐만 아니라 상대방이 실제로 이를 인식할 수 있는 상태에 두는 것'을 의미한다. 상대방에게 성적 수치심을 일으키는 그림 등이 담겨 있는 웹페이지 등에 대한 인터넷 링크(internet link)를 보내는 행위를 통해 그와 같은 그림 등이 상대방에 의하여 인식될 수 있는 상태에 놓이고 실질에 있어서 이를 직접 전달하는 것과 다를 바 없다고 평가되고, 이에 따라 상대방이 이러한 링크를 이용하여 별다른 제한 없이 성적 수치심을 일으키는 그림 등에 바로 접할 수 있는 상태가 실제로 조성되었다면, 그러한 행위는 전체로 보아 성적 수치심을 일으키는 그림 등을 상대방에게 도달하게 한다는 구성요건을 충족한다(대판 2017.6.8. 2016도21389).

정답 ③

11 소급효금지의 원칙과 관련된 설명 중 가장 적절하지 않은 것은? (다툼이 있으면 판례에 의함)

① 대법원 양형위원회가 설정한 '양형기준'이 발효하기 전에 공소가 제기된 범죄에 대하여 위 '양형기준'을 참고하여 형을 양정한 경우 피고인에게 불리한 법률을 소급하여 적용한 위법이 있다고 할 수 없다.

② 「가정폭력범죄의처벌등에관한특례법」상 사회봉사명령을 부과하면서, 행위시법상 사회봉사명령 부과시간의 상한인 100시간을 초과하여 상한을 200시간으로 올린 신법을 적용한 것은 위법하다.

③ 행위 당시의 판례에 의하면 처벌대상이 되지 않는 행위를 판례의 변경에 따라 처벌하는 경우 소급효금지의 원칙에 반한다.

④ 「게임산업진흥에관한법률」과 동법 시행령의 개정으로 게임머니의 환전, 환전 알선, 재매입 영업행위를 처벌하게 되었던바, 그 시행일 이전에 행해졌던 환전, 환전 알선, 재매입한 영업행위를 처벌하는 것은 형벌법규의 소급효금지원칙에 위배된다.

해설

① [O] [1] 법원조직법 제81조의2 이하의 규정에 의하여 마련된 대법원 양형위원회의 양형기준은 법관이 합리적인 양형을 정하는 데 참고할 수 있는 구체적이고 객관적인 기준으로 마련된 것이다(같은 법 제81조의6 제1항 참조). 위 양형기준은 법적 구속력을 가지지 아니하고(같은 법 제81조의7 제1항 단서), 단지 법관의 양형에 있어서 그 존중이 요구되는 것일 뿐이다.
[2] 대법원 양형위원회가 설정한 '양형기준'이 발효하기 전에 공소가 제기된 범죄에 대하여 위 '양형기준'을 참고하여 형을 양정한 사안에서, 피고인에게 불리한 법률을 소급하여 적용한 위법이 있다고 할 수 없다고 한 사례(대판 2009.12.10. 2009도11448).

② [O] [1] 가정폭력범죄의 처벌 등에 관한 특례법이 정한 사회봉사명령은 가정폭력범죄행위에 대하여 형사처벌 대신 부과되는 것으로서 가정폭력범죄를 범한 자에게 의무적 노동을 부과하고 여가시간을 박탈하여 실질적으로는 신체적 자유를 제한하게 되므로 이에 대하여는 원칙적으로 형벌불소급의 원칙에 따라 행위시법을 적용함이 상당하다.
[2] 법원이 가정폭력행위자에게 사회봉사명령을 부과하면서, 행위시법상 사회봉사명령 부과시간의 상한인 100시간을 초과하여 상한을 200시간으로 올린 신법을 적용한 것은 위법하다(대판 2008.7.24. 2008어4).

③ [×] 행위 당시의 판례에 의하면 처벌대상이 되지 아니하는 것으로 해석되었던 행위를 판례의 변경에 따라 확인된 내용의 형법 조항에 근거하여 처벌한다고 하여 형벌불소급의 원칙에 반한다고 할 수는 없다(대판 1999.9.17. 97도3349).

④ [O] 헌법 제13조 제1항 전단과 형법 제1조 제1항은 형벌법규의 소급효금지 원칙을 밝히고 있고, 2007.1.19. 제8247호로 법률이 개정되면서 시행된 게임산업진흥에 관한 법률 제44조 제1항 제2호, 제32조 제1항 제7호와 2007.5.16. 제20058호로 대통령령이 개정되면서 신설된 법 시행령 제18조의3과 그 부칙 제1조에 의하면, 법 시행령 제18조의3의 시행일 이후 위 시행령 조항 각 호에 규정된 게임머니의 환전, 환전 알선, 재매입 영업행위가 처벌되는 것이므로, 그 시행일 이전에 위 시행령 조항 각 호에 규정된 게임머니를 환전, 환전 알선, 재매입한 영업행위를 처벌하는 것은 형벌법규의 소급효금지 원칙에 위배된다(대판 2009.4.23. 2008도11017).

정답 ③

12 죄형법정주의에 대한 설명으로 옳은 것은? (다툼이 있으면 판례에 의함)

① 형벌법규를 하위법령에 위임할 때 처벌법규의 기본사항에 관하여 구체적 기준이나 범위를 정함이 없이 포괄적으로 하위법령에 위임하였다면 명확성의 원칙에 위배되어 죄형법정주의에 반한다.

② 구성요건에 대한 확장적 유추해석은 금지되지만 위법성 및 책임의 조각사유나 소추조건 또는 처벌조각사유인 형면제 사유에 관하여 그 범위를 제한적으로 유추해석하는 것은 허용된다.

③ 죄형법정주의의 핵심적 내용의 하나인 소급처벌금지의 원칙은 대법원 양형위원회가 설정한 양형기준에도 적용되므로, 그 양형기준이 발효하기 전에 이미 공소가 제기된 범죄에 대하여는 그 양형기준을 참고하여 형을 양정할 수 없다.

④ 보안처분 중 신상정보공개명령, 위치추적전자장치부착명령에는 소급처벌금지의 원칙이 적용된다.

해설

① [O] 형벌법규를 하위법령에 위임할 때 처벌법규의 기본사항에 관하여 구체적 기준이나 범위를 정함이 없이 포괄적으로 하위법령에 위임하였다면 명확성의 원칙에 위배되어 죄형법정주의에 반한다(헌재 2000.7.20. 99헌가15).

② [×] 위법성 및 책임의 조각사유나 소추조건 또는 처벌조각사유인 형면제 사유에 관하여 그 범위를 제한적으로 유추적용하게 되면 행위자의 가벌성의 범위는 확대되어 행위자에게 불리하게 되는바, 이는 가능한 문언의 의미를 넘어 범죄구성요건을 유추적용하는 것과 같은 결과가 초래되므로 죄형법정주의의 파생원칙인 유추해석금지의 원칙에 위반하여 허용될 수 없다(대판(전) 1997.3.20. 96도1167).

③ [×] 법관이 형을 양정함에 있어서 참고할 수 있는 자료에 달리 제한이 있는 것도 아닌 터에 법원이 양형기준이 발효하기 전에 공소가 제기된 범죄에 관하여 형을 양정함에 있어서 양형기준을 참고자료로 삼았다고 하여 피고인에게 불리한 법률을 소급하여 적용한 위법이 있다고 할 수 없다(대판 2009.12.10. 2009도11448).

④ [×] [1] 아동·청소년의 성보호에 관한 법률에 정한 신상공개명령 제도는 일종의 보안처분으로서 형벌과 구별되어 그 본질을 달리하는 것으로서 형벌에 관한 소급입법금지의 원칙이 그대로 적용되지 않는다(대판 2011.3.24. 2010도14393).
[2] 특정 범죄자에 대한 위치추적 전자장치 부착에 관한 법률에 의한 전자감시제도는, 성폭력범죄로부터 국민을 보호함을 목적으로 하는 일종의 보안처분이다. 이러한 전자감시제도는 형벌과 구별되어 그 본질을 달리하는 것으로서 형벌에 관한 소급입법금지의 원칙이 그대로 적용되지 않으므로, 위 법률이 개정되어 부착명령 기간을 연장하도록 규정하고 있더라도 그것이 소급입법금지의 원칙에 반한다고 볼 수 없다(대판 2010.12.23. 2010도11996).

정답 ①

13 죄형법정주의에 관한 다음 설명 중 가장 옳지 않은 것은? (다툼이 있으면 판례에 의함)

① 행위 당시의 판례에 의하면 처벌대상이 되지 아니하는 것으로 해석되었던 행위를 판례의 변경에 따라 확인된 내용의 형법 조항에 근거하여 처벌한다고 하여 그것이 헌법상 평등의 원칙과 형벌불소급의 원칙에 반한다고 할 수는 없다.

② 위법성 및 책임의 조각사유나 소추조건 또는 처벌조각사유인 형면제 사유에 관하여 그 범위를 제한적으로 유추적용하게 되면 행위자의 가벌성의 범위는 확대되어 행위자에게 불리하게 되는바, 이는 가능한 문언의 의미를 넘어 범죄구성요건을 유추적용하는 것과 같은 결과가 초래되므로 죄형법정주의의 파생원칙인 유추해석금지의 원칙에 위반하여 허용될 수 없다.

③ 형벌에 관한 법령이 헌법재판소의 위헌결정으로 인하여 소급하여 그 효력을 상실한 경우, 당해 법령을 적용하여 공소가 제기된 피고사건에 대하여는 무죄를 선고하여야 하고, 재심이 개시된 사건에서 형벌에 관한 법령이 재심판결 당시 폐지되었고 그 폐지가 당초부터 헌법에 위반되어 효력이 없는 법령에 대한 것이었다면 면소를 선고하여야 한다.

④ 전자장치 부착명령에 관하여 피고인에게 실질적인 불이익을 추가하는 내용의 법 개정이 있고, 그 규정의 소급적용에 관한 명확한 경과규정이 없는 한 그 규정의 소급적용은 이를 부정하는 것이 피고인의 권익 보장이나, 위 법 부칙에서 일부 조항을 특정하여 소급적용에 관한 경과규정을 둔 입법자의 의사에 부합한다.

⑤ 처벌을 희망하지 않는다는 의사표시 또는 처벌희망 의사표시의 철회는 이른바 소극적 소송조건에 해당하고, 소송조건에는 죄형법정주의의 파생원칙인 유추해석금지의 원칙이 적용된다고 할 것인데, 명문의 근거 없이 그 의사표시에 법정대리인의 동의가 필요하다고 보는 것은 유추해석에 의하여 소극적 소송조건의 요건을 제한하고 피고인 또는 피의자에 대한 처벌가능성의 범위를 확대하는 결과가 되어 죄형법정주의 내지 거기에서 파생된 유추해석금지의 원칙에도 반한다.

해설

① [○] 행위 당시의 판례에 의하면 처벌대상이 되지 아니하는 것으로 해석되었던 행위를 판례의 변경에 따라 확인된 내용의 형법 조항에 근거하여 처벌한다고 하여 형벌불소급의 원칙에 반한다고 할 수는 없다(대판 1999.9.17. 97도3349).

② [○] 위법성 및 책임의 조각사유나 소추조건 또는 처벌조각사유인 형면제 사유에 관하여 그 범위를 제한적으로 유추적용하게 되면 행위자의 가벌성의 범위는 확대되어 행위자에게 불리하게 되는바, 이는 가능한 문언의 의미를 넘어 범죄구성요건을 유추적용하는 것과 같은 결과가 초래되므로 죄형법정주의의 파생원칙인 유추해석금지의 원칙에 위반하여 허용될 수 없다(대판(전) 1997.3.20. 96도1167).

③ [×] 재심이 개시된 사건에서 형벌에 관한 법령이 재심판결 당시 폐지되었다 하더라도 그 폐지가 당초부터 헌법에 위배되어 효력이 없는 법령에 대한 것이었다면 <u>형사소송법 제325조 전단이 규정하는 '범죄로 되지 아니한 때'의 무죄사유에 해당하는 것이지</u>, 형사소송법 제326조 제4호에서 정한 면소사유에 해당한다고 할 수 없다(대판(전) 2013.5.16. 2011도2631).

④ [○] 피고인에게 실질적인 불이익을 추가하는 내용(전자장치 부착기간 하한을 2배 가중)의 위치추적전자장치부착법 개정이 있고, 그 규정의 소급적용에 관한 명확한 경과규정이 없는 한 그 규정의 소급적용은 이를 부정하는 것이 입법자의 의사에 부합한다(대판 2013.9.12. 2013도6424).

⑤ [○] 반의사불벌죄에 있어 명문의 근거 없이 처벌을 희망하지 않는다는 의사표시에 피해자의 법정대리인의 동의가 필요하다고 보는 것은 유추해석에 의하여 소극적 소송조건의 요건을 제한하고 피고인 또는 피의자에 대한 처벌가능성의 범위를 확대하는 결과가 되어 죄형법정주의 내지 거기에서 파생된 유추해석금지의 원칙에도 반한다(대판(전) 2009.11.19. 2009도6058).

정답 ③

14 죄형법정주의에 대한 설명 중 가장 적절한 것은? (다툼이 있으면 판례에 의함)

① 위법성 및 책임의 조각사유나 소추조건 또는 처벌조각사유인 형면제 사유에 관하여 그 범위를 제한적으로 유추적용하게 되면 행위자의 가벌성의 범위는 확대되어 행위자에게 불리하게 되므로 유추해석금지의 원칙에 반한다.

② 대법원 양형위원회가 설정한 양형기준이 발효하기 전에 공소가 제기된 범죄에 대하여 위 양형기준을 참고하여 형을 양정한 경우 피고인에게 불리한 법률을 소급하여 적용하였으므로 소급효금지의 원칙에 반한다.

③ 「가정폭력범죄의 처벌 등에 관한 특례법」이 정한 보호처분 중의 하나인 사회봉사명령은 형벌 그 자체가 아니라 보안처분의 성격을 가지는 것이므로 형벌불소급의 원칙이 적용되지 않고 재판시법을 적용함이 상당하다.

④ 헌법재판소가 형벌조항에 대해 헌법불합치결정을 선고하면서 개정시한을 정하여 입법개선을 촉구하였는데도 위 시한까지 법률 개정이 이루어지지 않은 경우 공소가 제기된 피고사건에 대하여 형사소송법 제326조 제4호에 따라 면소를 선고하여야 한다.

해설

① [○] 위법성 및 책임의 조각사유나 소추조건 또는 처벌조각사유인 형면제 사유에 관하여 그 범위를 제한적으로 유추적용하게 되면 행위자의 가벌성의 범위는 확대되어 행위자에게 불리하게 되는바, 이는 가능한 문언의 의미를 넘어 범죄구성요건을 유추적용하는 것과 같은 결과가 초래되므로 죄형법정주의의 파생원칙인 유추해석금지의 원칙에 위반하여 허용될 수 없다(대판(전) 1997.3.20. 96도1167).

② [×] 법관이 형을 양정함에 있어서 참고할 수 있는 자료에 달리 제한이 있는 것도 아닌 터에 법원이 양형기준이 발효하기 전에 공소가 제기된 범죄에 관하여 형을 양정함에 있어서 양형기준을 참고자료로 삼았다고 하여 피고인에게 불리한 법률을 소급하여 적용한 위법이 있다고 할 수 없다(대판 2009.12.10. 2009도11448).

③ [×] [1] 가정폭력범죄의 처벌 등에 관한 특례법이 정한 사회봉사명령은 가정폭력범죄행위에 대하여 형사처벌 대신 부과되는 것으로서 가정폭력범죄를 범한 자에게 의무적 노동을 부과하고 여가시간을 박탈하여 실질적으로는 신체적 자유를 제한하게 되므로 이에 대하여는 원칙적으로 형벌불소급의 원칙에 따라 행위시법을 적용함이 상당하다.
[2] 법원이 가정폭력행위자에게 사회봉사명령을 부과하면서, 행위시법상 사회봉사명령 부과시간의 상한인 100시간을 초과하여 상한을 200시간으로 올린 신법을 적용한 것은 위법하다(대판 2008.7.24. 2008어4).

④ [×] 헌법불합치결정에 의하여 헌법에 합치되지 아니한다고 선언되고 그 결정에서 정한 개정시한까지 법률 개정이 이루어지지 않은 경우, 그 법률조항은 소급하여 효력을 상실하고 법원은 피고사건에 대하여 형사소송법 제325조 전단에 따라 무죄를 선고하여야 한다(대판(전) 2011.6.23. 2008도7562).

정답 ①

15 소급효금지의 원칙에 대한 설명으로 가장 적절한 것은? (다툼이 있으면 판례에 의함)

① 「특정 범죄자에 대한 위치추적 전자장치 부착 등에 관한 법률」에 의한 전자감시제도는 보안처분이지만, 실질적으로 행동의 자유를 지극히 제한하므로 형벌에 관한 소급입법금지원칙이 적용된다.

② 소급효금지의 원칙은 죄형법정주의의 파생원칙으로서 행위자에게 유리한 사후법의 소급효도 인정되지 않는다.

③ 공소시효가 이미 완성된 경우 그 공소시효를 연장하는 법률은 진정소급입법으로서 예외없이 소급효금지의 원칙이 적용된다.

④ 행위 당시의 판례에 의하면 처벌대상이 되지 아니하는 것으로 해석되었던 행위를 판례의 변경에 따라 확인된 내용의 형법 조항에 근거하여 처벌한다고 하여 그것이 소급효금지의 원칙에 반한다고 할 수는 없다.

① [×] 전자장치 부착명령은 전통적 의미의 형벌이 아닐 뿐 아니라 의무적 노동의 부과나 여가시간의 박탈을 내용으로 하지 않고 전자장치의 부착을 통해서 피부착자의 행동 자체를 통제하는 것도 아니라는 점에서 처벌적인 효과를 나타낸다고 보기 어려워 부착명령은 형벌과 구별되는 비형벌적 보안처분으로서 소급효금지원칙이 적용되지 아니한다(헌재 2012.12.27. 2010헌가82).

② [×] 소급효금지의 원칙은 행위자에게 불리한 사후법의 소급효를 금지하는 것이다. 따라서 행위자에게 유리한 사후법의 소급효는 허용된다.

③ [×] [1] 공소시효가 아직 완성되지 않은 경우 진행 중인 공소시효를 연장하는 법률은, 공익이 개인의 신뢰보호이익에 우선하는 경우에는 헌법상 정당화될 수 있다.
[2] 공소시효가 이미 완성된 경우 그 공소시효를 연장하는 법률은, 공익적 필요는 심히 중대한 반면에 개인의 신뢰를 보호하여야 할 필요가 상대적으로 적어 개인의 신뢰이익을 관철하는 것이 객관적으로 정당화될 수 없는 경우에는 예외적으로 허용될 수 있다(헌재 1996.2.16. 96헌가2).

④ [○] 행위 당시의 판례에 의하면 처벌대상이 되지 아니하는 것으로 해석되었던 행위를 판례의 변경에 따라 확인된 내용의 형법조항에 근거하여 처벌한다고 하여 형벌불소급의 원칙에 반한다고 할 수는 없다(대판 1999.9.17. 97도3349).

정답 ④

16 죄형법정주의에 대한 설명으로 가장 적절한 것은? (다툼이 있으면 판례에 의함) [17 경찰채용]

① 공개명령 제도가 시행되기 전에 범한 범죄에도 공개명령 제도를 적용하도록 「아동·청소년의 성보호에 관한 법률」이 개정되었다면, 이는 소급입법금지의 원칙에 반한다.

② 위법성 및 책임의 조각사유나 소추조건, 또는 처벌조각사유인 형면제 사유에 관하여 그 범위를 제한적으로 유추적용하는 것은 유추해석금지의 원칙에 반하지 않는다.

③ '약국 개설자가 아니면 의약품을 판매하거나 판매 목적으로 취득할 수 없다'고 규정한 구 「약사법」 제44조 제1항의 '판매'에 무상으로 의약품을 양도하는 '수여'를 포함시키는 해석은 죄형법정주의에 위배된다고 볼 수 없다.

④ 「폭력행위 등 처벌에 관한 법률」 제4조 제1항에서 규정하고 있는 범죄단체 구성원으로서의 '활동'의 개념은 추상적이고 포괄적이므로 명확성의 원칙에 위배된다.

① [×] 아동·청소년의 성보호에 관한 법률에 정한 공개명령 제도는, 성인인증 및 본인 확인을 거친 사람은 누구든지 인터넷을 통해 공개명령 대상자의 공개정보를 열람할 수 있도록 함으로써 아동·청소년 대상 성범죄를 효과적으로 예방하고 성범죄로부터 아동·청소년을 보호함을 목적으로 하는 일종의 보안처분이다. 이러한 공개명령 제도는 범죄행위를 한 자에 대한 응보 등을 목적으로 그 책임을 추구하는 사후적 처분인 형벌과 구별되어 그 본질을 달리하는 것으로서 형벌에 관한 소급입법금지의 원칙이 그대로 적용되지 않으므로, 공개명령 제도가 시행되기 이전에 범한 범죄에도 공개명령 제도를 적용하도록 아동·청소년의 성보호에 관한 법률이 개정되었다고 하더라도 그것이 소급입법금지의 원칙에 반한다고 볼 수 없다(대판 2011.3.24. 2010도14393).

② [×] 위법성 및 책임의 조각사유나 소추조건 또는 처벌조각사유인 형면제 사유에 관하여 그 범위를 제한적으로 유추적용하게 되면 행위자의 가벌성의 범위는 확대되어 행위자에게 불리하게 되는바, 이는 가능한 문언의 의미를 넘어 범죄구성요건을 유추적용하는 것과 같은 결과가 초래되므로 죄형법정주의의 파생원칙인 유추해석금지의 원칙에 위반하여 허용될 수 없다(대판(전) 1997.3.20. 96도1167).

③ [○] 약국 개설자가 아니면 의약품을 판매하거나 판매 목적으로 취득할 수 없다'고 규정한 구 「약사법」 제44조 제1항의 '판매'에 무상으로 의약품을 양도하는 '수여'를 포함시키는 해석은 죄형법정주의에 위배된다고 볼 수 없다(대판 2011.10.13. 2011도6287).

④ [×] '활동'은 범죄단체 또는 집단의 내부규율 및 통솔체계에 따른 조직적, 집단적 의사결정에 의하여 행해지고 범죄단체 또는 집단의 존속·유지를 지향하는 적극적인 행위로서 그 기여의 정도가 폭처법 제4조 제3항, 제4항에 규정된 행위에 준하는 것을 의미한다고 볼 것이고, 어떤 행위가 '활동'에 해당하는지 여부는 사회통념과 건전한 상식에 따라 구체적, 개별적으로 정해질 수밖에 없는바, 약간의 불명확성은 법관의 통상적인 해석작용에 의하여 충분히 보완될 수 있고, 건전한 상식과 통상적인 법감정을 가진 일반인으로서 금지되는 행위가 무엇인지를 예측하는 것이 현저히 곤란하다고는 보기 어려우므로 죄형법정주의의 명확성 원칙에 위배되지 않는다(헌재 2011.4.28. 2009헌바56).

정답 ③

17 죄형법정주의에 관한 설명 중 가장 적절하지 않은 것은? (다툼이 있으면 판례에 의함) [15 경찰승진]

① 보호관찰을 도입한 형법 개정 전의 행위에 대하여 재판시의 규정에 의해 보호관찰을 명하는 것은 형벌불소급의 원칙 내지 죄형법정주의에 위배되는 것이 아니다.

② 행위 당시의 판례에 의하면 처벌대상이 되지 아니하는 것으로 해석되었던 행위를 판례의 변경에 따라 확인된 내용의 형법 조항에 근거하여 처벌하는 것은 형벌불소급의 원칙에 반한다.

③ 형을 종전보다 가볍게 형벌법규를 개정하면서 그 부칙으로 개정 전의 범죄에 대하여는 종전의 형벌법규를 추급하여 적용하도록 규정한다 하여 죄형법정주의에 반한다고 할 수 없다.

④ 공직선거법 제262조의 '자수'를 통상 관용적으로 사용되는 용례와는 달리 범행발각 전에 자수한 경우로 한정하여 해석하는 것은 유추해석금지의 원칙에 위반된다.

해설

① [○] 보호관찰은 형벌이 아니라 보안처분의 성격을 갖는 것으로서 과거의 불법에 대한 책임에 기초하고 있는 제재가 아니라 장래의 위험성으로부터 행위자를 보호하고 사회를 방위하기 위한 합목적적인 조치이므로, 그에 관하여 반드시 행위 이전에 규정되어 있어야 하는 것은 아니며 재판시의 규정에 의하여 보호관찰을 받을 것을 명할 수 있다고 보아야 할 것이고, 이와 같은 해석이 형벌불소급의 원칙 내지 죄형법정주의에 위배되는 것이라고 볼 수 없다(대판 1997.6.13. 97도703).

② [×] 행위 당시의 판례에 의하면 처벌대상이 되지 아니하는 것으로 해석되었던 행위를 판례의 변경에 따라 확인된 내용의 형법 조항에 근거하여 처벌한다고 하여 형벌불소급의 원칙에 반한다고 할 수는 없다(대판 1999.9.17. 97도3349).

③ [○] 형법 제1조 제2항 및 제8조에 의하면, 범죄 후 법률의 변경에 의하여 형이 구법보다 가벼운 때에는 원칙적으로 신법에 따라야 하지만, 신법에 경과규정을 두어 이러한 신법의 적용을 배제하는 것도 허용되는 것으로서, 형벌법규의 형을 종전보다 가볍게 개정하면서 그 부칙에서 개정된 법의 시행 전의 범죄에 대하여는 종전의 형벌법규를 적용하도록 규정한다 하여 형벌불소급의 원칙이나 신법우선의 원칙에 반한다고 할 수 없다(대판 2013.7.11. 2011도15056).

④ [○] 공직선거법 제262조의 "자수"를 '범행발각 전에 자수한 경우'로 한정하는 풀이는 "자수"라는 단어가 통상 관용적으로 사용되는 용례에서 갖는 개념 외에 '범행발각 전'이라는 또 다른 개념을 추가하는 것으로서 결국은 '언어의 가능한 의미'를 넘어 공직선거법 제262조의 "자수"의 범위를 그 문언보다 제한함으로써 공직선거법 제230조 제1항 등의 처벌범위를 실정법 이상으로 확대한 것이 되고, 따라서 이는 단순한 목적론적 축소해석에 그치는 것이 아니라, 형면제 사유에 대한 제한적 유추를 통하여 처벌범위를 실정법 이상으로 확대한 것으로서 죄형법정주의의 파생원칙인 유추해석금지의 원칙에 위반된다(대판(전) 1997.3.20. 96도1167).

정답 ②

18 죄형법정주의에 관한 다음 설명 중 옳은 것은? (다툼이 있으면 판례에 의함) [13 경찰승진]

① 포괄일죄로 되는 개개의 범죄행위가 법 개정의 전후에 걸쳐서 행하여진 경우에는 신·구법의 법정형에 대한 경중을 비교하여 법정형이 가벼운 법을 적용하여 포괄일죄로 처단하여야 한다.

② 형의 집행을 유예하는 경우 명할 수 있는 보호관찰도 형사제재이므로 행위 이전에 규정되어 있지 않으면 재판시의 규정에 의하여 보호관찰을 받을 것을 명할 수 없다.

③ 헌법재판소의 위헌결정으로 인하여 형벌에 관한 법률 또는 법률조항이 소급하여 그 효력을 상실한 경우에는 당해 법조를 적용하여 기소한 피고사건은 범죄로 되지 아니하는 때에 해당하므로 당해 공소사실에 대해 법원은 무죄를 선고하여야 한다.

④ 행위 당시의 판례에 의하면 처벌대상이 되지 아니하는 것으로 해석되었던 행위를 판례의 변경에 따라 확인된 내용의 형법 조항에 근거하여 처벌할 수 없다.

① [×] 포괄일죄로 되는 개개의 범죄행위가 법 개정의 전후에 걸쳐서 행하여진 경우에는 신·구법의 법정형에 대한 경중을 비교하여 볼 필요도 없이 범죄 실행 종료시의 법이라고 할 수 있는 '신법'을 적용하여 포괄일죄로 처단하여야 한다(대판 2009.4.9. 2009도321).

② [×] 보호관찰은 형벌이 아니라 보안처분의 성격을 갖는 것으로서 과거의 불법에 대한 책임에 기초하고 있는 제재가 아니라 장래의 위험성으로부터 행위자를 보호하고 사회를 방위하기 위한 합목적적인 조치이므로, 그에 관하여 반드시 행위 이전에 규정되어 있어야 하는 것은 아니며 재판시의 규정에 의하여 보호관찰을 받을 것을 명할 수 있다고 보아야 할 것이고, 이와 같은 해석이 형벌불소급의 원칙 내지 죄형법정주의에 위배되는 것이라고 볼 수 없다(대판 1997.6.13. 97도703).

③ [○] 위헌결정으로 인하여 형벌에 관한 법률 또는 법률조항이 소급하여 그 효력을 상실한 경우에는 당해 법조를 적용하여 기소한 피고사건이 범죄로 되지 아니한 때에 해당한다고 할 것이고, 범죄 후의 법령의 개폐로 형이 폐지되었을 때에 해당한다고는 할 수 없다(대판 1992.5.8. 91도2825).

④ [×] 행위 당시의 판례에 의하면 처벌대상이 되지 아니하는 것으로 해석되었던 행위를 판례의 변경에 따라 확인된 내용의 형법 조항에 근거하여 처벌한다고 하여 형벌불소급의 원칙에 반한다고 할 수는 없다(대판 1999.9.17. 97도3349).

정답 ③

---

19 죄형법정주의에 관한 설명 중 옳지 않은 것은? (다툼이 있으면 판례에 의함) [09 사시]

① 형법상의 보호관찰은 소급적용하더라도 소급효금지의 원칙에 반하지 않는다.
② 소년법에 대해서는 상대적 부정기형을 인정하더라도 죄형법정주의에 반하지 않는다.
③ 자신의 인터넷사이트에 음란사이트로 접속할 수 있도록 링크해 놓은 것이 음란정보의 전시에 해당한다고 해석하는 것은 죄형법정주의에 위배된다.
④ 명확성의 원칙이란 최대한이 아닌 최소한의 명확성을 요구하는 것으로서, 그 문언이 법관의 보충적인 가치판단을 통해서 그 의미내용을 확인할 수 있고, 그러한 보충적 해석이 해석자의 개인적인 취향에 따라 좌우될 가능성이 없다면 죄형법정주의에 반하지 않는다.
⑤ 관습법에 의해서 위법성조각사유를 인정하는 것은 죄형법정주의에 위배되지 않는다.

① [○] 보호관찰은 형벌이 아니라 보안처분의 성격을 갖는 것으로서 과거의 불법에 대한 책임에 기초하고 있는 제재가 아니라 장래의 위험성으로부터 행위자를 보호하고 사회를 방위하기 위한 합목적적인 조치이므로, 그에 관하여 반드시 행위 이전에 규정되어 있어야 하는 것은 아니며 재판시의 규정에 의하여 보호관찰을 받을 것을 명할 수 있다고 보아야 할 것이고, 이와 같은 해석이 형벌불소급의 원칙 내지 죄형법정주의에 위배되는 것이라고 볼 수 없다(대판 1997.6.13. 97도703).

② [○] 부정기형은 형의 기간이 특정되어 있지 않은 경우를 말한다. [1] 절대적 부정기형은 형의 장기와 단기가 전혀 특정되지 않은 경우로서 법적 안정성을 해할 수 있으므로 법정형이든 선고형이든 허용되지 않는다. [2] 상대적 부정기형은 형의 장기와 단기 또는 장기만 정해진 경우를 말하며 탄력적 형의 적용 및 집행이 가능하다는 점에서 허용된다. 현행법상 법정형은 대부분 상대적 부정기형으로 되어 있고, 선고형은 성인의 경우는 정기형이어야 하지만 소년의 경우는 상대적 부정기형을 인정하고 있다(예 소년법 제60조).

③ [×] 불특정·다수인이 이러한 링크를 이용하여 별다른 제한 없이 음란한 부호 등에 바로 접할 수 있는 상태가 실제로 조성되었다면, 그러한 행위는 전체로 보아 음란한 부호 등을 공연히 전시한다는 구성요건을 충족한다고 봄이 상당하며, 이러한 해석은 죄형법정주의에 반하는 것이 아니다(대판 2003.7.8. 2001도1335).

④ [○] 명확성의 원칙이란 기본적으로 최대한이 아닌 최소한의 명확성을 요구하는 것으로서, 그 문언이 법관의 보충적인 가치판단을 통해서 그 의미내용을 확인할 수 있고, 그러한 보충적 해석이 해석자의 개인적인 취향에 따라 좌우될 가능성이 없다면 명확성의 원칙에 반한다고 할 수 없다(대결 2008.10.23. 2008초기264).

⑤ [○] 죄형법정주의는 행위자에게 불리한 관습법이 직접 법원으로 사용되는 것을 허용하지 않는다(관습형법금지의 원칙). 그러므로 행위자에게 관습법에 의해서 위법성조각사유를 인정하는 것과 같이 유리한 관습법을 적용하는 것은 죄형법정주의에 위배되지 않는다.

정답 ③

20 죄형법정주의에 대한 다음 설명 중 옳은 것은 모두 몇 개인가? (다툼이 있으면 판례에 의함) [16 경찰채용]

○ 의사가 환자와 대면하지 아니하고 전화나 화상 등을 이용하여 환자의 용태를 스스로 듣고 판단하여 처방전 등을 발급한 행위는 구 의료법상 '직접 진찰한 의사'가 아닌 자가 처방전 등을 발급한 경우에 해당한다.
○ 「특정 범죄자에 대한 보호관찰 및 위치추적 전자장치 부착 등에 관한 법률」 제5조 제1항 제3호는 검사가 전자장치 부착명령을 법원에 청구할 수 있는 경우 중의 하나로 '성폭력범죄를 2회 이상 범하여(유죄의 확정판결을 받은 경우를 포함한다) 그 습벽이 인정된 때'라고 규정하고 있는데, 피부착명령청구자가 2회 이상 성폭력범죄를 범하였는지를 판단할 때 소년보호처분을 받은 전력을 고려하는 것은 죄형법정주의에 위반되므로 허용되지 아니한다.
○ 형법(1953.9.18. 법률 제293호로 제정된 것) 제125조(폭행, 가혹행위) 중 '경찰에 관한 직무를 행하는 자 또는 이를 보조하는 자가 그 직무를 행함에 당하여 형사피의자 또는 기타 사람에 대하여 폭행을 가한 때'와 관련된 부분은 죄형법정주의의 명확성의 원칙에 위반된다.
○ '아동의 덕성을 심히 해할 우려가 있는 도서, 간행물, 광고물, 기타의 내용물의 제작 등의 행위'를 금지하고 이를 위반하는 자를 처벌하는 구 아동복지법 제18조 제11호, 제34조 제4호는 명확성의 원칙에 반한다.

---

① 1개
② 2개
③ 3개
④ 4개

해설

○ [×] 의료법 제17조 제1항은 스스로 진찰을 하지 않고 처방전을 발급하는 행위를 금지하는 규정일 뿐 대면진찰을 하지 않았거나 충분한 진찰을 하지 않은 상태에서 처방전을 발급하는 행위 일반을 금지하는 조항이 아니다. 따라서 전화 진찰을 하였다는 사정만으로 '자신이 진찰'하거나 '직접 진찰'을 한 것이 아니라고 볼 수는 없다(대판 2013.4.11. 2010도1388).

○ [○] '특정 범죄자에 대한 위치추적 전자장치 부착 등에 관한 법률' 제5조 제1항 제3호는 검사가 전자장치 부착명령을 법원에 청구할 수 있는 경우 중의 하나로 '성폭력범죄를 2회 이상 범하여(유죄의 확정판결을 받은 경우를 포함한다) 그 습벽이 인정된 때'라고 규정하고 있는데, 이 규정 전단은 문언상 '유죄의 확정판결을 받은 전과사실을 포함하여 성폭력범죄를 2회 이상 범한 경우'를 의미한다고 해석된다. 따라서 피부착명령청구자가 소년법에 의한 보호처분을 받은 전력이 있다고 하더라도, 이는 유죄의 확정판결을 받은 경우에 해당하지 아니함이 명백하므로[3], 피부착명령청구자가 2회 이상 성폭력범죄를 범하였는지를 판단할 때 소년보호처분을 받은 전력을 고려할 것이 아니다(대판(전) 2012.3.22. 2011도15057).

○ [×] '경찰에 관한 직무를 행하는 자 또는 이를 보조하는 자'에 형사소송법상의 사법경찰관과 사법경찰리가 포함되고, '폭행'은 사람의 신체에 대한 물리적 유형력의 행사를 뜻하는 것으로 명확하게 해석된다. 또한 '형사피의자'는 형사소송법상의 피의자를 뜻하는 것임이 분명하고, '기타 사람'도 형사피의자를 제외한 피고인과 참고인, 증인 등과 같이 수사 또는 재판에서 심문이나 조사의 대상이 되는 모든 사람을 뜻한다고 충분히 이해된다. '그 직무를 행함에 당하여'라 함은 '경찰 등이 그 직무를 행하는 기회'라는 뜻으로 해석되는바, 이런 해석이 다소 포괄적이라도 경찰 등의 직무와 폭행 사이에 객관적 관련성을 요구하는 것으로 해석되므로 그 내용이 불명확하여 처벌범위를 자의적으로 확장시킨다고 볼 수도 없다. 경찰관직무집행법 및 관련 법령에 따른 정당한 유형력 행사는 정당행위가 되어 처벌받지 아니하고, 판례도 축적되어 있어 형법 제125조에 따라 처벌되는 행위와 정당한 유형력행사의 구별이 가능하다. 따라서 형법 제125조는 죄형법정주의의 명확성원칙에 위반되지 않는다(헌재 2015.3.26. 2013헌바140).

○ [○] '아동의 덕성을 심히 해할 우려가 있는 도서, 간행물, 광고물, 기타의 내용물의 제작 등의 행위'를 금지하고 이를 위반하는 자를 처벌하는 구 아동복지법 제18조 제11호, 제34조 제4호는 명확성의 원칙에 반한다(헌재 2002.2.28. 99헌가8).

정답 ②

---

3) 판례는 보호처분은 유죄판결에 해당하지 않는다고 본다.

21 죄형법정주의에 관한 설명 중 가장 적절한 것은? (다툼이 있으면 판례에 의함) [16 경찰승진]

① 형의 집행을 유예하는 경우 명할 수 있는 보호관찰도 형사제재이므로 행위 이전에 규정되어 있지 않으면 재판시의 규정에 의하여 보호관찰을 받을 것을 명할 수 없다.

② 군형법 제64조 제1항의 상관면전모욕죄의 구성요건의 해석에 있어 '전화통화'를 면전에서의 대화라고 해석하여 처벌하는 것은 유추해석에 해당되어 죄형법정주의에 반한다.

③ 소급효금지의 원칙은 실체법뿐만 아니라 절차법에 대하여도 적용되므로 형사소송법상의 규정이 행위 후에 행위자에게 불리하게 변경되어 소급적용된다면 이 원칙에 반한다.

④ 행위 당시의 판례에 의하면 처벌대상이 되지 아니하는 것으로 해석되었던 행위를 판례의 변경에 따라 확인된 내용의 형법 조항에 근거하여 처벌하는 것은 형벌불소급의 원칙에 반한다.

해설

① [×] 보호관찰은 형벌이 아니라 보안처분의 성격을 갖는 것으로서 과거의 불법에 대한 책임에 기초하고 있는 제재가 아니라 장래의 위험성으로부터 행위자를 보호하고 사회를 방위하기 위한 합목적적인 조치이므로, 그에 관하여 반드시 행위 이전에 규정되어 있어야 하는 것은 아니며 재판시의 규정에 의하여 보호관찰을 받을 것을 명할 수 있다고 보아야 할 것이고, 이와 같은 해석이 형벌불소급의 원칙 내지 죄형법정주의에 위배되는 것이라고 볼 수 없다(대판 1997.6.13. 97도703).

② [○] 군형법 제64조 제1항의 상관면전모욕죄의 구성요건은 '상관을 그 면전에서 모욕하는' 것인데, 여기에서 '면전에서'라 함은 얼굴을 마주 대한 상태를 의미하는 것임이 분명하므로 전화를 통하여 통화하는 것을 면전에서의 대화라고는 할 수 없다(대판 2002.12.27. 2002도2539).

③ [×] 소급효금지의 원칙은 절차법인 형사소송법에는 적용되지 않는다(통설).

④ [×] 행위 당시의 판례에 의하면 처벌대상이 되지 아니하는 것으로 해석되었던 행위를 판례의 변경에 따라 확인된 내용의 형법 조항에 근거하여 처벌한다고 하여 형벌불소급의 원칙에 반한다고 할 수는 없다(대판 1999.9.17. 97도3349).

정답 ②

---

22 다음 중 판례에 따를 때 타당하지 않은 것은? [10 경찰채용]

① 공직선거법 제262조의 '자수'를 통상 관용적으로 사용되는 용례와는 달리 범행발각 전에 자수한 경우로 한정하여 해석하는 것은 유추해석금지의 원칙에 위반된다.

② 도시및주거환경정비법 제84조가 주택재건축조합의 임원을 뇌물죄의 적용에 있어서 공무원으로 의제한 것은 과잉금지의 원칙에 위반된다.

③ 컴퓨터에 저장되어 있는 '정보' 그 자체는 재물이 될 수 없다 할 것이고, 이를 복사하거나 출력하는 행위를 가지고 절도죄를 구성한다고 볼 수 없다.

④ 형법 제207조 제3항 소정의 '외국에서 통용하는 외국의 지폐'에 강제통용력을 가지지 아니하는 지폐라도 일반인의 관점에서 통용할 것이라고 오인할 가능성이 있는 지폐까지 포함된다고 해석하는 것은 죄형법정주의 원칙에 위반된다.

해설

① [○] 공직선거법 제262조의 "자수"를 '범행발각 전에 자수한 경우'로 한정하는 풀이는 "자수"라는 단어가 통상 관용적으로 사용되는 용례에서 갖는 개념 외에 '범행발각 전'이라는 또 다른 개념을 추가하는 것으로서 결국은 '언어의 가능한 의미'를 넘어 공직선거법 제262조의 "자수"의 범위를 그 문언보다 제한함으로써 공직선거법 제230조 제1항 등의 처벌범위를 실정법 이상으로 확대한 것이 되고, 따라서 이는 단순한 목적론적 축소해석에 그치는 것이 아니라, 형면제 사유에 대한 제한적 유추를 통하여 처벌범위를 실정법 이상으로 확대한 것으로서 죄형법정주의의 파생원칙인 유추해석금지의 원칙에 위반된다(대판(전) 1997.3.20. 96도1167).

② [×] 주택재건축사업이 공공성을 지니고 있을 뿐만 아니라 주택재건축조합의 임원은 그 조합원들의 재산권에 대하여 중대한 영향을 미칠 수 있기 때문에 공무원에 버금가는 고도의 청렴성과 업무의 불가매수성이 요구되는바, 그 임원이 직무와 관련하여 금품을 수수하는 등의 비리를 저질렀을 경우에는 이를 공무원으로 보아 엄중하게 처벌함으로써 주택재건축사업의 정상적인 운영과 조합 업무의 공정성 보장을 도모할 필요성이 있으므로 과잉금지의 원칙에 위반된다고 볼 수도 없다(대판 2007.4.27. 2007도694).

③ [○] 컴퓨터에 저장되어 있는 '정보' 그 자체는 재물이 될 수 없다 할 것이고, 이를 복사하거나 출력하는 행위를 가지고 절도죄를 구성한다고 볼 수 없다(대판 2002.7.12. 2002도745).

④ [○] 형법 제207조 제3항 소정의 '외국에서 통용하는 외국의 지폐'에 강제통용력을 가지지 아니하는 지폐라도 일반인의 관점에서 통용할 것이라고 오인할 가능성이 있는 지폐까지 포함된다고 해석하는 것은 죄형법정주의 원칙에 위반된다(대판 2004.5.14. 2003도3487).

정답 ②

---

23 죄형법정주의에 관한 설명 중 가장 적절하지 않은 것은? (다툼이 있으면 판례에 의함) [12 경찰승진]

① '도박 기타 범죄 등 선량한 풍속 및 사회질서에 반하는 행위'라는 요건은 이를 한정할 합리적인 기준이 없다면 형벌법규의 구성요건요소로서는 지나치게 광범위하고 불명확하다.

② 소급효 금지의 원칙은 실체법뿐만 아니라 절차법에 대하여도 적용되므로 형사소송법상의 규정이 행위 후에 행위자에게 불리하게 변경되어 소급적용된다면 이 원칙에 반한다.

③ 형법 제225조의 공문서변조나 위조죄의 주체인 공무원 또는 공무소에는 형법 또는 기타 특별법에 의하여 공무원 등으로 의제되는 경우뿐만 아니라 계약 등에 의하여 공무와 관련되는 업무를 일부 대행하는 경우도 포함된다고 해석하는 것은 죄형법정주의 원칙에 반한다.

④ 명확성의 원칙이란 기본적으로 최대한이 아닌 최소한의 명확성을 요구하는 것으로서, 그 문언이 법관의 보충적인 가치판단을 통해서 그 의미내용을 확인할 수 있고, 그러한 보충적 해석이 해석자의 개인적인 취향에 따라 좌우될 가능성이 없다면 명확성의 원칙에 반한다고 할 수 없다.

해설

① [○] '도박 기타 범죄 등 선량한 풍속 및 사회질서에 반하는 행위'라는 요건은 이를 한정할 합리적인 기준이 없다면 형벌법규의 구성요건요소로서는 지나치게 광범위하고 불명확하여 명확성의 원칙에 반한다(대판(전) 1998.6.18. 97도2231).

② [×] 형사소송법에는 소급효금지의 원칙이 적용되지 않는다(통설).

③ [○] 형법 또는 기타 특별법에 의하여 공무원 등으로 의제되는 경우를 제외하고는 계약 등에 의하여 공무와 관련되는 업무를 일부 대행하는 경우가 있다 하더라도 공무원 또는 공무소가 될 수는 없다(대판 1996.3.26. 95도3073).

④ [○] 명확성의 원칙이란 기본적으로 최대한이 아닌 최소한의 명확성을 요구하는 것으로서, 그 문언이 법관의 보충적인 가치판단을 통해서 그 의미내용을 확인할 수 있고, 그러한 보충적 해석이 해석자의 개인적인 취향에 따라 좌우될 가능성이 없다면 명확성의 원칙에 반한다고 할 수 없다(대판 2008.10.23. 2008초기264).

정답 ②

24 죄형법정주의에 관한 다음 설명 중 적절하지 않은 것은 모두 몇 개인가? (다툼이 있으면 판례에 의함)

[12 경찰채용]

> ㉠ 화물자동차로 형식승인을 받고 등록된 밴형 자동차를 구(舊) 자동차관리법시행규칙에서 정한 승용 또는 승합자동차에 해당한다고 보는 것은 죄형법정주의에 반한다.
> ㉡ 형사소송법 제307조(사실의 인정은 증거에 의하여야 한다), 제308조(증거의 증명력은 법관의 자유판단에 의한다)에 규정된 '증거' 또는 '자유심증'이라는 용어는 명확성의 원칙에 반하지 않는다.
> ㉢ 향토예비군설치법 제15조 제9항 후문이 '소집통지서를 수령할 의무가 있는 자'의 범위를 별도로 정하지 않은 경우는 명확성의 원칙에 반한다.
> ㉣ 총포·도검·화약류 등 단속법 시행령 제23조 제2항에서 정한 '쏘아 올리는 꽃불류의 사용'에 '설치행위'도 포함된다고 해석하는 것은 유추해석금지원칙에 어긋난다.

① 1개   ② 2개
③ 3개   ④ 없음

해설

> ㉠ [○] 화물자동차로 형식승인을 받고 등록된 밴형 자동차를 구 자동차관리법시행규칙에서 정한 승용 또는 승합자동차에 해당한다고 보는 것은 죄형법정주의에 반한다(대판(전) 2004.11.18. 2004도1228).
> ㉡ [○] 형사소송법 제307조(사실의 인정은 증거에 의하여야 한다), 제308조(증거의 증명력은 법관의 자유판단에 의한다)에 규정된 '증거' 또는 '자유심증'이라는 용어는 명확성의 원칙에 반하지 않는다(대판 2006.5.26. 2006초기92).
> ㉢ [×] 향토예비군설치법은 '소집통지서를 수령할 의무가 있는 자'의 의미나 범위에 관한 명문의 규정을 따로 두고 있지 않으나, 훈련소집 대상 예비군대원 본인이 소집통지서의 수령의무자가 된다는 점은 일반인의 이해와 판단으로서도 충분히 알 수 있다고 할 것이다(대판 2005.4.15. 2004도7977). ▶ 명확성의 원칙에 반하지 않는다는 취지의 판례이다.
> ㉣ [×] '사용'에는 쏘아 올리는 꽃불류의 '설치행위'도 포함되는 것으로 해석되고, 이러한 해석이 죄형법정주의에 의하여 금지되는 확장해석이나 유추해석에 해당하는 것으로 볼 수는 없다(대판 2010.5.13. 2009도13332).

정답 ②

---

25 죄형법정주의에 대한 설명으로 가장 적절하지 않은 것은? (다툼이 있으면 판례에 의함) [17 경찰채용]

① 구성요건이 신설된 상습강제추행죄가 시행되기 이전의 범행은 상습강제추행죄로는 처벌할 수 없고 행위시법에 기초하여 강제추행죄로 처벌할 수 있을 뿐이며, 이 경우 그 소추요건도 상습강제추행죄에 관한 것이 아니라 강제추행죄에 관한 것이 구비되어야 한다.

② 허위로 신고한 사실이 무고행위 당시 형사처분의 대상이 될 수 있었던 경우에는 무고죄는 기수에 이르고, 이후 그러한 사실이 형사범죄가 되지 않는 것으로 판례가 변경되었더라도 특별한 사정이 없는 한 이미 성립한 무고죄에는 영향을 미치지 않는다.

③ 가정폭력범죄의 처벌 등에 관한 특례법상 사회봉사명령을 부과하면서, 행위시법상 사회봉사명령 부과시간의 상한인 100시간을 초과하여 상한을 200시간으로 올린 신법을 적용한 것은 위법하다.

④ 「외국환거래법」 제30조가 규정하는 몰수·추징의 대상은 범인이 해당 행위로 인하여 취득한 외국환 기타 지급수단 등을 뜻하고, 이는 범인이 외국환거래법에서 규제하는 행위로 인하여 취득한 외국환 등이 있을 때 이를 몰수하거나 추징한다는 취지이나, 여기서 취득이란 해당 범죄행위로 인하여 결과적으로 이를 취득한 때를 말한다고 제한적으로 해석할 필요는 없다.

해설

① [○] 포괄일죄에 관한 기존 처벌법규에 대하여 그 표현이나 형량과 관련한 개정을 하는 경우가 아니라 애초에 죄가 되지 아니하던 행위를 구성요건의 신설로 포괄일죄의 처벌대상으로 삼는 경우에는 신설된 포괄일죄 처벌법규가 시행되기 이전의 행위에 대하여는 신설된 법규를 적용하여 처벌할 수 없다. 이는 신설된 처벌법규가 상습범을 처벌하는 구성요건인 경우에도 마찬가지라고 할 것이므로, 구성요건이 신설된 상습강제추행죄가 시행되기 이전의 범행은 상습강제추행죄로는 처벌할 수 없고 행위시법에 기초하여 강제추행죄로 처벌할 수 있을 뿐이며, 이 경우 그 소추요건도 상습강제추행죄에 관한 것이 아니라 강제추행죄에 관한 것이 구비되어야 한다(대판 2016.1.28. 2015도15669).

② [○] 허위로 신고한 사실이 무고행위 당시 형사처분의 대상이 될 수 있었던 경우에는 무고죄는 기수에 이르고, 이후 그러한 사실이 형사범죄가 되지 않는 것으로 판례가 변경되었더라도 특별한 사정이 없는 한 이미 성립한 무고죄에는 영향을 미치지 않는다(대판 2017.5.30. 2015도15398).

③ [○] [1] 가정폭력범죄의 처벌 등에 관한 특례법이 정한 사회봉사명령은 가정폭력범죄행위에 대하여 형사처벌 대신 부과되는 것으로서 가정폭력범죄를 범한 자에게 의무적 노동을 부과하고 여가시간을 박탈하여 실질적으로는 신체적 자유를 제한하게 되므로 이에 대하여는 원칙적으로 형벌불소급의 원칙에 따라 행위시법을 적용함이 상당하다.
[2] 법원이 가정폭력행위자에게 사회봉사명령을 부과하면서, 행위시법상 사회봉사명령 부과시간의 상한인 100시간을 초과하여 상한을 200시간으로 올린 신법을 적용한 것은 위법하다(대판 2008.7.24. 2008어4).

④ [×] 외국환거래법 제30조가 규정하는 몰수·추징의 대상은 범인이 해당 행위로 인하여 취득한 외국환 기타 지급수단 등을 뜻하고, 이는 범인이 외국환거래법에서 규제하는 행위로 인하여 취득한 외국환 등이 있을 때 이를 몰수하거나 추징한다는 취지로서, 여기서 취득이란 해당 범죄행위로 인하여 결과적으로 이를 취득한 때를 말한다고 제한적으로 해석함이 타당하다(대판 2017.5.31. 2013도8389).

정답 ④

26 죄형법정주의에 대한 설명 중 판례의 입장과 다른 것은 모두 몇 개인가? [11 경찰간부]

㉠ 채무자가 채권자에게 채무담보로 제공한 물건을 채권자가 제3자에게 보관시킨 경우 채무자가 제3자를 '기망'하여 물건을 교부받아 간 경우를 형법 제323조 소정의 권리행사방해죄의 '취거'로 보는 것은 죄형법정주의에 위배되지 않는다.
㉡ 부(父)가 혼인 외의 출생자를 인지하는 것이 범행 후에 이루어진 경우 인지의 소급효에 따라 형성되는 친족관계를 기초로 하여 친족상도례 규정을 적용하는 것은 소급효금지의 원칙에 위배된다.
㉢ 자신의 뇌물수수혐의에 대한 결백을 주장하기 위하여 제3자로부터 사건 관련자들이 주고받은 이메일 출력물을 교부받아 징계위원회에 제출한 행위를 '정보통신망에 의하여 처리·보관 또는 전송되는 타인의 비밀'인 이메일의 내용을 '누설하는 행위'에 해당한다고 보는 것은 죄형법정주의 원칙에 반하는 확장해석이라고 할 수 없다.

① 없음
② 1개
③ 2개
④ 3개

해설

㉠ [×] 권리행사방해죄에 있어서의 '취거'라 함은 타인의 점유 또는 권리의 목적이 된 자기의 물건을 그 점유자의 의사에 반하여 그 점유자의 점유로부터 자기 또는 제3자의 점유로 옮기는 것을 말하므로, 점유자의 의사나 그의 하자있는 의사에 기하여 점유가 이전된 경우에는 '취거'로 볼 수는 없다(대판 1988.2.23. 87도1952).

㉡ [×] 부(父)가 혼인 외의 출생자를 인지하는 경우에 있어서는 그 자(子)의 출생시에 소급하여 인지의 효력이 생기는 것이며, 이와 같은 인지의 소급효는 친족상도례에 관한 규정의 적용에도 미친다(대판 1997.1.24. 96도1731).

㉢ [○] 자신의 뇌물수수혐의에 대한 결백을 주장하기 위하여 제3자로부터 사건 관련자들이 주고받은 이메일 출력물을 교부받아 징계위원회에 제출한 행위를 '정보통신망에 의하여 처리·보관 또는 전송되는 타인의 비밀'인 이메일의 내용을 '누설하는 행위'에 해당한다고 보는 것은 죄형법정주의 원칙에 반하는 확장해석이라고 할 수 없다(대판 2008.4.24. 2006도8644).

정답 ③

27 다음 설명 중 틀린 것은 모두 몇 개인가? (다툼이 있으면 판례에 의함)

㉠ 강간상해죄를 1회 범한 것 외에 과거에 성폭력범죄로 소년보호처분을 받은 사실이 있는 경우는 특정범죄자에대한 위치추적전자장치부착등에관한법률 제5조 제1항 제3호에서 정한 성폭력범죄를 2회 이상 범한 경우에 해당한다.

㉡ 구 전자금융거래법에서 말하는 양도에는 단순히 접근매체를 빌려 주거나 일시적으로 사용하게 하는 행위는 포함되지 아니한다.

㉢ 보호관찰은 형벌이 아니라 보안처분의 성격을 가지는 것이 사실이나, 실질적으로는 형벌과 마찬가지의 형사제재에 해당하므로 원칙적으로 형벌불소급의 원칙에 따라 행위시법을 적용함이 상당하다.

㉣ 구 청소년의성보호에관한법률 제16조에 규정된 반의사불벌죄에서 피해자인 청소년에게 의사능력이 있음에도 그 처벌을 희망하지 않는다는 의사표시 또는 처벌희망 의사표시의 철회에 명문의 근거 없이 법정대리인의 동의가 필요하다고 보는 것은 죄형법정주의 내지 유추해석금지의 원칙에 위배된다.

① 0개   ② 1개
③ 2개   ④ 3개

해설

㉠ [×] [1] 피부착명령청구자가 소년보호처분을 받은 전력이 있다고 하더라도 이는 유죄의 확정판결을 받은 경우에 해당하지 아니함이 명백하므로 피부착명령청구자가 2회 이상 성폭력범죄를 범하였는지를 판단할 때 소년보호처분을 받은 전력을 고려할 것이 아니다.
[2] 피부착명령청구자가 피고사건 범죄사실인 강간상해죄를 1회 범한 것 외에 과거에 성폭력범죄로 소년보호처분을 받은 사실이 있다는 사유만으로는 '성폭력범죄를 2회 이상 범한 경우'에 해당하지 않는다(대판(전) 2012.3.22. 2011도15057).

㉡ [○] 구 전자금융거래법에서 말하는 양도에는 단순히 접근매체를 빌려 주거나 일시적으로 사용하게 하는 행위는 포함되지 아니한다(대판 2013.8.23. 2013도4004).

㉢ [×] 보호관찰은 형벌이 아니라 보안처분의 성격을 갖는 것으로서 과거의 불법에 대한 책임에 기초하고 있는 제재가 아니라 장래의 위험성으로부터 행위자를 보호하고 사회를 방위하기 위한 합목적적인 조치이므로, 그에 관하여 반드시 행위 이전에 규정되어 있어야 하는 것은 아니며 재판시의 규정에 의하여 보호관찰을 받을 것을 명할 수 있다(대판 1997.6.13. 97도703).

㉣ [○] 구 청소년의성보호에관한법률 제16조에 규정된 반의사불벌죄에서 피해자인 청소년에게 의사능력이 있음에도 그 처벌을 희망하지 않는다는 의사표시 또는 처벌희망 의사표시의 철회에 명문의 근거 없이 법정대리인의 동의가 필요하다고 보는 것은 죄형법정주의 내지 유추해석금지의 원칙에 위배된다(대판(전) 2009.11.19. 2009도6058).

정답 ③

28 다음 죄형법정주의에 관한 설명 중 옳은 것은 모두 몇 개인가? (다툼이 있으면 판례에 의함) [12 경찰채용]

> ㉠ 중개사무소 개설등록을 하지 아니하고 부동산 거래를 중개하면서 그에 대한 수수료를 약속하였으나 현실적으로 수령하지 아니한 경우, 공인중개사의업무및부동산거래신고에관한법률의 처벌대상이 된다.
> ㉡ 게임산업진흥에관한법률과 동법 시행령의 개정으로 게임머니의 환전, 환전 알선, 재매입 영업행위를 처벌하게 되었던 바, 그 시행일 이전의 행해졌던 환전, 환전 알선, 재매입한 영업행위를 처벌하는 것은 형벌법규의 소급효 금지원칙에 위배된다.
> ㉢ 가정폭력범죄의처벌등에관한특례법이 정한 보호처분 중 하나인 사회봉사명령은 가정폭력범죄행위에 대하여 형 사처벌 대신 부과되는 것으로서 실질적으로는 신체적 자유를 제한하는 것이지만, 형벌 그 자체가 아니라 보안처 분의 성격을 가지는 것이기 때문에 원칙적으로 소급적용이 허용된다.
> ㉣ 화물자동차운수사업법 제48조 제4호, 제39조의 처벌대상이 되는 '자가용화물자동차를 유상으로 화물운송용에 제 공하거나 임대하는 행위'라 함은 자가용화물자동차를 '유상으로 화물운송용에 제공하는 행위'와 '임대하는 행위' 를 의미한다고 보아야 할 것이다.

① 1개 ② 2개
③ 3개 ④ 4개

해설

㉠ [×] 죄형법정주의의 원칙상 중개사무소 개설등록을 하지 아니하고 부동산 거래를 중개하면서 그에 대한 보수를 약속·요구하 는 행위를 약칭 공인중개사법 위반죄로 처벌할 수는 없다(대판 2011.5.13. 2010도16970).

㉡ [O] 게임산업진흥에관한법률과 동법 시행령의 개정으로 게임머니의 환전, 환전 알선, 재매입 영업행위를 처벌하게 되었던 바, 그 시행일 이전의 행해졌던 환전, 환전 알선, 재매입한 영업행위를 처벌하는 것은 형벌법규의 소급효금지원칙에 위배된다(대판 2009.4.23. 2008도11017).

㉢ [×] 사회봉사명령은 가정폭력범죄를 범한 자에 대하여 환경의 조정과 성행의 교정을 목적으로 하는 것으로서 형벌 그 자체가 아니라 보안처분의 성격을 가지는 것이 사실이다. 그러나 한편으로 이는 가정폭력범죄행위에 대하여 형사처벌 대신 부과되는 것으로서, 가정폭력범죄를 범한 자에게 의무적 노동을 부과하고 여가시간을 박탈하여 실질적으로는 신체적 자유를 제한하게 되므로 이에 대하여는 원칙적으로 형벌불소급의 원칙에 따라 행위시법을 적용함이 상당하다(대판 2008.7.24. 2008어4).

㉣ [O] 화물자동차운수사업법 제48조 제4호, 제39조의 처벌대상이 되는 '자가용화물자동차를 유상으로 화물운송용에 제공하거 나 임대하는 행위'라 함은 자가용화물자동차를 '유상으로 화물운송용에 제공하는 행위'와 '임대하는 행위'를 의미한다고 보아야 할 것이다(대판 2011.4.14. 2008도6693).

정답 ②

29 죄형법정주의에 대한 설명으로 가장 적절하지 않은 것은? (다툼이 있으면 판례에 의함)

① 「군형법」 제64조 제1항의 상관면전모욕죄의 구성요건은 '상관을 그 면전에서 모욕하는' 것인데, 여기에서 '면전에서'라 함은 얼굴을 마주 대한 상태를 의미하는 것임이 분명하므로, 전화를 통하여 통화하는 것을 면전에서의 대화라고는 할 수 없다.

② 행위 당시의 판례에 의하면 처벌대상이 되지 아니하는 것으로 해석되었던 행위를 판례의 변경에 따라 확인된 내용의 형법 조항에 근거하여 처벌한다고 하여 그것이 헌법상 평등의 원칙과 형벌불소급의 원칙에 반한다고 할 수는 없다.

③ 개정 「형사소송법」 시행 당시 공소시효가 완성되지 아니한 범죄에 대한 공소시효가 위 법률이 개정되면서 신설된 제253조 제3항에 의하여 피고인이 외국에 있는 기간 동안 정지된 경우, 공소제기시에 공소시효의 기간은 경과되지 아니하였다.

④ 「유해화학물질관리법」 제35조 제1항에서 금지하는 환각물질을 구체적으로 명확하게 규정하지 아니하고 다만 그 성질에 관하여 '흥분·환각 또는 마취의 작용을 일으키는 유해화학물질로서 대통령령이 정하는 물질'로 그 한계를 설정하여 놓고 같은 법 시행령 제22조에서 이를 구체적으로 규정하게 하고, 같은 법 제35조 제1항의 '섭취 또는 흡입'이라고만 규정하고 그 섭취 기준을 따로 정하지 않은 것은 죄형법정주의에 반한다.

해설

① [O] 군형법 제64조 제1항의 상관면전모욕죄의 구성요건은 '상관을 그 면전에서 모욕하는' 것인데, 여기에서 '면전에서'라 함은 얼굴을 마주 대한 상태를 의미하는 것임이 분명하므로 전화를 통하여 통화하는 것을 면전에서의 대화라고는 할 수 없다(대판 2002.12.27. 2002도2539).

② [O] 행위 당시의 판례에 의하면 처벌대상이 되지 아니하는 것으로 해석되었던 행위를 판례의 변경에 따라 확인된 내용의 형법 조항에 근거하여 처벌한다고 하여 형벌불소급의 원칙에 반한다고 할 수는 없다(대판 1999.9.17. 97도3349).

③ [O] 개정 형사소송법 시행 당시 공소시효가 완성되지 아니한 범죄에 대한 공소시효가 위 법률이 개정되면서 신설된 제253조 제3항에 의하여 피고인이 외국에 있는 기간 동안 정지되었다고 보아 공소제기시에 공소시효의 기간이 경과되지 아니하였다고 한 사례(대판 2003.11.27. 2003도4327).

④ [×] 유해화학물질관리법 제35조 제1항에서 금지하는 환각물질을 구체적으로 명확하게 규정하지 아니하고 다만 그 성질에 관하여 '흥분·환각 또는 마취의 작용을 일으키는 유해화학물질로서 대통령령이 정하는 물질'로 그 한계를 설정하여 놓고, 같은법 시행령 제22조에서 이를 구체적으로 규정하게 한 취지는 과학 기술의 급격한 발전으로 말미암아 흥분·환각 또는 마취의 작용을 일으키는 유해화학물질이 수시로 생겨나기 때문에 이에 신속하게 대처하려는 데에 있으므로, 위임의 한계를 벗어난 것으로 볼 수 없고, 한편 같은 법 제35조 제1항의 '섭취 또는 흡입'의 개념이 추상적이고 불명확하다거나 지나치게 광범위하다고 볼 수도 없다(대판 2000.10.27. 2000도4187).

정답 ④

30 다음 판례 중 유추해석금지 원칙에 위반되는 것은 모두 몇 개인가?

> ㉠ 공직선거 및 선거부정방지법의 자수를 범행발각 전에 자수한 경우로 한정 해석한 경우
> ㉡ 타인에 의해 이미 생성된 주민등록번호를 단순히 사용한 것을 허위의 주민등록번호를 생성하여 자기 또는 다른 사람의 재물이나 재산상의 이익을 위해 사용한 것으로 보는 경우
> ㉢ 친고죄에 관한 고소의 주관적 불가분원칙을 규정하고 있는 형사소송법 제233조가 공정거래위원회의 고발에도 유추적용된다고 해석하는 경우
> ㉣ '지방세에 관한 범칙행위에 대하여는 조세범처벌법령을 준용한다'고 규정하고 있는 지방세법 제84조 제1항의 '조세범처벌법령'에 특정범죄가중처벌 등에 관한 법률도 포함된다고 해석하는 경우

① 1개   ② 2개
③ 3개   ④ 4개

해설

▶ 모두 유추해석금지의 원칙에 위반된다.

㉠ [×] 공직선거법 제262조의 "자수"를 '범행발각 전에 자수한 경우'로 한정하는 풀이는 "자수"라는 단어가 통상 관용적으로 사용되는 용례에서 갖는 개념 외에 '범행발각 전'이라는 또 다른 개념을 추가하는 것으로서 결국은 '언어의 가능한 의미'를 넘어 공직선거법 제262조의 "자수"의 범위를 그 문언보다 제한함으로써 공직선거법 제230조 제1항 등의 처벌범위를 실정법 이상으로 확대한 것이 되고, 따라서 이는 단순한 목적론적 축소해석에 그치는 것이 아니라, 형면제 사유에 대한 제한적 유추를 통하여 처벌범위를 실정법 이상으로 확대한 것으로서 죄형법정주의의 파생원칙인 유추해석금지의 원칙에 위반된다(대판(전) 1997.3.20. 96도1167).

㉡ [×] 피고인이 허위의 주민등록번호를 생성하여 사용한 것이 아니라 타인에 의하여 이미 생성된 주민등록번호를 단순히 사용한 것에 불과하다면, 이러한 행위는 '허위의 주민등록번호를 생성하여' 자기 또는 다른 사람의 재물이나 재산상의 이익을 위하여 이를 사용한 자를 처벌하는 주민등록법 제21조 제2항 제3호에 해당하지 아니한다(대판 2004.2.27. 2003도6535).

㉢ [×] 친고죄에 관한 고소의 주관적 불가분원칙을 규정하고 있는 형사소송법 제233조가 공정거래위원회의 고발에도 유추적용된다고 해석한다면 이는 공정거래위원회의 고발이 없는 행위자에 대해서까지 형사처벌의 범위를 확장하는 것으로서 허용될 수 없다(대판 2010.9.30. 2008도4762).

㉣ [×] 특가법은 제1조에서 '이 법은 형법·관세법·조세범처벌법·산림법 및 마약법에 규정된 특정범죄에 대한 가중처벌 등을 규정함으로써~'고 규정할 뿐, 지방세법 위반죄를 가중처벌 대상에 포함시키지 않고 있으므로 지방세법 제84조 제1항의 '조세범처벌법령'에 특가법도 포함된다고 해석하는 것은 허용되지 않는다(대판 2008.3.27. 2007도7561).

정답 ④

31 죄형법정주의와 관련된 다음 판례 중 가장 옳지 않은 것은? (다툼이 있으면 판례에 의함)

① 정보통신망에 의하여 처리·보관 또는 전송되는 타인의 정보를 훼손하거나 타인의 비밀을 침해·도용 또는 누설하는 행위를 금지·처벌하는 규정인 정보통신망이용촉진및정보보호등에관한법률 제49조의 '타인'에는 이미 사망한 사람은 포함되지 않는다.

② '약국 개설자가 아니면 의약품을 판매하거나 판매 목적으로 취득할 수 없다'고 규정한 구 약사법 제44조 제1항의 '판매'에 무상으로 의약품을 양도하는 '수여'를 포함시켜 해석하는 것은 죄형법정주의에 위배되지 않는다.

③ 특수폭행죄의 위험한 물건을 '휴대하여'라는 말은 소지뿐만 아니라 널리 이용한다는 뜻도 포함하고 있다.

④ 자동차를 움직이게 할 의도 없이 다른 목적을 위하여 자동차의 시동을 걸었으나 실수 등으로 인하여 자동차가 움직이게 된 경우에는 '자동차의 운전'에 해당하지 않는다.

① [×] 정보통신망에 의하여 처리·보관 또는 전송되는 타인의 정보를 훼손하거나 타인의 비밀을 침해·도용 또는 누설하는 행위를 금지·처벌하는 규정인 정보통신망법 제49조 및 제62조 제6호의 '타인'에는 <u>생존하는 개인뿐만 아니라 이미 사망한 자도 포함된다</u>(대판 2007.6.14. 2007도2162).

② [O] 약국 개설자가 아니면 의약품을 판매하거나 판매 목적으로 취득할 수 없다'고 규정한 구 「약사법」 제44조 제1항의 '판매'에 무상으로 의약품을 양도하는 '수여'를 포함시키는 해석은 죄형법정주의에 위배된다고 볼 수 없다(대판 2011.10.13. 2011도6287).

③ [O] [1] '위험한 물건'이라 함은 흉기는 아니라고 하더라도 <u>널리 사람의 생명, 신체에 해를 가하는 데 사용할 수 있는 일체의 물건을 포함한다</u>고 풀이할 것이므로, 본래 살상용·파괴용으로 만들어진 것뿐만 아니라 다른 목적으로 만들어진 칼, 가위, 유리병, 각종 공구, 자동차 등은 물론 화학약품 또는 사주된 동물 등도 그것이 사람의 생명·신체에 해를 가하는 데 사용되었다면 '위험한 물건'이라 할 것이며, 한편 이러한 물건을 '휴대하여'라는 말은 소지뿐만 아니라 널리 이용한다는 뜻도 포함하고 있다. [2] 피해자에게 농약을 먹이려 하고 당구큐대로 폭행한 사안에서, 농약과 당구큐대가 위험한 물건에 해당한다고 한 사례(대판 2002.9.6. 2002도2812).

④ [O] 도로교통법상 '운전'의 개념은 목적적 요소를 포함하는 것이므로 고의의 운전행위만을 의미하고 자동차 안에 있는 사람의 의지나 관여 없이 자동차가 움직인 경우에는 운전에 해당하지 않으므로, <u>어떤 사람이 자동차를 움직이게 할 의도 없이 다른 목적을 위하여 자동차의 원동기(모터)의 시동을 걸었는데, 실수로 기어 등 자동차의 발진에 필요한 장치를 건드려 원동기의 추진력에 의하여 자동차가 움직이거나 또는 불안전한 주차상태나 도로여건 등으로 인하여 자동차가 움직이게 된 경우는 자동차의 운전에 해당하지 아니한다</u>(대판 2004.4.23. 2004도1109).

정답 ①

---

32 다음은 죄형법정주의에 대한 설명이다. 가장 적절하지 않은 것은? (다툼이 있으면 판례에 의함) [13 경찰채용]

① 교육감 선거에 공직선거법의 시·도지사 선거에 관한 규정을 준용한 구 지방교육자치에 관한 법률 제22조 제3항은 죄형법정주의에 위배되지 아니한다.

② 일반음식점 영업자인 피고인이 주로 술과 안주를 판매함으로써 구 식품위생법상 준수사항을 위반하였다는 내용으로 기소된 사안에서 위 준수사항 중 '주류만을 판매하는 행위'에 안주류와 함께 주로 주류를 판매하는 행위도 포함된다고 해석하는 것은 죄형법정주의에 위배되지 아니한다.

③ 정비사업 시행에 관한 서류와 관련 자료에 대한 열람·등사 요청에 즉시 응할 의무를 규정하고 이를 위반하는 행위를 처벌하는 구 도시 및 주거환경정비법 제86조 제6호, 제81조 제1항은 죄형법정주의에 위배되지 아니한다.

④ '약국 개설자가 아니면 의약품을 판매하거나 판매 목적으로 취득할 수 없다'고 규정한 구 약사법 제44조 제1항의 '판매'에 무상으로 의약품을 양도하는 '수여'를 포함시키는 해석은 죄형법정주의에 위배되지 아니한다.

① [O] 교육감 선거에 공직선거법의 시·도지사 선거에 관한 규정을 준용한 구 지방교육자치에 관한 법률 제22조 제3항은 죄형법정주의에 위배되지 아니한다(대판 2012.11.29. 2010도9007).

② [×] <u>'음식류의 조리·판매보다는 주로 주류의 조리·판매를 목적으로 하는 소주방·호프·카페 등의 영업형태로 운영되는 영업'</u>은 구 식품위생법상 식품접객업의 종류 중에서는 <u>일반음식점영업 허가를 받은 영업자가 적법하게 할 수 있는 행위의 범주에 속한다. 그러므로 일반음식점 영업자가 위와 같은 형태로 영업하였다고 하여 이를 '주류만을 판매하는 행위'를 하여서는 아니된다고 규정한 일반음식점 영업자의 준수사항을 위반한 것이라고 보는 것은 죄형법정주의의 정신과 법령 규정의 체계에 어긋나는 것이다</u>(대판 2012.6.28. 2011도15097).

③ [O] 정비사업 시행에 관한 서류와 관련 자료에 대한 열람·등사 요청에 즉시 응할 의무를 규정하고 이를 위반하는 행위를 처벌하는 구 도시 및 주거환경정비법 제86조 제6호, 제81조 제1항은 죄형법정주의에 위배되지 아니한다(대판 2012.2.23. 2010도8981).

④ [O] 약국 개설자가 아니면 의약품을 판매하거나 판매 목적으로 취득할 수 없다'고 규정한 구 「약사법」 제44조 제1항의 '판매'에 무상으로 의약품을 양도하는 '수여'를 포함시키는 해석은 죄형법정주의에 위배된다고 볼 수 없다(대판 2011.10.13. 2011도6287).

정답 ②

33 판례에 의할 때 죄형법정주의에 어긋나는 경우는 모두 몇 개인가?

[01 사시]

> ㉠ 형법을 제정하면서 제243조 음화반포죄의 구성요건에 '음란'이라는 표현을 사용한 경우
> ㉡ 집행유예를 선고하면서 형법 제62조의2 제1항에 의하여 보호관찰과 사회봉사를 동시에 명한 경우
> ㉢ 공직선거및선거부정방지법 제262조의 '자수'를 범행 발각 전에 자수한 경우로 한정하여 해석한 경우
> ㉣ 초병이 하자있는 의사에 의하여 총기를 편취당한 경우도 군용물분실죄(군형법 제74조)의 '분실'에 해당한다고 해석한 경우

① 0개   ② 1개
③ 2개   ④ 3개
⑤ 4개

해설

> ㉠ [명확성원칙에 반하지 않음] 형법 제243조(음화반포죄), 제244조(음화제조죄)에서 규정하는 '음란'은 죄형법정주의의 명확성의 원칙에 위배된다고 할 수 없다(대판 1995.6.16. 94도2413).
> ㉡ [유추해석금지원칙에 반하지 않음] 형법 제62조의2 제1항은 보호관찰과 사회봉사는 각각 독립하여 명할 수 있다는 것이지, 반드시 그 양자를 동시에 명할 수 없다는 취지로 해석되지는 않는다(대판 1998.4.24. 98도98).
> ㉢ [유추해석금지원칙에 반함] 공직선거법 제262조의 "자수"를 '범행발각 전에 자수한 경우'로 한정하는 풀이는 단순한 목적론적 축소해석에 그치는 것이 아니라, 형면제 사유에 대한 제한적 유추를 통하여 처벌범위를 실정법 이상으로 확대한 것으로서 죄형법정주의의 파생원칙인 유추해석금지의 원칙에 위반된다(대판(전) 1997.3.20. 96도1167).
> ㉣ [유추해석금지원칙에 반함] 군형법 제74조 소정의 군용물분실죄에서의 분실은 행위자의 의사에 의하지 아니하고 물건의 소지를 상실한 것을 의미한다고 할 것이며, 이 점에서 하자가 있기는 하지만 행위자의 의사에 기해 재산적 처분행위를 하여 재물의 점유를 상실함으로써 편취당한 것과는 구별된다고 할 것이고, 분실의 개념을 군용물의 보관책임이 있는 자가 결과적으로 군용물의 소지를 상실하는 모든 경우로 확장해석하거나 유추해석할 수는 없다(대판 1999.7.9. 98도1719).

정답 ③

34 소급금지원칙의 적용에 관한 설명 중 옳은 것을 모두 고른 것은? (다툼이 있는 경우에는 판례에 의함)

[12 변호사]

> 가. 가정폭력범죄의 처벌 등에 관한 특례법이 정한 사회봉사명령은 형벌 그 자체가 아니라 보안처분의 성격을 가지고 있으므로 이에 대하여는 형벌불소급의 원칙이 적용되지 아니한다.
> 나. 대법원 양형위원회가 설정한 '양형기준'이 발효하기 전에 공소가 제기된 범죄에 대하여 위 '양형기준'을 참고하여 형을 양정하더라도 피고인에게 불리한 법률을 소급하여 적용한 것으로 볼 수 없다.
> 다. 부(父)가 혼인 외의 출생자를 인지하는 경우에 그 인지의 소급효는 형법상 친족상도례에 관한 규정의 적용에는 미치지 아니한다.
> 라. 과거에 이미 행한 범죄에 대하여 공소시효를 정지시키는 법률이라고 하더라도 그 사유만으로 형벌불소급의 원칙에 언제나 위배되는 것은 아니다.
> 마. 행위 당시의 판례에 의하면 처벌대상이 되지 아니하는 것으로 해석되었던 행위를 판례의 변경에 따라 확인된 내용의 형법 조항에 근거하여 처벌하는 것은 형벌불소급의 원칙에 반하지 않는다.

① 가, 나, 다   ② 가, 라, 마
③ 나, 다, 라   ④ 나, 라, 마
⑤ 다, 라, 마

해설

가. [×] 가정폭력범죄의 처벌 등에 관한 특례법이 정한 보호처분 중의 하나인 사회봉사명령은 가정폭력범죄를 범한 자에 대하여 환경의 조정과 성행의 교정을 목적으로 하는 것으로서 형벌 그 자체가 아니라 보안처분의 성격을 가지는 것이 사실이다. 그러나 한편으로 이는 가정폭력범죄행위에 대하여 형사처벌 대신 부과되는 것으로서, 가정폭력범죄를 범한 자에게 의무적 노동을 부과하고 여가시간을 박탈하여 실질적으로는 신체적 자유를 제한하게 되므로, 이에 대하여는 원칙적으로 형벌불소급의 원칙에 따라 행위시법을 적용함이 상당하다(대결 2008.7.24. 2008어4).

나. [○] 대법원 양형위원회가 설정한 '양형기준'이 발효하기 전에 공소가 제기된 범죄에 대하여 위 '양형기준'을 참고하여 형을 양정한 것은, 피고인에게 불리한 법률을 소급하여 적용한 위법이 있다고 할 수 없다(대판 2009.12.10. 2009도11448).

다. [×] 형법 제344조·제328조 제1항 소정의 친족간의 범행에 관한 규정이 적용되기 위한 친족관계는 원칙적으로 범행 당시에 존재하여야 하는 것이지만, 父가 혼인 외의 출생자를 인지하는 경우에 있어서는 민법 제860조에 의하여 그 자의 출생시에 소급하여 인지의 효력이 생기는 것이며, 이와 같은 인지의 소급효는 친족상도례에 관한 규정의 적용에도 미친다고 보아야 할 것이므로, 인지가 범행 후에 이루어진 경우라고 하더라도 그 소급효에 따라 형성되는 친족관계를 기초로 하여 친족상도례의 규정이 적용된다(대판 1997.1.24. 96도1731).

라. [○] 형벌불소급의 원칙은 "행위의 가벌성" 즉 형사소추가 "언제부터 어떠한 조건하에서" 가능한가의 문제에 관한 것이고, "얼마동안" 가능한가의 문제에 관한 것은 아니므로, 과거에 이미 행한 범죄에 대하여 공소시효를 정지시키는 법률이라 하더라도 그 사유만으로 헌법 제12조 제1항 및 제13조 제1항에 규정한 죄형법정주의의 파생원칙인 형벌불소급의 원칙에 언제나 위배되는 것으로 단정할 수는 없다(헌재 1999.7.22. 97헌바76).

마. [○] 형사처벌의 근거가 되는 것은 법률이지 판례가 아니고, 형법 조항에 관한 판례의 변경은 그 법률조항의 내용을 확인하는 것에 지나지 아니하여 이로써 그 법률조항 자체가 변경된 것이라고 볼 수는 없으므로, 행위 당시의 판례에 의하면 처벌대상이 되지 아니하는 것으로 해석되었던 행위를 판례의 변경에 따라 확인된 내용의 형법 조항에 근거하여 처벌한다고 하여 그것이 헌법상 평등의 원칙과 형벌불소급의 원칙에 반한다고 할 수는 없다(대판(전) 1999.9.17. 97도3349).

정답 ④

35 다음 설명 중 옳은 것은? (다툼이 있으면 판례에 의함)　　[21 변호사]

① 「가정폭력범죄의 처벌 등에 관한 특례법」에서 규정하고 있는 사회봉사명령은 보안처분이므로 이 명령에 형벌불소급의 원칙이 적용되지 않는다.

② 종전보다 가벼운 형으로 형벌법규를 개정하면서 개정된 법시행 전의 범죄에 대해서 종전의 형벌법규를 적용하도록 그 부칙에 규정하는 것은 형벌불소급의 원칙에 반한다.

③ 행위 시에 없던 보호관찰규정이 재판 시에 신설되어 이를 근거로 보호관찰을 명할 경우 형벌불소급의 원칙 또는 죄형법정주의에 위배된다.

④ 1억원 이상의 벌금형을 선고하는 경우 노역장 유치기간의 하한을 중하게 정한 개정 「형법」 제70조 제2항을 시행일 이후 최초로 공소제기되는 경우부터 적용하도록 한 개정 「형법」 부칙 제2조 제1항은 형벌불소급의 원칙에 위반된다.

⑤ 「디엔에이신원확인정보의 이용 및 보호에 관한 법률」이 시행 당시 디엔에이감식시료 채취 대상 범죄로 이미 징역이나 금고 이상의 실형을 선고받아 그 형이 확정되어 수용 중인 사람에게도 적용될 수 있도록 한 위 법률 부칙 제2조 제1항은 소급입법금지원칙에 위배된다.

해설

① [×] 가정폭력법상 사회봉사명령은 가정폭력범죄행위에 대하여 형사처벌 대신 부과되는 것으로서 가정폭력범죄를 범한 자에게 의무적 노동을 부과하고 여가시간을 박탈하여 실질적으로는 신체적 자유를 제한하게 되므로 이에 대하여는 원칙적으로 형벌불소급의 원칙에 따라 행위시법을 적용함이 상당하다(대판 2008.7.24. 2008어4).

② [×] 형법 제1조 제2항 및 제8조에 의하면, 범죄 후 법률의 변경에 의하여 형이 구법보다 가벼운 때에는 원칙적으로 신법에 따라야 하지만, 신법에 경과규정을 두어 이러한 신법의 적용을 배제하는 것도 허용되는 것으로서 형벌 법규의 형을 종전보다 가볍게 개정하면서 그 부칙에서 개정된 법의 시행 전의 범죄에 대하여는 종전의 형벌법규를 적용하도록 규정한다 하여 형벌불소급의 원칙이나 신법우선의 원칙에 반한다고 할 수 없다(대판 2013.7.11. 2011도15056).

③ [×] 보호관찰은 형벌이 아니라 보안처분의 성격을 갖는 것으로서 과거의 불법에 대한 책임에 기초하고 있는 제재가 아니라 장래의 위험성으로부터 행위자를 보호하고 사회를 방위하기 위한 합목적적인 조치이므로, 그에 관하여 반드시 행위 이전에 규정되어 있어야 하는 것은 아니며 재판시의 규정에 의하여 보호관찰을 받을 것을 명할 수 있다고 보아야 할 것이고, 이와 같은 해석이 형벌불소급의 원칙 내지 죄형법정주의에 위배되는 것이라고 볼 수 없다(대판 1997.6.13. 97도703).

④ [○] [1] 노역장유치는 그 실질이 신체의 자유를 박탈하는 것으로서 징역형과 유사한 형벌적 성격을 가지므로 형벌불소급원칙의 적용대상이 된다.
[2] 형법 제70조 제2항4)(노역장유치조항)은 1억원 이상의 벌금형을 선고받는 자에 대하여 유치기간의 하한을 중하게 변경시킨 것이므로, 이 조항 시행 전의 범죄행위에 대해서는 범죄행위 당시에 존재하였던 법률을 적용하여야 한다.
[3] 형법 제70조 제2항을 시행일 이후 최초로 공소제기되는 경우부터 적용하도록 한 형법 부칙(2014.5.14.) 제2조 제1항은 노역장유치조항의 시행 전에 행해진 범죄행위에 대해서도 공소제기의 시기가 노역장유치조항의 시행 이후이면 이를 적용하도록 하고 있으므로, 이는 범죄행위 당시보다 불이익한 법률을 소급 적용하도록 하는 것으로 헌법상 형벌불소급원칙에 위반된다(대판 2018.2.13. 2017도17809).

⑤ [×] 디엔에이신원확인정보의 수집·이용이 범죄의 예방효과를 가지는 보안처분으로서의 성격을 일부 지닌다고 하더라도 이는 형벌과는 구별되는 비형벌적 보안처분으로서 소급입법금지원칙이 적용되지 아니하고, 소급적용으로 발생하는 당사자의 손실에 비하여 소급 적용으로 인한 공익적 목적이 더 크다고 할 것이므로 디엔에이신원확인정보의 이용 및 보호에 관한 법률(2010.1.25. 법률 제9944호로 제정된 것) 시행 당시 디엔에이감식시료 채취 대상범죄로 이미 징역이나 금고 이상의 실형을 선고받아 그 형이 확정되어 수용 중인 사람들까지 위 법률을 적용한다고 하여 소급입법금지원칙에 위배되는 것은 아니다(헌재 2014.8.28. 2011헌마28).

정답 ④

36 죄형법정주의와 관련된 설명 중 옳은 것은 모두 몇 개인가? (다툼이 있으면 판례에 의함) [12 경찰간부]

> ㉠ 행정상의 단속을 주안으로 하는 법규라 하더라도 '명문규정이 있거나 해석상 과실범도 벌할 뜻이 명확한 경우'를 제외하고는 형법의 원칙에 따라 '고의'가 있어야 벌할 수 있다.
> ㉡ 건설공사의 수주 및 시공과 관련하여 발주자, 수급인, 하수급인 또는 이해관계인이 부정한 청탁에 의한 금품을 수수하는 것을 금지하고 형사처벌하는 건설산업기본법 제38조의2와 제95조의2 규정에서 '이해관계인'이라는 표현은 명확성의 원칙에 위배된다.
> ㉢ 상관에게 전화를 통하여 모욕하는 경우를 군형법 제64조 제1항의 상관면전모욕죄의 구성요건인 '상관을 그 면전에서 모욕하는' 것에 포함된다고 해석하는 것은 허용되지 않는다.
> ㉣ 약사법 제5조 제3항에서 면허증의 대여를 금지한 취지는 약사 자격이 없는 자가 타인의 면허증을 빌려 영업을 하게 되는 경우 국민의 건강에 위험이 초래된다는 데에 있다고 할 것이므로, 약사 자격이 있는 자에게 빌려주는 행위까지 금지되는 것으로 보는 것은 유추적용에 해당한다.

① 1개   ② 2개
③ 3개   ④ 4개

---

4) 선고하는 벌금이 1억원 이상 5억원 미만인 경우에는 300일 이상, 5억원 이상 50억원 미만인 경우에는 500일 이상, 50억원 이상인 경우에는 1,000일 이상의 유치기간을 정하여야 한다.

해설

- ㉠ [O] 행정상의 단속을 주안으로 하는 법규라 하더라도 '명문규정이 있거나 해석상 과실범도 벌할 뜻이 명확한 경우'를 제외하고 는 형법의 원칙에 따라 '고의'가 있어야 벌할 수 있다(대판 2010.2.11. 2009도9807).
- ㉡ [×] '이해관계인'이란 건설공사를 도급 또는 하도급을 받을 목적으로 도급계약을 체결하기 위하여 경쟁하는 자로서 도급계약의 체결 여부에 직접적이고 법률적인 이해관계를 가진 자를 의미하고, 이러한 의미를 가진 '이해관계인' 규정이 죄형법정주의의 명확성의 원칙에 위배된다고 할 수 없다(대판 2009.9.24. 2007도6185).
- ㉢ [O] 군형법 제64조 제1항의 상관면전모욕죄의 구성요건은 '상관을 그 면전에서 모욕하는' 것인데, 여기에서 '면전에서'라 함은 얼굴을 마주 대한 상태를 의미하는 것임이 분명하므로 전화를 통하여 통화하는 것을 면전에서의 대화라고는 할 수 없다(대판 2002.12.27. 2002도2539).
- ㉣ [×] 약사법 제5조 제3항에서 금지하는 '면허증의 대여'라 함은, 다른 사람이 그 면허증을 이용하여 그 면허증의 명의자인 약사 인 것처럼 행세하면서 약사에 관한 업무를 하려는 것을 알면서도 면허증 그 자체를 빌려 주는 것을 의미한다. 따라서 면허증 대여의 상대방 즉 차용인이 무자격자인 경우는 물론이요 자격 있는 약사인 경우에도 약사면허증을 대여한 데에 해당한다(대판 2003.6.24. 2002도6829).

정답 ②

37

죄형법정주의에 관한 설명 중 옳은 것은 모두 몇 개인가? (다툼이 있으면 판례에 의함) [14 경찰승진]

> ㉠ 구성요건에 대한 확장적 유추해석은 금지되지만 위법성 및 책임의 조각사유나 소추조건 또는 처벌조각사유인 형면제 사유를 제한적으로 해석하는 것은 유추해석금지원칙에 반하지 아니한다.
> ㉡ 사고피해자를 유기한 도주차량 운전자에게 살인죄보다 무거운 법정형을 규정하였다 하여 그것만으로 적정성의 원칙에 반한다고 할 수 없다.
> ㉢ 공공기관의 운영에 관한 법률 제53조가 공기업의 임직원으로서 공무원이 아닌 사람은 형법 제129조의 적용에서 는 이를 공무원으로 본다고 규정하고 있을 뿐 구체적인 공기업의 지정에 관하여는 하위규범인 기획재정부장관 의 고시에 의하도록 규정하였더라도 죄형법정주의에 위배되거나 위임입법의 한계를 일탈한 것으로 볼 수 없다.
> ㉣ 대법원 양형위원회가 설정한 '양형기준'이 발효하기 전에 공소가 제기된 범죄에 대하여 위 '양형기준'을 참고하여 형을 양정한 경우 소급적용금지의 원칙을 위반한 것은 아니다.

① 1개
② 2개
③ 3개
④ 4개

해설

- ㉠ [×] 위법성 및 책임의 조각사유나 소추조건 또는 처벌조각사유인 형면제 사유에 관하여 그 범위를 제한적으로 유추적용하게 되면 행위자의 가벌성의 범위는 확대되어 행위자에게 불리하게 되는바, 이는 유추해석금지의 원칙에 위반하여 허용될 수 없다 (대판(전) 1997.3.20. 96도1167).
- ㉡ [×] 과실로 사람을 치상하게 한 자가 구호행위를 하지 아니하고 도주하거나 고의로 유기함으로써 치사의 결과에 이르게 한 경우에 살인죄와 비교하여 그 법정형을 더 무겁게 한 것은 형벌체계상의 정당성과 균형을 상실한 것이어서 과잉입법금지의 원칙 에 반한다(헌재 1992.4.28. 90헌바24).
- ㉢ [O] 구체적인 공기업의 지정에 관하여는 그 하위규범인 기획재정부장관의 고시에 의하도록 규정하였다 하더라도 죄형법정주 의에 위배되거나 위임입법의 한계를 일탈한 것으로 볼 수 없다(대판 2013.6.13. 2013도1685).
- ㉣ [O] [1] 법원조직법 제81조의2 이하의 규정에 의하여 마련된 대법원 양형위원회의 양형기준은 법관이 합리적인 양형을 정하 는 데 참고할 수 있는 구체적이고 객관적인 기준으로 마련된 것이다(같은 법 제81조의6 제1항 참조). 위 양형기준은 법적 구속 력을 가지지 아니하고(같은 법 제81조의7 제1항 단서), 단지 법관의 양형에 있어서 그 존중이 요구되는 것일 뿐이다.
  [2] 대법원 양형위원회가 설정한 '양형기준'이 발효하기 전에 공소가 제기된 범죄에 대하여 위 '양형기준'을 참고하여 형을 양정 한 사안에서, 피고인에게 불리한 법률을 소급하여 적용한 위법이 있다고 할 수 없다고 한 사례(대판 2009.12.10. 2009도 11448).

정답 ②

38 죄형법정주의에 관한 설명 중 옳은 것을 모두 고른 것은? (다툼이 있으면 판례에 의함) [11 사시]

> ㄱ. 건설공사의 수주 및 시공과 관련하여 발주자, 수급인, 하수급인 또는 이해관계인이 부정한 청탁에 의한 금품을 수수하는 것을 금지하고 형사처벌하는 건설산업기본법 제38조의2와 제95조의2 규정에서 '이해관계인'이라는 표현은 명확성의 원칙에 위배된다.
>
> ㄴ. 노래방에서 고객들로 하여금 노래방 기기에 녹음 또는 녹화된 음악저작물을 재생하는 방식으로 이용하게 하는 것을 구 저작권법 제2조 제3호 소정의 '공연'에 해당한다고 해석하는 것은 유추해석이라고 할 수 없다.
>
> ㄷ. "누구든지 정보통신망에 의하여 처리·보관 또는 전송되는 타인의 정보를 훼손하거나 타인의 비밀을 침해·도용 또는 누설하여서는 아니 된다."는 정보통신망 이용촉진 및 정보보호 등에 관한 법률 제49조의 '타인'에는 생존하는 개인뿐만 아니라 이미 사망한 자도 포함된다고 해석할 수 있다.
>
> ㄹ. 상관에게 전화를 통하여 모욕하는 경우가 군형법 제64조 제1항의 상관면전모욕죄의 구성요건요소인 '상관을 그 면전에서 모욕하는' 것에 포함된다고 해석하는 것은 허용되지 않는다.
>
> ㅁ. 미성년자의제강간·강제추행죄의 규정은 "… 제297조, 제298조, 제301조 또는 제301조의2의 예에 의한다."로 되어 있어 강간죄와 강제추행죄의 미수범의 처벌에 관한 형법 제300조를 명시적으로 인용하고 있지 아니하므로, 미성년자의제강간·강제추행죄의 미수범에 관하여 강간죄와 강제추행죄의 예에 따른다는 취지로 해석하는 것은 금지되는 확장해석이나 유추해석에 해당한다.
>
> ㅂ. "지방세에 관한 범칙행위에 대하여는 조세범처벌법령을 준용한다."는 지방세법 제84조 제1항의 '조세범처벌법령'에 특정범죄 가중처벌 등에 관한 법률도 포함된다고 해석하는 것은 '죄형법정주의'에 반하여 허용되지 않는다.

① ㄱ, ㄴ, ㄹ
② ㄷ, ㄹ, ㅁ
③ ㄷ, ㄹ, ㅂ
④ ㄱ, ㄴ, ㄷ, ㅁ
⑤ ㄴ, ㄷ, ㄹ, ㅂ

해설

ㄱ. [×] 건설공사의 수주 및 시공과 관련하여 발주자, 수급인, 하수급인 또는 이해관계인이 부정한 청탁에 의한 금품을 수수하는 것을 금지하고 형사처벌하는 건설산업기본법 제38조의2와 제95조의2의 '이해관계인' 규정은 죄형법정주의의 명확성의 원칙에 위배된다고 할 수 없다(대판 2009.9.24. 2007도6185).

ㄴ. [○] 노래방에서 고객들로 하여금 노래방 기기에 녹음 또는 녹화된 음악저작물을 재생하는 방식으로 이용하게 하는 것을 구 저작권법 제2조 제3호 소정의 '공연'에 해당한다고 해석하는 것은 유추해석이라고 할 수 없다(대판 2001.9.28. 2001도4100).

ㄷ. [○] 정보통신망에 의하여 처리·보관 또는 전송되는 타인의 정보를 훼손하거나 타인의 비밀을 침해·도용 또는 누설하는 행위를 금지·처벌하는 규정인 (구)정보통신망이용촉진 및 정보보호 등에 관한 법률, 제49조 및 제62조 제6호의 '타인'에는 생존하는 개인뿐만 아니라 이미 사망한 자도 포함된다고 해석하는 것은 죄형법정주의에 위배되지 아니한다(대판 2007.6.14. 2007도2162).

ㄹ. [○] 군형법 제64조 제1항의 상관면전모욕죄의 구성요건은 '상관을 그 면전에서 모욕하는' 것인데, 여기에서 '면전에서'라 함은 얼굴을 마주 대한 상태를 의미하는 것임이 분명하므로, 전화를 통하여 통화하는 것을 면전에서의 대화라고는 할 수 없다(대판 2002.12.27. 2002도2539).

ㅁ. [×] 미성년자의제강간·강제추행죄를 규정한 형법 제305조가 "13세 미만의 부녀를 간음하거나 13세 미만의 사람에게 추행을 한 자는 제297조·제298조·제301조 또는 제301조의2의 예에 의한다"로 되어 있어 강간죄와 강제추행죄의 미수범의 처벌에 관한 형법 제300조를 명시적으로 인용하고 있지 아니하나, 형법 제305조의 입법 취지는 성적으로 미성숙한 13세 미만의 미성년자를 특별히 보호하기 위한 것으로 보이는바 이러한 입법 취지에 비추어 보면 동조에서 규정한 형법 제297조와 제298조의 '예에 의한다'는 의미는 미성년자의제강간·강제추행죄의 처벌에 있어 그 법정형뿐만 아니라 미수범에 관하여도 강간죄와 강제추행죄의 예에 따른다는 취지로 해석되고, 이러한 해석이 형벌법규의 명확성의 원칙에 반하는 것이거나 죄형법정주의에 의하여 금지되는 확장해석이나 유추해석에 해당하는 것으로 볼 수 없다(대판 2007.3.15. 2006도9453).

ㅂ. [○] 지방세법 제84조 제1항의 '조세범처벌법령'에 특정범죄 가중처벌 등에 관한 법률도 포함된다고 해석하는 것은 수범자인 일반인의 입장에서 이를 쉽게 예견하기 어려운 점에 비추어 형벌법규의 명확성의 원칙에 위배되는 것이거나 형벌법규를 지나치게 확장·유추해석하는 것으로서 죄형법정주의에 반하여 허용되지 않는다(대판 2008.3.27. 2007도7561).

정답 ⑤

39 죄형법정주의에 대한 설명이다. 다음 중 옳은 것은 모두 몇 개인가? (다툼이 있으면 판례에 의함)

[15 경찰채용]

> ⊙ '블로그', '미니 홈페이지', '카페' 등의 이름으로 개설된 사적(私的) 인터넷 게시공간의 운영자가 게시공간에 게시된 타인의 글을 삭제할 권한이 있는데도 이를 삭제하지 아니하고 그대로 둔 경우를 국가보안법 제7조 제5항의 '소지' 행위로 보는 것은 죄형법정주의에 위배된다.
>
> ⓛ 국내 특정 지역의 수삼과 다른 지역의 수삼으로 만든 홍삼을 주원료로 하여 특정 지역에서 제조한 홍삼 절편의 제품명이나 제조·판매자명에 특정 지역의 명칭을 사용한 행위를 '원산지를 혼동하게 할 우려가 있는 표시를 하는 행위'라고 해석하는 것은 죄형법정주의에 위배된다.
>
> ⓒ 「도로교통법」 제43조 '운전면허를 받지 아니하고'라는 법률문언의 의미에 '운전면허를 받았으나 그 후 운전면허의 효력이 정지된 경우'가 포함된다고 해석하는 것은 죄형법정주의에 위배된다.
>
> ⓔ 정보통신망에 의하여 처리·보관 또는 전송되는 타인의 정보를 훼손하거나 타인의 비밀을 침해·도용 또는 누설하는 행위를 금지·처벌하는 규정인 (구)「정보통신망이용촉진 및 정보보호 등에 관한 법률」 제49조 및 제62조 제6호의 '타인'에는 생존하는 개인뿐만 아니라 이미 사망한 자도 포함된다고 해석하는 것은 죄형법정주의에 위배되지 아니한다.

① 1개
② 2개
③ 3개
④ 4개

해설

⊙ [○] '블로그', '미니 홈페이지', '카페' 등의 이름으로 개설된 사적(私的) 인터넷 게시공간의 운영자가 게시공간에 게시된 타인의 글을 삭제할 권한이 있는데도 이를 삭제하지 아니하고 그대로 둔 경우를 국가보안법 제7조 제5항의 '소지' 행위로 보는 것은 죄형법정주의에 위배된다(대판 2012.1.27. 2010도8336).

ⓛ [○] 국내 특정 지역의 수삼과 다른 지역의 수삼으로 만든 홍삼을 주원료로 하여 특정 지역에서 제조한 홍삼 절편의 제품명이나 제조·판매자명에 특정 지역의 명칭을 사용한 행위를 '원산지를 혼동하게 할 우려가 있는 표시를 하는 행위'라고 해석하는 것은 죄형법정주의에 위배된다(대판 2015.4.9. 2014도14191).

ⓒ [○] 「도로교통법」 제43조 '운전면허를 받지 아니하고'라는 법률문언의 의미에 '운전면허를 받았으나 그 후 운전면허의 효력이 정지된 경우'가 포함된다고 해석하는 것은 죄형법정주의에 위배된다(대판 2011.8.25. 2011도7725).

ⓔ [○] 정보통신망에 의하여 처리·보관 또는 전송되는 타인의 정보를 훼손하거나 타인의 비밀을 침해·도용 또는 누설하는 행위를 금지·처벌하는 규정인 (구)「정보통신망이용촉진 및 정보보호 등에 관한 법률」 제49조 및 제62조 제6호의 '타인'에는 생존하는 개인뿐만 아니라 이미 사망한 자도 포함된다고 해석하는 것은 죄형법정주의에 위배되지 아니한다(대판 2007.6.14. 2007도2162).

정답 ④

40 죄형법정주의에 관한 다음 설명 중 옳고 그름의 표시(○, ×)가 바르게 된 것은? (다툼이 있으면 판례에 의함)

[15 경찰채용]

○ 견인료납부를 요구하는 교통관리직원을 승용차 앞범퍼 부분으로 들이받아 폭행한 행위를 '위험한 물건을 휴대한' 행위로 처벌하는 것은 유추해석금지원칙에 반하지 않는다.

○ 행위 당시의 판례에 의하면 처벌대상이 되지 아니하는 것으로 해석되었던 행위를 재판시에 해석을 달리하여 처벌할 수 있다.

○ 폭력행위등처벌에관한법률 제4조 제1항에서 규정하고 있는 범죄단체 구성원으로서의 '활동'의 개념은 추상적이고 포괄적이므로 명확성의 원칙에 반한다.

○ 인터넷 화상채팅을 통하여 실시간으로 전송받은 피해자의 유방, 음부 등 신체부위 영상을 휴대전화의 카메라로 촬영하였다면 성폭력범죄의처벌등에관한특례법상 다른 사람의 신체를 촬영한 행위에 해당한다.

○ 가축분뇨 배출시설을 설치한 자가 설치 당시에 신고대상자가 아니었다면 그 후 법령의 개정에 따라 그 시설이 신고대상에 해당하게 되었더라도, 가축분뇨의관리및이용에관한법률상 신고대상자인 '배출시설을 설치하고자 하는 자'에 해당한다고 볼 수 없다.

① ○ ○ ○ ○ ○ × ○ × ○ ○
② ○ ○ ○ ○ ○ ○ ○ × ○ ○
③ ○ × ○ ○ ○ × ○ ○ ○ ×
④ ○ ○ ○ ○ × ○ × ○ ○ ○

해설

○ [○] 견인료납부를 요구하는 교통관리직원을 승용차 앞범퍼 부분으로 들이받은 경우, 승용차는 '위험한 물건'에 해당한다(대판 1997.5.30. 97도597).

○ [○] 행위 당시의 판례에 의하면 처벌대상이 되지 아니하는 것으로 해석되었던 행위를 판례의 변경에 따라 확인된 내용의 형법 조항에 근거하여 처벌한다고 하여 형벌불소급의 원칙에 반한다고 할 수는 없다(대판 1999.9.17. 97도3349).

○ [×] '활동'이라는 다소 광범위하고 추상적이어서 법관의 보충적인 해석을 필요로 하는 개념을 사용하고 있더라도, 그 의미내용은 건전한 상식과 통상적인 법감정을 가진 사람을 기준으로 하여 합리적으로 파악될 수 있다고 판단되고, 대법원 판결 등에 의하여 그에 관한 구체적이고 종합적인 해석기준이 제시되고 있어 법집행기관이 자의적으로 확대하여 해석할 염려도 없다고 볼 것이므로 폭처법 제4조 제1항 중 '활동' 부분은 죄형법정주의의 명확성의 원칙에 위배된다고 할 수 없다(대판 2008.5.29. 2008도1857).

○ [×] 다른 사람의 신체 이미지가 담긴 영상을 성폭법 제13조 제1항 '다른 사람의 신체'에 포함된다고 해석하는 것은 법률문언의 통상적인 의미를 벗어나는 것이므로 죄형법정주의 원칙상 허용될 수 없다(대판 2013.6.27. 2013도4279).

○ [○] 가축분뇨 배출시설을 설치한 자가 설치 당시에 신고대상자가 아니었다면 그 후 법령의 개정에 따라 그 시설이 신고대상에 해당하게 되었더라도, 가축분뇨의관리및이용에관한법률상 신고대상자인 '배출시설을 설치하고자 하는 자'에 해당한다고 볼 수 없다(대판 2011.7.14. 2009도7777).

정답 ①

41 다음은 죄형법정주의를 설명한 것이다. 옳지 않은 것은 모두 몇 개인가? (다툼이 있으면 판례에 의함)

[14 경찰채용]

㉠ 식품위생법 제11조 제2항이 과대광고 등의 범위 및 기타 필요한 사항을 보건복지부령에 위임하고 있는 것은, 과대광고 등으로 인한 형사처벌에 관한 내용을 법률이 아닌 시행령에 규정하고 있다고 판단되므로 위임입법의 한계를 벗어난 것으로 죄형법정주의에 반한다.

㉡ 군형법 제64조 제1항의 상관면전모욕죄의 구성요건의 해석에 있어 '전화통화'를 면전에서의 대화라고 해석하여 처벌하는 것은 유추해석에 해당되어 죄형법정주의에 반한다.

㉢ 공공기관의 운영에 관한 법률 제53조가 공기업의 임직원으로서 공무원이 아닌 사람은 형법 제129조의 적용에서는 이를 공무원으로 본다고 규정하고 있을 뿐 구체적인 공기업의 지정에 관하여는 하위규범인 기획재정부 장관의 고시에 의하도록 규정한 것은 위임입법의 한계를 일탈한 것으로서 죄형법정주의에 반한다.

㉣ 자신의 뇌물수수 혐의에 대한 결백을 주장하기 위하여 제3자로부터 사건 관련자들이 주고받은 이메일 출력물을 교부받아 징계위원회에 제출한 행위를 '정보통신망에 의하여 처리 · 보관 또는 전송되는 타인의 비밀'인 이메일의 내용을 '누설하는 행위'에 해당한다고 보는 것은 죄형법정주의 원칙에 반하는 확장해석이라고 할 수 없다.

㉤ 청소년의 성보호에 관한 법률 제16조에 규정된 반의사불벌죄에서 피해자인 청소년에게 의사능력이 있음에도 그 처벌을 희망하지 않는다는 의사표시 또는 처벌희망 의사표시의 철회에 명문의 근거 없이 법정대리인의 동의가 필요하다고 보는 것은 죄형법정주의 내지 유추해석금지의 원칙에 위배된다.

---

① 0개 ② 1개
③ 2개 ④ 3개

해설

㉠ [×] 식품위생법 제11조 제2항이 과대광고 등의 범위 및 기타 필요한 사항을 보건복지부령에 위임하고 있는 것은 과대광고 등으로 인한 형사처벌에 관련된 법규의 내용을 빠짐없이 형식적 의미의 법률에 의하여 규정한다는 것은 사실상 불가능하다는 고려에서 비롯된 것이므로 위임입법의 한계나 죄형법정주의에 위반된 것이라고 볼 수는 없다(대판 2002.11.26. 2002도2998).

㉡ [○] 군형법 제64조 제1항의 상관면전모욕죄의 구성요건은 '상관을 그 면전에서 모욕하는' 것인데, 여기에서 '면전에서'라 함은 얼굴을 마주 대한 상태를 의미하는 것임이 분명하므로 전화를 통하여 통화하는 것을 면전에서의 대화라고는 할 수 없다(대판 2002.12.27. 2002도2539).

㉢ [×] 구체적인 공기업의 지정에 관하여는 그 하위규범인 기획재정부장관의 고시에 의하도록 규정하였다 하더라도 죄형법정주의에 위배되거나 위임입법의 한계를 일탈한 것으로 볼 수 없다(대판 2013.6.13. 2013도1685).

㉣ [○] 자신의 뇌물수수 혐의에 대한 결백을 주장하기 위하여 제3자로부터 사건 관련자들이 주고받은 이메일 출력물을 교부받아 징계위원회에 제출한 행위를 '정보통신망에 의하여 처리 · 보관 또는 전송되는 타인의 비밀'인 이메일의 내용을 '누설하는 행위'에 해당한다고 보는 것은 죄형법정주의 원칙에 반하는 확장해석이라고 할 수 없다(대판 2008.4.24. 2006도8644).

㉤ [○] 청소년의 성보호에 관한 법률 제16조에 규정된 반의사불벌죄라고 하더라도, 피해자인 청소년에게 의사능력이 있는 이상, 단독으로 피고인 또는 피의자의 처벌을 희망하지 않는다는 의사표시 또는 처벌희망 의사표시의 철회를 할 수 있고, 거기에 법정대리인의 동의가 있어야 하는 것으로 볼 것은 아니다(대판(전) 2009.11.19. 2009도6058).

정답 ③

42 죄형법정주의에 관한 다음 설명 중 옳은 것은 모두 몇 개인가? (다툼이 있으면 판례에 의함) [15 경찰채용]

> ⊙ 자신의 뇌물수수 혐의에 대한 결백을 주장하기 위하여 제3자로부터 사건 관련자들이 주고받은 이메일 출력물을 교부받아 징계위원회에 제출한 행위를 '정보통신망에 의하여 처리·보관 또는 전송되는 타인의 비밀'인 이메일의 내용을 누설하는 행위에 해당한다고 보는 것은 죄형법정주의 원칙에 반하는 확장해석이라고 할 수 없다.
> ⓒ 군형법 제64조 제1항의 상관면전모욕죄의 구성요건의 해석에 있어 '전화통화'를 면전에서의 대화라고 해석하여 처벌하는 것은 유추해석에 해당되어 죄형법정주의에 반한다.
> ⓒ '약국개설자가 아니면 의약품을 판매하거나 판매 목적으로 취득할 수 없다'고 규정한 구 약사법 제44조 제1항의 '판매'에 무상으로 의약품을 양도하는 '수여'를 포함시키는 해석은 죄형법정주의에 위배되지 아니한다.
> ⓔ 일반음식점 영업자인 피고인이 주로 술과 안주를 판매함으로써 구 식품위생법상 준수사항을 위반하였다는 내용으로 기소된 사안에서 위 준수사항 중 '주류만을 판매하는 행위'에 안주류와 함께 주로 주류를 판매하는 행위도 포함된다고 해석하는 것은 죄형법정주의에 위배되지 아니한다.
> ⓜ 식품 판매자가 식품을 판매하면서 특정 구매자에게 그 식품이 질병의 치료에 효능이 있다고 설명하고 상담한 행위는 구 식품위생법 제13조 제1항에서 금지하는 '식품에 관하여 의약품과 혼동할 우려가 있는 광고'에 해당한다고 보는 것은 죄형법정주의에 위배되지 아니한다.

① 2개　　　　　　　　　　　　② 3개
③ 4개　　　　　　　　　　　　④ 5개

해설

⊙ [○] 자신의 뇌물수수 혐의에 대한 결백을 주장하기 위하여 제3자로부터 사건 관련자들이 주고받은 이메일 출력물을 교부받아 징계위원회에 제출한 경우, 이메일 출력물 그 자체는 정보통신망법에서 말하는 '정보통신망에 의하여 처리·보관 또는 전송되는' 타인의 비밀에 해당하지 않지만, 이를 징계위원회에 제출하는 행위는 '정보통신망에 의하여 처리·보관 또는 전송되는 타인의 비밀'인 이메일의 내용을 '누설하는 행위'에 해당한다(대판 2008.4.24. 2006도8644).

ⓒ [○] 상관면전모욕죄의 구성요건은 '상관을 그 면전에서 모욕하는' 것인데, 여기에서 '면전에서'라 함은 얼굴을 마주 대한 상태를 의미하는 것임이 분명하므로 전화를 통하여 통화하는 것을 면전에서의 대화라고는 할 수 없다(대판 2002.12.27. 2002도2539).

ⓒ [○] 국내에 있는 불특정 또는 다수인에게 무상으로 의약품을 양도하는 수여행위도 구 약사법 제44조 제1항의 '판매'에 포함된다고 보는 것이 체계적이고 논리적인 해석이라 할 것이고 그와 같은 해석이 죄형법정주의에 위배된다고 볼 수는 없다(대판 2011.10.13. 2011도6287).

ⓔ [×] '음식류의 조리·판매보다는 주로 주류의 조리·판매를 목적으로 하는 소주방·호프·카페 등의 영업형태로 운영되는 영업'은 구 식품위생법상 식품접객업의 종류 중에서는 일반음식점영업 허가를 받은 영업자가 적법하게 할 수 있는 행위의 범주에 속하므로, 일반음식점 영업자가 위와 같은 형태로 영업하였다고 하여 이를 '주류만을 판매하는 행위'를 하여서는 아니 된다고 규정한 일반음식점 영업자의 준수사항을 위반한 것이라고 보는 것은 죄형법정주의의 정신에 어긋나는 것이다(대판 2012.6.28. 2011도15097).

ⓜ [×] 구 식품위생법 제13조 제1항에서 금지하는 '식품에 관하여 의약품과 혼동할 우려가 있는 광고'란 라디오·텔레비전·신문·잡지·음악·영상·인쇄물·간판·인터넷 그 밖의 방법으로 식품 등의 품질·영양가·원재료·성분 등에 대하여 질병의 치료에 효능이 있다는 정보를 나타내거나 알리는 행위를 의미하므로, 식품 판매자가 식품을 판매하면서 특정 구매자에게 그 식품이 질병의 치료에 효능이 있다고 설명하고 상담하였다고 하더라도 이를 가리켜 법 제13조 제1항에서 금지하는 '광고'를 하였다고 볼 수 없고, 그와 같은 행위를 반복하였다고 하여 달리 볼 것은 아니다(대판 2014.4.30. 2013도15002).

정답 ②

43 죄형법정주의에 대한 설명으로 옳지 않은 것은 모두 몇 개인가? (다툼이 있으면 판례에 의함) [20 경찰간부]

⊙ 항공보안법 제42조(항공기 항로변경죄)의 '항로'에 항공기가 지상에서 이동하는 경로도 포함된다고 해석하는 것은 죄형법정주의에 반한다.

⓪ 보호관찰은 형벌이 아니라 보안처분의 성격을 갖는 것으로서, 과거의 불법에 대한 책임에 기초하고 있는 제재가 아니라 장래의 위험성으로부터 행위자를 보호하고 사회를 방위하기 위한 합목적적인 조치이므로, 소급효금지원칙이 적용되지 아니한다.

ⓒ 형벌법규에 대한 체계적·논리적 해석방법은 그 규정의 본질적 내용에 가장 접근한 해석을 위한 것으로서 죄형법정주의의 원칙에 부합한다.

ⓓ 약사법 제5조 제3항에서 면허증의 대여를 금지한 취지는 약사자격이 없는 자가 타인의 면허증을 빌려 영업을 하게 될 경우 국민의 건강에 위험이 초래된다는 데 있다 할 것이므로, 약사자격이 있는 자에게 빌려주는 행위까지 금지되는 것으로 보는 것은 유추해석에 해당한다.

ⓔ 의료법 제41조는 "각종 병원에는 응급환자와 입원환자의 진료 등에 필요한 당직의료인을 두어야 한다."라고 규정하고 있을 뿐인데도 시행령에 당직의료인의 수와 자격 등 배치기준을 규정하고 이를 위반하면 의료법 제90조에 의한 처벌의 대상이 되도록 한 것은 위임입법의 한계를 벗어난 것으로 죄형법정주의에 반한다.

ⓕ 노역장유치는 그 실질이 신체의 자유를 박탈하는 것으로서 징역형과 유사한 형벌적 성격을 가지므로 형벌불소급원칙의 적용대상이 된다.

① 1개 　　　　　　　　　　② 2개

③ 3개 　　　　　　　　　　④ 4개

해설

⊙ [○] 법령에서 쓰인 용어에 관해 정의규정이 없는 경우에는 원칙적으로 사전적인 정의 등 일반적으로 받아들여진 의미에 따라야 한다. 위계 또는 위력으로 변경할 대상인 '항로'는 별개의 구성요건요소로서 그 자체로 죄형법정주의 원칙에 부합하게 해석해야 할 대상이 된다. 지상의 항공기가 이동할 때 '운항중'이 된다는 이유만으로 그때 다니는 지상의 길까지 '항로'로 해석하는 것은 문언의 가능한 의미를 벗어난다(대판(전) 2017.12.21. 2015도8335).

⓪ [○] 보호관찰은 형벌이 아니라 보안처분의 성격을 갖는 것으로서 과거의 불법에 대한 책임에 기초하고 있는 제재가 아니라 장래의 위험성으로부터 행위자를 보호하고 사회를 방위하기 위한 합목적적인 조치이므로, 그에 관하여 반드시 행위 이전에 규정되어 있어야 하는 것은 아니며 재판시의 규정에 의하여 보호관찰을 받을 것을 명할 수 있다고 보아야 할 것이고, 이와 같은 해석이 형벌불소급의 원칙 내지 죄형법정주의에 위배되는 것이라고 볼 수 없다(대판 1997.6.13. 97도703).

ⓒ [○] 형벌법규에 대한 체계적·논리적 해석방법은 그 규정의 본질적 내용에 가장 접근한 해석을 위한 것으로서 죄형법정주의의 원칙에 부합한다(대판 2018.10.25. 2016도11429).

ⓓ [×] 약사면허증 대여의 상대방 즉 차용인이 무자격자인 경우는 물론이요 자격 있는 약사인 경우에도, 그 대여 이후 면허증 차용인에 의하여 대여인 명의로 개설된 약국 등 업소에서 대여인이 직접 약사로서의 업무를 행하지 아니한 채 차용인에게 약국의 운영을 일임하고 말았다면 약사면허증을 대여한 데 해당한다(대판 2003.6.24. 2002도6829).

ⓔ [○] 대판(전) 2017.2.16. 2015도16014.

ⓕ [○] [1] 노역장유치는 그 실질이 신체의 자유를 박탈하는 것으로서 징역형과 유사한 형벌적 성격을 가지므로 형벌불소급원칙의 적용대상이 된다.

[2] 형법 제70조 제2항5)(노역장유치조항)은 1억원 이상의 벌금형을 선고받는 자에 대하여 유치기간의 하한을 중하게 변경시킨 것이므로, 이 조항 시행 전의 범죄행위에 대해서는 범죄행위 당시에 존재하였던 법률을 적용하여야 한다(대판 2018.2.13. 2017도17809).

정답 ①

---

5) 선고하는 벌금이 1억원 이상 5억원 미만인 경우에는 300일 이상, 5억원 이상 50억원 미만인 경우에는 500일 이상, 50억원 이상인 경우에는 1,000일 이상의 유치기간을 정하여야 한다.

police.Hackers.com

01 「형법」의 적용범위에 대한 설명으로 옳지 않은 것은? (다툼이 있는 경우 판례에 의함)   [22 경찰간부]

① 「형법」은 범인의 국적과 범죄지 여하를 불문하고 우리나라 형벌법규를 적용하는 세계주의에 관한 조항을 두고 있다.

② (판례변경으로 삭제함)

③ 범죄행위시와 재판시 사이에 여러 차례 법령이 개정되어 형의 변경이 있는 경우에는 「형법」 제1조 제2항에 의하여 신법을 적용한다.

④ 외국에서 집행된 형은 그것이 형의 전부집행이든 형의 일부집행이든 우리나라 법원이 선고하는 형에 반드시 산입하여야 한다.

> **해설**
>
> ① [○] 형법은 약취, 유인 및 인신매매죄 등에 관한 규정이 대한민국 영역 밖에서 죄를 범한 외국인에게도 적용될 수 있도록 세계주의 규정을 신설하였다.6)
>
> ② (판례변경으로 삭제함)
>
> ③ [×] 범죄행위시와 재판시 사이에 여러 차례 법령이 개정되어 형의 변경이 있는 경우에는 이 점에 관한 당사자의 주장이 없더라도 형법 제1조 제2항에 의하여 직권으로 그 전부의 법령을 비교하여 그중 가장 형이 가벼운 법령을 적용하여야 한다(대판 2012.9.13. 2012도7760; 동지 대판 1968.12.17. 68도1324).
>
> ④ [○] 제7조【외국에서 집행된 형의 산입】 죄를 지어 외국에서 형의 전부 또는 일부가 집행된 사람에 대해서는 그 집행된 형의 전부 또는 일부를 선고하는 형에 산입한다[전문개정 2016.12.20.].7)

정답 ③

02 형법의 시간적 적용범위에 관한 설명으로 가장 적절한 것은? (다툼이 있는 경우 판례에 의함)   [22 경찰채용]

① 구법에 규정된 형이 '3년 이하의 징역'이고 신법에 규정된 형이 '5년 이하의 징역 또는 1천만원 이하의 벌금'이라면 벌금형이 병과되었다는 점에서 형이 경하게 변경된 것이므로 형법 제1조 제2항에 따라 신법을 적용하여야 한다.

② (판례변경으로 삭제함)

③ 법원이 인정하는 범죄사실이 공소사실과 차이가 없이 동일한 경우에는 비록 검사가 재판시법인 신법의 적용을 구하였더라도 그 범행에 대한 형의 경중의 차이가 없으면 공소장변경절차를 거치지 않아도 구법을 적용할 수 있다.

④ 포괄일죄에 관한 기존 처벌법규에 대하여 그 표현이나 형량과 관련한 개정을 하는 경우가 아니라 애초에 죄가 되지 아니하던 행위를 구성요건의 신설로 포괄일죄의 처벌대상으로 삼는 경우에는 신설된 포괄일죄 처벌법규가 시행되기 이전의 행위에 대하여도 신설된 법규를 적용하여 처벌할 수 있다.

---

6) 제296조의2【세계주의】 제287조부터 제292조까지 및 제294조(약취, 유인 및 인신매매죄 등)는 대한민국 영역 밖에서 죄를 범한 외국인에게도 적용한다.

7) 개정 전에는 임의적 감면의 대상이었으나 형법 개정으로 필요적 산입으로 법적 효과가 변경되었다.

해설

① [×] 행위시법인 구 변호사법 제54조에 규정된 형은 징역 3년 이하이고 재판시법인 현행 변호사법 제78조에 규정된 형은 5년 이하의 징역 또는 1천만원 이하의 벌금으로서 신법에서는 벌금형의 선택이 가능하다 하더라도 행위시법인 구법의 형이 더 경하다(대판 1983.11.8. 83도2499).

② (판례변경으로 삭제함)

③ [〇] 법원이 인정하는 범죄사실이 공소사실과 차이가 없이 동일한 경우에는 비록 검사가 재판시법인 개정 후 신법의 적용을 구하였더라도 그 범행에 대한 형의 경중의 차이가 없으면 피고인의 방어권 행사에 실질적으로 불이익을 초래할 우려도 없어 공소장 변경절차를 거치지 않고도 정당하게 적용되어야 할 행위시법인 구법을 적용할 수 있다(대판 2002.4.12. 2000도3350).

④ [×] 포괄일죄에 관한 기존 처벌법규에 대하여 그 표현이나 형량과 관련한 개정을 하는 경우가 아니라 애초에 죄가 되지 아니하던 행위를 구성요건의 신설로 포괄일죄의 처벌대상으로 삼는 경우에는 신설된 포괄일죄 처벌법규가 시행되기 이전의 행위에 대하여는 신설된 법규를 적용하여 처벌할 수 없다. 이는 신설된 처벌법규가 상습범을 처벌하는 구성요건인 경우에도 마찬가지라고 할 것이므로, 구성요건이 신설된 상습강제추행죄가 시행되기 이전의 범행은 상습강제추행죄로는 처벌할 수 없고 행위시법에 기초하여 강제추행죄로 처벌할 수 있을 뿐이며, 이 경우 그 소추요건도 상습강제추행죄에 관한 것이 아니라 강제추행죄에 관한 것이 구비되어야 한다(대판 2016.1.28. 2015도15669).

정답 ③

03 형법의 해석과 적용에 관한 설명 중 옳지 않은 것은? (다툼이 있으면 판례에 의함) [19 경찰채용]

① 「형법」의 총칙은 다른 법령에 정한 죄에 적용되지만, 그 법령에 특별한 규정이 있는 때에는 예외로 한다.

② 재판확정 후 법률의 변경에 의하여 그 행위가 범죄를 구성하지 아니하는 때에는 형의 집행을 면제한다.

③ 외국에서 미결구금되었다가 무죄판결을 받은 사람은 「형법」 제7조의 '외국에서 형의 전부 또는 일부가 집행된 사람'에 해당한다.

④ 특수폭행치상죄의 경우 「형법」 제258조의2의 특수상해죄의 신설에도 불구하고 종전과 같이 「형법」 제257조 제1항의 상해죄의 예에 의하여 처벌하는 것으로 해석하여야 한다.

해설

① [〇] 본법 총칙은 타법령에 정한 죄에 적용한다. 단, 그 법령에 특별한 규정이 있는 때에는 예외로 한다(제8조).

② [〇] 재판확정 후 법률의 변경에 의하여 그 행위가 범죄를 구성하지 아니하는 때에는 형의 집행을 면제한다(제1조 제3항).

③ [×] 형사사건으로 외국 법원에 기소되었다가 무죄판결을 받은 사람은, 설령 그가 무죄판결을 받기까지 상당 기간 미결구금되었더라도 이를 유죄판결에 의하여 형이 실제로 집행된 것으로 볼 수는 없으므로 '외국에서 형의 전부 또는 일부가 집행된 사람'에 해당한다고 볼 수 없고, 그 미결구금 기간은 형법 제7조에 의한 산입의 대상이 될 수 없다. 또한 외국에서 형이 집행된 것이 아니라 단지 미결구금되었다가 무죄판결을 받은 사람의 미결구금일수를 형법 제7조의 유추적용에 의하여 그가 국내에서 같은 행위로 인하여 선고받는 형에 산입하여야 한다는 것은 허용되기 어렵다(대판(전) 2017.8.24. 2017도5977).

④ [〇] 특수폭행치상죄의 경우 「형법」 제258조의2의 특수상해죄의 신설에도 불구하고 종전과 같이 「형법」 제257조 제1항의 상해죄의 예에 의하여 처벌하는 것으로 해석하여야 한다(대판 2018.7.24. 2018도3443).

정답 ③

04 형법의 적용범위에 관한 설명으로 가장 적절하지 않은 것은? (다툼이 있으면 판례에 의함) [19 경찰채용]

① 행위시와 재판시 사이에 법률이 수차례 변경된 때에는 언제나 가장 최근의 신법을 적용해야 한다.

② 죄를 지어 외국에서 형의 전부 또는 일부가 집행된 사람에 대해서는 그 집행된 형의 전부 또는 일부를 선고하는 형에 산입한다.

③ 피고인이 뉴질랜드 시민권을 취득함으로써 우리나라 국적을 상실한 후 뉴질랜드에서 대한민국 국민에 대해 사기죄를 범한 경우, 행위지의 법률에 의하여 범죄를 구성하고 그에 대한 소추나 형의 집행이 면제되지 않은 경우에 한하여 형법 제6조(보호주의)에 따라 우리 형법을 적용할 수 있다.

④ 형법은 세계주의에 관한 규정을 두고 있다.

해설

① [×] 범죄행위시와 재판시 사이에 여러 차례 법령이 개정되어 형의 변경이 있는 경우에는 이 점에 관한 당사자의 주장이 없더라도 형법 제1조 제2항에 의하여 직권으로 그 전부의 법령을 비교하여 그중 가장 형이 가벼운 법령을 적용하여야 한다(대판 2012.9.13. 2012도7760).

② [○] 죄를 지어 외국에서 형의 전부 또는 일부가 집행된 사람에 대해서는 그 집행된 형의 전부 또는 일부를 선고하는 형에 산입한다(제7조).

③ [○] 피고인이 뉴질랜드 시민권을 취득함으로써 우리나라 국적을 상실하였다면, 그 후 뉴질랜드에서 대한민국 국민에 대하여 사기행위를 하였더라도 외국인이 대한민국 영역 외에서 대한민국 국민에 대하여 범죄를 저지른 경우에 해당한다(대판 2008.7.24. 2008도4085). 한편 형법은 대한민국 영역 외에서 대한민국 또는 대한민국 국민에 대하여 제5조에 기재한 이외의 죄를 범한 외국인에게 적용한다. 단, 행위지의 법률에 의하여 범죄를 구성하지 아니하거나 소추 또는 형의 집행을 면제할 경우에는 예외로 한다(제6조).

④ [○] 제296조의2【세계주의】약취, 유인 및 인신매매죄 등 경우 대한민국 영역 밖에서 죄를 범한 외국인에게도 적용한다.

정답 ①

05 형법의 시간적 적용범위에 관한 설명 중 가장 적절하지 않은 것은? (다툼 있으면 판례에 의함) [16 경찰승진]

① 범죄 후 여러 차례 법률이 변경되어 행위시법과 재판시법 사이에 중간시법이 있는 경우 그중 가장 형이 경한 법률을 적용해야 한다.

② 범죄 후 법률의 변경에 의하여 형이 구법보다 경한 때에는 신법에 의한다고 규정하고 있으나 신법에 경과규정을 두어 이러한 신법의 적용을 배제하는 것도 허용된다.

③ 범죄 후 법률의 개정에 의하여 법정형이 가벼워진 경우라도 공소시효의 특성상 범죄시에 적용되었던 구법의 법정형이 공소시효기간의 기준이 된다.

④ '범죄의 성립과 처벌은 행위시의 법률에 의한다(형법 제1조 제1항)'고 할 때의 '행위시'라 함은 범죄행위의 종료시를 의미한다.

해설

① [○] 범죄행위시와 재판시 사이에 여러 차례 법령이 개정되어 형의 변경이 있는 경우에는 이 점에 관한 당사자의 주장이 없더라도 형법 제1조 제2항에 의하여 직권으로 그 전부의 법령을 비교하여 그중 가장 형이 가벼운 법령을 적용하여야 한다(대판 2012.9.13. 2012도7760).

② [○] 형법 제1조 제2항 및 제8조에 의하면, 범죄 후 법률의 변경에 의하여 형이 구법보다 가벼운 때에는 원칙적으로 신법에 따라야 하지만, 신법에 경과규정을 두어 이러한 신법의 적용을 배제하는 것도 허용되는 것으로서, 형벌법규의 형을 종전보다 가볍게 개정하면서 그 부칙에서 개정된 법의 시행 전의 범죄에 대하여는 종전의 형벌법규를 적용하도록 규정한다 하여 형벌불소급의 원칙이나 신법우선의 원칙에 반한다고 할 수 없다(대판 2013.7.11. 2011도15056).

③ [×] 범죄 후 법률의 개정에 의하여 법정형이 가벼워진 경우에는 형법 제1조 제2항에 의하여 당해 범죄사실에 적용될 가벼운 법정형(신법의 법정형)이 공소시효기간의 기준이 된다(대판 2008.12.11. 2008도4376).

④ [○] 범죄의 성립과 처벌은 행위시의 법률에 의한다고 할 때의 "행위시"라 함은 범죄행위의 종료시를 의미한다(대판 1994.5.10. 94도563).

정답 ③

06 형법의 적용범위에 대한 설명으로 가장 적절하지 않은 것은? (다툼 있으면 판례에 의함) [19 경찰승진]

① 외국인 甲이 대한민국 영역 외에서 대한민국 국민의 법익이 직접적으로 침해되는 결과를 야기하는 범죄를 범한 경우에도 대한민국 「형법」을 적용할 수 있다.

② 한국인 乙이 외국에서 미결구금되었다가 무죄판결을 받은 경우 그 미결구금일수는 국내에서 동일한 행위로 인하여 선고받은 형에 산입하여야 한다.

③ 한국인 丙이 도박죄를 처벌하지 않는 외국 카지노에서 도박을 한 경우에도 대한민국 「형법」을 적용할 수 있다.

④ 외국인 丁이 외국에서 서울지방경찰청장 명의의 운전면허증을 위조한 경우에도 대한민국 「형법」을 적용할 수 있다.

해설

① [○] [1] 제6조의 '대한민국 또는 대한민국 국민에 대하여 죄를 범한 때'란 대한민국 또는 대한민국 국민의 법익이 직접적으로 침해되는 결과를 야기하는 죄를 범한 경우를 의미한다.
[2] (캐나다 시민권자인 피고인이 캐나다에서 위조사문서를 행사한 경우) 캐나다 시민권자인 피고인이 캐나다에서 위조사문서를 행사하였다면, 형법 제234조의 위조사문서행사죄는 형법 제5조 제1호 내지 제7호에 열거된 죄에 해당하지 않고, 위조사문서행사를 형법 제6조의 대한민국 또는 대한민국 국민의 법익을 직접적으로 침해하는 행위라고 볼 수도 없으므로 피고인의 행위에 대하여는 우리나라에 재판권이 없다(대판 2011.8.25. 2011도6507).

② [×] 형사사건으로 외국 법원에 기소되었다가 무죄판결을 받은 사람은, 설령 그가 무죄판결을 받기까지 상당 기간 미결구금되었더라도 이를 유죄판결에 의하여 형이 실제로 집행된 것으로 볼 수는 없으므로 '외국에서 형의 전부 또는 일부가 집행된 사람'에 해당한다고 볼 수 없고, 그 미결구금 기간은 형법 제7조에 의한 산입의 대상이 될 수 없다. 또한 외국에서 형이 집행된 것이 아니라 단지 미결구금되었다가 무죄판결을 받은 사람의 미결구금일수를 형법 제7조의 유추적용에 의하여 그가 국내에서 같은 행위로 인하여 선고받는 형에 산입하여야 한다는 것은 허용되기 어렵다(대판(전) 2017.8.24. 2017도5977).

③ [○] 제3조의 속인주의 규정에 의하여 대한민국의 형법을 적용할 수 있다.

④ [○] 형법은 대한민국 영역 외에서 공문서에 관한 죄를 범한 외국인에게 적용한다(제5조 제6호).

정답 ②

07 형법의 적용 및 효력에 대한 설명으로 옳지 않은 것은? (다툼이 있으면 판례에 의함) [14 국가9급]

① (판례변경으로 삭제함)

② 포괄일죄로 되는 개개의 범죄행위가 법 개정의 전후에 걸쳐서 행하여진 경우에는 신·구법의 법정형에 대한 경중을 비교하여 경한 법을 적용한다.

③ 신법의 형을 종전보다 가볍게 개정하면서 그 부칙에서 개정법 시행 전의 범죄에 대하여 종전의 형벌법규를 적용하도록 규정하는 것은 형벌불소급의 원칙이나 신법우선주의에 반하지 않는다.

④ 속지주의를 규정한 형법 제2조에서 '죄를 범한'이란 범죄의 행위 또는 결과 어느 것이라도 대한민국 영역 내에서 발생한 것을 의미하며, 기국주의를 규정한 형법 제4조 또한 이러한 속지주의의 확장으로 이해될 수 있다.

① (판례변경으로 삭제함)

② [×] 포괄일죄로 되는 개개의 범죄행위가 법 개정의 전후에 걸쳐서 행하여진 경우에는 신·구법의 법정형에 대한 경중을 비교하여 볼 필요도 없이 범죄 실행 종료시의 법이라고 할 수 있는 '신법'을 적용하여 포괄일죄로 처단하여야 한다(대판 2009.4.9. 2009도321).

③ [O] 형법 제1조 제2항 및 제8조에 의하면, 범죄 후 법률의 변경에 의하여 형이 구법보다 가벼운 때에는 원칙적으로 신법에 따라야 하지만, 신법에 경과규정을 두어 이러한 신법의 적용을 배제하는 것도 허용되는 것으로서, 형벌법규의 형을 종전보다 가볍게 개정하면서 그 부칙에서 개정된 법의 시행 전의 범죄에 대하여는 종전의 형벌법규를 적용하도록 규정한다 하여 형벌불소급의 원칙이나 신법우선의 원칙에 반한다고 할 수 없다(대판 2013.7.11. 2011도15056).

④ [O] 속지주의를 규정한 형법 제2조에서 '죄를 범한'이란 범죄의 행위 또는 결과 어느 것이라도 대한민국 영역 내에서 발생하면 족하다. 한편 기국주의를 규정한 형법 제4조는 속지주의의 확장으로 이해된다.

정답 ②

---

08 형법의 적용범위에 대한 설명으로 가장 적절하지 않은 것은? (다툼 있으면 판례에 의함) [20 경찰채용]

① 외국인이 대한민국 공무원에게 알선한다는 명목으로 금품을 수수하는 행위가 대한민국 영역 내에서 이루어진 이상, 비록 금품수수의 명목이 된 알선행위를 하는 장소가 대한민국 영역 외라 하더라도 대한민국 영역 내에서 죄를 범한 것이라고 하여야 한다.

② 대한민국 영역 외에서 외국인이 우리나라의 공문서를 위조한 경우, 그 행위가 행위지의 법률에 의하여 범죄를 구성하지 않는다면 우리나라 「형법」을 적용할 수 없다.

③ 내국 법인의 대표자인 외국인이 내국 법인이 외국에 설립한 특수목적법인에 위탁해 둔 자금을 정해진 목적과 용도 외에 임의로 사용하여 횡령한 경우, 그 행위가 외국에서 이루어졌다고 하더라도 행위지의 법률에 의하여 범죄를 구성하지 아니하거나 소추 또는 형의 집행을 면제할 경우가 아니라면 그 외국인에 대해서도 우리나라 「형법」이 적용된다.

④ 형사사건으로 외국 법원에 기소되었다가 무죄판결을 받은 사람은, 설령 그가 무죄판결을 받기까지 상당 기간 미결구금되었더라도 이를 유죄판결에 의하여 형이 실제로 집행된 것으로 볼 수는 없으므로 '외국에서 형의 전부 또는 일부가 집행된 사람'에 해당한다고 볼 수 없고, 그 미결구금 기간은 「형법」 제7조에 의한 산입의 대상이 될 수 없다.

① [O] 외국인이 대한민국 공무원에게 알선한다는 명목으로 금품을 수수하는 행위가 대한민국 영역 내에서 이루어진 이상 비록 금품수수의 명목이 된 알선행위를 하는 장소가 대한민국 영역 외라 하더라도 형법 제2조에 의하여 대한민국의 형벌법규인 구 변호사법 제90조 제1호가 적용되어야 한다(대판 2000.4.21. 99도3403).

② [×] 대한민국 영역 외에서 외국인이 우리나라의 공문서를 위조한 경우 형법 제5조가 적용되며 제5조가 적용되는 경우에는 제6조와 달리 예외가 인정되지 않는다.

③ [O] [1] 내국 법인의 대표자인 외국인이 내국 법인이 외국에 설립한 특수목적법인에 위탁해 둔 자금을 정해진 목적과 용도 외에 임의로 사용한 데 따른 횡령죄의 피해자는 당해 금전을 위탁한 내국 법인이다. 따라서 그 행위가 외국에서 이루어진 경우에도 행위지의 법률에 의하여 범죄를 구성하지 아니하거나 소추 또는 형의 집행을 면제할 경우가 아니라면 그 외국인에 대해서도 우리 형법이 적용되어(형법 제6조), 우리 법원에 재판권이 있다.
[2] 내국 법인의 대표자인 중국인 甲이 내국 법인이 홍콩에 설립한 특수목적법인에 위탁해 둔 자금을 정해진 목적과 용도 외에 임의로 사용하였다면 내국법인에 대한 횡령죄가 성립하며 우리 법원에 재판권이 있다고 한 사례(대판 2017.3.22. 2016도17465).

④ [○] 형법 제7조는 "죄를 지어 외국에서 형의 전부 또는 일부가 집행된 사람에 대해서는 그 집행된 형의 전부 또는 일부를 선고하는 형에 산입한다."라고 규정하고 있다. 그런데 여기서 '외국에서 형의 전부 또는 일부가 집행된 사람'이란 문언과 취지에 비추어 '외국 법원의 유죄판결에 의하여 자유형이나 벌금형 등 형의 전부 또는 일부가 실제로 집행된 사람'을 말한다고 해석하여야 한다. 따라서 형사사건으로 외국 법원에 기소되었다가 무죄판결을 받은 사람은, 설령 그가 무죄판결을 받기까지 상당 기간 미결구금되었더라도 이를 유죄판결에 의하여 형이 실제로 집행된 것으로 볼 수는 없으므로, '외국에서 형의 전부 또는 일부가 집행된 사람'에 해당한다고 볼 수 없고, 그 미결구금 기간은 형법 제7조에 의한 산입의 대상이 될 수 없다(대판(전) 2017.8.24. 2017도5977).

정답 ②

09 형법의 적용범위에 관한 설명으로 적절한 것은 모두 몇 개인가? (다툼 있으면 판례에 의함)   [20 경찰채용]

> ㉠ 형법 제7조에서 규정하고 있는 '외국에서 형의 전부 또는 일부가 집행된 사람'이란 '외국 법원의 유죄판결에 의하여 자유형이나 벌금형 등의 전부 또는 일부가 실제로 집행된 사람'을 말한다.
> ㉡ 형사사건으로 외국 법원에 기소되었다가 무죄판결을 받은 사람은, 설령 그가 무죄판결을 받기까지 상당 기간 미결구금되었더라도 이를 유죄판결에 의하여 형이 실제로 집행된 것으로 볼 수는 없으므로 '외국에서 형의 전부 또는 일부가 집행된 사람'에 해당한다고 볼 수 없다.
> ㉢ 독일인이 독일 내에서 북한의 지령을 받아 베를린 주재 북한이익대표부를 방문하고 그곳에서 북한공작원을 만난 행위는 외국인의 국외범에 해당하여, 형법 제5조와 제6조에서 정한 요건에 해당하지 않는 이상 우리 형법으로 처벌할 수 없다.
> ㉣ 형법의 적용에 관하여 같은 법 제2조는 대한민국 영역 내에서 죄를 범한 내국인과 외국인에게 적용한다고 규정하고 있으며, 같은 법 제6조 본문은 대한민국 영역 외에서 대한민국 또는 대한민국 국민에 대하여 같은 법 제5조에 기재한 이외의 죄를 범한 외국인에게 적용한다고 규정하고 있는 바, 중국 북경시에 소재한 대한민국 영사관 내부는 여전히 중국의 영토에 속할 뿐 이를 대한민국의 영토로서 그 영역에 해당한다고 볼 수 없다.

① 1개   ② 2개
③ 3개   ④ 4개

해설

㉠ [○], ㉡ [○] 형법 제7조는 "죄를 지어 외국에서 형의 전부 또는 일부가 집행된 사람에 대해서는 그 집행된 형의 전부 또는 일부를 선고하는 형에 산입한다."라고 규정하고 있다. 그런데 여기서 '외국에서 형의 전부 또는 일부가 집행된 사람'이란 문언과 취지에 비추어 외국 법원의 유죄판결에 의하여 자유형이나 벌금형 등 형의 전부 또는 일부가 실제로 집행된 사람'을 말한다고 해석하여야 한다. 따라서 형사사건으로 외국 법원에 기소되었다가 무죄판결을 받은 사람은, 설령 그가 무죄판결을 받기까지 상당 기간 미결구금되었더라도 이를 유죄판결에 의하여 형이 실제로 집행된 것으로 볼 수는 없으므로, '외국에서 형의 전부 또는 일부가 집행된 사람'에 해당한다고 볼 수 없고, 그 미결구금 기간은 형법 제7조에 의한 산입의 대상이 될 수 없다(대판(전) 2017.8.24. 2017도5977).

㉢ [○] 재판권이 없는 경우이므로 공소기각판결을 선고하여야 하는데, 특이하게도 이 사건에서 대법원은 무죄판결을 선고한 원심판결이 정당하다고 판시하였다(대판(전) 2008.4.17. 2004도4899).

㉣ [○] 중국 북경시에 소재한 대한민국 영사관 내부는 여전히 중국의 영토에 속할 뿐 이를 대한민국의 영토로서 그 영역에 해당한다고 볼 수 없을 뿐 아니라, 사문서위조죄가 형법 제6조의 대한민국 또는 대한민국 국민에 대하여 범한 죄에 해당하지 아니함은 명백하므로 피고인에 대한 재판권이 없다(대판 2006.9.22. 2006도5010).

정답 ④

10 형법의 적용범위에 관한 설명 중 옳은 것은? (다툼이 있으면 판례에 의함) [21 변호사]

① 북한에서 행하여진 범죄에 대해서는 대한민국 형법이 적용되지 않는다.

② 도박죄를 처벌하지 않는 외국 카지노에서 대한민국 국민이 도박을 한 경우 대한민국 형법이 적용되지 않는다.

③ 「형법」 제6조 본문에서 정한 '대한민국 또는 대한민국 국민에 대하여 죄를 범한 때'란 대한민국 또는 대한민국 국민의 법익이 직접적으로 침해되는 결과를 야기하는 죄를 범한 경우를 의미한다.

④ 우리 형법은 외국에서 형의 전부 또는 일부의 집행을 받은 자에 대하여 임의적으로 형의 산입 여부를 정할 수 있도록 하고 있다.

⑤ 중국인이 중국에 소재하고 있는 대한민국 영사관 내에서 여권발급신청서 1장을 위조하여 제출한 경우 대한민국 형법이 적용된다.

해설

① [×] 헌법 제3조는 '대한민국의 영토는 한반도와 그 부속도서로 한다'고 규정하고 있어 북한도 대한민국의 영토에 속한다(대판(전) 1997.11.20. 97도2021). 따라서 북한에서 행하여진 범죄에 대해서도 형법 제2조(국내범)에 의하여 대한민국 형법이 적용된다.

② [×] 형법 제3조는 속인주의를 규정하고 있고 또한 국가 정책적 견지에서 도박죄의 보호법익보다 좀 더 높은 국가이익을 위하여 예외적으로 내국인의 출입을 허용하는 폐광지역개발지원에관한특별법 등에 따라 카지노에 출입하는 것은 법령에 의한 행위로 위법성이 조각된다고 할 것이나, 도박죄를 처벌하지 않은 외국 카지노에서의 도박이라는 사정만으로 (내국인인 피고인에 대하여) 그 위법성이 조각된다고 할 수 없다(대판 2017.4.13. 2017도953). 도박죄를 처벌하지 않는 외국 카지노에서 대한민국 국민이 도박을 한 경우에도 대한민국 형법이 적용된다.

③ [O] [1] 제6조의 '대한민국 또는 대한민국 국민에 대하여 죄를 범한 때'란 대한민국 또는 대한민국 국민의 법익이 직접적으로 침해되는 결과를 야기하는 죄를 범한 경우를 의미한다.
[2] (캐나다 시민권자인 피고인이 캐나다에서 위조사문서를 행사한 경우) 캐나다 시민권자인 피고인이 캐나다에서 위조사문서를 행사하였다면, 형법 제234조의 위조사문서행사죄는 형법 제5조 제1호 내지 제7호에 열거된 죄에 해당하지 않고, 위조사문서행사를 형법 제6조의 대한민국 또는 대한민국 국민의 법익을 직접적으로 침해하는 행위라고 볼 수도 없으므로 피고인의 행위에 대하여는 우리나라에 재판권이 없다(대판 2011.8.25. 2011도6507).

④ [×] 죄를 지어 외국에서 형의 전부 또는 일부가 집행된 사람에 대해서는 그 집행된 형의 전부 또는 일부를 선고하는 형에 산입한다(제7조). 임의적이 아니라 필요적으로 형의 전부 또는 일부를 산입하여야 한다.

⑤ [×] 중국 북경시에 소재한 대한민국 영사관 내부는 여전히 중국의 영토에 속할 뿐 이를 대한민국의 영토로서 그 영역에 해당한다고 볼 수 없을 뿐 아니라, 사문서위조죄가 형법 제6조의 대한민국 또는 대한민국 국민에 대하여 범한 죄에 해당하지 아니함은 명백하므로 피고인에 대한 재판권이 없다(대판 2006.9.22. 2006도5010).

정답 ③

11 형법의 적용범위에 대한 설명 중 가장 적절하지 않은 것은? (다툼이 있으면 판례에 의함) [20 경찰승진]

① 형법 제1조 제1항에서 범죄의 성립과 처벌은 행위시의 법률에 의한다고 할 때의 '행위시'라 함은 범죄행위의 종료시를 의미한다.

② 죄를 지어 외국에서 형의 전부 또는 일부가 집행된 사람에 대해서는 그 집행된 형의 전부 또는 일부를 선고하는 형에 산입한다.

③ 형을 종전보다 가볍게 형벌법규를 개정하면서 그 부칙에서 개정된 법의 시행 전의 범죄에 대하여는 종전의 형벌법규를 적용하도록 규정한 경우 형벌불소급의 원칙이나 신법우선의 원칙에 반한다.

④ 외국인이 대한민국 공무원에게 알선한다는 명목으로 금품을 수수하는 행위가 대한민국 영역 내에서 이루어진 이상, 비록 금품수수의 명목이 된 알선행위를 하는 장소가 대한민국 영역 외라 하더라도 대한민국의 형벌법규인 구 변호사법이 적용되어야 한다.

해설

① [O] 범죄의 성립과 처벌은 행위시의 법률에 의한다고 할 때의 "행위시"라 함은 범죄행위의 종료시를 의미한다(대판 1994.5.10. 94도563).

② [O] 죄를 지어 외국에서 형의 전부 또는 일부가 집행된 사람에 대해서는 그 집행된 형의 전부 또는 일부를 선고하는 형에 산입한다(제7조).

③ [×] 형법 제1조 제2항 및 제8조에 의하면, 범죄 후 법률의 변경에 의하여 형이 구법보다 가벼운 때에는 원칙적으로 신법에 따라야 하지만, 신법에 경과규정을 두어 이러한 신법의 적용을 배제하는 것도 허용되는 것으로서, 형벌법규의 형을 종전보다 가볍게 개정하면서 그 부칙에서 개정된 법의 시행 전의 범죄에 대하여는 종전의 형벌법규를 적용하도록 규정한다 하여 형벌불소급의 원칙이나 신법우선의 원칙에 반한다고 할 수 없다(대판 2013.7.11. 2011도15056).

④ [O] 외국인이 대한민국 공무원에게 알선한다는 명목으로 금품을 수수하는 행위가 대한민국 영역 내에서 이루어진 이상 비록 금품수수의 명목이 된 알선행위를 하는 장소가 대한민국 영역 외라 하더라도 형법 제2조에 의하여 대한민국의 형벌법규인 구 변호사법 제90조 제1호가 적용되어야 한다(대판 2000.4.21. 99도3403).

정답 ③

12 형법의 적용범위에 대한 설명으로 가장 적절하지 않은 것은? (다툼 있으면 판례에 의함) [21 경찰승진]

① 한국인이 외국에서 죄를 지어 현지 법률에 따라 형의 전부 또는 일부의 집행을 받은 때에는 대한민국 법원은 그 집행된 형의 전부 또는 일부를 선고하는 형에 반드시 산입하여야 한다.

② 범죄행위시와 재판시 사이에 여러 차례 법령이 개정되어 형의 변경이 있는 경우에는 그 전부의 법령을 비교하여 그중 가장 형이 가벼운 법령을 적용하여야 한다.

③ 범죄행위는 범죄의사가 외부적으로 표현된 상태로서 주관적·내부적인 의사와 객관적·외부적인 표현(동작)을 그 요소로 하는 것이므로 공모공동정범의 공모지는 「형법」 제2조(국내범)가 적용되는 범죄지로 볼 수 없다.

④ 형법총칙은 다른 법령에 정한 죄에 적용되지만, 그 법령에 특별한 규정이 있는 때에는 예외로 한다.

해설

① [O] 죄를 지어 외국에서 형의 전부 또는 일부가 집행된 사람에 대해서는 그 집행된 형의 전부 또는 일부를 선고하는 형에 산입한다(제7조).

② [O] 범죄행위시와 재판시 사이에 여러 차례 법령이 개정되어 형의 변경이 있는 경우에는 이 점에 관한 당사자의 주장이 없더라도 형법 제1조 제2항에 의하여 직권으로 그 전부의 법령을 비교하여 그중 가장 형이 가벼운 법령을 적용하여야 한다(대판 2012.9.13. 2012도7760).

③ [×] 형법 제2조(국내범)를 적용함에 있어서 공모공동정범의 경우 '공모지'도 범죄지로 보아야 한다(대판 1998.11.27. 98도2734).

④ [O] 본법 총칙은 타법령에 정한 죄에 적용한다. 단, 그 법령에 특별한 규정이 있는 때에는 예외로 한다(제8조).

정답 ③

13 형법의 적용범위에 대한 설명으로 옳지 않은 것은? (다툼이 있으면 판례에 의함) [14 국가9급]

① (판례변경으로 삭제함)

② 가정폭력범죄의 처벌 등에 관한 특례법이 정한 사회봉사명령은 보안처분의 성격을 가지는 것이므로 자유 제한적 성질을 갖는다 하여도 형벌불소급의 원칙이 적용되지 않는다.

③ (판례변경으로 삭제함)

④ 외국인이 외국에서 형법상 약취·유인죄나 인신매매죄 또는 그 미수범을 범한 경우에는 우리나라 형법이 적용되지 만, 단순히 같은 죄의 예비·음모를 한 데 불과한 경우에는 우리나라 형법이 적용되지 않는다.

해설

① (판례변경으로 삭제함)

② [×] 사회봉사명령은 가정폭력범죄를 범한 자에 대하여 환경의 조정과 성행의 교정을 목적으로 하는 것으로서 형벌 그 자체가 아니라 보안처분의 성격을 가지는 것이 사실이다. 그러나 한편으로 이는 가정폭력범죄행위에 대하여 형사처벌 대신 부과되는 것으로서, 가정폭력범죄를 범한 자에게 의무적 노동을 부과하고 여가시간을 박탈하여 실질적으로는 신체적 자유를 제한하게 되므로 이에 대하여는 원칙적으로 형벌불소급의 원칙에 따라 행위시법을 적용함이 상당하다(대판 2008.7.24. 2008어4).

③ (판례변경으로 삭제함)

④ [○] 외국인이 외국에서 형법상 약취·유인죄나 인신매매죄 또는 그 미수범을 범한 경우에는 우리나라 형법이 적용되지만, 단순히 같은 죄의 예비·음모를 한 데 불과한 경우에는 우리나라 형법이 적용되지 않는다. 제296조의2(세계주의)는 제294조(미수범)에 대하여는 적용되지만 제296조(예비, 음모)에 대하여는 적용되지 않는다.

정답 ②

14 형법의 시간적 적용범위에 관한 설명 중 가장 적절하지 않은 것은? (다툼이 있으면 판례에 의함) [15 경찰승진]

① '범죄의 성립과 처벌은 행위시의 법률에 의한다(형법 제1조 제1항)'고 할 때의 '행위시'라 함은 범죄행위의 종료시를 의미한다.

② 범죄 후 법률의 변경에 의하여 그 행위가 범죄를 구성하지 아니하거나 형이 구법보다 경한 때에는 신법에 의한다.

③ 재판확정 후 법률의 변경에 의하여 그 행위가 범죄를 구성하지 아니하는 때에는 형의 집행을 면제한다.

④ 행위시와 재판시 사이에 수차의 법령개폐로 인하여 형의 변경이 있는 때에는 가장 최근의 신법을 적용해야 한다.

해설

① [○] 범죄의 성립과 처벌은 행위시의 법률에 의한다고 할 때의 "행위시"라 함은 범죄행위의 종료시를 의미한다(대판 1994.5.10. 94도563).

② [○] 범죄 후 법률의 변경에 의하여 그 행위가 범죄를 구성하지 아니하거나 형이 구법보다 경한 때에는 신법에 의한다(제1조 제2항).

③ [○] 재판확정 후 법률의 변경에 의하여 그 행위가 범죄를 구성하지 아니하는 때에는 형의 집행을 면제한다(제1조 제3항).
▶ 형면제판결이나 면소판결이 인정되는 것이 아니라는 점을 주의하여야 한다.

④ [×] 범죄행위시와 재판시 사이에 여러 차례 법령이 개정되어 형의 변경이 있는 경우에는 이 점에 관한 당사자의 주장이 없더라도 형법 제1조 제2항에 의하여 직권으로 그 전부의 법령을 비교하여 그중 가장 형이 가벼운 법령을 적용하여야 한다(대판 2012.9.13. 2012도7760).

정답 ④

15 형벌규정의 적용에 관한 설명 중 가장 적절하지 않은 것은? (다툼 있으면 판례에 의함) [14 경찰채용]

① 포괄일죄로 되는 개개의 범죄행위가 법률 개정의 전·후에 걸쳐서 행하여진 경우에는 신·구법의 법정형에 대한 경중을 비교하여 볼 필요도 없이 범죄실행 종료시의 법이라고 할 수 있는 신법을 적용하여 포괄일죄로 처단하여야 한다.

② 범죄 후 법률의 변경에 의하여 형이 구법보다 경한 때에는 신법에 의한다고 규정하고 있으나 신법에 경과규정을 두어 이러한 신법의 적용을 배제하는 것도 허용된다.

③ 범죄 후 법률의 변경에 의하여 신법의 형이 구법보다 경한 경우에도 공소시효기간의 기준은 행위시법인 구법의 법정형이 된다.

④ 대법원 양형위원회가 설정한 '양형기준'이 발효하기 전에 공소가 제기된 범죄에 대하여 위 양형기준을 참고하여 형을 양정한 경우에도 피고인에게 불리한 법률을 소급적용한 위법이 있는 것은 아니다.

해설

> ① [○] 포괄일죄로 되는 개개의 범죄행위가 법 개정의 전후에 걸쳐서 행하여진 경우에는 신·구법의 법정형에 대한 경중을 비교하여 볼 필요도 없이 범죄 실행 종료시의 법이라고 할 수 있는 '신법'을 적용하여 포괄일죄로 처단하여야 한다(대판 2009.4.9. 2009도321).
>
> ② [○] 형법 제1조 제2항 및 제8조에 의하면, 범죄 후 법률의 변경에 의하여 형이 구법보다 가벼운 때에는 원칙적으로 신법에 따라야 하지만, 신법에 경과규정을 두어 이러한 신법의 적용을 배제하는 것도 허용되는 것으로서, 형벌법규의 형을 종전보다 가볍게 개정하면서 그 부칙에서 개정된 법의 시행 전의 범죄에 대하여는 종전의 형벌법규를 적용하도록 규정한다 하여 형벌불소급의 원칙이나 신법우선의 원칙에 반한다고 할 수 없다(대판 2013.7.11. 2011도15056).
>
> ③ [×] 범죄 후 법률의 개정에 의하여 법정형이 가벼워진 경우에는 형법 제1조 제2항에 의하여 당해 범죄사실에 적용될 가벼운 법정형(신법의 법정형)이 공소시효기간의 기준이 된다(대판 2008.12.11. 2008도4376).
>
> ④ [○] [1] 법원조직법 제81조의2 이하의 규정에 의하여 마련된 대법원 양형위원회의 양형기준은 법관이 합리적인 양형을 정하는 데 참고할 수 있는 구체적이고 객관적인 기준으로 마련된 것이다. 위 양형기준은 법적 구속력을 가지지 아니하고, 단지 법관의 양형에 있어서 그 존중이 요구되는 것일 뿐이다.
> [2] 대법원 양형위원회가 설정한 '양형기준'이 발효하기 전에 공소가 제기된 범죄에 대하여 위 '양형기준'을 참고하여 형을 양정한 사안에서, 피고인에게 불리한 법률을 소급하여 적용한 위법이 있다고 할 수 없다고 한 사례(대판 2009.12.10. 2009도11448).

정답 ③

16 다음 중 판례의 태도로 틀린 것은? [10 경찰승진]

① 형의 경중의 비교는 원칙적으로 법정형을 표준으로 할 것이고 처단형에 의할 것이 아니며, 법정형의 경중을 비교함에 있어서 법정형 중 병과형 또는 선택형이 있을 때에는 이 중 가장 중한 형을 기준으로 하여 다른 형과 경중을 정하는 것이 원칙이다.

② 범죄 후 여러 차례 법률이 변경되어 행위시법과 재판시법 사이에 중간시법이 있는 경우 그중 가장 형이 경한 법률을 적용해야 한다.

③ 포괄일죄로 되는 개개의 범죄행위가 법 개정의 전후에 걸쳐서 행하여진 경우에는 신·구법의 법정형에 대한 경중을 비교하여 신법과 구법 중 경한 법률을 적용하여야 한다.

④ 형벌불소급의 원칙은 "행위의 가벌성", 즉 형사소추가 "언제부터 어떠한 조건하에서" 가능한가의 문제에 관한 것이고, "얼마동안" 가능한가의 문제에 관한 것은 아니다.

해설

① [O] 형의 경중의 비교는 원칙적으로 법정형을 표준으로 할 것이고 처단형에 의할 것이 아니며, 법정형의 경중을 비교함에 있어서 법정형 중 병과형 또는 선택형이 있을 때에는 이 중 가장 중한 형을 기준으로 하여 다른 형과 경중을 정하는 것이 원칙이다(대판 1992.11.13. 92도2194).

② [O] 범죄행위시와 재판시 사이에 여러 차례 법령이 개정되어 형의 변경이 있는 경우에는 이 점에 관한 당사자의 주장이 없더라도 형법 제1조 제2항에 의하여 직권으로 그 전부의 법령을 비교하여 그중 가장 형이 가벼운 법령을 적용하여야 한다(대판 2012.9.13. 2012도7760).

③ [X] 포괄일죄로 되는 개개의 범죄행위가 법 개정의 전후에 걸쳐서 행하여진 경우에는 신·구법의 법정형에 대한 경중을 비교하여 볼 필요도 없이 범죄 실행 종료시의 법이라고 할 수 있는 '신법'을 적용하여 포괄일죄로 처단하여야 한다(대판 2009.4.9. 2009도321).

④ [O] 형벌불소급의 원칙은 "행위의 가벌성", 즉 형사소추가 "언제부터 어떠한 조건하에서" 가능한가의 문제에 관한 것이고, "얼마동안" 가능한가의 문제에 관한 것은 아니므로, 과거에 이미 행한 범죄에 대하여 공소시효를 정지시키는 법률이라 하더라도 그 사유만으로 헌법 제12조 제1항 및 제13조 제1항에 규정한 죄형법정주의의 파생원칙인 형벌불소급의 원칙에 언제나 위배되는 것으로 단정할 수는 없다(헌재 1996.2.16. 96헌가2).

정답 ③

---

17 다음 설명 중 가장 적절하지 않은 것은? (다툼이 있으면 판례에 의함) [14 경찰승진]

① 형사처벌에 관한 위임입법은 특히 긴급한 필요가 있거나 미리 법률로써 자세히 정할 수 없는 부득이한 사정이 있는 경우에 한하여 허용된다.

② 포괄일죄로 되는 개개의 범죄행위가 법 개정의 전후에 걸쳐서 행하여진 경우에는 신·구법의 법정형에 대한 경중을 비교하여 법정형이 가벼운 법을 적용하여 포괄일죄로 처단하여야 한다.

③ (판례변경으로 삭제함)

④ 부실의 사실이 기재된 공정증서의 정본을 그 정을 모르는 법원직원에게 교부한 행위를 부실기재공정증서원본행사죄에 해당하는 것으로 해석하는 것은 형법상 금지된 유추해석에 해당한다.

해설

① [O] [1] 특히 긴급한 필요가 있거나 미리 법률로써 자세히 정할 수 없는 부득이한 사정이 있는 경우에 한하여, [2] 수권법률(위임법률)이 구성요건의 점에서는 처벌대상인 행위가 어떠한 것인지 이를 예측할 수 있을 정도로 구체적으로 정하고, [3] 형벌의 점에서는 형벌의 종류 및 그 상한과 폭을 명확히 규정하는 것을 전제로 위임입법이 허용된다(대판 2002.11.26. 2002도2998).

② [X] 포괄일죄로 되는 개개의 범죄행위가 법 개정의 전후에 걸쳐서 행하여진 경우에는 신·구법의 법정형에 대한 경중을 비교하여 볼 필요도 없이 범죄 실행 종료시의 법이라고 할 수 있는 '신법'을 적용하여 포괄일죄로 처단하여야 한다(대판 2009.4.9. 2009도321).

③ (판례변경으로 삭제함)

④ [O] 형법 제229조의 부실기재공정증서원본행사죄의 '공정증서원본'에 공정증서의 정본이 포함된다고 해석하는 경우 형법상 금지된 유추해석에 해당한다(대판 2002.3.26. 2001도6503).

정답 ②

18 형법의 적용범위에 관한 설명 중 가장 적절하지 않은 것은? (다툼이 있으면 판례에 의함) [17 경찰승진]

① 포괄일죄로 되는 개개의 범죄행위가 법률 개정 전·후에 걸쳐서 행하여진 경우에는 신·구법의 법정형에 대한 경중을 비교하여 볼 필요도 없이 범죄실행 종료시의 법이라고 할 수 있는 신법을 적용하여 포괄일죄로 처단하여야 한다.

② 외국인이 외국에서 형법상 약취·유인죄나 인신매매죄 또는 그 미수범과 예비·음모죄를 범한 경우에는 우리나라 형법이 적용된다.

③ (판례변경으로 삭제함)

④ (판례변경으로 삭제함)

해설

① [○] 포괄일죄로 되는 개개의 범죄행위가 법 개정의 전후에 걸쳐서 행하여진 경우에는 신·구법의 법정형에 대한 경중을 비교하여 볼 필요도 없이 범죄 실행 종료시의 법이라고 할 수 있는 '신법'을 적용하여 포괄일죄로 처단하여야 한다(대판 2009.4.9. 2009도321).

② [×] 외국인이 외국에서 형법상 약취·유인죄나 인신매매죄 또는 그 미수범을 범한 경우에는 우리나라 형법이 적용되지만, 단순히 같은 죄의 예비·음모를 한 데 불과한 경우에는 우리나라 형법이 적용되지 않는다. 제296조의2(세계주의)는 제294조(미수범)에 대하여는 적용되지만 제296조(예비, 음모)에 대하여는 적용되지 않는다.

③ (판례변경으로 삭제함)

④ (판례변경으로 삭제함)

정답 ②

19 형법의 시간적 효력범위에 관한 판례의 입장과 다른 것은? [02 사시]

① (판례변경으로 삭제함)

② 실행행위의 도중에 법률의 변경이 있어 실행행위가 신·구법에 걸쳐 행해진 경우 신법 시행 이후의 범행이 신법의 구성요건을 충족하는 때에는 신법을 적용해야 한다.

③ 종전보다 가벼운 형으로 형벌법규를 개정하면서 그 부칙에 개정된 법의 시행 전의 범죄에 대하여 종전의 형벌법규를 적용하도록 규정한다 하여도 형벌불소급의 원칙이나 신법우선주의에 반한다고 할 수 없다.

④ (판례변경으로 삭제함)

⑤ 헌법재판소의 위헌결정으로 인하여 형벌에 관한 법률조항이 소급하여 그 효력을 상실한 경우에는 당해 조항을 적용하여 기소한 피고사건은 범죄로 되지 아니하는 때에 해당하므로 무죄가 된다.

해설

① (판례변경으로 삭제함)

② [○] 상습으로 사기의 범죄행위를 되풀이한 경우에 특정경제범죄가중처벌등에관한법률 시행 이후의 범행으로 인하여 취득한 재물의 가액이 위 법률 제3조 제1항 제3호의 구성요건을 충족하는 때는 그중 법정형이 중한 위 특정경제범죄가중처벌등에관한법률위반의 죄에 나머지 행위를 포괄시켜 특정경제범죄가중처벌등에관한법률 위반의 죄로 처단하여야 한다(대판(전) 1986.7.22. 86도1012).

③ [○] 종전보다 가벼운 형으로 형벌법규를 개정하면서 그 부칙에 개정된 법의 시행 전의 범죄에 대하여 종전의 형벌법규를 적용하도록 규정한다 하여도 형벌불소급의 원칙이나 신법우선주의에 반한다고 할 수 없다(대판 1999.7.9. 99도1695).

④ (판례변경으로 삭제함)

⑤ [○] 위헌결정으로 인하여 형벌에 관한 법률 또는 법률조항이 소급하여 그 효력을 상실한 경우에는 당해 법조를 적용하여 기소한 피고사건이 범죄로 되지 아니한 때(무죄판결 대상)에 해당한다고 할 것이고, 범죄 후의 법령의 개폐로 형이 폐지되었을 때(면소판결 대상)에 해당한다고는 할 수 없다(대판 1992.5.8. 91도2825).

정답 없음

20 형법의 시간적 적용범위에 관한 설명으로 옳은 것은 모두 몇 개인가? (다툼 있으면 판례에 의함) [13 경찰간부]

> ㉠ (판례변경으로 삭제함)
> ㉡ 포괄일죄로 되는 개개의 범죄행위가 법 개정의 전후에 걸쳐서 행하여진 경우에는 신·구법의 법정형에 대한 경중을 비교하여 경한 법정형이 적용된다.
> ㉢ 범죄 후 법률의 개정에 의하여 법정형이 가벼워진 경우라도 공소시효의 특성상 범죄시에 적용되었던 구법의 법정형이 공소시효기간의 기준이 된다.

① 1개   ② 2개
③ 3개   ④ 없음

해설

㉠ (판례변경으로 삭제함)
㉡ [×] 포괄일죄로 되는 개개의 범죄행위가 법 개정의 전후에 걸쳐서 행하여진 경우에는 신·구법의 법정형에 대한 경중을 비교하여 볼 필요도 없이 범죄 실행 종료시의 법이라고 할 수 있는 '신법'을 적용하여 포괄일죄로 처단하여야 한다(대판 2009.4.9. 2009도321).
㉢ [×] 범죄 후 법률의 개정에 의하여 법정형이 가벼워진 경우에는 형법 제1조 제2항에 의하여 당해 범죄사실에 적용될 가벼운 법정형(신법의 법정형)이 공소시효기간의 기준이 된다(대판 2008.12.11. 2008도4376).

정답 ④

21 죄형법정주의에 대한 설명 중 가장 적절하지 않은 것은? (다툼 있는 경우 판례에 의함) [23 경찰승진]

① 원인불명으로 재산상 이익인 가상자산을 이체받은 자가 가상자산을 사용·처분한 경우 이를 형사처벌하는 명문의 규정이 없는 현재의 상황에서 착오 송금 시 횡령죄 성립을 긍정한 판례를 유추하여 신의칙을 근거로 배임죄로 처벌하는 것은 죄형법정주의에 반한다.

② 처벌규정의 소극적 구성요건을 문언의 가능한 의미를 벗어나 지나치게 좁게 해석하게 되면 피고인에 대한 가벌성의 범위를 넓히게 되어 죄형법정주의의 파생원칙인 유추해석금지원칙에 어긋날 우려가 있으므로 법률문언의 통상적인 의미를 벗어나지 않는 범위 내에서 합리적으로 해석할 필요가 있다.

③ 형법 조항에 관한 판례의 변경은 그 법률조항 자체가 변경된 것으로 볼 수 있기 때문에, 행위 당시의 판례에 의하면 처벌 대상이 되지 아니하는 것으로 해석되었던 행위를 판례의 변경에 따라 확인된 내용의 형법 조항에 근거하여 처벌한다면 이는 헌법상 평등의 원칙과 형벌불소급의 원칙에 반한다.

④ 처벌법규의 구성요건이 다소 광범위하여 법관의 보충적인 해석을 필요로 하는 개념을 사용하였다고 하더라도 통상의 해석방법에 의하여 건전한 상식과 통상적인 법감정을 가진 사람이면 당해 처벌법규의 보호법익과 금지된 행위 및 처벌의 종류와 정도를 알 수 있도록 규정하였다면 명확성 원칙에 반하지 않는다.

해설

① [○] 원인불명으로 재산상 이익인 가상자산(비트코인)을 이체받은 자가 가상자산을 사용·처분한 경우, 이를 형사처벌하는 명문의 규정이 없는 현재 상황에서 착오 송금 시 횡령죄 성립을 긍정한 판례를 유추하여 신의칙을 근거로 배임죄로 처벌하는 것은 죄형법정주의에 반한다(대판 2021.12.16. 2020도9789).
② [○] 처벌 규정의 소극적 구성요건을 문언의 가능한 의미를 벗어나 지나치게 좁게 해석하게 되면 피고인에 대한 가벌성의 범위를 넓히게 되어 죄형법정주의의 파생 원칙인 유추해석금지원칙에 어긋날 우려가 있으므로 법률문언의 통상적인 의미를 벗어나지 않는 범위 내에서 합리적으로 해석할 필요가 있다(대판 2018.10.25. 2018도7041).

③ [×] 형사처벌의 근거가 되는 것은 법률이지 판례가 아니고, 형법 조항에 관한 판례의 변경은 그 법률조항의 내용을 확인하는 것에 지나지 아니하여 이로써 그 법률조항 자체가 변경된 것이라고 볼 수는 없으므로, 행위 당시의 판례에 의하면 처벌대상이 되지 아니하는 것으로 해석되었던 행위를 판례의 변경에 따라 확인된 내용의 형법 조항에 근거하여 처벌한다고 하여 그것이 헌법상 평등의 원칙과 형벌불소급의 원칙에 반한다고 할 수는 없다(대판 1999.9.17. 97도3349).

④ [O] 처벌 법규의 구성요건이 다소 광범위하여 법관의 보충적인 해석을 필요로 하는 개념을 사용하였다고 하더라도 통상의 해석 방법에 의하여 건전한 상식과 통상적인 법감정을 가진 사람이면 당해 처벌법규의 보호법익과 금지된 행위 및 처벌의 종류와 정도를 알 수 있도록 규정하였다면 명확성 원칙에 반하지 않는다(대판 2006.5.11. 2006도920).

정답 ③

22 형법 제1조의 해석에 관한 설명 중 옳은 것을 모두 고른 것은? (다툼이 있으면 판례에 의함) [15 변호사]

> ㉠ 실행행위의 도중에 법률이 변경되어 실행행위가 신·구법에 걸쳐 행하여진 때에는 신법 시행 전에 이미 실행행위가 착수되었으므로 이 행위에는 구법이 적용되어야 한다.
> ㉡ 신법에 경과규정을 두어 재판시법주의의 적용을 배제할 수 있다.
> ㉢ 개정 전후를 통하여 형의 경중에 차이가 없는 경우에는 행위시법을 적용하여야 한다.
> ㉣ 범죄 후 법률의 개정에 의하여 법정형이 가벼워진 경우에는 법률에 특별한 규정이 없는 한 신법의 법정형이 공소시효기간의 기준이 된다.

① ㉠, ㉢   ② ㉡, ㉣
③ ㉢, ㉣   ④ ㉠, ㉢, ㉣
⑤ ㉡, ㉢, ㉣

해설

㉠ [×] 포괄일죄로 되는 개개의 범죄행위가 법 개정의 전후에 걸쳐서 행하여진 경우에는 신·구법의 법정'형에 대한 경중을 비교하여 볼 필요도 없이' 범죄 실행 종료시의 법이라고 할 수 있는 '신법'을 적용하여 포괄일죄로 처단하여야 한다(대판 2009.4.9. 2009도321).

㉡ [O] 형법 제1조 제2항 및 제8조에 의하면, 범죄 후 법률의 변경에 의하여 그 행위가 범죄를 구성하지 아니하는 경우 신법에 의한다고 규정하고 있으나, 신법에 경과규정을 두어 이러한 재판시법주의의 적용을 배제하는 것도 허용된다(대판 1992.2.28. 91도2935).

㉢ [O] 범죄 후 법률의 변경이 있더라도 형의 변경이 없는 경우에는 형법 제1조 제1항에 따라 행위시법을 적용하여야 한다(대판 2010.6.10. 2010도4416).

㉣ [O] 범죄 후 법률의 개정에 의하여 법정형이 가벼워진 경우에는 형법 제1조 제2항에 의하여 당해 범죄사실에 적용될 가벼운 법정형(신법의 법정형)이 공소시효기간의 기준이 된다(대판 2008.12.11. 2008도4376).

정답 ⑤

23 형법의 적용범위에 대한 설명 중 옳지 않은 것은? (다툼이 있는 경우 판례에 의함)

① 애초에 죄가 되지 아니하던 행위를 구성요건의 신설로 포괄일죄의 처벌대상으로 삼는 경우, 신설된 포괄일죄 처벌 법규가 시행되기 이전의 행위에 대하여는 신설된 법규를 적용하여 처벌할 수 없다.

② 재심이 개시된 사건에서 형벌에 관한 법령이 재심판결 당시 폐지된 경우, 그 폐지가 당초부터 헌법에 위배되어 효력이 없는 법령에 대한 것인 때에는 그 법령을 적용하여 공소가 제기된 피고사건에 대하여 법원은 무죄를 선고 하여야 한다.

③ 형사사건으로 외국 법원에 기소되었다가 무죄판결을 받은 사람이 무죄판결을 받기까지 상당 기간 미결구금되었던 경우, 그 미결구금 기간은 「형법」 제7조에서 말하는 '외국에서 집행된 형의 산입'의 대상이 될 수 없다.

④ 형벌법규 제정의 이유가 된 법률이념의 변경에 따라 종래의 처벌 자체가 부당하였다거나 또는 과형이 과중하였다 는 반성적 고려에서 법령을 변경하였는지 여부가 「형법」 제1조 제2항의 "범죄 후 법률이 변경되어 그 행위가 범죄 를 구성하지 아니하게 되거나 형이 구법보다 가벼워진 경우"에 해당하는지 여부를 결정하는 기준이 된다.

⑤ 스스로 구체적인 일자나 기간으로 유효기간을 특정하여 효력의 상실을 예정하고 있던 법령이 그 유효기간을 경과 함으로써 더 이상 효력을 갖지 않게 된 경우, 「형법」 제1조 제2항에서 말하는 '법률의 변경'에 해당한다고 볼 수 없다.

해설

① [O] 포괄일죄에 관한 기존 처벌법규에 대하여 그 표현이나 형량과 관련한 개정을 하는 경우가 아니라 애초에 죄가 되지 아니하던 행위를 구성요건의 신설로 포괄일죄의 처벌대상으로 삼는 경우에는 신설된 포괄일죄 처벌법규가 시행되기 이전의 행위에 대하여는 신설된 법규를 적용하여 처벌할 수 없다. 이는 신설된 처벌법규가 상습범을 처벌하는 구성요건인 경우에도 마찬가지라 고 할 것이므로, 구성요건이 신설된 상습강제추행죄가 시행되기 이전의 범행은 상습강제추행죄로는 처벌할 수 없고 행위시법에 기초하여 강제추행죄로 처벌할 수 있을 뿐이며, 이 경우 그 소추요건도 상습강제추행죄에 관한 것이 아니라 강제추행죄에 관한 것이 구비되어야 한다(대판 2016.1.28. 2015도15669).

② [O] 재심이 개시된 사건에서 형벌에 관한 법령이 재심판결 당시 폐지되었다 하더라도 그 폐지가 당초부터 헌법에 위반되어 효력이 없는 법령에 대한 것이었다면 형사소송법 제325조 전단이 규정하는 '범죄로 되지 아니한 때'의 무죄사유에 해당하는 것이지, 형사소송법 제326조 제4호 소정의 면소사유에 해당한다고 할 수 없다(대판(전) 2013.5.16. 2011도2631).

③ [O] 형법 제7조는 "죄를 지어 외국에서 형의 전부 또는 일부가 집행된 사람에 대해서는 그 집행된 형의 전부 또는 일부를 선고하는 형에 산입한다."라고 규정하고 있다. 그런데 여기서 '외국에서 형의 전부 또는 일부가 집행된 사람'이란 문언과 취지에 비추어 '외국 법원의 유죄판결에 의하여 자유형이나 벌금형 등 형의 전부 또는 일부가 실제로 집행된 사람'을 말한다고 해석하여 야 한다. 따라서 형사사건으로 외국 법원에 기소되었다가 무죄판결을 받은 사람은, 설령 그가 무죄판결을 받기까지 상당 기간 미결구금되었더라도 이를 유죄판결에 의하여 형이 실제로 집행된 것으로 볼 수는 없으므로, '외국에서 형의 전부 또는 일부가 집행된 사람'에 해당한다고 볼 수 없고, 그 미결구금 기간은 형법 제7조에 의한 산입의 대상이 될 수 없다(대판(전) 2017.8.24. 2017도5977).

④ [×], ⑤ [O] [1] 범죄 후 법률이 변경되어 그 행위가 범죄를 구성하지 아니하게 되거나 형이 구법보다 가벼워진 경우에는 신법에 따라야 하고(형법 제1조 제2항), 범죄 후의 법령 개폐로 형이 폐지되었을 때는 판결로써 면소의 선고를 하여야 한다(형 사소송법 제326조 제4호). 이러한 형법 제1조 제2항과 형사소송법 제326조 제4호의 규정은 입법자가 법령의 변경 이후에도 종전 법령 위반행위에 대한 형사처벌을 유지한다는 내용의 경과규정을 따로 두지 않는 한 그대로 적용되어야 한다. 따라서 범죄 의 성립과 처벌에 관하여 규정한 형벌법규 자체 또는 그로부터 수권 내지 위임을 받은 법령의 변경에 따라 범죄를 구성하지 아니하게 되거나 형이 가벼워진 경우에는, 종전 법령이 범죄로 정하여 처벌한 것이 부당하였다거나 과형이 과중하였다는 반성적 고려에 따라 변경된 것인지 여부를 따지지 않고 원칙적으로 형법 제1조 제2항과 형사소송법 제326조 제4호가 적용된다. 형벌 법규가 대통령령, 총리령, 부령과 같은 법규명령이 아닌 고시 등 행정규칙·행정명령, 조례 등(이하 '고시 등 규정'이라고 한다) 에 구성요건의 일부를 수권 내지 위임한 경우에도 이러한 고시 등 규정이 위임입법의 한계를 벗어나지 않는 한 형벌법규와 결합하여 법령을 보충하는 기능을 하는 것이므로, 그 변경에 따라 범죄를 구성하지 아니하게 되거나 형이 가벼워졌다면 마찬가 지로 형법 제1조 제2항과 형사소송법 제326조 제4호가 적용된다.
[2] 해당 형벌법규 자체 또는 그로부터 수권 내지 위임을 받은 법령이 아닌 다른 법령이 변경된 경우 형법 제1조 제2항과 형사소송법 제326조 제4호를 적용하려면, 해당 형벌법규에 따른 범죄의 성립 및 처벌과 직접적으로 관련된 형사법적 관점의 변화를 주된 근거로 하는 법령의 변경에 해당하여야 하므로, 이와 관련이 없는 법령의 변경으로 인하여 해당 형벌법규의 가벌성 에 영향을 미치게 되는 경우에는 형법 제1조 제2항과 형사소송법 제326조 제4호가 적용되지 않는다.

[3] 한편 법령이 개정 내지 폐지된 경우가 아니라, 스스로 유효기간을 구체적인 일자나 기간으로 특정하여 효력의 상실을 예정하고 있던 법령(저자 주: '협의의 한시법'을 의미한다)이 그 유효기간을 경과함으로써 더 이상 효력을 갖지 않게 된 경우도 형법 제1조 제2항과 형사소송법 제326조 제4호에서 말하는 법령의 변경에 해당한다고 볼 수 없다.

[4] 이와 달리 형법 제1조 제2항과 형사소송법 제326조 제4호는 형벌법규 제정의 이유가 된 법률이념의 변경에 따라 종래의 처벌 자체가 부당하였다거나 또는 과형이 과중하였다는 반성적 고려에서 법령을 변경하였을 경우에만 적용된다고 한 대법원판결을 비롯한 같은 취지의 대법원판결들은 이 판결의 견해에 배치되는 범위 내에서 모두 변경하기로 한다(대판(전) 2022.12.22. 2020도16420).

정답 ④

24 다음 중 옳은 것과 옳지 않은 것을 바르게 연결한 것은? (다툼 있으면 판례에 의함) [14 경찰채용]

> ㉠ 카지노의 외국인 출입이 허용된 필리핀에서 카지노에 들어가 도박을 한 대한민국 국적자에게는 대한민국 형법이 적용될 수 없다.
> ㉡ 캐나다 시민권자가 캐나다에서 위조사문서를 행사하였다는 내용으로 기소된 경우 대한민국 법원은 그에 대해 재판권이 없다.
> ㉢ 중국 국적자가 중국에서 대한민국 국적 주식회사의 인장을 위조한 경우에는 외국인의 국외범으로 대한민국 법원은 그에 대해 재판권이 없다.
> ㉣ 외국인이 대한민국 공무원에게 알선한다는 명목으로 금품을 수수하는 행위가 대한민국 영역 내에서 이루어진 이상, 비록 금품수수의 명목이 된 알선행위를 하는 장소가 대한민국 영역 외라 하더라도 대한민국 영역 내에서 죄를 범한 것이라고 하여야 할 것이므로, 구 변호사법(2000.1.28. 법률 제6207호로 전문개정되기 전의 것) 제90조 제1호가 적용되어야 한다.

① ㉠ ○ ㉡ ○ ㉢ ○ ㉣ ○

② ㉠ × ㉡ ○ ㉢ ○ ㉣ ○

③ ㉠ × ㉡ × ㉢ ○ ㉣ ×

④ ㉠ × ㉡ ○ ㉢ × ㉣ ×

해설

> ㉠ [×] 필리핀국에서 카지노의 외국인 출입이 허용되어 있다 하여도 형법 제3조에 따라 내국인인 피고인에게 우리나라 형법이 당연히 적용된다(대판 2001.9.25. 99도3337).
> ㉡ [○] [1] 제6조의 '대한민국 또는 대한민국 국민에 대하여 죄를 범한 때'란 대한민국 또는 대한민국 국민의 법익이 직접적으로 침해되는 결과를 야기하는 죄를 범한 경우를 의미한다.
> [2] (캐나다 시민권자인 피고인이 캐나다에서 위조사문서를 행사한 경우) 캐나다 시민권자인 피고인이 캐나다에서 위조사문서를 행사하였다면, 형법 제234조의 위조사문서행사죄는 형법 제5조 제1호 내지 제7호에 열거된 죄에 해당하지 않고, 위조사문서행사를 형법 제6조의 대한민국 또는 대한민국 국민의 법익을 직접적으로 침해하는 행위라고 볼 수도 없으므로 피고인의 행위에 대하여는 우리나라에 재판권이 없다(대판 2011.8.25. 2011도6507).
> ㉢ [○] 대판 2002.11.26. 2002도4929.
> ㉣ [○] 외국인이 대한민국 공무원에게 알선한다는 명목으로 금품을 수수하는 행위가 대한민국 영역 내에서 이루어진 이상 비록 금품수수의 명목이 된 알선행위를 하는 장소가 대한민국 영역 외라 하더라도 형법 제2조에 의하여 대한민국의 형벌법규인 구 변호사법 제90조 제1호가 적용되어야 한다(대판 2000.4.21. 99도3403).

정답 ②

25 형법의 적용범위에 대한 설명으로 옳은 것만을 모두 고른 것은? (다툼 있으면 판례에 의함) [16 국가9급]

> ㉠ 속지주의 원칙에서 범죄지의 결정기준은 범죄 결과 발생지뿐만 아니라 구성요건적 실행행위가 이루어진 곳도 포함된다.
> ㉡ 외국인이 독일에서 북한의 지령을 받아 베를린 주재 북한이익대표부를 방문하여 북한공작원을 만나 반국가단체를 이롭게 한 행위에 대하여 우리나라 형법이 적용된다.
> ㉢ 한반도의 평시상태에서 미군의 군속 중 '통상적으로 대한민국에 거주하고 있는 자'는 '대한민국과 아메리카합중국 간의 상호방위조약 제4조에 의한 시설과 구역 및 대한민국에서의 합중국 군대의 지위에 관한 협정'(SOFA)이 적용되는 군속의 개념에서 배제되므로 우리나라 법원에 재판권이 있다.
> ㉣ 대한민국 영역 외에서 형법 제289조 제1항의 구성요건인 사람을 매매한 행위를 한 외국인에 대해서는 우리나라 형법이 적용된다.

① ㉠, ㉢
② ㉡, ㉢
③ ㉠, ㉡, ㉣
④ ㉠, ㉢, ㉣

해설

㉠ [○] 속지주의를 규정한 형법 제2조에서 '죄를 범한'이란 범죄의 행위 또는 결과 어느 것이라도 대한민국 영역 내에서 발생하면 족하다.

㉡ [×] [1] 독일인이 독일 내에서 북한의 지령을 받아 베를린 주재 북한이익대표부를 방문하고 그곳에서 북한공작원을 만났다면 각 구성요건상 범죄지는 모두 독일이므로 이는 외국인의 국외범에 해당하여, 형법 제5조와 제6조에서 정한 요건에 해당하지 않는 이상 국가보안법 제6조 제2항, 제8조 제1항을 적용하여 처벌할 수 없다.
[2] 독일 국적을 취득함에 따라 대한민국 국적을 상실한 피고인이 독일 내에서 북한의 지령을 받아 베를린 주재 북한이익대표부를 방문하고 그곳에서 북한공작원을 만난 행위는 외국인의 국외범에 해당한다는 이유로 무죄를 선고한 원심은 정당하다(대판 (전) 2008.4.17. 2004도4899).

㉢ [○] [1] 협정 제22조(형사재판권) 제4항은 '본조의 전기 제 규정은 합중국 군 당국이 대한민국의 국민인 자 또는 대한민국에 통상적으로 거주하고 있는 자에 대하여 재판권을 행사할 권리를 가진다는 것을 뜻하지 아니한다'고 규정하고 있다. 위 조항들에 의하면, 미합중국 군대의 군속 중 통상적으로 대한민국에 거주하고 있는 자는 협정이 적용되는 군속의 개념에서 배제되므로 그에 대하여는 대한민국의 형사재판권 등에 관하여 협정에서 정한 조항이 적용될 여지가 없다.
[2] 협정 제22조 제1항에 관한 합의의사록에서는 '합중국 법률의 현 상태에서 합중국 군 당국은 평화시에는 군속 및 가족에 대하여 유효한 형사재판권을 가지지 아니한다'고 정하고 있다. 위 조항들을 종합하면, 한반도의 평시상태에서 미합중국 군 당국은 미합중국 군대의 군속에 대하여 형사재판권을 가지지 않으므로 대한민국은 협정 제22조 제1항 (나)에 따라 미합중국 군대의 군속이 대한민국 영역 안에서 저지른 범죄로서 대한민국 법령에 의하여 처벌할 수 있는 범죄에 대한 형사재판권을 바로 행사할 수 있다(대판 2006.5.11. 2005도798).

㉣ [○] 외국인이 외국에서 형법상 약취·유인죄나 인신매매죄 또는 그 미수범을 범한 경우에는 우리 형법이 적용된다. 그러나 같은 죄의 예비·음모의 경우에는 우리 형법이 적용되지 않는다.

정답 ④

26 다음 중 판례의 태도를 옮긴 것으로 가장 옳지 않은 것은? [14 경찰간부]

① 외국 시민권자인 피고인이 그 외국에서 위조사문서를 행사하였다면 위조사문서행사는 대한민국 또는 대한민국 국민의 법익을 직접적으로 침해하는 행위라고 볼 수 없으므로 우리나라에 재판권이 없다.

② 예외적으로 내국인의 출입이 허용되는 도박장에 출입하는 것은 법령에 의한 행위로 위법성이 조각되나, 도박죄를 처벌하지 않는 외국 도박장에서 한 도박이라는 사정으로 그 위법성이 조각되지 않는다.

③ 외국인이 대한민국 공무원에게 알선하기 위해 금품을 수수한 행위가 대한민국 영역 내에서 이루어졌으나, 그 명목이 된 알선행위 장소가 대한민국 영역 밖인 경우 대한민국의 변호사법에 의하여 처벌될 수 없다.

④ 영국인이 한국 내에서 한국인과 공모만 하고 홍콩에서 중국인으로부터 히로뽕을 매수한 경우, 그 영국인에게는 대한민국의 마약류관리에관한법률이 적용된다.

해설

① [○] [1] 제6조의 '대한민국 또는 대한민국 국민에 대하여 죄를 범한 때'란 대한민국 또는 대한민국 국민의 법익이 직접적으로 침해되는 결과를 야기하는 죄를 범한 경우를 의미한다.
[2] (캐나다 시민권자인 피고인이 캐나다에서 위조사문서를 행사한 경우) 캐나다 시민권자인 피고인이 캐나다에서 위조사문서를 행사하였다면, 형법 제234조의 위조사문서행사죄는 형법 제5조 제1호 내지 제7호에 열거된 죄에 해당하지 않고, 위조사문서행사를 형법 제6조의 대한민국 또는 대한민국 국민의 법익을 직접적으로 침해하는 행위라고 볼 수도 없으므로 피고인의 행위에 대하여는 우리나라에 재판권이 없다(대판 2011.8.25. 2011도6507).

② [○] 형법 제3조는 "본법은 대한민국 영역 외에서 죄를 범한 내국인에게 적용한다."고 하여 형법의 적용 범위에 관한 속인주의를 규정하고 있고, 또한 국가 정책적 견지에서 도박죄의 보호법익보다 좀 더 높은 국가이익을 위하여 예외적으로 내국인의 출입을 허용하는 폐광지역 개발지원에 관한 특별법 등에 따라 카지노에 출입하는 것은 법령에 의한 행위로 위법성이 조각된다고 할 것이나, 도박죄를 처벌하지 않는 외국 카지노에서의 도박이라는 사정만으로 그 위법성이 조각된다고 할 수 없다(대판 2004.4.23. 2002도2518).

③ [×] 외국인이 대한민국 공무원에게 알선한다는 명목으로 금품을 수수하는 행위가 대한민국 영역 내에서 이루어진 이상 비록 금품수수의 명목이 된 알선행위를 하는 장소가 대한민국 영역 외라 하더라도 형법 제2조에 의하여 대한민국의 형벌법규인 구 변호사법 제90조 제1호가 적용되어야 한다(대판 2000.4.21. 99도3403).

④ [○] 형법 제2조(국내범)를 적용함에 있어서 공모공동정범의 경우 '공모지'도 범죄지로 보아야 한다(대판 1998.11.27. 98도2734).

정답 ③

27 형법의 시간적·장소적 적용범위에 관한 설명 중 옳지 않은 것은? (다툼 있으면 판례에 의함) [15 변호사]

① 범죄행위시와 재판시 사이에 수차 법률이 개정되어 형이 변경된 경우 그 전부의 법률을 비교하여 가장 형이 가벼운 법률을 적용하여야 한다.

② 형벌에 관한 법률 또는 법률조항은 헌법재판소의 위헌 결정으로 소급하여 그 효력을 상실하지만, 해당 법률 또는 법률의 조항에 대하여 종전에 합헌으로 결정한 사건이 있는 경우에는 그 합헌결정이 있는 날의 다음 날로 소급하여 효력을 상실한다.

③ 대한민국 국민이 아닌 사람이 외국에 거주하다가 그곳을 떠나 반국가단체의 지배하에 있는 지역으로 들어간 경우 외국인의 국외범에 해당하여 국가보안법이 적용되지 않는다.

④ 중국인이 한국으로 입국하기 위하여 중국에 소재한 대한민국 영사관에서 그곳에 비치된 여권발급신청서를 위조한 경우 보호주의에 의하여 형법이 적용된다.

⑤ 도박죄를 처벌하지 않는 미국 라스베가스에 있는 호텔 도박장에서 상습적으로 도박한 대한민국 국민의 경우 속인주의에 의하여 형법이 적용된다.

① [○] 범죄행위시와 재판시 사이에 여러 차례 법령이 개정되어 형의 변경이 있는 경우에는 형법 제1조 제2항에 의하여 그중 가장 형이 가벼운 법령을 적용하여야 한다(대판 2012.9.13. 2012도7760).

② [○] 형벌에 관한 법률 또는 법률조항은 헌법재판소의 위헌 결정으로 소급하여 그 효력을 상실하지만, 해당 법률 또는 법률의 조항에 대하여 종전에 합헌으로 결정한 사건이 있는 경우에는 그 합헌결정이 있는 날의 다음 날로 소급하여 효력을 상실한다(헌재법 제47조 제3항).

③ [○] 대한민국 국민이 아닌 사람이 외국에 거주하다가 그곳을 떠나 반국가단체의 지배하에 있는 지역으로 들어가는 행위는, 대한민국의 영역에 대한 통치권이 실지로 미치는 지역을 떠나는 행위 또는 대한민국의 국민에 대한 통치권으로부터 벗어나는 행위 어디에도 해당하지 않으므로 국가보안법 제6조 제1항, 제2항의 '탈출' 개념에 포함되지 않는다(대판(전) 2008.4.17. 2004도4899).

④ [×] 중국 북경시에 소재한 대한민국 영사관 내부는 여전히 중국의 영토에 속할 뿐 이를 대한민국의 영토로서 그 영역에 해당한다고 볼 수 없을 뿐 아니라, 사문서위조죄가 형법 제6조의 대한민국 또는 대한민국 국민에 대하여 범한 죄에 해당하지 아니함은 명백하므로 피고인에 대한 재판권이 없다(대판 2006.9.22. 2006도5010).

⑤ [○] 형법 제3조는 '본법은 대한민국 영역 외에서 죄를 범한 내국인에게 적용한다'고 규정하고 지문의 대한민국 국민의 경우 속인주의에 의하여 우리 형법이 적용된다. 또한 도박죄를 처벌하지 않는 외국 카지노에서의 도박이라는 사정만으로 그 위법성이 조각된다고 할 수 없다(대판 2004.4.23. 2002도2518).

정답 ④

---

28 형법의 적용범위에 대한 설명으로 가장 적절하지 않은 것은? (다툼 있으면 판례에 의함) [18 경찰승진]

① 형의 경중의 비교는 원칙적으로 법정형을 표준으로 할 것이고 처단형이나 선고형에 의할 것이 아니며, 법정형의 경중을 비교함에 있어서 법정형 중 병과형 또는 선택형이 있을 때에는 이 중 가장 중한 형을 기준으로 하여 다른 형과 경중을 정하는 것이 원칙이다.

② (판례변경으로 삭제함)

③ 범죄에 의하여 외국에서 형의 전부 또는 일부의 집행을 받은 자에 대하여는 형을 감경 또는 면제할 수 있다.

④ 포괄일죄로 되는 개개의 범죄행위가 법 개정의 전후에 걸쳐서 행하여진 경우에는 신·구법의 법정형에 대한 경중을 비교하여 볼 필요도 없이 범죄 실행 종료시의 법이라고 할 수 있는 신법을 적용하여 포괄일죄로 처단하여야 한다.

해설

① [○] 형의 경중의 비교는 원칙적으로 법정형을 표준으로 할 것이고 처단형에 의할 것이 아니며, 법정형의 경중을 비교함에 있어서 법정형 중 병과형 또는 선택형이 있을 때에는 이 중 가장 중한 형을 기준으로 하여 다른 형과 경중을 정하는 것이 원칙이다(대판 1992.11.13. 92도2194).

② (판례변경으로 삭제함)

③ [×] 죄를 지어 외국에서 형의 전부 또는 일부가 집행된 사람에 대해서는 그 집행된 형의 전부 또는 일부를 선고하는 형에 산입한다(제7조).

④ [○] 포괄일죄로 되는 개개의 범죄행위가 법 개정의 전후에 걸쳐서 행하여진 경우에는 신·구법의 법정형에 대한 경중을 비교하여 볼 필요도 없이 범죄 실행 종료시의 법이라고 할 수 있는 '신법'을 적용하여 포괄일죄로 처단하여야 한다(대판 2009.4.9. 2009도321).

정답 ③

29 형법의 시간적 적용 범위에 관한 설명으로 가장 적절하지 않은 것은? (다툼이 있는 경우 판례에 의함)

[23 경찰채용]

① 범죄의 성립과 처벌에 관하여 규정한 형벌법규 자체 또는 그로부터 수권 내지 위임을 받은 법령의 변경에 따라 범죄를 구성하지 아니하게 되거나 형이 가벼워진 경우에는 종전 법령이 범죄로 정하여 처벌한 것이 부당하였다거나 과형이 과중하였다는 반성적 고려에 따라 변경된 것인지 여부를 따지지 않고 원칙적으로 「형법」 제1조 제2항이 적용된다.

② 형벌법규가 대통령령, 총리령, 부령과 같은 법규명령이 아닌 고시 등 행정규칙·행정명령, 조례 등에 구성요건의 일부를 수권 내지 위임한 경우에도 이러한 고시 등 규정이 위임입법의 한계를 벗어나지 않는 한 형벌법규와 결합하여 법령을 보충하는 기능을 하는 것이므로, 그 변경에 따라 범죄를 구성하지 아니하게 되거나 형이 가벼워졌다면 「형법」 제1조 제2항이 적용된다.

③ 형벌법규 자체 또는 그로부터 수권 내지 위임을 받은 법령이 아닌 다른 법령이 변경된 경우 「형법」 제1조 제2항을 적용하려면, 해당 형벌법규에 따른 범죄의 성립 및 처벌과 직접적으로 관련된 형사법적 관점의 변화를 주된 근거로 하는 법령의 변경에 해당하여야 한다.

④ 법령이 개정 내지 폐지된 경우가 아니라, 스스로 유효기간을 구체적인 일자나 기간으로 특정하여 효력의 상실을 예정하고 있던 법령이 그 유효기간을 경과함으로써 더 이상 효력을 갖지 않게 된 경우도 「형법」 제1조 제2항에서 말하는 법령의 변경에 해당한다.

해설

① [O] 범죄의 성립과 처벌에 관하여 규정한 형벌 법규 자체 또는 그로부터 수권 내지 위임을 받은 법령의 변경에 따라 범죄를 구성하지 아니하게 되거나 형이 가벼워진 경우에는 종전 법령이 범죄로 정하여 처벌한 것이 부당하였다거나 과형이 과중하였다는 '반성적 고려에 따라 변경된 것인지 여부를 따지지 않고' 원칙적으로 「형법」 제1조 제2항이 적용된다(대판(전) 2022.12.22. 2020도16420).

② [O] 형벌 법규가 대통령령, 총리령, 부령과 같은 법규명령이 아닌 고시 등 행정규칙·행정명령, 조례 등에 구성요건의 일부를 수권 내지 위임한 경우에도 이러한 고시 등 규정이 위임입법의 한계를 벗어나지 않는 한, 형벌 법규와 결합하여 법령을 보충하는 기능을 하는 것이므로, 그 변경에 따라 범죄를 구성하지 아니하게 되거나 형이 가벼워졌다면 「형법」 제1조 제2항이 적용된다(대판(전) 2022.12.22. 2020도16420).

③ [O] 형벌 법규 자체 또는 그로부터 수권 내지 위임을 받은 법령이 아닌 다른 법령이 변경된 경우 「형법」 제1조 제2항을 적용하려면, 해당 형벌 법규에 따른 범죄의 성립 및 처벌과 직접적으로 관련된 '형사법적 관점의 변화'를 주된 근거로 하는 법령의 변경에 해당하여야 한다고 판시했다(대판(전) 2022.12.22. 2020도16420).

④ [×] 법령이 개정 내지 폐지된 경우가 아니라, 스스로 유효기간을 구체적인 일자나 기간으로 특정하여 효력의 상실을 예정하고 있던 법령이 그 유효기간을 경과함으로써 더 이상 효력을 갖지 않게 된 경우(저자 주: 협의의 한시법)도, 형법 제1조 제2항과 형사소송법 제326조 제4호에서 말하는 법령의 변경에 해당한다고 볼 수 없다(대판(전) 2022.12.22. 2020도16420).

정답 ④

30 형법의 시간적 적용범위에 관한 설명 중 옳은 것은? (다툼이 있는 경우 판례에 의함) [23 변호사]

① 「형법」 제1조 제1항 "범죄의 성립과 처벌은 행위 시의 법률에 따른다."라고 할 때의 '행위 시'라 함은 범죄행위 종료 시를 의미하므로 구법 시행 시 행위가 종료하였으나 결과는 신법 시행 시에 발생한 경우에는 신법이 적용된다.

② 상습강제추행죄가 시행되기 이전에 범해진 강제추행행위는 습벽에 의한 것이라도 상습강제추행죄로 처벌할 수 없고 강제추행죄로 처벌할 수 있을 뿐이다.

③ 범죄 후 법률의 변경이 있더라도 형이 중하게 변경되는 경우나 형의 변경이 없는 경우에는 행위시법을 적용하여서는 안 된다.

④ 헌법재판소가 형벌법규에 대해 위헌결정을 한 경우, 당해 법조를 적용하여 기소한 피고사건은 범죄 후의 법령개폐로 형이 폐지되었을 때에 해당하므로 면소의 선고를 하여야 한다.

⑤ 형을 종전보다 가볍게 형벌법규를 개정하면서 그 부칙으로 개정된 법의 시행 전의 범죄에 대하여 종전의 형벌법규를 적용하도록 개정하는 경우 신법우선주의에 반한다.

해설

① [×] 범죄의 성립과 처벌은 행위 시의 법률에 의한다고 할 때의 "행위 시"라 함은 범죄행위의 종료시를 의미한다(대판 1994.5.10. 94도563).

② [○] 포괄일죄에 관한 기존 처벌법규에 대하여 그 표현이나 형량과 관련한 개정을 하는 경우가 아니라 애초에 죄가 되지 아니하던 행위를 구성요건의 신설로 포괄일죄의 처벌대상으로 삼는 경우에는 신설된 포괄일죄 처벌법규가 시행되기 이전의 행위에 대하여는 신설된 법규를 적용하여 처벌할 수 없다. 이는 신설된 처벌법규가 상습범을 처벌하는 구성요건인 경우에도 마찬가지라고 할 것이므로, 구성요건이 신설된 상습강제추행죄가 시행되기 이전의 범행은 상습강제추행죄로는 처벌할 수 없고 행위시법에 기초하여 강제추행죄로 처벌할 수 있을 뿐이며, 이 경우, 소추 요건도 상습강제추행죄에 관한 것이 아니라 강제추행죄에 관한 것이 구비되어야 한다(대판 2016.1.28. 2015도15669).

③ [×] 범죄 후 법률의 변경이 있더라도 형의 변경이 없는 경우에는 형법 제1조 제1항에 따라 행위시법을 적용하여야 한다(대판 2010.6.10. 2010도4416).

④ [×] 위헌결정으로 인하여 형벌에 관한 법률 또는 법률조항이 소급하여 그 효력을 상실한 경우에는 당해 조항을 적용하여 공소가 제기된 피고사건은 범죄로 되지 아니한 때에 해당한다고 할 것이어서 법원은 그 피고사건에 대하여 형사소송법 제325조 전단에 따라 무죄를 선고하여야 한다(대판 2011.9.29. 2009도12515).

⑤ [×] 형법 제1조 제2항 및 제8조에 의하면, 범죄 후 법률의 변경에 의하여 형이 구법보다 가벼운 때에는 원칙적으로 신법에 따라야 하지만, 신법에 경과규정을 두어 이러한 신법의 적용을 배제하는 것도 허용되는 것으로서 형벌법규의 형을 종전보다 가볍게 개정하면서 그 부칙에서 개정된 법의 시행 전의 범죄에 대하여는 종전의 형벌법규를 적용하도록 규정한다 하여 형벌불소급의 원칙이나 신법우선의 원칙에 반한다고 할 수 없다(대판 2013.7.11. 2011도15056).

정답 ②

31 형법의 적용 범위에 대한 설명 중 가장 적절하지 않은 것은? (다툼이 있는 경우 판례에 의함) [23 경찰승진]

① 포괄일죄로 되는 개개의 범죄행위가 법 개정의 전후에 걸쳐서 행하여진 경우에는 신·구법의 법정형에 대한 경중을 비교하여 볼 필요도 없이 범죄 실행 종료시의 법이라고 할 수 있는 신법을 적용하여 포괄일죄로 처단하여야 한다.

② 범죄 후 법률의 변경에 의하여 형이 구법보다 가벼운 때에는 원칙적으로 신법에 따라야 하므로, 신법에 경과규정을 두어 이러한 신법의 적용을 배제하는 것도 허용되지 않는 것으로서, 형을 종전보다 가볍게 형벌법규를 개정하면서 그 부칙에서 개정된 법의 시행 전의 범죄에 대하여는 종전의 형벌법규를 적용하도록 규정하였다면 신법우선의 원칙에 반한다.

③ 한국인 甲이 도박이 허용되는 외국의 카지노에서 도박을 한 경우 형법 제3조 속인주의 원칙에 따라 대한민국 형법이 적용된다.

④ 중국인 甲이 중국 북경시에 소재한 대한민국 영사관에서 A명의의 여권발급신청서를 위조한 경우 외국인의 국외범에 해당하므로 대한민국 형법이 적용되지 않는다.

해설

① [○] 포괄일죄로 되는 개개의 범죄행위가 법 개정의 전후에 걸쳐서 행하여진 경우에는 신·구법의 '법정형에 대한 경중을 비교하여 볼 필요도 없이' 범죄 실행 종료시의 법이라고 할 수 있는 신법을 적용하여 포괄일죄로 처단하여야 한다(대판 1998.2.24. 97도183).

② [×] 형법 제1조 제2항 및 제8조에 의하면 범죄 후 법률의 변경에 의하여 형이 구법보다 경한 때에는 신법에 의한다고 규정하고 있으나 신법에 경과규정을 두어 이러한 신법의 적용을 배제하는 것도 허용되는 것으로서, 형을 종전보다 가볍게 형벌 법규를 개정하면서 그 '부칙으로 개정된 법의 시행 전의 범죄에 대하여 종전의 형벌법규를 적용하도록 규정'한다 하여, 헌법상의 형벌불소급의 원칙이나 신법우선주의에 반한다고 할 수 없다(대판 1999.7.9. 99도1695).

③ [○] 형법 제3조는 '본법은 대한민국 영역 외에서 죄를 범한 내국인에게 적용한다.'고 하여 형법의 적용 범위에 관한 속인주의를 규정하고 있는바, 필리핀국에서 카지노의 외국인 출입이 허용되어 있다 하여도, 형법 제3조에 따라, 필리핀국에서 도박을 한 대한민국 국적의 피고인에게 우리나라 형법이 당연히 적용된다(대판 2004.4.23. 2002도2518; 동지 대판 2001.9.25. 99도3337).

④ [○] 외국인이 중국 북경시에 소재한 대한민국 영사관 내에서 여권발급신청서를 위조하였다는 취지의 공소사실에 대하여, 외국인의 국외범에 해당한다는 이유로 대한민국은 피고인에 대한 재판권이 없다(대판 2006.9.22. 2006도5010).

정답 ②

해커스경찰
police.Hackers.com

제2편

범죄론

제1장 | 구성요건론

제1절 | 범죄의 의의와 종류

01 범죄의 본질에 관한 甲과 乙의 이론에 대한 설명 중 옳은 것은 모두 몇 개인가? [22 경찰채용]

> 甲: 형법적 평가의 중심은 외부적인 행위와 현실적으로 발생한 결과에 두고 책임과 형벌을 결정해야 한다.
> 乙: 그렇지 않다. 외부적 행위와 현실적으로 발생한 결과가 아니라, 이를 발생시킨 행위자의 반사회적 성격에 두고 책임과 형벌을 결정해야 한다.

> ㉠ 甲은 미수범의 처벌근거를 구성요건적 결과 실현에 근접한 위험에 있다고 주장하고, 乙은 행위자의 법적대적(法敵對的) 의사에 있다고 주장한다.
> ㉡ 甲은 공동정범의 본질을 행위 속에 표현된 의식적인 공동 작용이라고 주장하고, 乙은 공동정범이 각자 최소한 하나의 객관적 구성요건 실현에 스스로 참여한 것이라고 주장한다.
> ㉢ 甲은 책임의 근거를 행위자의 반사회적 성격에 기인해 행위자가 사회방위처분을 받아야 하는 지위가 책임이라 주장하고, 乙은 행위자가 적법행위를 할 수 있었음에도 불구하고 위법행위를 했기 때문에 가해지는 도의적 비난이라 주장한다.
> ㉣ 甲은 공범의 종속성에 대해 타인으로 하여금 죄를 범하게 하려는 의사 자체가 외부로 표명되는 이상 정범의 실행행위와 상관없이 독자적으로 가벌성이 인정된다고 주장하고, 乙은 정범의 실행행위가 있어야 그 정범의 실행행위에 종속해서만 공범이 성립할 수 있다고 주장한다.

① 1개　　　　② 2개　　　　③ 3개　　　　④ 4개

해설

설문은 객관주의(구파)와 주관주의(신파)를 구별하는 문제이다. 객관주의란 형법적 평가의 중점을 범죄의 외부에 나타난 부분, 즉 외부적인 행위와 결과에 두고 형벌의 종류와 경중도 이에 상응하여야 한다는 이론이다(범죄주의, 사실주의, 행위주의). 반면, 주관주의란 형벌의 종류와 경중은 범죄사실에 따라 정할 것이 아니라 범죄인의 위험성에 의하여 결정되어야 한다는 이론이다(범인주의, 성격주의, 행위자주의, 범죄징표주의[1]).

甲은 객관주의(고전학파)의 입장이고, 乙은 주관주의(근대학파)의 입장이다.

☑ 객관주의와 주관주의의 형법해석상의 차이점

구분	객관주의	주관주의
자유의사	인정	부정
형벌의 기능	응보와 일반예방	특별예방
책임의 본질	비난가능성	반사회적 성격(행위자의 위험성)
책임능력	범죄능력	형벌적응능력
책임의 근거	도의적 책임론	사회적 책임론
책임판단의 대상	행위책임	행위자책임(성격책임)
구성요건적 착오	구체적 부합설 · 법정적 부합설	추상적 부합설
실행의 착수시기	객관설	주관설
미수범의 처벌	기수범보다 감경	기수범과 동일하게 처벌
불능범과 불능미수의 구별	객관설	주관설(불능범 부정)
공동정범의 본질	범죄공동설	행위공동설
공범의 종속성 유무	공범종속성설	공범독립성설
죄수결정의 기준	행위표준설 · 구성요건표준설 · 법익표준설	의사표준설

---

1) 범죄행위는 행위자의 범죄적 성격을 징표하는 것에 불과하다는 이론이다.

구분	고전학파(구파)	근대학파(신파)
내용	1. 의의 　형벌이론에 관한 응보형주의와 일반예방이론이 범죄이론에 있어서 객관주의와 결합하여 형성된 법사상이다. 2. 특징 　① 비결정론: 인간은 자유의사를 가지고 이성에 따라 자신의 행동을 규율할 수 있는 자율적 존재이며, 범죄인도 자유의사를 가지고 있다. 　② 도의적 책임론: 책임의 근거는 자유의사의 남용에 대한 도의적 비난이다. 　③ 상대적 응보형주의: 형벌의 본질은 응보에 있지만 형벌의 목적은 일반예방에 있다. 　④ 이원론: 형의 전제는 책임이며 보안처분의 전제는 범죄인의 위험성이므로 양자는 성격을 달리하며 대체가 불가능하다. 　⑤ 정기형주의: 범죄와 형벌은 균형을 이루어야 하므로 부정기형은 금지된다.	1. 의의 　형벌이론의 특별예방주의가 범죄이론에 있어서 주관주의와 결합하여 이루어진 법사상이다. 2. 특징 　① 결정론: 자유의사를 부정하면서 인간을 개인적 소질과 사회적 환경에 의하여 숙명적으로 결정되는 존재로 파악한다. 　② 사회적 책임론(성격책임): 책임의 근거는 범죄인의 반사회적 성격에 대한 사회적 비난이다. 　③ 특별예방주의: 형벌의 목적은 범죄인을 개선·교화시켜 사회에 복귀시킴으로서 범죄를 방지하는 것이 목적이다. 　④ 일원론: 형벌과 보안처분은 모두 범죄인의 사회적 위험성을 전제로 부과된다는 점에서 본질이 동일하고(대체가 가능) 다만 범죄인을 개선·교화시키기 위해 어느 것이 더 효과적인가 하는 차이만 있다. 　⑤ 부정기형주의: 형벌은 범죄인의 사회적 위험성의 개인차에 상응하여 개별화되어야 하고, 자유형의 기간은 형의 집행단계에서의 성과에 따라 결정될 수 있도록 부정기로 선고함이 타당하다.
비판	인과율에 의하여 지배받는 구체적인 인간을 보지 못했다.	인간의 면은 강조하였으나 인간이 가지고 있는 인격을 보지 못하였다.

㉠ [○] 객관주의(구파)의 입장에서는 미수범의 처벌근거를 구성요건적 결과 실현에 근접한 위험에 있다고 본다. 반면, 주관주의(신파)의 입장에서는 미수범의 처벌근거를 행위자의 법적대적 의사에서 찾는다. 객관주의의 경우 결과에 중점을 두고, 주관주의의 경우 행위자에 중점을 둔다. 따라서 옳은 지문이다.

㉡ [×] 공동정범의 본질에 대해 객관주의는 범죄공동설의 입장이고, 주관주의는 행위공동설의 입장이다.

㉢ [×] 책임의 근거에 대하여 객관주의는 자유의사에 남용(비결정론)에서 찾는 도의적 책임론의 입장이고, 주관주의는 범죄인의 반사회적 성향에 대한 사회적 비난에 책임의 근거가 있다는 사회적 책임론의 입장이다.

㉣ [×] 공범의 종속성 유무에 대해서 객관주의는 공범종속성설의 입장이고, 주관주의는 공범독립성설의 입장이다. 공범종속성설은 공범의 본질은 타인의 구성요건실현에 가담하는 데 있으므로 공범은 정범의 현실적인 실행행위가 있어야 그에 종속하여 성립한다는 견해이다. 반면, 공범독립성설은 범죄는 행위자의 반사회적 징표이고, 공범행위(교사행위·방조행위) 자체가 반사회적인 범죄실행행위로서의 실질을 가지므로 공범은 정범과 관계없이 독립하여 성립한다는 견해이다.

정답 ①

02 위험범에 관한 설명으로 옳지 않은 것을 모두 고른 것은? (다툼이 있는 경우 판례에 의함) [23 경찰간부]

> 가. 「형법」제230조의 공문서부정행사죄는 공무원 또는 공무소의 문서 또는 도화를 부정행사함으로써 성립하는 죄로 추상적 위험범에 해당한다.
> 나. 「형법」제185조의 일반교통방해죄는 육로, 수로 또는 교량을 손괴 또는 불통하게 하거나 기타 방법으로 교통을 방해함으로써 성립하는 죄로 구체적 위험범에 해당한다.
> 다. 「형법」제158조의 장례식방해죄는 장례식을 방해함으로써 성립하는 죄로 구체적 위험범에 해당한다.
> 라. 「형법」제307조의 명예훼손죄는 공연히 사실 또는 허위의 사실을 적시하여 사람의 명예를 훼손함으로써 성립하는 죄로 추상적 위험범에 해당한다.

① 가, 나   ② 가, 라

③ 나, 다   ④ 다, 라

해설

> 가. [○] 형법 제230조의 공문서부정행사죄는 공문서의 사용에 대한 공공의 신용을 보호법익으로 하는 범죄로서 추상적 위험범이다(대판 2022.10.14. 2020도13344).
> 나. [×] 일반교통방해죄는 이른바 추상적 위험범으로서 교통이 불가능하거나 또는 현저히 곤란한 상태가 발생하면 바로 기수가 되고 교통방해의 결과가 현실적으로 발생하여야 하는 것은 아니다(대판 2005.10.28. 2004도7545).
> 다. [×] 장례식방해죄는 장례식의 평온과 공중의 추모감정을 보호법익으로 하는 이른바 추상적 위험범으로서 범인의 행위로 인하여 장례식이 현실적으로 저지 내지 방해되었다고 하는 결과의 발생까지 요하지 않고 방해행위의 수단과 방법에도 아무런 제한이 없으며 일시적인 행위라 하더라도 무방하나, 적어도 객관적으로 보아 장례식의 평온한 수행에 지장을 줄 만한 행위를 함으로써 장례식의 절차와 평온을 저해할 위험이 초래될 수 있는 정도는 되어야 비로소 방해행위가 있다고 보아 장례식방해죄가 성립한다고 할 것이다(대판 2013.2.14. 2010도13450).
> 라. [○] 명예훼손죄는 추상적 위험범으로 불특정 또는 다수인이 적시된 사실을 실제 인식하지 못하였다고 하더라도 인식할 수 있는 상태에 놓인 것으로도 명예가 훼손된 것으로 보아야 한다(대판(전) 2020.11.19. 2020도5813).

정답 ③

---

03 다음 중 피해자의 명시한 의사에 반하여 공소를 제기할 수 없는 죄(반의사불벌죄)에 해당하는 것은 모두 몇 개인가? [15 법원행시]

> ㉠ 존속폭행   ㉡ 과실치상
> ㉢ 출판물 등에 의한 명예훼손   ㉣ 특수폭행
> ㉤ 감금죄

① 1개   ② 2개

③ 3개   ④ 4개

⑤ 5개

해설

> [1] ㉠ 존속폭행죄, ㉡ 과실치상죄, ㉢ 출판물 등에 의한 명예훼손죄는 반의사불벌죄이다.
> [2] ㉣ 특수폭행죄, ㉤ 감금죄는 반의사불벌죄가 아니다.

정답 ③

04 다음 중 형법상 친고죄인 것은 모두 몇 개인가? [11 경찰승진]

㉠ 사자명예훼손죄	㉡ 외국원수에 대한 폭행죄
㉢ 출판물등에 의한 명예훼손죄	㉣ 존속협박죄
㉤ 업무상 비밀누설죄	㉥ 과실치상죄
㉦ 비밀침해죄	㉧ 준강제추행죄

① 2개   ② 3개

③ 4개   ④ 5개

해설

[1] ㉠ 사자명예훼손죄, ㉤ 업무상 비밀누설죄, ㉦ 비밀침해죄는 친고죄이다. 아울러 모욕죄도 친고죄에 해당한다.
[2] ㉡ 외국원수에 대한 폭행죄, ㉢ 출판물등에 의한 명예훼손죄, ㉣ 존속협박죄, ㉥ 과실치상죄는 반의사불벌죄이다.
[3] ㉧ 준강제추행죄는 현행법상 친고죄도 반의사불벌죄도 아니다.

정답 ②

---

05 다음 중 현행법상 반의사불벌죄로 규정되어 있는 것은 모두 몇 개인가? [19 경찰간부]

㉠ 업무방해죄	㉡ 비밀침해죄
㉢ 업무상과실치상죄	㉣ 특수폭행죄
㉤ 출판물등에의한명예훼손죄	㉥ 외국국기·국장모독죄

① 1개   ② 2개

③ 3개   ④ 4개

해설

[1] ㉤ 출판물등에의한명예훼손죄, ㉥ 외국국기·국장모독죄는 반의사불벌죄이다.
[2] ㉡ 비밀침해죄 친고죄이다.
[3] 나머지 ㉠, ㉢, ㉣ 범죄는 친고죄도 반의사불벌죄도 아니다.

정답 ②

---

06 형법상 친고죄와 반의사불벌죄에 관한 다음 설명 중 가장 옳은 것은? [19 법원9급]

① 형법상 강간죄는 친고죄가 아니지만, 강제추행죄는 친고죄이다.
② 존속폭행죄는 단순폭행죄와 달리 반의사불벌죄가 아니다.
③ 사자명예훼손죄는 모욕죄와 달리 반의사불벌죄이다.
④ 동거하지 않는 형제지간에 절도죄를 범한 때에는 고소가 있어야 공소를 제기할 수 있다.

해설

① [×] 강간죄와 강제추행죄는 모두 친고죄가 아니다.
② [×] 존속폭행죄 및 단순폭행죄는 모두 반의사불벌죄이다. 그러나 특수폭행죄 및 상습폭행죄는 반의사불벌죄가 아니다.
③ [×] 사자명예훼손죄 및 모욕죄는 모두 친고죄이다.
④ [○] 비동거 친족 간의 절도죄는 제328조 제2항(친족상도례)에 의하여 상대적 친고죄에 해당한다.

정답 ④

07 다음 중 목적범이 아닌 것은? [11 경찰승진]

① 통화위조죄
② 음행매개죄
③ 도박개장죄
④ 허위진단서등의 작성죄

해설

[1] ① 통화위조죄는 행사할 목적이 있어야 한다.
[2] ② 음행매개죄와 ③ 도박개장죄는 영리의 목적이 있어야 한다.
[3] ④ 허위진단서등의 작성죄는 목적범이 아니다.

정답 ④

08 다음 중 목적범에 해당하는 것을 모두 고른 것은? [12 법원9급]

> ⊙ 모해위증죄(형법 제152조 제2항)
> ⓛ 무고죄(형법 제156조)
> ⓒ 공정증서원본부실기재죄(형법 제228조 제1항)
> ⓔ 사문서부정행사죄(형법 제236조)
> ⓜ 도박개장죄(형법 제247조)

① ⓛ, ⓒ, ⓔ
② ⊙, ⓛ, ⓜ
③ ⓛ, ⓔ, ⓜ
④ ⊙, ⓒ, ⓔ

해설

⊙ 모해위증죄는 모해할 목적이 있어야 한다.
ⓛ 무고죄는 타인으로 하여금 형사처분 또는 징계처분을 받게 할 목적이 있어야 한다.
ⓒ 공정증서원본부실기재죄와 ⓔ 사문서부정행사죄는 목적범이 아니다.
ⓜ 도박개장죄는 영리의 목적이 있어야 한다.

정답 ②

09 다음 중 잘못 짝지어진 것은 모두 몇 개인가? (다툼이 있으면 판례에 의함) [14 법원행시]

> ㉠ 출판물에 의한 명예훼손죄 – 목적범 ㉡ 비밀침해죄 – 침해범
> ㉢ 연소죄 – 결과적 가중범 ㉣ 존속폭행죄 – 반의사불벌죄
> ㉤ 음화판매죄 – 편면적 대향범

① 1개   ② 2개
③ 3개   ④ 4개
⑤ 5개

해설

> ㉠ 출판물에 의한 명예훼손죄는 비방할 목적이 있어야 한다.
> ㉡ 비밀침해죄는 침해범이 아니라 위험범에 해당한다. 죄명 때문에 혼동할 수 있으니 주의하여야 한다.
> ㉢ 연소죄는 자기소유물의 방화에 의한 결과적 가중범에 해당한다.
> ㉣ 존속폭행죄는 반의사불벌죄에 해당한다.
> ㉤ 음화판매죄는 판매하는 자 일방만 처벌하고 매입하는 자는 처벌규정이 존재하지 않는다(편면적 대향범).

정답 ①

10 범죄의 종류에 대한 설명으로 가장 적절하지 않은 것은? (다툼이 있으면 다수설에 의함) [18 경찰승진]

① 구체적 위험범은 법익침해의 현실적 위험이 야기된 경우에 구성요건이 충족되는 범죄를 말한다.
② 부진정신분범은 신분으로 인하여 형이 가중·감경되는 범죄이다.
③ 상태범은 기수와 범죄행위의 종료시, 범죄행위의 종료시와 위법상태의 종료시가 모두 일치한다.
④ 거동범의 예로는 폭행죄, 주거침입죄가 있다.

해설

> ① [O] 구체적 위험범은 법익침해의 현실적 위험이 야기된 경우에 구성요건이 충족되는 범죄를 말한다. 한편 추상적 위험범은 법익침해의 현실적 위험성을 요하지 않고 일반적 위험성만으로 구성요건이 충족되는 범죄를 말한다.
> ② [O] 신분이 없어도 기본(보통)범죄는 성립할 수 있지만 신분으로 인하여 형이 가중 또는 감경되는 범죄를 말한다. 한편 진정신분범이란 일정한 신분이 있는 자에 의해서만 성립할 수 있는 범죄를 말한다.
> ③ [×] 상태범은 기수와 범죄행위의 종료시가 일치한다. 그러나 상태범은 범죄행위의 종료시와 위법상태의 종료시가 일치하는 것은 아니다. 예컨대 절도죄는 상태범으로서 기수와 동시에 절취행위는 종료된다. 그러나 절취행위 종료 후에도 절취의 위법상태(절취재물에 대한 소유권의 침해)는 계속된다.
> ④ [O] 폭행죄는 거동범에 해당하고 주거침입죄도 거동범에 해당한다(다수설).

정답 ③

11 (가)와 (나)에 관한 다음 설명 중 옳고 그름의 표시(○, ×)가 바르게 된 것은? (다툼이 있는 경우 판례에 의함)

[23 경찰채용]

> (가) 구성요건적 실행행위에 의해 법익의 침해가 발생하여 범죄가 기수에 이르고 범죄행위도 종료되지만 법익침해 상태는 기수 이후에도 존속되는 범죄
> (나) 범죄가 기수에 이른 후에도 범죄행위와 법익침해 상태가 범행 종료시까지 계속되는 범죄

> ㉠ (가)의 경우 기수 이후 법익침해 상태가 계속되는 시점에도 공범성립이 가능하다.
> ㉡ (나)의 공소시효는 기수시부터가 아니라 범죄종료시로부터 진행하므로 범죄가 종료한 때로부터 공소시효가 진행된다.
> ㉢ (가)와 (나)의 경우 정당방위는 기수시까지 가능하다.
> ㉣ (가)는 범죄의 기수시기와 종료시기가 일치하지만, (나)는 범죄의 기수시기와 종료시기가 일치하지 않고 분리된다.

① ㉠ ○ ㉡ × ㉢ ○ ㉣ ○
② ㉠ ○ ㉡ × ㉢ ○ ㉣ ×
③ ㉠ × ㉡ ○ ㉢ × ㉣ ○
④ ㉠ × ㉡ ○ ㉢ × ㉣ ×

해설

상태범은 구성요건적 행위가 법익침해 내지 위태화를 초래하면 곧 기수가 되고 동시에 범죄행위도 종료되나 기수 이후에도 위법상태가 존속하는 범죄를 말하고, 계속범은 구성요건적 행위가 법익침해 내지 위태화를 초래한 후 어느 정도 시간적 계속이 있어야 기수가 되고 기수 이후에도 법익침해 내지 위태화가 계속되고 있는 동안에는 범죄행위가 종료되지 않고 계속되는 범죄를 말한다. (가)는 상태범, (나)는 계속범에 대한 설명에 해당한다.

☑ 즉시범 · 상태범과 계속범의 구별실익

구분	즉시범 · 상태범	계속범
특징	기수 = 행위종료시	기수 ≠ 행위종료시
공소시효의 기산점[2]	기수시(= 행위종료시)	(기수시가 아니라) 행위종료시
공동정범 · 공범(종범) 성립 가능시기	기수시(= 행위종료시)까지	(기수 후라도) 행위종료시까지
정당방위의 가능시기	원칙적으로 기수(= 행위종료시)시까지	(기수 후라도) 행위종료시까지

㉠ [×] 상태범의 경우 행위를 종료하면 즉시 기수에 이르므로, 행위가 기수에 이른 후에는 공범성립이 불가능하다.
㉡ [○] 계속범의 경우 공소시효의 기산점은 행위 종료 시이다.
㉢ [×] 상태범은 기수 시까지만 정당방위가 가능하고, 계속범의 경우 기수 후라도 행위 종료 시까지 정당방위가 가능하다.
㉣ [○] 상태범은 기수시기와 행위의 종료 시기가 일치하나, 계속범은 기수시기와 행위의 종료 시기가 일치하지 않는다.

정답 ③

---

2) 형사소송법 제252조【시효의 기산점】① 시효는 범죄행위의 종료한 때로부터 진행한다.

제2절 | 구성요건론 일반

12 범죄유형에 대한 설명으로 옳지 않은 것은? (다툼이 있으면 판례에 의함) [20 국가9급]

① 내란죄는 다수인이 한 지방의 평온을 해할 정도의 폭동을 하였을 때 이미 그 구성요건이 완전히 충족된다고 할 것이어서 상태범으로 봄이 상당하다.

② 폭력행위 등 처벌에 관한 법률 제4조 소정의 '단체 등의 조직'죄는 같은 법에 규정된 범죄를 목적으로 한 단체 또는 집단을 구성함으로써 즉시 성립하고 그와 동시에 완성되는 즉시범이지 계속범이 아니다.

③ 직무유기죄는 직무를 수행하지 아니하는 위법한 부작위상태가 계속되는 한 가벌적 위법상태가 계속 존재한다고 할 것이므로 즉시범이라고 할 수 없다.

④ 군형법 제79조에 규정된 무단이탈죄는 허가 없이 근무장소 또는 지정장소를 일시 이탈한 기간 동안 행위가 지속된다는 점에서 계속범에 해당한다.

해설

① [O] 내란죄는 국토를 참절하거나 국헌을 문란할 목적으로 폭동한 행위로서, 다수인이 결합하여 위와 같은 목적으로 한 지방의 평온을 해할 정도의 폭행·협박행위를 하면 기수가 되고, 그 목적의 달성 여부는 이와 무관한 것으로 해석되므로, 다수인이 한 지방의 평온을 해할 정도의 폭동을 하였을 때 이미 내란의 구성요건은 완전히 충족된다고 할 것이어서 상태범으로 봄이 상당하다(대판(전) 1997.4.17. 96도3376).

② [O] 폭력행위등처벌에관한법률 제4조 소정의 단체 등의 조직죄는 같은 법에 규정된 범죄를 목적으로 한 단체 또는 집단을 구성함으로써 즉시 성립하고 그와 동시에 완성되는 즉시범이므로, 범죄성립과 동시에 공소시효가 진행된다(대판 2013.10.17. 2013도6401).

③ [O] 직무유기죄는 그 직무를 수행하여야 하는 작위의무의 존재와 그에 대한 위반을 전제로 하고 있는바, 그 작위의무를 수행하지 아니함으로써 구성요건에 해당하는 사실이 있었고 그 후에도 계속하여 그 작위의무를 수행하지 아니하는 위법한 부작위상태가 계속되는 한 가벌적 위법상태는 계속 존재하고 있다고 할 것이다(대판 1997.8.29. 97도675).
▶ 직무유기죄는 계속범에 해당한다는 취지의 판례이다.

④ [×] 군형법 제79조에 규정된 무단이탈죄는 즉시범으로서 허가없이 근무장소 또는 지정장소를 일시 이탈함과 동시에 완성되고 그 후의 사정인 이탈 기간의 장단 등은 무단이탈죄의 성립에 아무런 영향이 없다(대판 1983.11.8. 83도2450).

정답 ④

13 범죄형태에 관한 설명 중 옳지 않은 것은? (다툼이 있으면 판례에 의함) [19 경찰채용]

① 「형법」의 중손괴죄는 구성요건의 충족을 위해 구체적 위험의 발생을 요구하는 범죄이다.

② 「형법」의 중감금죄는 구성요건의 충족을 위해 구체적 위험의 발생을 요구하는 범죄이다.

③ 「형법」의 체포죄는 계속범으로서 체포행위에 시간적 계속이 있어야 한다.

④ 「형법」의 일반교통방해죄는 계속범의 성질을 갖는다.

해설

① [O] 중손괴죄는 사람의 생명 또는 신체에 대하여 위험을 발생을 요구하는 구체적 위험범이다(제368조 제1항).

② [×] 중감금죄는 사람을 감금하여 가혹한 행위를 가한 때에 성립하며 위험의 발생을 구성요건으로 하지 아니한다(제277조 제1항).

③ [O] 체포죄는 계속범으로서 체포의 행위에 확실히 사람의 신체의 자유를 구속한다고 인정할 수 있을 정도의 시간적 계속이 있어야 한다(대판 2018.2.28. 2017도21249).

④ [O] 일반교통방해죄에서 교통방해 행위는 계속범의 성질을 가지는 것이어서 교통방해의 상태가 계속되는 한 위법상태는 계속 존재한다. 따라서 교통방해를 유발한 집회에 참가한 경우 참가 당시 이미 다른 참가자들에 의해 교통의 흐름이 차단된 상태였더라도 교통방해를 유발한 다른 참가자들과 암묵적·순차적으로 공모하여 교통방해의 위법상태를 지속시켰다고 평가할 수 있다면 일반교통방해죄가 성립한다(대판 2018.5.11. 2017도9146).

정답 ②

제3절 | 범죄의 주체와 객체

14 양벌규정에 대한 설명으로 옳지 않은 것은? (다툼이 있으면 판례에 의함) [12 국가7급]

① 지방자치단체가 그 고유의 자치사무를 처리하는 경우 지방자치단체는 국가기관의 일부가 아니라 국가기관과는 별도의 독립한 공법인으로서 양벌규정에 의한 처벌대상이 되는 법인에 해당한다.

② 법인격 없는 사단에 대하여 양벌규정의 적용에 관하여 아무런 명문의 규정을 두고 있지 아니한 경우 이를 처벌하는 것은 죄형법정주의에 반한다.

③ 합병으로 인하여 소멸한 법인이 그 종업원 등의 위법행위에 대해 양벌규정에 따라 부담하던 형사책임은 합병으로 인하여 존속하는 법인에 승계된다.

④ 법인이 아닌 약국을 실질적으로 경영하는 약사가 고용한 종업원의 위반행위에 대한 양벌규정상의 형사책임은 명의상의 개설약사가 아니라 실질적으로 경영하는 약사에게 있다.

해설

① [○] 지방자치단체가 그 고유의 자치사무를 처리하는 경우 지방자치단체는 국가기관의 일부가 아니라 국가기관과는 별도의 독립한 공법인으로서 양벌규정에 의한 처벌대상이 되는 법인에 해당한다(대판 2009.6.11. 2008도6530).

② [○] '법인격 없는 사단'에 대하여서 양벌규정을 적용할 것인가에 관하여 자동차운수사업법에 아무런 명문의 규정을 두고 있지 아니하므로 죄형법정주의의 원칙상 법인격 없는 사단에 대하여는 동법 제74조(양벌규정)에 의하여 처벌할 수 없다(대판 1995.7.28. 94도3325).

③ [×] 합병으로 인하여 소멸한 법인이 그 종업원 등의 위법행위에 대해 양벌규정에 따라 부담하던 형사책임은 그 성질상 이전을 허용하지 않는 것으로서 합병으로 인하여 존속하는 법인에 승계되지 않는다(대판 2007.8.23. 2005도4471).

④ [○] 약국을 실질적으로 경영하는 약사가 다른 약사를 고용하여 그 고용된 약사를 명의상의 개설약사로 등록하게 해두고 실질적인 영업약사가 약사 아닌 종업원을 직접 고용하여 영업하던 중 종업원이 약사법위반 행위를 하였다면 양벌규정상의 형사책임은 그 실질적 경영자가 지게 된다(대판 2000.10.27. 2000도3570).

정답 ③

15 법인의 범죄능력과 양벌규정에 대한 설명 중 가장 적절한 것은? (다툼이 있으면 판례에 의함) [20 경찰승진]

① 합병으로 인하여 소멸한 법인이 그 종업원 등의 위법행위에 대해 양벌규정에 따라 부담하던 형사책임은 합병으로 인하여 존속하는 법인에 승계된다.

② 양벌규정에 의해서 법인 또는 영업주를 처벌하는 경우 그 처벌은 직접 법률을 위반한 행위자에 대한 처벌에 종속하므로 행위자에 대한 처벌은 법인 또는 개인에 대한 처벌의 전제조건이 된다.

③ 회사 대표자의 위반행위에 대하여 징역형의 형량을 작량감경하고 병과하는 벌금형에 대하여 선고유예를 하였다면 양벌규정에 따라 그 회사를 처단함에 있어서도 같은 조치를 취하여야 한다.

④ 지입차주가 세무관서에 독립된 사업자등록을 하고 지입된 차량을 직접 운행·관리하면서 그 명의로 운송계약을 체결하였다고 하더라도, 지입차주는 객관적으로나 외형상으로나 그 차량의 소유자인 지입회사와의 위탁계약에 의하여 그 위임을 받아 운행·관리를 대행하는 지위에 있는 자로서 구 도로법 제100조 제1항에서 정한 대리인·사용인 그 밖의 종업원에 해당한다.

① [×] 합병으로 인하여 소멸한 법인이 그 종업원 등의 위법행위에 대해 양벌규정에 따라 부담하던 형사책임은 그 성질상 이전을 허용하지 않는 것으로서 합병으로 인하여 존속하는 법인에 승계되지 않는다(대판 2007.8.23. 2005도4471).

② [×] 양벌규정에 의한 영업주의 처벌은 금지위반행위자인 종업원의 처벌에 종속하는 것이 아니라 독립하여 그 자신의 종업원에 대한 선임감독상의 과실로 인하여 처벌되는 것이므로 종업원의 범죄성립이나 처벌이 영업주 처벌의 전제조건이 될 필요는 없다 (대판 2006.2.24. 2005도7673).

③ [×] 회사 대표자의 위반행위에 대하여 징역형의 형량을 작량감경하고 병과하는 벌금형에 대하여 선고유예를 한 이상 양벌규정에 따라 그 회사를 처단함에 있어서도 같은 조치를 취하여야 한다는 논지는 독자적인 견해에 지나지 아니하여 받아들일 수 없다(대판 1995.12.12. 95도1893).

④ [○] 지입차주가 세무관서에 독립된 사업자등록을 하고, 지입된 차량을 직접 운행·관리하면서 그 명의로 화물운송계약을 체결하였다고 하더라도, 그 자동차가 지입회사의 소유로 등록되어 있고, 지입회사만이 화물자동차운송사업면허를 가지고 있는 이상, 지입차주는 그 차량의 소유자인 지입회사와의 위탁계약에 의하여 그 위임을 받아 운행·관리를 대행하는 지위에 있는 자로서 도로법 제86조에서 정한 "대리인·사용인 기타의 종업원"에 해당한다(대판 2003.9.2. 2003도3073).

정답 ④

16 법인의 범죄능력과 양벌규정에 관한 설명 중 가장 적절하지 않은 것은? (다툼이 있으면 판례에 의함)

[17 경찰승진]

① 양벌규정이 있는 경우에는 당해 양벌규정에 법인격 없는 사단이나 재단이 명시되어 있지 않더라도 그 법인격 없는 사단이나 재단에 양벌규정을 적용할 수 있다.

② 형벌의 자기책임원칙에 비추어 보면, 종업원의 위반행위가 발생한 그 업무와 관련하여 법인이 상당한 주의 또는 관리감독 의무를 게을리한 때에 한하여 양벌규정을 적용한다.

③ 합병으로 인하여 소멸한 법인이 그 종업원 등의 위법행위에 대해 양벌규정에 따라 부담하던 형사책임은 그 성질상 이전을 허용하지 않는 것으로서 합병으로 인하여 존속하는 법인에 승계되지 않는다.

④ 법인이 아닌 약국을 실질적으로 경영하는 약사가 다른 약사를 고용하여 그 고용된 약사를 명의상의 개설약사로 등록하게 해두고 약사 아닌 종업원을 직접 고용하여 영업하던 중 그 종업원이 약사법위반 행위를 한 경우에 형사책임은 그 실질적 경영자가 진다.

① [×] '법인격 없는 사단'에 대하여서 양벌규정을 적용할 것인가에 관하여 자동차운수사업법에 아무런 명문의 규정을 두고 있지 아니하므로 죄형법정주의의 원칙상 법인격 없는 사단에 대하여는 동법 제74조(양벌규정)에 의하여 처벌할 수 없다(대판 1995.7.28. 94도3325).

② [○] 형벌의 자기책임원칙에 비추어 볼 때 양벌규정은 법인이 사용인 등에 의하여 위반행위가 발생한 그 업무와 관련하여 상당한 주의 또는 관리감독 의무를 게을리한 때에 한하여 적용된다고 봄이 상당하다(대판 2011.7.14. 2009도5516).

③ [○] 합병으로 인하여 소멸한 법인이 그 종업원 등의 위법행위에 대해 양벌규정에 따라 부담하던 형사책임은 그 성질상 이전을 허용하지 않는 것으로서 합병으로 인하여 존속하는 법인에 승계되지 않는다(대판 2007.8.23. 2005도4471).

④ [○] 약국을 실질적으로 경영하는 약사가 다른 약사를 고용하여 그 고용된 약사를 명의상의 개설약사로 등록하게 해두고 실질적인 영업약사가 약사 아닌 종업원을 직접 고용하여 영업하던 중 종업원이 약사법위반 행위를 하였다면 양벌규정상의 형사책임은 그 실질적 경영자가 지게된다(대판 2000.10.27. 2000도3570).

정답 ①

17 양벌규정 또는 법인의 범죄능력에 관한 다음 설명 중 옳지 않은 것은 모두 몇 개인가? (다툼이 있으면 판례에 의함)

[15 법원행시]

> ⊙ 법인은 사법상의 권리의무의 주체가 될 수 있을 뿐 법률에 명문의 규정이 없는 한 범죄능력은 없고, 그 법인의 업무는 법인을 대표하는 자연인인 대표기관의 의사결정에 따른 대표행위에 의하여 실현될 수밖에 없다.
> ⓛ 재물을 보관하는 주체가 법인이 되는 경우라도 범죄능력이 없는 법인은 횡령죄의 주체가 될 수 없고, 그 법인을 대표하여 사무를 처리하는 자연인인 대표기관이 타인의 재물을 보관하는 횡령죄의 주체가 된다고 보아야 한다.
> ⓒ 양벌규정에 면책규정이 신설된 것은 범죄 후 법률의 변경에 의하여 그 행위가 범죄를 구성하지 않거나 형이 구법보다 경한 경우에 해당한다.
> ⓔ 법인 대표자의 위반행위에 대하여 징역형의 형량을 작량감경하고 병과하는 벌금형에 대하여 선고유예를 한 경우 양벌규정에 따라 그 법인을 처단함에 있어서도 같은 조치를 취하여야 한다.
> ⓜ 법인의 직원이 위반행위를 하여 양벌규정에 의하여 법인이 처벌받는 경우, 그 위반행위를 한 직원이 자수하면 자수감경에 관한 형법 제52조 제1항의 규정에 의하여 법인의 형을 감경할 수 있다.

① 1개   ② 2개
③ 3개   ④ 4개
⑤ 없음

해설

> ⊙ [○] 법인은 사법상의 권리의무의 주체가 될 수 있음은 별론으로 하더라도 법률에 명문의 규정이 없는 한 그 범죄능력은 없고, 그 법인의 업무는 법인을 대표하는 자연인인 대표기관의 의사결정에 따른 대표행위에 의하여 실현될 수밖에 없다(대판 2007.10.26. 2006도7280).
> ⓛ [○] 법인이 처리할 의무를 지는 타인의 사무에 관하여는 법인이 배임죄의 주체가 될 수 없고 그 법인을 대표하여 사무를 처리하는 자연인인 대표기관이 바로 타인의 사무를 처리하는 자, 즉 배임죄의 주체가 된다(대판(전) 1984.10.10. 82도2595).
> ⓒ [○] 양벌규정이 개정되어 법인에 대한 면책규정이 추가된 것이 형법 제1조 제2항에서 정한 '범죄 후 법률의 변경에 의하여 그 행위가 범죄를 구성하지 아니하거나 형이 구법보다 경한 경우'에 해당한다(대판 2012.5.9. 2011도11264).
> ⓔ [×] 회사 대표자의 위반행위에 대하여 징역형의 형량을 작량감경하고 병과하는 벌금형에 대하여 선고유예를 한 이상 <u>양벌규정에 따라 그 회사를 처단함에 있어서도 같은 조치를 취하여야 한다는 논지는 독자적인 견해에 지나지 아니하여 받아들일 수 없다</u>(대판 1995.12.12. 95도1893).
> ⓜ [×] 법인의 직원 또는 사용인이 위반행위를 하여 양벌규정에 의하여 법인이 처벌받는 경우, 법인에게 자수감경에 관한 형법 제52조 제1항의 규정을 적용하기 위하여는 법인의 이사 기타 대표자가 수사책임이 있는 관서에 자수한 경우에 한하고, 그 위반행위를 한 직원 또는 사용인이 자수한 것만으로는 위 규정에 의하여 형을 감경할 수 없다(대판 1995.7.25. 95도391).

정답 ②

18 법인의 형사책임에 대한 설명으로 옳지 않은 것은? (다툼이 있으면 판례에 의함)

[20 국가7급]

① 법인이 설립되기 이전에 자연인이 한 행위에 대하여는 특별한 근거규정이 없는 한 양벌규정을 적용하여 법인을 처벌할 수 없다.
② 양벌규정에 의한 영업주의 처벌은 금지위반 행위자인 종업원의 처벌에 종속하는 것이 아니므로 종업원의 범죄성립이나 처벌이 영업주 처벌의 전제조건이 될 필요는 없다.
③ 친고죄에 대하여 양벌규정이 적용되는 경우, 행위자의 범죄에 대한 고소가 있으면 족하고 나아가 양벌규정에 의하여 처벌받는 법인에 대하여 별도의 고소를 요하는 것은 아니다.
④ 법인 직원의 위반행위로 인해 법인이 처벌받는 경우, 그 위반 행위를 한 직원이 자수하였다면 법인의 이사 기타 대표자가 자수하지 않았다 하더라도 해당 법인에게 자수감경에 관한 형법 제52조 제1항의 규정을 적용할 수 있다.

① [○] 법인이 설립되기 이전의 행위에 대하여는 법인에게 어떠한 선임감독상의 과실이 있다고 할 수 없으므로, 특별한 근거규정이 없는 한 법인이 설립되기 이전에 자연인이 한 행위에 대하여 양벌규정을 적용하여 법인을 처벌할 수는 없다고 봄이 타당하다 (대판 2018.8.1. 2015도10388).

② [○] 양벌규정에 의한 영업주의 처벌은 금지위반행위자인 종업원의 처벌에 종속하는 것이 아니라 독립하여 그 자신의 종업원에 대한 선임감독상의 과실로 인하여 처벌되는 것이므로 종업원의 범죄성립이나 처벌이 영업주 처벌의 전제조건이 될 필요는 없다 (대판 2006.2.24. 2005도7673).

③ [○] 친고죄의 경우에 행위자의 범죄에 대한 고소가 있으면 족하고, 나아가 양벌규정에 의하여 처벌받는 자에 대하여 별도의 고소를 요한다고 할 수는 없다(대판 1996.3.12. 94도2423).

④ [×] 법인의 직원 또는 사용인이 위반행위를 하여 양벌규정에 의하여 법인이 처벌받는 경우, 법인에게 자수감경에 관한 형법 제52조 제1항의 규정을 적용하기 위하여는 법인의 이사 기타 대표자가 수사책임이 있는 관서에 자수한 경우에 한하고, 그 위반행위를 한 직원 또는 사용인이 자수한 것만으로는 위 규정에 의하여 형을 감경할 수 없다(대판 1995.7.25. 95도391).

정답 ④

19 법인의 범죄능력과 양벌규정에 대한 설명으로 가장 적절하지 않은 것은? (다툼이 있으면 판례에 의함)

[19 경찰승진]

① 법인이 처리할 의무를 지는 타인의 사무에 관하여는 법인이 배임죄의 주체가 될 수는 없고 그 법인을 대표하여 사무를 처리하는 자연인인 대표기관이 바로 타인의 사무를 처리하는 자, 즉 배임죄의 주체가 된다.

② 형벌의 자기책임원칙에 비추어 볼 때 양벌규정은 법인이 사용인 등에 의하여 위반행위가 발생한 그 업무와 관련하여 상당한 주의 또는 관리감독 의무를 게을리한 때에 한하여 적용된다.

③ 양벌규정이 있는 경우에도 당해 양벌규정에 법인격 없는 사단이 명시되어 있지 않은 경우라면 법인격 없는 사단에 양벌규정을 적용할 수 없다.

④ 지방자치단체라도 국가로부터 위임받은 기관위임사무가 아니라 그 고유의 자치사무를 처리하는 경우에는 국가기관의 일부가 아니라 국가기관과는 별도로 독립한 공법인으로서 양벌규정에 의한 처벌대상이 되는 법인에 해당하지 않는다.

① [○] 배임죄에 있어서 타인의 사무를 처리할 의무의 주체는 법인이 되는 경우라도 법인은 다만 사법상의 의무주체가 될 뿐 범죄능력이 없는 것이며 그 타인의 사무는 법인을 대표하는 자연인인 대표기관의 의사결정에 따른 대표행위에 의하여 실현될 수밖에 없어 그 대표기관은 마땅히 법인이 타인에게 부담하고 있는 의무내용대로 사무를 처리할 임무가 있다할 것이므로 자연인인 대표기관이 바로 타인의 사무를 처리하는 자, 즉 배임죄의 주체가 된다(대판(전) 1984.10.10. 82도2595).

② [○] 형벌의 자기책임원칙에 비추어 볼 때 양벌규정은 법인이 사용인 등에 의하여 위반행위가 발생한 그 업무와 관련하여 상당한 주의 또는 관리감독 의무를 게을리한 때에 한하여 적용된다고 봄이 상당하다(대판 2011.7.14. 2009도5516).

③ [○] '법인격 없는 사단'에 대하여서 양벌규정을 적용할 것인가에 관하여 자동차운수사업법에 아무런 명문의 규정을 두고 있지 아니하므로 죄형법정주의의 원칙상 법인격 없는 사단에 대하여는 동법 제74조(양벌규정)에 의하여 처벌할 수 없다(대판 1995.7.28. 94도3325).

④ [×] 지방자치단체가 그 고유의 자치사무를 처리하는 경우 지방자치단체는 국가기관의 일부가 아니라 국가기관과는 별도의 독립한 공법인으로서 양벌규정에 의한 처벌대상이 되는 법인에 해당한다(대판 2009.6.11. 2008도6530).

정답 ④

20 법인의 형사책임에 대한 설명이다. 이 중 가장 옳지 않은 것은? (다툼 있으면 판례에 의함) [14 경찰간부]

① 양벌규정에 의한 영업주의 처벌은 금지위반행위자인 종업원의 처벌에 종속하는 것이 아니라 독립하여 그 자신의 종업원에 대한 선임감독상의 과실로 인하여 처벌되는 것이므로 종업원의 범죄성립이나 처벌이 영업주 처벌의 전제조건이 될 필요는 없다.

② 법인의 직원 또는 사용인이 위반행위를 하여 양벌규정에 의하여 법인이 처벌받을 경우, 그 위반행위를 한 직원 또는 사용인이 자수하였다면 자수감경에 관한 형법 제52조 제1항의 규정을 법인에게 적용하여 형을 감경할 수 있다.

③ 헌법재판소는 양벌규정의 처벌근거를 과실책임설에서 구하고 있다.

④ 법인이 아닌 약국을 실질적으로 경영하는 약사가 다른 약사를 고용하여 그 고용된 약사를 명의상의 개설약사로 등록하게 해두고 약사 아닌 종업원을 직접고용하여 영업하던 중 그 종업원이 약사법위반 행위를 한 경우에 형사책임은 그 실질적 경영자가 진다.

해설

① [○] 양벌규정에 의한 영업주의 처벌은 금지위반행위자인 종업원의 처벌에 종속하는 것이 아니라 독립하여 그 자신의 종업원에 대한 선임감독상의 과실로 인하여 처벌되는 것이므로 종업원의 범죄성립이나 처벌이 영업주 처벌의 전제조건이 될 필요는 없다 (대판 2006.2.24. 2005도7673).

② [×] 법인의 직원 또는 사용인이 위반행위를 하여 양벌규정에 의하여 법인이 처벌받는 경우, 법인에게 자수감경에 관한 형법 제52조 제1항의 규정을 적용하기 위하여는 법인의 이사 기타 대표자가 수사책임이 있는 관서에 자수한 경우에 한하고, 그 위반행위를 한 직원 또는 사용인이 자수한 것만으로는 위 규정에 의하여 형을 감경할 수 없다(대판 1995.7.25. 95도391).

③ [○] 행정형벌법규에서 양벌규정으로 사업주인 법인 또는 개인을 처벌하는 것은 위반행위를 한 피용자에 대한 선임 감독의 책임(즉, 과실책임)을 물음으로써 행정목적을 달성하려는 것이다(헌재 2000.6.1. 99헌바73).

④ [○] 약국을 실질적으로 경영하는 약사가 다른 약사를 고용하여 그 고용된 약사를 명의상의 개설약사로 등록하게 해두고 실질적인 영업약사가 약사 아닌 종업원을 직접 고용하여 영업하던 중 종업원이 약사법위반 행위를 하였다면 양벌규정상의 형사책임은 그 실질적 경영자가 지게 된다(대판 2000.10.27. 2000도3570).

정답 ②

21 법인의 형사책임에 관한 설명 중 가장 적절하지 않은 것은? (다툼이 있는 경우 판례에 의함) [22 경찰채용]

① 법인격 없는 사단과 같은 단체는 법인과 마찬가지로 사법상의 권리의무의 주체가 될 수 있음은 별론으로 하더라도 법률에 명문의 규정이 없는 한 그 범죄능력은 없다.

② 양벌규정에 의해 법인이 처벌되는 경우, 공모한 수인의 사용인 가운데 A, B 법인의 사용인은 직접 실행행위에 가담하지 않고 C 법인의 사용인만 실행행위를 분담한 경우에도 A, B 법인은 C 법인과 공동정범이 될 수 있다.

③ 양벌규정에 따라 사용자인 법인 또는 개인을 처벌하기 위해서는 형벌의 자기책임 원칙에 비추어 위반행위가 발생한 그 업무와 관련하여 사용자인 법인 또는 개인이 상당한 주의 또는 감독 의무를 게을리한 과실이 있어야 한다.

④ 판례는 양벌규정의 적용대상자를 업무주가 아니면서 당해 업무를 실제 집행하는 자에게까지 확장하고 있어, 법인격 없는 공공기관도 개인정보 보호법상 양벌규정에 의해 처벌될 수 있고, 해당 업무를 실제로 담당하는 소속 공무원도 양벌규정에 의해 처벌받을 수 있다.

① [O] 법인격 없는 사단과 같은 단체는 법인과 마찬가지로 사법상의 권리 의무의 주체가 될 수 있음은 별론으로 하더라도, 법률에 명문의 규정이 없는 한 그 범죄능력은 없다(대판 1997.1.24. 96도524).

② [O] 양벌규정에 의하여 법인이 처벌받는 경우에 법인의 사용인들이 범죄행위를 공모한 후 일방 법인의 사용인이 그 실행행위에 직접 가담하지 아니하고 다른 공모자인 타 법인의 사용인만이 분담실행한 경우에도, 그 법인(실행행위에 가담하지 않은 일방 법인)은 공동정범의 죄책을 면할 수 없다(대판 1983.3.22. 81도2545).

③ [O] 양벌규정에 따라 사용자인 법인 또는 개인을 처벌하기 위해서는 형벌의 자기책임 원칙에 비추어 위반행위가 발생한 그 업무와 관련하여 사용자인 법인 또는 개인이 상당한 주의 또는 감독 의무를 게을리한 과실이 있어야 한다(대판 2018.7.12. 2015도464; 동지 대판 2010.2.25. 2009도5824).

④ [×] 구 개인정보 보호법은 제2조 제5호, 제6호에서 공공기관 중 법인격이 없는 '중앙행정기관 및 그 소속 기관' 등을 개인정보 처리자 중 하나로 규정하고 있으면서도, 양벌규정에 의하여 처벌되는 개인정보처리자로는 같은 법 제74조 제2항에서 '법인 또는 개인'만을 규정하고 있을 뿐이고, 법인격 없는 공공기관에 대하여도 위 양벌규정을 적용할 것인지 여부에 대하여는 명문의 규정을 두고 있지 않으므로, 죄형법정주의의 원칙상 '법인격 없는 공공기관'을 위 양벌규정에 의하여 처벌할 수 없고, 그 경우 행위자 역시 위 양벌규정으로 처벌할 수 없다고 봄이 타당하다(대판 2021.10.28. 2020도1942).

정답 ④

22 법인의 형사책임 또는 양벌규정에 관한 설명 중 옳지 않은 것은? (다툼 있으면 판례에 의함)　　[21 변호사]

① 양벌규정의 '법인의 대표자'는 그 명칭 여하를 불문하고 당해 법인을 실질적으로 경영하면서 사실상 대표하고 있는 자를 포함한다.

② '법인의 대표자나 법인 또는 개인의 대리인·사용인 기타의 종업원이 그 법인 또는 개인의 업무에 관하여 제○○조의 규정에 의한 위반행위를 한 때에는 행위자를 벌하는 외에 그 법인 또는 개인에 대하여도 해당 조문의 벌금형을 과한다'는 내용의 양벌규정은 법치국가의 원리 및 죄형법정주의로부터 도출되는 책임주의원칙에 반한다.

③ 법인 대표자의 법규위반행위에 대한 법인의 책임은 법인 자신의 법규위반행위로 평가될 수 있는 행위에 대한 법인의 직접책임으로서 대표자의 고의에 의한 위반행위에 대하여는 법인 자신의 고의에 의한 책임을, 대표자의 과실에 의한 위반행위에 대하여는 법인 자신의 과실에 의한 책임을 부담한다.

④ 법률의 벌칙규정의 적용대상자가 일정한 '업무주'로 한정되어 있는 경우, 업무주가 아니면서 그 업무를 실제로 집행하는 자가 그 벌칙규정의 위반행위를 하였다면 그 집행하는 자는 그 벌칙규정을 적용대상으로 하고 있는 '양벌규정'에 의해 처벌될 수 있다.

⑤ 회사 대표자의 위반행위에 대하여 징역형의 형량을 작량감경하고 병과하는 벌금형에 대하여 선고유예를 한 이상 양벌규정에 따라 그 회사를 처단함에 있어서도 같은 조치를 취하여야 한다.

① [O] 증권거래법 제215조에서 '법인의 대표자'는 그 명칭 여하를 불문하고 당해 법인을 실질적으로 경영하면서 사실상 대표하고 있는 자도 포함된다(대판 2013.7.11. 2011도15056).

② [O] 법인이 종업원 등의 위반행위와 관련하여 선임·감독상의 주의의무를 다하여 아무런 잘못이 없는 경우까지도 법인에게 형벌을 부과하도록 한 양벌규정은 책임주의 원칙에 반하여 헌법에 위반된다(헌재 2009.7.30 2008헌가16).

③ [O] 법인은 기관을 통하여 행위하므로 법인이 대표자를 선임한 이상 그의 행위로 인한 법률효과는 법인에게 귀속되어야 하고, 법인 대표자의 범죄행위에 대하여는 법인 자신이 책임을 져야 하는바, 법인 대표자의 법규위반행위에 대한 법인의 책임은 법인 자신의 법규위반행위로 평가될 수 있는 행위에 대한 법인의 직접책임으로서, 대표자의 고의에 의한 위반행위에 대하여는 법인 자신의 고의에 의한 책임을, 대표자의 과실에 의한 위반행위에 대하여는 법인 자신의 과실에 의한 책임을 지는 것이다(대판 2010.9.30. 2009도3876).

④ [○] 구 건축법 제54조 내지 제56조의 벌칙규정에서 그 적용대상자를 건축주, 공사감리자, 공사시공자 등 일정한 업무주로 한정한 경우에 있어서, 같은 법 제57조의 양벌규정은 업무주가 아니면서 당해 업무를 실제로 집행하는 자가 있는 때에 위 벌칙규정의 실효성을 확보하기 위하여 그 적용대상자를 당해 업무를 실제로 집행하는 자에게까지 확장함으로써 그러한 자가 당해 업무집행과 관련하여 위 벌칙규정의 위반행위를 한 경우 위 양벌규정에 의하여 처벌할 수 있도록 한 행위자의 처벌규정임과 동시에 그 위반행위의 이익귀속주체인 업무주에 대한 처벌규정이라고 할 것이다(대판(전) 1999.7.15. 95도2870).
⑤ [×] 회사 대표자의 위반행위에 대하여 징역형의 형량을 작량감경하고 병과하는 벌금형에 대하여 선고유예를 한 이상 양벌규정에 따라 그 회사를 처단함에 있어서도 같은 조치를 취하여야 한다는 논지는 독자적인 견해에 지나지 아니하여 받아들일 수 없다(대판 1995.12.12. 95도1893).

정답 ⑤

---

23 법인의 처벌에 대한 설명 중 가장 적절한 것은? (다툼이 있는 경우 판례에 의함)

[23 경찰승진]

① 합병으로 인하여 소멸한 법인이 종업원 등의 위법행위에 대하여 양벌규정에 따라 부담하던 형사책임은 합병으로 존속하는 법인에 승계되지 않는다.
② 법인격 없는 사단과 같은 단체는 법인과 마찬가지로 사법상의 권리의무의 주체가 될 수 있으므로 법률에 명문의 규정 유무를 불문하고 그 범죄능력은 당연히 인정된다.
③ 양벌규정은 법인의 대표자 등 행위자가 법규위반행위를 저지른 경우, 일정 요건하에 행위자가 아닌 법인이 직접 법규위반행위를 저지른 것으로 평가하여 행위자와 같이 처벌하도록 규정한 것으로 이때의 법인의 처벌은 행위자의 처벌에 종속되는 것이다.
④ 지방자치단체의 장이 국가사무의 일부를 위임받아 사무를 처리하는 기관위임사무뿐만 아니라, 지방자치단체 고유의 자치사무를 처리하는 경우에도 지방자치단체는 국가기관과는 별도의 독립한 공법인이므로 양벌규정에 따라 처벌대상이 되는 법인에 해당한다.

해설

① [○] 합병으로 인하여 소멸한 법인이 종업원 등의 위법행위에 대하여 양벌규정에 따라 부담하던 형사책임은 합병으로 존속하는 법인에 승계되지 않는다(대판 2007.8.23. 2005도4471).
② [×] 법인격 없는 사단과 같은 단체는 법인과 마찬가지로 사법상의 권리 의무의 주체가 될 수 있음은 별론으로 하더라도 법률에 명문의 규정이 없는 한, 그 범죄능력은 없다(대판 1997.1.24. 96도524).
③ [×] 무릇 양벌규정은 법인의 대표자나 법인 또는 개인의 대리인, 사용인, 그 밖의 종업원 등 행위자가 법규위반행위를 저지른 경우, 일정 요건하에 이를 행위자가 아닌 법인 또는 개인이 직접 법규위반행위를 저지른 것으로 평가하여 행위자와 같이 처벌하도록 규정한 것으로서, 이때의 법인 또는 개인의 처벌은 행위자의 처벌에 종속되는 것이 아니라 법인 또는 개인의 직접책임 내지 '자기책임'에 기초하는 것이기는 하다(대판 2020.6.11. 2016도9367).
④ [×] 국가가 본래 그의 사무의 일부를 지방자치단체의 장에게 위임하여 처리하게 하는 기관위임사무의 경우, 지방자치단체는 국가기관의 일부로 볼 수 있고, 지방자치단체가 그 고유의 자치사무를 처리하는 경우, '지방자치단체'는 국가기관의 일부가 아니라 국가기관과는 별도의 독립한 공법인으로서 양벌규정에 의한 처벌대상이 되는 법인에 해당한다(대판 2009.6.11. 2008도6530; 동지 대판 2005.11.10. 2004도2657).

정답 ①

24 양벌규정 또는 법인의 범죄능력에 대한 설명 중 옳은 것을 모두 고른 것은? (다툼이 있는 경우에는 판례에 의함)

[13 변호사]

가. 배임죄에서 타인의 사무를 처리할 의무의 주체가 법인이 되는 경우 그 타인의 사무는 법인을 대표하는 자연인인 대표기관에 의하여 처리될 수밖에 없어 자연인인 대표기관이 배임죄의 주체가 된다.

나. 양벌규정에 의해서 법인 또는 개인을 처벌하는 경우 그 처벌은 직접 법률을 위반한 행위자에 대한 처벌에 종속하며, 행위자에 대한 선임감독상의 과실로 인하여 처벌되는 것이므로, 행위자에 대한 처벌이 법인 또는 개인에 대한 처벌의 전제조건이 된다.

다. 법인에 대한 양벌규정에 면책규정이 신설된 것은 범죄 후 법률의 변경에 의하여 그 행위가 범죄를 구성하지 않거나 형이 구법보다 경한 경우에 해당한다.

라. 행위자에 대하여 부과되는 형량을 작량감경하는 경우 양벌규정에 의하여 법인을 처벌함에 있어서도 이와 동일한 조치를 취하여야 한다.

마. 합병으로 인하여 소멸한 법인이 그 종업원 등의 위법행위에 대해 양벌규정에 따라 부담하던 형사책임은 그 성질상 이전을 허용하지 않는 것으로서 합병으로 인하여 존속하는 법인에 승계되지 않는다.

① 가, 다
② 나, 마
③ 가, 나, 다
④ 가, 다, 마
⑤ 나, 다, 라

해설

가. [○] 형법 제355조 제2항의 배임죄에 있어서 타인의 사무를 처리할 의무의 주체는 법인이 되는 경우라도 법인은 다만 사법상의 의무주체가 될 뿐 범죄능력이 없는 것이며 그 타인의 사무는 법인을 대표하는 자연인인 대표기관의 의사결정에 따른 대표행위에 의하여 실현될 수밖에 없어 그 대표기관은 마땅히 법인이 타인에게 부담하고 있는 의무내용대로 사무를 처리할 임무가 있다 할 것이므로 자연인인 대표기관이 바로 타인의 사무를 처리하는 자, 즉 배임죄의 주체가 된다(대판(전) 1984.10.10. 82도2595).

나. [×] 양벌규정에 의한 영업주의 처벌은 금지위반행위자인 종업원의 처벌에 종속하는 것이 아니라 독립하여 그 자신의 종업원에 대한 선임감독상의 과실로 인하여 처벌되는 것이므로 종업원의 범죄성립이나 처벌이 영업주 처벌의 전제조건이 될 필요는 없다(대판 2006.2.24. 2005도7673).

다. [○] 양벌규정에 면책규정이 신설되었다면 범죄 후 법률의 변경에 의하여 그 행위가 범죄를 구성하지 않거나 형이 구법보다 경한 경우에 해당한다(대판 2011.3.24. 2009도7230).

라. [×] 회사 대표자의 위반행위에 대하여 징역형의 형량을 작량감경하고 병과하는 벌금형에 대하여 선고유예를 한 이상 양벌규정에 따라 그 회사를 처단함에 있어서도 같은 조치를 취하여야 한다는 논지는 독자적인 견해에 지나지 아니하여 받아들일 수 없다(대판 1995.12.12. 95도1893).

마. [○] 합병으로 인하여 소멸한 법인이 그 종업원 등의 위법행위에 대해 양벌규정에 따라 부담하던 형사책임은 그 성질상 이전을 허용하지 않는 것으로서 합병으로 인하여 존속하는 법인에 승계되지 않는다(대판 2007.8.23. 2005도4471).

정답 ④

제4절 | 부작위범

25 부작위범에 관한 설명으로 옳고 그름의 표시(○, ×)가 바르게 된 것은? (다툼이 있는 경우 다수설과 판례에 의함)

[23 경찰간부]

가. 어떠한 범죄가 적극적 작위에 의하여 이루어질 수 있음은 물론 결과의 발생을 방지하지 아니하는 소극적 부작위에 의하여도 실현될 수 있는 경우에, 행위자가 자신의 신체적 활동이나 물리적·화학적 작용을 통하여 적극적으로 타인의 법익 상황을 악화시킴으로써 결국 그 타인의 법익을 침해하기에 이르렀다면, 이는 작위에 의한 범죄로 봄이 원칙이다.

나. 업무상배임죄는 부작위에 의해서도 성립할 수 있는데, 그러한 부작위를 실행의 착수로 볼 수 있기 위해서는 작위의무가 이행되지 않으면 사무처리의 임무를 부여한 사람이 재산권을 행사할 수 없으리라고 객관적으로 예견되는 등으로 구성요건적 결과 발생의 위험이 구체화한 상황에서 부작위가 이루어져야 한다.

다. 부작위에 의한 교사는 교사자가 정범에게 부작위에 의하여 범죄의 결의를 일으키게 할 수 없기 때문에 불가능하지만, 부작위에 의한 방조는 방조범에게 보증인의무가 인정된다면 가능하다.

라. 부작위범에 대한 교사는 교사자가 정범에게 부작위에 나가도록 결의하게 함으로써 가능하고, 부작위범에 대한 방조는 부작위하겠다는 부작위범의 결의를 강화하는 형태의 방조도 가능하다.

① 가(○), 나(○), 다(○), 라(○)   ② 가(○), 나(×), 다(○), 라(×)

③ 가(×), 나(○), 다(×), 라(○)   ④ 가(×), 나(×), 다(×), 라(×)

해설

가. [○] 어떠한 범죄가 적극적 작위에 의하여 이루어질 수 있음은 물론 결과의 발생을 방지하지 아니하는 소극적 부작위에 의하여도 실현될 수 있는 경우에, 행위자가 자신의 신체적 활동이나 물리적·화학적 작용을 통하여 적극적으로 타인의 법익 상황을 악화시킴으로써 결국 그 타인의 법익을 침해하기에 이르렀다면, 이는 작위에 의한 범죄로 봄이 원칙이고, 작위에 의하여 악화된 법익 상황을 다시 되돌이키지 아니한 점에 주목하여 이를 부작위범으로 볼 것은 아니며, 나아가 악화되기 이전의 법익 상황이, 그 행위자가 과거에 행한 또 다른 작위의 결과에 의하여 유지되고 있었다 하여 이와 달리 볼 이유가 없다. 따라서 이 사건의 경우 피고인들(甲과 乙)은 피고인 3(丙)에게 피해자를 집으로 후송하고 호흡보조장치를 제거할 것을 지시하는 등의 적극적 행위를 통하여 원심공동피고인(丁女)의 부작위에 의한 살인행위를 도운 것이므로, 이를 작위에 의한 방조범으로 본 원심의 판단은 정당한 것으로 수긍할 수 있고, 거기에 피고인들이 상고이유로 주장하는 바처럼 형법상 작위와 부작위의 구별 및 방조행위의 성립에 관한 법리오해 등의 위법이 없다(대판 2004.6.24. 2002도995).

나. [○] 업무상배임죄는 타인과의 신뢰관계에서 일정한 임무에 따라 사무를 처리할 법적 의무가 있는 자가 그 상황에서 당연히 할 것이 법적으로 요구되는 행위를 하지 않는 부작위에 의해서도 성립할 수 있다. 그러한 부작위를 실행의 착수로 볼 수 있기 위해서는 작위의무가 이행되지 않으면 사무처리의 임무를 부여한 사람이 재산권을 행사할 수 없으리라고 객관적으로 예견되는 등으로 구성요건적 결과 발생의 위험이 구체화한 상황에서 부작위가 이루어져야 한다. 그리고 행위자는 부작위 당시 자신에게 주어진 임무를 위반한다는 점과 그 부작위로 인해 손해가 발생할 위험이 있다는 점을 인식하였어야 한다(대판 2021.5.27. 2020도15529).

다. [○], 라. [○]

☑ 부작위범의 공범

구분	공범유형	인정 여부
부작위범에 대한 …	부작위범 사이의 공동정범	○
	간접정범	○
	교사범	○
	방조범	○
부작위에 의한 …	간접정범	×
	교사범	×
	방조범	○

형법상 방조는 작위에 의하여 정범의 실행을 용이하게 하는 경우는 물론, 직무상의 의무가 있는 자가 정범의 범죄행위를 인식하면서도 그것을 방지하여야 할 제반 조치를 취하지 아니하는 부작위로 인하여 정범의 실행행위를 용이하게 하는 경우에도 성립된다(대판 1996.9.6. 95도2551).

정답 ①

26 부작위범에 대한 설명으로 옳지 않은 것은? (다툼이 있는 경우 판례에 의함) [22 경찰간부]

① 작위의무가 법적으로 인정되는 부진정부작위범이라 하더라도 작위의무를 이행하는 것이 사실상 불가능한 상황이었다면, 부작위범이 성립할 수 없다.

② 하나의 행위가 부작위범인 직무유기죄와 작위범인 허위공문서작성죄 및 허위작성공문서행사죄의 구성요건을 동시에 충족하는 경우, 공소제기권자는 작위범인 허위공문서작성죄 및 허위작성공문서행사죄로 공소를 제기하지 아니하고 부작위범인 직무유기죄로만 공소를 제기할 수 있다.

③ 진정부작위범은 미수 성립이 불가능하여 「형법」에서는 미수범 처벌규정이 존재하지 않는 반면, 부진정부작위범은 미수 성립이 가능하다.

④ 부작위에 의한 살인에 있어서 작위의무를 이행하였다면 사망의 결과가 발생하지 않았을 것이라는 관계가 인정될 경우, 부작위와 사망의 결과 사이에 인과관계가 인정된다.

해설

① [○] 부작위범이 성립하기 위해서는 개별적 행위(작위)가능성이 인정되어야 한다. 즉, 구체적인 행위자가 법이 요구하는 작위의무를 이행할 수 있는 가능성이 있어야 하며, 그 판단에 있어서는 행위자의 신체적·정신적 조건과 구조수단의 존재를 모두 고려하여야 한다.

특정한 행위를 하지 아니하는 부작위가 형법적으로 부작위로서의 의미를 가지기 위해서는 보호법익의 주체에게 해당 구성요건적 결과발생의 위험이 있는 상황에서 행위자가 구성요건의 실현을 회피하기 위하여 요구되는 행위를 현실적·물리적으로 행할 수 있었음에도 하지 아니하였다고 평가될 수 있어야 한다(대판(전) 2015.11.12. 2015도6809).

② [○] 하나의 행위가 부작위범인 직무유기죄와 작위범인 범인도피죄의 구성요건을 동시에 충족하는 경우 공소제기권자는 재량에 의하여 작위범인 범인도피죄로 공소를 제기하지 않고 부작위범인 직무유기죄로만 공소를 제기할 수도 있다(대판 1999.11.26. 99도1904).

③ [×] 진정부작위범의 미수: 진정부작위범은 거동범적 성격을 가지므로 미수를 인정할 수 없다는 것이 다수설이다. 그러나 형법은 진정부작위범의 미수를 처벌하는 규정을 두고 있다(예 퇴거불응죄). 결과범의 성질을 가지는 부진정부작위범의 경우에 미수규정이 있다면 미수가 성립할 수 있다(예 부작위에 의한 살인죄의 미수).

④ [○] 부작위는 작위에 의한 살인행위와 동등한 형법적 가치를 가지고, 작위의무를 이행하였다면 결과가 발생하지 않았을 것이라는 관계가 인정될 경우에는 작위를 하지 않은 부작위와 사망의 결과 사이에 인과관계가 있다(대판(전) 2015.11.12. 2015도6809).

정답 ③

(가)와 (나)에 관한 설명으로 가장 적절하지 않은 것은? (다툼이 있는 경우 판례에 의함)

(가) 일정한 기간 내에 잘못된 상태를 바로 잡으라는 행정청의 지시를 이행하지 않았다는 것을 구성요건으로 하는 범죄

(나) 형법 제250조 제1항의 살인죄와 같이 그 규정 형식으로 보아 작위를 내용으로 하는 범죄를 부작위에 의하여 범하는 범죄

---

① (가)와 (나)의 구별에 있어 형식설에 의할 경우, 형법 제103조 제1항의 전시군수계약불이행죄와 형법 제116조의 다중불해산죄는 (가)의 경우에 해당한다.

② 유기죄에서의 보호의무를 법률상 계약상 보호의무로 국한하는 입장에 따르면 (나)에서의 보호의무는 유기죄의 보호의무보다 넓게 된다.

③ (나)는 고의에 의해서는 물론 과실범 처벌규정이 있는 한 과실에 의해서도 성립가능하다.

④ (나)의 요건으로 행위정형의 동가치성을 요구하는 것은 형사처벌을 확장하는 기능을 한다.

해설

(가) 진정부작위범이란 구성요건의 규정형식이 부작위범이고 이를 부작위에 의하여 실현하는 경우를 말한다. 따라서, 일정한 기간 내에 잘못된 상태를 바로잡으라는 행정청의 지시를 이행하지 않았다는 것을 구성요건으로 하는 범죄는 이른바 진정부작위범에 해당한다(대판 1994.4.26. 93도1731).

(나) 부진정부작위범이란 구성요건의 규정형식은 작위범이지만 이를 부작위에 의하여 실현한 경우를 말한다. 따라서, 살인죄와 같이 일반적으로 작위를 내용으로 하는 범죄를 부작위에 의하여 실현하는 경우 부진정부작위범이 성립한다(대판(전) 2015.11.12. 2015도6809).

① [O] 통설인 형식설에 의할 때 진정부작위범이란 구성요건의 규정형식이 부작위범이고 이를 부작위에 의하여 실현하는 경우를 말하므로 퇴거불응죄, 다중불해산죄, 집합명령위반죄, 전시공수계약불이행죄는 진정부작위범에 해당한다.

② [O] 형법 제271조의 유기죄의 보호의무자에 대하여 判例는 형법이 법률상 또는 계약상의 의무 있는 자만을 유기죄의 주체로 규정하고 있어 명문상 사회상규상의 보호책임을 인정할 수 없다는 입장이므로 부진정부작위범에서 작위의무의 발생근거는 유기죄에서 보호의무의 발생근거보다 그 범위가 넓다.

③ [O] 진정부작위범, 부진정부작위범을 불문하고 이론상 과실에 의한 부작위범(또는 부작위에 의한 과실범 또는 망각범)이 성립할 수 있다. 그런데, 형법은 과실에 의한 진정부작위범을 처벌하는 규정을 두고 있지 아니하다. 과실의 부진정부작위범이 성립하기 위해서는 구성요건에 해당하는 결과를 방지해야 할 보증인지위가 있을 것을 요한다.

④ [×] 부진정부작위범의 요건으로 행위정형의 동가치성을 요구하는 것은 부진정부작위범의 형사처벌을 축소하는 기능을 한다.

정답 ④

28 부작위범에 관한 설명 중 옳지 않은 것은 모두 몇 개인가? (다툼이 있는 경우 판례에 의함)

> ⊙ 압류된 골프장 시설을 보관하는 회사의 대표이사 甲이 그 압류시설의 사용 및 봉인의 훼손을 방지할 수 있는 적절한 조치 없이 골프장 개장 및 압류시설 작동을 의도적으로 묵인 또는 방치하여 봉인이 훼손되게 한 경우, 甲에게는 부작위에 의한 공무상표시무효죄가 성립한다.
>
> ⓛ 국가연구개발사업의 연구책임자 甲이 처음부터 소속 학생 연구원들에게 학생연구비를 개별 지급할 의사 없이 공동관리 계좌를 관리하면서 사실상 그 처분권을 가질 의도하에 이를 숨기고 산학협력단에 연구비를 신청하여 지급받은 경우, 甲의 행위는 산학협력단에 대한 관계에 있어서 기망에 의한 편취행위에 해당한다.
>
> ⓒ 위치추적 전자장치의 피부착자 甲이 그 장치의 구성 부분인 휴대용 추적장치를 분실한 후 3일이 경과하도록 보호관찰소에 분실신고를 하지 않고 돌아다닌 경우, 분실을 넘어서서 상당한 기간 동안 휴대용 추적장치가 없는 상태를 방치한 부작위는 전자장치 부착 등에 관한 법률 제38조에 따른 전자장치의 효용을 해한 행위에 해당하지 아니한다.
>
> ⓔ 甲은 법무사가 아님에도 자신이 법무사로 소개되거나 호칭되는 상황에서 자신이 법무사가 아니라는 사실을 밝히지 않은 채 법무사 행세를 계속하면서 근저당권설정계약서를 작성해 준 경우, 甲에게는 부작위에 의한 법무사법 위반(법무사가 아닌 자에 대한 금지)죄가 성립한다.
>
> ⓜ 대출자금으로 빌딩을 경락받았으나 분양이 저조하여 자금 조달에 실패한 甲과 乙은 수분양자들과 사이에 대출금으로 충당되는 중도금을 제외한 계약금과 잔금의 지급을 유예하고 1년의 위탁기간 후 재매입하기로 하는 등의 비정상적인 이면약정을 체결하고 점포를 분양하였음에도, 금융기관에 대해서는 그러한 이면약정의 내용을 감춘 채 분양 중도금의 집단적 대출을 교섭하여 중도금 대출 명목으로 금원을 지급받은 경우, 甲과 乙의 행위는 사기죄의 요건으로서의 부작위에 의한 기망에 해당하지 아니한다.

① 1개 ② 2개
③ 3개 ④ 4개

해설

> ⊙ [○] 대판 2005.7.22. 2005도3034.
> ⓛ [○] 대판 2021.9.9. 2021도8468.
> ⓒ [×] [1] 특정 범죄자에 대한 위치추적 전자장치 부착 등에 관한 법률 제38조는 위치추적 전자장치(이하 '전자장치'라 한다)의 피부착자가 부착기간 중 전자장치를 신체에서 임의로 분리·손상, 전파 방해 또는 수신자료의 변조, 그 밖의 방법으로 그 효용을 해한 행위를 처벌하고 있는데, 효용을 해하는 행위는 전자장치를 부착하게 하여 위치를 추적하도록 한 전자장치의 실질적인 효용을 해하는 행위를 말하는 것으로서, 전자장치 자체의 기능을 직접적으로 해하는 행위뿐 아니라 전자장치의 효용이 정상적으로 발휘될 수 없도록 하는 행위도 포함되며, 부작위라고 하더라도 고의적으로 그 효용이 정상적으로 발휘될 수 없도록 한 경우에는 처벌된다고 해석된다.
> [2] 위치추적 전자장치의 피부착자인 피고인이 구성 부분인 휴대용 추적장치를 분실한 후 3일이 경과하도록 보호관찰소에 분실신고를 하지 않고 돌아다니는 등 전자장치의 효용을 해하였다고 하여 특정 범죄자에 대한 위치추적 전자장치 부착 등에 관한 법률 위반으로 기소된 사안에서, 피고인이 휴대용 추적장치의 분실을 넘어서서 상당한 기간 동안 휴대용 추적장치가 없는 상태를 임의로 방치하여 전자장치의 효용이 정상적으로 발휘될 수 없는 상태를 이룬 행위를 전자장치의 효용을 해한 행위로 보고, 위 행위에 고의가 있었음을 전제로 유죄를 인정한 원심판단을 정당하다고 한 사례(대판 2012.8.17. 2012도5862).
> ⓔ [○] 대판 2008.2.28. 2007도9354.
> ⓜ [×] 빌딩을 경락받은 피고인들이 수분양자들과 사이에 대출금으로 충당되는 중도금을 제외한 계약금과 잔금의 지급을 유예하고 재매입을 보장하는 등의 비정상적인 이면약정을 체결하고 점포를 분양하였음에도, 금융기관에 대해서는 그러한 이면약정의 내용을 감춘 채 분양 중도금의 집단적 대출을 교섭하여 중도금 대출 명목으로 금원을 지급받은 사안에서, 대출 금융기관에 대하여 비정상적인 이면약정의 내용을 알릴 신의칙상 의무가 있다고 보아 이를 알리지 않은 것은 사기죄의 요건으로서의 부작위에 의한 기망에 해당한다고 한 사례(대판 2006.2.23. 2005도8645).

정답 ②

29 부작위범에 대한 설명으로 옳은 것은? (다툼이 있으면 판례에 의함)

① 부작위범 사이의 공동정범은 다수의 부작위범에게 공통된 의무가 부여되어 있고 그 의무를 공통으로 이행할 수 있을 때에만 성립한다.

② 어떠한 범죄가 작위에 의하여 이루어질 수 있음은 물론 결과의 발생을 방지하지 아니하는 부작위에 의하여도 실현될 수 있는 경우, 행위자가 자신의 신체적 활동이나 물리적·화학적 작용을 통하여 적극적으로 타인의 법익 상황을 악화시킴으로써 결국 그 타인의 법익을 침해하기에 이르렀다면 이는 작위에 의한 범죄로 봄이 원칙이나, 악화되기 이전의 법익상황이 그 행위자가 과거에 행한 또 다른 작위의 결과에 의하여 유지되고 있었다면 부작위로 보아야 한다.

③ 피고인이 모텔 방에 투숙하여 담뱃불이 완전히 꺼졌는지 여부를 확인하지 않은 채 불이 붙기 쉬운 휴지를 재떨이에 버리고 잠을 잔 과실로 화재가 발생하였으나 모텔 주인이나 다른 투숙객들에게 알리지 않아 다른 사람들을 사망케 한 경우, 위 화재가 피고인의 중대한 과실 있는 선행행위로 발생한 이상 피고인에게는 화재를 소화할 법률상 의무가 있다 할 것이어서 화재발생 사실을 알리지 않은 부작위만으로도 현주건조물방화치사죄가 성립한다.

④ 압류된 골프장시설을 보관하는 회사의 대표이사가 해당 압류 시설의 사용 및 봉인의 훼손을 방지할 수 있는 적절한 조치 없이 골프장을 개장하게 하여 봉인이 훼손되게 한 경우, 그러한 행위를 부작위에 의한 공무상표시무효죄로 볼 것은 아니다.

해설

① [○] 부작위범 사이의 공동정범은 다수의 부작위범에게 공통된 의무가 부여되어 있고 그 의무를 공통으로 이행할 수 있을 때에만 성립한다(대판 2009.2.12. 2008도9476).

② [×] 어떠한 범죄가 적극적 작위에 의하여 이루어질 수 있음은 물론 결과의 발생을 방지하지 아니하는 소극적 부작위에 의하여도 실현될 수 있는 경우에, 행위자가 자신의 신체적 활동이나 물리적·화학적 작용을 통하여 적극적으로 타인의 법익 상황을 악화시킴으로써 결국 그 타인의 법익을 침해하기에 이르렀다면, 이는 작위에 의한 범죄로 봄이 원칙이고, 작위에 의하여 악화된 법익 상황을 다시 되돌이키지 아니한 점에 주목하여 이를 부작위범으로 볼 것은 아니며, 나아가 악화되기 이전의 법익 상황이, 그 행위자가 과거에 행한 또 다른 작위의 결과에 의하여 유지되고 있었다 하여 이와 달리 볼 이유가 없다(대판 2004.6.24. 2002도995).

③ [×] 모텔 방에 투숙하여 과실로 담뱃불이 휴지와 침대시트에 옮겨 붙게 함으로써 화재가 발생한 경우, 위 화재가 중대한 과실 있는 선행행위로 발생한 이상 화재를 소화할 법률상 의무는 있다 할 것이나, 화재 발생 사실을 안 상태에서 모텔을 빠져나오면서도 모텔 주인이나 다른 투숙객들에게 이를 알리지 아니하였다는 사정만으로는 화재를 용이하게 소화할 수 있었다고 보기 어려우므로, 부작위에 의한 현주건조물방화치사상죄가 성립할 수 없다(대판 2010.1.14. 2009도12109).

④ [×] 압류시설의 보관자 지위에 있는 회사로서는 압류시설을 선량한 관리자로서 보관할 주의의무가 있다 할 것이고, 그 대표이사로서 압류시설이 위치한 골프장의 개장 및 운영 전반에 걸친 포괄적 권한과 의무를 지닌 피고인으로서는 회사의 대외적 의무 사항이 준수될 수 있도록 적절한 조치를 취할 위임계약 혹은 조리상의 작위의무가 존재한다고 보아야 할 것임에도 피고인이 그러한 조치 없이 골프장 개장 및 압류시설 작동을 의도적으로 묵인 내지 방치함으로써 예견된 결과를 유발한 경우에는 부작위에 의한 공무상표시무효죄의 성립을 인정할 수 있다(대판 2005.7.22. 2005도3034).

정답 ①

30 부작위범에 대한 설명 중 가장 옳지 않은 것은? (다툼이 있으면 판례에 의함) [20 경찰간부]

① 부작위범 사이의 공동정범은 다수의 부작위범에게 공통된 의무가 부여되어 있고 그 의무를 공통으로 이행할 수 있을 때에만 성립한다.

② 부작위범이 성립하기 위한 요건인 작위의무는 법령, 법률행위, 선행행위로 인한 경우는 물론 기타 신의성실의 원칙이나 사회상규 혹은 조리상 작위의무가 기대되는 경우에도 인정된다.

③ 신고의무 위반으로 인한 공중위생관리법위반죄는 구성요건이 부작위에 의해서만 실현될 수 있는 진정부작위범에 해당한다.

④ 민법상 부부간의 부양의무에 근거한 법률상 보호의무인 작위의무는 법률상 부부의 경우에 한정되므로 사실혼 관계에서는 인정될 여지가 없다.

해설

① [O] 부작위범 사이의 공동정범은 다수의 부작위범에게 공통된 의무가 부여되어 있고 그 의무를 공통으로 이행할 수 있을 때에만 성립한다(대판 2009.2.12. 2008도9476).

② [O] 형법상 부작위범이 인정되기 위해서 작위의무는 법적인 의무이어야 하므로 단순한 도덕상 또는 종교상의 의무는 포함되지 않으나 작위의무가 법적인 의무인 한 성문법이건 불문법이건 상관이 없고 또 공법이건 사법이건 불문하므로, 법령, 법률행위, 선행행위로 인한 경우는 물론이고 기타 신의성실의 원칙이나 사회상규 혹은 조리상 작위의무가 기대되는 경우에도 법적인 작위의무는 있다(대판 1996.9.6. 95도2551).

③ [O] 신고의무 위반으로 인한 공중위생관리법 제20조 제1항 제1호 위반죄는 구성요건이 부작위에 의하여서만 실현될 수 있는 진정부작위범에 해당한다(대판 2009.2.12. 2008도9476).

④ [×] 형법 제271조 제1항에서 말하는 법률상 보호의무 가운데는 민법 제826조 제1항에 근거한 부부간의 부양의무도 포함되며, 나아가 법률상 부부는 아니지만 사실혼 관계에 있는 경우에도 위와 같은 법률상 보호의무의 존재를 긍정하여야 하지만, 사실혼에 해당하여 법률혼에 준하는 보호를 받기 위하여는 단순한 동거 또는 간헐적인 정교관계를 맺고 있다는 사정만으로는 부족하고, 그 당사자 사이에 주관적으로 혼인의 의사가 있고 객관적으로도 사회관념상 가족질서적인 면에서 부부공동생활을 인정할 만한 혼인생활의 실체가 존재하여야 한다(대판 2008.2.14. 2007도3952).

정답 ④

31 부작위범에 대한 설명으로 옳지 않은 것은? (다툼이 있으면 판례에 의함) [21 국가9급]

① 선행행위로 인한 부작위범의 경우 선행행위에 대한 고의·과실 혹은 유책·위법이 없는 경우에도 작위의무는 발생할 수 있다.

② 부작위범 사이의 공동정범은 다수의 부작위범에게 공통된 의무가 부여되어 있고, 그 의무를 공통으로 이행할 수 있을 때에만 성립한다.

③ 부진정부작위범의 성립요건으로서 작위의무는 법적 작위의무이어야 하므로 사회상규 혹은 조리상 작위의무가 기대되는 경우에는 인정되지 않는다.

④ 사기죄에 있어서 부작위에 의한 기망은 법률상 고지의무 있는 자가 일정한 사실에 관하여 상대방이 착오에 빠져 있음을 알면서도 이를 고지하지 아니하는 것을 말한다.

① [○] 도로교통법 제54조 제1항, 제2항이 규정한 교통사고 발생 시의 구호조치의무 및 신고의무는 교통사고의 결과가 피해자의 구호 및 교통질서의 회복을 위한 조치가 필요한 상황인 이상 그 의무는 교통사고를 발생시킨 당해 차량의 운전자에게 그 사고 발생에 있어서 고의·과실 혹은 유책·위법의 유무에 관계없이 부과된 의무라고 해석함이 타당하고, 당해 사고의 발생에 귀책사유가 없는 경우에도 위 의무가 없다 할 수 없다(대판 2015.10.15. 2015도12451).

② [○] 부작위범 사이의 공동정범은 다수의 부작위범에게 공통된 의무가 부여되어 있고 그 의무를 공통으로 이행할 수 있을 때에만 성립한다(대판 2009.2.12. 2008도9476).

③ [×] 형법상 부작위범이 인정되기 위해서 작위의무는 법적인 의무이어야 하므로 단순한 도덕상 또는 종교상의 의무는 포함되지 않으나 작위의무가 법적인 의무인 한 성문법이건 불문법이건 상관이 없고 또 공법이건 사법이건 불문하므로, 법령, 법률행위, 선행행위로 인한 경우는 물론이고 기타 신의성실의 원칙이나 사회상규 혹은 조리상 작위의무가 기대되는 경우에도 법적인 작위의무는 있다(대판 1996.9.6. 95도2551).

④ [○] 특정 질병을 앓고 있는 사람이 보험회사가 정한 약관에 그 질병에 대한 고지의무를 규정하고 있음을 알면서도 이를 고지하지 아니한 채 그 사실을 모르는 보험회사와 그 질병을 담보하는 보험계약을 체결한 다음 바로 그 질병의 발병을 사유로 하여 보험금을 청구하였다면 특별한 사정이 없는 한 사기죄에 있어서의 기망행위 내지 편취의 범의를 인정할 수 있다(대판 2007.4.12. 2007도967).

정답 ③

---

32 부작위범에 대한 설명 중 가장 옳지 않은 것은? (다툼이 있으면 판례에 의함) [11 경찰간부]

① 부작위범에 대한 교사범은 보증인적 지위에 있는 자로 한정된다.

② 일반거래의 경험칙상 상대방이 그 사실을 알았더라면 당해 법률행위를 하지 않았을 것이 명백한 경우에는 신의칙에 비추어 그 사실을 고지할 법률상 의무가 인정된다.

③ 형법상 진정부작위범의 미수도 인정될 수 있다.

④ 부진정부작위범에서 동가치성이란 부작위가 작위에 의한 법익침해와 동등한 형법적 가치가 있는 것이어서 그 범죄의 실행행위로 평가될 만하다는 것을 의미한다.

① [×] 부작위범에 대한 교사범은 정범이 부작위범이고, 교사범이 부작위범인 것은 아니므로 교사범이 보증인적 지위에 있는 자로 한정되지 아니한다.

② [○] 일반거래의 경험칙상 상대방이 그 사실을 알았더라면 당해 법률행위를 하지 않았을 것이 명백한 경우에는 신의칙에 비추어 그 사실을 고지할 법률상 의무가 인정되는 것이다(대판 2000.1.28. 99도2884).

③ [○] 형법상 진정부작위범에 해당하는 퇴거불응죄와 집합명령위반죄에는 미수범 처벌규정이 있다.

④ [○] 부진정부작위범에서 동가치성이란 부작위가 작위에 의한 법익침해와 동등한 형법적 가치가 있는 것이어서 그 범죄의 실행행위로 평가될 만하다는 것을 의미한다(대판 1992.2.11. 91도2951).

정답 ①

33 부작위범에 관한 설명으로 옳은 것을 모두 고른 것은? (다툼이 있으면 판례에 의함) [19 경찰채용]

⊙ 형법은 부작위범의 성립요건을 별도로 규정하고 있다.
⊙ 진정부작위범은 그 속성상 미수가 불가능하며, 형법도 진정부작위범의 미수에 대한 처벌규정을 두고 있지 않다.
⊙ 부진정부작위범의 구성요건인 보증인적 지위(작위의무)는 신의칙이나 조리에 의해서도 발생한다.
⊙ 부진정부작위범을 작위범과 동일하게 평가하기 위해서는 보증인적 지위 외에 부작위와 작위의 동가치성(상응성)을 요하며, 이는 형법이 명문으로 규정하고 있다.
⊙ 부작위범의 공동정범은 성립할 수 있으나, 부작위에 의한 교사범은 성립할 수 없다.

① ㉠, ㉡, ㉣
② ㉠, ㉢, ㉤
③ ㉡, ㉢, ㉣
④ ㉢, ㉣, ㉤

해설

㉠ [○] 형법은 부작위범의 성립요건을 별도로 규정하고 있다. 즉, 형법 제18조(부작위범)는 "위험의 발생을 방지할 의무가 있거나 자기의 행위로 인하여 위험발생의 원인을 야기한 자가 그 위험발생을 방지하지 아니한 때에는 그 발생된 결과에 의하여 처벌한다"고 규정하고 있다.

㉡ [×] 진정부작위범은 그 속성상 미수가 불가능하다는 것이 통설이다. 그러나 형법은 진정부작위범에 해당하는 퇴거불응죄 등에 미수범 처벌규정을 두고 있다.

㉢ [○] 형법상 부작위범이 인정되기 위해서 작위의무는 법적인 의무이어야 하므로 단순한 도덕상 또는 종교상의 의무는 포함되지 않으나 작위의무가 법적인 의무인 한 성문법이건 불문법이건 상관이 없고 또 공법이건 사법이건 불문하므로, 법령, 법률행위, 선행행위로 인한 경우는 물론이고 기타 신의성실의 원칙이나 사회상규 혹은 조리상 작위의무가 기대되는 경우에도 법적인 작위의무는 있다(대판 1996.9.6. 95도2551).

㉣ [×] 부작위범에 대한 근거규정인 형법 제18조에는 부작위와 작위의 동가치성(상응성)에 관한 규정이 없다. 그러나 학설과 판례는 부진정부작위범의 성립요건으로 인정하고 있다.

㉤ [○] 부작위범 사이의 공동정범은 다수의 부작위범에게 공통된 의무가 부여되어 있고 그 의무를 공통으로 이행할 수 있을 때에만 성립한다(대판 2009.2.12. 2008도9476). 즉, 판례에 의하면 부작위범의 공동정범은 성립할 수 있다. 그러나 부작위로서는 정범에게 범죄의 결의를 일으키게 할 수 없어 부작위에 의한 교사범은 성립할 수 없다.

정답 ②

34 부작위범에 관한 설명 중 가장 적절하지 않은 것은? (다툼이 있으면 판례에 의함) [14 경찰승진]

① 부작위범에서 말하는 작위의무는 법령상 규정되어 있는 경우에 한하여 성립한다.
② 작위의무는 법적인 의무이어야 하므로 단순한 도덕상 또는 종교상의 의무는 포함되지 않는다.
③ 형법상 방조행위는 부작위에 의해서도 성립할 수 있다.
④ 부진정부작위범에 있어서 그 부작위가 작위에 의한 법익침해와 동등한 형법적 가치가 있는 것이어서 그 범죄의 실행행위로 평가될 만한 것이라면 작위에 의한 실행행위와 동일하게 처벌할 수 있다.

① [×], ② [○], ④ [○] 형법상 부작위범이 인정되기 위해서 작위의무는 법적인 의무이어야 하므로 단순한 도덕상 또는 종교상의 의무는 포함되지 않으나 작위의무가 법적인 의무인 한 성문법이건 불문법이건 상관이 없고 또 공법이건 사법이건 불문하므로, 법령, 법률행위, 선행행위로 인한 경우는 물론이고 기타 신의성실의 원칙이나 사회상규 혹은 조리상 작위의무가 기대되는 경우에도 법적인 작위의무는 있다(대판 1996.9.6. 95도2551).

③ [○] 형법상 방조는 작위에 의하여 정범의 실행을 용이하게 하는 경우는 물론, 직무상의 의무가 있는 자가 정범의 범죄행위를 인식하면서도 그것을 방지하여야 할 제반 조치를 취하지 아니하는 부작위로 인하여 정범의 실행행위를 용이하게 하는 경우에도 성립된다(대판 1996.9.6. 95도2551).

정답 ①

35 부작위범에 대한 설명으로 옳지 않은 것은? (다툼이 있으면 판례에 의함) [15 국가9급]

① 일정한 기간 내에 잘못된 상태를 바로잡으라는 행정청의 지시를 이행하지 않았다는 것을 구성요건으로 하는 범죄는 이른바 부진정부작위범에 해당한다.

② 작위의무가 법적인 의무인 한, 법령, 법률행위, 선행행위로 인한 경우는 물론이고 기타 신의성실의 원칙이나 사회상규 혹은 조리상 작위의무가 기대되는 경우에도 법적인 작위의무는 있다.

③ 부작위에 의한 현주건조물방화치사상죄가 성립하기 위하여는 피고인에게 법률상의 소화의무가 인정되는 외에 소화의 가능성 및 용이성이 있었음에도 그 소화의무에 위배하여 이미 발생한 화력을 방치함으로써 소훼의 결과를 발생시켜야 한다.

④ 진정부작위범 사이의 공동정범은 다수의 부작위범에게 공통된 의무가 부여되어 있고 그 의무를 공통으로 이행할 수 있을 때에만 성립한다.

① [×] 일정한 기간 내에 잘못된 상태를 바로잡으라는 행정청의 지시를 이행하지 않았다는 것을 구성요건으로 하는 범죄는 진정부작위범에 해당한다(대판 1994.4.26. 93도1731).

② [○] 부작위범에 있어 작위의무는 법적인 의무이어야 하므로 단순한 도덕상 또는 종교상의 의무는 포함되지 않으나 작위의무가 법적인 의무인 한 성문법이건 불문법이건 상관이 없고 또 공법이건 사법이건 불문하므로 법령, 법률행위, 선행행위로 인한 경우는 물론이고 기타 신의성실의 원칙이나 사회상규 혹은 조리상 작위의무가 기대되는 경우에도 법적인 작위의무는 있다(대판 1996.9.6. 95도2551).

③ [○] 부작위에 의한 현주건조물방화치사 및 현주건조물방화치상죄가 성립하기 위하여는, 피고인에게 법률상의 소화의무가 인정되는 외에 소화의 가능성 및 용이성이 있었음에도 피고인이 그 소화의무에 위배하여 이미 발생한 화력을 방치함으로써 소훼의 결과를 발생시켜야 하는 것이다(대판 2010.1.14. 2009도12109).

④ [○] 부작위범 사이의 공동정범은 다수의 부작위범에게 공통된 의무가 부여되어 있고 그 의무를 공통으로 이행할 수 있을 때에만 성립한다(대판 2009.2.12. 2008도9476).

정답 ①

36 부작위범에 대한 다음 설명 중 적절한 것만을 모두 고른 것은? (다툼이 있으면 판례에 의함) [21 경찰채용]

> ⑦ 작위는 물론 부작위에 의하여도 실현될 수 있는 범죄의 경우, 행위자가 자신의 신체적 활동이나 물리적·화학적 작용을 통하여 적극적으로 타인의 법익 상황을 악화시킴으로써 결국 그 타인의 법익을 침해하기에 이르렀다면 이는 작위에 의한 범죄로 봄이 원칙이다.
>
> ⓛ 부진정부작위범의 작위의무는 법령, 법률행위, 선행행위로 인한 경우에 발생하고 사회상규 혹은 조리로부터는 법적 작위의무가 발생하지 않는다.
>
> ⓒ 부진정부작위범에서의 고의는 자신의 부작위가 작위와 동가치하다는 점에 대한 인식을 필요로 하므로, 작위의무자의 예견 또는 인식 등이 불확정적인 미필적 고의로는 부진정부작위범의 고의가 인정되지 않는다.
>
> ⓔ 「형법」상 방조는 작위에 의하여 정범의 실행을 용이하게 하는 경우는 물론, 직무상의 의무가 있는 자가 정범의 범죄행위를 인식하면서도 그것을 방지하여야 할 제반 조치를 취하지 아니하는 부작위로 인하여 정범의 실행행위를 용이하게 하는 경우에도 성립된다.

① ⑦, ⓛ
② ⑦, ⓔ
③ ⓛ, ⓒ
④ ⓒ, ⓔ

해설

⑦ [○] 어떠한 범죄가 적극적 작위에 의하여 이루어질 수 있음은 물론 결과의 발생을 방지하지 아니하는 소극적 부작위에 의하여도 실현될 수 있는 경우에, 행위자가 자신의 신체적 활동이나 물리적·화학적 작용을 통하여 적극적으로 타인의 법익 상황을 악화시킴으로써 결국 그 타인의 법익을 침해하기에 이르렀다면, 이는 작위에 의한 범죄로 봄이 원칙이고, 작위에 의하여 악화된 법익 상황을 다시 되돌이키지 아니한 점에 주목하여 이를 부작위범으로 볼 것은 아니다(대판 2004.6.24. 2002도995).

ⓛ [×] 부진정부작위범에서 작위의무는 법령, 법률행위, 선행행위로 인한 경우는 물론, 신의성실의 원칙이나 사회상규 혹은 조리상 작위의무가 기대되는 경우에도 인정된다(대판(전) 2015.11.12. 2015도6809).

ⓒ [×] 부진정부작위범의 고의는 반드시 구성요건적 결과발생에 대한 목적이나 계획적인 범행 의도가 있어야 하는 것은 아니고 법익침해의 결과발생을 방지할 법적 작위의무를 가지고 있는 자가 그 의무를 이행함으로써 그 결과발생을 쉽게 방지할 수 있었음을 예견하고도 결과발생을 용인하고 이를 방관한 채 그 의무를 이행하지 아니한다는 인식을 하면 족하며, 이러한 작위의무자의 예견 또는 인식 등은 확정적인 경우는 물론 불확정적인 경우이더라도 미필적 고의로 인정될 수 있다(대판(전) 2015.11.12. 2015도6809).

ⓔ [○] 형법상 방조는 작위에 의하여 정범의 실행을 용이하게 하는 경우는 물론, 직무상의 의무가 있는 자가 정범의 범죄행위를 인식하면서도 그것을 방지하여야 할 제반 조치를 취하지 아니하는 부작위로 인하여 정범의 실행행위를 용이하게 하는 경우에도 성립된다(대판 1996.9.6. 95도2551).

정답 ②

37 부작위범에 관한 설명으로 가장 옳은 것은? (다툼이 있으면 판례에 의함) [13 경찰간부]

① 부작위범에 대한 교사는 가능하다.

② 보증인지위에 있는 자의 부작위에 의한 교사는 가능하다.

③ 행위자가 자신의 신체적 활동이나 물리적·화학적 작용을 통하여 적극적으로 타인의 법익 상황을 악화시켜 결국 그 타인의 법익을 침해한 경우에는 작위범이 아니라 부작위범에 해당한다.

④ 압류된 골프장시설을 보관하는 회사의 대표이사가 위 압류시설의 사용 및 봉인의 훼손을 방지할 수 있는 적절한 조치 없이 골프장을 개장하게 하여 봉인이 훼손되게 한 경우라도 대표이사에게 작위의무를 인정할 수 없다.

① [○] 부작위범에 대하여도 적극적인 작위에 의한 교사는 가능하다(예 피교사자에게 부작위로 나아갈 것을 결의케 하는 경우).
② [×] 부작위에 의해서는 피교사자에게 심리적 영향을 미쳐 범죄를 결의케 할 수 없으므로 부작위에 의한 교사는 불가능하다.
③ [×] 행위자가 자신의 신체적 활동이나 물리적·화학적 작용을 통하여 적극적으로 타인의 법익 상황을 악화시킴으로써 결국 그 타인의 법익을 침해하기에 이르렀다면 이는 작위에 의한 범죄로 봄이 원칙이고, 작위에 의하여 악화된 법익 상황을 다시 되돌이키지 아니한 점에 주목하여 이를 부작위범으로 볼 것은 아니다(대판 2004.6.24. 2002도995).
④ [×] 압류시설의 보관자 지위에 있는 회사로서는 압류시설을 선량한 관리자로서 보관할 주의의무가 있다 할 것이고, 그 대표이사로서 압류시설이 위치한 골프장의 개장 및 운영 전반에 걸친 포괄적 권한과 의무를 지닌 피고인으로서는 회사의 대외적 의무사항이 준수될 수 있도록 적절한 조치를 취할 위임계약 혹은 조리상의 작위의무가 존재한다고 보아야 한다(대판 2005.7.22. 2005도3034).

정답 ①

38 부작위범에 대한 설명으로 가장 적절하지 않은 것은? (다툼이 있으면 판례에 의함) [21 경찰승진]

① 형법상 방조행위는 정범의 실행을 용이하게 하는 직접적 행위만을 가리키는 것으로서 작위에 의한 방조만이 가능하고 부작위에 의해서는 성립할 수 없다.
② 부작위범에 있어 작위의무는 법적인 의무이어야 하므로 단순한 도덕상 또는 종교상의 의무는 포함되지 않으나 작위의무가 법적인 의무인 한 성문법이건 불문법이건 상관이 없고 또 공법이건 사법이건 불문하므로, 법령, 법률행위, 선행행위로 인한 경우는 물론이고 기타 신의성실의 원칙이나 사회상규 혹은 조리상 작위의무가 기대되는 경우에도 법적인 작위의무는 있다.
③ 부작위범 사이의 공동정범은 다수의 부작위범에게 공통된 의무가 부여되어 있고 그 의무를 공통으로 이행할 수 있을 때에만 성립한다.
④ 하나의 행위가 부작위범인 직무유기죄와 작위범인 허위공문서작성·행사죄의 구성요건을 동시에 충족하는 경우, 공소제기권자는 재량에 의하여 작위범인 허위공문서작성·행사죄로 공소를 제기하지 않고 부작위범인 직무유기죄로만 공소를 제기할 수 있다.

해설

① [×] 형법상 방조는 작위에 의하여 정범의 실행을 용이하게 하는 경우는 물론, 직무상의 의무가 있는 자가 정범의 범죄행위를 인식하면서도 그것을 방지하여야 할 제반 조치를 취하지 아니하는 부작위로 인하여 정범의 실행행위를 용이하게 하는 경우에도 성립된다(대판 1996.9.6. 95도2551).
② [○] 부작위범에 있어서의 작위의무는 법적인 의무이어야 하므로 단순한 도덕상 또는 종교상의 의무는 포함되지 않으나 작위의무가 법적인 의무인 한 성문법이건 불문법이건 상관이 없고 또 공법이건 사법이건 불문하므로, 법령·법률행위·선행행위로 인한 경우는 물론이고 기타 신의성실의 원칙이나 사회상규 혹은 조리상 작위의무가 기대되는 경우에도 법적인 작위의무는 있다(대판 1996.9.6. 95도2551).
③ [○] 부작위범 사이의 공동정범은 다수의 부작위범에게 공통된 의무가 부여되어 있고 그 의무를 공통으로 이행할 수 있을 때에만 성립한다(대판 2009.2.12. 2008도9476).
④ [○] 하나의 행위가 부작위범인 직무유기죄와 작위범인 허위공문서작성·행사죄의 구성요건을 동시에 충족하는 경우, 공소제기권자는 재량에 의하여 작위범인 허위공문서작성·행사죄로 공소를 제기하지 않고 부작위범인 직무유기죄로만 공소를 제기할 수 있다(대판 2008.2.14. 2005도4202).

정답 ①

39 부작위범에 관한 설명 중 가장 적절하지 않은 것은? (다툼이 있으면 판례에 의함) [17 경찰승진]

① 진정부작위범과 부진정부작위범의 구별에 관한 학설 중 실질설은 거동범에 대하여는 부진정부작위범이 성립할 여지가 없다고 보는 반면에, 형식설은 결과범은 물론 거동범에 대하여도 부진정부작위범이 성립할 수 있다고 본다.

② 부작위에 의한 방조범이 보증인 지위에 있는 자로 한정되는 반면, 부작위범에 대한 교사범은 보증인 지위에 있는 자로 한정되지 않는다.

③ 보증인 지위와 보증인의무를 모두 부진정부작위범의 구성요건요소로 이해하는 견해에 따르면 부진정부작위범의 구성요건해당성이 지나치게 확대된다.

④ 하나의 행위가 작위범과 부작위범의 구성요건을 동시에 충족하는 경우도 있다.

해설

① [O] 실질설은 진정부작위범은 거동범, 부진정부작위범은 결과범이라고 보는 견해이다. 따라서 실질설에 의하면 거동범에 대하여는 부진정부작위범이 성립할 여지가 없게 된다. 한편 형식설은 법률에 명문으로 부작위에 의해서만 실현될 수 있도록 규정된 범죄가 진정부작위범이고, 법률상의 규정형식은 작위범이지만 이를 부작위에 의해서도 실현할 수 있는 범죄를 부진정부작위범이라고 하는 견해이다. 따라서 형식설에 의하면 거동범이든 결과범이든 법률상의 규정형식이 작위범인 경우인데 이를 부작위로 수행하게 되면 부진정부작위범이 성립할 수 있게 되어 거동범에 대하여도 부진정부작위범이 성립할 수 있게 된다.

② [O] [1] 부작위에 의한 방조범은 방조범이 부작위범이므로 방조범이 보증인 지위에 있는 자로 한정된다.
[2] 부작위범에 대한 교사범은 정범이 부작위범이고, 교사범이 부작위범인 것은 아니므로 교사범이 보증인적 지위에 있는 자로 한정되지 아니한다.

③ [×] 부진정부작위범의 구성요건해당성이 지나치게 확대된다는 문제점을 지적받는 견해는 보증인지위와 보증인의무를 모두 위법성요소로 보는 위법성요소설이다.

④ [O] 판례는 하나의 행위가 부작위범과 작위범의 구성요건을 동시에 충족하는 경우를 인정하고 있다.

参考판례 하나의 행위가 부작위범인 직무유기죄와 작위범인 허위공문서작성·행사죄의 구성요건을 동시에 충족하는 경우, 공소제기권자는 재량에 의하여 작위범인 허위공문서작성·행사죄로 공소를 제기하지 않고 부작위범인 직무유기죄로만 공소를 제기할 수 있다(대판 2008.2.14. 2005도4202).

정답 ③

40 부작위범에 대한 설명으로 옳지 않은 것은? (다툼이 있으면 판례에 의함) [12 국가9급]

① 일반 거래의 경험칙상 상대방이 그 사실을 알았다면 당해 법률행위를 하지 않았을 것이 명백한 경우에는 신의칙에 비추어 그 사실을 고지할 법률상 의무가 인정된다.

② 작위의무는 법령, 법률행위, 선행행위로 인한 경우는 물론, 기타 신의성실의 원칙이나 사회상규 혹은 조리상 작위의무가 기대되는 경우에도 인정된다.

③ 어떠한 범죄가 적극적 작위 또는 소극적 부작위에 의하여도 실현될 수 있는 경우에, 행위자가 자신의 신체적 활동이나 물리적·화학적 작용을 통하여 적극적으로 타인의 법익 상황을 악화시킴으로써 결국 그 타인의 법익을 침해하기에 이르렀다면, 이는 부작위에 의한 범죄로 봄이 원칙이다.

④ 부작위가 작위에 의한 법익침해와 동등한 형법적 가치가 있는 것이어서 그 범죄의 실행행위로 평가될 만한 것이라면, 부작위범으로 처벌할 수 있다.

해설

① [O] 일반거래의 경험칙상 상대방이 그 사실을 알았더라면 당해 법률행위를 하지 않았을 것이 명백한 경우에는 신의칙에 비추어 그 사실을 고지할 법률상 의무가 인정되는 것이다(대판 2000.1.28. 99도2884).

② [O] 형법상 부작위범이 인정되기 위해서는 <u>작위의무는 법적인 의무이어야 하므로 단순한 도덕상 또는 종교상의 의무는 포함되지 않으나 작위의무가 법적인 의무인 한 성문법이건 불문법이건 상관이 없고 또 공법이건 사법이건 불문하므로, 법령, 법률행위, 선행행위로 인한 경우는 물론이고 기타 신의성실의 원칙이나 사회상규 혹은 조리상 작위의무가 기대되는 경우에도 법적인 작위의무는 있다</u>(대판 1996.9.6. 95도2551).

③ [×] 어떠한 범죄가 적극적 작위에 의하여 이루어질 수 있음은 물론 결과의 발생을 방지하지 아니하는 소극적 부작위에 의하여도 실현될 수 있는 경우에, 행위자가 자신의 신체적 활동이나 물리적·화학적 작용을 통하여 적극적으로 타인의 법익 상황을 악화시킴으로써 결국 그 타인의 법익을 침해하기에 이르렀다면, 이는 작위에 의한 범죄로 봄이 원칙이고, 작위에 의하여 악화된 법익 상황을 다시 되돌이키지 아니한 점에 주목하여 이를 부작위범으로 볼 것은 아니다(대판 2004.6.24. 2002도995).

④ [O] 형법이 금지하고 있는 법익침해의 결과발생을 방지할 법적인 작위의무를 지고 있는 자가 그 의무를 이행함으로써 결과발생을 쉽게 방지할 수 있었음에도 불구하고 그 결과의 발생을 용인하고 이를 방관한 채 그 의무를 이행하지 아니한 경우에, 그 부작위가 작위에 의한 법익침해와 동등한 형법적 가치가 있는 것이어서 그 범죄의 실행행위로 평가될 만한 것이라면, 작위에 의한 실행행위와 동일하게 부작위범으로 처벌할 수 있다고 할 것이다(대판 1992.2.11. 91도2951).

정답 ③

---

41 부작위범에 대한 설명으로 틀린 것은? (다툼이 있으면 판례에 의함)

① 부작위범 사이의 공동정범은 다수의 부작위범에게 공통된 의무가 부여되어 있고 그 의무를 공통으로 이행할 수 있을 때에만 성립한다.

② 부작위범에서의 작위의무는 법적인 의무이어야 하므로 단순한 도덕상 또는 종교상의 의무는 포함되지 않으나 작위의무가 법적인 의무인 한 법령, 법률행위, 선행행위로 인한 경우는 물론이고 기타 신의성실의 원칙이나 사회상규 혹은 조리상 작위의무가 기대되는 경우에도 부작위범에서의 작위의무에 해당한다.

③ 甲이 자신의 토지에 대하여 여객정류장시설 또는 유통업무설비시설을 설치하는 도시계획이 입안되어 있어 장차 위 토지가 수용될 것이라는 점을 알고 있으면서도, 이러한 사정을 모르고 위 토지를 매수하려는 乙에게 그 사정을 고지하지 아니하고 매도한 경우 甲에게는 부작위에 의한 사기죄가 성립한다.

④ 우리 형법은 부진정부작위범에 대하여 형의 임의적 감경규정을 두고 있다.

해설

① [O] 부작위범 사이의 공동정범은 다수의 부작위범에게 공통된 의무가 부여되어 있고 그 의무를 공통으로 이행할 수 있을 때에만 성립한다(대판 2008.3.27. 2008도89).

② [O] 형법상 부작위범이 인정되기 위해서 <u>작위의무는 법적인 의무이어야 하므로 단순한 도덕상 또는 종교상의 의무는 포함되지 않으나 작위의무가 법적인 의무인 한 성문법이건 불문법이건 상관이 없고 또 공법이건 사법이건 불문하므로, 법령, 법률행위, 선행행위로 인한 경우는 물론이고 기타 신의성실의 원칙이나 사회상규 혹은 조리상 작위의무가 기대되는 경우에도 법적인 작위의무는 있다</u>(대판 1996.9.6. 95도2551).

③ [O] 토지가 정주시에 의하여 협의매수되거나 수용될 것이라는 점을 알고 있었던 피고인에게는 이러한 사정을 모르고 위 토지를 매수하려는 피해자에게 위와 같은 사정을 고지할 신의칙상 의무가 있으므로, 이러한 사정을 고지하지 아니한 피고인의 행위는 부작위에 의한 사기죄를 구성한다(대판 1993.7.13. 93도14).

④ [×] 부진정부작위범은 발생된 결과에 의하여 처벌한다(제18조). 즉, 작위범과 동일한 법정형으로 처벌하며 형의 임의적 감경규정을 두고 있지 않다.

정답 ④

42 부작위범에 관한 설명 중 가장 적절한 것은? (다툼이 있으면 판례에 의함) [16 경찰승진]

① 일정한 기간 내에 잘못된 상태를 바로잡으라는 행정청의 지시를 이행하지 않았다는 것을 구성요건으로 하는 범죄는 이른바 진정부작위범으로서 그 의무이행기간의 경과에 의하여 범행이 기수에 이른다.

② 구 도로교통법 제50조의 교통사고 운전자의 사상자 구호조치의무는 위법한 선행행위의 경우에만 작위의무를 인정한 것이라고 할 수 있다.

③ 부작위범에서의 작위의무는 법적인 의무이어야 하므로 신의성실의 원칙이나 사회상규 혹은 조리상 작위의무는 여기에 포함되지 않는다.

④ 은행지점장이 부하직원의 배임행위를 알면서도 이를 방치한 경우 묵시적인 공모에 의한 배임죄의 공모공동정범이 성립한다.

해설

① [O] 일정한 기간 내에 잘못된 상태를 바로잡으라는 행정청의 지시를 이행하지 않았다는 것을 구성요건으로 하는 범죄는 이른바 진정부작위범으로서 그 의무이행기간의 경과에 의하여 범행이 기수에 이른다(대판 1994.4.26. 93도1731).

② [X] 도로교통법 제50조 제1항, 제2항이 규정한 교통사고발생시의 구호조치의무 및 신고의무는 사상자를 구호하고, 교통질서의 회복 등에 관하여 적절한 조치를 취하게 하기 위한 방법으로 부과된 것이므로 그 의무는 교통사고를 발생시킨 당해 차량의 운전자에게 그 사고발생에 있어서 고의·과실 혹은 유책·위법의 유무에 관계없이 부과된 의무라고 해석함이 상당할 것이므로, 당해 사고에 있어 귀책사유가 없는 경우에도 위 의무가 없다 할 수 없다(대판 2002.5.24. 2000도1731).

③ [X] 형법상 부작위범이 인정되기 위해서 작위의무는 법적인 의무이어야 하므로 단순한 도덕상 또는 종교상의 의무는 포함되지 않으나 작위의무가 법적인 의무인 한 성문법이건 불문법이건 상관이 없고 또 공법이건 사법이건 불문하므로, 법령, 법률행위, 선행행위로 인한 경우는 물론이고 기타 신의성실의 원칙이나 사회상규 혹은 조리상 작위의무가 기대되는 경우에도 법적인 작위의무는 있다(대판 1996.9.6. 95도2551).

④ [X] 은행지점장이 정범인 부하직원들의 범행을 인식하면서도 그들의 은행에 대한 배임행위를 방치하였다면 업무상배임죄의 방조범이 성립한다(대판 1984.11.27. 84도1906).

정답 ①

---

43 부작위범에 대한 설명으로 가장 적절하지 않은 것은? (다툼이 있으면 판례에 의함) [18 경찰채용]

① 작위의무는 법적인 의무이어야 하므로 단순한 도덕상 또는 종교상의 의무는 포함되지 않으나 작위의무가 법적인 의무인 한 성문법이건 불문법이건 상관이 없고 또 공법이건 사법이건 불문하므로, 법령, 법률행위, 선행행위로 인한 경우는 물론이고 기타 신의성실의 원칙이나 사회 상규 혹은 조리상 작위의무가 기대되는 경우에도 법적인 작위의무는 있다.

② 보호자가 의학적 권고에도 불구하고 치료를 요하는 환자의 퇴원을 간청하여 담당 전문의와 주치의가 치료중단 및 퇴원을 허용하는 조치를 취함으로써 환자를 사망에 이르게 한 경우, 담당 전문의와 주치의의 행위는 부작위에 의한 살인방조죄가 성립한다.

③ 부작위범 사이의 공동정범은 다수의 부작위범에게 공통된 의무가 부여되어 있고 그 의무를 공통으로 이행할 수 있을 때에만 성립한다.

④ 부진정 부작위범의 고의는 반드시 구성요건적 결과발생에 대한 목적이나 계획적인 범행의도가 있어야 하는 것은 아니고 법익침해의 결과발생을 방지할 법적 작위의무를 가지고 있는 자가 그 의무를 이행함으로써 그 결과발생을 쉽게 방지할 수 있었음을 예견하고도 결과의 발생을 용인하고 이를 방관한 채 그 의무를 이행하지 아니한다는 인식을 하면 족하며, 이러한 작위의무자의 예견 또는 인식 등은 확정적인 것은 물론 불확정적인 것이라도 미필적 고의로 인정될 수 있다.

① [O] 형법상 부작위범이 인정되기 위해서 작위의무는 법적인 의무이어야 하므로 단순한 도덕상 또는 종교상의 의무는 포함되지 않으나 작위의무가 법적인 의무인 한 성문법이건 불문법이건 상관이 없고 또 공법이건 사법이건 불문하므로, 법령, 법률행위, 선행행위로 인한 경우는 물론이고 기타 신의성실의 원칙이나 사회상규 혹은 조리상 작위의무가 기대되는 경우에도 법적인 작위의무는 있다(대판 1996.9.6. 95도2551).

② [×] 보호자가 의학적 권고에도 불구하고 치료를 요하는 환자의 퇴원을 강청하여 담당 전문의와 주치의가 치료중단 및 퇴원을 허용하는 조치를 취함으로써 환자를 사망에 이르게 한 경우 담당 전문의와 주치의에게 환자의 사망이라는 결과 발생에 대한 정범의 고의는 인정되나 환자의 사망이라는 결과나 그에 이르는 사태의 핵심적 경과를 계획적으로 조종하거나 저지·촉진하는 등으로 지배하고 있었다고 보기는 어려워 공동정범의 객관적 요건인 이른바 기능적 행위지배가 흠결되어 있다는 이유로 작위에 의한 살인방조죄만 성립한다고 한 사례(대판 2004.6.24. 2002도995).

③ [O] 부작위범 사이의 공동정범은 다수의 부작위범에게 공통된 의무가 부여되어 있고 그 의무를 공통으로 이행할 수 있을 때에만 성립한다(대판 2009.2.12. 2008도9476).

④ [O] 부진정 부작위범의 고의는 반드시 구성요건적 결과발생에 대한 목적이나 계획적인 범행의도가 있어야 하는 것은 아니고 법익침해의 결과발생을 방지할 법적 작위의무를 가지고 있는 자가 그 의무를 이행함으로써 그 결과발생을 쉽게 방지할 수 있었음을 예견하고도 결과의 발생을 용인하고 이를 방관한 채 그 의무를 이행하지 아니한다는 인식을 하면 족하며, 이러한 작위의무자의 예견 또는 인식 등은 확정적인 것은 물론 불확정적인 것이라도 미필적 고의로 인정될 수 있다(대판(전) 2015.11.12. 2015도6809).

정답 ②

44 부작위범에 관한 설명 중 가장 적절하지 않은 것은? (다툼이 있으면 판례에 의함) [12 경찰승진]

① 진정부작위범과 부진정부작위범의 구분에 관한 학설 중 실질설은 거동범에 대하여는 부진정부작위범이 성립할 여지가 없다고 보는 반면에, 형식설은 결과범은 물론 거동범에 대하여도 부진정부작위범이 성립할 수 있다고 본다.

② 부진정 부작위범에서 '보증인의 작위의무'와 유기죄에서 '보호의무자의 작위의무'의 발생근거는 동일하지 않다.

③ 일정한 기간 내에 잘못된 상태를 바로 잡으라는 행정청의 지시를 이행하지 않았다는 것을 구성요건으로 하는 범죄는 이른바 진정부작위범으로서 그 의무이행 기간의 경과에 의하여 범행이 기수에 이른다.

④ 퇴거불응죄와 같이 구성요건 행위가 부작위로 규정되어 있는 범죄를 부작위에 의한 작위범 혹은 진정부작위범이라고 한다.

① [O] 실질설은 진정부작위범은 거동범, 부진정부작위범은 결과범이라고 보는 견해이다. 따라서 실질설에 의하면 거동범에 대하여는 부진정부작위범이 성립할 여지가 없게 된다. 한편 형식설은 법률에 명문으로 부작위에 의해서만 실현될 수 있도록 규정된 범죄가 진정부작위범이고, 법률상의 규정형식은 작위범이지만 이를 부작위에 의해서도 실현할 수 있는 범죄를 부진정부작위범이라고 하는 견해이다. 따라서 형식설에 의하면 거동범이든 결과범이든 법률상의 규정형식이 작위범인 경우인데 이를 부작위로 수행하게 되면 부진정부작위범이 성립할 수 있게 되어 거동범에 대하여도 부진정부작위범이 성립할 수 있게 된다.

② [O] 부진정부작위범의 성립에 있어 작위의무는 법령, 법률행위, 선행행위로 인한 경우는 물론이고 기타 신의성실의 원칙이나 사회상규 혹은 조리상 작위의무가 기대되는 경우에도 법적인 작위의무가 인정된다(대판 1996.9.6. 95도2551). 그러나 유기죄는 법률상 또는 계약상의 의무 있는 자만을 유기죄의 주체로 규정하고 있어 명문상 사회상규상의 보호책임을 인정할 수 없다(대판 1977.1.11. 76도3419).

③ [O] 일정한 기간 내에 잘못된 상태를 바로 잡으라는 행정청의 지시를 이행하지 않았다는 것을 구성요건으로 하는 범죄는 이른바 진정부작위범으로서 그 의무이행 기간의 경과에 의하여 범행이 기수에 이른다(대판 1994.4.26. 93도1731).

④ [×] 진정부작위범이란 구성요건의 규정형식이 부작위범이고 이를 부작위에 의하여 실현하는 경우를 말한다(예 퇴거불응죄, 다중불해산죄 등). 따라서 진정부작위범은 '부작위에 의한 부작위범'을 의미하게 된다.

정답 ④

45 부작위범에 관한 다음 설명 중 가장 적절하지 않은 것은? (다툼이 있으면 판례에 의함)　[15 경찰채용]

① 작위의무는 법령, 법률행위, 선행행위로 인한 경우는 물론, 기타 신의성실의 원칙이나 사회상규 또는 조리상 작위의무가 기대되는 경우에도 인정된다.

② 구 도로교통법 제50조 제1항, 제2항이 규정한 교통사고발생시의 구호조치의무 및 신고의무는 교통사고의 결과가 피해자의 구호 및 교통질서의 회복을 위한 조치가 필요한 상황인 이상 교통사고를 발생시킨 당해 차량의 운전자에게 그 사고발생에 있어서 고의, 과실 혹은 유책, 위법의 유무에 관계없이 부과된 의무라고 해석함이 상당할 것이므로, 당해 사고에 있어 귀책사유가 없는 경우에도 위 의무가 없다고 할 수 없다.

③ 일정한 기간 내에 잘못된 상태를 바로잡으라는 행정청의 지시를 이행하지 않았다는 것을 구성요건으로 하는 범죄는 이른바 진정부작위범으로서 그 의무이행기간의 경과에 의하여 범행이 기수에 이른다.

④ 판례에 의하면 부작위에 의한 유기죄의 작위의무는 법률 또는 계약뿐만 아니라 신의성실 · 조리에 의해서도 발생할 수 있다.

해설

① [O] 형법상 부작위범이 인정되기 위해서 작위의무는 법적인 의무이어야 하므로 단순한 도덕상 또는 종교상의 의무는 포함되지 않으나 작위의무가 법적인 의무인 한 성문법이건 불문법이건 상관이 없고 또 공법이건 사법이건 불문하므로, 법령, 법률행위, 선행행위로 인한 경우는 물론이고 기타 신의성실의 원칙이나 사회상규 혹은 조리상 작위의무가 기대되는 경우에도 법적인 작위의무는 있다(대판 1996.9.6. 95도2551).

② [O] 도로교통법 제50조 제1항, 제2항이 규정한 교통사고발생시의 구호조치의무 및 신고의무는 사상자를 구호하고, 교통질서의 회복 등에 관하여 적절한 조치를 취하게 하기 위한 방법으로 부과된 것이므로 그 의무는 교통사고를 발생시킨 당해 차량의 운전자에게 그 사고발생에 있어서 고의 · 과실 혹은 유책 · 위법의 유무에 관계없이 부과된 의무라고 해석함이 상당할 것이므로, 당해 사고에 있어 귀책사유가 없는 경우에도 위 의무가 없다 할 수 없다(대판 2002.5.24. 2000도1731).

③ [O] 일정한 기간 내에 잘못된 상태를 바로잡으라는 행정청의 지시를 이행하지 않았다는 것을 구성요건으로 하는 범죄는 이른바 진정부작위범으로서 그 의무이행 기간의 경과에 의하여 범행이 기수에 이른다(대판 1994.4.26. 93도1731).

④ [×] 현행 형법은 유기죄에 있어서 법률상 또는 계약상의 의무 있는 자만을 유기죄의 주체로 규정하고 있어 명문상 사회상규상의 보호책임을 인정할 수 없다(대판 1977.1.11. 76도3419). 판례의 취지에 의하면 유기죄의 작위의무는 사회상규나 신의성실 · 조리에 의해서는 발생할 수 없다.

정답 ④

46 부작위범에 관한 다음 설명 중 가장 적절하지 않은 것은? (다툼이 있으면 판례에 의함)

① 甲이 자신의 토지에 대하여 여객정류장시설 또는 유통업무설비시설을 설치하는 도시계획이 입안되어 있어 장차 위 토지가 수용될 것이라는 점을 알고 있으면서도, 이러한 사정을 모르고 위 토지를 매수하려는 乙에게 그 사정을 고지하지 아니하고 매도한 경우 甲에게는 乙에 대한 부작위에 의한 사기죄가 성립한다.

② 매수인이 매도인에게 매매잔금을 지급함에 있어 착오에 빠져 지급해야 할 금액을 초과하는 돈을 교부하는 경우, 매도인이 매매잔금을 받은 후 비로소 그 사실을 알게 되었음에도 불구하고 그 사실을 매수인에게 알리고 초과금액을 되돌려 주지 않은 경우에는 부작위에 의한 사기죄가 성립한다.

③ 출판사 경영자가 출고현황표를 조작하는 방법으로 실제출판부수를 속여 작가에게 인세의 일부만을 지급한 사안에서, 작가가 나머지 인세에 대한 청구권의 존재 자체를 알지 못하는 착오에 빠져 이를 행사하지 아니한 것이 사기죄에 있어 부작위에 의한 처분행위에 해당한다.

④ 형법이 금지하고 있는 법익침해의 결과발생을 방지할 법적인 작위의무를 지고 있는 자가 그 의무를 이행함으로써 결과발생을 쉽게 방지할 수 있었음에도 불구하고 그 결과의 발생을 용인하고 이를 방관한 채 그 의무를 이행하지 아니한 경우에, 그 부작위가 작위에 의한 법익침해와 동등한 형법적 가치가 있는 것이어서 그 범죄의 실행행위로 평가될 만한 것이라면, 작위에 의한 실행행위와 동일하게 부작위범으로 처벌할 수 있다.

해설

① [O] 토지에 대하여 도시계획이 입안되어 있어 장차 협의 매수되거나 수용될 것이라는 사정을 매수인에게 고지하지 아니하고 매도한 행위는 부작위에 의한 사기죄를 구성한다(대판 1993.7.13. 93도14).

② [×] 매수인이 매도인에게 매매잔금을 지급함에 있어 착오에 빠져 지급해야 할 금액을 초과하는 돈을 교부하는 경우, 매도인이 매매잔금을 교부받기 전 또는 교부받던 중에 그 사실을 알게 되었을 경우에는 특별한 사정이 없는 한 매도인으로서는 매수인에게 사실대로 고지하여 매수인의 그 착오를 제거하여야 할 신의칙상 의무를 지므로 그 의무를 이행하지 아니하고 매수인이 건네 주는 돈을 그대로 수령한 경우에는 사기죄에 해당될 것이지만, 그 사실을 미리 알지 못하고 매매잔금을 건네주고 받는 행위를 끝마친 후에야 비로소 알게 되었을 경우에는 주고 받는 행위는 이미 종료되어 버린 후이므로 매수인의 착오 상태를 제거하기 위하여 그 사실을 고지하여야 할 법률상 의무의 불이행은 더 이상 그 초과된 금액 편취의 수단으로서의 의미는 없으므로, 교부하는 돈을 그대로 받은 그 행위는 점유이탈물횡령죄가 될 수 있음은 별론으로 하고 사기죄를 구성할 수는 없다(대판 2004. 5.27. 2003도4531).

③ [O] 출판사 경영자가 출고현황표를 조작하는 방법으로 실제출판부수를 속여 작가에게 인세의 일부만을 지급한 경우, 작가가 나머지 인세에 대한 청구권의 존재 자체를 알지 못하는 착오에 빠져 이를 행사하지 아니한 것이라면 사기죄에 있어 부작위에 의한 처분행위에 해당한다(대판 2007.7.12. 2005도9221).

④ [O] 형법이 금지하고 있는 법익침해의 결과발생을 방지할 법적인 작위의무를 지고 있는 자가 그 의무를 이행함으로써 결과발생을 쉽게 방지할 수 있었음에도 불구하고 그 결과의 발생을 용인하고 이를 방관한 채 그 의무를 이행하지 아니한 경우에, 그 부작위가 작위에 의한 법익침해와 동등한 형법적 가치가 있는 것이어서 그 범죄의 실행행위로 평가될 만한 것이라면, 작위에 의한 실행행위와 동일하게 부작위범으로 처벌할 수 있다고 할 것이다(대판 1992.2.11. 91도2951).

정답 ②

47 다음 설명 중 가장 적절한 것은? (다툼이 있으면 판례에 의함)

① 진정부작위범의 경우 다수의 부작위범에게 부여된 작위의무가 각각 다르더라도 각각의 작위의무에 위반되는 행위를 공동으로 하였다면 부작위범의 공동정범이 성립할 수 있다.

② 일정한 기간 내에 잘못된 상태를 바로잡으라는 행정청의 지시를 이행하지 않았다는 것을 구성요건으로 하는 범죄는 이른바 진정부작위범으로서 그 의무이행기간의 경과에 의하여 범행이 기수에 이른다.

③ 공무원이 어떠한 위법사실을 발견하고도 직무상 의무에 따른 적절한 조치를 취하지 아니하고 위법사실을 적극적으로 은폐할 목적으로 허위공문서를 작성·행사한 경우에는 허위공문서작성죄와 허위작성공문서행사죄 외에 부작위범인 직무유기죄가 성립한다.

④ 부진정부작위범의 작위의무는 법적인 의무로서 법령, 법률행위 또는 선행행위로 인한 경우에 인정될 수 있으나, 단순한 도덕적 의무라든가 사회상규 혹은 조리에 의하여서는 인정될 수 없다.

해설

① [×] 부작위범 사이의 공동정범은 다수의 부작위범에게 <u>공통된 의무가 부여되어 있고</u> 그 의무를 공통으로 이행할 수 있을 때에만 성립한다(대판 2008.3.27. 2008도89).

② [○] 일정한 기간 내에 잘못된 상태를 바로 잡으라는 행정청의 지시를 이행하지 않았다는 것을 구성요건으로 하는 범죄는 이른바 진정부작위범으로서 그 의무이행 기간의 경과에 의하여 범행이 기수에 이른다(대판 1994.4.26. 93도1731).

③ [×] 공무원이 어떠한 위법사실을 발견하고도 직무상 의무에 따른 적절한 조치를 취하지 아니하고 위법사실을 적극적으로 은폐할 목적으로 허위공문서를 작성·행사한 경우에는 직무위배의 위법상태는 허위공문서작성 당시부터 그 속에 포함되는 것으로 작위범인 허위공문서작성, 동행사죄만이 성립하고 부작위범인 직무유기죄는 따로 성립하지 아니한다(대판 1999.12.24. 99도2240).

④ [×] 형법상 부작위범이 인정되기 위해서 <u>작위의무는 법적인 의무이어야</u> 하므로 단순한 도덕상 또는 종교상의 의무는 포함되지 않으나 작위의무가 법적인 의무인 한 성문법이건 불문법이건 상관이 없고 또 공법이건 사법이건 불문하므로, <u>법령, 법률행위, 선행행위로 인한 경우는 물론이고 기타 신의성실의 원칙이나 사회상규 혹은 조리상 작위의무가 기대되는 경우에도 법적인 작위의무는 있다</u>(대판 1996.9.6. 95도2551).

정답 ②

48 다음 설명 중 옳지 않은 것은? (다툼이 있으면 판례에 의함)

① 규범적으로 요구 또는 기대된 일정한 동작을 하지 아니한다는 소극적 태도로서 부작위는 작위와 함께 형법상 행위의 한 유형으로서, 부작위가 작위에 의한 법익침해와 동등한 형법적 가치가 있는 것이어서 그 범죄의 실행행위로 평가될 만한 것이어야 부작위범으로 처벌된다.

② 하나의 행위가 직무유기죄와 허위공문서작성 및 동행사죄의 구성요건을 동시에 충족하는 경우, 공소제기권자는 재량에 의하여 작위범인 허위공문서작성·행사죄로 공소를 제기하지 않고 부작위범인 직무유기죄로만 공소제기할 수 있다.

③ 행위자가 자신의 신체적 활동이나 물리적·화학적 작용을 통하여 적극적으로 타인의 법익상황을 악화시킴으로써 결국 그 타인의 법익을 침해하기에 이르렀다면, 이는 작위에 의한 범죄로 봄이 원칙이다.

④ 생존가능성이 있는 환자를 보호자의 요구로 치료중단하고 퇴원을 지시하여 사망하게 한 의사의 경우에는 행위 전체를 규범적으로 평가할 때 치료중단이라는 행위수행에 비난의 중점이 있기 때문에 부작위범으로 평가된다.

해설

① [O] 규범적으로 요구 또는 기대된 일정한 동작을 하지 아니한다는 소극적 태도로서 부작위는 작위와 함께 형법상 행위의 한 유형으로서, 부작위가 작위에 의한 법익침해와 동등한 형법적 가치가 있는 것이어서 그 범죄의 실행행위로 평가될 만한 것이어야 부작위범으로 처벌된다(대판 2010.1.14. 2009도12109).

② [O] 하나의 행위가 부작위범인 직무유기죄와 작위범인 허위공문서작성·행사죄의 구성요건을 동시에 충족하는 경우, 공소제기 권자는 재량에 의하여 작위범인 허위공문서작성·행사죄로 공소를 제기하지 않고 부작위범인 직무유기죄로만 공소를 제기할 수 있다(대판 2008.2.14. 2005도4202).

③ [O] 어떠한 범죄가 적극적 작위에 의하여 이루어질 수 있음은 물론 결과의 발생을 방지하지 아니하는 소극적 부작위에 의하여도 실현될 수 있는 경우에, 행위자가 자신의 신체적 활동이나 물리적·화학적 작용을 통하여 적극적으로 타인의 법익 상황을 악화시킴으로써 결국 그 타인의 법익을 침해하기에 이르렀다면, 이는 작위에 의한 범죄로 봄이 원칙이고, 작위에 의하여 악화된 법익 상황을 다시 되돌이키지 아니한 점에 주목하여 이를 부작위범으로 볼 것은 아니다(대판 2004.6.24. 2002도995).

④ [×] 환자의 보호자가 치료위탁계약을 해지하고 환자를 퇴원시켜 달라고 요구하여 이에 응하기 위하여 담당의사가 인공호흡장 치를 제거한 결과 환자가 호흡곤란으로 사망하게 된 경우, 당해 의사는 <u>작위에 의한 살인방조의 죄책</u>을 진다(대판 2004.6.24. 2002도995).

정답 ④

---

49 형법상 부작위범에 관한 설명 중 가장 적절하지 않은 것은? (다툼이 있으면 판례에 의함)　　[15 경찰승진]

① 피고인이 조카인 피해자(10세)를 살해할 것을 마음먹고 저수지로 데리고 가서 미끄러지기 쉬운 제방 쪽으로 유인하여 함께 걷다가 피해자가 물에 빠지자 그를 구호하지 아니하여 피해자를 익사하게 한 경우 피고인에게는 부작위에 의한 살인죄가 성립한다.

② 일반 거래의 경험칙상 상대방이 그 사실을 알았다면 당해 법률행위를 하지 않았을 것이 명백한 경우에는 신의칙에 비추어 그 사실을 고지할 법률상 의무가 인정된다.

③ 구 도로교통법 제50조의 교통사고 운전자의 사상자 구호조치의무는 위법한 선행행위의 경우에만 작위의무를 인정한 것이라고 할 수 있다.

④ 의사 甲이 특정시술을 받으면 아들을 낳을 수 있을 것이라는 착오에 빠져있는 피해자들에게 그 시술의 효과와 원리에 관하여 사실대로 고지하지 아니한 채 아들을 낳을 수 있는 시술인 것처럼 가장하여 일련의 시술과 처방을 행한 경우 부작위에 의한 사기죄가 성립한다.

해설

① [O] 피고인이 조카인 피해자(10세)를 살해할 것을 마음먹고 저수지로 데리고 가서 미끄러지기 쉬운 제방 쪽으로 유인하여 함께 걷다가 피해자가 물에 빠지자 그를 구호하지 아니하여 피해자를 익사하게 한 경우 피고인에게는 부작위에 의한 살인죄가 성립한다(대판 1992.2.11. 91도2951).

② [O] 일반거래의 경험칙상 상대방이 그 사실을 알았더라면 당해 법률행위를 하지 않았을 것이 명백한 경우에는 신의칙에 비추어 그 사실을 고지할 법률상 의무가 인정되는 것이다(대판 2000.1.28. 99도2884).

③ [×] <u>도로교통법 제50조 제1항, 제2항이 규정한 교통사고발생시의 구호조치의무 및 신고의무</u>는 사상자를 구호하고, 교통질서의 회복 등에 관하여 적절한 조치를 취하게 하기 위한 방법으로 부과된 것이므로 그 의무는 <u>교통사고를 발생시킨 당해 차량의 운전자에게 그 사고발생에 있어서 고의·과실 혹은 유책·위법의 유무에 관계없이 부과된 의무</u>라고 해석함이 상당할 것이므로, 당해 사고에 있어 귀책사유가 없는 경우에도 위 의무가 없다 할 수 없다(대판 2002.5.24. 2000도1731).

④ [O] 특정 시술을 받으면 아들을 낳을 수 있을 것이라는 착오에 빠져있는 피해자들에게 그 시술의 효과와 원리에 관하여 사실대로 고지하지 아니한 채 아들을 낳을 수 있는 시술인 것처럼 가장하여 일련의 시술과 처방을 행한 의사에 대하여는 사기죄가 성립할 수 있다(대판 2000.1.28. 99도2884).

정답 ③

50 부작위범에 관한 설명 중 타당하지 않은 것은 모두 몇 개인가? (다툼이 있으면 판례에 의함)

> ㉠ 부작위범에서 말하는 작위의무는 신의성실의 원칙이나 사회상규 혹은 조리상 작위의무가 기대되는 경우에도 성립한다.
> ㉡ 보증인의무를 구성요건요소로 이해하는 견해에 대하여는 부진정부작위범의 구성요건해당성의 범위가 부당하게 확대될 우려가 있다는 비판이 제기된다.
> ㉢ 작위의무는 법적인 의무이어야 하므로, 단순한 도덕상 또는 종교상의 의무는 포함되지 않는다.
> ㉣ 어떠한 범죄가 적극적 작위에 의하여 이루어질 수 있음은 물론 결과의 발생을 방지 하지 아니하는 소극적 부작위에 의하여도 실현될 수 있는 경우에, 행위자가 자신의 신체적 활동이나 물리적·화학적 작용을 통하여 적극적으로 타인의 법익 상황을 악화시킴으로써 결국 그 타인의 법익을 침해하기에 이르렀다면 이는 작위에 의한 범죄로 봄이 원칙이다.

① 1개 ② 2개
③ 3개 ④ 4개

해설

㉠ [O] 형법상 부작위범이 인정되기 위해서 작위의무는 법적인 의무이어야 하므로 단순한 도덕상 또는 종교상의 의무는 포함되지 않으나 작위의무가 법적인 의무인 한 성문법이건 불문법이건 상관이 없고 또 공법이건 사법이건 불문하므로, 법령, 법률행위, 선행행위로 인한 경우는 물론이고 기타 신의성실의 원칙이나 사회상규 혹은 조리상 작위의무가 기대되는 경우에도 법적인 작위의무는 있다(대판 1996.9.6. 95도2551).

㉡ [×] 보증인 지위와 보증인의무를 모두 부진정부작위범의 구성요건요소로 이해하는 견해를 구성요건요소설이라고 한다. 그러나 부진정부작위범의 구성요건해당성이 지나치게 확대된다는 문제점을 지적 받는 견해는 보증인지위와 보증인의무를 모두 위법성요소로 보는 위법성요소설이다.

㉢ [O] 부작위범에 있어서의 작위의무는 법적인 의무이어야 하므로 단순한 도덕상 또는 종교상의 의무는 포함되지 않으나 작위의무가 법적인 의무인 한 성문법이건 불문법이건 상관이 없고 또 공법이건 사법이건 불문하므로, 법령·법률행위·선행행위로 인한 경우는 물론이고 기타 신의성실의 원칙이나 사회상규 혹은 조리상 작위의무가 기대되는 경우에도 법적인 작위의무는 있다(대판 1996.9.6. 95도2551).

㉣ [O] 어떠한 범죄가 적극적 작위에 의하여 이루어질 수 있음은 물론 결과의 발생을 방지하지 아니하는 소극적 부작위에 의하여도 실현될 수 있는 경우에, 행위자가 자신의 신체적 활동이나 물리적·화학적 작용을 통하여 적극적으로 타인의 법익 상황을 악화시킴으로써 결국 그 타인의 법익을 침해하기에 이르렀다면, 이는 작위에 의한 범죄로 봄이 원칙이고, 작위에 의하여 악화된 법익 상황을 다시 되돌이키지 아니한 점에 주목하여 이를 부작위범으로 볼 것은 아니다(대판 2004.6.24. 2002도995).

정답 ①

51 다음 부작위범에 관한 설명 중 옳은 것은 모두 몇 개인가? (다툼이 있으면 판례에 의함) [12 경찰채용]

> ㉠ 의사 甲이 특정시술을 받으면 아들을 낳을 수 있을 것이라는 착오에 빠져있는 피해자들에게 그 시술의 효과와 원리에 관하여 사실대로 고지하지 아니한 채 아들을 낳을 수 있는 시술인 것처럼 가장하여 일련의 시술과 처방을 행한 경우 부작위에 의한 사기죄가 성립한다.
> ㉡ 甲은 모텔 방에 투숙하여 자신의 과실로 화재가 발생하였음에도 불구하고, 화재 발생 사실을 안 상태에서 모텔을 빠져나오면서도 모텔 주인이나 다른 투숙객들에게 이를 알리지 않았다. 이 화재로 인하여 투숙객들이 사망한 경우에 甲에 대하여 부작위에 의한 현주건조물방화치사죄는 성립하지 않는다.
> ㉢ 인터넷 포털 사이트 내 오락채널 총괄팀장 甲과 위 오락채널 내 만화사업의 운영 직원 乙은 콘텐츠제공업체들의 음란만화 게재를 알면서도 방치한 경우, 甲과 乙은 부작위에 의한 구 전기통신기본법 제48조의2 위반죄의 공동정범이 성립한다.
> ㉣ 노동쟁의로서의 파업은 근로자들이 집단적으로 근로의 제공을 거부하여 사용자의 정상적인 업무운영을 저해하고 손해를 발생하게 한 행위로서 부작위에 의한 위력에 해당하므로, 파업이 노동관계 법령에 따른 정당한 쟁의행위에 해당하여 위법성이 조각되는 경우가 아닌 한 업무방해죄를 구성한다.

① 1개　　　　　　　　　　　　② 2개
③ 3개　　　　　　　　　　　　④ 4개

해설

㉠ [O] 특정 시술을 받으면 아들을 낳을 수 있을 것이라는 착오에 빠져있는 피해자들에게 그 시술의 효과와 원리에 관하여 사실대로 고지하지 아니한 채 아들을 낳을 수 있는 시술인 것처럼 가장하여 일련의 시술과 처방을 행한 의사에 대하여는 사기죄가 성립할 수 있다(대판 2000.1.28. 99도2884).

㉡ [O] 모텔 방에 투숙하여 과실로 담뱃불이 휴지와 침대시트에 옮겨 붙게 함으로써 화재가 발생한 경우, 위 화재가 중대한 과실 있는 선행행위로 발생한 이상 화재를 소화할 법률상 의무는 있다 할 것이나, 화재 발생 사실을 안 상태에서 모텔을 빠져나오면서도 모텔 주인이나 다른 투숙객들에게 이를 알리지 아니하였다는 사정만으로는 화재를 용이하게 소화할 수 있었다고 보기 어려우므로, 부작위에 의한 현주건조물방화치사상죄가 성립할 수 없다(대판 2010.1.14. 2009도12109).

㉢ [×] 甲과 乙에게는 콘텐츠제공업체들이 게재하는 음란만화의 삭제를 요구할 조리상의 의무가 있으므로, 구 전기통신기본법 제48조의2 위반 방조죄가 성립한다(대판 2006.4.28. 2003도4128).

㉣ [×] [1] 쟁의행위로서 파업도, 단순히 근로계약에 따른 노무의 제공을 거부하는 부작위에 그치지 아니하고 이를 넘어서 사용자에게 압력을 가하여 근로자의 주장을 관철하고자 집단적으로 노무제공을 중단하는 실력행사이므로, 업무방해죄에서 말하는 위력에 해당하는 요소를 포함하고 있다.
[2] 쟁의행위로서 파업이 언제나 업무방해죄에 해당하는 것으로 볼 것은 아니고, 전후 사정과 경위 등에 비추어 사용자가 예측할 수 없는 시기에 전격적으로 이루어져 사용자의 사업운영에 심대한 혼란 내지 막대한 손해를 초래하는 등으로 사용자의 사업계속에 관한 자유의사가 제압·혼란될 수 있다고 평가할 수 있는 경우에 비로소 집단적 노무제공의 거부가 위력에 해당하여 업무방해죄가 성립한다고 보는 것이 타당하다(대판(전) 2011.3.17. 2007도482).

정답 ②

52 부작위에 관한 설명 중 옳지 않은 것은? (다툼이 있으면 판례에 의함) [18 변호사]

① 甲은 할부금융회사로부터 금융을 얻어 자동차를 매수한 후 乙에게 그 자동차를 매도하였는데, 계약체결 당시 자동차에 대하여 저당권이 설정되거나 가압류된 사실이 없고 甲과 乙 사이의 계약조건에 할부금채무의 승계에 대한 내용도 없다면, 甲이 할부금채무의 존재를 乙에게 고지하지 않았더라도 사기죄가 성립하지 않는다.

② 신장결핵을 앓고 있는 甲이 乙보험회사가 정한 약관에 신장결핵을 포함한 질병에 대한 고지의무를 규정하고 있음을 알면서도 이를 고지하지 아니한 채 그 사실을 모르는 乙보험회사와 그 질병을 담보하는 보험계약을 체결한 후 신장결핵의 발병을 사유로 하여 보험금을 청구하여 수령한 경우, 甲에게는 사기죄가 성립한다.

③ 경찰서 형사과장인 甲이 압수물을 범죄 혐의의 입증에 사용하도록 하는 등의 적절한 조치를 취하지 아니하고 피압수자에게 돌려준 경우, 甲에게는 작위범인 증거인멸죄만이 성립하고 부작위범인 직무유기죄는 따로 성립하지 아니한다.

④ 임대인 甲이 자신 소유의 여관건물에 대하여 임차인 乙과 임대차계약을 체결하면서 乙에게 당시 임대목적물에 관하여 법원의 경매개시결정에 따른 경매절차가 진행 중인 사실을 알리지 아니하였더라도, 乙이 등기부를 확인 또는 열람하는 것이 가능하였다면 기망행위가 있었다고 볼 수 없어, 甲에게는 사기죄가 성립하지 아니한다.

⑤ 토지 소유자인 甲이 그 소유 토지에 대하여 여객정류장시설을 설치하는 도시계획이 입안되어 있어 장차 위 토지가 수용될 것이라는 점을 알고 있었음에도, 이러한 사정을 모르는 매수인 乙에게 이러한 사실을 고지하지 않고 토지를 매도하고 매매대금을 수령하였다면, 甲에게는 사기죄가 성립한다.

해설

① [○] 중고자동차 매매에 있어서 매도인의 할부금융회사 또는 보증보험에 대한 할부금 채무가 매수인에게 당연히 승계되는 것이 아니기 때문에 그 할부금 채무의 존재를 매수인에게 고지하지 아니한 것은 부작위에 의한 기망에 해당하지 아니한다(대판 1998.4.14. 98도231).

② [○] 특정 질병을 앓고 있는 사람이 보험회사가 정한 약관에 그 질병에 대한 고지의무를 규정하고 있음을 알면서도 이를 고지하지 아니한 채 그 사실을 모르는 보험회사와 그 질병을 담보하는 보험계약을 체결한 다음 바로 그 질병의 발병을 사유로 하여 보험금을 청구하였다면 특별한 사정이 없는 한 사기죄에 있어서의 기망행위 내지 편취의 범의를 인정할 수 있다(대판 2007.4.12. 2007도967).

③ [○] 경찰서 방범과장이 압수물을 수사계에 인계하고 검찰에 송치하여 범죄 혐의의 입증에 사용하도록 하는 등의 적절한 조치를 취하지 않고, 오히려 부하직원에게 위와 같이 압수한 변조 기판을 돌려주라고 지시하여 오락실 업주에게 이를 돌려준 경우, 작위범인 증거인멸죄만이 성립하고 부작위범인 직무유기(거부)죄는 따로 성립하지 아니한다(대판(전) 2006.10.19. 2005도3909).

④ [×] 임대인이 임대차계약을 체결하면서 임차인에게 임대목적물이 경매진행 중인 사실을 알리지 아니한 경우, 임차인이 등기부를 확인 또는 열람하는 것이 가능하더라도 사기죄가 성립한다(대판 1998.12.8. 98도3263).

⑤ [○] 토지에 대하여 도시계획이 입안되어 있어 장차 협의 매수되거나 수용될 것이라는 사정을 매수인에게 고지하지 아니한 행위는 부작위에 의한 사기죄를 구성한다(대판 1993.7.13. 93도14).

정답 ④

53 부진정 부작위범에 대한 설명 중 옳지 않은 것은? (다툼이 있으면 판례에 의함)

① 작위의무는 법적인 의무이어야 하므로 단순한 도덕상 또는 종교상의 의무는 포함되지 않으며, 작위의무는 법령, 법률행위, 선행행위로 인한 경우는 물론이고 신의성실의 원칙이나 사회상규 혹은 조리상 작위의무가 기대되는 경우에도 발생한다.

② 부작위범이 인정되기 위하여는 작위의무를 지고 있는 자가 그 의무를 이행함으로써 결과발생을 쉽게 방지할 수 있었음에도 불구하고 그 결과의 발생을 용인하고 이를 방관한 채 그 의무를 이행하지 아니한 경우에, 그 부작위가 작위에 의한 법익침해와 동등한 형법적 가치가 있는 것이어서 그 범죄의 실행행위로 평가될 만한 것이어야 한다.

③ 부동산 매도인이 매매잔금을 교부받던 중에 매수인의 착오로 1,000만원권 자기앞수표 1장에 해당하는 대금이 초과 지급된다는 사실을 안 경우에는 매도인으로서는 매수인에게 사실대로 고지하여 매수인의 그 착오를 제거하여야 할 신의칙상의 의무는 부담하지만, 그 의무를 이행하지 아니하고 매수인이 건네주는 돈을 그대로 수령하였다는 사정만으로는 사기죄의 실행행위로 평가될 수 없으므로 사기죄가 성립하는 것은 아니다.

④ 부작위에 의한 방조범도 성립할 수 있다.

⑤ 어떠한 범죄가 적극적 작위에 의하여 이루어질 수 있음은 물론 결과의 발생을 방지하지 아니하는 소극적 부작위에 의하여도 실현될 수 있는 경우에, 행위자가 자신의 신체적 활동이나 물리적·화학적 작용을 통하여 적극적으로 타인의 법익 상황을 악화시킴으로써 결국 그 타인의 법익을 침해하기에 이르렀다면 이는 작위에 의한 범죄로 봄이 원칙이다.

해설

① [O] 부작위범에 있어서의 작위의무는 법적인 의무이어야 하므로 단순한 도덕상 또는 종교상의 의무는 포함되지 않으나 작위의무가 법적인 의무인 한 성문법이건 불문법이건 상관이 없고 또 공법이건 사법이건 불문하므로, 법령·법률행위·선행행위로 인한 경우는 물론이고 기타 신의성실의 원칙이나 사회상규 혹은 조리상 작위의무가 기대되는 경우에도 법적인 작위의무는 있다 (대판 1996.9.6. 95도2551).

② [O] 형법이 금지하고 있는 법익침해의 결과발생을 방지할 법적인 작위의무를 지고 있는 자가 그 의무를 이행함으로써 결과발생을 쉽게 방지할 수 있었음에도 불구하고 그 결과의 발생을 용인하고 이를 방관한 채 그 의무를 이행하지 아니한 경우에, 그 부작위가 작위에 의한 법익침해와 동등한 형법적 가치가 있는 것이어서 그 범죄의 실행행위로 평가될 만한 것이라면, 작위에 의한 실행행위와 동일하게 부작위범으로 처벌할 수 있다고 할 것이다(대판 1992.2.11. 91도2951).

③ [×] 매수인이 매도인에게 매매잔금을 지급함에 있어 착오에 빠져 지급해야 할 금액을 초과하는 돈을 교부하는 경우, 매도인이 매매잔금을 교부받기 전 또는 교부받던 중에 그 사실을 알게 되었을 경우에는 특별한 사정이 없는 한 매도인으로서는 매수인에게 사실대로 고지하여 매수인의 그 착오를 제거하여야 할 신의칙상 의무를 지므로 그 의무를 이행하지 아니하고 매수인이 건네주는 돈을 그대로 수령한 경우에는 사기죄에 해당될 것이지만, 그 사실을 미리 알지 못하고 매매잔금을 건네주고 받는 행위를 끝마친 후에야 비로소 알게 되었을 경우에는 주고받는 행위는 이미 종료되어 버린 후이므로 매수인의 착오 상태를 제거하기 위하여 그 사실을 고지하여야 할 법률상 의무의 불이행은 더 이상 그 초과된 금액 편취의 수단으로서의 의미는 없으므로, 교부하는 돈을 그대로 받은 그 행위는 점유이탈물횡령죄가 될 수 있음은 별론으로 하고 사기죄를 구성할 수는 없다(대판 2004.5.27. 2003도4531).

④ [O] 형법상 방조는 작위에 의하여 정범의 실행을 용이하게 하는 경우는 물론, 직무상의 의무가 있는 자가 정범의 범죄행위를 인식하면서도 그것을 방지하여야 할 제반 조치를 취하지 아니하는 부작위로 인하여 정범의 실행행위를 용이하게 하는 경우에도 성립된다(대판 1996.9.6. 95도2551).

⑤ [O] 어떠한 범죄가 적극적 작위에 의하여 이루어질 수 있음은 물론 결과의 발생을 방지하지 아니하는 소극적 부작위에 의하여도 실현될 수 있는 경우에, 행위자가 자신의 신체적 활동이나 물리적·화학적 작용을 통하여 적극적으로 타인의 법익 상황을 악화시킴으로써 결국 그 타인의 법익을 침해하기에 이르렀다면, 이는 작위에 의한 범죄로 봄이 원칙이고, 작위에 의하여 악화된 법익 상황을 다시 되돌이키지 아니한 점에 주목하여 이를 부작위범으로 볼 것은 아니다(대판 2004.6.24. 2002도995).

정답 ③

54 부작위범에 관한 다음 설명 중 옳지 않은 것은? (다툼이 있으면 판례에 의함) [10 사시]

① 형법이 금지하고 있는 법익침해의 결과발생을 방지할 법적인 작위의무 있는 자가 그 의무를 이행함으로써 결과발생을 쉽게 방지할 수 있었음에도 그 결과의 발생을 용인하고 이를 방관한 채 그 의무를 이행하지 아니한 경우, 그 부작위가 작위에 의한 법익침해와 동등한 형법적 가치가 있는 것이어서 그 범죄의 실행행위로 평가될 만한 것이라면, 부작위범으로 처벌할 수 있다.

② 법무사가 아닌 사람이 법무사로 소개되거나 호칭되는 데에도 자신이 법무사가 아니라는 사실을 밝히지 않은 채 법무사 행세를 계속하면서 근저당권설정계약서를 작성한 경우, 자신이 법무사가 아님을 밝혀야 할 계약상 또는 조리상의 작위의무가 있다고 할 것이므로 법무사법위반죄에 해당한다.

③ 부작위범 사이의 공동정범은 다수의 부작위범에게 공통된 의무가 부여되어 있고 그 의무를 공통으로 이행할 수 있을 때에만 성립한다.

④ 입찰업무를 담당하는 공무원이 부하직원의 입찰보증금 횡령 사실을 알고도 이를 방지할 조치를 취하지 아니하고 묵인한 경우, 이는 작위에 의한 법익침해와 동등한 형법적 가치가 있으므로 부작위에 의한 업무상횡령죄의 정범이 성립한다.

⑤ 하나의 행위가 부작위범인 직무유기죄와 작위범인 허위공문서작성·행사죄의 구성요건을 동시에 충족하는 경우, 공소제기권자는 재량에 의하여 작위범인 허위공문서작성·행사죄로 공소를 제기하지 않고 부작위범인 직무유기죄로만 공소를 제기할 수 있다.

해설

① [O] 형법이 금지하고 있는 법익침해의 결과발생을 방지할 법적인 작위의무 있는 자가 그 의무를 이행함으로써 결과발생을 쉽게 방지할 수 있었음에도 그 결과의 발생을 용인하고 이를 방관한 채 그 의무를 이행하지 아니한 경우, 그 부작위가 작위에 의한 법익침해와 동등한 형법적 가치가 있는 것이어서 그 범죄의 실행행위로 평가될 만한 것이라면, 부작위범으로 처벌할 수 있다(대판 1992.2.11. 91도2951).

② [O] 법무사가 아닌 사람이 법무사로 소개되거나 호칭되는 데에도 자신이 법무사가 아니라는 사실을 밝히지 않은 채 법무사 행세를 계속하면서 근저당권설정계약서를 작성한 경우, 자신이 법무사가 아님을 밝혀야 할 계약상 또는 조리상의 작위의무가 있다고 할 것이므로 법무사법위반죄에 해당한다(대판 2008.2.28. 2007도9354).

③ [O] [1] 부작위범 사이의 공동정범은 다수의 부작위범에게 공통된 의무가 부여되어 있고 그 의무를 공통으로 이행할 수 있을 때에만 성립한다.
[2] 공중위생영업의 신고의무는 '공중위생영업을 하고자 하는 자'에게 부여되어 있고, 여기서 '영업을 하는 자'란 영업으로 인한 권리의무의 귀속주체가 되는 자를 의미하므로, 영업자의 직원이나 보조자의 경우에는 영업을 하는 자에 포함되지 않는다(대판 2008.3.27. 2008도89).

④ [×] 공무원이 그 사무원의 새로운 횡령범행을 방조 용인한 것을 작위에 의한 법익 침해와 동등한 형법적 가치가 있는 것이므로, 업무상횡령의 종범이 성립한다(대판 1996.9.6. 95도2551).

⑤ [O] 하나의 행위가 부작위범인 직무유기죄와 작위범인 허위공문서작성·행사죄의 구성요건을 동시에 충족하는 경우, 공소제기권자는 재량에 의하여 작위범인 허위공문서작성·행사죄로 공소를 제기하지 않고 부작위범인 직무유기죄로만 공소를 제기할 수 있다(대판 2008.2.14. 2005도4202).

정답 ④

55 부작위범에 대한 설명 중 가장 적절하지 않은 것은? (다툼이 있는 경우 판례에 의함) [23 경찰승진]

① 부작위범에 대한 교사는 가능하지만, 부작위에 의한 교사는 불가능하다.

② 부진정부작위범의 작위의무에는 신의성실의 원칙이나 사회상규 또는 조리상 작위의무가 기대되는 경우도 포함된다.

③ 부진정부작위범은 작위범에 비해 불법의 정도가 가벼우므로 형법 제18조에 의하여 형을 감경할 수 있도록 규정하고 있다.

④ 일정한 기간 내에 잘못된 상태를 바로잡으라는 행정청의 지시를 이행하지 않았다는 것을 구성요건으로 하는 범죄는 이른바 진정부작위범으로서 그 의무이행기간의 경과에 의하여 범행이 기수에 이른다.

해설

① [○] 부작위범에 대한 교사나 방조는 가능하지만, 부작위에 의한 교사와 간접정범의 성립은 불가능하다.

② [○] 부진정부작위범의 작위의무에는 신의성실의 원칙이나 사회상규 또는 조리상 작위의무가 기대되는 경우도 포함된다(대판 1996.9.6. 95도2551).

③ [×] 부진정부작위범은 발생된 결과에 의하여 처벌한다(제18조). 즉, 작위범과 동일한 법정형으로 처벌한다.

④ [○] 일정한 기간 내에 잘못된 상태를 바로잡으라는 행정청의 지시를 이행하지 않았다는 것을 구성요건으로 하는 범죄는 이른바 진정부작위범으로서 그 의무이행기간의 경과에 의하여 범행이 기수에 이른다(대판 1994.4.26. 93도1731).

정답 ③

56 부작위범에 관한 설명 중 옳은 것과 옳지 않은 것을 올바르게 조합한 것은? (다툼 있으면 판례에 의함)
[21 변호사]

㉠ 부진정부작위범에서의 보증인지위와 보증의무를 구별하는 입장에 의하면, 보증의무가 존재하지 아니하는 것으로 착오한 경우는 법률의 착오로 취급된다.

㉡ 임대인이 임대차계약을 체결하면서 임차인에게 임대목적물이 경매진행 중인 사실을 알리지 않은 경우 임차인이 등기부를 확인 또는 열람하는 것이 가능하였다면 임대인에게 사기죄가 성립하지 않는다.

㉢ 진정부작위범과 부진정부작위범 모두 작위의무가 법적으로 인정되더라도 작위의무를 이행하는 것이 사실상 불가능한 상황이었다면 부작위범이 성립할 수 없다.

㉣ 부진정부작위범의 요건으로 행위태양의 동가치성을 요구하는 것은 부진정부작위범의 형사처벌을 확장하는 기능을 한다.

㉤ 의사가 수술 후 치료를 계속하지 않으면 환자가 사망할 수 있음을 알면서도 보호자의 강력한 요청으로 치료를 중단하고 퇴원을 허용하여 보호자의 방치로 환자가 사망한 경우, 그 의사에게는 부작위에 의한 살인방조죄가 성립한다.

① ㉠ ○ ㉡ × ㉢ ○ ㉣ × ㉤ ×

② ㉠ × ㉡ ○ ㉢ × ㉣ ○ ㉤ ×

③ ㉠ ○ ㉡ ○ ㉢ × ㉣ × ㉤ ×

④ ㉠ × ㉡ ○ ㉢ × ㉣ × ㉤ ○

⑤ ㉠ ○ ㉡ × ㉢ ○ ㉣ ○ ㉤ ○

⊙ [○] 보증인 지위와 보증인 의무를 구별하는 이원설에 따르면 '보증인 지위'는 구성요건요소이지만, 보증인 의무(작위의무)는 위법성 요소이다. 따라서 보증인 지위에 대한 착오는 구성요건 착오가 되지만, 보증인 의무에 대한 착오는 위법성의 착오(법률의 착오)가 된다.

ⓛ [×] 피해자가 임대차계약 당시 임차할 여관건물에 관하여 법원의 경매개시결정에 따른 경매 절차가 이미 진행중인 사실을 알았더라면 그 건물에 관한 임대차계약을 체결하지 않았을 것임이 명백한 이상, 피고인은 신의칙상 피해자에게 이를 고지할 의무가 있다 할 것이고, 피해자 스스로 건물에 관한 등기부를 확인 또는 열람하는 것이 가능하다고 하여 결론을 달리 할 것은 아니다(대판 1998.12.8. 98도3263). 지문의 경우 부작위에 의한 사기죄가 성립한다.

ⓒ [○] 특정한 행위를 하지 아니하는 부작위가 형법적으로 부작위로서의 의미를 가지기 위해서는 보호법익의 주체에게 해당 구성요건적 결과 발생의 위험이 있는 상황에서 행위자가 구성요건의 실현을 회피하기 위하여 요구되는 행위를 현실적·물리적으로 행할 수 있었음에도 하지 아니하였다고 평가될 수 있어야 한다(대판(전) 2015.11.12. 2015도6809).

ⓔ [×] 부진정부작위범의 요건으로 행위 태양의 동가치성을 요구하는 것은 부진정부작위범의 '형사처벌을 축소하는 기능'을 한다(행위태양의 동가치성이 없으면 부작위범은 성립할 수 없기 때문이다).

ⓜ [×] [1] 행위자가 자신의 신체적 활동이나 물리적·화학적 작용을 통하여 적극적으로 타인의 법익 상황을 악화시킴으로써 결국 그 타인의 법익을 침해하기에 이르렀다면 이는 작위에 의한 범죄로 봄이 원칙이고, 작위에 의하여 악화된 법익 상황을 다시 되돌이키지 아니한 점에 주목하여 이를 부작위범으로 볼 것은 아니다.
[2] 환자의 보호자가 치료위탁계약을 해지하고 환자를 퇴원시켜 달라고 요구하여 이에 응하기 위하여 담당의사가 인공호흡장치를 제거한 결과 환자가 호흡곤란으로 사망하게 된 경우, 당해 의사는 작위에 의한 살인방조의 죄책을 진다(대판 2004.6.24. 2002도995).

정답 ①

57 부작위범에 관한 설명 중 옳지 않은 것은? (다툼이 있는 경우 판례에 의함) [23 변호사]

① 일정 기간 내에 잘못된 상태를 바로잡으라는 행정청의 지시를 이행하지 않았다는 것을 구성요건으로 하는 범죄는 진정부작위범으로서 그 의무이행기간의 경과에 의하여 범행이 기수에 이른 것이다.

② 형법상 방조는 작위에 의하여 정법의 실행행위를 용이하게 하는 경우는 물론, 직무상의 의무가 있는 자가 정법의 범죄행위를 인식하면서도 그것을 방지하여야 할 제반조치를 취하지 아니하는 부작위로 인하여 정법의 실행행위를 용이하게 하는 경우에도 성립한다.

③ 사기죄에서 부작위에 의한 기망은 법률상 고지의무 있는 자가 일정한 사실에 관하여 상대방이 착오에 빠져 있음을 알면서도 이를 고지하지 않는 것을 말한다.

④ 부진정 부작위범의 작위의무는 법령, 법률행위, 선행행위로 인한 경우는 물론, 사회상규 혹은 조리상 작위의무가 기대되는 경우에도 인정된다.

⑤ 甲이 A와 토지 지상에 창고를 신축하는 데 필요한 형틀공사 계약을 체결한 후 그 공사를 완료하였는데, A가 공사대금을 주지 않는다는 이유로 위 토지에 쌓아 둔 건축자재를 단순히 치우지 않은 경우, 甲의 이러한 행위는 적극적으로 A의 추가 공사 업무를 방해한 행위와 동등한 형법적 가치를 가지는 것으로 평가할 수 있으므로 甲에게는 부작위에 의한 업무방해죄가 성립한다.

① [○] 일정한 기간 내에 잘못된 상태를 바로잡으라는 행정청의 지시를 이행하지 않았다는 것을 구성요건으로 하는 범죄는 이른 바 진정부작위범으로서 그 의무이행기간의 경과에 의하여 범행이 기수에 이른다(대판 1994.4.26. 93도1731).

② [○] 형법상 방조는 '작위'에 의하여 정범의 실행을 용이하게 하는 경우는 물론, 직무상의 의무가 있는 자가 정범의 범죄행위를 인식하면서도 그것을 방지하여야 할 제반 조치를 취하지 아니하는 '부작위'로 인하여 정범의 실행행위를 용이하게 하는 경우에도 성립된다(대판 1996.9.6. 95도2551).

③ [○] 사기죄의 요건으로서의 기망은 널리 재산상의 거래관계에 있어 서로 지켜야 할 신의와 성실의 의무를 저버리는 모든 적극적 또는 소극적 행위를 말하는 것이고, 이러한 소극적 행위로서의 부작위에 의한 기망은 법률상 고지의무 있는 자가 일정한 사실에 관하여 상대방이 착오에 빠져 있음을 알면서도 이를 고지하지 아니함을 말하는 것으로서, 일반거래의 경험칙상 상대방이 그 사실을 알았더라면 당해 법률행위를 하지 않았을 것이 명백한 경우에는 신의칙에 비추어 그 사실을 고지할 법률상 의무가 인정되는 것이다(대판 1998.12.8. 98도3263).

④ [○] 부진정부작위범에서 작위의무는 법령, 법률행위, 선행행위로 인한 경우는 물론, 신의성실의 원칙이나 사회상규 혹은 조리상 작위의무가 기대되는 경우에도 인정된다(대판 2015.11.12. 2015도6809).

⑤ [×] [1] 업무방해죄와 같이 작위를 내용으로 하는 범죄를 부작위에 의하여 범하는 부진정 부작위범이 성립하기 위해서는 부작위를 실행행위로서의 작위와 동일시할 수 있어야 한다.
[2] 피고인이 甲과 토지 지상에 창고를 신축하는 데 필요한 형틀공사 계약을 체결한 후 그 공사를 완료하였는데, 甲이 공사대금을 주지 않는다는 이유로 위 토지에 쌓아 둔 건축자재를 치우지 않고 공사현장을 막는 방법으로 위력으로써 甲의 창고 신축 공사 업무를 방해하였다는 내용으로 기소된 사안에서, 피고인이 일부러 건축자재를 甲의 토지 위에 쌓아 두어 공사현장을 막은 것이 아니라 당초 자신의 공사를 위해 쌓아 두었던 건축자재를 공사 완료 후 치우지 않은 것에 불과하므로, 비록 공사대금을 받을 목적으로 건축자재를 치우지 않았더라도, 피고인이 자신의 공사를 위하여 쌓아 두었던 건축자재를 공사 완료 후에 단순히 치우지 않은 행위가 위력으로써 甲의 추가 공사 업무를 방해하는 업무방해죄의 실행행위로서 甲의 업무에 대하여 하는 적극적인 방해행위와 동등한 형법적 가치를 가진다고 볼 수 없다고 한 사례(대판 2017.12.22. 2017도13211).

비교판례 피고인들이 분리수거장 방향으로 담배꽁초를 던져 버리고 현장을 떠난 후 화재가 발생하여 각각 실화죄로 기소된 사안에서, 피고인들 각자 본인 및 상대방이 버린 담배꽁초 불씨가 살아 있는지를 확인하고 이를 완전히 제거하는 등 화재를 미리 방지할 주의의무가 있음에도 이를 게을리한 채 만연히 현장을 떠난 과실이 인정되고 이러한 피고인들 각자의 과실이 경합하여 위 화재를 일으켰다고 보아, 피고인들 각자의 실화죄 책임을 인정한 원심판결을 수긍하는 한편, 원심판단 중 위 화재가 피고인들 중 누구의 행위에 의한 것인지 인정하기에 부족하다는 취지의 부분은 '피고인들 중 누구의 담배꽁초로 인하여 위 화재가 발생하였는지 인정할 증거가 부족하다.'는 의미로 선해할 수 있고, 이는 피고인들의 각 주의의무 위반과 위 화재의 발생 사이에 인과관계가 인정된다는 취지의 부가적 판단이므로, 이와 다른 전제에서 '원인행위가 불명이어서 피고인들은 실화죄의 미수로 불가벌에 해당하거나 적어도 피고인들 중 일방은 실화죄가 인정될 수 없다.'는 취지의 피고인들 주장은 받아들이기 어렵다고 한 사례(대판 2023.3.9. 2022도16120).

정답 ⑤

58 인과관계에 대한 설명 중 옳은 것만을 모두 고른 것은? (다툼이 있는 경우 판례에 의함) [22 경찰간부]

> 가. 과실범의 독립행위가 경합하여 결과발생의 원인된 행위가 판명되지 아니한 때에는 각 행위자를 미수범으로 처벌한다.
>
> 나. '그러한 행위가 없었더라면 그러한 결과도 발생하지 않았을 것'이라는 자연과학적 인과관계를 판단의 척도로 삼는 조건설은 각 조건들을 결과에 대한 동등한 원인으로 간주하여 인과관계의 범위가 지나치게 확장된다는 비판을 받는다.
>
> 다. 어느 행위로부터 어느 결과가 발생하는 것이 경험칙상 상당하다고 판단될 때 인과관계가 인정되는 상당인과관계설은 인과관계를 일상적인 생활경험으로 제한하여 형사처벌의 확장을 방지하는 장점이 있으나 '상당성'의 판단이 모호하여 법적 안정성을 해칠 우려가 있다는 비판을 받는다.
>
> 라. 甲에 의한 선행 교통사고와 乙에 의한 후행 교통사고로 A가 사망하였으나 사망의 원인된 행위가 밝혀지지 않은 경우, 乙의 과실과 A의 사망 간에 인과관계가 인정되기 위해서는 乙이 주의의무를 게을리하지 않았다면 A가 사망하지 않았을 것이라는 사실이 증명되어야 하고, 그 증명책임은 乙에게 있다.

① 가

② 나, 다

③ 가, 나, 다

④ 나, 다, 라

해설

가. [×] 경합된 독립행위가 과실행위인 경우에는 과실범의 미수를 처벌하는 규정이 없으므로 처벌할 수 없다.

나. [○] 조건설(등가설)은 절대적 제약공식(conditio sine qua non Formel)을 사용하여, 행위와 결과 사이에 그 "행위(조건)가 없었다면 결과가 발생하지 않았을 것이다"라는 논리적 조건관계에 있는 모든 조건은 결과발생에 대해 등가적이기 때문에 모두 원인이 된다는 견해이다. 조건설은 논리적 조건관계에 있는 모든 조건이 등가치이므로 인과관계의 인정범위가 지나치게 확대되는 불합리가 있다(예 살인자의 출산이나 살인자에게 흉기를 판매한 자에게도 인과관계를 인정).

다. [○] 상당인과관계설은 사회생활의 일반 경험칙상 그러한 행위로부터 그러한 결과가 발생하는 것이 상당하다고(개연성이) 인정될 때 그 행위와 결과 사이에는 인과관계가 있다고 보는 견해이나(판례), 상당인과관계설이 제시하는 '경험칙' 또는 '상당성'이 명백한 기준이 되지 못한다.

라. [×] 선행 교통사고와 후행 교통사고 중 어느 쪽이 원인이 되어 피해자가 사망에 이르게 되었는지 밝혀지지 않은 경우 후행 교통사고를 일으킨 사람의 과실과 피해자의 사망 사이에 인과관계가 인정되기 위해서는 후행 교통사고를 일으킨 사람이 주의의무를 게을리하지 않았다면 피해자가 사망에 이르지 않았을 것이라는 사실이 증명되어야 하고, 그 증명책임은 검사에게 있다(대판 2007.10.26. 2005도8822).

정답 ②

59 인과관계에 관한 설명으로 가장 적절하지 않은 것은? (다툼이 있는 경우 판례에 의함)

① 甲은 주식회사를 운영하면서 발주처로부터 공사완성의 대가로 공사대금을 지급받았으나, 법인 인수 과정에서 법인 등록 요건 중 인력요건을 외형상 갖추기 위해 관련 자격증 소지자들로부터 자격증을 대여받은 사실을 발주처에 숨기는 행위를 하였다면, 그 기망행위와 공사대금 지급 사이에 상당인과관계가 인정된다.

② 자동차의 운전자가 통상 예견되는 상황에 대비하여 결과를 회피할 수 있는 정도의 주의의무를 다하지 못한 것이 교통사고 발생의 직접적인 원인이 되었다면, 비록 자동차가 보행자를 직접 충격한 것이 아니고 보행자가 자동차의 급정거에 놀라 도로에 넘어져 상해를 입은 경우라고 할지라도, 업무상 주의의무 위반과 교통사고 발생 사이에 상당인과관계를 인정할 수 있다.

③ 살인의 실행행위가 피해자의 사망이라는 결과를 발생하게 한 유일한 원인이거나 직접적인 원인이어야만 되는 것은 아니므로, 살인의 실행행위와 피해자의 사망과의 사이에 다른 사실이 개재되어 그 사실이 치사의 직접적인 원인이 되었다고 하더라도 그와 같은 사실이 통상 예견할 수 있는 것에 지나지 않는다면 살인의 실행행위와 피해자의 사망과의 사이에 인과관계가 인정된다.

④ 의사가 설명의무를 위반한 채 의료행위를 하였다가 환자에게 사망의 결과가 발생한 경우, 의사에게 업무상 과실로 인한 형사책임을 지우기 위해서는 의사의 설명의무 위반과 환자의 사망 사이에 상당인과관계가 존재하여야 한다.

해설

① [×] 산림사업법인 설립 또는 법인 인수 과정에서 자격증 대여가 있었다는 사정만으로는 피고인에게 병해충 방제 또는 숲가꾸기 공사를 완성할 의사나 능력이 없었다고 단정하기 어렵다. 또한 피고인이 운영하는 한국임업은 이러한 공사 완성의 대가로 발주처로부터 공사대금을 지급받은 것이므로, 설령 피고인이 발주처에 대하여 기술자격증 대여 사실을 숨기는 등의 행위를 하였다고 하더라도 그 행위와 공사대금 지급 사이에 상당인과관계를 인정하기도 어렵다(대판 2022.7.14. 2017도20911).

② [○] 자동차의 운전자가 통상 예견되는 상황에 대비하여 결과를 회피할 수 있는 정도의 주의의무를 다하지 못한 것이 교통사고 발생의 직접적인 원인이 되었다면, 비록 자동차가 보행자를 직접 충격한 것이 아니고 보행자가 자동차의 급정거에 놀라 도로에 넘어져 상해를 입은 경우라고 할지라도, 업무상 주의의무 위반과 교통사고 발생 사이에 상당인과관계를 인정할 수 있다(대판 2022.6.16. 2022도1401).

③ [○] 살인의 실행행위가 피해자의 사망이라는 결과를 발생하게 한 유일한 원인이거나 직접적인 원인이어야만 되는 것은 아니므로 살인의 실행행위와 피해자의 사망과의 사이에 다른 사실이 개재되어 그 사실이 치사의 직접적인 원인이 되었다고 하더라도, 그와 같은 사실이 통상 예견할 수 있는 것에 지나지 않는다면 살인의 실행행위와 피해자의 사망과의 사이에 인과관계가 있는 것으로 보아야 할 것이다(대판 1994.3.22. 93도3612).

④ [○] 의사가 설명의무를 위반한 채 의료행위를 하였다가 환자에게 상해 또는 사망의 결과가 발생한 경우 의사에게 업무상 과실로 인한 형사책임을 지우기 위해서는 의사의 설명의무 위반과 환자의 상해 또는 사망 사이에 상당인과관계가 존재하여야 한다(대판 2015.6.24. 2014도11315).

정답 ①

60 인과관계에 관한 다음 설명 중 가장 적절하지 않은 것은? (다툼이 있으면 판례에 의함)

① 어떤 행위라도 죄의 요소되는 위험발생에 연결되지 아니한 때에는 그 결과로 인하여 벌하지 아니한다.

② 과실범에서는 미수가 성립될 여지가 없으므로 인과관계를 논할 실익이 없다.

③ 甲이 주먹으로 피해자의 복부를 1회 강타하였는데, 이로 인하여 피해자는 장파열이 되어 병원에 입원하였다. 그런데 의사 乙의 과실에 의한 수술지연이 공동원인이 되어 피해자가 사망한 경우 甲의 상해행위와 피해자의 사망 사이에는 인과관계가 인정된다.

④ 甲은 부동산 대지에 대한 전매사실을 숨기고 지주명의로 위장하여 학교법인 乙과 대지에 관한 매매계약을 체결하였으나 그 이행에 아무런 영향이 없었다. 이 경우 피고인들의 위 기망행위와 위 법인의 처분행위 사이에는 인과관계가 없다.

해설

① [○] 어떤 행위라도 죄의 요소되는 위험발생에 연결되지 아니한 때에는 그 결과로 인하여 벌하지 아니한다(제17조).
② [×] 과실범은 결과범이므로 인과관계를 논할 실익이 있다. 다만, 과실과 결과 사이에 인과관계가 인정되지 않으면 과실범의 기수가 될 수 없고 이론상 과실범의 미수가 되지만 과실범의 미수는 처벌하는 규정이 없으므로 처벌되지 아니한다.
③ [○] 피고인이 주먹으로 피해자의 복부를 1회 강타하여 장파열로 인한 복막염으로 사망케 하였다면, 비록 의사의 수술지연 등 과실이 피해자의 사망의 공동원인이 되었다 하더라도 피고인의 행위가 사망의 결과에 대한 유력한 원인이 된 이상 그 폭력행위와 치사의 결과 간에는 인과관계가 있다(대판 1984.6.26. 84도831).
④ [○] 피고인들이 전매사실을 숨기고 지주명의로 위장하여 학교법인과 대지에 관한 매매계약을 체결하였으나 그 이행에 아무런 영향이 없었다면 피고인들의 위 기망행위와 위 법인의 처분행위 사이에는 인과관계가 없으므로 사기죄는 성립하지 아니한다(대판 1985.5.14. 84도2751).

정답 ②

61 다음 판례 중 인과관계를 인정하지 않은 경우는?

[18 경찰간부]

① 甲은 선단 책임선의 선장으로서 종선의 선장에게 조업상의 지시만 할 수 있을 뿐 선박의 안전관리는 각 선박의 선장이 책임지도록 되어 있었던 경우, 甲이 풍랑 중에 종선에 조업지시를 한 것과 종선의 풍랑으로 인한 매몰사고와의 사이
② 연탄가스 중독환자가 퇴원시 자신의 병명을 물었으나 의사가 아무런 요양방법을 지도하여 주지 아니하여 병명을 알지 못해 퇴원 즉시 재차 연탄가스에 중독된 경우, 의사의 업무상과실과 재차 연탄가스에 중독된 것과의 사이
③ 임차인이 자신의 비용으로 설치·사용하던 가스설비의 휴즈콕크를 아무런 조치 없이 제거하고 이사를 간 후 가스 공급을 개별적으로 차단할 수 있는 주밸브가 열려져 가스가 유입되어 폭발사고가 발생한 경우, 임차인의 과실과 가스폭발사고 사이
④ 4일가량 물조차 제대로 마시지 못하고 잠도 자지 아니하여 거의 탈진 상태에 이른 피해자의 손과 발을 17시간 이상 묶어 두고 좁은 차량 속에서 움직이지 못하게 감금한 행위와 묶인 부위의 혈액 순환에 장애가 발생하여 혈전이 형성되고 그 혈전이 폐동맥을 막아 사망에 이르게 된 결과 사이

해설

① [불인정] 피고인이 선단의 책임선인 제1봉림호의 선장으로 조업 중이었다 하더라도 피고인으로서는 종선의 선장에게 조업상의 지시만 할 수 있을 뿐 선박의 안전관리는 각 선박의 선장이 책임지도록 되어 있었다면 그 같은 상황하에서 피고인이 풍랑 중에 종선에 조업지시를 하였다는 것만으로는 종선의 풍랑으로 인한 매몰사고와의 사이에 인과관계가 성립할 수 없다(대판 1989. 9.12. 89도1084).
② [인정] 의사에게는 그 원인 사실을 모르고 병명을 문의하는 환자에게 병명을 알려주고 이에 대한 주의사항인 피해장소인 방의 수선이나 환자에 대한 요양의 방법 기타 건강관리에 필요한 사항을 지도하여 줄 요양방법의 지도의무가 있는 것이므로 이를 태만한 것으로서 의사로서의 업무상과실이 있고, 이러한 과실과 재차의 일산화탄소 중독과의 사이에 인과관계가 있다고 보아야 한다(대판 1991.2.12. 90도2547).
③ [인정] 액화석유가스의안전및사업관리법상의 관련 규정 취지와 주밸브가 누군가에 의하여 개폐될 가능성을 배제할 수 없다는 점 등에 비추어, 휴즈콕크를 제거하면서 제거부분에 아무런 조치를 하지 않고 방치하면 주밸브가 열리는 경우 가스 유출로 인한 대형사고의 가능성이 있다는 것은 평균인의 관점에서 객관적으로 볼 때 충분히 예견할 수 있으므로 임차인의 과실과 가스폭발사고 사이에 상당인과관계가 인정된다(대판 2001.6.1. 99도5086).
④ [인정] 4일가량 물조차 제대로 마시지 못하고 잠도 자지 아니하여 거의 탈진 상태에 이른 피해자의 손과 발을 17시간 이상 묶어 두고 좁은 차량 속에서 움직이지 못하게 감금한 행위와 묶인 부위의 혈액 순환에 장애가 발생하여 혈전이 형성되고 그 혈전이 폐동맥을 막아 사망에 이르게 된 결과 사이에는 상당인과관계가 있다 할 것이고, 그 경우 피고인에게 사망의 결과에 대한 예견가능성이 없었다고 할 수도 없다(대판 2002.10.11. 2002도4315).

정답 ①

62 다음 중 인과관계에 대한 설명으로 가장 옳지 않은 것은? (다툼이 있으면 판례에 의함) [20 해경승진]

① 甲은 선단 책임선의 선장으로서 종선의 선장에게 조업상의 지시만 할 수 있을 뿐 선박의 안전관리는 각 선박의 선장이 책임지도록 되어 있었던 경우, 甲이 풍랑 중에 종선에 조업지시를 한 것과 종선의 풍랑으로 인한 매몰사고와의 사이에 인과관계를 인정할 수 있다.

② 초지조성공사를 도급받은 수급인 甲이 불경운작업(산불작업)의 하도급을 乙에게 준 이후에 계속하여 그 작업을 감독하지 아니하였는데 乙이 산림실화를 낸 경우, 수급인 甲이 감독하지 아니한 과실과 산림실화 사이에 인과관계는 인정되지 않는다.

③ 어떤 행위라도 죄의 요소되는 위험발생에 연결되지 아니한 때에는 그 결과로 인하여 벌하지 아니한다.

④ 甲은 결혼을 전제로 교제하던 여성 乙의 임신 사실을 알고 수회에 걸쳐 낙태를 권유하였다가 거부당하자 乙에게 출산 여부는 알아서 하되 더 이상 결혼을 진행하지 않겠다고 통보하고, 이후에도 아이에 대한 친권을 행사할 의사가 없다고 하면서 낙태할 병원을 물색해 주기도 하였는데, 그 후 乙은 甲에게 알리지 아니한 채 자신이 알아본 병원에서 낙태시술을 받은 경우 甲의 낙태교사행위와 乙의 낙태결의 사이에 인과관계가 단절되는 것은 아니다.

해설

① [×] 피고인이 선단의 책임선인 제1봉림호의 선장으로 조업 중이었다 하더라도 피고인으로서는 종선의 선장에게 조업상의 지시만 할 수 있을 뿐 선박의 안전관리는 각 선박의 선장이 책임지도록 되어 있었다면 그 같은 상황하에서 피고인이 풍랑 중에 종선에 조업지시를 하였다는 것만으로는 종선의 풍랑으로 인한 매몰사고와의 사이에 인과관계가 성립할 수 없다(대판 1989.9.12. 89도1084).

② [○] 초지조성공사를 도급받은 수급인 甲이 불경운작업(산불작업)을 하도급을 준 이후에 계속하여 그 작업을 감독하지 아니한 잘못이 있었고 하수급인이 과실로 산림실화를 발생케 한 경우 … 도급자에 대한 도급계약상의 책임이지 위 하수급인의 과실로 인하여 발생한 산림실화에 상당인과관계가 있는 과실이라고는 할 수 없다(대판 1987.4.28. 87도297).

③ [○] 어떤 행위라도 죄의 요소되는 위험발생에 연결되지 아니한 때에는 그 결과로 인하여 벌하지 아니한다(제17조).

④ [○] 피고인(甲)은 乙에게 직접 낙태를 권유할 당시뿐만 아니라 출산 여부는 알아서 하라고 통보한 이후에도 계속 낙태를 교사하였고, 乙은 이로 인하여 낙태를 결의·실행하게 되었다고 보는 것이 타당하며, 乙이 당초 아이를 낳을 것처럼 말한 사실이 있다는 사정만으로 피고인(甲)의 낙태교사행위와 乙의 낙태결의 사이에 인과관계가 단절되는 것은 아니므로, 피고인(甲)에게 낙태교사죄가 인정된다고 한 사례(대판 2013.9.12. 2012도2744).

정답 ①

63 인과관계에 대한 설명으로 옳지 않은 것은? (다툼이 있으면 판례에 의함) [14 국가9급]

① 甲이 열차건널목 앞에서 일단멈춤 의무를 위반하여 차를 몰아 건너다 열차 좌측 모서리를 들이받고 20미터쯤 열차에 끌려 튕겨 나가자, 자동차 왼쪽에서 열차가 지나가기를 기다리던 乙이 이 광경을 보고 놀라 넘어지면서 상해를 입은 경우, 甲의 위반행위와 乙의 상해 사이에는 인과관계가 인정된다.

② 甲이 'ㅏ'자형 삼거리를 녹색등화에 따라 직진하던 중 신호를 위반하여 좌회전하던 乙의 차량과 충돌하였다면, 甲이 사고 지점 통과시 제한속도를 위반하였다 하여도 그러한 잘못과 교통사고 사이에 인과관계가 있다고 볼 수 없다.

③ 甲이 乙과 윤락행위 도중 시비 끝에 乙을 이불로 덮어씌우고 폭행한 후 이불 속에 들어 있는 乙을 두고 나가다가 탁자 위의 乙의 가방 안에서 우발적으로 현금을 가져간 경우 甲의 폭행 행위와 재물취거 사이에는 강도죄 성립에 필요한 인과관계가 인정된다.

④ 한의사인 甲이 乙에게 문진하여 12일 전에도 봉침을 맞고도 별다른 이상반응이 없었다는 답변을 듣고 알레르기 반응검사를 생략한 채 환부에 봉침시술을 하였다가 乙이 시술 직후 쇼크반응 등의 상해를 입은 경우, 甲의 반응검사 미시행과 乙의 상해 사이에는 인과관계가 인정되지 않는다.

해설

① [O] 자동차의 운전자가 그 운전상의 주의의무를 게을리하여 열차건널목을 그대로 건너는 바람에 그 자동차가 열차 좌측 모서리와 충돌하여 20여 미터쯤 열차 진행방향으로 끌려가면서 튕겨 나갔고 피해자는 타고 가던 자전거에서 내려 위 자동차 왼쪽에서 열차가 지나가기를 기다리고 있다가 위 충돌사고로 놀라 넘어져 상처를 입었다면 비록 위 자동차와 피해자가 직접 충돌하지는 아니하였더라도 자동차운전자의 위 과실과 피해자가 입은 상처 사이에는 상당한 인과관계가 있다(대판 1989.9.12. 89도866).

② [O] 위 직진차량 운전자가 사고지점을 통과할 무렵 제한속도를 위반하여 과속운전한 잘못이 있었다 하더라도 그러한 잘못과 교통사고의 발생과의 사이에 상당인과 관계가 있다고 볼 수 없다(대판 1993.1.15. 92도2579).

③ [×] 피고인이 타인에 대하여 반항을 억압함에 충분한 정도의 폭행 또는 협박을 가한 사실이 있다 해도 그 타인이 재물 취거의 사실을 알지 못하는 사이에 그 틈을 이용하여 피고인이 우발적으로 타인의 재물을 취거한 경우에는 위 폭행이나 협박이 재물 탈취의 방법으로 사용된 것이 아님은 물론, 그 폭행 또는 협박으로 조성된 피해자의 반항억압의 상태를 이용하여 재물을 취득하는 경우에도 해당하지 아니하여 양자 사이에 인과관계가 존재하지 아니한다(대판 2009.1.30. 2008도10308).

④ [O] 한의사인 피고인이 피해자에게 문진하여 과거 봉침을 맞고도 별다른 이상반응이 없었다는 답변을 듣고 부작용에 대한 충분한 사전 설명 없이 환부인 목 부위에 봉침시술을 하였는데, 피해자가 위 시술 직후 쇼크반응을 나타내는 등 상해를 입은 경우, 제반 사정에 비추어 피고인이 봉침시술에 앞서 설명의무를 다하였더라도 피해자가 반드시 봉침시술을 거부하였을 것이라고 볼 수 없어, 피고인의 설명의무 위반과 피해자의 상해 사이에 상당인과관계를 인정하기 어렵다(대판 2011.4.14. 2010도10104).

정답 ③

64 인과관계에 대한 설명이다. 아래 ㉠부터 ㉣까지의 설명 중 옳고 그름의 표시(O, ×)가 바르게 된 것은? (다툼이 있으면 판례에 의함)
[21 경찰승진]

㉠ 행위가 결과를 발생하게 한 유일하거나 직접적인 원인이 된 경우만이 아니라, 그 행위와 결과 사이에 피해자나 제3자의 과실 등 다른 사실이 개재된 때에도 그와 같은 사실이 통상 예견될 수 있는 것이라면 상당인과관계를 인정할 수 있다.

㉡ 피고인이 자동차를 운전하다 횡단보도를 걷던 보행자 甲을 들이받아 그 충격으로 횡단보도 밖에서 甲과 동행하던 피해자 乙이 밀려 넘어져 상해를 입은 경우, 피고인의 운전과 乙의 상해 사이에는 인과관계가 부정된다.

㉢ 「아동·청소년의 성보호에 관한 법률」제7조 제5항의 미성년자에 대한 위계간음죄에 있어 위계와 간음행위 사이의 인과관계를 판단함에 있어서는 일반적·평균적 판단능력을 갖춘 성인 또는 충분한 보호와 교육을 받은 또래의 시각에서 인과관계를 판단하여야 하며, 구체적인 범행상황에 놓인 피해자의 입장과 관점을 고려할 것은 아니다.

㉣ 강간을 당한 피해자가 집에 돌아가 음독자살하기에 이른 원인이 강간을 당함으로 인하여 생긴 수치심과 장래에 대한 절망감 등에 있었다면 그 자살행위가 바로 강간행위로 인하여 생긴 당연의 결과라고 볼 수 있으므로 강간행위와 피해자의 자살행위 사이에 인과관계를 인정할 수 있다.

① ㉠ O ㉡ O ㉢ × ㉣ O
② ㉠ O ㉡ × ㉢ O ㉣ ×
③ ㉠ O ㉡ × ㉢ × ㉣ ×
④ ㉠ × ㉡ O ㉢ O ㉣ O

해설

㉠ [O] 교통방해 행위가 피해자의 사상이라는 결과를 발생하게 한 유일하거나 직접적인 원인이 된 경우만이 아니라, 그 행위와 결과 사이에 피해자나 제3자의 과실 등 다른 사실이 개재된 때에도 그와 같은 사실이 통상 예견될 수 있는 것이라면 상당인과관계를 인정할 수 있다(대판 2014.7.24. 2014도6206).

㉡ [×] 피고인이 자동차를 운전하다 횡단보도에서의 보행자에 대한 보호의무를 위반하여 횡단보도를 걷던 보행자 甲을 들이받아 그 충격으로 횡단보도 밖에서 甲과 동행하던 피해자 乙이 밀려 넘어져 상해를 입었다면 乙의 상해는 피고인의 행위를 직접적인 원인으로 하여 발생한 것이다(대판 2011.4.28. 2009도12671).

ⓒ [×] 위계에 의한 간음죄가 보호대상으로 삼는 아동·청소년, 미성년자, 심신미약자 등의 성적 자기결정 능력은 그 나이, 성장
과정, 환경, 지능 내지 정신기능 장애의 정도 등에 따라 개인별로 차이가 있으므로 간음행위와 인과관계가 있는 위계에 해당하는
지 여부를 판단함에 있어서는 구체적인 범행 상황에 놓인 피해자의 입장과 관점이 충분히 고려되어야 하고, 일반적·평균적
판단능력을 갖춘 성인 또는 충분한 보호와 교육을 받은 또래의 시각에서 인과관계를 쉽사리 부정하여서는 안 된다(대판(전)
2020.8.27. 2015도9436).
ⓔ [×] 강간을 당한 피해자가 집에 돌아가 음독자살하기에 이른 원인이 강간을 당함으로 인하여 생긴 수치심과 장래에 대한 절망
감 등에 있었다 하더라도 그 자살행위가 바로 강간행위로 인하여 생긴 당연의 결과라고 볼 수는 없으므로 강간행위와 피해자의
자살행위 사이에는 인과관계를 인정할 수 없다(대판 1982.11.23. 82도1446). 따라서 피고인을 강간치사죄로 처벌할 수 없다.

정답 ③

65 다음 중 인과관계가 인정되는 것은 모두 몇 개인가? (다툼이 있으면 판례에 의함) [15 경찰간부]

> ㉠ 교사인 피고인이 피해자의 뺨을 때리는 순간, 피해자의 두개골이 비정상적으로 얇고 뇌수종 등으로 인한 평소의
>   허약상태에서 온 급격한 뇌압상승으로 뒤로 넘어지며 사망한 경우
> ㉡ 피고인에게 강간당한 피해자가 집에 돌아가 음독자살한 경우
> ㉢ 의사인 피고인이 피해자를 전원조치하면서 전원받는 병원 의료진에게 피해자가 고혈압환자이고 제왕절개수술
>   후 대량출혈이 있었던 사정을 설명하지 않아 피해자가 사망한 경우

① 없음   ② 1개
③ 2개   ④ 3개

해설

㉠ [불인정] 피고인의 행위와 피해자의 사망간에는 이른바 인과관계가 없는 경우에 해당한다(대판 1978.11.28. 78도1961).
㉡ [불인정] 강간을 당한 피해자가 집에 돌아가 음독자살하기에 이른 원인이 강간을 당함으로 인하여 생긴 수치심과 장래에 대한
절망감 등에 있었다 하더라도 그 자살행위가 바로 강간행위로 인하여 생긴 당연의 결과라고 볼 수는 없으므로 강간행위와 피해
자의 자살행위 사이에 인과관계를 인정할 수는 없다(대판 1982.11.23. 82도1446).
㉢ [인정] 의사인 피고인이 피해자를 전원조치하면서 전원받는 병원 의료진에게 피해자가 고혈압환자이고 제왕절개수술 후 대량출
혈이 있었던 사정을 설명하지 않아 피해자가 사망한 경우, 그로 인하여 피해자에 대한 신속한 수혈 등의 조치가 지연된 이상
피해자의 사망과 피고인의 과실 사이에는 인과관계를 부정하기 어렵다(대판 2010.4.29. 2009도7070).

정답 ②

66 인과관계에 대한 설명으로 옳지 않은 것은? (다툼이 있으면 판례에 의함)　　　[21 경찰간부]

① 甲이 A의 뺨을 1회 때리고 오른손으로 목을 쳐 A가 뒤로 넘어지면서 머리 부분에 손상을 입은 후 병원에서 입원치료를 받다가 합병증으로 사망하였다면 甲의 범행과 A의 사망 사이에 인과관계가 인정된다.

② 수술 후 복막염에 대한 진단과 처치 지연 등 담당의사 甲의 과실이 있어 A가 제때 필요한 조치를 받지 못한 경우, A가 甲의 지시를 일부 따르지 않거나 퇴원한 사실은 A의 사망과 甲의 과실 사이의 인과관계를 단절한다.

③ 甲이 자동차를 운전하다 횡단보도를 걷던 보행자 A를 들이 받아 그 충격으로 횡단보도 밖에서 A와 동행하던 B가 밀려 넘어져 상해를 입은 경우, 구 도로교통법 제27조 제1항에 따른 주의의무를 위반하여 운전한 甲의 업무상과실과 B의 상해 사이에는 인과관계가 인정될 수 있다.

④ 한의사인 甲이 A를 문진하여 과거 봉침을 맞고도 별다른 이상반응이 없었다는 답변을 듣고 알레르기 반응검사를 생략한 채 환부에 봉침 시술을 하였는데 A가 시술 후 상해를 입은 경우, 甲이 알레르기 반응검사를 하지 않은 과실과 A의 상해 사이에 상당인과관계를 인정하기 어렵다.

해설

① [O] 甲이 A의 뺨을 1회 때리고 오른손으로 목을 쳐 A가 뒤로 넘어지면서 머리 부분에 손상을 입은 후 병원에서 입원치료를 받다가 합병증으로 사망하였다면 <u>甲의 범행과 A의 사망 사이에 인과관계를 부정할 수 없고, 사망 결과에 대한 예견가능성이 있었다면, 상해치사죄가 성립한다</u>(대판 2012.3.15. 2011도17648).

② [X] 의사인 피고인의 수술 후 복막염에 대한 진단과 처치 지연 등의 과실로 피해자가 제때 필요한 조치를 받지 못하였다면 피해자의 사망과 피고인의 과실 사이에는 인과관계가 인정되고, 비록 피해자가 피고인의 지시를 일부 따르지 않거나 퇴원한 적이 있더라도 그러한 사정만으로는 피고인의 과실과 피해자의 사망 사이에 인과관계가 단절된다고 볼 수 없다(대판 2018.5.11. 2018도2844).

③ [O] 피고인이 자동차를 운전하다 횡단보도에서의 보행자에 대한 보호의무를 위반하여 횡단보도를 걷던 보행자 甲을 들이받아 그 충격으로 횡단보도 밖에서 甲과 동행하던 피해자 乙이 밀려 넘어져 상해를 입었다면 乙의 상해는 피고인의 행위를 직접적인 원인으로 하여 발생한 것이다(대판 2011.4.28. 2009도12671).

④ [O] 한의사인 피고인이 피해자에게 문진하여 과거 봉침을 맞고도 별다른 이상반응이 없었다는 답변을 듣고 부작용에 대한 충분한 사전 설명 없이 환부인 목 부위에 봉침시술을 하였는데, 피해자가 위 시술 직후 쇼크반응을 나타내는 등 상해를 입은 경우, 제반 사정에 비추어 피고인이 봉침시술에 앞서 설명의무를 다하였더라도 피해자가 반드시 봉침시술을 거부하였을 것이라고 볼 수 없어, 피고인의 설명의무 위반과 피해자의 상해 사이에 상당인과관계를 인정하기 어렵다(대판 2011.4.14. 2010도10104).

정답 ②

67 인과관계에 관한 설명 중 가장 적절하지 않은 것은? (다툼이 있으면 판례에 의함)　　　[15 경찰승진]

① 폭행 또는 협박으로 타인의 재물을 강취하려는 행위와 이에 극도의 흥분을 느끼고 공포심에 사로잡혀 이를 피하려다 상해에 이르게 된 사실과는 상당인과관계가 인정된다.

② 운전자가 상당한 거리에서 보행자의 무단횡단을 미리 예상할 수 없는 야간에 고속도로를 무단횡단하는 보행자를 충격하여 사망에 이르게 한 운전자의 과실과 사고 사이에는 상당인과관계가 인정되지 않는다.

③ 선행차량에 이어 피고인 운전차량이 피해자를 연속하여 역과하는 과정에서 피해자가 사망한 경우 피고인 운전차량의 역과와 피해자의 사망 사이에 인과관계가 인정된다.

④ 강간을 당한 피해자가 집에 돌아가 음독자살하기에 이른 원인이 강간을 당함으로 인하여 생긴 수치심과 장래에 대한 절망감 등에 있었다면 그 자살행위가 바로 강간행위로 인하여 생긴 당연한 결과라고 볼 수 있으므로 강간을 한 피고인을 강간치사죄로 처벌할 수 있다.

① [○] 피해자가 도박으로 차지한 금원을 피고인이 강취하기 위하여 식칼을 들고 방안으로 침입하자 이에 극도의 흥분을 느끼고 공포심에 사로잡혀 이를 피하려다 상해를 입게 된 경우, 피고인의 행위와 피해자의 상해 사이에는 상당인과관계가 있다(대판 1996.7.12. 96도1142).

② [○] 피고인이 피해자 등의 무단횡단을 미리 예상할 수 있었다고 할 수 없는 상황에서 야간에 고속도로를 무단횡단하는 보행자를 충격하여 사망에 이르게 한 경우, 피고인에게 고속버스와의 안전거리를 확보하지 아니한 채 진행하다가 과속으로 고속버스의 우측으로 제한최고속도를 시속 20km 초과하여 추월한 잘못이 있더라도, 피고인의 위와 같은 잘못과 피해자의 사망 사이에 상당인과관계가 있다고 할 수 없다(대판 2000.9.5. 2000도2671).

③ [○] 피고인이 차량을 운전하고 편도 2차선 도로 중 2차로를 시속 약 60km의 속도로 선행 차량과 약 30m가량의 간격을 유지한 채 진행하다가 선행차량에 역과된 채 진행 도로상에 누워있는 피해자를 뒤늦게 발견하고 급제동을 할 겨를도 없이 이를 그대로 역과하여 피해자가 사망한 경우, 사고에 관하여 피고인에게 업무상 과실이 없다고 할 수 없고 피고인 차량의 역과와 피해자의 사망 사이에 인과관계가 인정된다(대판 2001.12.11. 2001도5005).

④ [×] 강간을 당한 피해자가 집에 돌아가 음독자살하기에 이른 원인이 강간을 당함으로 인하여 생긴 수치심과 장래에 대한 절망감 등에 있었다 하더라도 그 자살행위가 바로 강간행위로 인하여 생긴 당연한 결과라고 볼 수는 없으므로 강간행위와 피해자의 자살행위 사이에는 인과관계를 인정할 수 없다(대판 1982.11.23. 82도1446). 따라서 피고인을 강간치사죄로 처벌할 수 없다.

정답 ④

68 인과관계에 대한 설명으로 옳지 않은 것은? (다툼이 있으면 판례에 의함) [12 국가9급]

① 임차인이 자신의 비용으로 설치사용하던 가스설비의 휴즈콕크를 아무런 조치 없이 제거하고 이사를 간 후 주밸브가 열려져 가스가 유입되어 폭발사고가 발생한 경우 임차인의 과실과 가스폭발사고 사이에 상당인과관계가 인정되지 않는다.

② 선행차량에 이어 甲의 운전 차량이 피해자를 연속하여 역과하는 과정에서 피해자가 사망한 경우에 甲운전 차량의 역과와 피해자의 사망 사이에 인과관계가 인정된다.

③ 운전자가 상당한 거리에서 보행자의 무단횡단을 미리 예상할 수 없는 야간에 고속도로를 무단횡단하는 보행자를 충격하여 사망에 이르게 한 운전자의 과실과 사고 사이에는 상당인과관계가 인정되지 않는다.

④ 甲은 주점도우미인 乙과 윤락행위 도중 시비 끝에 피해자 乙을 이불로 덮어씌우고 폭행한 후 이불 속에 들어 있는 乙을 두고 나가다가 우발적으로 탁자 위의 乙의 손가방 안에서 현금을 가져간 경우에 폭행과 절취행위 사이에 인과관계가 인정되지 않는다.

① [×] 액화석유가스의안전및사업관리법상의 관련 규정 취지와 주밸브가 누군가에 의하여 개폐될 가능성을 배제할 수 없다는 점 등에 비추어, 휴즈콕크를 제거하면서 제거부분에 아무런 조치를 하지 않고 방치하면 주밸브가 열리는 경우 가스 유출로 인한 대형사고의 가능성이 있다는 것은 평균인의 관점에서 객관적으로 볼 때 충분히 예견할 수 있으므로 임차인의 과실과 가스폭발사고 사이에 상당인과관계가 인정된다(대판 2001.6.1. 99도5086).

② [○] 피고인이 차량을 운전하고 편도 2차선 도로 중 2차로를 시속 약 60km의 속도로 선행 차량과 약 30m가량의 간격을 유지한 채 진행하다가 선행차량에 역과된 채 진행 도로상에 누워있는 피해자를 뒤늦게 발견하고 급제동을 할 겨를도 없이 이를 그대로 역과하여 피해자가 사망한 경우, 사고에 관하여 피고인에게 업무상 과실이 없다고 할 수 없고 피고인 차량의 역과와 피해자의 사망 사이에 인과관계가 인정된다(대판 2001.12.11. 2001도5005).

③ [○] 피고인이 피해자 등의 무단횡단을 미리 예상할 수 있었다고 할 수 없는 상황에서 야간에 고속도로를 무단횡단하는 보행자를 충격하여 사망에 이르게 한 경우, 피고인에게 고속버스와의 안전거리를 확보하지 아니한 채 진행하다가 과속으로 고속버스의 우측으로 제한최고속도를 시속 20km 초과하여 추월한 잘못이 있더라도, 피고인의 위와 같은 잘못과 피해자의 사망 사이에 상당인과관계가 있다고 할 수 없다(대판 2000.9.5. 2000도2671).

④ [○] 피고인이 타인에 대하여 반항을 억압함에 충분한 정도의 폭행 또는 협박을 가한 사실이 있다 해도 그 타인이 재물 취거의 사실을 알지 못하는 사이에 그 틈을 이용하여 피고인이 우발적으로 타인의 재물을 취거한 경우에는 위 폭행이나 협박이 재물 탈취의 방법으로 사용된 것이 아님은 물론, 그 폭행 또는 협박으로 조성된 피해자의 반항억압의 상태를 이용하여 재물을 취득하는 경우에도 해당하지 아니하여 양자 사이에 인과관계가 존재하지 아니한다(대판 2009.1.30. 2008도10308).

정답 ①

69 인과관계에 대한 설명으로 옳은 것만을 모두 고르면? (다툼이 있으면 판례에 의함) [21 국가9급]

> ㉠ 부작위범에 있어서 작위의무를 이행하였다면 결과가 발생하지 않았을 것이라는 관계가 인정될 경우 부작위와 그 결과 사이에 인과관계가 있다.
> ㉡ 사기죄는 타인을 기망하여 착오에 빠뜨리고 처분행위를 유발하여 재물을 교부받거나 재산상 이익을 얻음으로써 성립하는 것으로, 기망행위와 상대방의 착오 및 재물의 교부 또는 재산상 이익의 공여 사이에 순차적인 인과관계가 있어야 한다.
> ㉢ 의사가 설명의무를 위반한 채 의료행위를 하였다가 환자에게 상해의 결과가 발생한 경우, 의사에게 업무상과실로 인한 형사책임을 지우기 위해서는 의사의 설명의무 위반과 환자의 상해 사이에 상당인과관계가 존재하여야 한다.
> ㉣ 선행 교통사고와 후행 교통사고 중 어느 쪽이 원인이 되어 피해자가 사망에 이르게 되었는지 밝혀지지 않은 경우, 후행 교통사고를 일으킨 사람의 과실과 피해자의 사망 사이에 인과관계가 인정되기 위해서는 후행 교통사고를 일으킨 사람이 주의의무를 게을리하지 않았다면 피해자가 사망에 이르지 않았을 것이라는 사실이 입증되어야 한다.

① ㉠, ㉢ ② ㉠, ㉡, ㉣
③ ㉡, ㉢, ㉣ ④ ㉠, ㉡, ㉢, ㉣

해설

㉠ [○] 부작위범에 있어서 작위의무를 이행하였다면 결과가 발생하지 않았을 것이라는 관계가 인정될 경우 부작위와 그 결과 사이에 인과관계가 있다(대판(전) 2015.11.12. 2015도6809).

㉡ [○] 사기죄는 타인을 기망하여 착오에 빠뜨리고 처분행위를 유발하여 재물을 교부받거나 재산상 이익을 얻음으로써 성립하는 것으로, 기망행위와 상대방의 착오 및 재물의 교부 또는 재산상 이익의 공여 사이에 순차적인 인과관계가 있어야 한다(대판 2017.12.5. 2017도14423).

㉢ [○] 의사가 설명의무를 위반한 채 의료행위를 하였다가 환자에게 상해의 결과가 발생한 경우, 의사에게 업무상과실로 인한 형사책임을 지우기 위해서는 의사의 설명의무 위반과 환자의 상해 사이에 상당인과관계가 존재하여야 한다(대판 2015.6.24. 2014도11315).

㉣ [○] 선행 교통사고와 후행 교통사고 중 어느 쪽이 원인이 되어 피해자가 사망에 이르게 되었는지 밝혀지지 않은 경우, 후행 교통사고를 일으킨 사람의 과실과 피해자의 사망 사이에 인과관계가 인정되기 위해서는 후행 교통사고를 일으킨 사람이 주의의무를 게을리하지 않았다면 피해자가 사망에 이르지 않았을 것이라는 사실이 입증되어야 한다(대판 2007.10.26. 2005도8822).

정답 ④

70 인과관계에 관한 설명 중 가장 옳지 않은 것은? (다툼이 있으면 판례에 의함) [13 법원9급]

① 폭행이나 협박을 가하여 간음을 하려는 행위와 이에 극도의 흥분을 느끼고 공포심에 사로잡혀 이를 피하려다 사상에 이르게 된 사실과는 이른바 상당인과관계가 있어 강간치사상죄로 다스릴 수 있다.

② 강간을 당한 피해자가 집에 돌아가 음독자살하기에 이른 원인이 강간을 당함으로 인하여 생긴 수치심과 장래에 대한 절망감 등에 있었다고 한다면 그 자살행위가 바로 강간행위로 인하여 생긴 당연의 결과라고 볼 수 있으므로, 강간행위와 피해자의 자살행위 사이에 인과관계를 인정할 수 있다.

③ 살인의 실행행위가 피해자의 사망이라는 결과를 발생하게 한 유일한 원인이거나 직접적인 원인이어야만 되는 것은 아니므로, 살인의 실행행위와 피해자의 사망과의 사이에 다른 사실이 개재되어 그 사실이 치사의 직접적인 원인이 되었다고 하더라도 그와 같은 사실이 통상 예견할 수 있는 것에 지나지 않는다면 살인의 실행행위와 피해자의 사망과의 사이에 인과관계가 있는 것으로 보아야 한다.

④ 운전사가 시동을 끄고 시동열쇠는 꽂아 둔 채로 하차한 동안에 조수가 이를 운전하다가 사고를 낸 경우에 시동열쇠를 그대로 꽂아 둔 행위와 상해의 결과발생 사이에는 특별한 사정이 없는 한 인과관계가 없다.

해설

① [O] 폭행이나 협박을 가하여 간음을 하려는 행위와 이에 극도의 흥분을 느끼고 공포심에 사로잡혀 이를 피하려다 사상에 이르게 된 사실과는 상당인과관계가 있어 강간치사상죄로 다스릴 수 있다(대판 1995.5.12. 95도425).

② [×] 강간을 당한 피해자가 집에 돌아가 음독자살하기에 이른 원인이 강간을 당함으로 인하여 생긴 수치심과 장래에 대한 절망감 등에 있었다 하더라도 그 자살행위가 바로 강간행위로 인하여 생긴 당연의 결과라고 볼 수는 없으므로 <u>강간행위와 피해자의 자살행위 사이에는 인과관계를 인정할 수 없다</u>(대판 1982.11.23. 82도1446).

③ [O] 살인의 실행행위가 피해자의 사망이라는 결과를 발생하게 한 유일한 원인이거나 직접적인 원인이어야만 되는 것은 아니므로 살인의 실행행위와 피해자의 사망과의 사이에 다른 사실이 개재되어 그 사실이 치사의 직접적인 원인이 되었다고 하더라도 그와 같은 사실이 통상 예견할 수 있는 것에 지나지 않는다면 살인의 실행행위와 피해자의 사망과의 사이에 인과관계가 있는 것으로 보아야 한다(대판 1994.3.22. 93도3612).

④ [O] 운전자가 시동을 끄고 시동열쇠는 꽂아 둔 채로 하차한 후 조수가 이를 운전하다가 사고를 낸 경우에 시동열쇠를 그대로 꽂아 둔 행위와 사고로 인한 상해의 결과발생 사이에는 특별한 사정이 없는 한 인과관계가 없다(대판 1971.9.28. 71도1082).

정답 ②

71 다음 중 인과관계가 인정되는 경우가 아닌 것은? (다툼이 있으면 판례에 의함) [14 경찰채용]

① 술을 마시고 찜질방에 들어온 甲이 찜질방 직원 몰래 후문으로 나가 술을 더 마신 다음 후문으로 다시 들어와 발한실에서 잠을 자다가 사망한 경우, 찜질방 직원 및 영업주가 통제·관리하지 않은 부분과 甲의 사망 간의 관계

② 운전자가 시동을 끄고 1단 기어가 들어가 있는 상태에서 시동열쇠를 꽂아둔 채 11세 정도의 어린이를 조수석에 남겨두고 차에서 내려온 동안 어린이가 시동열쇠를 돌리며 가속페달을 밟아 사고가 난 경우, 1단 기어를 넣고 열쇠를 꽂아둔 상태에서 차에서 떠난 과실과 사고 발생 간의 관계

③ 임차인이 자신의 비용으로 설치·사용하던 가스설비의 휴즈콕크를 아무런 조치 없이 제거하고 이사를 간 후 주밸브가 열려져 가스가 유입되어 폭발사고가 발생한 경우, 임차인의 과실과 가스폭발사고 간의 관계

④ 피고인들로부터 폭행을 당하고 당구장 3층 화장실에 숨어 있던 피해자가 다시 피고인들로부터 폭행당하지 않으려고 창문 밖으로 숨으려다가 실족하여 사망한 경우, 피고인들의 폭행과 피해자의 사망 간의 관계

해설

① [불인정] 업무상 주의의무가 찜질방 직원 및 영업주에게 손님이 몰래 후문으로 나가 술을 더 마시고 들어올 경우까지 예상하여 직원을 추가로 배치하거나 후문으로 출입하는 모든 자를 통제·관리하여야 할 업무상 주의의무가 있다고 보기 어렵다(대판 2010.2.11. 2009도9807). ▶ 업무상 주의의무가 인정되지 않으므로 인과관계도 인정된다고 볼 수 없다.

② [인정] 운전자로서는 어린이를 먼저 하차시키던가 운전기기를 만지지 않도록 주의를 주거나 손브레이크를 채운 뒤 시동열쇠를 빼는 등 사고를 미리 막을 수 있는 제반조치를 취할 업무상 주의의무가 있으므로 이를 게을리 한 과실은 사고결과와 법률상의 인과관계가 있다고 봄이 상당하다(대판 1986.7.8. 86도1048).

③ [인정] 액화석유가스의안전및사업관리법상의 관련 규정 취지와 주밸브가 누군가에 의하여 개폐될 가능성을 배제할 수 없다는 점 등에 비추어, 휴즈콕크를 제거하면서 제거부분에 아무런 조치를 하지 않고 방치하면 주밸브가 열리는 경우 가스 유출로 인한 대형사고의 가능성이 있다는 것은 평균인의 관점에서 객관적으로 볼 때 충분히 예견할 수 있으므로 임차인의 과실과 가스폭발사고 사이에 상당인과관계가 인정된다(대판 2001.6.1. 99도5086).

④ [인정] 피고인들이 공동하여 피해자를 폭행하여 당구장 3층에 있는 화장실에 숨어 있던 피해자를 다시 폭행하려고 피고인 甲은 화장실을 지키고, 피고인 乙은 당구치는 기구로 문을 내려쳐 부수자 위협을 느낀 피해자가 화장실 창문 밖으로 숨으려다가 실족하여 떨어짐으로써 사망한 경우에는 피고인들의 위 폭행행위와 피해자의 사망 사이에는 인과관계가 있다고 할 것이므로 폭행치사죄의 공동정범이 성립된다(대판 1990.10.16. 90도1786).

정답 ①

---

72 인과관계에 관한 다음 설명 중 가장 적절하지 않은 것은? (다툼이 있으면 판례에 의함) [15 경찰채용]

① 피고인들이 공동으로 피해자를 폭행하여 당구장 3층에 있는 화장실에 숨어 있던 피해자를 다시 폭행하려고 피고인 甲은 화장실을 지키고, 피고인 乙은 당구큐대로 화장실 문을 내려쳐 부수자 위협을 느낀 피해자가 화장실 창문 밖으로 숨으려다가 실족하여 떨어짐으로써 사망한 경우 피고인들의 위 폭행행위와 피해자 사망 사이에는 인과관계가 인정된다.

② 초지조성공사를 도급받은 수급인 甲이 불경운작업(산불작업)의 하도급을 乙에게 준 이후에 계속하여 그 작업을 감독하지 아니하였는데 乙이 산림실화를 낸 경우, 수급인 甲이 감독하지 아니한 잘못과 산림실화 사이에는 인과관계가 인정된다.

③ 임산부를 강타한 것이 그 이후 낙태로 이어지고, 그에 따른 심근경색으로 임산부가 사망한 경우 피고인의 구타행위와 피해자의 사망 사이에는 인과관계가 인정된다.

④ 임차인이 자신의 비용으로 설치·사용하던 가스설비의 휴즈콕크를 아무런 조치 없이 제거하고 이사를 간 후 가스공급을 개별적으로 차단할 수 있는 주밸브가 열려져 가스가 유입되어 폭발사고가 발생한 경우 임차인의 과실과 가스폭발 사이에는 인과관계가 인정된다.

해설

① [○] 피고인들이 공동하여 피해자를 폭행하여 당구장 3층에 있는 화장실에 숨어 있던 피해자를 다시 폭행하려고 피고인 甲은 화장실을 지키고, 피고인 乙은 당구치는 기구로 문을 내려쳐 부수자 위협을 느낀 피해자가 화장실 창문 밖으로 숨으려다가 실족하여 떨어짐으로써 사망한 경우에는 피고인들의 위 폭행행위와 피해자의 사망 사이에는 인과관계가 있다고 할 것이므로 폭행치사죄의 공동정범이 성립된다(대판 1990.10.16. 90도1786).

② [×] 초지조성공사를 도급받은 수급인 甲이 불경운작업(산불작업)을 하도급을 준 이후에 계속하여 그 작업을 감독하지 아니한 잘못이 있었고 하수급인이 과실로 산림실화를 발생케 한 경우 … 도급자에 대한 도급계약상의 책임이지 위 하수급인의 과실로 인하여 발생한 산림실화에 상당인과관계가 있는 과실이라고는 할 수 없다(대판 1987.4.28. 87도297).

③ [○] 임산부를 강타한 것이 그 이후 낙태로 이어지고, 그에 따른 심근경색으로 임산부가 사망한 경우 피고인의 구타행위와 피해자의 사망 사이에는 인과관계가 인정된다(대판 1972.3.28. 72도296).

④ [O] 액화석유가스의안전및사업관리법상의 관련 규정 취지와 주밸브가 누군가에 의하여 개폐될 가능성을 배제할 수 없다는 점 등에 비추어, 휴즈콕크를 제거하면서 제거부분에 아무런 조치를 하지 않고 방치하면 주밸브가 열리는 경우 가스 유출로 인한 대형사고의 가능성이 있다는 것은 평균인의 관점에서 객관적으로 볼 때 충분히 예견할 수 있으므로 임차인의 과실과 가스폭발사고 사이에 상당인과관계가 인정된다(대판 2001.6.1. 99도5086).

정답 ②

73 다음 판례 중 인과관계를 인정하지 않은 경우는?

right[17 경찰간부]

① 甲은 선단 책임선의 선장으로서 종선의 선장에게 조업상의 지시만 할 수 있을 뿐 선박의 안전관리는 각 선박의 선장이 책임지도록 되어 있었던 경우, 甲이 풍랑 중에 종선에 조업 지시를 한 것과 종선의 풍랑으로 인한 매몰사고와의 사이

② 연탄가스 중독환자가 퇴원시 자신의 병명을 물었으나 의사가 아무런 요양방법을 지도하여 주지 아니하여 병명을 알지 못해 퇴원 즉시 재차 연탄가스에 중독된 경우, 의사의 업무상과실과 재차 연탄가스에 중독된 것과의 사이

③ 임차인이 자신의 비용으로 설치·사용하던 가스설비의 휴즈콕크를 아무런 조치 없이 제거하고 이사를 간 후 가스공급을 개별적으로 차단할 수 있는 주밸브가 열려져 가스가 유입되어 폭발사고가 발생한 경우, 임차인의 과실과 가스폭발사고 사이

④ 4일가량 물조차 제대로 마시지 못하고 잠도 자지 아니하여 거의 탈진 상태에 이른 피해자의 손과 발을 17시간 이상 묶어 두고 좁은 차량 속에서 움직이지 못하게 감금한 행위와 묶인 부위의 혈액 순환에 장애가 발생하여 혈전이 형성되고 그 혈전이 폐동맥을 막아 사망에 이르게 된 결과 사이

해설

① [불인정] 피고인이 선단의 책임선인 제1봉림호의 선장으로 조업 중이었다 하더라도 피고인으로서는 종선)의 선장에게 조업상의 지시만 할 수 있을 뿐 선박의 안전관리는 각 선박의 선장이 책임지도록 되어 있었다면 그 같은 상황하에서 피고인이 풍랑 중에 종선에 조업지시를 하였다는 것만으로는 종선의 풍랑으로 인한 매몰사고와의 사이에 인과관계가 성립할 수 없다(대판 1989.9.12. 89도1084).

② [인정] 의사에게는 그 원인 사실을 모르고 병명을 문의하는 환자에게 병명을 알려주고 이에 대한 주의사항인 피해장소인 방의 수선이나 환자에 대한 요양의 방법 기타 건강관리에 필요한 사항을 지도하여 줄 요양방법의 지도의무가 있는 것이므로 이를 태만한 것으로서 의사로서의 업무상과실이 있고, 이러한 과실과 재차의 일산화탄소 중독과의 사이에 인과관계가 있다고 보아야 한다(대판 1991.2.12. 90도2547).

③ [인정] 액화석유가스의안전및사업관리법상의 관련 규정 취지와 주밸브가 누군가에 의하여 개폐될 가능성을 배제할 수 없다는 점 등에 비추어, 휴즈콕크를 제거하면서 제거부분에 아무런 조치를 하지 않고 방치하면 주밸브가 열리는 경우 가스 유출로 인한 대형사고의 가능성이 있다는 것은 평균인의 관점에서 객관적으로 볼 때 충분히 예견할 수 있으므로 임차인의 과실과 가스폭발사고 사이에 상당인과관계가 인정된다(대판 2001.6.1. 99도5086).

④ [인정] 4일가량 물조차 제대로 마시지 못하고 잠도 자지 아니하여 거의 탈진 상태에 이른 피해자의 손과 발을 17시간 이상 묶어 두고 좁은 차량 속에서 움직이지 못하게 감금한 행위와 묶인 부위의 혈액 순환에 장애가 발생하여 혈전이 형성되고 그 혈전이 폐동맥을 막아 사망에 이르게 된 결과 사이에는 상당인과관계가 있다 할 것이고, 그 경우 피고인에게 사망의 결과에 대한 예견가능성이 없었다고 할 수도 없다(대판 2002.10.11. 2002도4315).

정답 ①

74 인과관계에 관한 다음 설명 중 가장 적절하지 않은 것은? (다툼이 있으면 판례에 의함) [13 경찰승진]

① 운전자가 차를 세워 시동을 끄고 1단 기어가 들어가 있는 상태에서 시동열쇠를 끼워 놓은 채 11세 남짓한 어린이를 조수석에 남겨두고 차에서 내려온 동안 동인이 시동열쇠를 돌리며 악셀레이터 페달을 밟아 차량이 진행하여 사고가 발생한 경우, 운전자의 과실은 사고 결과와 인과관계가 없다.

② 파도수영장에서 물놀이하던 초등학교 6학년생이 수영장 안에 엎어져 있는 것을 수영장 안전요원이 발견하여 인공호흡을 실시한 뒤 의료기관에 후송하였으나 후송 도중 사망한 사고에 있어서 그 사망원인이 구체적으로 밝혀지지 아니한 경우, 수영장 안전요원과 수영장 관리책임자에게 업무상 주의의무를 게을리한 과실이 있다거나 그 주의의무 위반으로 인하여 피해자가 사망하였다고 볼 수 없다.

③ 피고인이 자동차를 운전하다 횡단보도를 걷던 보행자 甲을 들이받아 그 충격으로 횡단보도 밖에서 甲과 동행하던 피해자 乙이 밀려 넘어져 상해를 입은 경우, 피고인의 (구) 도로교통법 제27조 제1항에 따른 주의의무를 위반하여 운전한 업무상 과실과 乙의 상해 사이에는 인과관계가 인정된다.

④ 선행과 후행 교통사고 중 어느 쪽이 원인이 되어 피해자가 사망에 이르게 되었는지 밝혀지지 않은 경우, 후행 교통사고를 일으킨 사람의 과실과 피해자의 사망 사이에 인과관계가 인정되기 위해서는 후행 교통사고를 일으킨 사람이 주의의무를 게을리 하지 않았다면 피해자가 사망에 이르지 않았을 것이라는 사실이 증명되어야 한다.

해설

① [×] 운전자로서는 어린이를 먼저 하차시키던가 운전기기를 만지지 않도록 주의를 주거나 손브레이크를 채운 뒤 시동열쇠를 빼는 등 사고를 미리 막을 수 있는 제반조치를 취할 업무상 주의의무가 있으므로 이를 게을리한 과실은 사고결과와 법률상의 인과관계가 있다고 봄이 상당하다(대판 1986.7.8. 86도1048).

② [○] 파도수영장에서 물놀이하던 초등학교 6학년생이 수영장 안에 엎어져 있는 것을 수영장 안전요원이 발견하여 인공호흡을 실시한 뒤 의료기관에 후송하였으나 후송 도중 사망한 사고에 있어서 그 사망원인이 구체적으로 밝혀지지 아니한 경우, 수영장 안전요원과 수영장 관리책임자에게 업무상 주의의무를 게을리한 과실이 있다거나 그 주의의무 위반으로 인하여 피해자가 사망하였다고 볼 수 없다(대판 2002.4.9. 2001도6601).

③ [○] 피고인이 자동차를 운전하다 횡단보도에서의 보행자에 대한 보호의무를 위반하여 횡단보도를 걷던 보행자 甲을 들이받아 그 충격으로 횡단보도 밖에서 甲과 동행하던 피해자 乙이 밀려 넘어져 상해를 입었다면 乙의 상해는 피고인의 행위를 직접적인 원인으로 하여 발생한 것이다(대판 2011.4.28. 2009도12671).

④ [○] 선행과 후행 교통사고 중 어느 쪽이 원인이 되어 피해자가 사망에 이르게 되었는지 밝혀지지 않은 경우, 후행 교통사고를 일으킨 사람의 과실과 피해자의 사망 사이에 인과관계가 인정되기 위해서는 후행 교통사고를 일으킨 사람이 주의의무를 게을리 하지 않았다면 피해자가 사망에 이르지 않았을 것이라는 사실이 증명되어야 한다(대판 2007.10.26. 2005도8822).

정답 ①

75 인과관계에 대한 설명으로 가장 적절하지 않은 것은? (다툼이 있으면 판례에 의함) [17 경찰채용]

① 피고인이 주먹으로 피해자의 복부를 1회 강타하여 장파열로 인한 복막염으로 사망케 하였다면, 비록 의사의 수술지연 등 과실이 피해자의 사망의 공동원인이 되었다 하더라도 피고인의 행위가 사망의 결과에 대한 유력한 원인이 된 이상 그 폭행행위와 치사의 결과간에는 인과관계가 있다.

② 초지조성공사를 도급받은 수급인이 불경운작업(산불작업)을 하도급을 준 이후에 계속하여 그 작업을 감독하지 아니한 잘못이 있다 하더라도 이는 도급자에 대한 도급계약상의 책임이 아니라, 위 하수급인의 과실로 인하여 발생한 산림실화에 상당인과관계가 있는 과실이라고 할 수 있다.

③ 어떤 행위라도 죄의 요소되는 위험발생에 연결되지 아니한 때에는 그 결과로 인하여 벌하지 아니한다.

④ 피고인들이 공동하여 피해자를 폭행하여 당구장 3층에 있는 화장실에 숨어 있던 피해자를 다시 폭행하려고 피고인 甲은 화장실을 지키고, 피고인 乙은 당구치는 기구로 문을 내려쳐 부수자 위협을 느낀 피해자가 화장실 창문 밖으로 숨으려다가 실족하여 떨어짐으로써 사망한 경우에는 피고인들의 위 폭행행위와 피해자의 사망 사이에는 인과관계가 있다.

해설

① [○] 피고인이 주먹으로 피해자의 복부를 1회 강타하여 장파열로 인한 복막염으로 사망케 하였다면, 비록 의사의 수술지연 등 과실이 피해자의 사망의 공동원인이 되었다 하더라도 피고인의 행위가 사망의 결과에 대한 유력한 원인이 된 이상 그 폭력행위와 치사의 결과간에는 인과관계가 있다(대판 1984.6.26. 84도831).

② [×] 초지조성공사를 도급받은 수급인 甲이 불경운작업(산불작업)을 하도급을 준 이후에 계속하여 그 작업을 감독하지 아니한 잘못이 있었고 하수급인이 과실로 산림실화를 발생케 한 경우 … 도급자에 대한 도급계약상의 책임이지 위 하수급인의 과실로 인하여 발생한 산림실화에 상당인과관계가 있는 과실이라고는 할 수 없다(대판 1987.4.28. 87도297).

③ [○] 어떤 행위라도 죄의 요소되는 위험발생에 연결되지 아니한 때에는 그 결과로 인하여 벌하지 아니한다(제17조).

④ [○] 피고인들이 공동하여 피해자를 폭행하여 당구장 3층에 있는 화장실에 숨어 있던 피해자를 다시 폭행하려고 피고인 甲은 화장실을 지키고, 피고인 乙은 당구치는 기구로 문을 내려쳐 부수자 위협을 느낀 피해자가 화장실 창문 밖으로 숨으려다가 실족하여 떨어짐으로써 사망한 경우에는 피고인들의 위 폭행행위와 피해자의 사망 사이에는 인과관계가 있다고 할 것이므로 폭행치사죄의 공동정범이 성립된다(대판 1990.10.16. 90도1786).

정답 ②

---

76 인과관계에 관한 설명 중 가장 적절하지 않은 것은? (다툼이 있으면 판례에 의함) [17 경찰승진]

① 어떤 행위라도 죄의 요소되는 위험발생에 연결되지 아니한 때에는 그 결과로 인하여 벌하지 아니한다.

② 한의사인 피고인이 피해자에게 문진하여 과거 봉침을 맞고도 별다른 이상반응이 없었다는 답변을 듣고 알레르기 반응검사를 생략한 채 환부에 봉침시술을 하였는데 피해자가 위 시술 직후 쇼크반응을 나타내는 등 상해를 입은 경우, 피고인이 알레르기 반응검사를 하지 않은 과실과 피해자의 상해 사이에 상당인과관계를 인정하기 어렵다.

③ 피고인이 고속도로 2차로를 따라 자동차를 운전하다가 1차로를 진행하던 甲의 차량 앞에 급하게 끼어든 후 곧바로 정차하여 甲의 차량 및 이를 뒤따르던 차량 두 대는 연이어 급제동 하였으나 그 뒤를 따라오던 乙의 차량이 앞의 차량들을 연쇄적으로 추돌케 하여 乙을 사망에 이르게 하고 나머지 차량 운전자 등 피해자들에게 상해를 입힌 경우, 피고인의 정차행위와 사상의 결과발생 사이에 상당인과관계가 있다.

④ 피고인은 결혼을 전제로 교제하던 甲의 임신 사실을 알고 수회에 걸쳐 낙태를 권유하였다가 거절당하였음에도 계속 甲에게 출산 여부는 알아서 하되 아이에 대한 친권을 행사할 의사가 없다고 하면서 낙태할 병원을 물색해 주기도 하였는데 그 후 甲은 피고인에게 알리지 않고 자신이 알아본 병원에서 낙태시술을 받은 경우, 피고인의 낙태교사행위와 甲의 낙태행위 사이에는 인과관계가 인정되지 않는다.

해설

① [O] 어떤 행위라도 죄의 요소되는 위험발생에 연결되지 아니한 때에는 그 결과로 인하여 벌하지 아니한다(제17조).

② [O] 한의사인 피고인이 피해자에게 문진하여 과거 봉침을 맞고도 별다른 이상반응이 없었다는 답변을 듣고 부작용에 대한 충분한 사전 설명 없이 환부인 목 부위에 봉침시술을 하였는데, 피해자가 위 시술 직후 쇼크반응을 나타내는 등 상해를 입은 경우, 제반 사정에 비추어 피고인이 봉침시술에 앞서 설명의무를 다하였더라도 피해자가 반드시 봉침시술을 거부하였을 것이라고 볼 수 없어, 피고인의 설명의무 위반과 피해자의 상해 사이에 상당인과관계를 인정하기 어렵다(대판 2011.4.14. 2010도10104).

③ [O] 편도 2차로의 고속도로 1차로 한가운데 정차한 피고인은 현장의 교통상황이나 일반인의 운전 습관·행태 등에 비추어 고속도로를 주행하는 다른 차량 운전자들이 제한속도 준수나 안전거리 확보 등의 주의의무를 완전히 다하지 않을 수도 있다는 점을 알았거나 충분히 알 수 있었으므로, 피고인의 정차 행위와 사상의 결과 발생 사이에 상당인과관계가 있고, 사상의 결과 발생에 대한 예견가능성도 인정되므로, 피고인에게 일반교통방해치사상죄가 성립한다(대판 2014.7.24. 2014도6206).

④ [X] 피고인은 甲에게 직접 낙태를 권유할 당시뿐만 아니라 출산 여부는 알아서 하라고 통보한 이후에도 계속 낙태를 교사하였고, 甲은 이로 인하여 낙태를 결의·실행하게 되었다고 보는 것이 타당하며, 甲이 당초 아이를 낳을 것처럼 말한 사실이 있다는 사정만으로 피고인의 낙태교사행위와 甲의 낙태결의 사이에 인과관계가 단절되는 것은 아니므로, 피고인에게 낙태교사죄가 인정된다(대판 2013.9.12. 2012도2744).

정답 ④

77 인과관계에 관한 설명 중 가장 적절하지 않은 것은? (다툼이 있으면 판례에 의함)　　[14 경찰승진]

① 4일가량 물조차 제대로 마시지 못하고 잠도 자지 아니하여 거의 탈진 상태에 이른 피해자의 손과 발을 17시간 이상 묶어 두고 좁은 차량 속에서 움직이지 못하게 감금한 행위와 묶인 부위의 혈액 순환에 장애가 발생하여 혈전이 형성되고 그 혈전이 폐동맥을 막아 사망에 이르게 된 결과 사이에는 상당인과관계가 있다.

② 살인의 실행행위가 피해자의 사망이라는 결과를 발생하게 한 유일한 원인이어야 하는 것은 아니나 직접적인 원인일 것을 요하므로 살인의 실행행위와 피해자의 사망과의 사이에 통상 예견할 수 있는 다른 사실이 개재되어 그 사실이 치사의 직접적인 원인이 되었다면 살인의 실행행위와 피해자의 사망과의 사이에 인과관계가 있는 것으로 볼 수 없다.

③ 선행차량에 이어 피고인 운전 차량이 피해자를 연속하여 역과하는 과정에서 피해자가 사망한 경우 피고인 운전 차량의 역과와 피해자의 사망 사이의 인과관계가 인정된다.

④ 선행 교통사고와 후행 교통사고 중 어느 쪽이 원인이 되어 피해자가 사망에 이르게 되었는지 밝혀지지 않은 경우 후행 교통사고를 일으킨 사람의 과실과 피해자의 사망 사이에 인과관계가 인정되기 위해서는 후행 교통사고를 일으킨 사람이 주의의무를 게을리하지 않았다면 피해자가 사망에 이르지 않았을 것이라는 사실이 증명되어야 한다.

해설

① [O] 4일가량 물조차 제대로 마시지 못하고 잠도 자지 아니하여 거의 탈진 상태에 이른 피해자의 손과 발을 17시간 이상 묶어 두고 좁은 차량 속에서 움직이지 못하게 감금한 행위와 묶인 부위의 혈액 순환에 장애가 발생하여 혈전이 형성되고 그 혈전이 폐동맥을 막아 사망에 이르게 된 결과 사이에는 상당인과관계가 있다 할 것이고, 그 경우 피고인에게 사망의 결과에 대한 예견가능성이 없었다고 할 수도 없다(대판 2002.10.11. 2002도4315).

② [X] 살인의 실행행위가 피해자의 사망이라는 결과를 발생하게 한 유일한 원인이거나 직접적인 원인이어야만 되는 것은 아니므로, 살인의 실행행위와 피해자의 사망과의 사이에 다른 사실이 개재되어 그 사실이 치사의 직접적인 원인이 되었다고 하더라도 그와 같은 사실이 통상 예견할 수 있는 것에 지나지 않는다면 살인의 실행행위와 피해자의 사망과의 사이에 인과관계가 있는 것으로 보아야 한다(대판 1994.3.22. 93도3612).

③ [O] 피고인이 차량을 운전하고 편도 2차선 도로 중 2차로를 시속 약 60km의 속도로 선행 차량과 약 30m가량의 간격을 유지한 채 진행하다가 선행차량에 역과된 채 진행 도로상에 누워있는 피해자를 뒤늦게 발견하고 급제동을 할 겨를도 없이 이를 그대로 역과하여 피해자가 사망한 경우, 사고에 관하여 피고인에게 업무상 과실이 없다고 할 수 없고 피고인 차량의 역과와 피해자의 사망 사이에 인과관계가 인정된다(대판 2001.12.11. 2001도5005).

④ [○] 선행 교통사고와 후행 교통사고 중 어느 쪽이 원인이 되어 피해자가 사망에 이르게 되었는지 밝혀지지 않은 경우 후행 교통사고를 일으킨 사람의 과실과 피해자의 사망 사이에 인과관계가 인정되기 위해서는 후행 교통사고를 일으킨 사람이 주의의무를 게을리하지 않았다면 피해자가 사망에 이르지 않았을 것이라는 사실이 증명되어야 한다(대판 2007.10.26. 2005도8822).

정답 ②

78 인과관계에 관한 설명이다. 다음 중 가장 적절하지 않은 것은? (다툼이 있으면 판례에 의함) [15 경찰채용]

① 피해자가 계속되는 피고인의 폭행을 피하려고 도로를 건너 도주하다가 그 도로를 주행하던 차량에 치어 사망한 경우 피고인의 상해행위와 피해자의 사망 사이에 상당인과관계가 있다.

② 피고인은 결혼을 전제로 교제하던 甲의 임신 사실을 알고 수회에 걸쳐 낙태를 권유하였다가 거절당하였음에도 계속 甲에게 "출산 여부는 알아서 하되 아이에 대한 친권을 행사할 의사가 없다."라고 하면서 낙태할 병원을 물색해 주기도 하였다. 그 후 甲은 피고인에게 알리지 않고 자신이 알아본 병원에서 낙태시술을 받았다면 피고인의 낙태교사행위와 甲의 낙태행위 사이에는 인과관계가 인정되지 않는다.

③ 승용차로 피해자를 가로막아 승차하게 한 후 피해자의 하차요구를 무시한 채 당초 목적지가 아닌 다른 장소를 향하여 시속 약 60km 내지 70km의 속도로 진행하여 피해자를 차량에서 내리지 못하게 하자 피해자는 그와 같은 감금상태를 벗어나고자 차량을 빠져나오려다가 길바닥에 떨어져 상해를 입고 그 결과 사망하게 된 경우, 감금행위와 피해자의 사망 사이에 상당인과관계가 있다.

④ 피고인이 고속도로 2차로를 따라 자동차를 운전하다가 1차로를 진행하던 甲의 차량 앞에 급하게 끼어든 후 곧바로 정차하여, 甲의 차량 및 이를 뒤따르던 차량 두 대는 연이어 급제동하였으나, 그 뒤를 따라오던 乙의 차량이 앞의 차량들을 연쇄적으로 추돌케 하여 乙을 사망에 이르게 하고 나머지 차량 운전자 등 피해자들에게 상해를 입힌 경우, 피고인의 정차 행위와 사상의 결과 발생 사이에 상당인과관계가 있다.

해설

① [○] 피해자가 계속되는 피고인의 폭행을 피하려고 도로를 건너 도주하다가 그 도로를 주행하던 차량에 치어 사망한 경우 피고인의 상해행위와 피해자의 사망 사이에 상당인과관계가 있다(대판 1996.5.10. 96도529).

② [×] 피고인은 甲에게 직접 낙태를 권유할 당시뿐만 아니라 출산 여부는 알아서 하라고 통보한 이후에도 계속 낙태를 교사하였고, 甲은 이로 인하여 낙태를 결의·실행하게 되었다고 보는 것이 타당하며, 甲이 당초 아이를 낳을 것처럼 말한 사실이 있다는 사정만으로 피고인의 낙태교사행위와 甲의 낙태결의 사이에 인과관계가 단절되는 것은 아니므로, 피고인에게 낙태교사죄가 인정된다(대판 2013.9.12. 2012도2744).

③ [○] 승용차로 피해자를 가로막아 승차하게 한 후 피해자의 하차 요구를 무시한 채 당초 목적지가 아닌 다른 장소를 향하여 시속 약 60km 내지 70km의 속도로 진행하자(감금에 해당함), 피해자가 그와 같은 감금상태를 벗어날 목적으로 차량을 빠져나오려다가 길바닥에 떨어져 상해를 입고 그 결과 사망에 이른 경우 감금행위와 피해자의 사망 간에는 상당인과관계가 인정되므로 감금치사죄에 해당한다(대판 2000.2.11. 99도5286).

④ [○] 편도 2차로의 고속도로 1차로 한가운데에 정차한 피고인은 현장의 교통상황이나 일반인의 운전 습관·행태 등에 비추어 고속도로를 주행하는 다른 차량 운전자들이 제한속도 준수나 안전거리 확보 등의 주의의무를 완전하게 다하지 않을 수도 있다는 점을 알았거나 충분히 알 수 있었으므로, 피고인의 정차 행위와 사상의 결과 발생 사이에 상당인과관계가 있고, 사상의 결과 발생에 대한 예견가능성도 인정되므로, 피고인에게 일반교통방해치사상죄가 성립한다(대판 2014.7.24. 2014도6206).

정답 ②

79 다음 중 옳지 않은 것은 모두 몇 개인가? (다툼이 있으면 판례에 의함)

> ⊙ 야간에 고속도로를 무단횡단하는 보행자를 충격하여 사고를 발생시킨 경우 피고인에게 고속버스와의 안전거리를 확보하지 아니한 채 진행하다가 과속으로 고속버스의 우측으로 추월한 잘못이 있더라도 피고인의 위와 같은 잘못과 피해자의 사망과의 사이에 상당인과관계가 있다고 할 수 없다.
> ⓒ 선행차량에 이어 피고인 운전 차량이 피해자를 연속하여 역과하는 과정에서 피해자가 사망한 경우 피고인 운전 차량의 역과와 피해자의 사망 사이에는 인과관계가 부정된다.
> ⓒ 초지조성공사를 도급받은 수급인이 산불작업을 하도급 준 이후 그 작업을 감독하지 아니한 잘못과 그 하수급인의 과실로 인하여 발생한 산림실화 사이에는 상당인과관계가 있다.
> ⓔ 운전자가 시동을 끄고 시동열쇠는 꽂아 둔 채로 하차한 후 조수가 이를 운전하다가 사고를 낸 경우에 시동열쇠를 그대로 꽂아 둔 행위와 그 사고로 인한 상해의 결과발생 사이에는 특별한 사정이 없는 한 인과관계가 없다.

① 1개 ② 2개
③ 3개 ④ 4개

해설

ⓖ [○] 피고인이 피해자 등의 무단횡단을 미리 예상할 수 있었다고 할 수 없는 상황에서 야간에 고속도로를 무단횡단하는 보행자를 충격하여 사망에 이르게 한 경우, 피고인에게 고속버스와의 안전거리를 확보하지 아니한 채 진행하다가 과속으로 고속버스의 우측으로 제한최고속도를 시속 20km 초과하여 추월한 잘못이 있더라도, 피고인의 위와 같은 잘못과 피해자의 사망 사이에 상당인과관계가 있다고 할 수 없다(대판 2000.9.5. 2000도2671).

ⓒ [×] 피고인이 차량을 운전하고 편도 2차선 도로 중 2차로를 시속 약 60km의 속도로 선행 차량과 약 30m가량의 간격을 유지한 채 진행하다가 선행차량에 역과된 채 진행 도로상에 누워있는 피해자를 뒤늦게 발견하고 급제동을 할 겨를도 없이 이를 그대로 역과하여 피해자가 사망한 경우, 사고에 관하여 피고인에게 업무상 과실이 없다고 할 수 없고 피고인 차량의 역과와 피해자의 사망 사이에 인과관계가 인정된다(대판 2001.12.11. 2001도5005).

ⓒ [×] 초지조성공사를 도급받은 수급인 甲이 불경운작업(산불작업)을 하도급을 준 이후에 계속하여 그 작업을 감독하지 아니한 잘못이 있었고 하수급인이 과실로 산림실화를 발생케 한 경우 … 도급자에 대한 도급계약상의 책임이지 위 하수급인의 과실로 인하여 발생한 산림실화에 상당인과관계가 있는 과실이라고는 할 수 없다(대판 1987.4.28. 87도297).

ⓔ [○] 운전자가 시동을 끄고 시동열쇠는 꽂아 둔 채로 하차한 후 조수가 이를 운전하다가 사고를 낸 경우에 시동열쇠를 그대로 꽂아 둔 행위와 사고로 인한 상해의 결과발생 사이에는 특별한 사정이 없는 한 인과관계가 없다(대판 1971.9.28. 71도1082).

정답 ②

⑦ 피해자의 머리를 한번 받고 경찰봉으로 구타하자 피해자는 출항시부터 머리가 아프다고 배에 누워있다 입항할 즈음 외상성 뇌경막하 출혈로 사망하였다는 것이니, 범행시간과 피해자의 사망시간 간에 20여 시간 경과하였다 하더라도 그 사이에 사망의 중간원인을 발견할 자료가 없는 이상 위 시간적 간격이 있었던 사실만으로 피고인의 구타와 피해자의 사망 사이에 인과관계가 없다고 할 수 없다.

ⓒ 피고인이 자동차를 운전하다 횡단보도를 걷던 보행자 甲을 들이받아 그 충격으로 횡단보도 밖에서 甲과 동행하던 피해자 乙이 밀려 넘어져 상해를 입었다면 그 상해에 대해서까지 피고인은 책임이 없다.

ⓒ 피고인이 야간에 오토바이를 운전하다가 도로를 무단횡단하던 피해자를 충격하여 피해자로 하여금 위 도로상에 전도케 하고, 그로부터 약 40초 내지 60초 후에 다른 사람이 운전하던 타이탄 트럭이 도로위에 전도되어 있던 피해자를 역과하여 사망케 하였다면 그 사망에 책임이 있다.

ⓔ 승용차로 피해자를 가로막아 승차하게 한 후 피해자의 하차 요구를 무시한 채 당초 목적지가 아닌 다른 장소를 향하여 시속 약 60km 내지 70km의 속도로 진행하여 피해자를 차량에서 내리지 못하게 한 행위는 감금죄에 해당하고, 피해자가 그와 같은 감금상태를 벗어날 목적으로 차량을 빠져나오려다가 길바닥에 떨어져 상해를 입고 그 결과 사망에 이르렀다면 감금치사죄에 해당한다.

① ⓒ, ⓒ   ② ⑦

③ ⑦, ⓒ   ④ ⓒ

해설

⑦ [O] 피해자의 머리를 한번 받고 경찰봉으로 구타하자 피해자는 출항시부터 머리가 아프다고 배에 누워있다 입항할 즈음 외상성 뇌경막하 출혈로 사망하였다는 것이니, 범행시간과 피해자의 사망시간간에 20여시간 경과하였다 하더라도 그 사이에 사망의 중간원인을 발견할 자료가 없는 이상 위 시간적 간격이 있었던 사실만으로 피고인의 구타와 피해자의 사망 사이에 인과관계가 없다고 할 수 없다(대판 1984.12.11. 84도2347).

ⓒ [×] 피고인이 자동차를 운전하다 횡단보도에서의 보행자에 대한 보호의무를 위반하여 횡단보도를 걷던 보행자 甲을 들이받아 그 충격으로 횡단보도 밖에서 甲과 동행하던 피해자 乙이 밀려 넘어져 상해를 입었다면 乙의 상해는 피고인의 행위를 직접적인 원인으로 하여 발생한 것이다(대판 2011.4.28. 2009도12671).

ⓒ [O] 피고인이 야간에 오토바이를 운전하다가 도로를 무단횡단하던 피해자를 충격하여 피해자로 하여금 위 도로상에 전도케 하고, 그로부터 약 40초 내지 60초 후에 다른 사람이 운전하던 타이탄트럭이 도로 위에 전도되어 있던 피해자를 역과하여 사망케 한 경우, 피고인의 과실행위는 피해자의 사망에 대한 직접적 원인을 이루는 것이어서 양자 간에는 상당인과관계가 있다(대판 1990.5.22. 90도580).

ⓔ [O] 승용차로 피해자를 가로막아 승차하게 한 후 피해자의 하차 요구를 무시한 채 당초 목적지가 아닌 다른 장소를 향하여 시속 약 60km 내지 70km의 속도로 진행하자(감금에 해당함), 피해자가 그와 같은 감금상태를 벗어날 목적으로 차량을 빠져나오려다가 길바닥에 떨어져 상해를 입고 그 결과 사망에 이른 경우 감금행위와 피해자의 사망 간에는 상당인과관계가 인정되므로 감금치사죄에 해당한다(대판 2000.2.11. 99도5286).

정답 ④

81 다음 설명 중 인과관계가 인정되지 않은 경우는 모두 몇 개인가? (다툼이 있으면 판례에 의함) [13 경찰채용]

⊙ 피고인의 택시가 차량 신호등이 적색 등화임에도 횡단보도 앞 정지선 직전에 정지하지 않고 상당한 속도로 정지선을 넘어 횡단보도에 진입하였고, 횡단보도에 들어선 이후 차량 신호등이 녹색 등화로 바뀌자 교차로로 계속 직진하여 교차로에 진입하자마자 교차로를 거의 통과하였던 피해자의 승용차 오른쪽 뒤 문짝 부분을 피고인 택시 앞 범퍼 부분으로 충돌하여 피해자에게 상해를 입게 한 경우, 피고인의 신호위반행위와 피해자의 상해와의 관계

ⓒ 한의사인 피고인이 피해자에게 문진할 때 과거 봉침을 맞고도 별다른 이상 반응이 없다는 답변을 듣고 알레르기 반응검사를 생략한 채 환부에 봉침시술을 하였는데, 피해자가 위 시술 직후 쇼크반응을 나타내는 등 상해를 입은 경우, 피고인이 알레르기 반응검사를 하지 않은 과실과 피해자의 상해와의 관계

ⓒ 승용차로 피해자를 가로막아 승차하게 한 후 피해자의 하차 요구를 무시한 채 시속 약 60km 내지 70km의 속도로 진행하자, 피해자가 감금상태를 벗어날 목적으로 차량을 빠져나오려다가 길바닥에 떨어져 상해를 입고 그 결과 사망한 경우, 감금행위와 피해자의 사망과의 관계

ⓔ 피고인이 제왕절개수술 후 대량출혈이 있었던 피해자를 전원 조치하였으나 전원 받은 병원 의료진의 조치가 다소 미흡하여 도착 후 약 1시간 20분이 지나 수혈이 시작된 사안에서, 피고인의 전원지체 등의 과실로 신속한 수혈 등의 조치가 지연되어 피해자가 사망한 경우, 전원지체의 과실로 인한 수혈지연과 사망과의 관계

① 1개
② 2개
③ 3개
④ 4개

해설

⊙ [인정] 피고인이 적색 등화에 따라 정지선 직전에 정지하였더라면 교통사고는 발생하지 않았을 것임이 분명하여 피고인의 신호위반행위가 교통사고 발생의 직접적인 원인이 되었다고 보아야 한다(대판 2012.3.15. 2011도17117).

ⓒ [불인정] 피고인이 봉침시술에 앞서 설명의무를 다하였더라도 피해자가 반드시 봉침시술을 거부하였을 것이라고 볼 수 없어, 피고인의 설명의무 위반과 피해자의 상해 사이에 상당인과관계를 인정하기 어렵다(대판 2011.4.14. 2010도10104).

ⓒ [인정] 승용차로 피해자를 가로막아 승차하게 한 후 피해자의 하차 요구를 무시한 채 당초 목적지가 아닌 다른 장소를 향하여 시속 약 60km 내지 70km의 속도로 진행하자(감금에 해당함), 피해자가 그와 같은 감금상태를 벗어날 목적으로 차량을 빠져나오려다가 길바닥에 떨어져 상해를 입고 그 결과 사망에 이른 경우 감금행위와 피해자의 사망간에는 상당인과관계가 인정되므로 감금치사죄에 해당한다(대판 2000.2.11. 99도5286).

ⓔ [인정] 피고인이 제왕절개수술 후 대량출혈이 있었던 피해자를 전원 조치하였으나 전원받는 병원 의료진의 조치가 다소 미흡하여 도착 후 약 1시간 20분이 지나 수혈이 시작된 사안에서, 피고인의 전원지체 등의 과실로 신속한 수혈 등의 조치가 지연된 이상 피해자의 사망과 피고인의 과실 사이에 인과관계가 인정된다고 한 사례(대판 2010.4.29. 2009도7070).

정답 ①

82 인과관계에 관한 설명 중 옳지 않은 것은? (다툼이 있으면 판례에 의함)

① 甲의 선행행위 후 피해자의 과실이 개입되어 결과가 발생한 경우, 그와 같은 사실이 통상 예견할 수 있는 것이라면 甲의 선행행위와 결과 사이에 인과관계가 인정된다.

② 甲이 야간에 오토바이를 운전하다가 도로를 무단횡단하던 A를 충격하여 A가 도로에 넘어졌고, 그로부터 약 40초 내지 60초 후에 乙이 운전하던 타이탄 트럭이 도로 위에 쓰러져 있던 A를 역과하여 사망케 한 경우, 甲의 행위와 A의 사망 사이에 인과관계가 부정된다.

③ 甲이 자동차를 운전하다 횡단보도를 걷던 보행자 A를 들이받아 그 충격으로 A와 함께 가던 B가 A에 의해 밀려 넘어져 상해를 입은 경우, 甲의 행위와 B의 상해 사이에 인과관계가 인정된다.

④ 정신과질환으로 입원한 환자의 주치의사가 환자의 전해질이상 유무를 확인하지 않고 포도당액을 주사하여 환자가 이로 인한 쇼크로 사망하였다면, 그 치료과정에서 야간당직의사의 과실이 일부 개입했더라도 주치의사 및 환자와의 관계에 비추어볼 때 환자의 주치의사는 업무상과실치사죄의 책임을 면할 수 없다.

⑤ 의사 甲이 병원에 후송되어 온 A를 연탄가스 중독으로 진단 및 치료하고 퇴원시키면서 A가 자신의 병명을 물었음에도 연탄가스에 중독된 것이라는 사실과 필요한 요양방법을 지도하여 주지 않아서, A가 퇴원 즉시 처음 사고가 난 방에서 다시 자다가 재차 연탄가스에 중독된 경우, 의사 甲의 과실과 A의 재차 연탄가스중독 사이에 인과관계가 인정된다.

해설

① [O] 교통방해 행위가 피해자의 사상이라는 결과를 발생하게 한 유일하거나 직접적인 원인이 된 경우만이 아니라, 그 행위와 결과 사이에 피해자나 제3자의 과실 등 다른 사실이 개재된 때에도 그와 같은 사실이 통상 예견될 수 있는 것이라면 상당인과관계를 인정할 수 있다(대판 2014.7.24. 2014도6206).

② [×] 피고인이 과실로 피해자를 충격하였고 나아가 야간에 피해자를 충격하여 도로에 넘어지게 한 후 40초 내지 60초 동안 그대로 있게 한다면 후속차량의 운전사들이 조금만 전방주시를 태만히 하여도 피해자를 역과할 수 있음이 당연히 예상되었던 것이므로 피고인의 과실행위는 피해자의 사망에 대한 직접적 원인을 이루는 것이어서 양자간에는 상당인과관계가 있다(대판 1990.5.22. 90도580).

③ [O] 피고인이 자동차를 운전하다 횡단보도에서의 보행자에 대한 보호의무를 위반하여 횡단보도를 걷던 보행자 甲을 들이받아 그 충격으로 횡단보도 밖에서 甲과 동행하던 피해자 乙이 밀려 넘어져 상해를 입었다면 乙의 상해는 피고인의 행위를 직접적인 원인으로 하여 발생한 것이다(대판 2011.4.28. 2009도12671).

④ [O] 환자의 주치의사에게 과실(정신병인 조증으로 입원한 환자에게 투여한 클로르포르마진의 부작용으로 발생한 기립성저혈압을 치유하기 위하여 포도당액을 과다히 주사한 과실)이 있다면, 그러한 과실로 환자가 전해질이상 등으로 인한 쇼크로 사망하였음을 인정할 수 있고, 그 치료 과정에서 야간당직의사의 과실이 일부 개입하였다고 하더라도 주치의사는 업무상과실치사죄의 책임을 면할 수는 없다(대판 1994.12.9. 93도2524).

⑤ [O] 의사에게는 그 원인 사실을 모르고 병명을 문의하는 환자에게 병명을 알려주고 이에 대한 주의사항인 피해장소인 방의 수선이나 환자에 대한 요양의 방법 기타 건강관리에 필요한 사항을 지도하여 줄 요양방법의 지도의무가 있는 것이므로 이를 태만한 것으로서 의사로서의 업무상과실이 있고, 이러한 과실과 재차의 일산화탄소 중독과의 사이에 인과관계가 있다고 보아야 한다(대판 1991.2.12. 90도2547).

정답 ②

제2편 | 범죄론

1장

83 인과관계에 대한 설명 중 옳은 것을 모두 고른 것은? (다툼이 있는 경우 판례에 의함) [23 경찰승진]

> ⊙ 의사가 설명의무를 위반한 채 의료행위를 하여 피해자에게 상해가 발생하였다고 하더라도, 업무상 과실로 인한 형사책임을 지기 위해서는 피해자의 상해와 의사의 설명의무 위반 내지 승낙취득 과정의 잘못 사이에 상당인과관계가 존재하여야 한다.
>
> ⓛ 살인의 실행행위가 피해자의 사망이라는 결과를 발생하게 한 유일한 원인일 필요는 없으나 직접적인 원인이어야만 하므로, 살인의 실행행위와 피해자의 사망 사이에 다른 사실이 개재되어 그 사실이 치사의 직접적인 원인이 되었다면, 그와 같은 사실이 통상 예견할 수 있는지를 불문하고 살인의 실행행위와 피해자의 사망 사이에 인과관계가 있는 것으로 보아야 한다.
>
> ⓒ 폭행 또는 협박으로 타인의 재물을 강취하려는 행위와 이에 극도의 흥분을 느끼고 공포심에 사로잡혀 이를 피하려다 상해에 이르게 된 사실과는 상당인과관계가 인정될 수 없으므로, 이 경우 강취 행위자가 상해의 결과 발생을 예견할 수 있었다고 하더라도 이를 강도치상죄로 다스릴 수 없다.
>
> ⓔ 피고인이 칼로 찌른 행위가 피해자를 사망하게 한 직접적 원인은 아니었다 하더라도 이로부터 발생된 다른 간접적 원인이 결합되어 사망의 결과를 발생하게 한 경우 그 행위와 사망 간에는 인과관계가 있다.

① ⊙, ⓛ
② ⊙, ⓔ
③ ⓛ, ⓒ
④ ⓒ, ⓔ

해설

⊙ [O] 의사가 설명의무를 위반한 채 의료행위를 하여 피해자에게 상해가 발생하였다고 하더라도, 업무상 과실로 인한 형사책임을 지기 위해서는 피해자의 상해와 의사의 설명의무 위반 내지 승낙취득 과정의 잘못 사이에 상당인과관계가 존재하여야 한다(대판 2011.4.14. 2010도10104).

ⓛ [×] 살인의 실행행위가 피해자의 사망이라는 결과를 발생하게 한 유일한 원인이거나 직접적인 원인이어야만 되는 것은 아니므로, 살인의 실행행위와 피해자의 사망과의 사이에 다른 사실이 개재되어 그 사실이 치사의 직접적인 원인이 되었다고 하더라도 그와 같은 사실이 통상 예견할 수 있는 것에 지나지 않는다면 살인의 실행행위와 피해자의 사망과의 사이에 인과관계가 있는 것으로 보아야 한다(대판 1994.3.22. 93도3612).

ⓒ [×] 폭행 또는 협박으로 타인의 재물을 강취하려는 행위와 이에 극도의 흥분을 느끼고 공포심에 사로잡혀 이를 피하려다 상해에 이르게 된 사실과는 상당인과관계가 있다 할 것이고 이 경우, 강취 행위자가 상해의 결과의 발생을 예견할 수 있었다면 이를 강도치상죄로 다스릴 수 있다(대판 1996.7.12. 96도1142).

ⓔ [O] 피고인이 칼로 찌른 행위가 피해자를 사망하게 한 직접적 원인은 아니었다 하더라도, 이로부터 발생된 다른 간접적 원인이 결합되어 사망의 결과를 발생하게 한 경우 그 행위와 사망 간에는 인과관계가 있다(대판 2012.3.15. 2011도17648).

정답 ②

84 인과관계에 관한 설명 중 옳지 않은 것은? (다툼이 있는 경우 판례에 의함)

① 의사가 시술의 위험성에 관하여 설명을 하였더라면 환자가 시술을 거부하였을 것이라는 점이 합리적 의심의 여지가 없이 증명되지 못한 경우에는 의사의 설명의무 위반과 환자의 상해 또는 사망 사이에 상당인과관계를 인정할 수 없다.

② 고의의 결과범에서 실행행위와 결과발생 간에 인과관계가 없는 경우 행위자를 기수범으로 처벌할 수 없다.

③ 「아동·청소년의 성보호에 관한 법률」 제7조 제5항 위반의 위계에 의한 간음죄에서 행위자가 간음의 목적으로 피해자에게 오인, 착각, 부지를 일으키고 피해자의 그러한 심적 상태를 이용하여 간음의 목적을 달성하였다면 위계와 간음행위 사이의 인과관계를 인정할 수 있다.

④ 피해자 법인의 대표가 기망행위자와 동일인이거나 기망행위자와 공모하는 등 기망행위임을 알고 있었던 경우에는 기망행위로 인한 착오가 있다고 볼 수 없고, 재물 교부 등의 처분행위가 있었더라도 기망행위와 인과관계가 있다고 보기 어렵다.

⑤ 살인의 실행행위와 피해자의 사망 사이에 다른 사실이 개재되어 그 사실이 사망의 직접적인 원인이 되었다면, 그 사실이 통상 예견할 수 있는 것이라 하더라도 살인의 실행행위와 피해자의 사망 사이에 인과관계가 없는 것으로 보아야 한다.

해설

① [O] 의사가 설명의무를 위반한 채 의료행위를 하였다가 환자에게 상해 또는 사망의 결과가 발생한 경우 의사에게 업무상 과실로 인한 형사책임을 지우기 위해서는 의사의 설명의무 위반과 환자의 상해 또는 사망 사이에 상당인과관계가 존재하여야 한다 (대판 2015.6.24. 2014도11315).

【판결이유】 (의사가 설명의무를 이행하였더라도 동일한 의료사고가 발생하는 경우) 피해자와 공소외 2(남편)는 피고인이 수술의 위험성에 관하여 설명하였는지 여부에 관계없이 간경변증을 앓고 있는 피해자에게 이 사건 수술이 위험할 수 있다는 점을 이미 충분히 인식하고 있었던 것으로 보인다. 그렇다면 피고인이 피해자나 공소외 2에게 공소사실 기재와 같은 내용으로 수술의 위험성에 관하여 설명하였다고 하더라도 피해자나 공소외 2가 수술을 거부하였을 것이라고 단정하기 어렵다. 따라서 피고인의 설명의무 위반과 피해자의 사망 사이에 상당인과관계가 있다고 단정할 수 없다.

② [O] 인과관계가 인정되지 않으면 기수범이 성립할 수 없게 되어 고의범의 경우 미수범의 가벌성을 검토해야 하나, 과실범의 경우 미수를 처벌하는 규정이 없으므로 가벌성 심사는 종료되며 처벌되지 않는다.

③ [O] [1] 행위자가 간음의 목적으로 피해자에게 오인, 착각, 부지를 일으키고 피해자의 그러한 심적 상태를 이용하여 간음의 목적을 달성하였다면 위계와 간음행위 사이의 인과관계를 인정할 수 있고, 따라서 위계에 의한 간음죄가 성립한다. 한편 피해자가 오인, 착각, 부지에 빠지게 되는 대상은 간음행위 자체일 수도 있고, 간음행위에 이르게 된 동기이거나 간음행위와 결부된 금전적·비금전적 대가와 같은 요소일 수도 있다(대판(전) 2020.8.27. 2015도9436).

【판례해설】 위와 같은 판례변경으로 「피고인이 피해자를 여관으로 유인하기 위하여 남자를 소개시켜 주겠다고 거짓말을 하고 피해자가 이에 속아 여관으로 오게 되었고 거기에서 성관계를 하게 되었다 할지라도, 그녀가 여관으로 온 행위와 성교행위 사이에는 불가분의 관련성이 인정되지 아니하는 만큼 이로 인하여 피해자가 간음행위 자체에 대한 착오에 빠졌다거나 이를 알지 못하였다고 할 수는 없다 할 것이어서, 피고인의 위 행위는 형법 제302조 소정의 위계에 의한 심신미약자간음죄에 있어서 위계에 해당하지 아니한다(대판 2002.7.12. 2002도2029).」는 기존의 판례 등의 법리와 결론은 유지될 수 없게 되었다.

【동지판례】 피고인이 랜덤채팅 애플리케이션을 통해 알게 된 피해자(여, 15세)에게 연예기획사에서 일하는 매니저와 사진작가의 1인 2역을 하면서 거짓말을 하여 피해자로 하여금 모델이 되기 위한 연기 연습 및 사진 촬영 연습의 일환으로 성관계를 한다는 착각에 빠지게 한 후, 마치 자신이 위 매니저가 소개한 사진작가인 것처럼 행세하면서 피해자를 간음한 것을 비롯해, 같은 방법으로 10회에 걸쳐 위계로써 아동·청소년인 피해자를 간음하였으며, 이를 기화로 나체 상태의 피해자를 카메라로 촬영하고 간음 영상을 비디오카메라로 녹화한 것을 비롯해, 같은 방법으로 9회에 걸쳐 나체 상태의 피해자를 촬영함으로써 카메라를 이용하여 성적 욕망 또는 수치심을 유발할 수 있는 피해자의 신체를 피해자의 의사에 반하여 촬영하였다. 피고인에게는 아동·청소년의 성보호에 관한 법률위반(위계등간음)죄 및 성폭력범죄의 처벌 등에 관한 특례법 위반(카메라등이용촬영)죄가 성립한다(대판 2022.4.28. 2021도9041).

④ [O] 사기죄가 성립하려면 행위자의 기망행위, 피기망자의 착오와 그에 따른 처분행위, 그리고 행위자 등의 재물이나 재산상 이익의 취득이 있고, 그 사이에 순차적인 인과관계가 존재하여야 한다. 피해자 법인이나 단체의 대표자 또는 실질적으로 의사결정을 하는 최종결재권자 등이 기망행위자와 동일인이거나 기망행위자와 공모하는 등 기망행위임을 알고 있었던 경우에는 기망행위로 인한 착오가 있다고 볼 수 없고, 재물 교부 등의 처분행위가 있었더라도 기망행위와 인과관계가 있다고 보기 어렵다. 이러한 경우에는 사안에 따라 업무상횡령죄 또는 업무상배임죄 등이 성립하는 것은 별론으로 하고 사기죄가 성립한다고 볼 수 없다(대판 2017.9.26. 2017도8449).

⑤ [×] 살인의 실행행위가 피해자의 사망이라는 결과를 발생하게 한 유일한 원인이거나 직접적인 원인이어야만 되는 것은 아니므로 살인의 실행행위와 피해자의 사망과의 사이에 다른 사실이 개재되어 그 사실이 치사의 직접적인 원인이 되었다고 하더라도, 그와 같은 사실이 통상 예견할 수 있는 것에 지나지 않는다면 살인의 실행행위와 피해자의 사망과의 사이에 인과관계가 있는 것으로 보아야 할 것이다(대판 1994.3.22. 93도3612).

정답 ⑤

제6절 | 고의와 구성요건의 착오

85 고의에 관한 설명으로 옳은 것은 모두 몇 개인가? (다툼이 있는 경우 판례에 의함)

[23 경찰간부]

> 가. 부진정 부작위범의 고의는 반드시 구성요건적 결과발생에 대한 목적이나 계획적인 범행 의도가 있어야 하는 것은 아니고 법익침해의 결과발생을 방지할 법적 작위의무를 가지고 있는 사람이 의무를 이행함으로써 결과발생을 쉽게 방지할 수 있었음을 예견하고도 결과 발생을 용인하고 이를 방관한 채 의무를 이행하지 아니한다는 인식을 하면 족하다.
>
> 나. 임금 등 지급의무의 존부와 범위에 관하여 다툴 만한 근거가 있다면 사용자가 그 임금 등을 지급하지 않은 데에 상당한 이유가 있다고 보아야 하므로, 사용자에게 「근로기준법」 제109조 제1항, 제36조 위반의 고의가 있었다고 보기 어렵다.
>
> 다. 살인예비죄가 성립하기 위하여는 살인죄를 범할 목적 외에도 살인의 준비에 관한 고의가 있어야 한다.
>
> 라. 고의는 객관적 구성요건요소에 관한 인식과 구성요건실현을 위한 의사를 의미하고, 「형법」 제13조에 의하면 고의가 인정되지 않은 경우 원칙적으로 처벌되지 않는다.

① 1개   ② 2개

③ 3개   ④ 4개

해설

가. [O] 부진정 부작위범의 고의는 반드시 구성요건적 결과발생에 대한 목적이나 계획적인 범행 의도가 있어야 하는 것은 아니고 법익침해의 결과발생을 방지할 법적 작위의무를 가지고 있는 사람이 의무를 이행함으로써 결과발생을 쉽게 방지할 수 있었음을 예견하고도 결과발생을 용인하고 이를 방관한 채 의무를 이행하지 아니한다는 인식을 하면 족하며, 이러한 작위의무자의 예견 또는 인식 등은 확정적인 경우는 물론 불확정적인 경우이더라도 미필적 고의로 인정될 수 있다(대판(전) 2015.11.12. 2015도6809).

나. [O] 임금 등 지급의무의 존부와 범위에 관하여 다툴 만한 근거가 있는 경우, 사용자에게 근로기준법 제109조 제1항, 제36조 위반죄의 고의가 있었다고 단정하기 어렵다(대판 2022.6.30. 2022도742).

다. [O] 형법 제255조, 제250조의 살인예비죄가 성립하기 위하여는 형법 제255조에서 명문으로 요구하는 살인죄를 범할 목적 외에도 살인의 준비에 관한 고의가 있어야 한다(대판 2009.10.29. 2009도7150).

라. [O] 구성요건적 고의란 객관적 구성요건적 사실을 인식(지적 요소)하고 구성요건을 실현하려는 의사(의지적 요소)를 말한다. 형법은 원칙적으로 고의행위만을 처벌하고, 고의 없는 과실행위는 법률에 특별한 규정이 있는 경우에만 예외적으로 처벌한다(제13조).

정답 ④

86 고의에 관한 설명으로 옳지 않은 것을 모두 고른 것은? (다툼이 있는 경우 판례에 의함) [22 경찰채용]

> ㉠ 행정상의 단속을 주안으로 하는 법규라 하더라도 명문규정이 있거나 해석상 과실범도 벌할 뜻이 명확한 경우를 제외하고는 형법의 원칙에 따라 고의가 있어야 벌할 수 있다.
> ㉡ 형법 제167조 제1항의 일반물건방화죄에서 '공공의 위험 발생'은 고의의 인식 대상이 아니다.
> ㉢ 형법 제136조 제1항의 공무집행방해죄에 있어서의 범의는 상대방이 직무를 집행하는 공무원이라는 사실과 이에 대하여 폭행 또는 협박을 한다는 인식, 그리고 그 직무집행을 방해할 의사를 내용으로 한다.
> ㉣ 방조범은 2중의 고의를 필요로 하므로 정범이 정하는 범죄의 일시, 장소, 객체 등을 구체적으로 인식하여야 하며, 나아가 정범이 누구인지 확정적으로 인식해야 한다.
> ㉤ 친족상도례가 적용되기 위하여는 친족관계가 객관적으로 존재하여야 하나, 행위자가 이를 인식할 필요는 없다.

① ㉠, ㉡, ㉢　　　　　　　　　　　② ㉠, ㉣, ㉤
③ ㉡, ㉢, ㉣　　　　　　　　　　　④ ㉢, ㉣, ㉤

해설

㉠ [○] 대판 2010.2.11. 2009도9807.
㉡ [×]

구분	추상적 위험범	구체적 위험범
의의	법익침해의 현실적 위험성을 요하지 않고 일반적 위험성만으로 구성요건이 충족되는 범죄를 말한다. 일정한 행위가 있으면 당연히 법익에 대한 추상적 위험이 발생한 것으로 간주된다.	법익침해의 현실적 위험이 야기된 경우에 구성요건이 충족되는 범죄를 말한다. [12 사시]
위험의 발생	구성요건 요소가 아니다.	구성요건 요소이다.
위험의 인식	고의의 인식대상이 아니다.	고의의 인식대상이다. [11, 12, 13 사시]
범죄의 성질	대부분 거동범	대부분 결과범
위험발생 입증	불요	필요
예	• 현주(공용)건조물방화죄 • 타인소유일반건조물방화죄 • 공무집행방해죄, 위증죄, 무고죄 • 명예훼손죄, 신용훼손죄, 업무방해죄	• 자기소유일반건조물방화죄 • 일반물건방화죄 [17 변시] • 자기소유일반건조물·일반물건실화죄3) • 자기소유일반건조물일수죄

구체적 위험범에서의 위험발생은 구성요건 요소에 해당하므로 고의의 인식 대상이다. 그러나 추상적 위험범에서의 위험발생은 구성요건 요소가 아니므로 그 위험은 고의의 인식 대상이 아니다.

㉢ [×] 공무집행방해죄에 있어서의 범의는 상대방이 직무를 집행하는 공무원이라는 사실, 그리고 이에 대하여 폭행 또는 협박을 한다는 사실을 인식하는 것을 그 내용으로 하고, 그 인식은 불확정적인 것이라도 소위 미필적 고의가 있다고 보아야 하며, 그 직무집행을 방해할 의사를 필요로 하지 아니한다(대판 1995.1.24. 94도1949).

㉣ [×] 정범에 의하여 실행되는 침해행위에 대한 미필적 고의가 있는 것으로 충분하고 정범의 침해행위가 실행되는 일시·장소·객체 등을 구체적으로 인식할 필요가 없으며, 나아가 정범이 누구인지 확정적으로 인식할 필요도 없다(대판 2007.12.14. 2005도872).

㉤ [○] 원칙적으로 객관적 구성요건요소가 고의의 인식대상이므로 처벌조건은 고의의 인식대상이 아니며 따라서 처벌조건에 대한 착오는 범죄의 성립에 영향이 없다. 예를 들어 인적처벌조각사유(예 친족상도례에서 형면제 신분)는 객관적으로 존재하기만 하면 그 효과를 인정받게 되며 행위자가 이를 인식할 것을 요하지 않는다.

정답 ③

---

3) 이와 같이 구체적 위험범은 고의범뿐만 아니라 과실범의 형태로도 존재한다. [12, 15 사시] [19 변시]

87 다음 중 고의의 인식대상을 모두 고른 것은?

> ⓐ 수뢰죄에 있어서 공무원이라는 신분
> ⓑ 사전수뢰죄에 있어서 공무원 또는 중재인이 된 사실
> ⓒ 친족상도례가 적용되는 범죄에 있어서 친족관계
> ⓓ 특수폭행죄에 있어서 위험한 물건을 휴대한다는 사실
> ⓔ 친고죄에 있어서 피해자의 고소

① ⓐ, ⓓ   ② ⓑ, ⓒ

③ ⓐ, ⓓ, ⓔ   ④ ⓑ, ⓒ, ⓔ

해설

[1] 구성요건적 고의의 인식대상은 객관적 구성요건요소이다(ⓐ 행위 주체, ⓓ 행위태양).
[2] ⓑ 객관적 처벌조건, ⓒ 친족상도례에 있어서 친족관계(형 면제 신분 또는 소추조건), ⓔ 소추조건에 해당하며 이들은 객관적 구성요건에 해당하는 사실이 아니므로 고의의 인식대상이 아니다.

정답 ①

88 구성요건적 고의의 인식대상에 관한 다음 기술 중 옳은 것은 모두 몇 개인가?

> ⓐ 구성요건적 고의의 인식대상은 객관적 구성요건요소이며, 진정신분범에서의 신분은 고의의 인식대상이 아니다
> ⓑ 친족상도례가 적용되기 위하여는 친족관계가 객관적으로 존재해야 하고, 행위자가 이를 인식해야 한다.
> ⓒ 존속살해죄에서의 '직계존속', 상습도박죄에서의 '상습성', 강도죄에서의 '폭행·협박'은 구성요건적 고의의 인식대상이다.
> ⓓ 결과적 가중범에서 발생된 '중한 결과', 추상적 위험범의 행위 객체에 대한 '위험', '주관적 위법요소'는 고의의 인식대상이 아니다.

① 없음   ② 1개

③ 2개   ④ 3개

해설

ⓐ [×] 진정신분범에서의 신분은 객관적 구성요건요소(행위주체)이므로 고의의 인식대상이다.
ⓑ [×] 친족상도례의 친족관계는 객관적으로 존재하면 족하고 행위자가 이를 인식할 필요는 없다.
ⓒ [×] 존속살해죄에서의 '직계존속'(가중적 구성요건), 강도죄에서의 '폭행·협박'(행위)은 고의의 인식대상이다. 상습도박죄에서의 '상습성'은 책임관련 요소이므로 고의의 인식대상이 아니다.
ⓓ [○] 결과적 가중범에 있어서 중한 결과는 고의의 인식대상이 아니며 예견가능성(과실)이 있으면 족하다. 추상적 위험범에서 위험발생은 구성요건 요소가 아니므로 고의의 인식대상이 아니다. '주관적 위법요소'는 객관적 구성요건요소가 아니므로 고의의 인식대상이 아니다.

정답 ②

89 다음 설명 중 가장 적절하지 않은 것은? (다툼이 있으면 판례에 의함) [16 경찰채용]

① 미필적 고의가 인정되기 위해서는 범죄사실의 발생가능성에 대한 인식이 있음은 물론 나아가 범죄사실이 발생할 위험을 용인하는 내심의 의사가 있어야 한다.

② 강도가 베개로 피해자의 머리부분을 약 3분간 누르던 중 피해자가 저항을 멈추고 사지가 늘어졌음에도 계속하여 누른 행위에 살해의 고의가 있다.

③ 범죄의 고의는 확정적 고의뿐만 아니라 결과 발생에 대한 인식이 있고 그를 용인하는 의사인 이른바 미필적 고의도 포함하므로 형법 제307조 제2항의 허위사실 적시에 의한 명예훼손죄 역시 미필적 고의에 의하여도 성립하고, 위와 같은 법리는 형법 제308조의 사자명예훼손죄의 판단에서도 마찬가지로 적용된다.

④ 야간에 신체의 일부가 집 안으로 들어간다는 인식하에 타인의 집의 창문을 열고 집 안으로 얼굴을 들이미는 행위를 하였다면 주거침입죄의 범의는 인정되지 않는다.

해설

① [O] 미필적 고의가 인정되기 위해서는 범죄사실의 발생가능성에 대한 인식이 있음은 물론 나아가 범죄사실이 발생할 위험을 용인하는 내심의 의사가 있어야 한다(대판 2011.10.27. 2011도8109).

② [O] 강도가 베개로 피해자의 머리부분을 약 3분간 누르던 중 피해자가 저항을 멈추고 사지가 늘어졌음에도 계속하여 누른 결과 피해자가 사망한 경우, 범행 당시 피고인이 단순히 위협할 목적으로 피해자의 몸을 누르고 있었다고 볼 수는 없고 <u>살해의 고의가 있었다고 봄이 상당하다</u>(대판 2002.2.8. 2001도6425).

③ [O] 범죄의 고의는 확정적 고의뿐만 아니라 결과 발생에 대한 인식이 있고 그를 용인하는 의사인 이른바 미필적 고의도 포함하므로 형법 제307조 제2항의 허위사실 적시에 의한 명예훼손죄 역시 미필적 고의에 의하여도 성립하고, 위와 같은 법리는 형법 제308조의 사자명예훼손죄의 판단에서도 마찬가지로 적용된다(대판 2014.3.13. 2013도12430).

④ [×] 야간에 타인의 집의 창문을 열고 집 안으로 얼굴을 들이미는 등의 행위를 하였다면 피고인이 <u>자신의 신체의 일부가 집 안으로 들어간다는 인식하에 하였더라도 주거침입죄의 범의는 인정되고</u> 또한 비록 신체의 일부만이 집 안으로 들어갔다고 하더라도 사실상 주거의 평온을 해하였다면 주거침입죄는 기수에 이른다(대판 1995.9.15. 94도2561).

정답 ④

90 다음은 고의에 대한 설명이다. 가장 적절하지 않은 것은? (다툼이 있으면 판례에 의함) [13 경찰채용]

① 살인죄에 있어 범의는 자기의 행위로 인하여 타인의 사망의 결과를 발생시킬만한 가능 또는 위험이 있음을 인식 또는 예견하면 족한 것이고 사망의 결과발생 또는 희망할 것은 필요치 않다.

② 운전면허증 앞면에 적성검사기간이 기재되어 있고 뒷면 하단에 경고 문구가 있다는 점만으로 피고인이 정기적성검사 미필로 면허가 취소된 사실을 미필적으로나마 인식하였다고 추단하기 어렵다.

③ 상해죄의 성립에는 상해의 원인인 폭행에 대한 인식이 있으면 충분하고 상해를 가할 의사의 존재까지는 필요하지 않다.

④ 甲이 인터넷사이트 내 자살관련 카페 게시판에 청산염 등 자살용 유독물의 판매광고를 한 행위가 금원의 편취목적으로 이루어지고, 변사자들이 다른 경로로 입수한 청산염을 이용하여 자살한 경우 甲은 자살방조죄에 해당한다.

해설

① [○] 살인죄의 범의는 자기의 행위로 인하여 피해자가 사망할 수도 있다는 사실을 인식, 예견하는 것으로 족하지 피해자의 사망을 희망하거나 목적으로 할 필요는 없고, 확정적인 고의가 아닌 미필적 고의로도 족한 것이다(대판 2002.10.25. 2002도4089).

② [○] 운전면허증 앞면에 적성검사기간이 기재되어 있고 뒷면 하단에 경고 문구가 있다는 점만으로 피고인이 정기적성검사 미필로 면허가 취소된 사실을 미필적으로나마 인식하였다고 추단하기 어렵다(대판 2004.12.10. 2004도6480).

③ [○] 상해죄의 성립에는 상해의 원인인 폭행에 대한 인식이 있으면 충분하고 상해를 가할 의사의 존재까지는 필요하지 않다(대판 2000.7.4. 99도4341).

④ [×] 피고인이 인터넷 사이트 내 자살 관련 카페 게시판에 청산염 등 자살용 유독물의 판매광고를 한 행위가 단지 <u>금원 편취 목적의 사기행각의 일환으로 이루어졌고, 변사자들이 다른 경로로 입수한 청산염을 이용하여 자살한 사정 등에 비추어, 피고인의 행위는 자살방조에 해당하지 않는다</u>(대판 2005.6.10. 2005도1373).

정답 ④

91 판례에서 괄호 안의 범죄행위에 대한 미필적 고의를 인정하지 않은 것은?

[12 국가9급]

① 어음이 지급기일에 결제되지 않으리라는 점을 예견하였거나 지급기일에 지급될 수 있다는 확신이 없으면서도 그러한 내용을 수취인에게 고지하지 아니하고 이를 속여서 할인을 받은 경우 (사기)

② 새로 목사로서 부임한 피고인이 전임목사에 관한 교회내의 불미스러운 소문의 진위를 확인하기 위하여 이를 교회 집사들에게 물어본 경우 (명예훼손)

③ 여관업을 하는 피고인이 이성혼숙하려는 자의 외모나 차림 등에 의해 청소년이라고 의심할 만한 사정이 있었으나, 신분증을 소지하지 않았다는 말만 듣고 구두로 연령을 확인하여 이성혼숙을 허용한 경우 (청소년보호법위반)

④ 의무경찰의 지시에 따르지 않고 항의하던 택시운전자가 신경질적으로 갑자기 좌회전하여 택시 우측 앞 범퍼부분으로 의무경찰의 무릎을 들이받은 경우 (공무집행방해)

해설

① [인정] 어음할인의 방법으로 금원을 교부받은 경우에는 어음이 지급기일에 결제되지 않으리라는 점을 예견하였거나 지급기일에 지급될 수 있다는 확신이 없으면서도 그러한 내용을 수취인에게 고지하지 아니하고 이를 속여서 할인을 받았다면 사기죄가 성립한다(대판 2008.2.28. 2007도10416).

② [불인정] 새로 목사로서 부임한 피고인이 전임목사에 관한 교회내의 불미스러운 소문의 진위를 확인하기 위하여 이를 교회집사들에게 물어보았다면 <u>이는 경험칙상 충분히 있을 수 있는 일로서 명예훼손의 고의없는 단순한 확인에 지나지 아니하여 사실의 적시라고 할 수 없다</u> 할 것이므로 피고인에게 명예훼손의 고의 또는 미필적 고의가 인정되지 아니한다(대판 1985.5.28. 85도588).

③ [인정] 여관업을 하는 자로서는 이성혼숙하려는 자의 외모나 차림 등에 의하여 청소년이라고 의심할 만한 사정이 있는 때에는 신분증이나 기타 확실한 방법에 의하여 청소년인지 여부를 확인하고 청소년이 아닌 것으로 확인된 경우에만 이성혼숙을 허용하여야 할 것이므로, 위와 같은 경우 신분증을 소지하지 않았다는 말을 듣고 단지 구두로만 연령을 확인하여 이성혼숙을 허용하였다면, 적어도 청소년 이성혼숙에 관한 미필적 고의가 있다고 보아도 좋을 것이다(대판 2001.8.21. 2001도3295).

④ [인정] 의무경찰의 지시에 따르지 않고 항의하던 택시운전자가 신경질적으로 갑자기 좌회전하여 택시 우측 앞 범퍼 부분으로 의무경찰의 무릎을 들이받은 경우 <u>그대로 좌회전하는 경우 그로부터 불과 30cm 앞에서 서 있던 의무경찰을 충격하리라는 사실을 쉽게 알고 이러한 결과발생을 용인하는 내심의 의사</u>, 즉 공무집행방해의 미필적 고의가 있다(대판 1995.1.24. 94도1949).

정답 ②

92 고의에 관한 설명 중 가장 적절하지 않은 것은? (다툼이 있으면 판례에 의함) [16 경찰승진]

① 강도가 베개로 피해자의 머리 부분을 약 3분간 누르던 중 피해자가 저항을 멈추고 사지가 늘어졌음에도 계속 눌러 사망하게 한 경우 살인죄의 고의가 인정되지 않는다.

② 상해죄의 성립에는 상해의 원인인 폭행에 대한 인식이 있으면 충분하고 상해를 가할 의사의 존재까지는 필요하지 않다.

③ 의무경찰의 지시에 따르지 않고 항의하던 택시운전자가 신경질적으로 갑자기 좌회전하여 택시 우측 앞 범퍼 부분으로 의무경찰의 무릎을 들이받은 경우 공무집행방해의 미필적 고의가 있다.

④ 유흥업소 업주가 고용대상자가 성인이라는 말만 믿고, 타인의 건강진단결과서만 확인한 채 청소년을 청소년유해업소에 고용한 경우 청소년 고용에 관한 미필적 고의가 있다.

해설

① [×] 강도가 베개로 피해자의 머리부분을 약 3분간 누르던 중 피해자가 저항을 멈추고 사지가 늘어졌음에도 계속하여 누른 결과 피해자가 사망한 경우, 범행 당시 피고인이 단순히 위협할 목적으로 피해자의 몸을 누르고 있었다고 볼 수는 없고 살해의 고의가 있었다고 봄이 상당하다(대판 2002.2.8. 2001도6425).

② [○] 상해죄의 성립에는 상해의 원인인 폭행에 대한 인식이 있으면 충분하고 상해를 가할 의사의 존재까지는 필요하지 않다(대판 2000.7.4. 99도4341).

③ [○] 의무경찰의 지시에 따르지 않고 항의하던 택시운전자가 신경질적으로 갑자기 좌회전하여 택시 우측 앞 범퍼 부분으로 의무경찰의 무릎을 들이받은 경우 그대로 좌회전하는 경우 그로부터 불과 30cm 앞에서 서 있던 의무경찰을 충격하리라는 사실을 쉽게 알고도 이러한 결과발생을 용인하는 내심의 의사, 즉 공무집행방해의 미필적 고의가 있다(대판 1995.1.24. 94도1949).

④ [○] 유흥업소 업주가 고용대상자가 성인이라는 말만 믿고, 타인의 건강진단결과서만 확인한 채 청소년을 청소년유해업소에 고용한 경우 청소년 고용에 관한 미필적 고의가 있다(대판 2002.6.28. 2002도2425).

정답 ①

93 고의에 대한 설명으로 옳지 않은 것은? (다툼이 있으면 판례에 의함) [14 국가7급]

① 장물취득죄에 있어서 장물의 인식은 미필적 인식만으로는 부족하고 확정적 인식임을 요한다. 또한 장물인 정을 알고 있었느냐의 여부는 장물소지자의 신분, 재물의 성질, 거래의 대가, 기타 상황을 참작하여 인정할 수 있다.

② 무고죄에서 고의는 반드시 확정적 고의임을 요하지 않고 미필적 고의로도 충분하므로 신고자가 진실하다는 확신이 없는 사실을 신고해도 무고죄가 성립한다.

③ 방조범은 정범의 실행을 방조한다는 방조의 고의뿐만 아니라 정범의 행위가 구성요건에 해당하는 행위인 점에 대한 정범의 고의가 있어야 한다.

④ 강도가 베개로 피해자의 머리 부분을 약 3분간 누르던 중 피해자가 저항을 멈추고 사지가 늘어졌음에도 계속하여 누른 경우 살해의 고의가 인정된다.

해설

① [×] 장물취득죄에 있어서 장물의 인식은 확정적 인식임을 요하지 않으며 장물일지도 모른다는 의심을 가지는 정도의 미필적 인식으로서도 충분하다(대판 2006.10.13. 2004도6084).

② [○] 무고죄에 있어서 범의는 반드시 확정적 고의임을 요하지 아니하고 미필적 고의로서도 족하다 할 것이므로, 무고죄는 신고 자가 진실하다는 확신 없는 사실을 신고함으로써 성립하고 그 신고사실이 허위라는 것을 확신함을 필요로 하지 않는다(대판 2006.5.25. 2005도4642).

③ [○] 형법상 방조행위는 정범이 범행을 한다는 정을 알면서 그 실행행위를 용이하게 하는 직접·간접의 행위를 말하므로 방조 범은 정범의 실행을 방조한다는 이른바 방조의 고의와 정범의 행위가 구성요건에 해당하는 행위인 점에 대한 정범의 고의가 있어야 한다(대판 2012.6.28. 2012도2628).

④ [○] 강도가 베개로 피해자의 머리부분을 약 3분간 누르던 중 피해자가 저항을 멈추고 사지가 늘어졌음에도 계속하여 누른 결과 피해자가 사망한 경우, 범행 당시 피고인이 단순히 위협할 목적으로 피해자의 몸을 누르고 있었다고 볼 수는 없고 살해의 고의가 있었다고 봄이 상당하다(대판 2002.2.8. 2001도6425).

정답 ①

94 미필적 고의에 관한 설명 중 가장 적절하지 않은 것은? (다툼이 있으면 판례에 의함) [15 경찰승진]

① 새로 목사로 부임한 자가 전임목사에 관한 교회 내의 불미스러운 소문의 진위를 확인하기 위하여 이를 교회 집사 들에게 물어본 경우 명예훼손에 대한 미필적 고의가 인정된다.

② 미필적 고의가 있었다고 하려면 범죄사실의 발생 가능성에 대한 인식이 있음은 물론 나아가 범죄사실이 발생할 위험을 용인하는 내심의 의사가 있어야 한다.

③ 건장한 체격의 군인이 왜소한 체격인 피해자의 목을 15초 내지 20초 동안 세게 졸라 설골이 부러질 정도로 폭력을 행사하였다면, 피해자가 실신하자 피해자에게 인공호흡을 실시하였다 하여도 살인의 미필적 고의가 인정된다.

④ 의무경찰의 지시에 따르지 않고 항의하던 택시운전자가 신경질적으로 갑자기 좌회전하여 택시 우측 앞 범퍼 부분 으로 의무경찰의 무릎을 들이받은 경우 공무집행방해의 미필적 고의가 있다.

해설

① [×] 새로 목사로서 부임한 피고인이 전임목사에 관한 교회내의 불미스러운 소문의 진위를 확인하기 위하여 이를 교회집사들에 게 물어보았다면 이는 경험칙상 충분히 있을 수 있는 일로서 명예훼손의 고의없는 단순한 확인에 지나지 아니하여 사실의 적시 라고 할 수 없다 할 것이므로 피고인에게 명예훼손의 고의 또는 미필적 고의가 인정되지 아니한다(대판 1985.5.28. 85도588).

② [○] 미필적 고의가 있었다고 하려면 범죄사실의 발생 가능성에 대한 인식이 있음은 물론 나아가 범죄사실이 발생할 위험을 용인하는 내심의 의사가 있어야 한다(대판 2009.9.10. 2009도5075).

③ [○] 건장한 체격의 군인이 왜소한 체격인 피해자의 목을 15초 내지 20초 동안 세게 졸라 설골이 부러질 정도로 폭력을 행사하 였다면, 피해자가 실신하자 피해자에게 인공호흡을 실시하였다 하여도 살인의 미필적 고의가 인정된다(대판 2001.3.9. 2000도 5590).

④ [○] 의무경찰의 지시에 따르지 않고 항의하던 택시운전자가 신경질적으로 갑자기 좌회전하여 택시 우측 앞 범퍼 부분으로 의 무경찰의 무릎을 들이받은 경우 그대로 좌회전하는 경우 그로부터 불과 30㎝ 앞에서 서 있던 의무경찰을 충격하리라는 사실을 쉽게 알고도 이러한 결과발생을 용인하는 내심의 의사, 즉 공무집행방해의 미필적 고의가 있다(대판 1995.1.24. 94도1949).

정답 ①

95 다음 설명 중 가장 적절하지 않은 것은? (다툼이 있으면 판례에 의함) [13 경찰채용]

① 살인죄의 성립에 필요한 고의는 살해의 목적이나 계획적인 살해의 의도가 있었던 경우뿐만 아니라 자기의 행위로 인해 타인의 사망의 결과를 발생시킬 만한 가능 또는 위험이 있음을 인식했거나 예견한 경우에도 인정된다.

② 방조범의 고의는 정범의 실행을 방조하는 것에 대한 인식으로써 족하며 정범의 행위가 구성요건에 해당하는 행위인 점에 대한 인식까지 필요로 하지는 않는다.

③ 미필적 고의가 인정되기 위해서는 범죄사실의 발생가능성에 대한 인식과 더불어 범죄사실이 발생할 위험을 용인하는 내심의 의사가 있어야 한다.

④ 협박죄에 있어서의 고의는 일반적으로 보아 사람으로 하여금 공포심을 일으킬 수 있는 정도의 해악을 고지하는 것에 대한 인식 내지 인용을 말하며, 고지한 해악을 실제로 실현할 의도나 욕구는 필요로 하지 않는다.

해설

① [○] 살인죄의 성립에 필요한 고의는 살해의 목적이나 계획적인 살해의 의도가 있었던 경우뿐만 아니라 자기의 행위로 인해 타인의 사망의 결과를 발생시킬 만한 가능 또는 위험이 있음을 인식했거나 예견한 경우에도 인정된다(대판 2009.2.26. 2008도9867).

② [×] 방조범은 정범의 실행을 방조한다는 이른바 방조의 고의와 정범의 행위가 구성요건에 해당하는 행위인 점에 대한 정범의 고의가 있어야 한다(대판 2012.6.28. 2012도2628).

③ [○] 미필적 고의가 있었다고 하려면 범죄사실의 발생 가능성에 대한 인식이 있음은 물론 나아가 범죄사실이 발생할 위험을 용인하는 내심의 의사가 있어야 한다(대판 2009.9.10. 2009도5075).

④ [○] 협박죄에 있어서의 고의는 일반적으로 보아 사람으로 하여금 공포심을 일으킬 수 있는 정도의 해악을 고지하는 것에 대한 인식 내지 인용을 말하며, 고지한 해악을 실제로 실현할 의도나 욕구는 필요로 하지 않는다(대판 2006.8.25. 2006도546).

정답 ②

---

96 고의에 관한 다음 설명 중 가장 적절하지 않은 것은? (다툼이 있으면 판례에 의함) [15 경찰채용]

① 유흥업소 업주가 고용대상자가 성인이라는 말만 믿고, 타인의 건강진단결과서만 확인한 채 청소년을 청소년유해업소에 고용한 경우 청소년 고용에 관한 미필적 고의가 있다.

② 공무집행방해죄에 있어서의 범의는 상대방이 직무를 집행하는 공무원이라는 사실, 그리고 이에 대하여 폭행 또는 협박을 한다는 사실을 인식하는 것을 그 내용으로 하며, 그 직무집행을 방해할 의사를 필요로 하지 아니한다.

③ 새로 목사로 부임한 자가 전임목사에 관한 교회 내의 불미스러운 소문의 진위를 확인하기 위하여 이를 교회집사들에게 물어본 경우 명예훼손에 대한 미필적 고의가 있다.

④ 제1종 운전면허 소지자인 피고인이 정기적성검사기간 내에 적성검사를 받지 아니한 경우 피고인이 적성검사기간 도래 여부에 관한 확인을 게을리하여 기간이 도래되었음을 알지 못하였더라도 적성검사기간 내에 적성검사를 받지 않는 데 대한 고의가 있다.

해설

① [○] 유흥업소 업주가 고용대상자가 성인이라는 말만 믿고, 타인의 건강진단결과서만 확인한 채 청소년을 청소년유해업소에 고용한 경우 청소년 고용에 관한 미필적 고의가 있다(대판 2002.6.28. 2002도2425).

② [○] 공무집행방해죄에 있어서의 범의는 상대방이 직무를 집행하는 공무원이라는 사실, 그리고 이에 대하여 폭행 또는 협박을 한다는 사실을 인식하는 것을 그 내용으로 하고, 그 인식은 불확정적인 것이라도 소위 미필적 고의가 있다고 보아야 하며, 그 직무집행을 방해할 의사를 필요로 하지 아니한다(대판 1995.1.24. 94도1949).

③ [×] 새로 목사로서 부임한 피고인이 전임목사에 관한 교회내의 불미스러운 소문의 진위를 확인하기 위하여 이를 교회집사들에게 물어보았다면 이는 경험칙상 충분히 있을 수 있는 일로서 명예훼손의 고의없는 단순한 확인에 지나지 아니하여 사실의 적시라고 할 수 없다 할 것이므로 피고인에게 명예훼손의 고의 또는 미필적 고의가 인정되지 아니한다(대판 1985.5.28. 85도588).

④ [○] 운전면허증 소지자가 운전면허증만 꺼내 보아도 쉽게 알 수 있는 정도의 노력조차 기울이지 않는 것은 적성검사기간 내에 적성검사를 받지 못하게 되는 결과에 대한 방임이나 용인의 의사가 존재한다고 봄이 타당한 점 등에 비추어 볼 때, 피고인이 적성검사기간 도래 여부에 관한 확인을 게을리하여 기간이 도래하였음을 알지 못하였더라도 적성검사기간 내에 적성검사를 받지 않는 데 대한 미필적 고의는 있었다고 봄이 타당하다(대판 2014.4.10. 2012도8374).

정답 ③

97 고의에 관한 설명 중 옳지 않은 것은? (다툼이 있으면 판례에 의함)

[18 변호사]

① 자신이 흉기를 휴대한 사실을 알지 못하고 타인의 집에 들어가 절도한 경우, 흉기휴대의 고의가 인정되지 않으므로 특수(흉기휴대)절도로 처벌할 수 없다.

② 미필적 고의가 인정되기 위해서는 결과발생의 가능성에 대한 인식이 있음은 물론 나아가 결과발생을 용인하는 내심의 의사가 있음을 요한다.

③ 건장한 체격의 군인이 왜소한 체격의 사람을 폭행하고 특히 급소인 목을 설골이 부러질 정도로 세게 졸라 사망하게 한 경우에는 살인의 고의가 인정된다.

④ 예리한 식도로 타인의 하복부를 찔러 직경 5센티미터, 깊이 15센티미터 이상의 자상을 입힌 결과 그 타인이 내장파열 및 다량의 출혈뿐만 아니라 자창의 감염으로 인해 사망에 이른 경우에는 행위자에게 고의에 의한 살인의 죄책을 물을 수 없다.

⑤ 부작위에 의한 살인의 경우에는 생명의 침해를 방지할 법적 작위의무를 가지고 있는 자가 의무를 이행함으로써 생명의 침해를 쉽게 방지할 수 있었음을 예견하고도 생명의 침해를 용인하고 이를 방관한 채 의무를 이행하지 아니한다는 인식이 있었다면 살인의 고의가 인정된다.

해설

① [○] '흉기를 휴대한 사실'은 객관적 구성요건요소이므로 고의의 인식대상이다. 따라서 자신이 흉기를 휴대한 사실을 알지 못하고 타인의 집에 들어가 절도한 경우라도 특수(흉기휴대)절도로 처벌할 수 없다.

② [○] 미필적 고의가 있었다고 하려면 범죄사실의 발생 가능성에 대한 인식이 있음은 물론 나아가 범죄사실이 발생할 위험을 용인하는 내심의 의사가 있어야 한다(대판 2009.9.10. 2009도5075).

③ [○] 건장한 체격의 군인이 왜소한 체격인 피해자의 목을 15초 내지 20초 동안 세게 졸라 설골이 부러질 정도로 폭력을 행사하였다면, 피해자가 실신하자 피해자에게 인공호흡을 실시하였다 하여도 살인의 미필적 고의가 인정된다(대판 2001.3.9. 2000도5590).

④ [×] [1] 피고인이 예리한 식도로 피해자의 하복부를 찔러 직경 5cm, 길이 15cm 이상의 자상을 입힌 결과 사망하였다면 일반적으로 내장파열 및 다량의 출혈과 자창의 감염으로 사망의 결과를 발생하게 하리라는 점을 경험상 예견할 수 있는 것이므로 피고인에게 살인의 결과에 대한 확정적 고의는 없다 치더라도 미필적 인식은 있었다고 볼 것이다.

[2] 피해자가 피고인의 범행으로 부상한 후 1개월이 지난 후에 패혈증 등으로 사망하였다 하더라도 그 패혈증이 자창(刺創)으로 인한 과다한 출혈과 상처의 감염 등에 연유한 것인 이상 피고인의 행위와 피해자의 사망과의 사이에 인과관계의 존재를 부정할 수 없다(대판 1982.12.28. 82도2525).

⑤ [○] 부작위에 의한 살인의 경우에는 생명의 침해를 방지할 법적 작위의무를 가지고 있는 자가 의무를 이행함으로써 생명의 침해를 쉽게 방지할 수 있었음을 예견하고도 생명의 침해를 용인하고 이를 방관한 채 의무를 이행하지 아니한다는 인식이 있었다면 살인의 고의가 인정된다(대판(전) 2015.11.12. 2015도6809).

정답 ④

98 고의에 대한 설명으로 가장 적절하지 않은 것은? (다툼이 있으면 판례에 의함) [17 경찰채용]

① 공무원이 여러 차례의 출장반복의 번거로움을 회피하고 민원사무를 신속히 처리한다는 방침에 따라 사전에 출장조사한 다음 출장조사 내용이 변동없다는 확신하에 출장복명서를 작성하고 다만 그 출장일자를 작성일자로 기재한 것이라면 허위공문서작성의 범의가 있었다고 볼 수 없다.

② 업무방해죄의 성립에 필요한 고의는 반드시 업무방해의 목적이나 계획적인 업무방해의 의도가 있어야만 하는 것은 아니고, 자신의 행위로 인하여 타인의 업무가 방해될 가능성 또는 위험에 대한 인식이나 예견으로 충분하다.

③ 새로 목사로서 부임한 피고인이 전임목사에 관한 교회내의 불미스러운 소문의 진위를 확인하기 위하여 이를 교회집사들에게 물어보았다면, 이는 경험칙상 충분히 있을 수 있는 일로서 명예훼손의 고의없는 단순한 확인에 지나지 아니하여 사실의 적시라고 할 수 없다.

④ 피고인이 인신구속에 관한 직무를 집행하는 사법경찰관으로서 체포 당시 상황을 고려하여 경험칙에 비추어 현저하게 합리성을 잃지 않은 채 판단하면 체포 요건이 충족되지 아니함을 충분히 알 수 있었는데도, 자신의 재량 범위를 벗어난다는 사실을 인식하고 그와 같은 결과를 용인한 채 사람을 체포하여 권리행사를 방해한 경우 직권남용체포죄와 직권남용권리행사방해죄의 고의는 인정되지 않는다.

해설

① [O] 공무원이 여러 차례의 출장반복의 번거로움을 회피하고 민원사무를 신속히 처리한다는 방침에 따라 사전에 출장조사한 다음 출장조사 내용이 변동없다는 확신하에 출장복명서를 작성하고 다만 그 출장일자를 작성일자로 기재한 것이라면 허위공문서작성의 범의가 있었다고 볼 수 없다(대판 2001.1.5. 99도4101).

② [O] 업무방해죄의 성립에 필요한 고의는 반드시 업무방해의 목적이나 계획적인 업무방해의 의도가 있어야만 하는 것은 아니고, 자신의 행위로 인하여 타인의 업무가 방해될 가능성 또는 위험에 대한 인식이나 예견으로 충분하다(대판 2013.1.31. 2012도3475).

③ [O] 새로 목사로서 부임한 피고인이 전임목사에 관한 교회내의 불미스러운 소문의 진위를 확인하기 위하여 이를 교회집사들에게 물어보았다면 이는 경험칙상 충분히 있을 수 있는 일로서 명예훼손의 고의없는 단순한 확인에 지나지 아니하여 사실의 적시라고 할 수 없다 할 것이므로 피고인에게 명예훼손의 고의 또는 미필적 고의가 인정되지 아니한다(대판 1985.5.28. 85도588).

④ [X] 범죄의 고의는 확정적 고의뿐만 아니라 결과 발생에 대한 인식이 있고 이를 용인하는 의사인 이른바 미필적 고의도 포함하므로, 피고인이 인신구속에 관한 직무를 집행하는 사법경찰관으로서 체포 당시 상황을 고려하여 경험칙에 비추어 현저하게 합리성을 잃지 않은 채 판단하면 체포 요건이 충족되지 아니함을 충분히 알 수 있었는데도, 자신의 재량 범위를 벗어난다는 사실을 인식하고 그와 같은 결과를 용인한 채 사람을 체포하여 그 권리행사를 방해하였다면, 직권남용체포죄와 직권남용권리행사방해죄가 성립한다(대판 2017.3.9. 2013도16162).

정답 ④

99 고의와 목적에 대한 설명으로 옳은 것은? (다툼이 있으면 판례에 의함) [21 경찰간부]

① 방조범의 경우에 정범의 고의는 정범에 의하여 실현되는 범죄의 구체적 내용을 인식할 것을 요하는 것은 아니고 미필적 인식 또는 예견으로 족하다.

② 공직선거법 제93조 제1항의 '선거에 영향을 미치게 하기 위하여'는 목적범 규정으로서, 그 목적에 대하여는 미필적 인식으로는 부족하고 적극적 의욕이나 확정적 인식을 필요로 한다.

③ 형법 제305조의 미성년자의제강제추행죄의 성립에 필요한 주관적 구성요건요소는 고의만으로는 부족하며, 성욕을 자극·흥분·만족시키려는 주관적 동기 혹은 목적이 존재해야 한다.

④ 미필적 고의를 판단함에 있어 범죄사실이 발생할 가능성을 용인하고 있었는지의 여부는 외부에 나타난 행위의 형태와 행위의 상황 등 구체적인 사정을 기초로 삼아 일반인이라면 범죄사실의 발생 가능성을 어떻게 평가할 것인지를 고려하여 일반인의 입장에서 그 심리상태를 추인하여야 한다.

① [O] 방조범은 정범의 실행을 방조한다는 이른바 방조의 고의와 정범의 행위가 구성요건에 해당하는 행위인 점에 대한 정범의 고의가 있어야 하며, 또한 방조범에 있어서 정범의 고의는 정범에 의하여 실현되는 범죄의 구체적 내용을 인식할 것을 요하는 것은 아니고 미필적 인식 또는 예견으로 족하다(대판 2005.4.29. 2003도6056).

② [×] 공직선거법 제93조 제1항에서 '선거에 영향을 미치게 하기 위하여'라는 전제 아래 그에 정한 행위를 제한하고 있는 것은 고의 이외에 초과주관적 요소로서 '선거에 영향을 미치게 할 목적'을 범죄성립요건으로 하는 목적범으로 규정한 것이라 할 것인바, 그 목적에 대하여는 적극적 의욕이나 확정적 인식을 필요로 하는 것이 아니라 미필적 인식만으로도 족하다(대판 2009.5.28. 2008도11857).

③ [×] 미성년자의제강제추행죄의 성립에 필요한 주관적 구성요건요소는 고의만으로 충분하고, 그 외에 성욕을 자극·흥분·만족시키려는 주관적 동기나 목적까지 있어야 하는 것은 아니다(대판 2006.1.13. 2005도6791).

④ [×] 행위자가 범죄사실이 발생할 가능성을 용인하고 있었는지 여부는 행위자의 진술에 의존하지 않고 외부에 나타난 행위의 형태와 행위의 상황 등 구체적인 사정을 기초로 일반인이라면 해당 범죄사실이 발생할 가능성을 어떻게 평가할 것인지를 고려하면서 행위자의 입장에서 그 심리상태를 추인하여야 한다(대판 2017.1.12. 2016도15470).

정답 ①

100 고의에 관한 설명 중 옳지 않은 것은? (다툼이 있는 경우 판례에 의함) [23 변호사]

① 절도죄에 있어서 재물의 타인성은 고의의 인식대상이다.

② 무고죄의 고의는 신고자가 허위라고 확신한 사실을 신고한 경우뿐만 아니라 진실하다는 확신 없는 사실을 신고하는 경우에도 인정할 수 있다.

③ 업무방해죄에서 업무방해의 고의는 반드시 업무방해의 목적이나 계획적인 업무방해의 의도가 있어야 인정되는 것은 아니고, 자기의 행위로 인하여 타인의 업무가 방해될 것이라는 결과를 발생시킬 만한 가능성 또는 위험이 있음을 인식하거나 예견하면 충분하다.

④ 방조범은 정범의 실행을 방조한다는 이른바 방조의 고의와 정범의 행위가 구성요건에 해당하는 행위인 점에 대한 정범의 고의가 있어야 하고, 방조범에서 요구되는 정범의 고의는 정범에 의하여 실현되는 범죄의 미필적 인식이 아니라 구체적 내용을 인식할 것을 요한다.

⑤ 준강간죄에서 준강간의 고의는 피해자가 심신상실 또는 항거불능의 상태에 있다는 것과 그러한 상태를 이용하여 간음한다는 구성요건적 결과 발생의 가능성을 인식하고 그러한 위험을 용인하는 내심의 의사가 있으면 인정될 수 있다.

① [O] 절도죄에 있어서 재물의 타인성을 오신하여 그 재물이 자기에게 취득(빌린 것)할 것이 허용된 동일한 물건으로 오인하고 가져온 경우에는 범죄사실에 대한 인식이 있다고 할 수 없으므로 범의가 조각되어 절도죄가 성립하지 아니한다(대판 1983.9.13. 83도1762). ▶ 고의가 성립하기 위하여 인식하여야 할 대상은 객관적 구성요건요소에 해당하는 사실이다. 따라서 행위 객체인 절도죄의 타인의 재물은 고의의 인식대상이다.

② [O] 무고죄에 있어서의 범의는 반드시 확정적 고의임을 요하지 아니하고 미필적 고의로서도 족하다 할 것이므로 무고죄는 신고자가 진실하다는 확신 없는 사실을 신고함으로써 성립하고 그 신고사실이 허위라는 것을 확신함을 필요로 하지 않는다(대판 1988.2.9. 87도2366; 동지 대판 1997.3.28. 96도2417).

③ [O] 업무방해의 고의는 반드시 업무방해의 목적이나 계획적인 업무방해의 의도가 있어야만 하는 것이 아니고, 자신의 행위로 인하여 타인의 업무가 방해될 가능성 또는 위험에 대한 인식이나 예견으로 충분하며, 그 인식이나 예견은 확정적인 것은 물론 불확정적인 것이라도 이른바 미필적 고의로도 인정된다(대판 2018.7.24. 2015도12094).

④ [×] 형법상 방조행위는 정범이 범행을 한다는 정을 알면서 그 실행행위를 용이하게 하는 직접·간접의 행위를 말하므로, 방조범은 정범의 실행을 방조한다는 이른바 방조의 고의와 정범의 행위가 구성요건에 해당하는 행위인 점에 대한 정범의 고의가 있어야 하며, 또한 방조범에 있어서 정범의 고의는 정범에 의하여 실현되는 범죄의 구체적 내용을 인식할 것을 요하는 것이 아니고 미필적 인식 또는 예견으로 족하다. 그리고 이와 같은 고의는 내심적 사실이므로 피고인이 이를 부정하는 경우에는 사물의 성질상 고의와 상당한 관련성이 있는 간접사실을 증명하는 방법에 의하여 입증할 수밖에 없다(대판 2005.4.29. 2003도6056; 동지 대판 2010.3.25. 2008도4228).

⑤ [O] 형법은 폭행 또는 협박의 방법이 아닌 심신상실 또는 항거불능의 상태를 이용하여 간음한 행위를 강간죄에 준하여 처벌하고 있으므로, 준강간의 고의는 피해자가 심신상실 또는 항거불능의 상태에 있다는 것과 그러한 상태를 이용하여 간음한다는 구성요건적 결과 발생의 가능성을 인식하고 그러한 위험을 용인하는 내심의 의사를 말한다(대판(전) 2019.3.28. 2018도16002).

정답 ④

101 주관적 구성요건에 대한 설명 중 가장 적절한 것은? (다툼이 있는 경우 판례에 의함)   [23 경찰승진]

① 친족상도례가 적용되는 범죄에 있어서 '친족관계'와 특수폭행죄에 있어서 '위험한 물건을 휴대한다는 사실'은 고의의 인식 대상이다.

② 내란선동죄에서 국헌문란의 목적은 고의 외에 요구되는 초과 주관적 위법요소로서 엄격한 증명사항에 속하므로 미필적 인식만으로는 부족하고, 적극적 의욕이나 확정적 인식이어야 한다.

③ 방조범은 정범의 실행을 방조한다는 이른바 방조의 고의와 정범의 행위가 구성요건에 해당하는 행위인 점에 대한 정범의 고의가 있어야 하며, 정범의 고의는 범죄의 미필적 인식 또는 예견만으로는 부족하고 정범에 의하여 실현되는 범죄의 구체적 내용을 인식하여야 한다.

④ 미필적 고의에서 행위자가 범죄사실이 발생할 가능성을 용인하고 있었는지의 여부는 행위자의 진술에 의존하지 아니하고 외부에 나타난 행위의 형태와 행위의 상황 등 구체적인 사정을 기초로 하여 일반인이라면 당해 범죄사실이 발생할 가능성을 어떻게 평가할 것인가를 고려하면서 행위자의 입장에서 그 심리상태를 추인하여야 한다.

① [×] 고의의 인식 대상은 '객관적 구성요건요소'이다. 따라서 ⅰ) 친족상도례가 적용되는 범죄에 있어서 '친족관계'는 소극적 처벌조건에 불과하므로 고의의 인식 대상이 아니다. ⅱ) 한편 특수폭행죄에 있어서 '위험한 물건을 휴대한다는 사실'은 특수폭행죄의 '행위 수단'이므로 객관적 구성요건요소에 해당하여 고의의 인식 대상이 된다.

☑ 고의의 인식대상

고의의 인식대상인 것	고의의 인식대상이 아닌 것
1. **객관적 구성요건요소** 고의가 성립하기 위하여 인식하여야 할 대상은 객관적 구성요건요소에 해당하는 사실이다. 　ⅰ) **행위의 주체**: 배임죄의 타인의 사무처리자, 위증죄의 법률에 의하여 선서한 증인, 따라서 진정신분범에서의 신분도 행위의 주체요소이므로 고의의 인식대상에 포함된다. 　ⅱ) **행위객체**: 살인죄의 사람·절도죄의 타인의 재물 　ⅲ) **행위**: 위조문서행사죄에서 위조문서의 행사 　ⅳ) **결과**: 방화죄에서 소훼의 결과 　ⅴ) **인과관계**: 인과관계도 고의의 인식대상이다(통설). 다만, 일반인이 인과관계를 구체적으로 인식할 수 없으므로 그 본질적인 점만 인식하면 족하다. 　ⅵ) **행위수단, 행위태양**: 사기죄의 기망, 특수절도죄의 흉기휴대 　ⅶ) **행위상황**: 야간주거침입절도죄의 야간, 명예훼손죄와 모욕죄의 공연성 　ⅷ) **구체적 위험범에서 위험의 발생**: 자기소유일반건조물방화죄의 위험발생 2. **가중적·감경적 구성요건** 불법을 형성하는 가중적 구성요건요소(⑩ 존속살해죄의 객체인 존속)와 감경적 구성요건요소(⑩ 승낙살인죄에서 승낙이 있다는 점)에 대한 인식이 필요하다.	ⅰ) 결과적 가중범에 있어서 결과는 고의의 인식대상이 아니며, 예견가능성(과실)이 있으면 족하다. ⅱ) 구성요건의 주관적 요소(⑩ 고의, 목적 등)와 처벌조건(⑩ 친족상도례에서 친족인 신분, 사전수뢰죄에서 공무원 또는 중재인이 된 사실) 및 소추조건(⑩ 친고죄의 고소, 반의사불벌죄의 피해자의 의사)은 인식대상이 아니다. ⅲ) 추상적 위험범에서 위험발생은 구성요건 요소가 아니므로 고의의 인식대상이 아니다. ⅳ) 상습범의 상습성 및 영아살해죄에서 치욕을 은폐하려는 동기는 책임관련 요소이므로 인식의 대상이 아니다. ⅴ) 책임능력과 기대가능성은 책임요소에 해당하므로 고의의 인식대상이 아니다. ⅵ) 형벌법규 및 행위의 가벌성 ⅶ) 위법성조각사유의 객관적 전제사실(⑩ 정당방위에서 현재의 부당한 침해의 존재, 명예훼손죄에 있어서 적시된 사실이 진실하고 공공의 이익을 위한 것이라는 사실)은 소극적 구성요건표지이론에 의하지 않는 한 고의의 인식대상이 아니다.

② [×] 국헌문란의 목적은 범죄 성립을 위하여 고의 외에 요구되는 초과 주관적 위법요소로서 엄격한 증명사항에 속하나, 확정적 인식임을 요하지 아니하며, 다만 미필적 인식이 있으면 족하다(대판(전) 2015.1.22. 2014도10978).

③ [×] 방조범은 정범의 실행을 방조한다는 이른바 방조의 고의와 정범의 행위가 구성요건에 해당하는 행위인 점에 대한 정범의 고의가 있어야 하나, 이와 같은 고의는 내심적 사실이므로 피고인이 이를 부정하는 경우에는 사물의 성질상 고의와 상당한 관련성이 있는 간접사실을 증명하는 방법에 의하여 입증할 수밖에 없고, … 또한 방조범에 있어서 정범의 고의는 정범에 의하여 실현되는 범죄의 구체적 내용을 인식할 것을 요하는 것은 아니고 미필적 인식 또는 예견으로 족하다(대판 2005.4.29. 2003도6056).

④ [○] 미필적 고의에서 행위자가 범죄사실이 발생할 가능성을 용인하고 있었는지의 여부는 행위자의 진술에 의존하지 아니하고 외부에 나타난 행위의 형태와 행위의 상황 등 구체적인 사정을 기초로 하여 일반인이라면 당해 범죄사실이 발생할 가능성을 어떻게 평가할 것인가를 고려하면서 행위자의 입장에서 그 심리상태를 추인하여야 한다(대판 2004.5.14. 2004도74).

정답 ④

102 구성요건적 착오(사실의 착오)에 관한 설명 중 옳지 않은 것은? [04 사시]

① 甲이 乙에게 丙을 살해하도록 교사하였는데 乙은 丁을 丙으로 오인하여 살해한 경우에 법정적 부합설에 따르면 甲은 丁에 대한 살인죄의 교사범이 된다.

② 甲이 乙을 살해하려고 총을 쐈으나 빗나가 乙의 집 유리창을 손괴한 경우에 구체적 부합설과 법정적 부합설은 결론을 달리한다.

③ 甲이 乙을 살해하려고 총을 쐈으나 실탄이 乙의 팔을 스쳐 경상을 입힌 후 乙 옆에 있던 丙이 맞아 사망한 경우에 구체적 부합설은 丙에 대한 살인고의를 부정한다.

④ 甲을 乙로 오인하고 살해하려고 총을 쏘아 甲이 사망한 경우에 구체적 부합설과 법정적 부합설의 결론은 동일하다.

⑤ 甲을 살해하려고 독약이 든 술을 우송하였으나 乙에게 잘못 배달되어 乙이 이를 마시고 사망한 경우에 법정적 부합설에 의하면 乙에 대한 살인기수죄가 성립한다.

해설

① [O] 법정적 부합설은 피교사자의 객체의 착오·방법의 착오를 불문하고 교사자의 고의에는 영향이 없으므로 발생사실에 대한 교사범의 성립을 인정한다. 그러므로 甲에게는 丁에 대한 살인죄의 교사범이 성립한다.

② [×] 추상적 사실의 착오에 대해서는 구체적 부합설과 법정적 부합설은 모두 인식사실에 대한 미수와 발생사실에 대한 과실의 상상적 경합을 인정함으로써 결론을 같이 한다.

③ [O] 병발사건에 관한 사례로서 구체적 부합설은 甲에게는 乙에 대한 살인미수죄와 丙에 대한 과실치사죄의 상상적 경합을 인정한다.

④ [O] 구체적 사실의 착오 중 객체의 착오에 관하여는 학설이 일치하여 발생한 사실에 대한 고의기수범(甲에 대한 살인기수죄)을 인정한다.

⑤ [O] 사례는 구체적 사실의 착오 중 방법의 착오에 해당한다. 법정적 부합설은 이 경우 구체적 사실의 착오 중 객체의 착오와 마찬가지로 발생한 사실에 대한 고의 기수범(乙에 대한 살인기수죄)을 인정한다.

정답 ②

103 착오에 대한 설명으로 옳지 않은 것은? (다툼이 있는 경우 판례에 의함) [22 경찰간부]

① 甲이 A를 살해하고자 골프채로 A의 머리를 내리쳐 A가 실신하자 사망한 것으로 오인하여 범행을 은폐하기 위해 A를 자동차에 싣고 근처 바닷가 절벽으로 가 던졌는데 실제로는 익사로 판명된 경우, 甲에게는 살인기수의 죄책이 인정된다.

② 甲이 상해의 고의로 A의 머리를 벽돌로 내리쳐 A가 바닥에 쓰러진 채 실신하자 A가 사망한 것으로 오인하여 범행을 은폐하고 A가 자살한 것처럼 위장하기 위하여 A를 절벽 아래로 떨어뜨려 사망에 이르게 하였다면, 甲의 상해행위는 A에 대한 살인에 흡수되어 단일의 살인죄만 인정된다.

③ 甲은 옆집 개가 평소 시끄럽게 짖어 그 개에게 손괴의 고의로 돌을 던졌으나 마침 개가 있는 쪽으로 뛰어나온 어린 아이를 맞춰 전치 2주의 상해를 입힌 경우, 구체적 부합설에 의하면 손괴죄의 미수범과 과실치상죄의 상상적 경합이 성립한다.

④ 甲이 乙에게 A에 대한 상해를 교사하여 乙이 이를 승낙하고 실행을 하였으나 A가 그 상해로 인해 사망한 경우, 甲에게 A의 사망에 대한 예견가능성이 인정된다면 상해치사죄의 교사범이 성립한다.

해설

① [O] 피해자가 피고인들의 살해의 의도로 행한 구타행위에 의하여 직접 사망한 것이 아니라 죄적을 인멸할 목적으로 행한 매장 행위에 의하여 사망하게 된 경우라도 전 과정을 개괄적으로 보면 피해자의 살해라는 처음에 예견된 사실이 결국은 실현된 것으로서 피고인들은 살인죄의 죄책을 면할 수 없다(대판 1988.6.28. 88도650).

② [X] 내연관계에 있는 甲男과 A女가 호텔에 투숙 중 말다툼을 하다가 甲이 A女의 머리를 벽에 부딪치게 하고 가슴부위를 밟는 등의 상해를 가하여 A女는 바닥에 쓰러진 채 정신을 잃고 빈사상태에 빠지자 甲이 A女가 죽은 줄 알고 자살로 가장하기 위해서 A女를 베란다 아래로 떨어뜨려 A女가 추락의 충격으로 인해 사망하였다면 甲의 행위는 포괄하여 단일의 상해치사죄에 해당한다(대판 1994.11.4. 94도2361).

③ [O] 이가치적 객체 사이의 착오에 해당하고 행위자가 의도한 객체 이외의 객체에서 결과가 발생하였으므로 추상적 사실의 착오 중 방법의 착오에 해당한다. 이 경우 인식사실에 대한 미수와 발생사실에 대한 과실범의 상상적 경합이 된다. 따라서 사안의 경우 손괴미수죄와 과실치상죄의 상상적 경합이 된다.

④ [O] [1] 교사자가 피교사자에게 피해자를 "정신차릴 정도로 때려주라"고 교사하였다면 이는 상해에 대한 교사로 봄이 상당하다. [2] 교사자가 피교사자에 대하여 상해 또는 중상해를 교사하였는데 피교사자가 이를 넘어 살인을 실행한 경우 일반적으로 교사자는 상해죄 또는 중상해죄의 교사범이 되지만 이 경우 교사자에게 피해자의 사망이라는 결과에 대하여 과실 내지 예견가능성이 있는 때에는 상해치사죄의 교사범으로서의 죄책을 지울 수 있다(대판 1997.6.24. 97도1075; 대판 1993.10.8. 93도1873).

정답 ②

104 사실의 착오에 대한 사례 중 구체적 부합설과 법정적 부합설의 결론이 다른 것만을 모두 고르면?

> ㉠ 甲은 A를 B로 오인하여 살해 의사로 총을 쏘았고, A가 이를 맞고 사망하였다.
> ㉡ 甲은 A를 살해하려고 총을 쏘았으나, 총알이 빗나가 옆에 있던 B가 이를 맞고 사망하였다.
> ㉢ 甲은 A의 도자기를 깨뜨리기 위하여 총을 쏘았으나, 총알이 빗나가 B의 거울을 깨뜨렸다.
> ㉣ 甲은 A를 상해하려고 돌을 던졌는데, 돌이 빗나가 A의 개가 이를 맞고 다쳤다.

① ㉡

② ㉠, ㉢

③ ㉡, ㉢

④ ㉡, ㉢, ㉣

해설

▶ ㉡, ㉢은 구체적 부합설과 법정적 부합설의 결론이 다르다.
▶ 구체적 부합설과 법정적 부합설이 결론을 달리하는 경우는 구체적 사실의 착오 중 방법의 착오 사례이며, 구체적 사실의 착오 중 객체의 착오 사례와 추상적 사실의 착오의 사례는 양자 모두 결론을 같이 한다.
㉠ [X] 구체적 사실의 착오 중 객체의 착오 사례에 해당하며, 구체적 부합설과 법정적 부합설 모두 A에 대한 살인죄를 인정한다.
㉡ [O] 구체적 사실의 착오 중 방법의 착오 사례에 해당하며, 구체적 부합설은 A에 대한 살인미수죄와 B에 대한 과실치사죄의 상상적 경합범을 인정하지만, 법정적 부합설은 B에 대한 살인죄를 인정한다.
㉢ [O] 구체적 사실의 착오 중 방법의 착오 사례에 해당하며, 구체적 부합설은 도자기에 대한 손괴미수와 거울에 대한 과실손괴를 인정하나 과실손괴는 처벌규정이 없으므로 도자기에 대한 손괴미수죄만 인정한다. 한편 법정적 부합설은 거울에 대한 손괴죄를 인정한다.
㉣ [X] 추상적 사실의 착오 중 방법의 착오 사례에 해당하며, 구체적 부합설과 법정적 부합설 모두 A에 대한 상해미수죄를 인정한다. 개에 대한 과실손괴는 처벌규정이 없어 불가벌이다.

정답 ③

105 사실의 착오(구성요건적 착오)에 관한 설명으로 옳은 것을 모두 고른 것은?

> ⊙ 형법에는 사실의 착오에 관한 규정이 없어, 사실의 착오문제를 해결하는 것은 오롯이 학설에 위임되어 있다.
> ⓛ 乙을 살해할 의사로 乙을 향해 총을 쐈으나 빗나가 옆에 있던 丙에게 명중하여 丙이 사망한 경우 구체적 부합설과 법정적 부합설의 결론이 다르다.
> ⓒ 판례의 입장에 따르면 ⓛ의 사례에서 乙에 대한 살인죄의 미수와 丙에 대한 과실치사죄의 상상적 경합이 성립한다.
> ⓔ 추상적 부합설에 따르면 ⓛ의 사례에서 살인죄의 고의기수가 성립한다.
> ⓜ 법정적 부합설은 사람을 살해할 의사로 사람을 살해했음에도 불구하고 살인미수라고 하는 것은 일반인의 법감정에 반한다는 비판을 받는다.

① ⊙, ⓛ
③ ⊙, ⓒ
② ⓛ, ⓔ
④ ⓒ, ⓜ

해설

> ⊙ [×] 형법에는 사실의 착오에 관하여 제15조 제1항(특별히 중한 죄가 되는 사실을 인식하지 못한 행위는 중한 죄로 벌하지 아니한다)의 규정을 두고 있다.
> ⓛ [○] 구체적 사실의 착오 중 방법의 착오 사례이다. 구체적 부합설은 乙에 대한 살인미수죄와 丙에 대한 과실치사죄의 상상적 경합범을 인정하지만, 법정적 부합설(판례 입장)과 추상적 부합설은 丙에 대한 살인죄를 인정한다. 따라서 구체적 부합설과 법정적 부합설의 결론이 다르다.
> ⓒ [×] 판례는 법정적 부합설의 입장이므로 ⓛ 사례의 경우 丙에 대한 살인죄를 인정한다.
> ⓔ [○] 추상적 부합설에 따르면 ⓛ의 사례에서 살인죄, 즉 살인죄의 고의기수가 성립한다.
> ⓜ [×] 구체적 부합설은 사람을 살해할 의사로 사람을 살해한 경우일지라도 방법의 착오의 경우 살인미수죄와 과실치사죄의 상상적 경합을 인정하므로 결국 살인미수죄로 처벌하게 되는데 이러한 결론은 일반인의 법감정에 반한다는 비판을 받는다.

정답 ②

106 구성요건적 착오에 대한 설명으로 가장 적절한 것은?

① 甲이 친구 A를 살해하려고 독약을 놓아 두었으나 친구 B가 이를 마시게 되어 사망한 경우, 구체적 부합설과 법정적 부합설 모두 B에 대한 살인죄를 인정한다.

② 甲이 친구 A를 친구 B로 착각하여 살해한 경우, 구체적 부합설의 입장에서는 B에 대한 살인미수와 A에 대한 과실치사죄의 상상적 경합이 된다고 본다.

③ 甲이 친구 A를 살해하려고 하였으나 주위가 어두워 자신의 장모 B를 A로 오인하여 살해한 경우, 판례는 보통살인죄의 형으로 처단하여야 한다고 본다.

④ 甲이 살인의 고의로 친구 A의 머리를 내리쳐 A가 실신하자(제1행위), 그가 죽은 것으로 오인하여 웅덩이에 파묻었는데(제2행위) 실제로는 질식사한 것으로 밝혀진 경우, 판례는 제1행위에 의한 살인미수와 제2행위에 의한 과실치사죄의 실체적 경합을 인정한다.

해설

① [×] 구체적 사실의 착오 중 방법의 착오 사례에 해당하며, 구체적 부합설은 A에 대한 살인미수죄와 B에 대한 과실치사죄의 상상적 경합범을 인정하지만, 법정적 부합설은 B에 대한 살인죄를 인정한다.
② [×] 구체적 사실의 착오 중 객체의 착오 사례에 해당하며, 구체적 부합설은 A에 대한 살인죄를 인정한다.
③ [○] 직계존속임을 인식치 못하고 살인을 한 경우는 형법 제15조 소정의 특히 중한 죄가 되는 사실을 인식하지 못한 행위에 해당한다. 이는 보통살인죄의 형으로 처단할 사건이다(대판 1960.10.31. 4293형상494).
④ [×] 피해자가 피고인들의 살해의 의도로 행한 구타행위에 의하여 직접 사망한 것이 아니라 죄적을 인멸할 목적으로 행한 매장행위에 의하여 사망하게 되었다 하더라도 전 과정을 개괄적으로 보면 피해자의 살해라는 처음의 예견된 사실이 결국은 실현된 것으로서 피고인들은 살인죄의 죄책을 면할 수 없다(대판 1988.6.28. 88도650).

정답 ③

---

107 다음 사례에 대한 설명으로 가장 적절하지 않은 것은? (형법 이외에 특별법의 적용은 고려하지 않음)

[21 경찰승진]

> 甲은 A가 키우는 강아지가 시끄럽게 짖자, A의 강아지를 죽이기 위해 소지하던 엽총을 발사하였다. 하지만 총알이 빗나가 강아지가 아닌 A가 맞아 현장에서 사망하였다.

① 사례는 구성요건적 착오(사실의 착오)의 문제로 추상적 사실의 착오 중 방법의 착오에 해당한다.
② 사례에 있어 법정적 부합설과 추상적 부합설의 결론은 동일하다.
③ 구체적 부합설에 의하면 강아지에 대한 손괴미수죄와 A에 대한 과실치사죄의 상상적 경합이 성립한다.
④ 만약 甲이 A의 부인을 쏘려고 하였으나 빗나가 A가 맞고 사망했다면, 판례는 甲에게 A에 대한 살인죄의 성립을 긍정한다.

해설

① [○] 행위자가 인식한 범죄사실과 실제로 발생한 범죄사실이 서로 다른 구성요건에 속하는 경우이므로 추상적 사실의 착오 중 방법의 착오에 해당한다.
② [×] 법정적 부합설은 강아지에 대한 손괴미수죄와 A에 대한 과실치사죄의 상상적 경합범을 인정하지만, 추상적 부합설은 강아지에 대한 손괴기수죄와 A에 대한 과실치사죄의 상상적 경합을 인정한다.
③ [○] 구체적 부합설은 법정적 부합설과 마찬가지로 강아지에 대한 손괴미수죄와 A에 대한 과실치사죄의 상상적 경합범을 인정한다.
④ [○] 구체적 사실의 착오 중 방법의 착오 사례에 해당하며, 판례의 입장인 법정적 부합설은 A에 대한 살인죄를 인정한다.

정답 ②

108 구성요건적 착오에 관한 다음 설명 중 옳고 그름의 표시(O, ×)가 바르게 된 것은?

> ㉠ 甲이 자신의 아버지 A를 친구 B로 오인하고 B를 살해할 의사로 총을 발포하여 A가 사망한 경우 – 형법 제15조 제1항에 따라 보통살인죄가 성립한다.
> ㉡ 甲이 살해 의사를 가지고 친구 A에게 총을 발포하였으나 빗나가 옆에 있던 친구 B에게 명중하여 사망한 경우 – 법정적 부합설에 의하면 B에 대한 살인죄가 성립한다.
> ㉢ 사냥을 나온 甲이 어둠 속에서 움직이는 물체를 동료 A로 알고 A를 살해하기 위해 총을 발포하였으나 사실은 A의 사냥개였던 경우 – 구체적 부합설과 법정적 부합설 중 어느 학설에 의하더라도 결론은 같다.
> ㉣ 甲이 이웃 A를 상해할 의사로 A를 향해 돌을 던졌으나 빗나가서 옆에 있던 A의 개가 맞아 다친 경우 – 구체적 부합설과 법정적 부합설 모두 A에 대한 상해미수죄가 성립한다.

① ㉠ O ㉡ O ㉢ O ㉣ O

② ㉠ O ㉡ × ㉢ O ㉣ ×

③ ㉠ × ㉡ O ㉢ × ㉣ O

④ ㉠ × ㉡ × ㉢ × ㉣ ×

해설

㉠ [O] 직계존속임을 인식하지 못하고, 직계존속을 살해한 경우 형법 제15조 소정의 특별히 무거운 죄가 되는 사실을 인식하지 못한 행위에 해당하는바, 甲이 자신의 아버지 A를 친구 B로 오인하고 B를 살해할 의사로 총을 발포하여 A가 사망한 경우 – 형법 제15조 제1항에 따라 보통살인죄가 성립한다(대판 1960.10.31. 4293형상494).

㉡ [O] 구체적 사실의 착오 중 방법의 착오의 사례에 해당한다. 법정적 부합설에 의하면 발생사실에 대한 고의를 인정하므로 甲의 죄책은 B에 대한 살인기수이다.

㉢ [O], ㉣ [O] ㉢, ㉣ 설문 모두 추상적 사실의 착오 중 방법의 착오의 사례에 해당한다. 법정적 부합설 및 구체적 부합설 모두 인식사실의 미수와 발생사실의 과실범의 상상적 경합을 인정하므로 결론이 동일하다. ㉢의 경우 A에 대한 살인미수와 사냥개에 대한 과실손괴의 상상적 경합의 성립이 문제되나 과실손괴를 처벌하는 규정이 없으므로 甲은 A에 대한 살인미수만 인정된다. ㉣의 경우 A에 대한 상해미수만 인정된다.

정답 ①

---

109 甲은 乙에게 A를 살해하라고 교사하였다. 甲의 청부를 받아들인 乙은 A라고 생각되는 사람이 골목길에 들어서는 것을 보고 그가 집에 들어가려는 순간을 기다려 총을 쏘았다. 사망을 확인하기 위하여 다가가서 보니 죽은 사람은 A가 아니라 A와 꼭 닮은 동생 B였다. 이 사례에 관한 설명으로 옳은 것은? (다툼이 있는 경우 판례에 의함)

① 乙의 착오를 객체의 착오로 보고 구체적 부합설을 따르는 견해에 의하면 乙에게는 살인미수죄와 과실치사죄의 상상적 경합이 인정된다.

② 만일 乙이 A가 오는 것을 보고 총을 쏘았으나 빗나가서 그 옆에 있던 C 소유의 자전거에 맞고 자전거의 일부가 손괴된 경우, 乙의 행위는 발생사실인 과실재물손괴죄로 처벌된다.

③ 乙의 착오를 객체의 착오로 보고 이에 기반을 둔 甲의 착오도 객체의 착오로 보는 경우, 구체적 부합설을 따르는 견해에 의하면 甲에게는 살인미수죄와 과실치사죄의 상상적 경합이 인정된다.

④ 乙의 착오를 객체의 착오로 보고 이에 기반을 둔 甲의 착오를 방법의 착오로 보는 경우, 법정적 부합설을 따르는 견해에 의하면 甲은 살인죄의 교사범으로 처벌된다.

① [×] 구체적 사실의 착오 중 객체의 착오의 사례의 경우 구체적 부합설 및 법정적 부합설 모두 발생한 사실에 대하여 고의를 인정하므로, 乙의 죄책은 B에 대한 살인기수이다.

② [×] 추상적 사실의 착오 중 방법의 착오에 해당한다. 법정적 부합설 및 구체적 부합설 모두 인식사실의 미수와 발생사실의 과실범의 상상적 경합을 인정하므로 결론이 동일하다. 설문의 경우 A에 대한 살인미수죄가 성립한다. 이를 검토하기에 앞서 과실재물손괴는 처벌규정이 없으므로 이미 틀린 지문에 해당한다.

③ [×], ④ [○] 법정적 부합설은 정범의 객체의 착오·방법의 착오를 불문하고 교사범에게 발생사실에 대한 교사범의 성립을 인정한다. 이에 반해 구체적 부합설은 정범의 방법의 착오의 경우 교사자에게도 방법의 착오를 인정한다는 점에서는 문제가 없으나, 정범의 객체의 착오의 경우 ⅰ) 교사자에게는 방법의 착오가 된다는 견해(甲에게 A에 대한 살인미수죄의 교사범과 B에 대한 과실치사죄의 상상적 경합 인정), ⅱ) 교사자는 피교사자의 착오의 위험을 부담해야 한다는 견해(甲에게 B에 대한 살인죄의 교사범 인정)가 있다.[4]

정답 ④

110 사실의 착오에 대한 설명 중 가장 적절한 것은? [23 경찰승진]

① 甲이 상해의 고의로 A를 향해 흉기를 휘둘렀으나 빗나가는 바람에 옆에 서 있는 B를 찔러 다치게 한 경우 법정적 부합설에 따르면 A에 대한 상해미수죄와 B에 대한 과실치상죄의 상상적 경합이 된다.

② 甲이 살해의 고의로 독약이 든 음료수를 A의 집으로 발송하였는데, 예상외로 A의 아들 B가 마시고 사망한 경우 구체적 부합설에 따르면 A에 대한 살인미수죄와 B에 대한 과실치사죄의 상상적 경합이 된다.

③ 甲이 살해의 고의로 A를 향해 총을 쏘았으나 빗나가는 바람에 A의 자동차 유리창을 깨뜨린 경우 법정적 부합설에 따르면 A에 대한 살인미수죄와 재물손괴죄의 상상적 경합이 된다.

④ 甲이 형 A를 살해하기 위하여 야간에 집 앞 골목에서 칼로 찔렀는데, 알고 보니 아버지 B를 A로 오인하고 살해한 경우 판례에 따르면 A에 대한 살인미수죄와 B에 대한 존속살해죄의 상상적 경합이 된다.

해설

① [×] 구체적 사실의 착오 중 방법의 착오에 해당한다. 법정적 부합설은 객체의 착오와 방법의 착오를 불문하고 '발생 사실에 대한 고의(기수)'를 인정하므로 설문의 경우 甲의 죄책은 B에 대한 상해기수이다.

② [○] 구체적 사실의 착오 중 방법의 착오에 해당한다. 이 경우 구체적 부합설에 의하면 '인식사실의 미수와 발생사실의 과실범의 상상적 경합'을 인정하므로 甲의 죄책은 A에 대한 살인미수와 B에 대한 과실치사의 상상적 경합이다.

③ [×] 추상적 사실이 착오 중 방법의 착오에 해당한다. 구체적 부합설과 법정적 부합설은 모두 '인식사실의 미수와 발생사실의 과실범의 상상적 경합'을 인정하므로 甲의 죄책은 A에 대한 살인미수와 과실재물손괴의 상상적 경합의 성립이 문제되나 과실손괴를 처벌하는 규정이 없으므로 甲의 죄책은 A에 대한 살인미수만 인정된다.

④ [×] 직계존속(B)임을 인식하지 못하고 살인을 한 경우는 형법 제15조 소정의 특히 중한 죄가 되는 사실을 인식하지 못한 행위에 해당한다(대판 1960.10.31. 4293형상494).

정답 ②

---

4) 정범의 객체의 착오의 경우 구체적 부합설은 학설의 대립이 있으므로, ③번 지문을 틀린 지문으로 볼 수 있는지는 의문이다. 다만, ④번 지문의 경우 상대적으로 확실히 옳은 지문에 해당하므로 정답은 ④번으로 보는 것이 타당하다.

111 다음 설명 중 가장 적절하지 않은 것은? (다툼이 있으면 판례에 의함) [14 경찰채용]

① 미필적 고의라 함은 결과의 발생이 불확실한 경우, 즉 행위자에 있어서 그 결과발생에 대한 확실한 예견은 없으나 그 가능성은 인정하는 것으로, 이러한 미필적 고의가 있었다고 하려면 결과발생의 가능성에 대한 인식이 있음은 물론 나아가 결과발생을 용인하는 내심의 의사가 있음을 요한다.

② 피고인의 구타행위로 상해를 입은 피해자가 정신을 잃고 빈사상태에 빠지자 사망한 것으로 오인하고, 자신의 행위를 은폐하고 피해자가 자살한 것처럼 가장하기 위하여 피해자를 베란다 아래의 바닥으로 떨어뜨려 사망케 하였다면, 피고인의 행위는 포괄하여 단일의 상해치사죄에 해당한다.

③ 甲이 乙 등 3명과 싸우다가 힘이 달리자 식칼을 가지고 이들 3명을 상대로 휘두르다가 이를 말리면서 식칼을 뺏으려던 피해자 丙에게 상해를 입혔다면, 상해를 입은 사람이 목적한 사람이 아닌 다른 사람이므로 과실치상죄에 해당한다.

④ 행정상의 단속을 주안으로 하는 법규라 하더라도 '명문규정이 있거나 해석상 과실범도 벌할 뜻이 명확한 경우'를 제외하고는 형법의 원칙에 따라 '고의'가 있어야 벌할 수 있다.

해설

① [○] 미필적 고의라 함은 결과의 발생이 불확실한 경우, 즉 행위자에 있어서 그 결과발생에 대한 확실한 예견은 없으나 그 가능성은 인정하는 것으로, 이러한 미필적 고의가 있었다고 하려면 결과발생의 가능성에 대한 인식이 있음은 물론 나아가 결과발생을 용인하는 내심의 의사가 있음을 요한다(대판 2004.2.27. 2003도7507).

② [○] 피고인의 구타행위로 상해를 입은 피해자가 정신을 잃고 빈사상태에 빠지자 사망한 것으로 오인하고, 자신의 행위를 은폐하고 피해자가 자살한 것처럼 가장하기 위하여 피해자를 베란다 아래의 바닥으로 떨어뜨려 사망케 하였다면, 피고인의 행위는 포괄하여 단일의 상해치사죄에 해당한다(대판 1994.11.4. 94도2361).

③ [×] 싸우는 과정에서 상대방에게 식칼을 휘두르다가 이를 말리면서 식칼을 뺏으려던 피해자의 귀를 찔러 상해를 입힌 피고인에게 상해의 범의가 인정되며 상해를 입은 사람이 목적한 사람이 아닌 다른 사람이라 하여 과실치상죄에 해당한다고 할 수 없다(대판 1987.10.26. 87도1745). 따라서 甲에게는 丙에 대한 상해죄가 인정된다.

④ [○] 행정상의 단속을 주안으로 하는 법규라 하더라도 명문규정이 있거나 해석상 과실범도 벌할 뜻이 명확한 경우를 제외하고는 형법의 원칙에 따라 '고의'가 있어야 벌할 수 있다(대판 2010.2.11. 2009도9807).

정답 ③

112 범죄의 주관적 요소에 관한 설명 중 가장 적절하지 않은 것은? (다툼이 있는 경우 판례에 의함) [22 경찰채용]

① 고의의 본질에 관한 용인설(인용설)에 따르면 구성요건적 결과를 용인하는 의사만으로도 고의가 인정되어 미필적 고의는 고의에 포함되나, 인식 있는 과실은 고의에 포함되지 않는다.

② 회사의 노동조합 홍보이사가 노조 사무실에서 '새벽 6호'라는 책자를 집에 가져와 보관하고 있다가 국가보안법 제7조 제5항의 이적표현물소지죄로 체포된 경우, 그 홍보이사에게 목적범인 이적표현물소지죄가 성립하기 위해서는 이적행위를 하려는 목적의 확정적 인식이 있어야 한다.

③ 살인예비죄가 성립하기 위해서는 살인죄를 범할 목적 외에도 살인준비에 관한 고의가 있어야 한다.

④ 피고인이 범죄구성요건의 주관적 요소인 고의를 부인하는 경우, 그 범의 자체를 객관적으로 증명할 수 없으므로 사물의 성질상 범의와 상당한 관련성 있는 간접사실 또는 정황사실을 증명하는 방법으로 이를 입증할 수밖에 없다.

해설

① [O] 용인설(판례)은 행위자가 결과발생의 가능성을 인식하면서도 내심으로 이를 용인한 경우는 미필적 고의이고, 결과가 발생하지 않을 것을 희망한 때에는 인식 있는 과실이라는 견해이다. 따라서 이 견해에 따르면 미필적 고의는 고의에 포함될 수 있으나 인식 있는 과실은 의지적 요소가 결여되어 있으므로 고의에 포함될 수 없다.

② [×] 국가보안법 제7조 제5항(찬양 고무)은 "제1항·제3항 또는 제4항의 행위를 할 목적으로 문서·도화 기타의 표현물을 제작·수입·복사·소지·운반·반포·판매 또는 취득한 자는 그 각 항에 정한 형에 처한다"고 규정하는바, 국가보안법 제7조 제5항의 목적은 같은 법 제1항 내지 제4항의 행위에 대한 적극적 의욕이나 확정적 인식까지는 필요 없고 미필적 인식으로 족한 것이다(대판(전) 1992.3.31. 90도2033; 동지 대판(전) 2010.7.23. 2010도1189).

③ [O] 살인예비죄가 성립하기 위해서는 살인죄를 범할 목적 외에도 살인 준비에 관한 고의가 있어야 한다(대판 2009.10.29. 2009도7150).

④ [O] 피고인이 범죄구성요건의 주관적 요소인 고의를 부인하는 경우, 그 범의 자체를 객관적으로 증명할 수 없으므로 사물의 성질상 범의와 상당한 관련성 있는 간접사실 또는 정황 사실을 증명하는 방법으로 이를 입증할 수밖에 없다(대판 2005.12.22. 2003도6056).

정답 ②

113 주관적 범죄성립요건에 관한 설명 중 옳은 것은? (다툼이 있는 경우 판례에 의함) [24 변호사]

① 살의를 가지고 피해자를 구타하여 (ⓐ행위) 피해자가 정신을 잃고 축 늘어지자 죽은 것으로 오인하고 증거를 인멸할 목적으로 피해자를 모래에 파묻었는데 (ⓑ행위) 피해자는 ⓑ행위로 사망한 것이 판명된 경우, 사망의 직접 원인은 ⓑ행위이므로 살인미수죄가 성립한다.

② 행위자의 행위가 긴급피난에 해당하기 위해서는 긴급피난상황에 대한 인식만 있으면 족하며, 위난을 피하고자 하는 의사까지 필요한 것은 아니다.

③ 모해의 목적을 가지고 모해의 목적을 가지지 않은 사람을 교사하여 위증하게 한 경우, 공범종속성에 따라 모해위증교사죄가 아니라 위증교사죄가 성립한다.

④ 증인이 착오에 빠져 자신의 기억에 반한다는 인식 없이 객관적 사실에 반하는 내용의 증언을 한 경우에 위증의 범의를 인정할 수 있다.

⑤ 물품대금 청구소송 중인 거래회사로부터 우연히 착오송금을 받은 행위자가 물품 대금에 대한 적법한 상계권을 행사한다는 의사로 착오송금된 금원의 반환을 거부한 경우, 횡령죄 요건인 불법영득의사의 성립을 부정할 수 있다.

해설

① [×] 피해자가 피고인들의 살해의 의도로 행한 구타행위에 의하여 직접 사망한 것이 아니라 죄적을 인멸할 목적으로 행한 매장행위에 의하여 사망하게 되었다 하더라도 전 과정을 개괄적으로 보면 피해자의 살해라는 처음의 예견된 사실이 결국은 실현된 것으로서 피고인들은 살인죄의 죄책을 면할 수 없다(대판 1988.6.28. 88도650).

② [×] 현재의 위난이 존재하는 상태이었다고 가정하더라도 소위 피난의사가 있었다고 인정할 수 없는 이상 긴급피난의 성립을 인정할 수 없다(대판 1980.5.20. 80도306).

③ [×] [1] 피고인이 A를 모해할 목적으로 乙에게 위증을 교사한 이상, 가사 정범인 乙에게 모해의 목적이 없었다고 하더라도, 형법 제33조 단서의 규정에 의하여 피고인을 모해위증교사죄로 처단할 수 있다.
[2] 형법 제31조 제1항은 협의의 공범의 일종인 교사범이 그 성립과 처벌에 있어서 정범에 종속한다는 일반적인 원칙을 선언한 것에 불과하고, 신분관계로 인하여 형의 경중이 있는 경우에 신분이 있는 자가 신분이 없는 자를 교사하여 죄를 범하게 한 때에는 형법 제33조 단서가 형법 제31조 제1항에 우선하여 적용됨으로써 신분이 있는 교사범이 신분이 없는 정범보다 중하게 처벌된다(대판 1994.12.23. 93도1002).

④ [×] 위증죄에서 증인의 증언이 기억에 반하는 허위의 진술인지 여부를 가릴 때에는 그 증언의 단편적인 구절에 구애될 것이 아니라 당해 신문절차에서 한 증언 전체를 일체로 파악하여야 하고, 그 결과 증인이 무엇인가 착오에 빠져 기억에 반한다는 인식이 없이 증언하였음이 밝혀진 경우에는 위증의 범의를 인정할 수 없다(대판 1991.5.10. 89도1748). 착오에 빠진 경우 주관적 구성요건으로서 위증의 고의를 인정할 수 없다.

무고죄는 타인으로 하여금 형사처분 등을 받게 할 목적으로 신고한 사실이 객관적 진실에 반하는 허위사실인 경우에 성립되는 범죄로서, 신고자가 그 신고내용을 허위라고 믿었다 하더라도 그것이 객관적으로 진실한 사실에 부합할 때에는 허위사실의 신고에 해당하지 않아 무고죄는 성립하지 않는 것이며, 한편 위 신고한 사실의 허위 여부는 그 범죄의 구성요건과 관련하여 신고사실의 핵심 또는 중요내용이 허위인가에 따라 판단하여 무고죄의 성립 여부를 가려야 한다(대판 1991.10.11. 91도1950; 대판 2006.2.10. 2003도7487).

⑤ [○] [1] 형법 제355조 제1항에서 정하는 '반환의 거부'란 보관물에 대하여 소유자의 권리를 배제하는 의사표시를 하는 행위를 뜻하므로, '반환의 거부'가 횡령죄를 구성하려면 타인의 재물을 보관하는 자가 단순히 반환을 거부한 사실만으로는 부족하고 반환거부의 이유와 주관적인 의사들을 종합하여 반환거부행위가 횡령행위와 같다고 볼 수 있을 정도이어야 한다. 횡령죄에서 불법영득의 의사는 타인의 재물을 보관하는 자가 그 취지에 반하여 정당한 권원 없이 스스로 소유권자와 같이 이를 처분하는 의사를 말하므로 비록 반환을 거부하였더라도 반환거부에 정당한 이유가 다면 불법영득의 의사가 있다고 할 수 없다.
[2] 주류업체 甲 주식회사의 사내이사인 피고인이 피해자를 상대로 주류대금 청구소송을 제기한 민사 분쟁 중 피해자가 착오로 피고인이 관리하는 甲 회사 명의 계좌로 금원을 송금하여 피고인이 이를 보관하게 되었는데, 피고인은 피해자로부터 위 금원이 착오송금된 것이라는 사정을 문자메시지를 통해 고지받아 위 금원을 반환해야 할 의무가 있었음에도, 피해자와 상계 정산에 관한 합의 없이 피고인이 주장하는 주류대금 채권액을 임의로 상계 정산한 후 반환을 거부하여 횡령죄로 기소된 사안에서, 어떤 예금계좌에 금원이 착오로 잘못 송금되어 입금된 경우 수취인과 송금인 사이에 신의칙상 보관관계가 성립하기는 하나, 특별한 사정이 없는 한 이러한 이유만으로 송금인이 착오로 송금한 금전이 위탁자가 목적과 용도를 정하여 명시적으로 위탁한 금전과 동일하다거나, 송금인이 수취인에게 금원의 수수를 수반하는 사무처리를 위임하였다고 보아 수취인의 송금인에 대한 상계권 행사가 당초 위임한 취지에 반한다고 평가할 수는 없는 점, 관련 민사사건의 진행경과에 비추어 甲 회사가 반환거부 일시경 피해자에 대하여 반환거부 금액에 상응하는 물품대금채권을 보유하고 있었던 것으로 보이는 점, 피고인은 착오송금된 금원 중 甲 회사의 물품대금채권액에 상응한 금액을 제외한 나머지는 송금 다음 날 반환하였고, 나머지에 대해서도 반환을 요청하는 피해자에게 甲 회사의 물품대금채권을 자동채권으로 하여 상계권을 행사한다는 의사를 충분히 밝힌 것으로 보여, 피고인이 불법영득의사를 가지고 반환을 거부한 것이라고 단정하기 어려운 점을 종합하면, 피고인이 피해자의 착오로 甲 회사 명의 계좌로 송금된 금원 중 甲 회사의 피해자에 대한 채권액에 상응하는 부분에 관하여 반환을 거부한 행위는 정당한 상계권의 행사로 볼 여지가 있으므로, 피고인의 반환거부행위가 횡령행위와 같다고 보아 불법영득의사를 인정한 원심판결에 법리오해의 잘못이 있다고 한 사례(대판 2022.12.29. 2021도2088).

정답 ⑤

제7절 | 과실범

114 다음 사례 중 甲에게 중과실이 인정되는 것만을 모두 고르면? (다툼이 있으면 판례에 의함) [19 국가9급]

> ⊙ 甲이 성냥불로 담배에 불을 붙인 다음 그 성냥불이 꺼진 것을 확인하지 아니한 채 휴지가 들어 있는 플라스틱 휴지통에 던져 화재가 발생한 경우
> ⓒ 임차인이 甲으로부터 임차하여 사용하던 방의 문에 약간의 틈이 있다거나 연통 등 가스배출시설에 사소한 결함이 있는 정도의 하자로 인해 임차인이 그 방에서 연탄가스에 중독되어 사망한 경우
> ⓒ 甲이 84세 노인과 11세 아이를 상대로 안수기도를 하면서 피해자들의 배와 가슴 부분을 세게 때리고 누르는 행위를 노인에게는 약 20분간, 아이에게는 약 30분간 반복하여 사망하게 한 경우
> ⓔ 전기에 관한 전문지식이 없는 호텔오락실의 경영자 甲이 그 오락실 천정에 형광등을 설치하는 공사를 하면서 그 호텔의 전기보안담당자에게 아무런 통고를 하지 아니한 채 무자격전기기술자로 하여금 전기공사를 하게 하여 화재가 발생한 경우

① ㉠, ㉢

② ㉡, ㉢

③ ㉠, ㉡, ㉣

④ ㉠, ㉢, ㉣

해설

- ㉠ [인정] 피고인이 성냥불로 담배를 붙인 다음 그 성냥불이 꺼진 것을 확인하지 아니한 채 휴지가 들어 있는 플라스틱 휴지통에 던진 것은 중대한 과실이 있는 경우에 해당한다(대판 1993.7.27. 93도135).
- ㉡ [불인정] 임차인이 사용하던 방문에 약간의 틈이 있다거나 연통 등 까스배출시설에 결함이 있는 정도의 하자는 임대차 목적물인 방을 사용할 수 없을 정도의 파손상태라고 볼 수 없고 이는 임차인의 통상의 수선 및 관리의무에 속하는 것이므로 임차인이 그 방에서 연탄까스에 중독되어 사망하였더라도 사고는 임차인이 그 의무를 게을리 함으로써 발생한 것으로서 임대인에게 중과실치사의 죄책을 물을 수 없다(대판 1986.6.24. 85도2070).
- ㉢ [인정] 고령의 여자 노인이나 나이 어린 연약한 여자아이들은 약간의 물리력을 가하더라도 골절이나 타박상을 당하기 쉽고, 더욱이 배나 가슴 등에 그와 같은 상처가 생기면 치명적 결과가 올 수 있다는 것은 피고인 정도의 연령이나 경험 지식을 가진 사람으로서는 약간의 주의만 하더라도 쉽게 예견할 수 있을 것임에도 불구하고, 그와 같은 예견될 수 있는 결과에 대해서 주의를 다하지 않아 사람을 죽음으로까지 가게 한 행위는 중대한 과실이라고 하지 않을 수 없다(대판 1997.4.22. 97도538).
- ㉣ [불인정] 호텔오락실의 경영자가 오락실 천정에 형광등을 설치하는 공사를 하면서 호텔의 전기보안담당자에게 아무런 통고를 하지 아니한 채 무자격전기기술자로 하여금 전기공사를 하게 하였더라도, 전기에 관한 전문지식이 없는 오락실경영자로서는, 시공자가 조인터박스를 설치하지 아니하고 형광등을 천정에 바짝 붙여 부착시키는 등 부실하게 공사를 하였거나 또는 전기보안담당자가 전기공사사실을 통고받지 못하여 전기설비에 이상이 있는지 여부를 점검하지 못함으로써 위와 같은 부실공사가 그대로 방치되고 그로 인하여 전선의 합선에 의한 방화가 발생할 것 등을 쉽게 예견할 수 있었다고 보기는 어려우므로 오락실경영자에게 위와 같은 과실이 있었더라도 사회통념상 이를 화재발생에 관한 중대한 과실이라고 평가하기는 어렵다(대판 1989.10.13. 89도204).

정답 ①

115 과실범에 관한 다음 설명 중 가장 옳지 않은 것은? (다툼이 있으면 판례에 의함) [13 법원9급]

① 환자의 주치의 겸 전공의가 같은 과 수련의의 처방에 대한 감독의무를 소홀히 한 나머지, 환자가 수련의의 잘못된 처방으로 인하여 상해를 입게 된 경우, 전공의에 대한 업무상 과실이 인정된다.
② 형법 제268조의 업무상 과실의 유무를 판단함에는 같은 업무와 직무에 종사하는 일반적 보통인의 주의 정도를 표준으로 한다.
③ 교량붕괴 사고와 관련하여, 건설업자 甲과 이를 감독하는 공무원 乙 및 완공된 교량의 관리를 담당하는 공무원 丙의 과실이 서로 합쳐져 교량이 붕괴된 사실이 인정되더라도 과실범의 공동정범이 성립되지 않는다.
④ 공동정범은 고의범이나 과실범을 불문하고 의사의 연락이 있는 경우이면 그 성립을 인정할 수 있다.

해설

① [O] 피고인 甲이 피해자의 주치의 겸 병원 정형외과의 전공의로서, 같은 과의 수련의인 乙이 피고인 甲의 담당 환자인 피해자에 대하여 한 처방이 적절한 것인지의 여부를 확인하고 감독하여야 할 업무상 주의의무가 있음에도 불구하고, 위 의무를 소홀히 한 나머지 피해자가 乙의 잘못된 처방으로 인하여 상해를 입게 되었다면, 피고인 甲은 업무상과실치상죄의 죄책을 져야 한다(대판 2007.2.22. 2005도9229).
② [O] 의료사고에 있어 의료종사자의 과실을 인정하기 위해서는 의료종사자가 결과발생을 예견할 수 있고 또 회피할 수 있었음에도 불구하고 이를 예견하거나 회피하지 못한 과실이 인정되어야 하고, 그러한 과실의 유무를 판단함에는 같은 업무와 직무에 종사하는 보통인의 주의 정도를 표준으로 하여야 하며, 이에는 사고 당시의 일반적인 의학의 수준과 의료 환경 및 조건, 의료행위의 특수성 등이 고려되어야 한다(대판 2014.5.29. 2013도14079).
③ [X] 성수대교와 같은 교량이 그 수명을 유지하기 위하여는 건설업자의 완벽한 시공, 감독공무원들의 철저한 제작시공상의 감독 및 유지·관리를 담당하고 있는 공무원들의 철저한 유지·관리라는 조건이 합치되어야 하는 것이므로 교량붕괴 사고와 관련하여, 건설업자 甲과 이를 감독하는 공무원 乙 및 완공된 교량의 관리를 담당하는 공무원 丙의 과실이 서로 합쳐져 교량이 붕괴된 사실이 인정된다면 피고인들은 특별한 사정이 있는 경우를 제외하고는 성수대교 붕괴에 대한 공동책임을 면할 수 없다(대판 1997.11.28. 97도1740). ▶ 과실범의 공동정범이 성립한다는 취지이다.
④ [O] 공동정범은 고의범이나 과실범을 불문하고 의사의 연락이 있는 경우면 성립하는 것으로서 2인 이상이 서로의 의사연락 아래 과실행위를 하여 범죄되는 결과를 발생하게 하면 과실범의 공동정범이 성립한다(대판 1994.5.24. 94도660).

정답 ③

116 과실범에 대한 설명으로 가장 적절하지 않은 것은? (다툼이 있으면 판례에 의함)

① 함께 술을 마신 후 만취된 피해자를 촛불이 켜져 있는 방안에 혼자 눕혀 놓고 촛불을 끄지 않고 나오는 바람에 화재가 발생하여 피해자가 사망한 경우, 화재가 발생할 것은 예상할 수 없으므로 과실치사의 책임을 물을 수 없다.

② 육교 밑 차도를 주행하는 자동차 운전자가 전방 보도 위에 서 있는 피해자를 발견했다 하더라도 육교를 눈앞에 둔 피해자가 특히 차도로 뛰어들 거동이나 기색을 보이지 않는 한 일반적으로 차도로 뛰어들어 오리라고 예견하기 어렵다.

③ 고령의 간경변증 환자인 피해자에게 화상 치료를 위한 가피절제술과 피부이식수술을 실시하기 전에 출혈과 혈액량 감소로 신부전이 발생하여 생명이 위험할 수 있다는 점에 대해 피해자와 피해자의 보호자에게 설명을 하지 아니한 채 수술을 실시한 과실로 인하여 환자가 사망한 경우, 의사에게 업무상 과실로 인한 형사책임을 지우기 위해서는 의사의 설명의무 위반과 환자의 사망 사이에 상당인과관계가 존재하여야 한다.

④ 과실범의 불법은 객관적 주의의무위반을 통한 행위반가치 및 구성요건적 결과 발생을 통한 결과반가치에서 찾을 수 있다.

해설

① [×] 피해자를 혼자 방에 두고 나오는 피고인들로서는 촛불을 끄거나 양초가 쉽게 넘어지지 않도록 적절하고 안전한 조치를 취하여야 할 주의의무가 있다 할 것인바, 비록 피고인들이 직접 촛불을 켜지 않았다 할지라도 위와 같은 주의의무를 다하지 않은 이상 피고인들로서는 이 사건 화재발생과 그로 인한 피해자의 사망에 대하여 과실책임을 면할 수는 없다(대판 1994.8.26. 94도1291).

② [○] 각종 차량의 내왕이 번잡하고 보행자의 횡단이 금지되어 있는 육교 밑 차도를 주행하는 자동차운전자가 전방 보도위에 서있는 피해자를 발견하였더라도 육교를 눈앞에 둔 피해자가 특히 차도로 뛰어들 거동이나 기색을 보이지 않는 한 운전자로서는 불의에 뛰어드는 보행자를 예상하여 이를 사전에 방지해야 할 조치를 취할 업무상 주의의무는 없다(대판 1985.9.10. 84도1572).

③ [○] 고령의 간경변증 환자인 피해자에게 화상 치료를 위한 가피절제술과 피부이식수술을 실시하기 전에 출혈과 혈액량 감소로 신부전이 발생하여 생명이 위험할 수 있다는 점에 대해 피해자와 피해자의 보호자에게 설명을 하지 아니한 채 수술을 실시한 과실로 인하여 환자가 사망한 경우, 의사에게 업무상 과실로 인한 형사책임을 지우기 위해서는 의사의 설명의무 위반과 환자의 사망 사이에 상당인과관계가 존재하여야 한다(대판 2015.6.24. 2014도11315).

④ [○] 과실범의 불법은 객관적 주의의무위반을 통한 행위반가치(과실을 의미함) 및 구성요건적 결과 발생을 통한 결과반가치(사망이나 상해의 결과 등을 의미함)에서 찾을 수 있다.

정답 ①

117 과실범에 관한 다음 설명 중 가장 옳지 않은 것은? (다툼이 있으면 판례에 의함) [20 법원행시]

① 과실범에 있어서의 비난가능성의 지적 요소란 결과 발생의 가능성에 대한 인식으로서 인식있는 과실에는 이와 같은 인식이 있고, 인식 없는 과실에는 이에 대한 인식 자체도 없는 경우이나, 전자에 있어서 책임이 발생함은 물론, 후자에 있어서도 그 결과 발생을 인식하지 못하였다는 데에 대한 부주의, 즉 규범적 실재로서의 과실책임이 있다.

② 과실 유무는 같은 업무와 직무에 종사하는 일반적 보통인의 주의 정도를 표준으로 판단하여야 한다.

③ 고속도로를 운행하는 자동차의 운전자로서는 일반적인 경우에 고속도로를 횡단하는 보행자가 있을 것까지 예견하여 보행자와의 충돌사고를 예방하기 위하여 급정차 등의 조치를 취할 수 있도록 대비하면서 운전할 주의의무가 없다.

④ 한의사인 피고인이 피해자에게 문진하여 과거 봉침을 맞고도 별다른 이상반응이 없었다는 답변을 듣고 알레르기 반응검사(skin test)를 생략한 채 환부인 목 부위에 봉침시술을 하였는데, 피해자가 위 시술 직후 아나필락시 쇼크 반응을 나타내는 등 상해를 입은 경우, 피고인에게 피해자를 상대로 알레르기 반응검사를 실시할 주의의무 위반이 인정된다.

⑤ 병원 인턴인 피고인이 응급실로 이송되어 온 익수환자 甲을 담당의사 乙의 지시에 따라 구급차에 태워 다른 병원으로 이송하게 되었고, 피고인이 乙에게서 이송 도중 甲에 대한 앰부 배깅(ambu bagging)과 진정제 투여 업무만을 지시받았다면, 피고인에게 일반적으로 구급차 탑승 전 또는 이송 도중 구급차에 비치되어 있는 산소통의 산소잔량을 확인할 주의의무가 있다고 보기는 어렵다.

해설

① [O] 소위 과실범에 있어서의 비난가능성의 지적 요소란 결과발생의 가능성에 대한 인식으로서 인식있는 과실에는 이와 같은 인식이 있고, 인식없는 과실에는 이에 대한 인식 자체도 없는 경우이나, 전자에 있어서 책임이 발생함은 물론, 후자에 있어서도 그 결과발생을 인식하지 못하였다는 데에 대한 부주의, 즉 규범적 실재로서의 과실책임이 있다(대판 1984.2.28. 83도3007).

② [O] 의료사고에서 의료종사자의 과실을 인정하기 위해서는 의료종사자가 결과발생을 예견할 수 있고 또 회피할 수 있었는데도 이를 예견하거나 회피하지 못한 과실이 인정되어야 하고, 그러한 과실 유무를 판단할 때에는 같은 업무와 직무에 종사하는 보통인의 주의 정도를 표준으로 하여야 하며, 이에는 사고 당시의 일반적인 의학 수준과 의료 환경 및 조건, 의료행위의 특수성 등이 고려되어야 하고, 이러한 법리는 한의사의 경우에도 마찬가지이다(대판 2011.9.8. 2009도13959).

③ [O] 고속도로를 운행하는 자동차의 운전자로서는 일반적인 경우에 고속도로를 횡단하는 보행자가 있을 것까지 예견하여 보행자와의 충돌사고를 예방하기 위하여 급정차 등의 조치를 취할 수 있도록 대비하면서 운전할 주의의무가 없다(대판 2000.9.5. 2000도2671).

④ [×] 한의사인 피고인이 피해자에게 문진하여 과거 봉침을 맞고도 별다른 이상반응이 없었다는 답변을 듣고 알레르기 반응검사를 생략한 채 환부인 목 부위에 봉침시술을 하였는데, 피해자가 시술 직후 아나필락시 쇼크반응을 나타내는 등 상해를 입은 경우, 피고인에게 과거 알레르기 반응검사 및 약 12일 전 봉침시술에서도 이상반응이 없었던 피해자를 상대로 다시 알레르기 반응검사를 실시할 의무가 있다고 보기는 어렵고, 설령 그러한 의무가 있다고 하더라도 알레르기 반응검사를 하지 않은 과실과 피해자의 상해 사이에 상당인과관계를 인정하기 어렵다(대판 2011.4.14. 2010도10104).

⑤ [O] 병원 인턴인 피고인이 응급실로 이송되어 온 익수환자 甲을 담당의사 乙의 지시에 따라 구급차에 태워 다른 병원으로 이송하게 되었고, 피고인이 乙에게서 이송 도중 甲에 대한 앰부 배깅(ambu bagging)과 진정제 투여 업무만을 지시받았다면, 피고인에게 일반적으로 구급차 탑승 전 또는 이송 도중 구급차에 비치되어 있는 산소통의 산소잔량을 확인할 주의의무가 있다고 보기는 어렵다(대판 2011.9.8. 2009도13959).

정답 ④

118 과실범에 대한 설명으로 가장 적절한 것은? (다툼이 있으면 판례에 의함)

① 의사가 설명의무를 위반한 채 의료행위를 하였다가 환자에게 사망의 결과가 발생한 경우, 의사에게 업무상 과실로 인한 형사책임을 지우기 위해서는 의사의 설명의무 위반과 환자의 사망 사이에 상당인과관계가 존재할 필요는 없다.

② 농배양을 하지 않은 의사의 과실과 피해자의 사망 사이에 인과관계를 인정하려면, 농배양을 하였더라면 피고인이 투약해 온 항생제와 다른 어떤 항생제를 사용하게 되었을 것이라거나 어떤 다른 조치를 취할 수 있었을 것이고, 따라서 피해자가 사망하지 않았을 것이라는 점이 인정되어야 한다.

③ 과실이 있는 경우, 결과가 발생하지 않거나 과실과 결과 사이에 인과관계가 부정될 때에는 과실미수범으로 처벌된다.

④ 의사들의 주의의무 위반과 처방체계상의 문제점으로 인하여 수술 후 회복과정에 있는 환자에게 인공호흡 준비를 갖추지 않은 상태에서는 사용할 수 없는 약제가 잘못 처방되었고, 종합병원의 간호사로서 환자에 대한 투약 과정 및 그 이후의 경과 관찰 등의 직무 수행을 위하여 처방 약제의 기본적인 약효나 부작용 및 주사 투약에 따르는 주의사항 등을 미리 확인·숙지하였다면 과실로 처방된 것임을 알 수 있었음에도 그대로 주사하여 환자가 의식불명 상태에 이르게 된 사안에서, 간호사에게는 업무상과실치상의 형사책임은 인정되지 않는다.

해설

① [×] 의사가 설명의무를 위반한 채 의료행위를 하였다가 환자에게 상해 또는 사망의 결과가 발생한 경우 의사에게 업무상 과실로 인한 형사책임을 지우기 위해서는 의사의 설명의무 위반과 환자의 상해 또는 사망 사이에 상당인과관계가 존재하여야 한다 (대판 2015.6.24. 2014도11315).

② [○] 농배양을 하지 않은 의사의 과실과 피해자의 사망 사이에 인과관계를 인정하려면, 농배양을 하였더라면 피고인이 투약해 온 항생제와 다른 어떤 항생제를 사용하게 되었을 것이라거나 어떤 다른 조치를 취할 수 있었을 것이고, 따라서 피해자가 사망하지 않았을 것이라는 점이 인정되어야 한다(대판 1996.11.8. 95도2710).

③ [×] 과실이 있는 경우, 결과가 발생하지 않거나 과실과 결과 사이에 인과관계가 부정될 때에는 이론적으로 과실범의 미수에 해당하지만 형법에는 과실범의 미수를 처벌하는 규정이 없으므로 불가벌이다.

④ [×] [1] 피고인이 경력이 오래된 간호사라 하더라도 단지 잘 모르는 약제가 처방되었다는 등의 사유만으로 그 처방의 적정성을 의심하여 의사에게 이를 확인하여야 할 주의의무까지 있다고 보기는 어렵지만, 환자에 대한 투약 과정 및 그 이후의 경과를 관찰·보고하고 환자의 요양에 필요한 간호를 수행함을 그 직무로 하고 있는 종합병원의 간호사로서는 그 직무 수행을 위하여 처방 약제의 투약 전에 미리 그 기본적인 약효나 부작용 및 주사 투약에 따르는 주의사항 등을 확인·숙지하여야 할 의무가 있다.

[2] 종합병원 간호사인 피고인이 의약품의 약효 등을 확인하지 않음으로 인해 그 투약의 위험성을 인식하지 못함으로써 처방내용을 재확인할 기회를 놓친 채 그대로 이를 주사 투약한 점에서 의사의 처방을 기계적으로 실행하기에 앞서 당해 처방의 경위와 내용을 관련자에게 재확인함으로써 그 실행으로 인한 위험을 방지할 주의의무를 위반한 과실이 인정되고, 이를 투약함으로써 그 약효 내지 부작용으로 인하여 피해자에게 상해가 발생한 이상 그와 같은 결과는 피고인의 주의의무 위반과 상당인과관계가 있다고 할 것이며, 피해자의 상해 발생에 피고인 외에도 다른 사람들의 과실이 주로 작용하였다는 사정이 있다 하여 피고인의 책임을 면제할 사유가 된다고 할 수 없다(대판 2009.12.24. 2005도8980).

정답 ②

과실범에 대한 설명으로 옳은 것만을 모두 고르면? (다툼이 있으면 판례에 의함)

> ㉠ 과실범에서 요구되는 주의의무는 반드시 개별 법령에 일일이 그 근거나 내용이 명시되어 있어야만 하는 것은 아니며, 결과발생 즈음의 구체적인 상황에서 이와 관련된 제반 사정들을 종합적으로 평가하여 그 결과 발생을 방지하여야 할 주의의무를 인정할 수 있다.
> ㉡ 골프경기 중 골프공을 쳐서 아무도 예상하지 못한 자신의 등 뒤편으로 보내어 등 뒤에 있던 경기보조원(캐디)이 상해를 입은 경우에는 주의의무를 위반한 것으로 볼 수 없으므로 과실치상죄가 성립하지 않는다.
> ㉢ 술을 마시고 찜질방에 들어온 자가 찜질방 직원 몰래 후문으로 나가 술을 더 마시고 들어와 잠을 자다가 사망한 경우, 찜질방 주인에게는 후문으로 출입하는 모든 자를 통제·관리하여야 할 업무상 주의의무가 있다.
> ㉣ 법령에 의하여 도급인에게 수급인의 업무에 관하여 구체적인 관리·감독의무 등이 부여되어 있는 경우라면 도급인에게 수급인의 업무와 관련하여 사고방지에 필요한 안전조치를 취할 주의의무가 있다.

① ㉠, ㉡   ② ㉡, ㉢

③ ㉢, ㉣   ④ ㉠, ㉣

해설

㉠ [O] 결과 발생을 예견할 수 있고 또 그것을 회피할 수 있음에도 불구하고 정상의 주의의무를 태만히 함으로써 결과 발생을 야기하였다면 과실범의 죄책을 면할 수 없고, 위와 같은 주의의무는 반드시 개별적인 법령에서 일일이 그 근거나 내용이 명시되어 있어야만 하는 것이 아니며, 결과 발생에 즈음한 구체적인 상황에서 이와 관련된 제반 사정들을 종합적으로 평가하여 결과 발생에 대한 예견 및 회피 가능성을 기준으로 삼아 그 결과 발생을 방지하여야 할 주의의무를 인정할 수 있다(대판 2009.4.23. 2008도11921).

㉡ [×] 골프경기를 하던 중 골프공을 쳐서 아무도 예상하지 못한 자신의 등 뒤편으로 보내어 등 뒤에 있던 경기보조원(캐디)에게 상해를 입힌 경우에는 주의의무를 현저히 위반하여 사회적 상당성의 범위를 벗어난 행위로서 과실치상죄가 성립한다(대판 2008.10.23. 2008도6940).

㉢ [×] 찜질방 직원 및 영업주에게 손님이 몰래 후문으로 나가 술을 더 마시고 들어올 경우까지 예상하여 직원을 추가로 배치하거나 후문으로 출입하는 모든 자를 통제·관리하여야 할 업무상 주의의무가 있다고 보기 어렵다(대판 2010.2.11. 2009도9807).

㉣ [O] 공사도급계약의 경우 원칙적으로 도급인에게는 수급인의 업무와 관련하여 사고방지에 필요한 안전조치를 취할 주의의무가 없으나, 법령에 의하여 도급인에게 수급인의 업무에 관하여 구체적인 관리·감독의무 등이 부여되어 있거나 도급인이 공사의 시공이나 개별 작업에 관하여 구체적으로 지시·감독하였다는 등의 특별한 사정이 있는 경우에는 도급인에게도 수급인의 업무와 관련하여 사고방지에 필요한 안전조치를 취할 주의의무가 있다(대판 2010.12.23. 2010도1448).

정답 ④

120 과실에 대한 설명으로 가장 적절한 것은? (다툼이 있으면 판례에 의함) [21 경찰승진]

① 의료사고에서 의사에게 과실이 있다고 하기 위하여는 의사가 결과발생을 예견할 수 있고 또 회피할 수 있었는데도 이를 예견하지 못하거나 회피하지 못하였음이 인정되어야 하며, 과실의 유무를 판단할 때에는 구체적인 경우 당해 행위자가 기울일 수 있었던 주의정도를 표준으로 한다.

② 과실범에 관한 이른바 신뢰의 원칙은 상대방이 이미 비정상적인 행태를 보이고 있는 경우에는 적용될 여지가 없는 것이고, 이는 행위자가 경계의무를 게을리하는 바람에 상대방의 비정상적인 행태를 미리 인식하지 못한 경우에도 마찬가지이다.

③ 고속국도에서는 보행으로 통행, 횡단하거나 출입하는 것이 금지되어 있지만, 도로양측에 휴게소가 있는 경우에는 고속국도를 주행하는 차량의 운전자는 동 도로상에 보행자가 있음을 예상하여 감속 등 조치를 할 주의의무가 있다 할 것이다.

④ 피고인이 성냥불로 담배를 붙인 다음 그 성냥불이 꺼진 것을 확인하지 아니한 채 휴지가 들어 있는 플라스틱 휴지통에 던진 것으로는 「형법」 제171조 중실화죄에 있어 중대한 과실이 있는 경우에 해당한다고 할 수 없다.

해설

① [×] 의료사고에서 의사에게 과실이 있다고 하기 위하여는 의사가 결과 발생을 예견할 수 있고 또 회피할 수 있었는데도 이를 예견하지 못하거나 회피하지 못하였음이 인정되어야 하며, 과실의 유무를 판단할 때에는 같은 업무와 직종에 종사하는 일반적 보통인의 주의정도를 표준으로 하고, 사고 당시의 일반적인 의학의 수준과 의료환경 및 조건, 의료행위의 특수성 등을 고려하여야 한다. 이러한 법리는 한의사의 경우에도 마찬가지이다(대판 2014.7.24. 2013도1610).

② [○] 과실범에 관한 이른바 신뢰의 원칙은 상대방이 이미 비정상적인 행태를 보이고 있는 경우에는 적용될 여지가 없는 것이고, 이는 행위자가 경계의무를 게을리하는 바람에 상대방의 비정상적인 행태를 미리 인식하지 못한 경우에도 마찬가지이다(대판 2009.4.23. 2008도11921).

③ [×] 고속국도에서는 보행으로 통행, 횡단하거나 출입하는 것이 금지되어 있으므로 고속국도를 주행하는 차량의 운전자는 도로 양측에 휴게소가 있는 경우에도 도로상에 보행자가 있음을 예상하여 감속등 조치를 할 주의의무가 있다 할 수 없다(대판 1977. 6.28. 77도403).

④ [×] 피고인이 성냥불로 담배를 붙인 다음 그 성냥불이 꺼진 것을 확인하지 아니한 채 휴지가 들어 있는 플라스틱 휴지통에 던진 것은 중대한 과실이 있는 경우에 해당한다(대판 1993.7.27. 93도135).

정답 ②

121 과실범에 관한 설명 중 가장 적절하지 않은 것은? (다툼이 있으면 판례에 의함) [17 경찰승진]

① 형법상 과실범의 미수를 처벌하는 규정은 존재하지 않는다.

② 행정상의 단속을 주 내용으로 하는 법규라고 하더라도 '명문규정이 있거나 해석상 과실범도 벌할 뜻이 명확한 경우'를 제외하고는 형법의 원칙에 따라 고의가 있어야 벌할 수 있다.

③ 공사현장 감독인이 공사의 발주자에 의하여 현장감독에 임명된 것이 아니고, 건설업법상 요구되는 현장건설기술자의 자격도 없다면 업무상 과실책임을 물을 수 없다.

④ 택시운전기사가 심야에 밀집된 주택 사이의 좁은 골목길이자 직각으로 구부러져 가파른 비탈길의 내리막에서 그다지 속도를 줄이지 않고 진행하다가 내리막에 누워 있던 피해자의 몸통 부위를 택시 바퀴로 역과하여 그 자리에서 사망에 이르게 한 경우 그에게 업무상 주의의무 위반을 인정할 수 있다.

해설

① [○] 형법에는 고의범의 미수를 처벌하는 경우는 있어도 과실범의 미수를 처벌하는 규정은 없다.

② [○] 행정상의 단속을 주안으로 하는 법규라 하더라도 명문규정이 있거나 해석상 과실범도 벌할 뜻이 명확한 경우를 제외하고는 형법의 원칙에 따라 '고의'가 있어야 벌할 수 있다(대판 2010.2.11. 2009도9807).

③ [×] 피고인이 사업 당시 공사현장 감독인인 이상 그 공사의 원래의 발주자의 직원이 아니고 또 발주자에 의하여 현장감독에 임명된 것도 아니며, 건설업법상 요구되는 현장건설기술자의 자격도 없다는 등의 사유는 업무상과실책임을 물음에 아무런 영향도 미칠 수 없다(대판 1983.6.14. 82도2713).

④ [○] 택시운전기사가 심야에 밀집된 주택 사이의 좁은 골목길이자 직각으로 구부러져 가파른 비탈길의 내리막에서 그다지 속도를 줄이지 않고 진행하다가 내리막에 누워 있던 피해자의 몸통 부위를 택시 바퀴로 역과하여 그 자리에서 사망에 이르게 한 경우 그에게 업무상 주의의무 위반을 인정할 수 있다(대판 2011.5.26. 2010도17506).

정답 ③

122 과실범에 관한 설명 중 가장 적절하지 않은 것은? (다툼이 있으면 판례에 의함) [14 경찰승진]

① 공동정범은 고의범이나 과실범을 불문하고 의사의 연결이 있는 경우이면 그 성립을 인정할 수 있다.

② 고속국도를 주행하는 차량의 운전자는 도로 양측에 휴게소가 있다 하더라도 동 도로상에 보행자가 있을 것을 예상하여 감속 등 조치를 할 주의의무는 없다.

③ 술을 마시고 찜질방에 들어온 甲이 찜질방 직원 몰래 후문으로 나가 술을 더 마신 다음 후문으로 다시 들어와 발한실(發汗室)에서 잠을 자다가 사망한 경우 찜질방 직원 및 영업주에게 몰래 후문으로 출입하는 모든 자를 통제·관리하여야 할 업무상 주의의무가 있다고 보기 어렵다.

④ 과실일수죄는 형법상 처벌규정이 있으나 과실교통방해죄는 형법상 처벌규정이 없다.

해설

① [○] 형법 제30조에 '공동하여 죄를 범한 때'의 '죄'는 고의범이고 과실범이고를 불문한다고 해석하여야 할 것이고 따라서 공동정범의 주관적 요건인 공동의 의사도 고의를 공동으로 가질 의사임을 필요로 하지 않고 고의 행위이고 과실 행위이고 간에 그 행위를 공동으로 할 의사이면 족하다고 해석하여야 할 것이므로 2인 이상이 어떠한 과실 행위를 서로의 의사연락 아래 하여 범죄되는 결과를 발생케 한 것이라면 여기에 과실범의 공동정범이 성립되는 것이다(대판 1962.3.29. 4294형상598).

② [○] 고속국도에서는 보행으로 통행, 횡단하거나 출입하는 것이 금지되어 있으므로 고속국도를 주행하는 차량의 운전자는 도로 양측에 휴게소가 있는 경우에도 동 도로상에 보행자가 있음을 예상하여 감속 등 조치를 할 주의의무가 있다 할 수 없다(대판 1977.6.28. 77도403).

③ [○] 찜질방 직원 및 영업주에게 손님이 몰래 후문으로 나가 술을 더 마시고 들어올 경우까지 예상하여 직원을 추가로 배치하거나 후문으로 출입하는 모든 자를 통제·관리하여야 할 업무상 주의의무가 있다고 보기 어렵다(대판 2010.2.11. 2009도9807).

④ [×] 과실일수죄(제181조)와 과실교통방해죄(제189조)는 모두 형법상 처벌규정이 있다.

정답 ④

123 과실범에 관한 설명이다. 다음 중 가장 적절하지 않은 것은? (다툼이 있으면 판례에 의함) [15 경찰채용]

① 건설회사가 건설공사 중 타워크레인의 설치 작업을 전문업자에게 도급주어 타워크레인 설치 작업을 하던 중 발생한 사고에 대하여 건설회사의 현장대리인에게 업무상과실치사상의 죄책을 물을 수 없다.

② 의료사고에 있어 의사의 과실을 인정하기 위해 과실의 유무를 판단함에는 같은 업무와 직무에 종사하는 일반적 보통인의 주의 정도를 표준으로 하여야 하며, 이에는 사고 당시의 일반적인 의학의 수준과 의료 환경 및 조건, 의료행위의 특수성 등이 고려되어야 한다.

③ 형법 제10조 제3항은 고의에 의한 원인에 있어서의 자유로운 행위만을 규정하며, 과실에 의한 원인에 있어서의 자유로운 행위까지 포함하는 것은 아니다.

④ 행정상의 단속을 주 내용으로 하는 법규라 하더라도 명문규정이 있거나 해석상 과실범도 벌할 뜻이 명확한 경우를 제외하고는 형법의 원칙에 따라 고의가 있어야 벌할 수 있다.

해설

① [○] 건설회사가 건설공사 중 타워크레인의 설치 작업을 전문업자에게 도급주어 타워크레인 설치 작업을 하던 중 발생한 사고에 대하여 건설회사의 현장대리인에게 업무상과실치사상의 죄책을 물을 수 없다(대판 2005.9.9. 2005도3108).

② [○] 의료사고에 있어 의사의 과실을 인정하기 위해 과실의 유무를 판단함에는 같은 업무와 직무에 종사하는 일반적 보통인의 주의 정도를 표준으로 하여야 하며, 이에는 사고 당시의 일반적인 의학의 수준과 의료 환경 및 조건, 의료행위의 특수성 등이 고려되어야 한다(대판 2014.5.29. 2013도14079).

③ [×] 형법 제10조 제3항은 '위험의 발생을 예견하고 자의로 심신장애를 야기한 자의 행위에는 전2항의 규정을 적용하지 아니한다'고 규정하고 있는바, 이 규정은 고의에 의한 원인에 있어서의 자유로운 행위만이 아니라 <u>과실에 의한 원인에 있어서의 자유로운 행위까지도 포함하는 것</u>으로서 위험의 발생을 예견할 수 있었는데도 자의로 심신장애를 야기한 경우도 그 적용 대상이 된다(대판 1992.7.28. 92도999).

④ [○] 행정상의 단속을 주안으로 하는 법규라 하더라도 명문규정이 있거나 해석상 과실범도 벌할 뜻이 명확한 경우를 제외하고는 형법의 원칙에 따라 '고의'가 있어야 벌할 수 있다(대판 2010.2.11. 2009도9807).

정답 ③

124 다음 중 가장 옳지 않은 것은? (다툼이 있으면 판례에 의함) [11 경찰간부]

① 고속도로 양쪽에 휴게소가 있는 경우에도 고속도로를 무단횡단하는 보행자가 있을 것을 예상하여 감속 등의 조치를 취할 주의의무는 없다.

② 연탄 아궁이로부터 80cm 떨어진 곳에 비닐로 포장한 스펀지요, 솜 등을 쉽게 넘어지기는 어려운 상태로 쌓아둔 채 방치하다가 위 솜 등이 연탄 아궁이 쪽으로 넘어지면서 불이 난 경우 중과실이 부정된다.

③ 연탄 보일러로부터 5 내지 10cm의 거리에 가연물질이 있음을 알면서도 신문지를 구겨서 보일러의 공기조절구를 살짝 막아놓은 채 그 자리를 떠나버렸기 때문에 화재가 발생한 경우 중과실이 인정된다.

④ 업무상과실장물취득죄는 업무상과실에 의하여 단순과실장물취득죄보다 형이 가중되는 가중적 구성요건이다.

해설

① [○] 고속국도에서는 보행으로 통행, 횡단하거나 출입하는 것이 금지되어 있으므로 고속국도를 주행하는 차량의 운전자는 도로 양측에 휴게소가 있는 경우에도 동 도로상에 보행자가 있음을 예상하여 감속 등 조치를 할 주의의무가 있다 할 수 없다(대판 1977.6.28. 77도403).

② [○] 연탄아궁이로부터 80cm 떨어진 곳에 쌓아둔 스폰지요, 솜 등이 연탄아궁이 쪽으로 넘어지면서 화재가 발생한 경우라고 하더라도 그 스폰지요, 솜 등을 쌓아두는 방법이나 상태 등에 관하여 아주 작은 주의만 기울였더라면 스폰지요나 솜 등이 넘어지고 또 그로 인하여 화재가 발생할 것을 예견하여 회피할 수 있었음에도 불구하고 부주의로 이를 예견하지 못하고 스폰지와 솜 등을 쉽게 넘어질 수 있는 상태로 쌓아둔 채 방치하였기 때문에 화재가 발생한 것으로 판단되어야만, "중대한 과실"로 인하여 화재가 발생한 것으로 볼 수 있다(대판 1989.1.17. 88도643).

③ [○] 보일러로부터 약 10cm의 거리에 가연물질이 있음을 알면서도 보일러에 연탄을 갈아넣고 보일러의 공기조절구를 신문지를 구겨 살짝 막아놓은 채 그 자리를 떠나버렸기 때문에 화재가 발생한 경우 중대한 과실이 있다고 할 것이다(대판 1988.8.23. 88도855).

④ [×] 형법상 단순과실장물취득죄의 처벌규정이 없으므로 업무상과실장물취득죄는 단순과실장물취득죄보다 형이 가중되는 가중적 구성요건이라고 할 수 없다.

정답 ④

---

125 과실범에 관한 설명으로 가장 적절한 것은? (다툼이 있는 경우 판례에 의함)   [23 경찰채용]

① 「형법」 제14조에 따르면 정상적으로 기울여야 할 주의(注意)를 게을리하여 죄의 성립요소인 사실을 인식하지 못한 행위는 정당한 이유가 있는 때에 한하여 벌하지 아니한다.

② 의료과오사건에 있어서 의사의 과실을 인정하려면 결과 발생을 예견할 수 있고 또 회피할 수 있었음에도 이를 하지 못한 점을 인정할 수 있어야 하고, 위 과실의 유무를 판단함에는 사회적 평균인의 주의 정도를 표준으로 하여야 하며, 이때 사고 당시의 일반적인 의학의 수준과 의료환경 및 조건, 의료행위의 특수성 등을 고려하여야 한다.

③ 과실범의 주의의무는 반드시 개별적인 법령에서 일일이 그 근거나 내용이 명시되어 있어야만 하는 것이 아니며, 결과 발생에 즈음한 구체적인 상황에서 이와 관련된 제반 사정들을 종합적으로 평가하여 결과 발생에 대한 예견 및 회피 가능성을 기준으로 삼아 그 결과 발생을 방지하여야 할 주의의무를 인정할 수 있는 것이다.

④ 「형법」 제364조에 따른 업무상과실장물취득죄는 업무상과실에 의하여 「형법」 제362조 제1항에 따른 단순과실장물취득죄보다 형이 가중되는 가중적 구성요건이다.

해설

① [×] 제14조【과실】 정상적으로 기울여야 할 주의(注意)를 게을리하여 죄의 성립 요소인 사실을 인식하지 못한 행위는 법률에 특별한 규정이 있는 경우에만 처벌한다.

② [×] 의료사고가 발생한 경우에 의사의 과실을 인정하기 위해서는 의사가 결과 발생을 예견할 수 있었음에도 불구하고 그 결과 발생을 예견하지 못하였고, 그 결과 발생을 회피할 수 있었음에도 불구하고 그 결과 발생을 회피하지 못한 과실이 검토되어야 한다. 의사의 이와 같은 주의의무의 내용과 정도 및 과실의 유무는 의료행위를 할 당시 의료기관 등 임상의학 분야에서 실천되고 있는 의료행위의 수준을 기준으로 삼되 그 의료수준은 같은 업무와 직무에 종사하는 통상의 의사에게 의료행위 당시 일반적으로 알려져 있고 또 시인되고 있는 의학의 수준, 진료환경과 조건, 의료행위의 특수성 등을 고려하여 규범적인 수준으로 파악되어야 한다(대판 2022.12.1. 2022도1499).

③ [○] 과실범의 주의의무는 반드시 개별적인 법령에서 일일이 그 근거나 내용이 명시되어 있어야만 하는 것이 아니며, 결과 발생에 즈음한 구체적인 상황에서 이와 관련된 제반 사정들을 종합적으로 평가하여 결과 발생에 대한 '예견 및 회피 가능성'을 기준으로 삼아 그 결과 발생을 방지하여야 할 주의의무를 인정할 수 있는 것이다(대판 2009.4.23. 2008도11921).

④ [×] 업무상과실장물취득죄는 기본적 구성요건(보통과실에 의한 장물죄 규정)이 존재하지 않으므로 가중적 구성요건에 해당하지 않는다.

정답 ③

126 다음 사례 중 甲에게 업무상 과실이 인정되는 것은 모두 몇 개인가? (다툼이 있는 경우 판례에 의함)

[22 경찰채용]

> ㉠ 지하철 공사구간 현장안전업무 담당자 甲은 공사현장에 인접한 기존의 횡단보도 표시선 안쪽으로 돌출된 강철빔 주위에 라바콘 3개를 설치하고 신호수 1명을 배치하였는데, A가 그 횡단보도를 건너면서 강철빔에 부딪혀 상해를 입은 경우
>
> ㉡ 병원 인턴 甲은 응급실로 이송되어 온 익수환자 A를 담당 의사 乙의 지시(이송 도중 A에 대한 앰부 배깅과 진정제 투여 업무만을 지시)에 따라 구급차에 태워 다른 병원으로 이송하던 중 산소통의 산소잔량을 체크하지 않아 산소 공급이 중단되어 A가 폐부종 등으로 사망한 경우
>
> ㉢ 골프장의 경기보조원 甲은 골프 카트에 A를 태우면서 출발에 앞서 안전 손잡이를 잡도록 고지하지 않고, 이를 잡았는지 확인하지도 않은 채 출발 후 각도 70°가 넘는 우로 굽은 길에서 속도를 줄이지 않고 급하게 우회전하여 A가 골프 카트에서 떨어져 상해를 입은 경우
>
> ㉣ 담당 의사가 췌장 종양 제거수술 직후의 환자 A에 대하여 1시간 간격으로 4회 활력징후를 측정하라고 지시하였는데, 일반병실에 근무하는 간호사 甲이 중환자실이 아닌 일반병실에서는 그러할 필요가 없다고 생각하여 2회만 측정한 채 3회차 이후 이를 측정하지 않았고, 甲과 근무를 교대한 간호사 乙 역시 자신의 근무시간 내 4회차 측정시각까지 이를 측정하지 아니하여, A는 그 시각으로부터 약 10분 후 심폐정지 상태에 빠졌다가 이후 약 3시간이 지나 과다출혈로 사망한 경우
>
> ㉤ 건축자재인 철판 수백 장의 운반을 의뢰한 생산자 甲이 절단면이 날카롭고 무거운 철판을 묶기에 매우 부적합한 폴리에스터 끈을 사용하여 철판 묶음 작업을 한 탓에 철판 쏠림 현상이 발생하였고, 이로 인하여 철판을 차에서 내리는 과정에서 철판이 쏟아져 내려 화물차 운전자 A가 사망한 경우

① 1개   ② 2개

③ 3개   ④ 4개

해설

㉠ [×] … 지하철 공사구간 현장안전업무 담당자인 피고인이 공사현장에 인접한 기존의 횡단보도 표시선 안쪽으로 돌출된 강철빔 주위에 라바콘 3개를 설치하고 신호수 1명을 배치하였는데, 피해자가 위 횡단보도를 건너면서 강철빔에 부딪혀 상해를 입은 사안에서, 제반 사정에 비추어 피고인이 안전조치를 취하여야 할 업무상 주의의무를 위반하였다고 보기 어려운데도, 이와 달리 보아 업무상과실치상죄를 인정한 원심판결에 법리오해 등의 잘못이 있다고 한 사례(대판 2014.4.10. 2012도11361).

㉡ [×] … 乙에게서 이송 도중 A에 대한 앰부 배깅(ambu bagging)과 진정제 투여 업무만을 지시받은 피고인에게 일반적으로 구급차 탑승 전 또는 이송 도중 구급차에 비치되어 있는 산소통의 산소잔량을 확인할 주의의무가 있다고 보기는 어렵다(대판 2011.9.8. 2009도13959).

㉢ [○] 골프 카트는 안전벨트나 골프 카트 좌우에 문 등이 없고 개방되어 있어 승객이 떨어져 사고를 당할 위험이 커, 골프 카트 운전업무에 종사하는 자로서는 골프 카트 출발 전에는 승객들에게 안전 손잡이를 잡도록 고지하고 승객이 안전 손잡이를 잡은 것을 확인하고 출발하여야 하고, 우회전이나 좌회전을 하는 경우에도 골프 카트의 좌우가 개방되어 있어 승객들이 떨어져서 다칠 우려가 있으므로 충분히 서행하면서 안전하게 좌회전이나 우회전을 하여야 할 업무상 주의의무가 있다(대판 2010.7.22. 2010도1911).

㉣ [○] … 위 사안에서 1시간 간격으로 활력징후를 측정하였더라면 출혈을 조기에 발견하여 수혈, 수술 등 치료를 받고 환자가 사망하지 않았을 가능성이 충분하다고 보일 뿐 아니라, 甲과 乙은 의사의 위 지시를 수행할 의무가 있음에도 3회차 측정 시각 이후 4회차 측정시각까지 활력징후를 측정하지 아니한 업무상과실이 있다고 보아야 한다(대판 2010.10.28. 2008도8606).

㉤ [○] 무게가 무겁거나, 날카로운 형상을 가지고 있는 등 상·하차 과정이나 운반 과정에 위험을 초래할 우려가 있는 물품을 출고하여 운반을 의뢰함에 있어서는 그 물품의 특성에 맞게 적절한 단위로 서로 단단히 묶거나 포장하여 운반 과정 등에 장애를 발생시키지 않도록 할 주의의무가 있다 할 것이고, 그러한 주의의무를 게을리 함으로써 물품의 묶음이나 포장이 쉽게 풀어지거나 파손되게 하여 물품의 상·하차 과정에서 당해 물품이 추락하는 사고가 발생하였다면, 그 사고와 위 주의의무 위반과 사이에는 상당인과관계가 있다 할 것이다(대판 2009.7.23. 2009도3219).

정답 ③

127 과실치사상의 죄에 관한 설명으로 가장 적절하지 않은 것은? (다툼이 있는 경우 판례에 의함) [23 경찰채용]

① 4층 건물의 2층 내부 벽면에 설치된 분전반을 통해 3층과 4층으로 가설된 전선이 합선으로 단락되어 화재가 나 상해가 발생한 사안에서, 단지 4층 건물의 소유자로서 위 건물 2층을 임대하였다는 사정만으로는 업무상과실치상죄에 있어서의 '업무'로 보기 어렵다.

② 고속도로를 무단횡단하는 보행자를 충격하여 사고를 발생시킨 경우라도 운전자가 상당한 거리에서 보행자의 무단횡단을 미리 예상할 수 있는 사정이 있었고, 그에 따라 즉시 감속하거나 급제동하는 등의 조치를 취하였다면 보행자와의 충돌을 피할 수 있었다는 등의 특별한 사정이 인정되는 경우에는 자동차 운전자의 과실을 인정할 수 있다.

③ 야간 당직간호사가 담당 환자의 심근경색 증상을 당직의사에게 제대로 보고하지 않음으로써 당직의사가 필요한 조치를 취하지 못한 채 환자가 사망하였다면 병원의 야간당직 운영체계상 당직의사에게도 업무상 과실이 있다.

④ 의사가 환자에 대하여 주된 의사의 지위에서 진료하는 경우라도, 자신은 환자의 수술이나 시술에 전념하고 마취과 의사로 하여금 마취와 환자 감시 등을 담당토록 하는 경우처럼 서로 대등한 지위에서 각자의 의료영역을 나누어 환자 진료의 일부를 분담하였다면, 진료를 분담받은 다른 의사의 전적인 과실로 환자에게 발생한 결과에 대하여는 주된 의사의 책임을 인정할 수 없다.

해설

① [O] 4층 건물의 2층 내부 벽면에 설치된 분전반을 통해 3층과 4층으로 가설된 전선이 합선으로 단락되어 화재가 나 상해가 발생한 사안에서, 단지 4층 건물의 소유자로서 위 건물 2층을 임대하였다는 사정만으로는 업무상과실치상죄에 있어서의 '업무'로 보기 어렵다(대판 2009.5.28. 2009도1040).

② [O] 고속도로를 무단횡단하는 보행자를 충격하여 사고를 발생시킨 경우라도 운전자가 상당한 거리에서 보행자의 무단횡단을 미리 예상할 수 있는 사정이 있었고, 그에 따라 즉시 감속하거나 급제동하는 등의 조치를 취하였다면 보행자와의 충돌을 피할 수 있었다는 등의 특별한 사정이 인정되는 경우에는 자동차 운전자의 과실을 인정할 수 있다(대판 2000.9.5. 2000도2671).

③ [X] 야간 당직간호사가 담당 환자의 심근경색 증상을 당직의사에게 제대로 보고하지 않음으로써 당직의사가 필요한 조치를 취하지 못한 채 환자가 사망한 경우, 병원의 야간당직 운영체계상 당직간호사에게 환자의 사망을 예견하거나 회피하지 못한 업무상 과실이 있고, 당직 의사에게는 업무상 과실을 인정하기 어렵다고 한 사례(대판 2007.9.20. 2006도294).

④ [O] 의사가 환자에 대하여 주된 의사의 지위에서 진료하는 경우라도, 자신은 환자의 수술이나 시술에 전념하고 마취과 의사로 하여금 마취와 환자 감시 등을 담당토록 하는 경우처럼 서로 대등한 지위에서 각자의 의료영역을 나누어 환자 진료의 일부를 분담하였다면, 진료를 분담받은 다른 의사의 전적인 과실로 환자에게 발생한 결과에 대하여는 주된 의사의 책임을 인정할 수 없다(대판 2022.12.1. 2022도1499).

정답 ③

128 업무상 과실치사상죄에 대한 다음의 설명 중 옳지 않은 것은 모두 몇 개인가? (다툼이 있으면 판례에 의함)

[15 경찰간부]

> ⊙ 수술도중에 수술용 메스가 부러지자 담당의사가 부러진 메스조각을 찾아 제거하려고 노력을 다하였으나 찾지 못하자 메스조각의 정확한 위치와 이동상황을 파악한 후 재수술을 할 생각으로 수술부위를 봉합한 경우에 담당 의사의 업무상과실을 인정할 수 없다.
> ⓒ 야간 당직간호사가 담당 환자의 심근경색증상을 당직의사에게 제대로 보고하지 않아 당직의사가 필요한 조치를 취하지 못한 채 환자가 사망한 경우 당직간호사에게 업무상과실을 인정할 수 없다.
> ⓒ 내과의사가 신경과 전문의에 대한 협의진료 결과와 환자에 대한 진료경과 등을 신뢰하여 뇌혈관계통 질환의 가능성을 염두에 두지 않고 내과 영역의 진료행위를 계속하다가 환자의 뇌지주막하출혈을 발견하지 못하여 식물 인간 상태에 이르게 한 경우 내과의사의 업무상 과실이 인정된다.
> ⓔ 교사가 징계목적으로 학생들의 손바닥을 때리기 위해 회초리를 들어 올리는 순간 이를 구경하기 위해 옆으로 고개를 돌려 일어나는 다른 학생의 눈을 찔러 그로 하여금 우안 실명의 상해를 입게 한 경우 업무상 과실치상죄에 해당한다.
> ⓜ 건설회사가 건설공사 중 타워크레인의 설치작업을 전문업자에게 도급주어 타워크레인 설치작업을 하던 중 발생한 사고에 대하여 건설회사의 현장대리인에게 업무상 과실이 인정된다.

① 1개
② 2개
③ 3개
④ 4개

해설

⊙ [○] 수술도중에 수술용 메스가 부러지자 담당의사가 부러진 메스조각을 찾아 제거하려고 노력을 다하였으나 찾지 못하자 메스 조각의 정확한 위치와 이동상황을 파악한 후 재수술을 할 생각으로 수술부위를 봉합한 경우에 담당의사의 업무상과실을 인정할 수 없다(대판 1999.12.10. 99도3711).

ⓒ [×] 야간 당직간호사인 피고인 甲은 피해자가 심근경색을 의심할 수 있는 증상을 계속 보이고 있었고 피해자 가족으로부터도 의사를 불러달라는 요청을 수차 받았는데도 당직 의사인 피고인 乙에게 제대로 알리지 않음으로써 즉시 필요한 조치를 취하지 못하게 한 업무상 과실이 인정되고, 자신이 적절한 조치를 취하지 아니할 경우 피해자 사망이라는 결과가 발생할 수 있으리라는 점도 예견할 수 있었으며, 적절한 시기에 乙에게 피해자의 상태를 보고하였다면 그 결과 발생을 방지할 수 있었다고 보이므로 甲의 업무상 주의의무 위반행위와 피해자의 사망 사이에 인과관계가 인정되지만, 乙에 대하여는 통상의 능력을 갖춘 의사로서 심근경색 또는 패혈증의 결과발생을 예견하고 이를 회피할 수 있었음에도 그러한 주의의무를 게을리하였다고 단정하기 어렵다 (대판 2007.9.20. 2006도294).

ⓒ [×] 내과의사가 신경과 전문의에 대한 협의진료 결과 피해자의 증세와 관련하여 신경과 영역에서 이상이 없다는 회신을 받았고, 그 회신 전후의 진료 경과에 비추어 그 회신 내용에 의문을 품을 만한 사정이 있다고 보이지 않자 그 회신을 신뢰하여 뇌혈관계통 질환의 가능성을 염두에 두지 않고 내과 영역의 진료 행위를 계속하다가 피해자의 증세가 호전되기에 이르자 퇴원하도록 조치한 경우, 내과의사인 피고인들이 피해자를 진료함에 있어서 지주막하출혈을 발견하지 못한 데 대하여 업무상과실이 있었다고 단정하기는 어렵다(대판 2003.1.10. 2001도3292).

ⓔ [×] 교사가 회초리로 학생들의 손바닥을 때리기 위해 회초리를 들어올리는 순간 이를 구경하기 위해 옆으로 고개를 돌려 일어나는 다른 학생의 눈을 찔러 우안실명의 상해를 입게 한 경우, 직접 징계당하는 학생의 옆에 있는 다른 학생이 징계 당하는 것을 구경하기 위하여 고개를 돌려 뒤에서 다가선다던가 옆자리에서 일어나는 것까지 예견할 수는 없다고 할 것이고 교사가 매질하는 경우에 반드시 한 사람씩 불러내어서 해야 할 주의의무가 있다고도 할 수 없어 교사의 행위를 업무상 과실치상죄에 문의할 수는 없다(대판 1985.7.9. 84도822).

ⓜ [×] 건설회사가 건설공사 중 타워크레인의 설치작업을 전문업자에게 도급주어 타워크레인 설치작업을 하던 중 발생한 사고에 대하여 건설회사의 현장대리인에게 업무상과실치사상의 죄책을 물을 수 없다(대판 2005.9.9. 2005도3108).

정답 ④

129 다음은 도로교통과 신뢰의 원칙에 관한 판례이다. 옳지 않은 것을 모두 묶은 것은?   [11 경찰승진]

> ㉠ 녹색신호에 따라 직진하는 피고인으로서는 특별한 사정이 없는 한 피해자 운전의 오토바이가 좌측에서 신호위 반하여 직진하여 올 것까지 예상하여 감속 운행할 주의의무는 없다.
> ㉡ 각종 차량의 내왕이 번잡하고 보행자의 횡단이 금지되어 있는 육교 밑 차도를 주행하는 자동차운전자가 전방 보 도위에 서있는 피해자를 발견하였더라도 육교를 눈앞에 둔 피해자가 특히 차도로 뛰어들 거동이나 기색을 보이 지 않는 한 운전자로서는 불의에 뛰어드는 보행자를 예상하여 이를 사전에 방지해야 할 조치를 취할 업무상 주 의의무는 없다.
> ㉢ 피고인이 야간에 고속버스와의 안전거리를 확보하지 아니한 채 진행하다가 인터체인지 진입로부근 고속도로에 서 제한최고속도를 20km 초과한 속도로 고속버스 우측으로 추월한 직후에 자동차의 30m 내지 40m 전방에서 고속도로를 무단횡단하기 위하여 피고인의 진행차로인 2차로로 갑자기 뛰어든 피해자를 충격한 경우 피고인의 과실과 피해자의 사망 사이에 상당인과관계가 있다.
> ㉣ 고속국도를 주행하는 차량의 운전자는 도로 양측에 휴게소가 있는 경우에는 동 도로상에 보행자가 있을 것을 예 상하여 감속 등 조치를 할 주의의무가 있다.

① ㉠, ㉣   ② ㉡, ㉢
③ ㉢, ㉣   ④ ㉡, ㉣

해설

> ㉠ [O] 녹색신호에 따라 직진하는 피고인으로서는 특별한 사정이 없는 한 피해자 운전의 오토바이가 좌측에서 신호위반하여 직진 하여 올 것까지 예상하여 감속 운행할 주의의무는 없다(대판 1990.2.9. 89도1774).
> ㉡ [O] 각종 차량의 내왕이 번잡하고 보행자의 횡단이 금지되어 있는 육교 밑 차도를 주행하는 자동차운전자가 전방 보도위에 서있는 피해자를 발견하였더라도 육교를 눈앞에 둔 피해자가 특히 차도로 뛰어들 거동이나 기색을 보이지 않는 한 운전자로서는 불의에 뛰어드는 보행자를 예상하여 이를 사전에 방지해야 할 조치를 취할 업무상 주의의무는 없다(대판 1985.9.10. 84도1572).
> ㉢ [X] 야간에 고속도로를 무단횡단하는 보행자를 충격하여 사망에 이르게 한 경우, 피고인에게 고속버스와의 안전거리를 확보하 지 아니한 채 진행하다가 과속으로 고속버스의 우측으로 제한최고속도를 시속 20km 초과하여 추월한 잘못이 있더라도, 피고인 의 위와 같은 잘못과 피해자의 사망 사이에 상당인과관계가 있다고 할 수 없다(대판 2000.9.5. 2000도2671).
> ㉣ [X] 고속국도에서는 보행으로 통행, 횡단하거나 출입하는 것이 금지되어 있으므로 고속국도를 주행하는 차량의 운전자는 도로양 측에 휴게소가 있는 경우에도 <u>도로상에 보행자가 있음을 예상하여 감속등 조치를 할 주의의무가 있다</u> 할 수 없다(대판 1977.6.28. 77도403).

정답 ③

130 과실에 대한 설명으로 옳지 않은 것은? (다툼이 있으면 판례에 의함)   [21 경찰간부]

① 간호사가 의사의 처방에 의한 정맥주사를 의사의 입회 없이 간호실습생에게 실시하도록 하여 발생한 의료사고에 대하여는 의사의 과실이 인정된다.

② 고속도로를 무단횡단하는 보행자를 충격하여 사고를 발생시킨 경우라도 운전자가 보행자의 무단횡단을 미리 예상 할 수 있었고 필요한 조치를 취하였다면 보행자와의 충돌을 피할 수 있었던 경우, 자동차 운전자의 과실이 인정된다.

③ 차량의 운전자로서는 횡단보도의 신호가 적색인 상태에서 반대 차선에 정지해 있는 차량의 뒤로 보행자가 건너오 지 않을 것이라고 신뢰하는 것이 당연하고 그렇지 않은 사태까지 예상하여 그에 대한 주의의무를 다하여야 한다고 는 할 수 없다.

④ 내과의사가 신경과 전문의와 협진 결과 신경과 영역에서 이상이 없다는 회신을 받았고, 진료 경과에 비추어 그 회신 내용에 의문을 품을 만한 사정이 있다고 보이지 않자 이를 신뢰하여 내과 영역의 진료를 계속하다 피해자의 지주막하출혈을 발견하지 못한 경우, 내과의사의 업무상과실이 인정되지 않는다.

해설

① [×] [1] 간호사에게 정맥주사를 주도록 처방한 의사는 자신의 지시를 받은 간호사가 자신의 기대와는 달리 간호실습생에게 단독으로 주사하게 하리라는 사정을 예견할 수 없었고, 그 스스로 직접 주사를 하거나 또는 직접 주사하지 않더라도 현장에 입회하여 간호사의 주사행위를 직접 감독할 주의의무가 있다고 보기 어렵다.
[2] 간호사가 의사의 처방에 의한 정맥주사(Side Injection 방식)를 의사의 입회 없이 간호실습생(간호학과 대학생)에게 실시하도록 하여 발생한 의료사고에 대하여 의사의 과실책임은 인정되지 아니한다(대판 2003.8.19. 2001도3667).

② [O] 고속도로를 무단횡단하는 보행자를 충격하여 사고를 발생시킨 경우라도 운전자가 상당한 거리에서 보행자의 무단횡단을 미리 예상할 수 있는 사정이 있었고, 그에 따라 즉시 감속하거나 급제동하는 등의 조치를 취하였다면 보행자와의 충돌을 피할 수 있었다는 등의 특별한 사정이 인정되는 경우에만 자동차 운전자의 과실이 인정될 수 있다(대판 2000.9.5. 2000도2671).

③ [O] 차량의 운전자로서는 횡단보도의 신호가 적색인 상태에서 반대 차선에 정지해 있는 차량의 뒤로 보행자가 건너오지 않을 것이라고 신뢰하는 것이 당연하고 그렇지 않은 사태까지 예상하여 그에 대한 주의의무를 다하여야 한다고는 할 수 없다(대판 1993.2.23. 92도2077).

④ [O] 내과의사가 신경과 전문의와 협진 결과 신경과 영역에서 이상이 없다는 회신을 받았고, 진료 경과에 비추어 그 회신 내용에 의문을 품을 만한 사정이 있다고 보이지 않자 이를 신뢰하여 내과 영역의 진료를 계속하다 피해자의 지주막하출혈을 발견하지 못한 경우, 내과의사의 업무상과실이 인정되지 않는다(대판 2003.1.10. 2001도3292).

정답 ①

---

131 과실범에 대한 설명으로 옳지 않은 것은 모두 몇 개인가? (다툼이 있으면 판례에 의함) [15 경찰간부]

ⓐ 술을 마시고 찜질방에 들어온 자가 찜질방 직원 몰래 후문으로 나가 술을 더 마시고 들어와 잠을 자다가 사망한 경우, 찜질방 주인에게는 후문으로 출입하는 모든 자를 통제·관리할 업무상 주의의무가 있다.

ⓑ 녹색등화에 따라 왕복 8차선 간선도로를 직진하는 차량의 운전자는 특별한 사정이 없는 한 접속도로에서 진행하여 오던 차량이 아예 허용되지 아니하는 좌회전을 감행하여 직진하는 자기 차량의 앞을 가로질러 진행하여 올 경우까지 예상하여 그에 따른 사고를 미리 방지할 특별한 조치까지 강구할 주의의무가 없다.

ⓒ 대학병원의 과장이라는 이유만으로 외래담당의사 및 담당 수련의들의 처치와 치료결과를 주시하고 적절한 수술방법을 지시하거나 담당의사 대신 수술을 하고 농배양을 지시·감독할 주의의무가 있다고 단정할 수 없다.

ⓓ 형법 제30조 소정의 "2인 이상의 공동하여 죄를 범한 때"의 "죄"에는 고의범이 아닌 과실범은 포함되지 아니하므로 2인 이상이 일정한 과실행위를 서로의 의사연락 하에 실행하여 범죄의 결과가 발생하더라도 과실범의 공동정범은 성립하지 아니한다.

① 0개
② 1개
③ 2개
④ 3개

해설

ⓐ [×] 찜질방 직원 및 영업주에게 손님이 몰래 후문으로 나가 술을 더 마시고 들어올 경우까지 예상하여 직원을 추가로 배치하거나 후문으로 출입하는 모든 자를 통제·관리하여야 할 업무상 주의의무가 있다고 보기 어렵다(대판 2010.2.11. 2009도9807).

ⓑ [O] 녹색등화에 따라 왕복 8차선의 간선도로를 직진하는 차량의 운전자는 특별한 사정이 없는 한 왕복 2차선의 접속도로에서 진행하여 오는 다른 차량들도 교통법규를 준수하여 함부로 금지된 좌회전을 시도하지는 아니할 것으로 믿고 운전하면 족하고, 접속도로에서 진행하여 오던 차량이 아예 허용되지 아니하는 좌회전을 감행하여 직진하는 자기 차량의 앞을 가로질러 진행하여 올 경우까지 예상하여 그에 따른 사고발생을 미리 방지하기 위하여 특별한 조치까지 강구할 주의의무는 없고, 또한 운전자가 제한속도를 지키며 진행하였더라면 피해자가 좌회전하여 진입하는 것을 발견한 후에 충돌을 피할 수 있었다는 등의 사정이 없는 한 운전자가 제한속도를 초과하여 과속으로 진행한 잘못이 있다 하더라도 그러한 잘못과 교통사고의 발생 사이에 상당인과관계가 있다고 볼 수는 없다(대판 1998.9.22. 98도1854).

ⓒ [O] 일반적으로 대학병원의 진료체계상 과장은 병원행정상의 직급으로서 다른 교수나 전문의가 진료하고 있는 환자의 진료까지 책임지는 것은 아니고, 소속 교수 등이 진료시간을 요일별 또는 오전, 오후 등 시간별로 구분하여 각자 외래 및 입원 환자를 관리하고 진료에 대한 책임을 맡게 된다. 그러한 사정을 감안하면, 피고인에게 피해자를 담당한 의사가 아니어서 그 치료에 관한 것이 아님에도 불구하고 구강악안면외과 과장이라는 이유만으로 외래담당의사 및 담당 수련의들의 처치와 치료결과를 주시하고 적절한 수술방법을 지시하거나 담당의사 대신 직접 수술을 하고, 농배양을 지시·감독할 주의의무가 있다고 단정할 수 없다(대판 1996.11.8. 95도2710).

ⓔ [×] [1] 형법 제30조 소정의 '2인 이상이 공동하여 죄를 범한 때'의 '죄'에는 고의범뿐만 아니라 과실범도 포함된다(대판 1994.3.22. 94도35).

[2] 공동정범은 고의범이나 과실범을 불문하고 의사의 연락이 있는 경우면 성립하는 것으로서 2인 이상이 서로의 의사연락 아래 과실행위를 하여 범죄되는 결과를 발생하게 하면 과실범의 공동정범이 성립한다(대판 1994.5.24. 94도660).

정답 ③

132 과실범에 관한 다음 설명 중 옳은 것은? (다툼이 있으면 판례에 의함) [08 사시]

① 트럭운전자가 차 높이의 제한표지가 있는 육교 밑을 통과하면서 트럭이 육교에 충돌하여 육교가 붕괴되는 바람에 보행인이 사망하였다. 그런데 트럭운전자는 이미 동일한 표지가 있는 다른 육교를 무사히 통과하였지만 유독 문제의 육교에서만 그러한 표지와 실제 높이가 달랐다. 트럭운전자는 그런 가능성까지 예견하고 차량을 정지시킨 후 확인할 주의의무는 없으므로 업무상과실치사죄가 성립하지 않는다.

② 형법 제314조 제2항은 '컴퓨터등 정보처리장치 또는 전자기록 등 특수매체기록을 손괴하거나 정보처리장치에 허위의 정보 또는 부정한 명령을 입력하거나 기타 방법으로 정보처리에 장애를 발생하게 하여 사람의 업무를 방해한 자'를 처벌하도록 규정하고 있다. 여기서 '기타 방법'에는 과실로 인한 행위도 포함된다.

③ 교량붕괴 사고와 관련하여, 건설업자 甲과 이를 감독하는 공무원 乙 및 완공된 교량의 관리를 담당하는 공무원 丙의 과실이 서로 합쳐져 교량이 붕괴된 사실이 인정되더라도 과실범의 공동정범이 성립되지 않는다.

④ 내과의사 甲은 자신의 환자가 뇌혈관계통의 질환이 의심되어 신경과 전문의와 협의 진료한 결과 신경과 소견으로는 아무 문제가 없다고 회신을 받았기에 뇌혈관 질환에 대한 진료 없이 내과 진료만 계속하여 환자가 호전되자 퇴원시켰으나, 뒤늦게 환자에게 뇌혈관계통의 질환인 지주막하출혈이 발견되어 수술을 받았음에도 식물인간이 되었다면 甲에게는 업무상 과실이 인정된다.

⑤ 업무상과실장물취득죄는 업무상 과실에 의하여 단순과실장물취득죄보다 형이 가중되는 가중적 구성요건이다.

해설

① [O] 차높이 제한표지를 설치하고 관리할 책임이 있는 행정관청은 차량의 통행에 장애가 없을 정도로 충분한 여유고를 두고 그 높이 표시를 하여야 할 의무가 있으므로, 차높이 제한표지가 설치되어 있는 지점을 통과하는 운전자들은 그 표지판이 차량의 통행에 장애가 없을 정도의 여유고를 계산하여 설치된 것이라고 믿고 운행하면 되는 것이고, 구조물의 실제 높이와 제한표지상의 높이와의 차이가 전혀 없어졌을 가능성을 예견하여 차량을 일시 정차시키고 그 충돌 위험성이 있는지 여부까지 확인한 후 운행하여야 할 주의의무가 있다고 보기 어렵다(대판 1997.1.24. 95도2125).

② [×] **관련판례** 과실범은 법률에 특별한 규정이 있는 경우에 한하여 처벌되며 형벌법규의 성질상 과실범을 처벌하는 특별규정은 그 명문에 의하여 명백·명료하여야 한다. 전기통신법 제110조 제1항은 고의범에 관한 규정이고 동조항의 '기타의 방법으로 공중통신설비의 기능에 장애를 주어'라는 기재부분을 들어 과실로 인하여 통신설비를 손괴하는 행위유형을 포함하는 것이라고 풀이할 수는 없다(대판 1983.12.13. 83도2467).

참고판례 형법 제314조 제2항은 '컴퓨터 등 정보처리장치 또는 전자기록 등 특수매체기록을 손괴하거나 정보처리장치에 허위의 정보 또는 부정한 명령을 입력하거나 기타 방법으로 정보처리에 장애를 발생하게 하여 사람의 업무를 방해한 자'를 처벌하도록 규정하고 있는바, 여기에서 '컴퓨터 등 정보처리장치'란 자동적으로 계산이나 데이터처리를 할 수 있는 전자장치로서 하드웨어와 소프트웨어를 모두 포함하고, '기타 방법'이란 컴퓨터의 정보처리에 장애를 초래하는 가해수단으로서 컴퓨터의 작동에 직접·간접으로 영향을 미치는 일체의 행위를 말하며, 위 죄가 성립하기 위해서는 위와 같은 가해행위의 결과 정보처리장치가 그 사용목적에 부합하는 기능을 하지 못하거나 사용목적과 다른 기능을 하는 등 정보처리의 장애가 현실적으로 발생하였을 것을 요한다고 할 것이다(대판 2004.7.9. 2002도631).

③ [×] 성수대교와 같은 교량이 그 수명을 유지하기 위하여는 건설업자의 완벽한 시공, 감독공무원들의 철저한 제작시공상의 감독 및 유지·관리를 담당하고 있는 공무원들의 철저한 유지·관리라는 조건이 합치되어야 하는 것이므로, 위 각 단계에서의 과실 그것만으로 붕괴원인이 되지 못한다고 하더라도, 그것이 합쳐지면 교량이 붕괴될 수 있다는 점은 쉽게 예상할 수 있고, 따라서 위 각 단계에 관여한 자는 전혀 과실이 없다거나 과실이 있다고 하여도 교량붕괴의 원인이 되지 않았다는 등의 특별한 사정이 있는 경우를 제외하고는 붕괴에 대한 공동책임을 면할 수 없다(대판 1997.11.28. 97도1740).

④ [×] 내과의사가 신경과 전문의에 대한 협의진료 결과 피해자의 증세와 관련하여 신경과 영역에서 이상이 없다는 회신을 받았고, 그 회신 전후의 진료 경과에 비추어 그 회신 내용에 의문을 품을 만한 사정이 있다고 보이지 않자 그 회신을 신뢰하여 뇌혈관계통 질환의 가능성을 염두에 두지 않고 내과 영역의 진료 행위를 계속하다가 피해자의 증세가 호전되기에 이르자 퇴원하도록 조치한 경우, 피해자의 지주막하출혈을 발견하지 못한 데 대하여 내과의사의 업무상과실을 부정한 사례(대판 2003.1.10. 2001도3292).

⑤ [×] 형법상 단순과실장물취득죄의 처벌규정이 없으므로 업무상과실장물취득죄는 업무상 과실에 의하여 단순과실장물취득죄보다 형이 가중되는 가중적 구성요건이라고 할 수 없다. 따라서 업무상과실장물취득죄의 '업무자'라는 신분은 가중적 신분이 아니라 진정신분범의 신분에 해당한다. 한편 단순비밀누설죄의 처벌규정이 없으므로 업무상비밀누설죄의 경우도 위와 마찬가지의 법리가 적용된다.

정답 ①

133 업무상과실치사상죄에 관한 다음 설명 중 가장 적절하지 않은 것은? (다툼이 있으면 판례에 의함)

[12 경찰채용]

① 골프장의 경기보조원이 골프 카트에 승객을 태우고 진행하기 전에 안전 손잡이를 잡도록 고지하지도 않고, 또한 승객들이 안전 손잡이를 잡았는지 확인하지도 않은 상태에서 만연히 출발하였으며, 각도 70°가 넘는 우로 굽은 길을 속도를 충분히 줄이지 않고 급하게 우회전하여 상해를 입게 한 경우 업무상 과실이 인정된다.

② 시공회사의 상무이사인 현장소장이 현장에서 공사감독을 전담하였고 사장은 그와 같은 감독을 하게 되어 있지 않았더라도, 사장으로서는 그 공사의 진행에 관하여 직접적인 지휘·감독을 받지 않는 회사직원 혹은 고용한 노무자들이 공사시행상의 안전수칙을 위반하여 사고를 저지를 경우에 대비하여 각개의 개별작업에 대하여 세부적인 안전대책을 강구하여야 하는 구체적이고 직접적인 주의의무가 있다.

③ 화물차를 주차하고 적재함에 적재된 토마토 상자를 운반하던 중 적재된 상자 일부가 떨어지면서 지나가던 피해자에게 상해를 입힌 경우, 교통사고처리특례법에 정한 '교통사고'에 해당하지 않아 업무상과실치상죄가 성립한다.

④ 단지 건물의 소유자로서 건물을 비정기적으로 수리하거나 건물의 일부분을 임대하였다는 사정만으로는 업무상과실치상죄에 있어서의 '업무'로 보기 어렵다.

해설

① [○] 골프장의 경기보조원이 골프 카트에 승객을 태우고 진행하기 전에 안전 손잡이를 잡도록 고지하지도 않고, 또한 승객들이 안전 손잡이를 잡았는지 확인하지 않은 상태에서 만연히 출발하였으며, 각도 70°가 넘는 우로 굽은 길을 속도를 충분히 줄이지 않고 급하게 우회전하여 상해를 입게 한 경우 업무상 과실이 인정된다(대판 2008.10.23. 2008도6940).

② [×] 시공회사의 상무이사인 현장소장이 현장에서의 공사감독을 전담하였고 사장은 그와 같은 감독을 하게 되어 있지 않았다면, 사장으로서는 직접적인 지휘·감독을 받지 않는 회사직원 혹은 고용한 노무자들이 공사시행상의 안전수칙을 위반하여 사고를 저지를지 모른다고 하여 이에 대비하여 각개의 개별작업에 대하여 일일이 세부적인 안전대책을 강구하여야 하는 구체적이고 직접적인 주의의무가 있다고 하기 어렵다(대판 1989.11.24. 89도1618).

③ [○] 화물차를 주차하고 적재함에 적재된 토마토 상자를 운반하던 중 적재된 상자 일부가 떨어지면서 지나가던 피해자에게 상해를 입힌 경우, 교통사고처리특례법에 정한 '교통사고'에 해당하지 않아 업무상과실치상죄가 성립한다(대판 2009.7.9. 2009도2390).

④ [○] 업무상과실치상죄에 있어서의 '업무'에는 수행하는 직무 자체가 위험성을 갖기 때문에 안전배려를 의무의 내용으로 하는 경우는 물론 사람의 생명·신체의 위험을 방지하는 것을 의무내용으로 하는 업무도 포함된다. 그러나 안전배려 내지 안전관리 사무에 계속적으로 종사하여 위와 같은 지위로서의 계속성을 가지지 아니한 채 단지 건물의 소유자로서 건물을 비정기적으로 수리하거나 건물의 일부분을 임대하였다는 사정만으로는 업무상과실치상죄에 있어서의 '업무'로 보기 어렵다(대판 2009.5.28. 2009도1040).

정답 ②

134 교통사고와 의료사고에 대한 설명으로 가장 적절하지 않은 것은? (다툼이 있으면 판례에 의함) [18 경찰승진]

① 비가 내려 노면이 미끄러운 고속도로의 주행선을 진행하던 추월선상의 A 차량이 갑자기 甲의 차선으로 들어왔고, 甲이 A 차량을 피하다가 빗길에 미끄러져 중앙분리대를 넘어가 반대편 추월선상의 B 차량과 충돌하여, B 차량의 운전자가 사망하였다면 甲의 업무상 과실이 인정되지 않는다.

② 야간 당직간호사가 담당 환자의 심근경색 증상을 당직의사에게 제대로 보고하지 않아 당직의사가 필요한 조치를 취하지 못한 채 환자가 사망한 경우, 당직간호사에게 업무상 과실이 인정된다.

③ 피해자를 감시하도록 업무를 인계받지 않은 간호사 A가 자기 환자의 회복처치에 전념하고 있었다면 회복실에 다른 간호사가 남아 있지 않은 경우에도 회복실 내의 모든 환자에 대하여 적극적, 계속적으로 주시, 점검을 할 의무가 있다고 할 수 없다.

④ 교차로를 녹색등화에 따라 직진하는 차량의 운전자는 다른 차량이 신호를 위반하고 직진하는 차량의 앞을 가로질러 좌회전할 경우까지를 예상하여 그에 따른 사고발생을 미연에 방지할 업무상의 주의의무는 없다.

해설

① [×] 피고인이 고속도로의 주행선을 진행함에 있어서 비가 내려 노면이 미끄러웠고 추월선상에 다른 차가 진행하고 있었으므로 속도를 줄이고 추월선상의 차량의 동태를 살피면서 급히 제동할 수 있는 조치를 취하여야 할 주의의무를 게을리 하여 추월선상의 차량이 피고인의 차선으로 갑자기 들어오는 것을 피하다가 빗길에 미끄러져 중앙분리대를 넘어가 반대편 추월선상의 자동차와 충돌한 경우에는 업무상과실치사상죄 및 도로교통법 제108조 위반의 범죄를 구성한다(대판 1991.1.15. 90도1918).

② [○] 야간 당직간호사가 담당 환자의 심근경색 증상을 당직의사에게 제대로 보고하지 않아 당직의사가 필요한 조치를 취하지 못한 채 환자가 사망한 경우, 당직간호사에게 업무상 과실이 인정된다(대판 2007.9.20. 2006도294).

③ [○] 피해자를 감시하도록 업무를 인계받지 않은 간호사 A가 자기 환자의 회복처치에 전념하고 있었다면 회복실에 다른 간호사가 남아 있지 않은 경우에도 회복실 내의 모든 환자에 대하여 적극적, 계속적으로 주시, 점검을 할 의무가 있다고 할 수 없다(대판 1994.4.26. 92도3283).

④ [○] 신호등에 의하여 교통정리가 행하여지고 있는 교차로를 녹색등화에 따라 직진하는 차량의 운전자는 다른 차량이 신호를 위반하고 직진하는 차량의 앞을 가로질러 좌회전할 경우까지를 예상하여 그에 따른 사고발생을 미연에 방지할 특별한 조치까지 강구할 업무상의 주의의무는 없다고 할 것이다(대판 1985.1.22. 84도1493).

정답 ①

135 다음 신뢰원칙에 관한 설명 중 옳지 않은 것으로만 짝지어 놓은 것은? (다툼이 있으면 판례에 의함)

[16 경찰간부]

⊙ 우선통행권이 인정되는 트럭은 특별한 사정이 없는 한 통행의 우선순위를 무시하고 과속으로 교차로에 진입하여 오는 차량을 예상하여 사고발생을 미리 막을 주의의무가 없다.
ⓛ 반대편에서 중앙선을 넘어서 오는 승용차가 자기 차선으로 되돌아갈 것이라고 믿고 경적을 울리거나 스스로 감속함이 없이 거리가 근접할 때까지 위 승용차가 자기 차선으로 되돌아가지 않자 비로소 급정거하였으나 사고가 난 경우에는 과실이 인정되지 않는다.
ⓒ 의사가 간호사를 신뢰하여 간호사에게 당해 의료행위를 일임함으로써 간호사의 과오로 환자에게 위해가 발생하였다면 의사는 그에 대한 과실책임을 면할 수 없다.
ⓔ 무모하게 트럭과 버스 사이에 끼어들어 이 사이를 빠져나가려는 오토바이를 선행차량이 속도를 낮추어 오토바이가 사고가 발생하지 않고 선행하도록 하여 줄 업무상 주의의무가 있다.
ⓜ 보행자 또는 자동차 외의 차마는 자동차 전용도로로 통행하거나 횡단할 수 없도록 되어 있으므로 무단횡단하는 보행자가 나타날 경우를 미리 예상하여 급정차할 수 있도록 운전해야 할 주의의무는 없다.

① ⊙, ⓛ
② ⓛ, ⓔ
③ ⓒ, ⓜ
④ ⓔ, ⓜ

해설

⊙ [○] 교통정리가 행하여지지 않는 십자 교차로를 피고인(트럭운전사)이 먼저 진입하여 교차로의 중앙부분을 상당부분 넘어섰다면, 피고인은 그보다 늦게 오른쪽 도로로부터 교차로에 진입, 교행하여 오는 택시보다 우선통행권이 인정된다 할 것이고 이같은 우선권은 트럭이 통행하는 도로의 노폭이 택시가 통행한 도로의 노폭보다 다소 좁았다 하더라도 서행하며 먼저 진입한 트럭의 우선권에는 변동이 없다 할 것이므로, 택시가 통행의 우선순위를 무시하고 과속으로 교차로에 진입교행하여 올 것을 예상하여 사고발생을 미리 막을 주의의무가 있다 할 수 없다(대판 1984.4.24. 84도185).

ⓛ [×] [1] 도로상에서 자동차를 대향운전하게 되는 경우에 각 운전자는 서로, 상대방이 상호간의 충돌을 피하기 위하여 교통법규를 준수하고 운전할 것이라고 신뢰할 수 있는 것이므로 통상의 경우 상대방이 교통법규를 위반하고 도로의 중앙선을 침범하여 운전할 경우까지를 예상하여 이에 대비하는 조치를 취할 업무상 주의의무는 없다 하겠으나 상대방이 도로의 중앙선을 넘어 자기의 진로에 따라 자동차를 운행하고 있거나 이와 같은 사정이 예상되는 객관적 사정이 있을 때에는 그와 같은 신뢰는 기대할 수 없기 때문에 그 대향운전자로서도 경적을 울린다거나 감속서행, 일단정지, 또는 가능한 한 도로의 우측으로 피하여 자동차를 운행하는 등의 적절한 조치를 취함으로써 상호간의 충돌을 방지할 업무상 주의의무가 있다.
[2] 피해자가 도로의 중앙선을 침범하여 화물자동차를 운행하였던 것은 사실이나 한편 그 대향운전자이던 피고인은 시속 30km의 속도로 자동차를 운전하면서 피해자가 도로의 중앙선을 넘어 자동차를 운행하고 있다는 사정을 50m 전방에서 미리 발견하였음에도 피해자의 화물자동차가 자기의 차선으로 되돌아갈 것으로만 믿어 제반조치를 취함이 없이 그대로 자동차를 운행하다가 피해자의 자동차와 근접하였을 때 비로소 급정거를 하였기 때문에 미치지 못하여 교통사고가 발생하였다는 것이나 피고인에게도 업무상 과실이 있었다고 인정한 원심판단은 수긍할 수 있고, 거기에 형법 제268조의 해석을 그르친 위법이 있다고 볼 수 없다(대판 1984.3.13. 83도1859).

ⓒ [○] 의사는 그 의료행위를 시술하는 기회에 환자에게 위해가 미치는 것을 방지하기 위하여 최선의 조치를 취할 의무를 지고 있고, 간호사로 하여금 의료행위에 관여하게 하는 경우에도 그 의료행위는 의사의 책임하에 이루어지는 것이고 간호사는 그 보조자에 불과하므로, 의사는 당해 의료행위가 환자에게 위해가 미칠 위험이 있는 이상 간호사가 과오를 범하지 않도록 충분히 지도·감독을 하여 사고의 발생을 미연에 방지하여야 할 주의의무가 있고, 이를 소홀히 한 채 만연히 간호사를 신뢰하여 간호사에게 당해 의료행위를 일임함으로써 간호사의 과오로 환자에게 위해가 발생하였다면 의사는 그에 대한 과실책임을 면할 수 없다(대판 1998.2.27. 97도2812).

ⓔ [×] 피고인 甲이 봉고트럭을 운전하고 도로 2차선상으로, 피고인 乙이 버스를 운전하고 도로 3차선상으로 거의 병행운행하고 있을 즈음 도로 3차선에서 乙의 버스 뒤를 따라 운행하여 오던 A 운전의 오토바이가 버스를 앞지르기 위해 도로 2차선으로 진입하여 무모하게 트럭과 버스 사이에 끼어들어 이 사이를 빠져나가려 한 경우에 있어서는 선행차량이 속도를 낮추어 앞지르려는 A의 오토바이를 선행하도록 하여 줄 업무상 주의의무가 있다고 할 수 없다(대판 1984.5.29. 84도483).

ⓜ [○] 자동차전용도로를 운행하는 자동차의 운전자로서는 특별한 사정이 없는 한 무단횡단하는 보행자가 나타날 경우를 미리 예상하여 급정차할 수 있도록 운전해야 할 주의의무는 없다(대판 1989.3.28. 88도1484).

정답 ②

136 과실범의 주의의무에 관한 <보기> 설명 중 옳은 것(○)과 옳지 않은 것(×)을 올바르게 조합한 것은? (다툼이 있으면 판례에 의함)

[21 해경채용]

─── <보기> ───

㉠ 의사가 특정 진료방법을 선택하여 진료를 하였다면 해당 진료방법 선택과정에 합리성이 결여되어 있다고 볼 만한 사정이 없는 이상, 진료의 결과만을 근거로 하여 그 진료방법을 선택한 것이 과실에 해당한다고 말할 수 없다.

㉡ 소유자가 건물을 임대한 경우, 그 건물의 전기 배선이 벽 내부에 매립·설치되어 건물구조의 일부를 이루고 있다면, 그에 관한 관리책임은 통상적으로 건물을 직접 사용하는 임차인이 아닌 소유자에게 있어, 특별한 사정이 없는 한 소유자가 전기배선의 하자로 인한 화재를 예방할 주의의무를 부담한다.

㉢ 공사도급계약의 경우 원칙적으로 도급인에게는 수급인의 업무와 관련하여 사고방지에 필요한 안전조치를 취할 주의의무가 없으므로 도급인이 수급인의 공사시공 및 개별작업에 구체적인 지시를 하는 등의 관여하였더라도, 수급인의 업무와 관련하여 사고 방지에 필요한 안전조치를 취할 주의의무를 부담하지 않는다.

㉣ 금은방을 운영하는 자는 전당물을 취득함에 있어 좀 더 세심한 주의를 기울여 그 물건이 장물임을 알 수 있는 특별한 사정이 있다면 신원확인절차를 거치는 이외에 매수물품의 성질과 종류 및 매도자의 신원 등에 더 세심한 주의를 기울여 전당물인 귀금속이 장물인지의 여부를 확인할 주의의무를 부담한다.

㉤ 甲이 함께 술을 마신 乙과 도로 중앙선에 잠시서 있다가 지나가는 차량의 유무를 확인하지 아니하고, 고개를 숙인 채 서 있는 乙의 팔을 갑자기 끌어당겨 도로를 무단횡단하던 도중에 지나가던 차량에 乙이 충격당하여 사망한 경우, 甲이 만취하여 사리분별능력이 떨어진 상태라면 甲에게 차량의 통행 여부 및 횡단 가능 여부를 확인할 주의의무가 있다고 볼 수 없다.

① ㉠ ○ ㉡ × ㉢ × ㉣ × ㉤ ○
② ㉠ × ㉡ × ㉢ × ㉣ × ㉤ ○
③ ㉠ ○ ㉡ ○ ㉢ × ㉣ ○ ㉤ ×
④ ㉠ × ㉡ ○ ㉢ ○ ㉣ ○ ㉤ ×

해설

㉠ [○] 의사는 진료를 행함에 있어 환자의 상황과 당시의 의료수준 그리고 자기의 지식경험에 따라 적절하다고 판단되는 진료방법을 선택할 상당한 범위의 재량을 가진다고 할 것이고, 그것이 합리적인 범위를 벗어난 것이 아닌 한 진료의 결과를 놓고 그 중 어느 하나만이 정당하고 이와 다른 조치를 취한 것은 과실이 있다고 말할 수는 없다(대판 2015.6.24. 2014도11315).

㉡ [○] 소유자가 건물을 임대한 경우, 그 건물의 전기 배선이 벽 내부에 매립·설치되어 건물구조의 일부를 이루고 있다면, 그에 관한 관리책임은 통상적으로 건물을 직접 사용하는 임차인이 아닌 소유자에게 있어, 특별한 사정이 없는 한 소유자가 전기배선의 하자로 인한 화재를 예방할 주의의무를 부담한다(대판 2009.5.28. 2009도1040).

㉢ [×] 도급계약의 경우 원칙적으로 도급인에게는 수급인의 업무와 관련하여 사고방지에 필요한 안전조치를 취할 주의의무가 없으나, 법령에 의하여 도급인에게 수급인의 업무에 관하여 구체적인 관리·감독의무 등이 부여되어 있거나 도급인이 공사의 시공이나 개별 작업에 관하여 구체적으로 지시·감독하였다는 등의 특별한 사정이 있는 경우에는 도급인에게도 수급인의 업무와 관련하여 사고방지에 필요한 안전조치를 취할 주의의무가 있다(대판 2016.3.24. 2015도8621).

㉣ [○] 금은방을 운영하는 자는 전당물을 취득함에 있어 좀 더 세심한 주의를 기울여 그 물건이 장물임을 알 수 있는 특별한 사정이 있다면 신원확인절차를 거치는 이외에 매수물품의 성질과 종류 및 매도자의 신원 등에 더 세심한 주의를 기울여 전당물인 귀금속이 장물인지의 여부를 확인할 주의의무를 부담한다(대판 2003.4.25. 2003도348).

㉤ [×] 중앙선에 서서 도로횡단을 중단한 乙의 팔을 갑자기 잡아끌고 乙로 하여금 도로를 횡단하게 만든 甲으로서는 무단횡단을 하는 도중에 지나가는 차량에 충격당하여 乙이 사망하는 교통사고가 발생할 가능성이 있으므로, 이러한 경우에는 甲이 乙의 안전을 위하여 차량의 통행 여부 및 횡단 가능 여부를 확인하여야 할 주의의무가 있다 할 것이고, 비록 당시 甲이 술에 취해 있었다 할지라도 심신상실이나 심신미약을 이유로 책임이 조각되거나 감경되는 것은 별론으로 하고, 위와 같은 주의의무가 없어지는 것은 아니라 할 것이며, 또 甲 역시 차량에 충격당하였다 하여 甲이 무단횡단에 앞서서 차량이 진행하여 오는 것을 확인하거나 그 횡단 가능 여부를 판단할 수 있는 기대가능성이 없었다고 할 수도 없으므로 甲으로서는 위와 같은 주의의무를 다하지 않은 이상 교통사고와 그로 인한 乙의 사망에 대하여 과실책임을 면할 수 없다(대판 2002.8.23. 2002도2800).

정답 ③

제8절 | 결과적 가중범

137 결과적 가중범에 대한 설명으로 옳지 않은 것은? (다툼이 있는 경우 판례에 의함) [22 경찰간부]

① 교통방해치사죄의 경우 결과발생에 대한 예견가능성은 일반인을 기준으로 객관적으로 판단해야 하므로 일반인의 관점에서 결과발생을 예견할 수 있었다면, 설령 행위자가 결과발생을 구체적으로 예견하지는 못하였다고 하더라도 실제로 발생한 사망의 결과에 대하여 교통방해치사죄가 성립한다.

② 결과적 가중범에서 공동정범이 성립하려면 행위를 공동으로 할 의사가 있으면 족하고 결과를 공동으로 할 의사는 필요하지 않다.

③ 부진정결과적 가중범에서 고의로 중한 결과를 발생하게 한 행위가 별도의 구성요건에 해당하고 그 고의범의 법정형이 결과적 가중범의 법정형보다 더 무겁게 처벌하는 규정이 없는 경우, 결과적 가중범이 고의범에 대하여 특별관계에 있으므로 결과적 가중범만 성립한다.

④ 甲이 A를 강간하려고 폭행하던 중 양심의 가책이 들어 강간행위를 중지하였으나 그 강간행위로 인해 A에게 상해의 결과가 발생한 경우, 강간죄의 중지미수와 과실치상죄의 상상적 경합이 성립한다.

해설

① [O] [1] 교통방해 행위가 피해자의 사상이라는 결과를 발생하게 한 유일하거나 직접적인 원인이 된 경우만이 아니라, 그 행위와 결과 사이에 피해자나 제3자의 과실 등 다른 사실이 개재된 때에도 그와 같은 사실이 통상 예견될 수 있는 것이라면 상당인과관계를 인정할 수 있다.

[2] 피고인이 고속도로 2차로를 따라 자동차를 운전하다가 1차로를 진행하던 甲의 차량 앞에 급하게 끼어든 후 곧바로 정차하여, 甲의 차량 및 이를 뒤따르던 차량 두 대는 연이어 급제동하여 정차하였으나, 그 뒤를 따라오던 乙의 차량이 앞의 차량들을 연쇄적으로 추돌케 하여 乙을 사망에 이르게 하고 나머지 차량 운전자 등 피해자들에게 상해를 입힌 사안에서, 편도 2차로의 고속도로 1차로 한가운데에 정차한 피고인은 현장의 교통상황이나 일반인의 운전 습관·행태 등에 비추어 고속도로를 주행하는 다른 차량 운전자들이 제한속도 준수나 안전거리 확보 등의 주의의무를 완전하게 다하지 않을 수도 있다는 점을 알았거나 충분히 알 수 있었으므로, 피고인의 정차 행위와 사상의 결과 발생 사이에 상당인과관계가 있고, 사상의 결과 발생에 대한 예견가능성도 인정된다는 이유로, 피고인에게 일반교통방해치사상죄를 인정한 원심판단이 정당하다고 한 사례(대판 2014.7.24. 2014도6206).

판결이유 예견가능성은 일반인을 기준으로 객관적으로 판단되어야 하는 것인데, 피고인이 한 것과 같은 행위로 뒤따르는 차량들에 의하여 추돌 등의 사고가 야기되어 사상자가 발생할 수 있을 것이라는 점은 누구나 쉽게 예상할 수 있다고 할 것이다. 설령 피고인이 정차 당시 사상의 결과 발생을 구체적으로 예견하지는 못하였다고 하더라도, 그와 같은 교통방해 행위로 인하여 실제 그 결과가 발생한 이상 교통방해치사상죄의 성립에는 아무런 지장이 없다.

② [O] 결과적 가중범인 상해치사죄의 공동정범은 폭행 기타의 신체침해행위를 공동으로 할 의사가 있으면 성립되고 결과를 공동으로 할 의사는 필요 없으므로, 패싸움 중 한 사람이 칼로 찔러 상대방을 죽게 한 경우에 다른 공범자가 그 결과인식이 없다 하여 상해치사죄의 책임이 없다고 할 수 없다(대판 1978.1.17. 77도2193; 동지 대판 1993.8.24. 93도1674).

③ [O] [1] 부진정결과적 가중범에서, 고의로 결과를 발생하게 한 행위가 별도의 구성요건에 해당하고 그 고의범에 대하여 결과적 가중범에 정한 형보다 더 무겁게 처벌하는 규정이 있는 경우에는 그 고의범과 결과적 가중범이 상상적 경합관계에 있지만, 고의범에 대하여 더 무겁게 처벌하는 규정이 없는 경우에는 결과적 가중범이 고의범에 대하여 특별관계에 있으므로 결과적 가중범만 성립하고 이와 법조경합의 관계에 있는 고의범에 대하여는 별도로 죄를 구성하지 않는다. [2] 직무를 집행하는 공무원에 대하여 위험한 물건을 휴대하여 고의로 상해를 가한 경우에는 특수공무집행방해치상죄만 성립할 뿐, 이와는 별도로 폭력행위 등 처벌에 관한 법률 위반(집단·흉기 등 상해)죄를 구성하지 않는다(대판 2008.11.27. 2008도7311).

④ [×] [1] 성폭법 제9조 제1항[개정법 제8조]에 의하면 특수강간의 죄를 범한 자뿐만 아니라 특수강간이 미수에 그쳤다고 하더라도 그로 인하여 피해자가 상해를 입었으면 특수강간치상죄가 성립하는 것이고, 같은 법 제12조[개정법 제15조]에서 규정한 위 제9조 제1항[개정법 제8조]에 대한 미수범 처벌규정은 특수강간치상죄와 함께 규정된 특수강간상해죄의 미수에 그친 경우, 즉 특수강간의 죄를 범하거나 미수에 그친 자가 피해자에 대하여 상해의 고의를 가지고 피해자에게 상해를 입히려다가 미수에 그친 경우 등에 적용된다. [2] 피고인이 전자충격기를 피해자의 허리에 대고 폭행하여 강간하려다가 미수에 그치고 피해자에게 약 2주간의 치료를 요하는 안면부 좌상 등의 상해를 입게 한 경우, 성폭법 소정의 특수강간치상죄의 기수에 해당한다(대판 2008.4.24. 2007도10058).

정답 ④

138 결과적 가중범에 대한 설명으로 옳은 것은? (다툼이 있으면 판례에 의함) [21 경찰간부]

① 상해치사죄의 공동정범은 폭행 기타의 신체침해 행위를 공동으로 할 의사뿐만 아니라 결과를 공동으로 할 의사가 있어야 성립한다.

② 결과적 가중범은 과실로 인한 중한 결과가 발생하여야 성립하는 범죄이므로 형법에는 결과적 가중범의 미수를 처벌하는 규정이 존재하지 않는다.

③ 상해를 교사하였는데 피교사자가 이를 넘어 살인을 한 경우 교사자에게 사망이라는 결과에 대하여 과실 내지 예견가능성이 있는 때에는 상해치사죄의 교사범이 성립할 수 있다.

④ 피고인들이 피해자들의 재물을 강취한 후 그들을 살해할 목적으로 현주건조물에 방화하여 사망에 이르게 한 경우, 피고인들의 행위는 강도살인죄와 현주건조물방화치사죄에 모두 해당하고 그 두 죄는 실체적 경합범관계에 있다.

해설

① [×] 결과적 가중범인 상해치사죄의 공동정범은 폭행 기타의 신체침해행위를 공동으로 할 의사가 있으면 성립되고 결과를 공동으로 할 의사는 필요 없으므로, 패싸움 중 한 사람이 칼로 찔러 상대방을 죽게 한 경우에 다른 공범자가 그 결과인식이 없다 하여 상해치사죄의 책임이 없다고 할 수 없다(대판 1993.8.24. 93도1674).

② [×] 형법에는 결과적 가중범인 인질치사상죄, 강도치사상죄와 해상강도치사상죄에 미수범을 처벌하는 규정을 두고 있다(제324조의5, 제342조). 한편 성폭력범죄처벌법에도 결과적 가중범인 특수강간치상죄 등에 대하여 미수를 처벌하는 규정을 두고 있다.

③ [○] 교사자가 피교사자에 대하여 상해를 교사하였는데 피교사자가 이를 넘어 살인을 실행한 경우 교사자에게 피해자의 사망이라는 결과에 대하여 과실 내지 예견가능성이 있는 때에는 상해치사죄의 교사범으로서의 죄책을 지울 수 있다(대판 2002.10.25. 2002도4089).

④ [×] 피해자의 재물을 강취한 후 그를 살해할 목적으로 현주건조물에 방화하여 사망에 이르게 한 경우 피고인의 위 행위는 강도살인죄와 현주건조물방화치사죄에 모두 해당하고 그 두 죄는 상상적 경합범관계에 있다(대판 1998.12.8. 98도3416).

정답 ③

139 결과적 가중범에 대한 설명 중 가장 옳은 것은? (다툼이 있으면 판례에 의함) [20 경찰간부]

① 결과적 가중범은 행위자가 행위시에 중한 결과의 발생을 예견할 수 없을 때에도 그 행위와 중한 결과 사이에 상당인과관계가 인정되면 중한 죄로 벌하여야 한다.

② 부진정결과적 가중범에서 고의로 중한 결과를 발생하게 한 행위를 더 무겁게 처벌하는 규정이 없는 경우에는 결과적 가중범이 고의범에 대하여 특별관계에 있으므로 그 고의범과 결과적 가중범은 상상적 경합관계에 있다.

③ 피교사자가 교사의 범위를 초과하여 중한 결과를 실현한 경우 교사자가 그 결과를 예상할 수 있는 경우에도 교사자는 자신이 교사한 기본범죄에 대해서만 교사범으로서 책임을 진다.

④ 교통방해치사상죄에 있어서 교통방해 행위와 결과 사이에 피해자나 제3자의 과실 등 다른 사실이 개재된 때에도 그와 같은 사실이 통상 예견할 수 있는 것이라면 상당인과관계를 인정할 수 있다.

해설

① [×] 형법 제15조 제2항이 규정하고 있는 이른바 결과적 가중범은 행위자가 행위시에 그 결과의 발생을 예견할 수 없을 때에는 비록 그 행위와 결과 사이에 인과관계가 있다 하더라도 중한 죄로 벌할 수 없다(대판 1988.4.12. 88도178).

② [×] 부진정결과적 가중범에 있어서, 고의로 중한 결과를 발생하게 한 행위가 별도의 구성요건에 해당하고 그 고의범에 대하여 결과적 가중범에 정한 형보다 더 무겁게 처벌하는 규정이 있는 경우에는 그 고의범과 결과적 가중범이 상상적 경합관계에 있지만, 고의범에 대하여 더 무겁게 처벌하는 규정이 없는 경우에는 결과적 가중범이 고의범에 대하여 특별관계에 있다고 해석되므로 결과적 가중범만 성립하고 이와 법조경합의 관계에 있는 고의범에 대하여는 별도로 죄를 구성한다고 볼 수 없다(대판 2008.11.27. 2008도7311).

③ [×] 교사자가 피교사자에 대하여 상해 또는 중상해를 교사하였는데 피교사자가 이를 넘어 살인을 실행한 경우 일반적으로 교사자는 상해죄 또는 중상해죄의 교사범이 되지만 이 경우 교사자에게 피해자의 사망이라는 결과에 대하여 과실 내지 예견가능성이 있는 때에는 상해치사죄의 교사범으로서의 죄책을 지울 수 있다(대판 2002.10.25. 2002도4089).

④ [○] 교통방해 행위가 피해자의 사상이라는 결과를 발생하게 한 유일하거나 직접적인 원인이 된 경우만이 아니라, 그 행위와 결과 사이에 피해자나 제3자의 과실 등 다른 사실이 개재된 때에도 그와 같은 사실이 통상 예견될 수 있는 것이라면 상당인과관계를 인정할 수 있다(대판 2014.7.24. 2014도6206).

정답 ④

---

140 결과적 가중범에 관한 다음 설명 중 가장 옳지 않은 것은? (다툼이 있으면 판례에 의함) [16 법원9급]

① 교통방해에 의한 치사상죄에 있어서, 교통방해 행위와 결과 사이에 피해자나 제3자의 과실 등 다른 사실이 개재된 때에도 그와 같은 사실이 통상 예견될 수 있는 것이라면 상당인과관계를 인정할 수 있다.

② 고의의 기본범죄가 미수에 그치더라도 중한 결과가 발생한 경우에는 결과적 가중범의 기수범에 해당한다.

③ 결과적 가중점인 상해치사죄의 공동정범은 폭행 기타의 신체침해 행위를 공동으로 할 의사가 있으면 성립하고 결과를 공동으로 할 필요는 없다.

④ 부진정결과적 가중범에서 고의로 중한 결과를 발생하게 한 행위가 별도의 구성요건에 해당하는 경우, 그 고의범에 대하여 결과적 가중범에 정한 형보다 더 무겁게 처벌하는 규정이 없는 경우에는 그 고의범과 결과적 가중범이 상상적 경합관계에 있다.

해설

① [○] 교통방해 행위가 피해자의 사상이라는 결과를 발생하게 한 유일하거나 직접적인 원인이 된 경우만이 아니라, 그 행위와 결과 사이에 피해자나 제3자의 과실 등 다른 사실이 개재된 때에도 그와 같은 사실이 통상 예견될 수 있는 것이라면 상당인과관계를 인정할 수 있다(대판 2014.7.24. 2014도6206).

② [○] 참고판례 피고인이 전자충격기를 피해자의 허리에 대고 폭행하여 강간하려다가 미수에 그치고 피해자에게 약 2주간의 치료를 요하는 안면부 좌상 등의 상해를 입게 한 경우, 성폭법 소정의 특수강간치상죄의 기수에 해당한다(대판 2008.4.24. 2007도10058).

▶ 판례 취지에 의하면 고의의 기본범죄가 미수에 그치더라도 중한 결과가 발생한 경우에는 결과적 가중범의 기수범에 해당한다.

③ [○] 결과적 가중범인 상해치사죄의 공동정범은 폭행 기타의 신체침해 행위를 공동으로 할 의사가 있으면 성립되고 결과를 공동으로 할 의사는 필요 없으며, 여러 사람이 상해의 범의로 범행 중 한 사람이 중한 상해를 가하여 피해자가 사망에 이르게 된 경우 나머지 사람들은 사망의 결과를 예견할 수 없는 때가 아닌 한 상해치사의 죄책을 면할 수 없다(대판 2013.4.26. 2013도1222).

④ [×] 부진정결과적 가중범에 있어서, 고의로 중한 결과를 발생하게 한 행위가 별도의 구성요건에 해당하고 그 고의범에 대하여 결과적 가중범에 정한 형보다 더 무겁게 처벌하는 규정이 있는 경우에는 그 고의범과 결과적 가중범이 상상적 경합관계에 있지만, 고의범에 대하여 더 무겁게 처벌하는 규정이 없는 경우에는 결과적 가중범이 고의범에 대하여 특별관계에 있다고 해석되므로 결과적 가중범만 성립하고 이와 법조경합의 관계에 있는 고의범에 대하여는 별도로 죄를 구성한다고 볼 수 없다(대판 2008.11.27. 2008도7311).

정답 ④

141 과실범과 결과적 가중범에 대한 설명으로 옳지 <u>않은</u> 것은? (다툼이 있으면 판례에 의함) [21 국가9급]

① 정상의 주의를 태만함으로 인하여 죄의 성립요소인 사실을 인식하지 못한 행위는 법률에 특별한 규정이 있는 경우에 한하여 처벌한다.

② 의료과오사건에서 의사의 과실이 있는지는 같은 업무 또는 분야에 종사하는 평균적인 의사가 보통 갖추어야 할 통상의 주의의무를 기준으로 판단하여야 한다.

③ 형법상 결과적 가중범의 기본범죄에는 고의범 · 과실범뿐만 아니라 기수 · 미수도 포함된다.

④ 부진정결과적 가중범에서 고의로 중한 결과를 발생하게 한 행위가 별도의 구성요건에 해당하고 그 고의범에 대하여 결과적 가중범에 정한 형보다 더 무겁게 처벌하는 규정이 없는 경우, 결과적 가중범이 고의범에 대하여 특별관계에 있으므로 결과적 가중범만 성립한다.

해설

① [O] 제14조.

② [O] 의료과오사건에서 의사의 과실이 있는지는 같은 업무 또는 분야에 종사하는 평균적인 의사가 보통 갖추어야 할 통상의 주의의무를 기준으로 판단하여야 한다(대판 2018.5.11. 2018도2844).

③ [×] 형법상 결과적 가중범의 기본범죄에는 고의범이어야 하며 기본범죄가 과실범인 경우 과실범이 성립할 수 있을 뿐이다. 한편 결과적 가중범의 기본범죄에는 기수 · 미수 모두 포함된다.

④ [O] 부진정결과적 가중범에서 고의로 중한 결과를 발생하게 한 행위가 별도의 구성요건에 해당하고 그 고의범에 대하여 결과적 가중범에 정한 형보다 더 무겁게 처벌하는 규정이 없는 경우, 결과적 가중범이 고의범에 대하여 특별관계에 있으므로 결과적 가중범만 성립한다(대판 2008.11.27. 2008도7311).

정답 ③

142 결과적 가중범에 대한 설명으로 가장 적절하지 <u>않은</u> 것은? (다툼이 있으면 판례에 의함) [21 경찰승진]

① 강간이 미수에 그친 경우 그로 인하여 피해자가 상해를 입었다면, 강간치상죄의 기수범이 성립하는 것이 아니라 강간미수죄와 과실치상죄의 상상적 경합이 성립한다.

② 「형법」 제144조 제2항의 특수공무집행방해치상죄는 중한 결과에 대한 예견가능성이 있었음에도 불구하고 예견하지 못한 경우뿐만 아니라 고의가 있는 경우까지도 포함하는 부진정결과적 가중범이다.

③ 상해치사죄의 공동정범은 폭행 기타의 신체 침해 행위를 공동으로 할 의사가 있으면 성립되고 결과를 공동으로 할 의사는 필요로 하지 않는다.

④ 교사자가 피교사자에 대하여 상해 또는 중상해를 교사하였는데 피교사자가 이를 넘어 살인을 실행한 경우에 교사자에게 피해자의 사망이라는 결과에 대하여 과실 내지 예견가능성이 있는 때에는 상해치사죄의 교사범의 죄책을 지울 수 있다.

해설

① [×] 강간이 미수에 그친 경우라도 그로 인하여 피해자가 상해를 입었으면 강간치상죄가 성립하는 것이고, 강간치상죄에 있어 상해의 결과는 강간의 수단으로 사용한 폭행으로부터 발생한 경우뿐만 아니라 간음행위 그 자체로부터 발생한 경우나 강간에 수반하는 행위에서 발생한 경우도 포함된다(대판 2003.5.30. 2003도1256).

② [O]「형법」제144조 제2항의 특수공무집행방해치상죄는 중한 결과에 대한 예견가능성이 있었음에도 불구하고 예견하지 못한 경우뿐만 아니라 고의가 있는 경우까지도 포함하는 부진정결과적 가중범이다(대판 1995.1.20. 94도2842).

③ [O] 결과적 가중범인 상해치사죄의 공동정범은 폭행 기타의 신체침해행위를 공동으로 할 의사가 있으면 성립되고 결과를 공동으로 할 의사는 필요 없으므로, 패싸움 중 한 사람이 칼로 찔러 상대방을 죽게 한 경우에 다른 공범자가 그 결과인식이 없다 하여 상해치사죄의 책임이 없다고 할 수 없다(대판 1993.8.24. 93도1674).

④ [O] 교사자가 피교사자에 대하여 상해 또는 중상해를 교사하였는데 피교사자가 이를 넘어 살인을 실행한 경우에 교사자에게 피해자의 사망이라는 결과에 대하여 과실 내지 예견가능성이 있는 때에는 상해치사죄의 교사범의 죄책을 지울 수 있다(대판 2002.10.25. 2002도4089).

정답 ①

143 결과적 가중범에 관한 설명으로 가장 적절하지 않은 것은? (다툼이 있으면 판례에 의함)

[20 경찰채용]

① 부진정결과적 가중범이란 고의에 의한 기본범죄에 기하여 중한 결과를 과실뿐만 아니라 고의로 발생케 한 경우에도 성립하는 결과적 가중범을 말한다.

② 진정결과적 가중범만 인정하면 과실로 중한 결과를 발생시킨 경우가 고의로 중한 결과를 발생시킨 경우보다 형이 높아지는 경우가 있으므로 형량을 확보하여 형의 불균형을 시정하기 위해서 부진정결과적 가중범을 인정하고 있다.

③ 만약 부진정결과적 가중범의 개념을 인정하지 않는다면 현주건조물에 방화하여 사람을 살해할 고의가 있었던 경우 현주건조물방화죄와 살인죄의 상상적 경합범이 된다.

④ 자기의 존속을 살해할 목적으로 존속이 현존하는 건조물에 방화하여 사망에 이르게 한 경우는 현주건조물방화치사죄만 성립하고 고의범에 대하여는 별도로 죄를 구성하지 않는다.

해설

① [O] 옳은 내용이다.

참고판례 특수공무집행방해치상죄는 원래 결과적 가중범이기는 하지만, 이는 중한 결과에 대하여 예견가능성이 있었음에 불구하고 예견하지 못한 경우에 벌하는 진정결과적 가중범이 아니라, 그 결과에 대한 예견가능성이 있었음에도 불구하고 예견하지 못한 경우뿐만 아니라 고의가 있는 경우까지도 포함하는 부진정결과적 가중범이다(대판 1995.1.20. 94도2842).

② [O], ③ [O] 만약 부진정결과적 가중범의 개념을 인정하지 않는다면 현주건조물에 방화하여 사람을 살해할 고의가 있었던 경우 현주건조물방화치사죄(사형, 무기 또는 7년 이상의 징역)가 성립할 수 없어 현주건조물방화죄와 살인죄의 상상적 경합범이 성립되고 결국 중한 살인죄의 형인 '사형, 무기 또는 5년 이상의 징역'으로 처벌된다. 이러한 결과는 현주건조물에 방화하여 사람을 과실로 사망에 이르게 한 경우 현주건조물방화치사죄(사형, 무기 또는 7년 이상의 징역)가 성립하여 형이 더 높아지는 형의 불균형이 발생한다. 이러한 형의 불균형을 시정하기 위하여 부진정 결과적 가중범을 인정하여 현주건조물에 방화하여 사람을 살해할 고의가 있었던 경우에도 현주건조물방화치사죄(사형, 무기 또는 7년 이상의 징역)의 성립을 인정한 것이다.

④ [×] 사람을 살해할 목적으로 현주건조물에 방화하여 사망에 이르게 한 경우에는 현주건조물방화치사죄로 의율하여야 하고 이와 더불어 살인죄와의 상상적 경합범으로 의율할 것은 아니라고 할 것이고, 다만 존속살인죄와 현주건조물방화치사죄는 상상적 경합범 관계에 있으므로 법정형이 중한 존속살인죄로 의율함이 타당하다(대판 1996.4.26. 96도485).

정답 ④

144 결과적 가중범에 관한 설명 중 가장 적절하지 않은 것은? (다툼이 있으면 판례에 의함)

① 결과적 가중범에 대해서는 교사범이 성립할 수 있다.

② 강도가 택시를 타고 가다가 요금지급을 면할 목적으로 소지한 과도로 운전수를 협박하자 이에 놀란 운전수가 택시를 급우회전하면서 그 충격으로 강도가 겨누고 있던 과도에 어깨부분이 찔려 상처를 입은 경우에는 강도치상죄가 성립한다.

③ 강간이 미수에 그쳤으나 그 과정에서 상해의 결과가 발생하였다면 강간치상죄가 성립한다.

④ 동료 사이에 말다툼을 하던 중 피고인의 삿대질을 피하려고 뒷걸음치던 피해자가 장애물에 걸려 넘어져 두개골 골절로 사망한 경우 폭행치사죄가 성립한다.

해설

① [O] 교사자가 피교사자에 대하여 상해를 교사하였는데 피교사자가 이를 넘어 살인을 실행한 경우 교사자에게 피해자의 사망이라는 결과에 대하여 과실 내지 예견가능성이 있는 때에는 상해치사죄의 교사범으로서의 죄책을 지을 수 있다(대판 2002.10.25. 2002도4089).

② [O] 강도가 택시를 타고 가다가 요금지급을 면할 목적으로 소지한 과도로 운전수를 협박하자 이에 놀란 운전수가 택시를 급우회전하면서 그 충격으로 강도가 겨누고 있던 과도에 어깨부분이 찔려 상처를 입은 경우에는 강도치상죄가 성립한다(대판 1985.1.15. 84도2397).

③ [O] 강간이 미수에 그친 경우라도 그로 인하여 피해자가 상해를 입었으면, 강간치상죄가 성립하는 것이고, 강간치상죄에 있어 상해의 결과는 강간의 수단으로 사용한 폭행으로부터 발생한 경우뿐만 아니라 간음행위 그 자체로부터 발생한 경우나 강간에 수반하는 행위에서 발생한 경우도 포함된다(대판 2003.5.30. 2003도1256).

④ [X] 동료 사이에 말다툼을 하던 중 피고인이 삿대질하는 것을 피하고자 피해자 자신이 두어걸음 뒷걸음치다가 회전 중이던 십자형 스빙기계 철받침대에 걸려 넘어진 정도라면, 당시 바닥에 위와 같은 장애물이 있어서 뒷걸음치면 장애물에 걸려 넘어질 수 있다는 것까지는 예견할 수 있었다고 하더라도 그 정도로 넘어지면서 머리를 바닥에 부딪쳐 두개골절로 사망한다는 것은 이례적인 일이어서 통상적으로 일반인이 예견하기 어려운 결과라고 하지 않을 수 없으므로 피고인에게 폭행치사죄의 책임을 물을 수 없다(대판 1990.9.25. 90도1596).

정답 ④

145 결과적 가중범에 대한 설명으로 가장 적절하지 않은 것은? (다툼이 있으면 판례에 의함)

① 수면제와 같은 약물을 투약하여 피해자를 일시적으로 수면 또는 의식불명 상태에 이르게 한 경우에도 약물로 인하여 피해자의 건강상태가 불량하게 변경되고 생활기능에 장애가 초래되었다면 자연적으로 의식을 회복하거나 외부적으로 드러난 상처가 없더라도 이는 강간치상죄나 강제추행치상죄에서 말하는 상해에 해당한다.

② 「형법」 제15조 제2항은 '결과로 인하여 형이 중할 죄에 있어서 그 결과의 발생을 예견할 수 없었을 때에는 중한 죄로 벌하지 아니한다'고 규정하고 있다.

③ 기본범죄를 통하여 고의로 중한 결과를 발생하게 한 경우에 가중 처벌하는 부진정결과적 가중범에서, 고의로 중한 결과를 발생하게 한 행위가 별도의 구성요건에 해당하고 그 고의범에 대하여 결과적 가중범에 정한 형보다 더 무겁게 처벌하는 규정이 있는 경우에는 그 고의범과 결과적 가중범이 실체적 경합관계에 있다.

④ 결과적 가중범인 상해치사죄의 공동정범은 폭행 기타의 신체침해 행위를 공동으로 할 의사가 있으면 성립되고 결과를 공동으로 할 의사는 필요 없다.

해설

① [○] 수면제와 같은 약물을 투약하여 피해자를 일시적으로 수면 또는 의식불명 상태에 이르게 한 경우에도 약물로 인하여 피해자의 건강상태가 불량하게 변경되고 생활기능에 장애가 초래되었다면 자연적으로 의식을 회복하거나 외부적으로 드러난 상처가 없더라도 이는 강간치상죄나 강제추행치상죄에서 말하는 상해에 해당한다(대판 2017.6.29. 2017도3196).

② [○] 제15조 제2항.

③ [×] 부진정결과적 가중범에 있어서, 고의로 중한 결과를 발생하게 한 행위가 별도의 구성요건에 해당하고 그 고의범에 대하여 결과적 가중범에 정한 형보다 더 무겁게 처벌하는 규정이 있는 경우에는 그 고의범과 결과적 가중범이 상상적 경합관계에 있지만, 고의범에 대하여 더 무겁게 처벌하는 규정이 없는 경우에는 결과적 가중범이 고의범에 대하여 특별관계에 있다고 해석되므로 결과적 가중범만 성립하고 이와 법조경합의 관계에 있는 고의범에 대하여는 별도로 죄를 구성한다고 볼 수 없다(대판 2008.11.27. 2008도7311).

④ [○] 결과적 가중범인 상해치사죄의 공동정범은 폭행 기타의 신체침해 행위를 공동으로 할 의사가 있으면 성립되고 결과를 공동으로 할 의사는 필요 없다(대판 2013.4.26. 2013도1222).

정답 ③

146 결과적 가중범에 관한 설명 중 가장 적절하지 않은 것은? (다툼이 있으면 판례에 의함)   [15 경찰승진]

① 친구를 살해할 의도로 친구가 살고 있는 집을 방화하여 그를 사망하게 한 경우 현주건조물방화치사죄는 살인죄에 대하여 특별관계에 있으므로 현주건조물방화치사죄만 성립한다.

② 피해자의 신체 여러 부위에 심하게 폭행을 가함으로써 피해자의 심장에 악영향을 초래하여 피해자를 심근경색 등으로 사망하게 하였더라도 피해자가 평소에 심장질환을 앓고 있던 경우라면 폭행치사죄가 성립하지 아니한다.

③ 여러 사람이 상해의 범의로 범행 중 한 사람이 중한 상해를 가하여 피해자가 사망에 이르게 된 경우, 나머지 사람들은 사망의 결과를 예견할 수 없는 때가 아닌 한 상해치사의 죄책을 면할 수 없다.

④ 강간이 미수에 그쳤으나 그 과정에서 상해의 결과가 발생하였다면 강간치상죄의 기수가 성립한다.

해설

① [○] 사람을 살해할 목적으로 현주건조물에 방화하여 사망에 이르게 한 경우에는 현주건조물방화치사죄로 의율하여야 하고 이와 더불어 살인죄와의 상상적 경합범으로 의율할 것은 아니며, 다만 존속살해죄와 현주건조물방화치사죄는 상상적 경합범 관계에 있으므로, 법정형이 중한 존속살인죄로 의율함이 타당하다(대판 1996.4.26. 96도485).

② [×] 피고인이 심하게 폭행을 가함으로써 평소에 심장질환을 앓고 있던 피해자의 심장에 더욱 부담을 주어 나쁜 영향을 초래하도록 하였다면, 비록 피해자가 관상동맥부전과 허혈성심근경색 등으로 사망하였더라도 피고인의 폭행과 피해자의 사망 간에 상당인과관계가 있었다고 볼 수 있다(대판 1989.10.13. 89도556).

▶ 폭행치사죄가 성립한다는 취지이다.

③ [○] 여러 사람이 상해의 범의로 범행 중 한 사람이 중한 상해를 가하여 피해자가 사망에 이르게 된 경우, 나머지 사람들은 사망의 결과를 예견할 수 없는 때가 아닌 한 상해치사의 죄책을 면할 수 없다(대판 2013.4.26. 2013도1222).

④ [○] 강간이 미수에 그친 경우라도 그로 인하여 피해자가 상해를 입었으면, 강간치상죄(기수)가 성립하는 것이고, 강간치상죄에 있어 상해의 결과는 강간의 수단으로 사용한 폭행으로부터 발생한 경우뿐만 아니라 간음행위 그 자체로부터 발생한 경우나 강간에 수반하는 행위에서 발생한 경우도 포함된다(대판 2003.5.30. 2003도1256).

정답 ②

147 결과적 가중범에 관한 설명 중 옳은 것은 모두 몇 개인가? (다툼이 있으면 판례에 의함) [14 경찰승진]

> ㉠ 교사자가 피교사자에 대하여 상해를 교사하였는데 피교사자가 이를 넘어 살인을 실행한 경우 교사자에게 피해자의 사망이라는 결과에 대하여 과실 내지 예견가능성이 있는 때에는 상해치사죄의 죄책을 지울 수 있다.
> ㉡ 강도가 택시를 타고 가다가 요금지급을 면할 목적으로 소지한 과도로 운전수를 협박하자 이에 놀란 운전수가 택시를 급우회전하면서 그 충격으로 강도가 겨누고 있던 과도에 어깨부분이 찔려 상처를 입은 경우에는 강도치상죄가 성립한다.
> ㉢ 인질치사상죄에 대해서는 형법상 미수범 처벌규정이 있다.

① 없음   ② 1개
③ 2개   ④ 3개

해설

> ㉠ [O] 교사자가 피교사자에 대하여 상해를 교사하였는데 피교사자가 이를 넘어 살인을 실행한 경우 교사자에게 피해자의 사망이라는 결과에 대하여 과실 내지 예견가능성이 있는 때에는 상해치사죄의 교사범으로서의 죄책을 지울 수 있다(대판 2002.10.25. 2002도4089).
> ㉡ [O] 강도가 택시를 타고 가다가 요금지급을 면할 목적으로 소지한 과도로 운전수를 협박하자 이에 놀란 운전수가 택시를 급우회전하면서 그 충격으로 강도가 겨누고 있던 과도에 어깨부분이 찔려 상처를 입은 경우에는 강도치상죄가 성립한다(대판 1985.1.15. 84도2397).
> ㉢ [O] 인질치사상죄에 대해서는 형법상 미수범 처벌규정이 있다(제324조의5).

정답 ④

148 결과적 가중범에 관한 설명 중 옳지 않은 것은? (다툼이 있으면 판례에 의함) [11 사시]

① 친구를 살해할 의도로 친구가 살고 있는 집을 방화하여 그를 사망하게 한 경우 현주건조물방화치사죄는 살인죄에 대하여 특별관계에 있으므로 현주건조물방화치사죄만 성립한다.
② 상해 후 피해자가 졸도하자 죽은 것으로 오인하고 자살로 위장하기 위해 베란다 아래로 떨어뜨림으로써 사망의 결과를 발생하게 한 경우 상해치사죄가 성립한다.
③ 피해자의 신체 여러 부위에 심하게 폭행을 가함으로써 피해자의 심장에 악영향을 초래하여 피해자를 심근경색 등으로 사망하게 하였더라도 피해자가 평소에 심장질환을 앓고 있던 경우라면 폭행치사죄가 성립하지 아니한다.
④ 진정결과적 가중범이 성립하려면 기본범죄행위와 중한 결과발생 사이에 인과관계가 있어야 할 뿐 아니라 중한 결과발생에 대한 행위자의 예견가능성도 인정되어야 한다.
⑤ 성폭력범죄의 처벌 등에 관한 특례법의 특수강간치상죄에 있어서 상해의 결과가 발생한 이상 특수강간이 미수에 그쳤더라도 특수강간치상죄의 기수범이 된다.

① [○] [1] 기본범죄를 통하여 고의로 중한 결과를 발생하게 한 경우에 가중처벌하는 부진정결과적 가중범에서, 고의로 중한 결과를 발생하게 한 행위가 별도의 구성요건에 해당하고 그 고의범에 대하여 결과적 가중범에 정한 형보다 더 무겁게 처벌하는 규정이 있는 경우에는 그 고의범과 결과적 가중범이 상상적 경합관계에 있지만, 위와 같이 고의범에 대하여 더 무겁게 처벌하는 규정이 없는 경우에는 결과적 가중범이 고의범에 대하여 특별관계에 있으므로 결과적 가중범만 성립하고 이와 법조경합의 관계에 있는 고의범에 대하여는 별도로 죄를 구성하지 않는다(대판 2008.11.27. 2008도7311).

[2] 사람을 살해할 목적으로 현주건조물에 방화하여 사망에 이르게 한 경우에는 현주건조물방화치사죄로 의율하여야 하고 이와 더불어 살인죄와의 상상적 경합범으로 의율할 것은 아니며, 다만 존속살해죄와 현주건조물방화치사죄는 상상적 경합범 관계에 있으므로, 법정형이 중한 존속살인죄로 의율함이 타당하다(대판 1996.4.26. 96도485).

② [○] 피고인의 행위는 포괄하여 단일의 상해치사죄에 해당한다(대판 1994.11.4. 94도2361).

③ [×] 피고인이 피해자의 멱살을 잡아 흔들고 주먹으로 가슴과 얼굴을 1회씩 구타하고 멱살을 붙들고 넘어뜨리는 등 신체 여러 부위에 표피박탈, 피하출혈 등의 외상이 생길 정도로 심하게 폭행을 가함으로써 평소에 오른쪽 관상동맥폐쇄 및 심실의 허혈성 심근섬유회증세 등의 심장질환을 앓고 있던 피해자의 심장에 더욱 부담을 주어 나쁜 영향을 초래하도록 하였다면, 비록 피해자가 관상동맥부전과 허혈성심근경색 등으로 사망하였더라도, 피고인의 폭행의 방법, 부위나 정도 등에 비추어 피고인의 폭행과 피해자의 사망 간에 상당인과관계가 있었다고 볼 수 있다(대판 1989.10.13. 89도556).

④ [○] 폭행치사죄는 결과적 가중범으로서 폭행과 사망의 결과 사이에 인과관계가 있는 외에 사망의 결과에 대한 예견가능성 즉 과실이 있어야 하고, 이러한 예견가능성의 유무는 폭행의 정도와 피해자의 대응상태 등 구체적 상황을 살펴서 엄격하게 가려야 한다(대판 2010.5.27. 2010도2680).

⑤ [○] [1] 성폭력범죄의 처벌 및 피해자보호 등에 관한 법률 제9조 제1항에 의하면 같은 법 제6조 제1항에서 규정하는 특수강간의 죄를 범한 자뿐만 아니라, 특수강간이 미수에 그쳤다고 하더라도 그로 인하여 피해자가 상해를 입었으면 특수강간치상죄가 성립하는 것이고, 같은 법 제12조에서 규정한 위 제9조 제1항에 대한 미수범 처벌규정은 제9조 제1항에서 특수강간치상죄와 함께 규정된 특수강간상해죄의 미수에 그친 경우, 즉 특수강간의 죄를 범하거나 미수에 그친 자가 피해자에 대하여 상해의 고의를 가지고 피해자에게 상해를 입히려다가 미수에 그친 경우 등에도 적용된다.

[2] 위험한 물건인 전자충격기를 사용하여 강간을 시도하다가 미수에 그치고, 피해자에게 약 2주간의 치료를 요하는 안면부 좌상 등의 상해를 입힌 사안에서, 성폭력범죄의 처벌 및 피해자보호등에 관한 법률에 의한 특수강간치상죄가 성립한다고 본 사례(대판 2008.4.24. 2007도10058).

정답 ③

149 결과적 가중범에 대한 설명 중 가장 적절하지 않은 것은? (다툼이 있는 경우 판례에 의함) [23 경찰승진]

① 강간을 당한 피해자가 강간을 당함으로 인하여 생긴 수치심과 장래에 대한 절망감으로 자살한 경우 강간치사죄가 성립한다.

② 결과적 가중범인 상해치사죄의 공동정범은 폭행 기타의 신체침해 행위를 공동으로 할 의사가 있으면 성립되고 결과를 공동으로 할 의사는 필요 없다.

③ 상해행위로 인하여 피해자가 정신을 잃고 빈사상태에 빠지자 사망한 것으로 오인하고 이를 은폐하여 자살로 가장하기 위해 베란다 밑바닥으로 떨어뜨려 사망케 한 경우 상해치사죄가 성립한다.

④ 4일가량 물조차 제대로 마시지 못하고 잠도 자지 아니하여 거의 탈진 상태에 이른 피해자의 손과 발을 17시간 이상 묶어 두고 좁은 차량 속에서 움직이지 못하게 감금하였는데, 묶인 부위의 혈액 순환에 장애가 발생하여 혈전이 형성되고 그 혈전이 폐동맥을 막아 사망에 이르게 된 경우 감금치사죄가 성립한다.

해설

① [×] 강간을 당한 피해자가 집에 돌아가 음독자살하기에 이르른 원인이 강간을 당함으로 인하여 생긴 수치심과 장래에 대한 절망감 등에 있었다 하더라도 그 자살행위가 바로 강간 행위로 인하여 생긴 당연의 결과라고 볼 수는 없으므로 강간 행위와 피해자의 자살행위 사이에 인과관계를 인정할 수는 없다(대판 1982.11.23. 82도1446).

② [○] 상해치사죄의 공동정범은 폭행 기타의 신체 침해 행위를 공동으로 할 의사가 있으면 성립되고, 결과를 공동으로 할 의사는 필요 없다(대판 2000.5.12. 2000도745).

③ [O] 상해행위로 인하여 피해자가 정신을 잃고 빈사 상태에 빠지자 사망한 것으로 오인하고 이를 은폐하여 자살로 가장하기 위해 베란다 밑바닥으로 떨어뜨려 사망케 한 경우, 상해치사죄가 성립한다(대판 1994.11.4. 94도2361).

④ [O] 4일가량 물조차 제대로 마시지 못하고 잠도 자지 아니하여 거의 탈진 상태에 이른 피해자의 손과 발을 17시간 이상 묶어 두고 좁은 차량 속에서 움직이지 못하게 감금하였는데, 묶인 부위의 혈액 순환에 장애가 발생하여 혈전이 형성되고 그 혈전이 폐동맥을 막아 사망에 이르게 된 경우, 감금치사죄가 성립한다(대판 2002.10.11. 2002도4315).

정답 ①

150 결과적 가중범에 관한 설명 중 옳은 것을 모두 고른 것은? (다툼이 있는 경우 판례에 의함)   [23 변호사]

ㄱ. 사람이 현존하는 건조물을 방화하는 집단행위의 과정에서 일부 집단원이 고의행위로 상해를 가한 경우에도 다른 집단원에게 그 상해의 결과가 예견가능한 것이었다면, 다른 집단원도 그 결과에 대하여 현존건조물방화치상죄의 책임을 진다.

ㄴ. 결과적 가중범의 공동정범은 기본행위를 공동으로 할 의사가 있으면 성립하고 결과를 공동으로 할 의사는 필요 없다.

ㄷ. 부진정 결과적 가중범에 있어서, 고의로 중한 결과를 발생하게 한 행위가 별도의 구성요건에 해당하고 고의범에 대하여 결과적 가중범에 정한 형보다 더 무겁게 처벌하는 규정이 있는 경우에는 고의범과 결과적 가중범은 상상적 경합 관계에 있다.

ㄹ. 교사자가 피교사자에 대하여 중상해를 교사하였는데 피교사자가 이를 넘어 살인을 실행한 경우, 교사자에게 피해자의 사망이라는 결과에 대하여 예견가능성이 있는 때에는 상해치사죄의 교사범으로서의 죄책을 지울 수 있다.

ㅁ. 적법하게 직무를 집행하는 공무원에 대하여 위험한 물건을 휴대하여 고의로 상해를 가한 경우에는 특수공무집행방해치상죄가 성립한다.

① ㄱ, ㄴ, ㄷ
② ㄱ, ㄴ, ㄹ, ㅁ
③ ㄱ, ㄷ, ㄹ, ㅁ
④ ㄴ, ㄷ, ㄹ, ㅁ
⑤ ㄱ, ㄴ, ㄷ, ㄹ, ㅁ

해설

ㄱ. [O] 현존건조물방화치상죄와 같은 부진정결과적 가중범은 예견가능한 결과를 예견하지 못한 경우뿐만 아니라 그 결과를 예견하거나 고의가 있는 경우까지도 포함하는 것이므로 이 사건에서와 같이 사람이 현존하는 건조물을 방화하는 집단행위의 과정에서 일부 집단원이 고의행위로 살상을 가한 경우에도 다른 집단원에게 사상의 결과가 예견 가능한 것이었다면 다른 집단원도 그 결과에 대하여 현존건조물방화치사상의 책임을 면할 수 없는 것인바, 피고인을 비롯한 집단원들이 당초 공모시 쇠파이프를 소지한 방어조를 운용하기로 한 점에 비추어 보면 피고인은 건물을 방화하는 집단행위 과정에서 상해의 결과가 발생하는 것도 예견할 수 있었다고 보이므로, 현존건조물방화치상죄로 의율할 수 있다(대판 1996.4.12. 96도215).

ㄴ. [O] 결과적 가중범의 공동정범은 기본행위를 공동으로 할 의사가 있으면 성립하고 결과를 공동으로 할 의사는 필요 없다(대판 1997.10.10. 97도1720).

ㄷ. [O], ㅁ. [O] [1] 기본범죄를 통하여 고의로 중한 결과를 발생하게 한 경우에 가중 처벌하는 부진정결과적 가중범에서, 고의로 중한 결과를 발생하게 한 행위가 별도의 구성요건에 해당하고 그 고의범에 대하여 결과적 가중범에 정한 형보다 더 무겁게 처벌하는 규정이 있는 경우에는 고의범과 결과적 가중범이 상상적 경합관계에 있지만, 위와 같이 고의범에 대하여 더 무겁게 처벌하는 규정이 없는 경우에는 결과적 가중범이 고의범에 대하여 특별관계에 있으므로 결과적 가중범만 성립하고 이와 법조경합의 관계에 있는 고의범에 대하여는 별도로 죄를 구성하지 않는다.
[2] 직무를 집행하는 공무원에 대하여 위험한 물건을 휴대하여 고의로 상해를 가한 경우에는 특수공무집행방해치상죄(3년 이상의 유기징역)만 성립할 뿐, 이와는 별도로 폭력행위 등 처벌에 관한 법률 위반(집단·흉기 등 상해)죄(3년 이상의 유기징역)를 구성하지 않는다(대판 2008.11.27. 2008도7311).

ㄹ. [O] 교사자가 피교사자에 대하여 상해 또는 중상해를 교사하였는데 피교사자가 이를 넘어 살인을 실행한 경우 일반적으로 교사자는 상해죄 또는 중상해죄의 교사범이 되지만 이 경우 교사자에게 피해자의 사망이라는 결과에 대하여 과실 내지 예견가능성이 있는 때에는 상해치사죄의 교사범으로서의 죄책을 지울 수 있다(대판 1993.10.8. 93도1873).

정답 ⑤

제1절 | 정당방위

01 정당방위에 관한 설명으로 옳은 것은 모두 몇 개인가? (다툼이 있는 경우 판례에 의함) [23 경찰간부]

가. 정당방위에서 '침해의 현재성'이란 침해행위가 형식적으로 기수에 이르렀는지에 따라 결정되는 것이 아니라 자기 또는 타인의 법익에 대한 침해상황이 종료되기 전까지를 의미한다.

나. 정당방위 상황을 이용할 목적으로 처음부터 공격자의 공격행위를 유발하는 의도적 도발의 경우라 하더라도 그 공격행위에 대해서는 방위행위를 인정할 수 있어 정당방위가 성립한다.

다. 피해자의 침해행위에 대하여 자기의 권리를 방위하기 위한 부득이한 행위가 아니고, 그 침해행위에서 벗어난 후 분을 풀려는 목적에서 나온 공격행위는 정당방위에 해당한다고 할 수 없다.

라. 정당방위의 성립요건으로서 방어행위는 순수한 수비적 방어뿐만 아니라 적극적 반격을 포함하는 반격방어의 형태도 포함되나, 그 방어행위는 자기 또는 타인의 법익침해를 방위하기 위한 행위로서 상당한 이유가 있어야 한다.

① 1개   ② 2개
③ 3개   ④ 4개

해설

▶ 가, 다, 라. 3개가 옳은 지문이다.

가. [O] '침해의 현재성'이란 침해행위가 형식적으로 기수에 이르렀는지에 따라 결정되는 것이 아니라 자기 또는 타인의 법익에 대한 침해상황이 종료되기 전까지를 의미하는 것이므로, 일련의 연속되는 행위로 인해 침해상황이 중단되지 아니하거나 일시 중단되더라도 추가 침해가 곧바로 발생할 객관적인 사유가 있는 경우에는 그중 일부 행위가 범죄의 기수에 이르렀더라도 전체적으로 침해상황이 종료되지 않은 것으로 볼 수 있다(대판 2023.4.27. 2020도6874).

나. [×] 정당방위상황을 이용하여 공격자를 침해할 목적으로 공격을 유발한 경우 정당방위가 성립할 수 없다.

관련판례 피고인이 피해자를 살해하려고 먼저 가격한 이상 피해자의 반격이 있었더라도 피해자를 살해한 행위가 정당방위에 해당한다고 볼 수 없다(대판 1983.9.13. 83도1467).

다. [O] 방위행위라고 하기 위하여는 정당방위상황에 대한 인식과 방어행위를 실현한다는 의사(방위의사)가 있어야 하며 이는 정당방위의 주관적 정당화요소에 해당한다. 방위의사는 방위행위의 유일한 동기가 될 것을 요하지 아니하며 복수심·증오심과 같은 다른 동기가 함께 작용한 경우에도 방위의사가 주된 기능을 하는 경우라면 정당방위가 성립할 수 있다.
따라서 지문의 경우와 같이 이미 침해행위에서 벗어난 후라면 방위의 목적이 오직 개인적 감정에 기인한 것으로 볼 수 있으므로 정당방위가 인정될 수 없다.

라. [O] 정당방위가 성립하려면 침해행위에 의하여 침해되는 법익의 종류, 정도, 침해의 방법, 침해행위의 완급과 방위행위에 의하여 침해될 법익의 종류, 정도 등 일체의 구체적 사정들을 참작하여 방위행위가 사회적으로 상당한 것이어야 하고, 정당방위의 성립요건으로서의 방어행위에는 순수한 수비적 방어뿐 아니라 적극적 반격을 포함하는 반격방어의 형태도 포함되나, 그 방어행위는 자기 또는 타인의 법익침해를 방위하기 위한 행위로서 상당한 이유가 있어야 한다(대판 1992.12.22. 92도2540).

정답 ③

02 정당방위에 관한 설명 중 가장 적절하지 않은 것은? (다툼이 있으면 판례에 의함) [16 경찰승진]

① 거주지 연립주택 내 도로의 차량통제 문제로 시비가 되어 차량의 진행을 제지하려고 길을 막은 아버지 앞으로 운전자가 차를 그대로 진행시키자 이를 막으려고 운전자의 머리털을 잡아당겨 상해를 입힌 아들의 행위는 정당방위에 해당한다.

② 검사가 검찰청에 자진출석한 변호사사무실 사무장을 합리적 근거 없이 긴급체포하자 그 변호사가 이를 제지하는 과정에서 위 검사에게 상해를 가한 것은 정당방위에 해당한다.

③ 서로 공격할 의사로 싸우다가 먼저 공격을 받고 이에 대항하여 가해하게 된 경우 그 가해행위는 정당방위가 될 여지는 없으나 과잉방위가 될 수는 있다.

④ 절도범으로 오인받은 자가 야간에 군중들로부터 무차별 구타를 당하자 이를 방위하기 위하여 소지하고 있던 손톱깎기에 달린 줄칼을 휘둘러 상해를 입힌 행위는 정당방위에 해당한다.

해설

① [○] 아들의 행위는 부(父)의 생명, 신체에 대한 현재의 부당한 침해를 방위하기 위한 행위로서 정당방위에 해당한다(대판 1986.10.14. 86도1091).

② [○] 검사가 검찰청에 자진출석한 변호사사무실 사무장을 합리적 근거 없이 긴급체포하자(위법행위에 해당함) 그 변호사가 이를 제지하는 과정에서 위 검사에게 상해를 가한 것은 정당방위에 해당한다(대판 2006.9.8. 2006도148).

③ [×] 가해자의 행위가 피해자의 부당한 공격을 방위하기 위한 것이라기보다는 서로 공격할 의사로 싸우다가 먼저 공격을 받고 이에 대항하여 가해하게 된 것이라고 봄이 상당한 경우, 그 가해행위는 방어행위인 동시에 공격행위의 성격을 가지므로 정당방위 또는 과잉방위행위라고 볼 수 없다(대판 2000.3.28. 2000도228).

④ [○] 절도범으로 오인받은 자가 야간에 군중들로부터 무차별 구타를 당하자 이를 방위하기 위하여 소지하고 있던 손톱깎기에 달린 줄칼을 휘둘러 상해를 입힌 행위는 정당방위에 해당한다(대판 1970.9.17. 70도1473).

정답 ③

03 위법성의 판단에 대한 설명으로 옳지 않은 것은? (다툼이 있으면 판례에 의함) [13 국가7급]

① 경찰관이 임의동행을 거부하는 피고인을 순찰차에 태우고 피고인의 오른쪽 손목을 잡아 뒤로 꺾어 올리는 등으로 제압하자 피고인이 이를 벗어나려고 몸싸움하는 과정에서 경찰관에게 경미한 상해를 입힌 경우는 위법하지 않다.

② 외관상 상호 격투를 하는 것처럼 보이지만 실제로는 상대방의 일방적인 불법한 공격으로부터 자신을 보호하기 위하여 소극적인 방어의 한도 내에서 유형력을 행사한 경우는 위법하지 않다.

③ 피고인이 피해자로부터 뺨을 맞고 손톱깎이 칼에 찔려 1cm 정도의 상처를 입게 되자 20cm의 과도로 피고인의 복부를 찌른 것은 정당방위에 해당되지 않는다.

④ 서로 공격할 의사로 싸우다가 먼저 공격을 받고 이에 대항하여 가해하게 된 경우, 그 가해행위는 정당방위가 될 여지는 없으나 과잉방위가 될 수는 있다.

해설

① [○] 경찰관이 임의동행을 요구하며 손목을 잡고 뒤로 꺾어 올리는 등으로 제압하자 피고인이 거기에서 벗어나려고 몸싸움을 하는 과정에서 경찰관에게 경미한 상해를 입힌 경우, 이는 불법 체포·구금으로 인한 신체에 대한 현재의 부당한 침해에서 벗어나기 위한 행위로서 위법성이 결여된 행위이다(대판 1999.12.28. 98도138).

② [○] 외관상 서로 격투를 하는 것처럼 보이는 경우라고 할지라도 실지로는 한쪽 당사자가 일방적으로 불법한 공격을 가하고 상대방은 이러한 불법한 공격으로부터 자신을 보호하고 이를 벗어나기 위한 저항수단으로 유형력을 행사한 경우라면, 그 행위가 적극적인 반격이 아니라 소극적인 방어의 한도를 벗어나지 않는 한 사회통념상 허용될 만한 상당성이 있는 행위로서 위법성이 조각된다(대판 1999.10.12. 99도3377).

③ [○] 피고인이 길이 26cm의 과도로 복부와 같은 인체의 중요한 부분을 3, 4회나 찔러 피해자에게 상해를 입힌 행위는 비록 그와 같은 행위가 피해자의 구타행위에 기인한 것이라 하여도 정당방위나 과잉방위에 해당한다고 볼 수 없다(대판 1989. 12.12. 89도2049).

④ [×] 가해자의 행위가 피해자의 부당한 공격을 방위하기 위한 것이라기 보다는 서로 공격할 의사로 싸우다가 먼저 공격을 받고 이에 대항하여 가해하게 된 것이라고 봄이 상당한 경우, 그 가해행위는 방어행위인 동시에 공격행위의 성격을 가지므로 정당방위 또는 과잉방위행위라고 볼 수 없다(대판 2000.3.28. 2000도228).

정답 ④

---

04 정당방위에 관한 설명 중 가장 적절한 것은? (다툼이 있으면 판례에 의함)　　　[15 경찰승진]

① 불법체포에 대항하기 위하여 경찰관에게 상해를 가한 경우 이는 부당한 침해에 대한 방위행위로서 정당방위가 인정된다.

② 치한이 심야에 혼자 귀가 중인 부녀자에게 달려들어 양팔을 붙잡고 어두운 골목길로 끌고 들어가 하체를 더듬으며 억지로 키스를 하려 하자, 그 부녀자가 치한의 혀를 깨물어 0.5cm 절단한 경우에는 정당방위가 인정되지 않는다.

③ 이혼소송 중인 남편이 찾아와 가위로 폭행하고 변태적 성행위를 강요하는 데에 격분하여 처가 칼로 남편의 복부를 찔러 사망에 이르게 한 경우, 그 행위는 정당방위에 해당한다.

④ 피고인이 피해자로부터 뺨을 맞고 손톱깎이 칼에 찔려 약 1cm 정도의 상처를 입게 되자, 20cm의 과도로 피해자의 복부를 찌른 것은 정당방위에 해당한다.

해설

① [○] 불법체포에 대항하기 위하여 경찰관에게 상해를 가한 경우 이는 부당한 침해에 대한 방위행위로서 정당방위가 인정된다(대판 2011.5.26. 2011도3682).

② [×] 甲과 乙이 인적이 드문 심야에 혼자 귀가중인 丙녀에게 뒤에서 느닷없이 달려들어 양팔을 붙잡고 어두운 골목길로 끌고 들어가 담벽에 쓰러뜨린 후 甲이 음부를 만지며 반항하는 丙녀의 옆구리를 무릎으로 차고 억지로 키스를 함으로 丙녀가 정조와 신체를 지키려는 일념에서 엉겁결에 甲의 혀를 깨물어 설절단상을 입혔다면 丙녀의 범행은 자기의 신체에 대한 현재의 부당한 침해에서 벗어나려고 한 행위로서 위법성이 결여된 행위이다(대판 1989.8.8. 89도358).

③ [×] 이혼소송 중인 남편이 찾아와 가위로 폭행하고 변태적 성행위를 강요하는 데에 격분하여 처가 칼로 남편의 복부를 찔러 사망에 이르게 한 경우 그 행위는 방위행위로서의 한도를 넘어선 것으로 정당방위나 과잉방위에 해당하지 않는다(대판 2001. 5.15. 2001도1089).

④ [×] 피해자가 먼저 피고인을 구타한 것이 원인이 되었다 하더라도 26cm의 과도로 복부와 같은 인체의 중요한 부분을 3, 4회나 찔러 피해자에게 상해를 입힌 행위는 정당방위나 과잉방위에 해당한다고 볼 수 없다(대판 1989.12.12. 89도2049).

정답 ①

05 다음 중 정당방위에 대한 설명으로 가장 옳은 것은? (다툼이 있으면 판례에 의함) [19 경찰간부]

① 12살 때 의붓아버지의 강간행위에 의하여 정조를 유린당한 후 계속적으로 성관계를 강요받아 온 피고인이 그의 남자친구와 범행을 준비하고 의붓아버지가 반항할 수 없는 잠든 틈에 식칼로 심장을 찔러 살해한 행위는 정당방위가 성립한다.

② 甲 소유의 밤나무 단지에서 乙이 밤 18개를 푸대에 주워 담는 것을 본 甲이 그 푸대를 빼앗으려다가 반항하는 乙의 뺨과 팔목을 때려 상처를 입힌 경우 甲의 그러한 행위는 乙의 절취행위를 방지하기 위한 것으로서 정당방위가 성립한다.

③ 싸움을 함에 있어서 격투를 하는 자 중의 한 사람의 공격이 그 격투에서 당연히 예상할 수 있는 정도를 초과하여 살인의 흉기 등을 사용하여 온 경우에는 이를 '부당한 침해'라고 아니할 수 없으므로 이에 대하여는 정당방위를 허용하여야 한다.

④ 이혼소송 중인 남편이 찾아와 가위로 폭행하고 변태적 성행위를 강요하는 데에 격분하여 처가 칼로 남편의 복부를 찔러 사망에 이르게 한 경우는 정당방위나 과잉방위에 해당한다.

해설

① [×] 의붓아버지의 강간행위에 의하여 정조를 유린당한 후 계속적으로 성관계를 강요받아 온 피고인이 사전에 범행을 준비하고 의붓아버지가 제대로 반항할 수 없는 상태에서 식칼로 심장을 찔러 살해한 행위는 사회통념상 상당성을 결여하여 정당방위가 성립하지 아니한다(대판 1992.12.22. 92도2540).

② [×] 피고인이 밤나무 단지에서 피해자가 밤 18개를 푸대에 주워 담는 것을 보고 푸대를 빼앗으려다 반항하는 피해자의 뺨과 팔목을 때려 상처를 입혔다면 비록 피해자의 절취행위를 방지하기 위한 것이었다 하여도 긴박성과 상당성을 결여하여 정당방위라고 볼 수 없다(대판 1984.9.25. 84도1611).

③ [○] 싸움을 함에 있어서 격투를 하는 자 중의 한 사람의 공격이 그 격투에서 당연히 예상할 수 있는 정도를 초과하여 살인의 흉기 등을 사용하여 온 경우에는 이를 '부당한 침해'라고 아니할 수 없으므로 이에 대하여는 정당방위를 허용하여야 한다(대판 1968.5.7. 68도370).

④ [×] 이혼소송중인 남편이 찾아와 가위로 폭행하고 변태적 성행위를 강요하는 데에 격분하여 처가 칼로 남편의 복부를 찔러 사망에 이르게 한 경우 그 행위는 방위행위로서의 한도를 넘어선 것으로 정당방위나 과잉방위에 해당하지 않는다(대판 2001.5.15. 2001도1089).

정답 ③

06 정당방위에 대한 설명 중 가장 옳지 않은 것은? (다툼이 있으면 판례에 의함) [13 법원9급]

① 현행범인 체포행위가 적법한 공무집행을 벗어나 불법인 경우, 현행범이 체포를 면하려고 반항하는 과정에서 경찰관에게 상해를 가한 것은 불법체포로 인한 신체에 대한 현재의 부당한 침해에서 벗어나기 위한 행위로서 정당방위에 해당하여 위법성이 조각된다.

② 가해자의 행위가 피해자의 부당한 공격을 방위하기 위한 것이라기 보다는 서로 공격할 의사로 싸우다가 먼저 공격을 받고 이에 대항하여 가해하게 된 것이라고 봄이 상당한 경우, 그 가해행위는 방어행위인 동시에 공격행위의 성격을 가지므로 정당방위 또는 과잉방위행위라고 볼 수 없다.

③ 甲과 乙이 공동으로 인적이 드문 심야에 혼자 귀가 중인 丙 女에게 뒤에서 느닷없이 달려들어 양팔을 붙잡고 어두운 골목길로 끌고 들어가 담벽에 쓰러뜨린 후, 甲이 丙 女의 음부를 만지고 이에 반항하는 丙 女의 옆구리를 무릎으로 차고 억지로 키스를 하므로, 丙 女가 정조와 신체를 지키려는 일념에서 엉겁결에 甲의 혀를 깨물어 설(舌)절단상을 입힌 행위는 방위행위의 한도를 넘어선 것으로서 정당방위에 해당하지 않는다.

④ 이혼소송중인 남편이 찾아와 가위로 폭행하고 변태적 성행위를 강요하는 데에 격분하여 처가 칼로 남편의 복부를 찔러 사망에 이르게 한 경우, 그 행위는 방위행위로서의 한도를 넘어선 것으로 사회통념상 용인될 수 없다는 이유로 정당방위나 과잉방위에 해당하지 않는다.

해설

① [○] 경찰관이 현행범인 체포 요건을 갖추지 못하였는데도 실력으로 현행범인을 체포하려고 하였다면 적법한 공무집행이라고 할 수 없고, 현행범인 체포행위가 적법한 공무집행을 벗어나 불법인 것으로 볼 수밖에 없다면, 현행범이 체포를 면하려고 반항하는 과정에서 경찰관에게 상해를 가한 것은 불법체포로 인한 신체에 대한 현재의 부당한 침해에서 벗어나기 위한 행위로서 정당방위에 해당하여 위법성이 조각된다(대판 2011.5.26. 2011도3682).

② [○] 가해자의 행위가 피해자의 부당한 공격을 방위하기 위한 것이라기보다는 서로 공격할 의사로 싸우다가 먼저 공격을 받고 이에 대항하여 가해하게 된 것이라고 봄이 상당한 경우, 그 가해행위는 방어행위인 동시에 공격행위의 성격을 가지므로 정당방위 또는 과잉방위행위라고 볼 수 없다(대판 2000.3.28. 2000도228).

③ [×] 피고인의 범행은 자기의 신체에 대한 현재의 부당한 침해에서 벗어나려고 한 행위로서 그 행위에 이르게 된 경위와 그 목적 및 수단, 행위자의 의사등 제반 사정에 비추어 <u>위법성이 결여된 행위이다</u>(대판 1989.8.8. 89도358).

④ [○] 이혼소송중인 남편이 찾아와 가위로 폭행하고 변태적 성행위를 강요하는 데에 격분하여 처가 칼로 남편의 복부를 찔러 사망에 이르게 한 경우 그 행위는 방위행위로서의 한도를 넘어선 것으로 정당방위나 과잉방위에 해당하지 않는다(대판 2001.5.15. 2001도1089).

정답 ③

다음은 정당방위에 관한 설명이다. 옳은 것을 모두 골라 놓은 것은? (다툼이 있으면 판례에 의함) [15 경찰간부]

> ⑦ 침해되는 법익의 종류, 정도, 침해의 방법, 침해행위의 완급과 방위행위에 의하여 침해될 법익의 종류, 정도 등 일체의 구체적 사정들을 고려하여 그 방위행위가 사회윤리에 비추어 용인될 수 있어야 정당방위로 인정된다.
>
> ⑥ 정당방위에서의 방어행위란 순수한 수비적 방어를 말하는 것이고, 적극적 반격을 포함하는 반격방어의 형태는 포함되지 않는다.
>
> ⓒ 경찰관의 불심검문을 받게 된 피고인이 운전면허증을 교부한 후 경찰관에게 큰 소리로 욕설을 하였고 이에 경찰관이 모욕죄의 현행범으로 체포하겠다고 고지한 후 피고인의 어깨를 잡자 이를 면하려고 반항하는 과정에서 경찰관에게 상해를 입힌 행위는 정당방위에 해당하지 않는다.
>
> ⓔ 사용자가 적법한 직장폐쇄 기간 중 일방적으로 업무에 복귀하겠다고 하면서 자신의 퇴거요구에 불응한 채 계속하여 사업장 내로 진입을 시도하는 해고 근로자를 폭행·협박한 사용자의 행위는 사업장 내의 평온과 노동조합의 업무방해 행위를 방지하기 위한 행위로서 정당방위에 해당한다.
>
> ⓜ 이혼소송중인 남편이 찾아와 가위로 폭행하고 변태적인 성행위를 강요하는 데에 격분하여 처가 칼로 남편의 복부를 찔러 사망에 이르게 한 경우, 그 행위는 방위행위로서의 한도를 넘어선 것으로 사회통념상 용인될 수 없다는 이유로 정당방위나 과잉방위에 해당하지 않는다.

① ⑦, ⑥, ⓜ   ② ⑦, ⓔ, ⓜ

③ ⑥, ⓒ, ⓔ   ④ ⑥, ⓔ, ⓜ

해설

⑦ [○] 침해되는 법익의 종류, 정도, 침해의 방법, 침해행위의 완급과 방위행위에 의하여 침해될 법익의 종류, 정도 등 일체의 구체적 사정들을 고려하여 그 방위행위가 사회윤리에 비추어 용인될 수 있어야 정당방위로 인정된다(대판 2009.3.12. 2008도7156).

⑥ [×] 정당방위의 성립요건으로서의 방어행위에는 순수한 수비적 방어뿐 아니라 <u>적극적 반격을 포함하는 반격방어의 형태도 포함된다</u>(대판 1992.12.22. 92도2540).

ⓒ [×] 피고인은 경찰관의 불심검문에 응하여 이미 운전면허증을 교부한 상태이고, 경찰관뿐 아니라 인근 주민도 욕설을 직접 들었으므로 피고인이 도망하거나 증거를 인멸할 염려가 있다고 보기는 어렵고, 피고인의 모욕 범행은 불심검문에 항의하는 과정에서 저지른 일시적, 우발적인 행위로서 사안 자체가 경미할 뿐 아니라, 피해자인 경찰관이 범행현장에서 즉시 범인을 체포할 급박한 사정이 있다고 보기도 어려우므로 <u>경찰관이 피고인을 체포한 행위는 적법한 공무집행이라고 볼 수 없고, 피고인이 체포를 면하려고 반항하는 과정에서 상해를 가한 것은</u> 불법체포로 인한 신체에 대한 현재의 부당한 침해에서 벗어나기 위한 행위로서 <u>정당방위에 해당한다</u>(대판 2011.5.26. 2011도3682).

ⓔ [○] 사용자가 적법한 직장폐쇄 기간 중 일방적으로 업무에 복귀하겠다고 하면서 자신의 퇴거요구에 불응한 채 계속하여 사업장 내로 진입을 시도하는 해고 근로자를 폭행·협박한 사용자의 행위는 사업장 내의 평온과 노동조합의 업무방해 행위를 방지하기 위한 행위로서 정당방위에 해당한다(대판 2005.6.9. 2004도7218).

ⓜ [○] 이혼소송중인 남편이 찾아와 가위로 폭행하고 변태적 성행위를 강요하는 데에 격분하여 처가 칼로 남편의 복부를 찔러 사망에 이르게 한 경우 그 행위는 방위행위로서의 한도를 넘어선 것으로 정당방위나 과잉방위에 해당하지 않는다(대판 2001.5.15. 2001도1089).

정답 ②

08 다음은 정당방위에 관한 설명이다. 옳은 것(○)과 옳지 않은 것(×)을 올바르게 조합한 것은? (다툼이 있으면 판례에 의함)

[05 사시]

⊙ 정당방위의 성립요건으로서의 방어행위에는 순수한 수비적 방어뿐 아니라 적극적 반격을 포함하는 반격방어의 형태도 포함되나, 그 방어행위는 자기 또는 타인의 법익침해를 방위하기 위한 행위로서 상당한 이유가 있어야 한다.

ⓛ 甲과 乙이 공동으로 인적이 드문 심야에 혼자 귀가중인 丙女에게 뒤에서 느닷없이 달려들어 양팔을 붙잡고 어두운 골목길로 끌고 들어가 담벽에 쓰러뜨린 후 甲이 음부를 만지며 반항하는 丙女의 옆구리를 무릎으로 차고 억지로 키스를 하므로 丙女가 정조와 신체를 지키려는 일념에서 엉겁결에 甲의 혀를 깨물어 설(舌)절단상을 입혔다면 丙女의 범행은 자기의 신체에 대한 현재의 부당한 침해에서 벗어나려고 한 행위이지만 그 정도를 초과하여 정당방위에 해당한다고 볼 수 없다.

ⓒ 甲 소유의 밤나무 단지에서 乙이 밤 18개를 푸대에 주워 담는 것을 본 甲이 그 푸대를 빼앗으려다 반항하는 乙의 뺨과 팔목을 때려 상처를 입힌 경우 甲의 그러한 행위는 乙의 절취행위를 방지하기 위한 것으로서 정당방위에 해당한다.

ⓔ 경찰관의 행위가 적법한 공무집행을 벗어나 불법하게 체포한 것으로 볼 수밖에 없다면, 그 체포를 면하려고 반항하는 과정에서 경찰관에게 상해를 가한 것은 불법체포로 인한 신체에 대한 현재의 부당한 침해에서 벗어나기 위한 행위로서 정당방위에 해당한다.

ⓜ 이혼소송중인 남편이 별거중인 처를 찾아와 가위로 폭행하고 변태적 성행위를 강요하는 데에 격분하여 처가 칼로 남편의 복부를 찔러 사망에 이르게 한 경우, 그 행위는 방위행위로서의 한도를 넘어선 것으로 사회통념상 용인될 수 없으므로 정당방위나 과잉방위에 해당하지 않는다.

① ⊙ ○ ⓛ × ⓒ ○ ⓔ ○ ⓜ ○
② ⊙ × ⓛ ○ ⓒ × ⓔ ○ ⓜ ○
③ ⊙ ○ ⓛ × ⓒ × ⓔ ○ ⓜ ○
④ ⊙ ○ ⓛ ○ ⓒ ○ ⓔ × ⓜ ×
⑤ ⊙ ○ ⓛ ○ ⓒ × ⓔ ○ ⓜ ×

해설

⊙ [○] 정당방위의 성립요건으로서의 방어행위에는 순수한 수비적 방어뿐 아니라 적극적 반격을 포함하는 반격방어의 형태도 포함되나, 그 방어행위는 자기 또는 타인의 법익침해를 방위하기 위한 행위로서 상당한 이유가 있어야 한다(대판 1992.12.22. 92도2540).

ⓛ [×] 丙女의 범행은 자기의 신체에 대한 현재의 부당한 침해에서 벗어나려고 한 행위로서 그 행위에 이르게 된 경위와 그 목적 및 수단, 행위자의 의사등 제반사정에 비추어 위법성이 결여된 행위이다(대판 1989.8.8. 89도358).

ⓒ [×] 피고인의 행위가 비록 피해자의 절취행위를 방지하기 위한 것이었다 하여도 긴박성과 상당성을 결여하여 정당방위라고 볼 수 없다(대판 1984.9.25. 84도1611).

ⓔ [○] 불법 체포로 인한 신체에 대한 현재의 부당한 침해에서 벗어나기 위한 행위로서 정당방위에 해당하여 위법성이 조각된다(대판 2000.7.4. 99도4341).

ⓜ [○] 피고인의 행위는 방위행위로서의 한도를 넘어선 것으로 사회통념상 용인될 수 없으므로 정당방위나 과잉방위에 해당하지 않는다(대판 2001.5.15. 2001도1089).

정답 ③

09 다음은 정당방위에 관한 설명이다. 옳은 것은 모두 몇 개인가? (다툼이 있으면 판례에 의함) [11 경찰승진]

> ⊙ 임차인이 임대차기간이 만료된 방을 비워주지 못하겠다고 억지를 쓰며 폭언을 하자 임대인의 며느리가 홧김에 그 방의 창문을 쇠스랑으로 부수자, 이에 격분하여 임차인이 배척(속칭 빠루)을 들고 휘둘러 구경꾼인 마을주민 에게 상해를 입힌 행위는 정당방위에 해당하지 않는다.
> ⓒ 정당방위는 자기 또는 타인의 법익에 대한 현재의 부당한 침해를 전제로 한다. 이러한 침해는 작위만이 아니라 부작위에 의하여 행하여질 수 있으나 단순한 계약상의 채무불이행의 경우는 부작위에 의한 침해에 해당하지 않 는다.
> ⓒ 검사가 참고인조사를 받는 줄 알고 검찰청에 자진출석한 변호사사무실 사무장을 합리적 근거 없이 긴급체포하 자 그 변호사가 이를 제지하는 과정에서 위 검사에게 상해를 가한 것은 정당방위에 해당하지 않는다.
> ⓔ 타인의 집 대문 앞에 은신하고 있다가 경찰관의 명령에 따라 순순히 손을 들고 나오면서 그대로 도주하는 범인 을 경찰관이 뒤따라 추격하면서 등 부위에 권총을 발사하여 사망케 한 경우, 위와 같은 총기사용은 현재의 부당 한 침해를 방지하거나 현재의 위난을 피하기 위한 상당성 있는 행위라고 볼 수 없다.

① 1개   ② 2개
③ 3개   ④ 4개

해설

> ⊙ [○] 임차인의 행위는 그 침해행위에서 벗어난 후 분을 풀려는 목적에서 나온 공격행위로 정당방위에 해당한다고 할 수 없다(대 판 1996.4.9. 96도241).
> ⓒ [○] 정당방위는 자기 또는 타인의 법익에 대한 현재의 부당한 침해를 전제로 한다(제21조 제1항).
> ▶ 부당한 침해는 부작위에 의하여 행하여질 수 있다. 그러나 단순한 계약상의 채무불이행의 경우는 부작위에 의한 침해에 해당 하지 않으므로 이에 대한 정당방위는 허용되지 않는다.
> ⓒ [×] 검사가 참고인조사를 받는 줄 알고 검찰청에 자진출석한 변호사사무실 사무장을 합리적 근거 없이 긴급체포하자(위법행위 에 해당함) 그 변호사가 이를 제지하는 과정에서 검사에게 상해를 가한 것은 정당방위에 해당한다(대판 2006.9.8. 2006도 148).
> ⓔ [○] 타인의 집 대문 앞에 은신하고 있다가 경찰관의 명령에 따라 순순히 손을 들고 나오면서 그대로 도주하는 범인을 경찰관이 뒤따라 추격하면서 등 부위에 권총을 발사하여 사망케 한 경우, 위와 같은 총기사용은 현재의 부당한 침해를 방지하거나 현재의 위난을 피하기 위한 상당성 있는 행위라고 볼 수 없다(대판 1991.5.28. 91다10084).

정답 ③

제2절 | 긴급피난

10 긴급피난에 관한 설명 중 가장 적절하지 않은 것은? (다툼이 있으면 판례에 의함) [15 경찰승진]

① 긴급피난은 타인의 법익을 위하여서도 할 수 있다.
② 피고인이 스스로 야기한 강간범행의 와중에서 피해자가 피고인의 손가락을 깨물며 반항하자, 물린 손가락을 비틀 어 잡아 뽑다가 피해자에게 치아결손의 상해를 입힌 행위는 긴급피난에 해당하지 않는다.
③ 특정후보자에 대한 「공직선거 및 선거부정방지법」에 의한 선거운동 제한규정을 위반한 낙선운동은 시민불복종운 동이므로 긴급피난의 요건을 갖춘 행위로 볼 수 있다.
④ 신고된 甲대학교에서의 집회가 집회장소 사용 승낙을 하지 아니한 甲대학교 측의 요청으로 경찰관들에 의하여 저 지되자, 신고 없이 乙대학교로 옮겨 집회를 한 것은 긴급피난에 해당한다고 볼 수 없다.

① [O] 자기 또는 타인의 법익에 대한 현재의 부당한 침해를 방위하기 위한 행위는 상당한 이유가 있는 때에는 벌하지 아니한다 (제22조 제1항).

② [O] 스스로 야기한 강간범행의 와중에서 피해자가 피고인의 손가락을 깨물며 반항하자 물린 손가락을 비틀며 잡아 뽑다가 피해자에게 치아결손의 상해를 입힌 경우를 가리켜 법에 의하여 용인되는 피난행위라 할 수 없다(대판 1995.1.12. 94도2781).

③ [×] 피고인들이 확성장치 사용, 연설회 개최, 불법행렬, 서명날인운동, 선거운동기간 전 집회 개최 등의 방법으로 특정 후보자에 대한 낙선운동을 함으로써 공직선거및선거부정방지법에 의한 선거운동제한 규정을 위반한 피고인들의 행위는 위법한 행위로서 허용될 수 없는 것이고, 피고인들의 행위가 시민불복종운동으로서 헌법상의 기본권 행사 범위 내에 속하는 정당행위이거나 형법상 사회상규에 위반되지 아니하는 정당행위 또는 긴급피난의 요건을 갖춘 행위로 볼 수 없다(대판 2004.4.27. 2002도315).

④ [O] 집회장소 사용 승낙을 하지 않은 甲대학교 측의 집회 저지 협조요청에 따라 경찰관들이 甲대학교 출입문에서 신고된 甲대학교에서의 집회에 참가하려는 자의 출입을 저지한 것은 경찰관직무집행법 제6조의 주거침입행위에 대한 사전 제지조치로 볼 수 있고, 비록 그 때문에 소정의 신고 없이 乙대학교로 장소를 옮겨서 집회를 하였다 하여 그 신고 없이 한 집회가 긴급피난에 해당한다고도 할 수 없다(대판 1990.8.14. 90도870).

정답 ③

11 긴급피난에 관한 설명으로 가장 옳지 않은 것은? (다툼이 있으면 판례에 의함) [14 법원9급]

① 아파트 입주자대표회의 회장이 다수 입주민들의 민원에 따라 위성방송 수신을 방해하는 케이블TV방송의 시험방송 송출을 중단시키기 위하여 위 케이블TV방송의 방송안테나를 절단하도록 지시한 행위는 긴급피난에 해당한다고 볼 수 없다.

② 임신의 지속이 모체의 건강을 해칠 우려가 현저할뿐더러 기형아 내지 불구아를 출산할 가능성마저도 없지 않다는 판단하에 부득이 취하게 된 산부인과 의사의 낙태수술행위는 긴급피난에 해당한다.

③ 모(母)가 갑자기 기절을 하여 이를 치료하기 위하여 군무를 이탈하였다면 이는 긴급피난에 해당한다.

④ 신고된 甲대학교에서의 집회가 집회장소 사용 승낙을 하지 아니한 甲대학교 측의 요청으로 경찰관들에 의하여 저지되자, 신고 없이 乙대학교로 옮겨 집회를 한 것은 긴급피난에 해당한다고 볼 수 없다.

① [O] 피고인이 케이블TV방송의 시험방송 송출로 인하여 위성방송의 수신이 불가능하게 되었다는 민원을 접수한 후 케이블TV방송에 시험방송 송출을 중단해달라는 요청도 해보지 아니한 채 시험방송이 송출된 지 약 1시간 30여 분 만에 곧바로 케이블TV방송의 방송안테나를 절단하도록 지시한 점, 그 당시 아파트 전체 815세대 중 140여 세대는 케이블TV방송과 유선방송이용계약을 체결하고 있었던 점 등 그 행위의 내용이나 방법, 법익침해의 정도 등에 비추어 볼 때, 당시 피고인이 다수 입주민들의 민원에 따라 입주자대표회의 회장의 자격으로 위성방송 수신을 방해하는 케이블TV방송의 시험방송 송출을 중단시키기 위하여 케이블TV방송의 방송안테나를 절단하도록 지시하였다고 할지라도 긴급피난 내지는 정당행위에 해당한다고 볼 수 없다(대판 2006.4.13. 2005도9396).

② [O] 임신의 지속이 모체의 건강을 해칠 우려가 현저할뿐더러 기형아 내지 불구아를 출산할 가능성마저도 없지 않다는 판단하에 부득이 취하게 된 산부인과 의사의 낙태 수술행위는 정당행위 내지 긴급피난에 해당되어 위법성이 없는 경우에 해당된다(대판 1976.7.13. 75도1205).

③ [×] 피고인의 모(母)가 갑자기 기절을 하여 이를 치료하기 위하여 군무를 이탈하였더라도 이는 군무이탈의 범행의 동기에 불과하므로 이를 긴급피난에 해당한다고 할 수 없다(대판 1969.6.10. 69도690).

④ [O] 집회장소 사용 승낙을 하지 않은 甲대학교 측의 집회 저지 협조요청에 따라 경찰관들이 甲대학교 출입문에서 신고된 甲대학교에서의 집회에 참가하려는 자의 출입을 저지한 것은 경찰관직무집행법 제6조의 주거침입행위에 대한 사전 제지조치로 볼 수 있고, 비록 그 때문에 소정의 신고없이 乙대학교로 장소를 옮겨서 집회를 하였다 하여 그 신고없이 한 집회가 긴급피난에 해당한다고도 할 수 없다(대판 1990.8.14. 90도870).

정답 ③

12 위법성조각사유에 관한 설명 중 옳지 않은 것은? (다툼이 있으면 판례에 의함)

[19 변호사]

① 피고인이 한의사 자격이나 이에 관한 면허도 없이 영리를 목적으로 환부에 부항침으로 10회 정도 찌르고 다시 부항을 뜨는 방법으로 치료행위를 하면서 부항침과 부항을 이용하여 체내의 혈액을 밖으로 배출되도록 한 것이라면 이러한 피고인의 시술행위는 사회상규에 위배되지 아니하는 행위로 볼 수 없다.

② 아파트 입주자대표회의 회장이 일부 입주민이 가입한 케이블TV방송의 시험방송 송출로 인하여 위성방송의 수신이 불가능하게 되었다는 다수 입주민들의 민원을 접수한 후 케이블TV방송에 시험방송 송출을 중단해 달라는 요청도 해 보지 아니한 채 시험방송이 송출된 지 약 1시간 30여 분 만에 곧바로 케이블TV방송의 방송안테나를 절단하도록 지시한 행위는 긴급피난에 해당하지 않는다.

③ 타인 명의의 사문서를 작성·수정할 당시 명의자의 현실적인 승낙은 없었지만, 그 승낙을 얻는 것이 불가능하였고 그 당시의 모든 객관적 사정을 종합하여 명의자가 행위 당시 그 사실을 알았다면 당연히 승낙했을 것이라고 추정되는 경우 사문서의 위·변조죄가 성립하지 않는다.

④ 「형법」 제20조의 '사회상규에 위배되지 아니하는 행위'라 함은 국가질서의 존중이라는 인식을 바탕으로 한 국민일반의 건전한 도의적 감정에 반하지 아니한 행위로서 초법규적인 기준에 의하여 이를 평가해야 한다.

⑤ 이혼소송 중인 남편 A가 찾아와 아내 甲의 목에 가위를 겨누면서 이혼하면 죽여 버리겠다고 협박하고 변태적 성행위를 강요하는 데에 격분하여 甲이 사전에 침대 밑에 숨겨 놓았던 칼로 A의 복부를 찔러 그 자리에서 사망에 이르게 한 경우, 甲의 행위는 과잉방위에 해당한다.

해설

① [○] 피고인이 행한 부항 시술행위가 보건위생상 위해가 발생할 우려가 전혀 없다고 볼 수 없는데다가 피고인이 한의사 자격이나 이에 관한 어떠한 면허도 없이 영리를 목적으로 치료행위를 한 것이고, 단순히 수지침 정도의 수준에 그치지 아니하고 부항침과 부항을 이용하여 체내의 혈액을 밖으로 배출되도록 한 것이므로 이러한 피고인의 시술행위는 사회상규에 위배되지 아니하는 행위로서 위법성이 조각되는 경우에 해당한다고 할 수 없다(대판 2004.10.28. 2004도3405).

② [○] 피고인이 다수 입주민들의 민원에 따라 입주자대표회의 회장의 자격으로 위성방송 수신을 방해하는 경기동부방송의 시험방송 송출을 중단시키기 위하여 경기동부방송의 방송안테나를 절단하도록 지시하였다고 할지라도 피고인의 위와 같은 행위를 긴급피난 내지는 정당행위에 해당한다고 볼 수 없다(대판 2006.4.13. 2005도9396).

③ [○] 사문서를 작성·수정함에 있어 그 명의자의 명시적이거나 묵시적인 승낙이 있었다면 사문서의 위·변조죄에 해당하지 않고, 한편 행위 당시 명의자의 현실적인 승낙은 없었지만 행위 당시의 모든 객관적 사정을 종합하여 명의자가 행위 당시 그 사실을 알았다면 당연히 승낙했을 것이라고 추정되는 경우 역시 사문서의 위·변조죄가 성립하지 않는다(대판 2011.9.29. 2010도14587).

④ [○] '사회상규에 반하지 않는 행위'라 함은 국가질서의 존중이라는 인식을 바탕으로 한 국민일반의 건전한 도의적 감정에 반하지 아니한 행위로서 초법규적인 기준에 의하여 이를 평가할 것이다(대판 1983.11.22. 83도2224).

⑤ [×] 이혼소송중인 남편이 찾아와 가위로 폭행하고 변태적 성행위를 강요하는 데에 격분하여 처가 칼로 남편의 복부를 찔러 사망에 이르게 한 경우 그 행위는 방위행위로서의 한도를 넘어선 것으로 정당방위나 과잉방위에 해당하지 않는다(대판 2001.5.15. 2001도1089).

정답 ⑤

13 다음 중 위법성조각사유에 관한 설명으로 가장 옳지 않은 것은? (다툼이 있으면 판례에 의함) [20 해경간부]

① 인근 상가의 통행로로 이용되고 있는 토지의 사실상 지배권자가 위 토지에 철주와 철망을 설치하고 포장된 아스팔트를 걷어냄으로써 통행로로 이용하지 못하게 한 경우 자구행위에 해당하지 않는다.

② 甲이 야간에 乙로부터 갑작스럽게 뺨을 맞는 등 폭행을 당하여 서로 멱살을 잡고 다투게 되었는데, 주위사람들이 싸움을 제지하였으나 乙에게 대항하기 위하여 깨어진 병으로 乙을 찌를 듯이 겨누어 협박한 경우 과잉방위에 해당하나 야간에 공포나 당황으로 인한 것으로 볼 수 있어 특수협박죄가 성립하지 않는다.

③ 자신의 남편과 甲이 불륜을 저지른 것으로 의심한 乙이 이를 따지기 위해 乙의 아들 등과 함께 甲의 집안으로 들어와 서로 합세하여 甲을 구타하자, 그로부터 벗어나기 위해 손을 휘저으며 발버둥치는 과정에서 乙에게 상해를 가한 甲의 행위는 위법성이 조각된다.

④ 가해자의 행위가 피해자의 부당한 공격을 방위하기 위한 것이라기보다는 서로 공격할 의사로 싸우다가 먼저 공격을 받고 이에 대항하여 가해하게 된 경우, 그 가해행위는 방어행위인 동시에 공격행위의 성격을 가지므로 정당방위라고 볼 수 없다.

해설

① [○] 인근 상가의 통행로로 이용되고 있는 토지의 사실상 지배권자가 위 토지에 철주와 철망을 설치하고 포장된 아스팔트를 걷어냄으로써 통행로로 이용하지 못하게 한 경우 자구행위에 해당하지 않는다(대판 2007.12.28. 2007도7717).

② [×] 피고인의 행위는 자기의 법익에 대한 현재의 부당한 침해를 방어하기 위한 것이라고 볼 수 있으나, 맨손으로 공격하는 상대방에 대하여 위험한 물건인 깨어진 병을 가지고 대항한다는 것은 사회통념상 그 정도를 초과한 방어행위로서 상당성이 결여된 것이고, 또 주위사람들이 싸움을 제지하였다는 상황에 비추어 야간의 공포나 당황으로 인한 것이었다고 보기도 어렵다(대판 1991.5.28. 91도80).

③ [○] 자신의 남편과 甲이 불륜을 저지른 것으로 의심한 乙이 이를 따지기 위해 乙의 아들 등과 함께 甲의 집안으로 들어와 서로 합세하여 甲을 구타하자, 그로부터 벗어나기 위해 손을 휘저으며 발버둥치는 과정에서 乙에게 상해를 가한 甲의 행위는 위법성이 조각된다(대판 2010.2.11. 2009도12958). ▶ 외관상 싸움 사건

④ [○] 가해자의 행위가 피해자의 부당한 공격을 방위하기 위한 것이라기보다는 서로 공격할 의사로 싸우다가 먼저 공격을 받고 이에 대항하여 가해하게 된 경우, 그 가해행위는 방어행위인 동시에 공격행위의 성격을 가지므로 정당방위라고 볼 수 없다(대판 2011.5.13. 2010도16970).

정답 ②

14 다음과 같은 근거로 벌하지 아니하는 경우는? (다툼이 있으면 판례에 의함)　　　　　[18 변호사]

> 자기 또는 타인의 법익에 대한 현재의 위난을 피하기 위한 행위는 상당한 이유가 있는 때에는 벌하지 아니한다.

① 정당 당직자가 국회 외교통상 상임위원회 회의장 앞 복도에서 출입이 봉쇄된 회의장 출입구를 뚫을 목적으로 회의장 출입문 및 그 안쪽에 쌓여있던 집기를 손상하거나 국회 심의를 방해할 목적으로 회의장 내에 물을 분사한 경우

② 자신의 진돗개를 물어뜯는 공격을 하였다는 이유로 소지하고 있던 기계톱으로 타인의 개를 내리쳐 등 부분을 절개하여 죽인 경우

③ 아파트 입주자대표회의 회장이 다수 입주민들의 민원에 따라 위성방송 수신을 방해하는 케이블TV방송의 시험방송 송출을 중단시키기 위하여 위 케이블TV방송의 방송안테나를 절단하도록 지시한 경우

④ 운전자가 경찰관의 불심검문을 받아 운전면허증을 교부한 후 경찰관에게 큰 소리로 욕설을 하였는데, 경찰관이 자신을 모욕죄의 현행범으로 체포하려고 하자 반항하면서 경찰관에게 가벼운 상해를 입힌 경우

⑤ 선장이 피조개양식장에 피해를 주지 않기 위해 양식장까지의 거리가 약 30미터가 되도록 선박의 닻줄을 7샤클(175미터)에서 5샤클(125미터)로 감아놓았는데, 태풍을 갑자기 만나게 되면서 선박의 안전을 위하여 어쩔 수 없이 선박의 닻줄을 7샤클로 늘여 놓았다가 피조개양식장을 침범하여 물적 피해를 야기한 경우

해설

▶ 위의 벌하지 아니하는 근거는 '긴급피난'에 해당한다.

① [×] 국민의 대의기관인 국회에서 서로의 의견을 경청하고 진지한 토론과 양보를 통하여 더욱 바람직한 결론을 도출하는 합법적 절차를 외면한 채 곧바로 폭력적 행동으로 나아간 피고인들의 행위는 상당성의 요건을 갖추지 못하였다고 할 것이므로 이를 정당행위나 긴급피난의 요건을 갖춘 행위로 평가하기 어렵다(대판 2013.6.13. 2010도13609).

② [×] 피고인으로서는 자신의 진돗개를 보호하기 위하여 몽둥이나 기계톱 등을 휘둘러 피해자의 개들을 쫓아버리는 방법으로 자신의 재물을 보호할 수 있었을 것이므로 피해견을 기계톱으로 내리쳐 등 부분을 절개한 것은 상당성을 넘은 행위로서 긴급피난의 요건을 갖춘 행위로 보기 어려울 뿐 아니라, 그 당시 피해견이 피고인을 공격하지도 않았고 피해견이 평소 공격적인 성향을 가지고 있었다고 볼 자료도 없는 이상 책임조각적 과잉피난에도 해당하지 아니한다(대판 2016.1.28. 2014도2477).

③ [×] 피고인이 다수 입주민들의 민원에 따라 입주자대표회의 회장의 자격으로 위성방송 수신을 방해하는 경기동부방송의 시험방송 송출을 중단시키기 위하여 경기동부방송의 방송안테나를 절단하도록 지시하였다고 할지라도 피고인의 위와 같은 행위를 긴급피난 내지는 정당행위에 해당한다고 볼 수 없다(대판 2006.4.13. 2005도9396).

④ [×] 피고인은 경찰관의 불심검문에 응하여 이미 운전면허증을 교부한 상태이고, 경찰관뿐 아니라 인근 주민도 욕설을 직접 들었으므로 피고인이 도망하거나 증거를 인멸할 염려가 있다고 보기는 어렵고, 피고인의 모욕 범행은 불심검문에 항의하는 과정에서 저지른 일시적, 우발적인 행위로서 사안 자체가 경미할 뿐 아니라, 피해자인 경찰관이 범행현장에서 즉시 범인을 체포할 급박한 사정이 있다고 보기도 어려우므로, 경찰관이 피고인을 체포한 행위는 적법한 공무집행이라고 볼 수 없고, 따라서 피고인이 체포를 면하려고 반항하는 과정에서 상해를 가한 것은 불법체포로 인한 신체에 대한 현재의 부당한 침해에서 벗어나기 위한 행위로서 정당방위에 해당한다(대판 2011.5.26. 2011도3682).

⑤ [○] 위급한 상황에서 선박과 선원들의 안전을 위하여 사회통념상 가장 적절하고 필요불가결하다고 인정되는 조치를 취하였다면 형법상 긴급피난으로서 위법성이 조각된다(대판 1987.1.20. 85도221).

정답 ⑤

15 다음 <보기>와 동일한 이유로 위법성이 조각되는 경우는? (다툼이 있으면 판례에 의함) [16 경찰간부]

─────────── <보기> ───────────

금성호의 선장 甲은 피조개양식장에 피해를 주지 않기 위해 양식장까지의 거리가 약 30미터가 되도록 선박의 닻줄을 7샤클(175미터)에서 5샤클(125미터)로 감아놓았는데, 태풍을 만나게 되면서 선박의 안전을 위하여 선박의 닻줄을 7샤클로 늘여 놓았다가 피조개양식장을 침범하여 물적 피해를 야기하였다.

① 갑자기 기절한 어머니의 치료를 위하여 군무를 이탈한 경우
② 임신의 지속이 모체의 건강을 해칠 우려가 현저하고, 기형아 내지 불구아를 출산할 가능성도 있다는 판단 하에 산부인과 의사가 낙태 수술을 한 경우
③ 아파트 입주자대표회의 회장이 다수 입주민들의 민원에 따라 위성방송 수신을 방해하는 케이블TV방송의 시험방송 송출을 중단시키기 위하여 위 케이블TV방송의 방송안테나를 절단하도록 지시한 경우
④ A정당 당직자인 甲등이 국회 외교통상 상임위원회 회의장 앞 복도에서 출입이 봉쇄된 회의장 출입구를 뚫을 목적으로 회의장 출입문 및 그 안쪽에 쌓여있던 집기를 손상하거나 국회 심의를 방해할 목적으로 회의장 내에 물을 분사한 경우

해설

▶ <보기>는 긴급피난으로서 위법성이 조각되는 사례이다(대판 1987.1.20. 85도221).
① [×] 피고인의 모(母)가 갑자기 기절을 하여 이를 치료하기 위하여 군무를 이탈하였더라도 이는 군무이탈의 범행의 동기에 불과하므로 이를 긴급피난에 해당한다고 할 수 없다(대판 1969.6.10. 69도690).
② [○] 피고인이 낙태시술을 하게 된 이유는 임신의 지속이 모체의 건강을 해칠 우려가 현저할 뿐더러 기형아 내지는 불구아를 출산할 가능성마저도 없지 않다고 판단한 아래 부득이 취하게 된 조치로서 이는 정당행위 내지 긴급피난에 해당되어 그 위법성이 없는 경우에 해당된다(대판 1976.7.13. 75도1205).
③ [×] 피고인의 행위를 긴급피난 내지는 정당행위에 해당한다고 볼 수 없다(대판 2006.4.13. 2005도9396).
④ [×] 국민의 대의기관인 국회에서 서로의 의견을 경청하고 진지한 토론과 양보를 통하여 더욱 바람직한 결론을 도출하는 합법적 절차를 외면한 채 곧바로 폭력적 행동으로 나아간 피고인들의 행위는 상당성의 요건을 갖추지 못하였다고 할 것이므로 이를 정당행위나 긴급피난의 요건을 갖춘 행위로 평가하기 어렵다(대판 2013.6.13. 2010도13609).

정답 ②

제3절 | 자구행위와 피해자의 승낙

16 위법성조각사유에 관한 설명 중 가장 옳은 것은? (다툼이 있으면 판례에 의함) [11 경찰승진]

① 제3자의 개인적 법익을 위한 긴급피난은 허용되지 않는다.
② 자구행위에 의해 보호되는 청구권에 생명, 신체, 명예 등의 권리와 같이 한 번 침해되면 원상회복이 어려운 권리도 포함시킬 수 있다.
③ 형법은 피해자의 승낙에 의한 행위가 상당한 이유가 있는 경우에 벌하지 아니한다고 명시하고 있다.
④ 피고인의 차를 손괴하고 도망하려는 피해자를 도망하지 못하게 멱살을 잡고 흔들어 피해자에게 전치 14일의 흉부 찰과상을 가한 경우는 정당행위에 해당한다.

해설

① [×] 제3자의 개인적 법익을 위한 긴급피난도 허용된다(제22조 제1항).

② [×] 자구행위에 의해 보호되는 청구권은 보전이 가능해야 하므로 원상회복이 불가능한 생명, 신체, 명예 등을 위한 자구행위는 허용되지 아니한다(제23조 제1항).

③ [×] 형법은 '처분할 수 있는 자의 승낙에 의하여 그 법익을 훼손한 행위는 법률에 특별한 규정이 없는 한 벌하지 아니한다'라고 규정하고 있다(제24조).

④ [○] 피고인의 차를 손괴하고 도망하려는 피해자를 도망하지 못하게 멱살을 잡고 흔들어 피해자에게 전치 14일의 흉부찰과상을 가한 경우, (행위 자체로서는 다소 공격적인 행위로 보이더라도 사회통념상 허용될 수 있는 행위로서) 정당행위에 해당한다 (대판 1999.1.26. 98도3029).

정답 ④

---

17 형법 제24조의 피해자의 승낙에 관한 다음 설명 중 가장 옳지 않은 것은? (다툼이 있으면 판례에 의함)

[17 경찰간부]

① 사문서변조죄와 관련하여 행위 당시 명의자의 현실적인 승낙은 없었지만 명의자가 그 사실을 알았다면 당연히 승낙했을 것이라고 추정되는 경우에는 사문서변조죄가 성립하지 아니한다.

② 형법은 살인, 낙태에 대해서 피해자의 승낙이 있더라도 처벌하는 특별한 규정을 두고 있다.

③ 의사의 불충분한 설명에 근거하여 환자가 수술에 동의한 경우에는 피해자의 승낙으로 수술의 위법성이 조각되지 아니한다.

④ 피해자의 승낙은 언제든지 자유롭게 철회될 수 있고, 법익이 침해된 이후의 사후의 승낙으로도 위법성은 조각될 수 있다.

해설

① [○] 사문서변조죄와 관련하여 행위 당시 명의자의 현실적인 승낙은 없었지만 명의자가 그 사실을 알았다면 당연히 승낙했을 것이라고 추정되는 경우에는 사문서변조죄가 성립하지 아니한다(대판 2015.11.26. 2014도781).

② [○] 형법은 승낙살인과 동의낙태, 업무상승낙낙태를 처벌하는 특별한 규정을 두고 있다.

③ [○] 진단상의 과오가 없었으면 당연히 설명받았을 자궁외 임신에 관한 내용을 설명받지 못한 피해자로부터 수술승낙을 받았다면 위 승낙은 부정확 또는 불충분한 설명을 근거로 이루어진 것으로서 수술의 위법성을 조각할 유효한 승낙이라고 볼 수 없다 (대판 1993.7.27. 92도2345).

④ [×] 위법성조각사유로서의 피해자의 승낙은 언제든지 자유롭게 철회할 수 있고, 그 철회의 방법에는 아무런 제한이 없다(대판 2011.5.13. 2010도9962). 그러나, 법익이 침해된 이후의 사후 승낙의 경우 양형상 참작사유는 될 수 있어도 위법성이 조각될 수 없다(대판 2007.6.28. 2007도2714 등 참고).

정답 ④

18 피해자의 승낙에 대한 설명 중 가장 적절하지 않은 것은? (다툼이 있으면 판례에 의함) [20 경찰승진]

① 문서의 위조라고 하는 것은 작성권한 없는 자가 타인 명의를 모용하여 문서를 작성하는 것을 말하는 것이므로 사문서를 작성함에 있어 그 명의자의 명시적이거나 묵시적인 승낙(위임)이 있었다면 이는 사문서위조에 해당한다고 할 수 없다.

② 甲이 동거중인 피해자의 지갑에서 현금을 꺼내가는 것을 피해자가 현장에서 목격하고도 만류하지 아니하였다면 피해자가 이를 허용하는 묵시적 의사가 있었다고 볼 수 있으므로 절도죄가 성립하지 않는다.

③ (판례변경으로 삭제함)

④ 甲이 피해자 A와 공모하여 교통사고를 가장하여 보험금을 편취할 목적으로 피해자에게 동의를 받아 상해를 가한 경우 피해자의 승낙으로 위법성이 조각된다.

해설

① [O] 문서의 위조라고 하는 것은 작성권한 없는 자가 타인 명의를 모용하여 문서를 작성하는 것을 말하는 것이므로 사문서를 작성함에 있어 그 명의자의 명시적이거나 묵시적인 승낙위임이 있었다면 이는 사문서위조에 해당한다고 할 수 없다(대판 1998.2.24. 97도183).

② [O] 피해자는 당시 피고인과 동거 중에 있었고 피고인이 돈 60,000원을 지갑에서 꺼내가는 것을 피해자가 현장에서 이를 목격하고도 만류하지 아니한 사정 등에 비추어 볼 때 피해자가 이를 허용하는 묵시적 의사가 있었다고 봄이 상당하므로 피고인이 위 돈 60,000원을 절취하였다고 인정하기에는 부족하다(대판 1985.11.26. 85도1487).

③ (판례변경으로 삭제함)

④ [×] [1] 위법성이 조각되는 피해자의 승낙은 개인적 법익을 훼손하는 경우에 법률상 이를 처분할 수 있는 사람의 승낙이어야 할 뿐만 아니라 그 승낙이 윤리적·도덕적으로 사회상규에 반하는 것이 아니어야 한다.
[2] 피고인이 교통사고를 가장하여 보험금을 편취할 목적으로 피해자에게 상해를 가하였다면 피해자의 승낙이 있었다고 하더라도 이는 위법한 목적에 이용하기 위한 것이므로 피해자의 승낙에 의하여 위법성이 조각된다고 할 수 없다(대판 2008.12.11. 2008도9606).

정답 ④

19 피해자의 승낙에 관한 설명 중 옳지 않은 것은? (다툼이 있는 경우에는 판례에 의함) [13 사시]

① 사문서를 작성·수정할 당시 명의자의 현실적인 승낙은 없었지만 행위 당시의 모든 객관적 사정을 종합하여 명의자가 행위 당시 그 사실을 알았다면 당연히 승낙했을 것이라고 추정되는 경우 사문서위·변조죄가 성립하지 않는다.

② 피고인이 피해자가 사용 중인 공중화장실의 용변칸에 노크하여 남편으로 오인한 피해자가 용변칸 문을 열자 강간할 의도로 용변칸에 들어간 경우 주거침입죄가 성립하고 피해자의 명시적 또는 묵시적 승낙을 인정할 수 없다.

③ 의사의 진단상의 과오가 없었으면 당연히 설명받았을 내용을 설명받지 못한 피해자로부터 의사가 수술승낙을 받았다면 위 승낙은 부정확 또는 불충분한 설명을 근거로 이루어진 것으로서 수술의 위법성을 조각할 유효한 승낙이라고 볼 수 없다.

④ 사자 명의로 된 약속어음을 작성함에 있어 사망자의 처로부터 사망자의 인장을 교부받아 생존 당시 작성한 것처럼 약속어음의 발행일자를 그 명의자의 생존 중의 일자로 소급하여 작성한 때에는 발행명의인의 추정적 승낙이 있었다고 볼 수 없다.

⑤ 피고인이 피해자와 공모하여 교통사고를 가장하여 보험금을 편취할 목적으로 피해자에게 상해를 가하였다 하더라도 피해자의 명시적 승낙이 있었던 이상 피고인의 행위는 피해자의 승낙에 의하여 위법성이 조각된다.

해설

① [○] 사문서의 위·변조죄는 작성권한 없는 자가 타인 명의를 모용하여 문서를 작성하는 것을 말하는 것이므로 사문서를 작성·수정함에 있어 그 명의자의 명시적이거나 묵시적인 승낙이 있었다면 사문서의 위·변조에 해당하지 않고, 한편 행위 당시 명의자의 현실적인 승낙은 없었지만 행위 당시의 모든 객관적 사정을 종합하여 명의자가 행위 당시 그 사실을 알았다면 당연히 승낙했을 것이라고 추정되는 경우 역시 사문서의 위·변조죄가 성립하지 않는다(대판 2008.4.10. 2007도9987).

② [○] 피고인이 피해자가 사용중인 공중화장실의 용변칸에 노크하여 남편으로 오인한 피해자가 용변칸 문을 열자 강간할 의도로 용변칸에 들어간 것이라면 피해자가 명시적 또는 묵시적으로 이를 승낙하였다고 볼 수 없어 주거침입죄에 해당한다(대판 2003. 5.30. 2003도1256).

③ [○] 산부인과 전문의 수련과정 2년차인 의사가 자신의 시진, 촉진결과 등을 과신한 나머지 초음파검사 등 피해자의 병증이 자궁외 임신인지, 자궁근종인지를 판별하기 위한 정밀한 진단방법을 실시하지 아니한 채 피해자의 병명을 자궁근종으로 오진하고 이에 근거하여 의학에 대한 전문지식이 없는 피해자에게 자궁적출술의 불가피성만을 강조하였을 뿐 위와 같은 진단상의 과오가 없었으면 당연히 설명받았을 자궁외 임신에 관한 내용을 설명받지 못한 피해자로부터 수술승낙을 받았다면 위 승낙은 부정확 또는 불충분한 설명을 근거로 이루어진 것으로서 수술의 위법성을 조각할 유효한 승낙이라고 볼 수 없다(대판 1993.7.27. 92도2345).

④ [○] 사자 명의로 된 약속어음을 작성함에 있어 사망자의 처로부터 사망자의 인장을 교부받아 생존 당시 작성한 것처럼 약속어음의 발행일자를 그 명의자의 생존 중의 일자로 소급하여 작성한 때에는 발행명의인의 승낙이 있었다고 볼 수 없다(대판 2011.7.14. 2010도1025).

⑤ [×] 피고인이 피해자와 공모하여 교통사고를 가장하여 보험금을 편취할 목적으로 피해자에게 상해를 가하였다면 피해자의 승낙이 있었다고 하더라도 이는 위법한 목적에 이용하기 위한 것이므로 피고인의 행위가 피해자의 승낙에 의하여 위법성이 조각된다고 할 수 없다(대판 2008.12.11. 2008도9606).

정답 ⑤

20 피해자의 승낙에 관한 다음 설명 중 옳고 그름의 표시(○, ×)가 모두 바르게 된 것은? (다툼이 있는 경우 판례에 의함)

[22 경찰채용]

> ⊙ 형법 제24조에 따라 위법성이 조각되는 피해자의 승낙은 개인적 법익을 훼손하는 경우에 법률상 이를 처분할 수 있는 사람의 승낙을 말할 뿐만 아니라 그 승낙이 윤리적, 도덕적으로 사회상규에 반하는 것이 아니어야 한다.
> ⓛ 문서명의인이 문서의 작성일자 전에 이미 사망했어도 문서명의인이 생존하고 있다는 점이 문서의 중요한 내용을 이루거나 그 점을 전제로 문서가 작성되어 공공의 신용을 해할 위험이 있는 경우에는 사문서위조죄가 성립하나, 그 문서에 관하여 사망한 명의자의 승낙이 추정되는 경우에는 피해자의 승낙에 따라 위법성이 조각된다.
> ⓒ 형법 제24조 피해자의 승낙은 정당방위, 긴급피난, 자구 행위와 같이 '상당한 이유'라는 명문의 규정을 두고 있다.
> ⓔ 의사의 불충분한 설명을 근거로 환자가 수술에 동의하였다면 피해자의 승낙으로 수술의 위법성은 조각되지 않는다.

① ⊙ × ⓛ × ⓒ ○ ⓔ ×   ② ⊙ × ⓛ ○ ⓒ ○ ⓔ ○
③ ⊙ ○ ⓛ × ⓒ × ⓔ ×   ④ ⊙ ○ ⓛ × ⓒ × ⓔ ○

해설

⊙ [○] 형법 제24조에 따라 위법성이 조각되는 피해자의 승낙은 개인적 법익을 훼손하는 경우에 법률상 이를 처분할 수 있는 사람의 승낙을 말할 뿐만 아니라, 그 승낙이 윤리적, 도덕적으로 사회상규에 반하는 것이 아니어야 한다(대판 2008.12.11. 2008도9606).

ⓛ [×] 문서명의인이 이미 사망하였는데도 문서명의인이 생존하고 있다는 점이 문서의 중요한 내용을 이루거나 그 점을 전제로 문서가 작성되었다면, 이미 문서에 관한 공공의 신용을 해할 위험이 발생하였다 할 것이므로, 그러한 내용의 문서에 관하여 사망한 명의자의 승낙이 추정된다는 이유로 사문서위조죄의 성립을 부정할 수는 없다(대판 2011.9.29. 2011도6223).

ⓒ [×] 제24조【피해자의 승낙】처분할 수 있는 자의 승낙에 의하여 그 법익을 훼손한 행위는 법률에 특별한 규정이 없는 한 벌하지 아니한다.
　▶ 피해자의 승낙은 정당방위, 긴급피난, 자구행위와는 달리 '상당한 이유'라는 명문의 규정을 두고 있지 않다.
ⓔ [○] 산부인과 전문의 수련과정 2년차인 의사가 자신의 시진, 촉진결과 등을 과신한 나머지 초음파검사 등 피해자의 병증이 자궁외 임신인지, 자궁근종인지를 판별하기 위한 정밀한 진단방법을 실시하지 아니한 채 피해자의 병명을 자궁근종으로 오진하고 이에 근거하여 의학에 대한 전문지식이 없는 피해자에게 자궁적출술의 불가피성만을 강조하였을 뿐 위와 같은 진단상의 과오가 없었으면 당연히 설명받았을 자궁외 임신에 관한 내용을 설명받지 못한 피해자로부터 수술승낙을 받았다면, 위 승낙은 부정확 또는 불충분한 설명을 근거로 이루어진 것으로서 수술의 위법성을 조각할 유효한 승낙이라고 볼 수 없다. 따라서, 의사의 불충분한 설명을 근거로 환자가 수술에 동의하였다면 피해자의 승낙으로 수술의 위법성은 조각되지 않는다(대판 1993.7.27. 92도2345).

정답 ④

제4절 | 정당행위

21 「형법」제20조(정당행위)에 대한 설명으로 옳지 않은 것은? (다툼이 있는 경우 판례에 의함)　　　[22 경찰간부]

① 구성요건에 해당하는 행위가 「형법」제20조에 따라 위법성이 조각되려면, 첫째 그 행위의 동기나 목적의 정당성, 둘째 행위의 수단이나 방법의 상당성, 셋째 보호법익과 침해법익의 균형성, 넷째 긴급성, 다섯째 그 행위 이외의 다른 수단이나 방법이 없다는 보충성의 요건을 모두 갖추어야 한다.

② 「형법」제20조에서 '사회상규에 위배되지 아니하는 행위'라 함은 국가질서의 존중이라는 인식을 바탕으로 한 국민 일반의 건전한 도의적 감정에 반하지 아니한 행위로서 초법규적인 기준에 의하여 이를 평가하여야 한다.

③ 집행관이 조합 소유 아파트에서 유치권을 주장하는 甲을 상대로 부동산인도집행을 실시하여 조합이 그 아파트를 인도받고 출입문의 잠금장치를 교체하는 등으로 그 점유가 확립된 이후에 甲이 아파트 출입문과 잠금장치를 훼손하며 강제로 개방하고 아파트에 들어간 경우, 甲의 행위는 민법상 자력구제에 해당하므로 「형법」제20조에 따라 위법성이 조각된다.

④ 「민사소송법」제335조에 따른 법원의 감정인 지정결정 또는 같은 법 제341조 제1항에 따라 법원의 감정촉탁을 받은 사람이 감정평가업자가 아니었음에도 그 감정사항에 포함된 토지 등의 감정평가를 한 행위는 법령에 근거한 법원의 적법한 결정이나 촉탁에 따른 것으로 「형법」제20조에 따라 위법성이 조각된다.

해설

① [○] 형법 제20조 소정의 '사회상규에 위배되지 아니하는 행위'라 함은 법질서 전체의 정신이나 그 배후에 놓여 있는 사회윤리 내지 사회통념에 비추어 용인될 수 있는 행위를 말하고, 이와 같은 정당행위를 인정하려면 첫째, 그 행위의 동기나 목적의 정당성, 둘째, 행위의 수단이나 방법의 상당성, 셋째, 보호이익과 침해이익과의 법익균형성, 넷째, 긴급성, 다섯째, 그 행위 외에 다른 수단이나 방법이 없다는 보충성 등의 요건을 갖추어야 한다(대판 2001.2.23. 2000도4415).

② [○] 대판 1983.11.22. 83도2224.

③ [×] [1] 민법 제209조 제2항 전단은 '점유물이 침탈되었을 경우에 부동산일 때에는 점유자는 침탈 후 직시 가해자를 배제하여 이를 탈환할 수 있다'고 하여 자력구제권 중 부동산에 관한 자력탈환권에 관하여 규정하고 있다. 여기에서 '직시'란 '객관적으로 가능한 한 신속히' 또는 '사회관념상 가해자를 배제하여 점유를 회복하는 데 필요하다고 인정되는 범위 안에서 되도록 속히'라는 뜻으로, 자력탈환권의 행사가 '직시'에 이루어졌는지는 물리적 시간의 장단은 물론 침탈자가 확립된 점유를 취득하여 자력탈환권의 행사를 허용하는 것이 오히려 법적 안정 내지 평화를 해하거나 자력탈환권의 남용에 이르는 것은 아닌지 함께 살펴 판단하여야 한다.

[2] 집행관이 집행채권자 甲 조합 소유 아파트에서 유치권을 주장하는 피고인을 상대로 부동산인도집행을 실시하자, 피고인이 이에 불만을 갖고 아파트 출입문과 잠금 장치를 훼손하며 강제로 개방하고 아파트에 들어갔다고 하여 재물손괴 및 건조물침입으로 기소된 사안에서, 피고인이 아파트에 들어갈 당시에는 이미 甲 조합이 집행관으로부터 아파트를 인도받은 후 출입문의 잠금 장치를 교체하는 등으로 그 점유가 확립된 상태여서 점유권 침해의 현장성 내지 추적가능성이 있다고 보기 어려워 점유를 실력에 의하여 탈환한 피고인의 행위가 민법상 자력구제에 해당하지 않는다고 본 사례(대판 2017.9.7. 2017도9999).

④ [○] 대판 2021.10.14. 2017도10634.

정답 ③

22 다음은 위법성 조각사유에 관한 어떤 규정을 설명한 것이다. 이 규정을 적용할 때 甲을 벌하지 아니하는 경우에 해당하는 것은? (다툼이 있는 경우 판례에 의함)

[22 경찰채용]

> 이 규정은 사회상규라는 초법규적 위법성조각사유를 일반적·포괄적 위법성조각사유로 명문화해 놓은 것으로서, 다른 위법성 조각사유에 대한 일반적·보충적 성격을 지니고 있는 것으로 볼 수 있다.

① A가 칼을 들고 찌르자 甲이 그 칼을 뺏어 반격을 가한 결과 A에게 상해를 입힌 경우
② 甲이 자신의 차를 가로막고 서서 통행을 방해하는 A를 향해 차를 조금씩 전진시키고 A가 뒤로 물러나면 다시 차를 전진시키는 방식의 운행을 반복한 경우
③ 甲과 A가 공모하여 교통사고를 가장해 보험금을 편취할 목적으로 A에게 상해를 입힌 경우
④ 甲이 방송국 시사프로그램을 시청한 후 방송국 홈페이지의 시청자 의견란에 "그렇게 소중한 자식을 범법행위의 변명의 방패로 쓰시다니 정말 대단하십니다."는 등의 표현이 담긴 글을 게시한 경우

해설

▶ 정당행위란 사회상규에 위배되지 아니하여 국가적·사회적으로 정당시되는 행위를 말한다. 초법규적 위법성조각사유를 실정법상의 일반적 위법성조각사유로 규정한 것이다.

① [×] 피해자가 칼을 들고 피고인을 찌르자 그 칼을 뺏어 그 칼로 반격을 가한 결과 피해자에게 상해를 입게 하였다 하더라도 이를 피고인에 대한 현재의 부당한 침해를 방위하기 위한 행위로서 상당한 이유가 있는 경우에 해당한다고 할 수 없다(대판 1984.1.24. 83도1873).

② [×] 폭행죄에서 말하는 폭행이란 사람의 신체에 대하여 육체적·정신적으로 고통을 주는 유형력을 행사함을 뜻하는 것으로서 반드시 피해자의 신체에 접촉함을 필요로 하는 것은 아니다. 따라서 자신의 차를 가로막는 피해자를 부딪친 것은 아니라고 하더라도, 피해자를 부딪칠 듯이 차를 조금씩 전진시키는 것을 반복하는 행위 역시 피해자에 대해 위법한 유형력을 행사한 것이라고 보아야 한다(대판 2016.10.27. 2016도9302). ▶ 특수폭행죄가 인정된 사안이다.

③ [×] (보험사기 목적으로 동의하에 상해한 경우 – 상해죄 성립) 甲이 乙과 공모하여 보험사기를 목적으로 乙에게 상해를 가한 사안에서, 피해자의 승낙으로 위법성이 조각되지 아니한다고 한 사례(대판 2008.12.11. 2008도9606).

판례해설 형법 제24조의 규정에 의하여 위법성이 조각되는 피해자의 승낙은 개인적 법익을 훼손하는 경우에 법률상 이를 처분할 수 있는 사람의 승낙을 말할 뿐만 아니라 그 승낙이 윤리적, 도덕적으로 사회상규에 반하는 것이 아니어야 한다(대판 1985. 12.10. 85도1892; 동지 대판 2008.12.11. 2008도9606).

④ [○] [1] 피고인이 방송국 시사프로그램을 시청한 후 방송국 홈페이지의 시청자 의견란에 작성·게시한 글 중 특히, "그렇게 소중한 자식을 범법행위의 변명의 방패로 쓰시다니 정말 대단하십니다."는 등의 표현은 그 게시글 전체를 두고 보더라도, 그 출연자인 피해자에 대한 사회적 평가를 훼손할 만한 모욕적 언사이다.

[2] 피고인이 방송국 홈페이지의 시청자 의견란에 작성·게시한 글 중 일부의 표현은 이미 방송된 프로그램에 나타난 기본적인 사실을 전제로 한 뒤, 그 사실관계나 이를 둘러싼 문제에 관한 자신의 판단과 나아가 이러한 경우에 피해자가 취한 태도와 주장한 내용이 합당한가 하는 점에 대하여 자신의 의견을 개진하고, 피해자에게 자신의 의견에 대한 반박이나 반론을 구하면서, 자신의 판단과 의견의 타당함을 강조하는 과정에서 부분적으로 그와 같은 표현을 사용한 것으로서 사회상규에 위배되지 않는다고 봄이 상당하다(대판 2003.11.28. 2003도3972).

정답 ④

23 쟁의행위에 대한 설명으로 옳은 것은? (다툼이 있으면 판례에 의함) [20 국가9급]

① 쟁의행위가 추구하는 목적 중 일부가 정당하지 못한 경우에는 주된 목적 내지 진정한 목적을 기준으로 그 정당성 여부를 판단하여야 한다.

② 기업 구조조정의 실시로 근로자들의 지위나 근로조건의 변경이 필연적으로 수반되는 경우, 특별한 사정이 없더라도 이를 반대하는 쟁의행위의 정당성을 인정할 수 있다.

③ 조합원의 민주적 의사결정이 실질적으로 확보된 때에는 쟁의행위의 개시에 앞서 노동조합 및 노동관계조정법 제41조 제1항에 의한 투표절차를 거치지 아니한 경우에도 쟁의행위의 정당성은 상실되지 않는다.

④ 쟁의행위로서의 직장 또는 사업장시설 점거는 그 범위가 직장 또는 사업장시설 일부분에 그치고 사용자 측의 출입이나 관리지배를 배제하지 않는 병존적인 경우라도 이미 정당성의 한계를 벗어난 것이다.

해설

① [○] 쟁의행위가 추구하는 목적 중 일부가 정당하지 못한 경우에는 주된 목적 내지 진정한 목적을 기준으로 그 정당성 여부를 판단하여야 한다(대판 2014.11.13. 2011도393).

참고판례 쟁의행위가 추구하는 목적 중 일부가 정당하지 못한 경우에는 주된 목적 내지 진정한 목적을 기준으로 그 정당성 여부를 판단하여야 한다(대판 2002.2.26. 99도5380).

② [×] 정리해고나 사업조직의 통폐합 등 기업의 구조조정 실시 여부는 경영주체의 고도의 경영상 결단에 속하는 사항으로서 원칙적으로 단체교섭의 대상이 될 수 없어, 그것이 긴박한 경영상의 필요나 합리적 이유 없이 불순한 의도로 추진된다는 등의 특별한 사정이 없음에도 노동조합이 실질적으로 그 실시 자체를 반대하기 위하여 쟁의행위로 나아간다면, 비록 그러한 구조조정의 실시가 근로자들의 지위나 근로조건의 변경을 필연적으로 수반한다 하더라도 그 쟁의행위는 목적의 정당성을 인정할 수 없다(대판 2014.11.13. 2011도393).

③ [×] 쟁의행위를 함에 있어 조합원의 직접·비밀·무기명투표에 의한 찬성결정이라는 절차를 거쳐야 한다는 규정은 노동조합의 자주적이고 민주적인 운영을 도모함과 아울러 쟁의행위에 참가한 근로자들이 사후에 그 쟁의행위의 정당성 유무와 관련하여 어떠한 불이익을 당하지 않도록 그 개시에 관한 조합의사의 결정에 보다 신중을 기하기 위하여 마련된 규정이므로 위의 절차를 위반한 쟁의행위는 그 절차를 따를 수 없는 객관적인 사정이 인정되지 아니하는 한 정당성이 상실된다(대판 2007.5.11. 2005도8005).

④ [×] 직장 또는 사업장시설의 점거는 적극적인 쟁의행위의 한 형태로서 그 점거의 범위가 직장 또는 사업장시설의 일부분이고 사용자 측의 출입이나 관리지배를 배제하지 않는 병존적인 점거에 지나지 않을 때에는 정당한 쟁의행위로 볼 수 있다(대판 2012.5.24. 2010도9963).

정답 ①

24 정당행위로서 위법성이 조각되는 경우로 가장 적절하지 않은 것은? (다툼이 있으면 판례에 의함) [16 경찰승진]

① 남편과의 이혼소송 중, 남편이 내연녀의 방에서 간통을 할 것이라는 추측 하에 이혼소송에 사용할 증거를 확보하기 위하여 그 현장사진을 촬영할 목적으로 그 방에 침입한 경우

② 신문기자인 甲이 고소인에게 2회에 걸쳐 증여세 포탈에 대한 취재를 요구하면서 이에 응하지 않으면 자신이 취재한 내용대로 보도하겠다고 말한 경우

③ 쟁의행위에 대한 찬반투표 실시를 위하여 근무시간 중에 노동조합 임시총회를 개최하고 3시간에 걸친 투표 후 1시간의 여흥시간을 가진 경우

④ 차를 손괴하고 도망하려는 피해자를 도망하지 못하게 멱살을 잡고 흔들어 피해자에게 전치 14일의 흉부찰과상을 가한 경우

해설

① [×] 피고인들의 주거침입 등의 행위가 그 수단과 방법에 있어서 상당성이 인정된다고 보기도 어려우며, 피해자의 간통 또는 불륜관계에 관한 증거수집을 위하여 이와 같은 주거침입이 긴급하고 불가피한 수단이었다고 볼 수도 없다(대판 2003.9.26. 2003도3000).

② [○] 신문기자의 일상적 업무 범위에 속하여 사회상규에 반하지 아니하는 행위라고 보는 것이 타당하다(대판 2011.7.14. 2011도639).

③ [○] 쟁의행위에 대한 찬반투표 실시를 위하여 근무시간 중에 노동조합 임시총회를 개최하고 3시간에 걸친 투표 후 1시간의 여흥시간을 가진 경우 정당행위에 해당한다(대판 1994.2.22. 93도613).

④ [○] 피고인의 차를 손괴하고 도망하려는 피해자를 도망하지 못하게 멱살을 잡고 흔들어 피해자에게 전치 14일의 흉부찰과상을 가한 경우(행위 자체로서는 다소 공격적인 행위로 보이더라도 사회통념상 허용될 수 있는 행위로서), 정당행위에 해당한다 (대판 1999.1.26. 98도3029).

정답 ①

---

25 다음 중 판례의 태도로 틀린 것은?

① 남편의 간통 현장을 직접 목격하고 그 사진을 촬영하기 위하여 상간자의 주거에 침입한 행위는 정당행위에 해당하지 않는다.

② 의사가 모발이식 시술을 하면서 간호조무사로 하여금 모발이식 시술행위 중 일정 부분을 직접 하도록 맡겨둔 채 별반 관여하지 않은 것은 정당행위에 해당하지 않는다.

③ 조산사가 산모의 분만 과정 중 별다른 응급상황이 없음에도 독자적 판단으로 산모에게 포도당이나 옥시토신을 투여한 행위는 의료법 위반죄가 인정된다.

④ 자격기본법에 의한 민간자격증을 취득한 자가 한방의료 행위인 침술행위를 한 경우, 무면허 의료행위에 해당되지 아니하여 죄가 되지 않는다고 믿는 데에 정당한 사유가 있다.

해설

① [○] 남편의 간통 현장을 직접 목격하고 그 사진을 촬영하기 위하여 상간자의 주거에 침입한 행위는 정당행위에 해당하지 않는다(대판 2003.9.26. 2003도3000).

② [○] 의사가 모발이식시술을 하면서 이에 관하여 어느 정도 지식을 가지고 있는 간호조무사로 하여금 모발이식시술행위 중 일정 부분을 직접 하도록 맡겨둔 채 별반 관여하지 않은 것은 정당행위에 해당하지 않는다(대판 2007.6.28. 2005도8317).

③ [○] 조산사가 산모의 분만과정 중 별다른 응급상황이 없음에도 독자적 판단으로 포도당 또는 옥시토신을 투여한 행위에 대하여, 조산원에서 산모의 분만을 돕거나 분만 후의 처치를 위하여 옥시토신과 포도당이 일반적으로 사용되고 있고, 위 약물들을 산모의 건강을 위해 투여하였다고 하더라도, 지도의사로부터 지시를 받지 못할 정도의 긴급상황을 인정할 수 없는 이상 정당한 응급의료행위라거나 사회상규에 반하지 않는 행위라고 볼 수 없다(대판 2007.9.6. 2005도9670).

④ [×] 자격기본법에 의한 민간자격관리자로부터 대체의학자격증을 수여받은 자가 사업자등록을 한 후 침술원을 개설하였다고 하더라도 국가의 공인을 받지 못한 민간자격을 취득하였다는 사실만으로는 자신의 행위가 무면허 의료행위에 해당되지 아니하여 죄가 되지 않는다고 믿는 데에 정당한 사유가 있었다고 할 수 없다(대판 2003.5.13. 2003도939).

정답 ④

26 다음 설명 중 가장 옳지 않은 것은? (다툼이 있으면 판례에 의함) [21 법원9급]

① 사용자인 수급인에 대한 정당성을 갖춘 쟁의행위가 도급인의 사업장에서 이루어져 형법상 보호되는 도급인의 법익을 침해한 경우, 그것이 항상 위법하다고 볼 것은 아니고, 법질서 전체의 정신이나 그 배후에 놓여있는 사회윤리 내지 사회통념에 비추어 용인될 수 있는 행위에 해당하는 경우에는 형법 제20조의 '사회상규에 위배되지 아니하는 행위'로서 위법성이 조각된다.

② 노동조합이 주도한 쟁의행위 자체의 정당성과 이를 구성하거나 여기에 부수되는 개개 행위의 정당성은 구별하여야 하므로 일부 소수의 근로자가 폭력행위 등의 위법행위를 하였더라도 전체로서의 쟁의행위마저 당연히 위법하게 되는 것은 아니다.

③ 사문서를 작성·수정할 때 명의자의 명시적인 승낙이나 동의가 없다는 것을 알면서도 명의자가 문서작성 사실을 알았다면 승낙하였을 것이라고 기대하거나 예측하였다면 그 승낙이 추정된다고 할 수 있다.

④ 현행범인 체포행위가 적법한 공무집행을 벗어나 불법인 것으로 볼 수밖에 없다면, 현행범이 체포를 면하려고 반항하는 과정에서 경찰관에게 상해를 가한 것은 불법체포로 인한 신체에 대한 현재의 부당한 침해에서 벗어나기 위한 행위로서 정당방위에 해당하여 위법성이 조각된다.

해설

① [O] 사용자인 수급인에 대한 정당성을 갖춘 쟁의행위가 도급인의 사업장에서 이루어져 형법상 보호되는 도급인의 법익을 침해한 경우, 그것이 항상 위법하다고 볼 것은 아니고, 법질서 전체의 정신이나 그 배후에 놓여있는 사회윤리 내지 사회통념에 비추어 용인될 수 있는 행위에 해당하는 경우에는 형법 제20조의 '사회상규에 위배되지 아니하는 행위'로서 위법성이 조각된다(대판 2020.9.3. 2015도1927).

② [O] 노동조합이 주도한 쟁의행위 자체의 정당성과 이를 구성하거나 여기에 부수되는 개개 행위의 정당성은 구별하여야 하므로 일부 소수의 근로자가 폭력행위 등의 위법행위를 하였더라도 전체로서의 쟁의행위마저 당연히 위법하게 되는 것은 아니다(대판 2017.7.11. 2013도7896).

③ [×] 명의자의 명시적인 승낙이나 동의가 없다는 것을 알고 있으면서도 명의자가 문서작성 사실을 알았다면 승낙하였을 것이라고 기대하거나 예측한 것만으로는 그 승낙이 추정된다고 단정할 수 없다(대판 2011.9.29. 2010도14587).

④ [O] 현행범인 체포행위가 적법한 공무집행을 벗어나 불법인 것으로 볼 수밖에 없다면, 현행범이 체포를 면하려고 반항하는 과정에서 경찰관에게 상해를 가한 것은 불법체포로 인한 신체에 대한 현재의 부당한 침해에서 벗어나기 위한 행위로서 정당방위에 해당하여 위법성이 조각된다(대판 2011.5.26. 2011도3682).

정답 ③

27 정당행위에 대한 설명 중 옳은 것은 모두 몇 개인가? (다툼이 있으면 판례에 의함)

> ⊙ 방송기자가 방송프로그램에서 약 8년 전에 이루어진 사적 대화의 불법녹음을 대화자의 실명과 구체적인 대화의 내용까지 공개한 것은, 그 내용이 공적 관심의 대상이 되기 어렵고 행위의 수단이나 방법이 상당성을 결여한 것으로 정당행위에 해당하지 않는다.
> ⓛ 기업의 구조조정 실시 여부는 원칙적으로 단체교섭의 대상이 될 수 없으나, 구조조정의 실시가 필연적으로 근로자들의 지위나 근로조건의 변경을 수반하기 때문에 이를 반대하기 위하여 진행한 노동조합의 쟁의행위는 목적의 정당성이 인정된다.
> ⓒ 1년 이상 관리비를 체납한 고액체납자의 점포에 대하여 이사회의 결의 및 시장번영회의 관리규정에 따라 행한 번영회장의 단전조치는 동기와 목적, 수단과 방법 등을 고려할 때 정당한 행위로 인정될 수 있다.
> ⓔ 노동조합이 쟁의행위의 일시·장소·참가인원 및 그 방법에 관한 서면신고를 하지 않고 쟁의를 한 경우에는 신고절차의 미준수로 인해 쟁의행위의 정당성이 부정된다.
> ⓜ 재건축조합 조합장이 조합탈퇴의 의사표시를 한 자를 상대로 '사업시행구역 안에 있는 그 소유의 건물을 명도하고 이를 재건축사업에 제공하여 행하는 업무를 방해하여서는 아니된다'는 가처분의 판결을 받아 건물을 철거한 것은 형법 제20조의 업무로 인한 정당행위에 해당한다.

① 2개   ② 3개

③ 4개   ④ 5개

해설

> ⊙ [○] 방송기자가 방송프로그램에서 약 8년 전에 이루어진 사적 대화의 불법녹음을 대화자의 실명과 구체적인 대화의 내용까지 공개한 것은, 그 내용이 공적 관심의 대상이 되기 어렵고 행위의 수단이나 방법이 상당성을 결여한 것으로 정당행위에 해당하지 않는다(대판(전) 2011.3.17. 2006도8839).
> ⓛ [×] 정리해고나 사업조직의 통폐합 등 기업의 구조조정 실시 여부는 경영주체의 고도의 경영상 결단에 속하는 사항으로서 원칙적으로 단체교섭의 대상이 될 수 없어, 그것이 긴박한 경영상의 필요나 합리적 이유 없이 불순한 의도로 추진된다는 등의 특별한 사정이 없음에도 노동조합이 실질적으로 그 실시 자체를 반대하기 위하여 쟁의행위로 나아간다면, 비록 그러한 구조조정의 실시가 근로자들의 지위나 근로조건의 변경을 필연적으로 수반한다 하더라도 그 쟁의행위는 목적의 정당성을 인정할 수 없다(대판 2014.11.13. 2011도393).
> ⓒ [○] 1년 이상 관리비를 체납한 고액체납자의 점포에 대하여 이사회의 결의 및 시장번영회의 관리규정에 따라 행한 번영회장의 단전조치는 동기와 목적, 수단과 방법 등을 고려할 때 정당한 행위로 인정될 수 있다(대판 2004.8.20. 2003도4732).
> ⓔ [×] 노동조합 및 노동관계조정법 시행령 제17조에서 규정하고 있는 쟁의행위의 일시·장소·참가인원 및 그 방법에 관한 서면신고의무는 쟁의행위를 함에 있어 그 세부적·형식적 절차를 규정한 것으로서 쟁의행위에 적법성을 부여하기 위하여 필요한 본질적인 요소는 아니므로 신고절차의 미준수만을 이유로 쟁의행위의 정당성을 부정할 수는 없다(대판 2007.12.28. 2007도5204).
> ⓜ [○] 재건축조합 조합장이 조합탈퇴의 의사표시를 한 자를 상대로 '사업시행구역 안에 있는 그 소유의 건물을 명도하고 이를 재건축사업에 제공하여 행하는 업무를 방해하여서는 아니된다'는 가처분의 판결을 받아 건물을 철거한 것은 형법 제20조의 업무로 인한 정당행위에 해당한다(대판 1998.2.13. 97도2877).

정답 ②

28 정당행위에 관한 다음 설명 중 가장 옳지 않은 것은? (다툼이 있으면 판례에 의함) [19 경찰간부]

① 집행관 甲이 압류집행을 위하여 채무자의 주거에 들어가려고 하였으나 채무자의 아들 乙이 이를 방해하는 등 저항하므로 주거에 들어가는 과정에서 몸싸움을 하던 도중 乙에게 2주간의 상해를 가한 행위는 정당행위에 해당한다.

② 회사의 긴박한 경영상의 필요에 의하여 실시되는 정리해고 자체를 전혀 수용할 수 없다는 노동조합 측의 입장 관철을 주된 목적으로 하는 쟁의행위는 정당행위에 해당하지 않는다.

③ 국가정책적 견지에서 도박죄의 보호법익보다 좀 더 높은 국가 이익을 위하여 예외적으로 내국인의 출입을 허용하는 폐광지역 개발 지원에 관한 특별법 등에 따라 카지노에 출입하는 것은 업무로 인한 행위로서 정당행위에 해당하여 위법성이 조각된다.

④ 비료를 매수하여 시비한 결과 사과나무 묘목이 고사하자 그 비료를 생산한 회사에게 손해배상을 요구하면서 사장 이하 간부들에게 욕설을 하거나 응접탁자 등을 들었다 놓았다 하거나 현수막을 만들어 보이면서 시위를 할 듯한 태도를 보이는 경우 정당행위에 해당하여 위법성이 조각된다.

해설

① [○] 집행관 甲이 상해를 가하였다 하더라도 사회통념상 허용될 수 있는 상당성이 있는 행위로서 위법성이 조각된다(대판 1993.10.12. 93도875).

② [○] 정리해고나 사업조직의 통폐합 등 기업의 구조조정의 실시 여부는 경영주체의 고도의 경영상 결단에 속하는 사항으로서 이는 원칙적으로 단체교섭의 대상이 될 수 없고, 그것이 긴박한 경영상의 필요나 합리적 이유 없이 불순한 의도로 추진되는 등의 특별한 사정이 없는 한, 노동조합이 실질적으로 그 실시 자체를 반대하기 위하여 쟁의행위에 나아간다면, 비록 그 실시로 인하여 근로자들의 지위나 근로조건의 변경이 필연적으로 수반된다고 하더라도 그 쟁의행위는 목적의 정당성을 인정할 수 없다(대판 2014.11.13. 2011도393).

③ [×] 형법 제3조는 속인주의를 규정하고 있고 또한 국가 정책적 견지에서 도박죄의 보호법익보다 좀 더 높은 국가이익을 위하여 예외적으로 내국인의 출입을 허용하는 폐광지역 개발 지원에 관한 특별법 등에 따라 카지노에 출입하는 것은 법령에 의한 행위로 위법성이 조각된다(대판 2017.4.13. 2017도953).

④ [○] 비료를 매수하여 시비한 결과 사과나무 묘목이 고사하자 그 비료를 생산한 회사에게 손해배상을 요구하면서 사장 이하 간부들에게 욕설을 하거나 응접탁자 등을 들었다 놓았다 하거나 현수막을 만들어 보이면서 시위를 할 듯한 태도를 보이는 경우 정당행위에 해당하여 위법성이 조각된다(대판 1980.11.25. 79도2565).

정답 ③

29 정당행위에 관한 설명 중 가장 적절하지 않은 것은? (다툼이 있으면 판례에 의함) [15 경찰승진]

① 대공수사관이 조사 중인 피의자를 고문한 경우에는 그것이 상사의 명령에 의한 것이라도 정당행위가 되지 않는다.

② (판례변경으로 삭제함)

③ 기도원 운영자가 정신분열증 환자의 치료 목적으로 안수기도를 하다가 환자에게 상해를 입힌 경우 정당행위에 해당한다.

④ 아파트 입주자대표회의의 임원 또는 아파트관리회사의 직원들이 기존 관리회사의 직원들로부터 업무집행을 제지받던 중 저수조 청소를 위하여 출입문에 설치된 자물쇠를 손괴하고 중앙공급실에 침입한 행위는 정당행위에 해당한다.

① [O] 설령 대공수사단 직원은 상관의 명령에 절대 복종하여야 한다는 것이 불문율로 되어 있다 할지라도, 국민의 기본권인 신체의 자유를 침해하는 고문행위 등이 금지되어 있는 우리의 국법질서에 비추어 볼 때 그와 같은 불문율이 있다는 것만으로는 고문행위와 같은 중대하고도 명백한 위법명령에 따른 행위가 정당한 행위에 해당하거나 강요된 행위로서 적법행위에 대한 기대가능성이 없는 경우에 해당하게 되는 것이라고는 볼 수 없다(대판 1988.2.23. 87도2358).

② (판례변경으로 삭제함)

③ [×] [1] 종교적 기도행위를 마치 의료적으로 효과가 있는 치료행위인 양 내세워 환자를 끌어들인 다음, 통상의 일반적인 안수기도의 방식과 정도를 벗어나 환자의 신체에 비정상적이거나 과도한 유형력을 행사하고 신체의 자유를 과도하게 제압하여 환자의 신체에 상해까지 입힌 경우라면 그러한 유형력의 행사가 비록 안수기도의 명목과 방법으로 이루어졌다 해도 사회상규상 용인되는 정당행위라고 볼 수 없다.

[2] 기도원운영자가 정신분열증 환자의 치료 목적으로 안수기도를 하다가 환자에게 상해를 입힌 경우, 이는 장시간 환자의 신체를 강제로 제압하는 등 과도한 유형력을 행사한 것으로서 사회상규상 용인되는 정당행위에 해당하지 않는다(대판 2008.8.21. 2008도2695).

④ [O] 아파트 입주자대표회의의 임원 또는 아파트관리회사의 직원들인 피고인들이 기존 관리회사의 직원들로부터 계속 업무집행을 제지받던 중 저수조 청소를 위하여 출입문에 설치된 자물쇠를 손괴하고 중앙공급실에 침입한 행위는 정당행위에 해당하나, 관리비 고지서를 빼앗거나 사무실의 집기 등을 들어낸 행위는 정당행위에 해당하지 않는다(대판 2006.4.13. 2003도3902).

정답 ③

30 형법 제20조(정당행위)에 의하여 위법성이 조각되는 경우만 모두 모은 것은? (다툼이 있으면 판례에 의함)

㉠ 시장번영회 회장으로서 일부 점포주들이 시장번영회에서 정한 상품진열관리규정에 위반한 사실을 알게 되자, 시장기능을 확립하기 위하여 관리규정에 따라 위반 점포에 대해 단전조치를 취한 행위

㉡ 차를 손괴하고 도주하는 피해자를 도망하지 못하게 멱살을 잡고 흔들어 피해자에게 전치 14일의 흉부찰과상을 가한 행위

㉢ 외국에서 침구사자격을 취득하였으나 국내에서 침술행위를 할 수 있는 면허나 자격을 취득하지 못한 자가 단순한 수지침의 정도를 넘어 환자의 허리와 다리에 체침을 시술한 행위

㉣ 쟁의행위에 대한 찬반투표 실시를 위하여 근무시간 중에 노동조합 임시총회를 개최하고 3시간에 걸쳐 투표를 한 행위

① ㉡   ② ㉠, ㉡

③ ㉠, ㉡, ㉣   ④ ㉠, ㉡, ㉢, ㉣

㉠ [O] 피고인의 행위는 법익균형성, 긴급성, 보충성을 갖춘 행위로서 사회통념상 허용될 만한 정도의 상당성이 있는 것이므로 피고인의 행위는 형법 제20조 소정의 정당행위에 해당한다(대판 1994.4.15. 93도2899).

㉡ [O] 피고인의 차를 손괴하고 도망하려는 피해자를 도망하지 못하게 멱살을 잡고 흔들어 피해자에게 전치 14일의 흉부찰과상을 가한 경우(행위 자체로서는 다소 공격적인 행위로 보이더라도 사회통념상 허용될 수 있는 행위로서), 정당행위에 해당한다(대판 1999.1.26. 98도3029).

㉢ [×] 피고인이 단순히 수지침 정도의 수준에 그치지 아니하고 체침을 시술한 경우, 피고인의 침술행위는 의료법을 포함한 법질서 전체의 정신이나 사회통념에 비추어 용인될 수 있는 행위에 해당한다고 볼 수는 없다 할 것이어서 위법성이 조각되지 아니한다(대판 2002.12.26. 2002도5077).

㉣ [O] 쟁의행위에 대한 찬반투표 실시를 위하여 전체 조합원이 참석할 수 있도록 근무시간 중에 노동조합 임시총회를 개최하고 3시간에 걸친 투표 후 1시간의 여흥시간을 가졌더라도 그 임시총회 개최행위는 전체적으로 노동조합의 정당한 행위에 해당한다(대판 1994.2.22. 93도613).

정답 ③

31 다음 설명 중 가장 옳지 않은 것은? (다툼이 있으면 판례에 의함) [16 법원9급]

① 피해자가 양손으로 피고인이 넥타이를 잡고 늘어져 후경부피하출혈상을 입을 정도로 목이 졸리게 된 피고인이 피해자를 떼어놓기 위하여 왼손으로 자신의 목 부근 넥타이를 잡은 상태에서 오른손으로 피해자의 손을 잡아 비틀면서 서로 밀고 당기고 하였다면 피고인의 그와 같은 행위는 목이 졸린 상태에서 벗어나기 위한 소극적인 저항행위에 불과하여 정당행위에 해당하여 죄가 되지 아니한다.

② 남편을 상대로 한 제소행위에 대하여 응소하는 행위가 처의 일상가사대리권에 속한다고 할 수 있으므로 행방불명된 남편에 대하여 불리한 민사판결이 선고되어 처가 남편 명의의 항소장을 작성하여 법원에 제출한 행위는 사회통념상 용인되는 극히 정상적인 생활형태의 하나로써 위법성이 있다 할 수 없다.

③ 분쟁이 있던 옆집 사람이 야간에 술에 만취된 채 시비를 하며 거실로 들어오려 하므로 이를 제지하며 밀어내는 과정에서 2주 상해를 입힌 피고인의 행위는 정당행위로 무죄이다.

④ 회사 측이 회사 운영을 부실하게 하여 소수주주들에게 손해를 입게 하였다고 하더라도 위와 같은 사정만으로 주주총회에 참석한 주주가 강제로 사무실을 뒤져 회계장부를 찾아내는 것이 사회통념상 용인되는 정당행위로 되는 것은 아니다.

해설

① [〇] 피해자가 양손으로 피고인의 넥타이를 잡고 늘어져 후경부피하출혈상을 입을 정도로 목이 졸리게 된 피고인이 피해자를 떼어놓기 위하여 왼손으로 자신의 목 부근 넥타이를 잡은 상태에서 오른손으로 피해자의 손을 잡아 비틀면서 서로 밀고 당기고 하였다면, 피고인의 그와 같은 행위는 목이 졸린 상태에서 벗어나기 위한 소극적인 저항행위에 불과하여 형법 제20조 소정의 정당행위에 해당하여 죄가 되지 아니한다(대판 1996.5.28. 96도979).

② [×] 남편을 상대로 한 제소행위에 대하여 응소하는 행위가 처의 일상가사대리권에 속한다고 할 수 없음은 물론이고, 행방불명된 남편에 대하여 불리한 민사판결이 선고되었다 하더라도 그러한 사정만으로써는 적법한 다른 방법을 강구하지 아니하고 남편 명의의 항소장을 임의로 작성하여 법원에 제출한 행위가 사회통념상 용인되는 극히 정상적인 생활형태의 하나로서 위법성이 없다 할 수 없다(대판 1994.11.8. 94도1657).

③ [〇] 분쟁이 있던 옆집 사람이 야간에 술에 만취된 채 시비를 하며 거실로 들어오려 하므로 이를 제지하며 밀어내는 과정에서 2주 상해를 입힌 피고인의 행위를 정당행위에 해당한다(대판 1995.2.28. 94도2746).

④ [〇] 회사의 정기주주총회에 적법하게 참석한 주주라고 할지라도 회사 측의 의사에 반하여 회사의 회계장부를 강제로 찾아 열람할 수는 없다고 할 것이며, 설사 회사 측이 회사 운영을 부실하게 하여 소수주주들에게 손해를 입게 하였다고 하더라도 위와 같은 사정만으로 주주가 강제로 사무실을 뒤져 회계장부를 찾아내는 것이 사회통념상 용인되는 정당행위로 되는 것은 아니다(대판 2001.9.7. 2001도2917).

정답 ②

32 위법성에 관한 설명 중 옳지 않은 것을 모두 고른 것은? (다툼이 있는 경우 판례에 의함) [23 변호사]

ㄱ. 甲과 乙이 교통사고를 가장하여 보험금을 편취할 것을 공모한 후 乙의 승낙을 받은 甲이 乙에게 상해를 가한 경우, 乙의 승낙이 위법한 목적에 이용하기 위한 것이었다고 할지라도 甲의 행위는 상해죄의 위법성이 조각된다.

ㄴ. 사채업자 甲이 채무자 A에게 채무를 변제하지 않으면 A가 숨기고 싶어하는 과거 행적과 사채를 쓴 사실 등을 남편과 시댁에 알리겠다는 등의 문자메시지를 발송한 경우, 甲의 행위는 사회통념상 용인되는 범위를 넘지 않는 것이어서 협박죄가 성립하지 않는다.

ㄷ. A와 B가 차량 통행 문제로 다투던 중에 A가 차를 몰고 대문 안으로 운전해 들어가려 하자 B가 양팔을 벌리고 제지하였음에도 A가 차를 약 3미터 가량 B의 앞쪽으로 급진시키자, 이때 그 차 운전석 옆에 서 있던 B의 아들 甲이 B를 구하려고 차를 정지시키기 위하여 운전석 옆 창문을 통해 A의 머리카락을 잡아당겨 A의 흉부가 차의 창문틀에 부딪혀 약간의 상처를 입게 하였다면, 甲의 행위는 정당방위에 해당한다.

ㄹ. 임대인의 승낙 없이 건물을 전차한 전차인은 비록 불법 침탈 등의 방법에 의하여 건물의 점유를 개시한 것이 아니고 그동안 평온하게 음식점 영업을 하면서 점유를 계속하여 왔더라도 그 전대차로써 임대인에게 대항할 수 없기 때문에, 임대인이 그 건물의 열쇠를 새로 만들어 잠근 행위는 업무방해죄의 위법성을 조각하는 자구행위에 해당한다.

ㅁ. 싸움의 상황에서 상대방의 공격을 피하기 위하여 소극적으로 방어를 하던 도중 그 상대방을 상해 또는 사망에 이르게 한 경우라 하더라도, 이는 사회통념상 허용될 만한 상당성이 있는 정당행위라고 할 수 없다.

---

① ㄱ, ㄴ, ㄷ ② ㄴ, ㄷ, ㅁ
③ ㄷ, ㄹ, ㅁ ④ ㄱ, ㄴ, ㄹ, ㅁ
⑤ ㄱ, ㄷ, ㄹ, ㅁ

해설

ㄱ. [×] 형법 제24조의 규정에 의하여 위법성이 조각되는 피해자의 승낙은 개인적 법익을 훼손하는 경우에 법률상 이를 처분할 수 있는 사람의 승낙을 말할 뿐만 아니라 승낙이 윤리적, 도덕적으로 사회상규에 반하는 것이 아니어야 한다(대판 2008.12.11. 2008도9606).

ㄴ. [×] 사채업자인 피고인이 채무자 甲에게, 채무를 변제하지 않으면 甲이 숨기고 싶어하는 과거 행적과 사채를 쓴 사실 등을 남편과 시댁에 알리겠다는 등의 문자메시지를 발송한 경우, 피고인의 행위는 정당행위에 해당하지 않으므로 협박죄가 성립한다(대판 2011.5.26. 2011도2412).

ㄷ. [○] 피해자가 차를 피고인의 부(父) 앞쪽으로 약 3m 가량 전진시키자 위 차의 운전석 부근 옆에 서 있던 피고인이 부(父)가 위 차에 다치겠으므로 당황하여 차를 정지시키기 위해 운전석 옆 창문을 통하여 피해자의 머리털을 잡아당겨 흉부가 차의 창문틀에 부딪혀 상처를 입게 한 행위는 부(父)의 생명, 신체에 대한 현재의 부당한 침해를 방위하기 위한 행위로서, 정당방위에 해당한다(대판 1986.10.14. 86도1091).

ㄹ. [×] 건물 전차인이 임대인의 승낙 없이 전차했다 하더라도 전차인이 불법침탈 등의 방법에 의하여 건물의 점유를 개시한 것이 아니고 그동안 평온하게 음식점 영업을 하면서 점유를 계속하여 온 이상 전차인의 업무를 업무방해죄에 의하여 보호받지 못하는 권리라고 단정할 수 없다(대판 1986.12.23. 86도1372).

ㅁ. [×] 싸움은 방어행위가 동시에 공격행위인 양면적 성격을 띠어서 어느 한쪽 당사자의 행위만을 가려내어 방어를 위한 '정당행위'라거나 '정당방위'에 해당한다고 보기 어려운 것이 보통이다. 그러나 겉으로는 서로 싸움을 하는 것처럼 보이더라도 실제로는 한쪽 당사자가 일방적으로 위법한 공격을 가하고 상대방은 자신을 보호하고 벗어나기 위한 저항수단으로서 유형력을 행사한 경우에는, 그 행위가 새로운 적극적 공격이라고 평가되지 아니하는 한, 이는 사회관념상 허용될 수 있는 상당성이 있는 것으로서 위법성이 조각된다(대판 2010.2.11. 2009도12958).

정답 ④

33 위법성조각사유에 관한 설명 중 가장 적절하지 않은 것은? (다툼이 있는 경우 판례에 의함)

① A가 甲의 고소로 조사받는 것을 따지기 위하여 야간에 甲의 집에 침입한 상태에서 문을 닫으려는 甲과 열려는 A 사이의 실랑이가 계속되는 과정에서 문짝이 떨어져 그 앞에 있던 A가 넘어져 2주간의 치료를 요하는 타박상을 입게 된 경우, 甲의 행위는 사회통념에 비추어 용인할 수 있는 정도의 것이라고 보기 어렵다.

② 현역군인이 국군보안사령부의 민간인에 대한 정치사찰을 폭로한다는 명목으로 군무를 이탈한 행위는 정당방위나 정당행위에 해당하지 아니한다.

③ 노동조합이 주도한 쟁의행위 자체의 정당성과 이를 구성하거나 여기에 부수되는 개개 행위의 정당성은 구별하여야 하므로, 일부 소수의 근로자가 폭력행위 등의 위법행위를 하였더라도, 전체로서의 쟁의행위마저 당연히 위법하게 되는 것은 아니다.

④ 구 공직선거및선거부정방지법상 선거비용지출죄는 회계책임자가 아닌 자가 선거비용을 지출한 경우에 성립되는 죄인바, 후보자가 그와 같은 행위가 죄가 되는지 몰랐다고 하더라도 회계책임자가 아닌 후보자가 선거비용을 지출한 이상 회계책임자가 후에 후보자의 선거비용 지출을 추인하였다 하더라도 그 위법성이 조각되지 않는다.

해설

① [×] 피해자가 피고인의 고소로 조사받는 것을 따지기 위하여 야간에 피고인의 집에 침입한 상태에서 문을 닫으려는 피고인과 열려는 피해자 사이의 실랑이가 계속되는 과정에서 문짝이 떨어져 나가 그 앞에 있던 피해자가 넘어져 2주간의 치료를 요하는 요추부염좌 및 우측 제 4수지 타박상의 각 상해를 입은 경우, 피고인의 가해행위가 이루어진 시간 및 장소, 경위와 동기, 방법과 강도 및 피고인의 의사와 목적 등에 비추어 볼 때, 사회 통념상 허용될 만한 정도를 넘어서는 위법성이 있는 행위라고 보기는 어려우므로 정당행위에 해당한다고 본 사례(대판 2000.3.10. 99도4273).

② [○] 서면화된 인사발령 없이 국군보안사령부 서빙고분실로 배치되어 이른바 "혁노맹"사건 수사에 협력하게 된 사정만으로 군무이탈행위에 군무 기피 목적이 없었다고 할 수 없고, 국군보안사령부의 민간인에 대한 정치사찰을 폭로한다는 명목으로 군무를 이탈한 행위가 정당방위나 정당행위에 해당하지 아니한다(대판 1993.6.8. 93도766).

③ [○] 노동조합 및 노동관계 조정법 제46조가 규정한 사용자의 직장폐쇄는 사용자와 근로자의 교섭태도 및 교섭과정, 근로자의 쟁의행위의 목적 방법 및 그로 인하여 사용자가 받는 타격의 정도 등 구체적 사정에 비추어 근로자의 쟁의행위에 대한 방어수단으로서 상당성이 있어야만 사용자의 정당한 쟁의행위로 인정할 수 있다. 노동조합이 주도한 쟁의행위 자체의 정당성과 이를 구성하거나 여기에 부수되는 개개 행위의 정당성은 구별하여야 하므로, 일부 소수의 근로자가 폭력행위 등의 위법행위를 하였더라도, 전체로서의 쟁의행위마저 당연히 위법하게 되는 것은 아니다(대판 2017.7.11. 2013도7896).

④ [○] 구 공직선거및선거부정방지법상 선거비용지출죄는 회계책임자가 아닌 자가 선거비용을 지출한 경우에 성립되는 죄인바, 후보자가 그와 같은 행위가 죄가 되는지 몰랐다고 하더라도 회계책임자가 아닌 후보자가 선거비용을 지출한 이상, 회계책임자가 후에 후보자의 선거비용 지출을 추인하였다 하더라도 그 위법성이 조각되지 않는다(대판 1999.10.12. 99도3335).

정답 ①

34 위법성조각사유에 관한 설명으로 가장 적절하지 않은 것은? (다툼이 있는 경우 판례에 의함) [23 경찰채용]

① 방위행위, 피난행위, 자구행위가 그 정도를 초과한 경우에는 정황(情況)에 따라 그 형을 감경하거나 면제한다.

② 가해자의 행위가 피해자의 부당한 공격을 방위하기 위한 것이라기보다는 서로 공격할 의사로 싸우다가 먼저 공격을 받고 이에 대항하여 가해하게 된 것이라고 봄이 상당한 경우, 그 가해행위는 방어행위인 동시에 공격행위의 성격을 가지므로 정당방위 또는 과잉방위행위라고 볼 수 없다.

③ 정당방위, 긴급피난, 자구행위의 성립요건으로 '상당한 이유가 있을 것'이 요구된다.

④ 피해자의 승낙은 해석상 개인적 법익을 훼손하는 경우에 법률상 이를 처분할 수 있는 사람의 승낙을 말할 뿐만 아니라 그 승낙이 윤리적, 도덕적으로 사회상규에 반하는 것이 아니어야 한다.

해설

① [×] 방위행위, 피난행위, 자구행위가 그 정도를 초과한 경우에는 정황(情況)에 따라 그 형을 감경하거나 면제할 수 있다. 즉, 필요적 감면이 아닌 임의적 감면에 해당한다.

② [○] 가해자의 행위가 피해자의 부당한 공격을 방위하기 위한 것이라기보다는 서로 공격할 의사로 싸우다가 먼저 공격을 받고 이에 대항하여 가해하게 된 것이라고 봄이 상당한 경우, 그 가해행위는 방어행위인 동시에 공격행위의 성격을 가지므로 정당방위 또는 과잉방위행위라고 볼 수 없다(대판 2000.3.28. 2000도228).

③ [○] 제21조【정당방위】① 현재의 부당한 침해로부터 자기 또는 타인의 법익을 방위하기 위하여 한 행위는 상당한 이유가 있는 경우에는 벌하지 아니한다.
제22조【긴급피난】① 자기 또는 타인의 법익에 대한 현재의 위난을 피하기 위한 행위는 상당한 이유가 있는 때에는 벌하지 아니한다.
제23조【자구행위】법률에서 정한 절차에 따라서는 청구권을 보전할 수 없는 경우에 그 청구권의 실행이 불가능해지거나 현저히 곤란해지는 상황을 피하기 위하여 한 행위는 상당한 이유가 있는 때에는 벌하지 아니한다.

④ [○] 피해자의 승낙은 해석상 개인적 법익을 훼손하는 경우에 법률상 이를 처분할 수 있는 사람의 승낙을 말할 뿐만 아니라 그 승낙이 윤리적, 도덕적으로 사회상규에 반하는 것이 아니어야 한다(대판 2008.12.11. 2008도9606).

정답 ①

35 정당행위에 관한 설명 중 옳은 것만을 모두 고른 것은? (다툼이 있는 경우 판례에 의함) [23 경찰채용]

> ㉠ 甲은 ○○수지요법학회의 지회를 운영하면서 일반인에게 수지침을 보급하고 무료의료봉사활동을 하는 사람으로서 A에게 수지침 시술을 부탁받고 아무런 대가 없이 수지침 시술을 해 준 경우, 甲이 침술 면허가 없다고 해도 해당 행위는 사회상규에 위배되지 아니하는 행위로서 위법성이 조각될 수 있다.
> ㉡ A 노동조합의 조합원 甲 등이 관계 법령에서 정하는 서면신고의무에 따라 쟁의행위의 일시, 장소, 참가인원 및 그 방법에 관한 서면신고를 하지 않고 쟁의행위를 한 경우, 세부적·형식적 절차를 미준수한 것으로서 쟁의행위의 정당성이 부정된다.
> ㉢ A 아파트 입주자대표회의 회장인 甲이 자신의 승인 없이 동대표들이 관리소장과 함께 게시한 입주자대표회의의 소집공고문을 뜯어내 제거한 경우, 해당 공고문을 손괴한 조치가 그에 선행하는 위법한 공고문 작성 및 게시에 따른 위법상태의 구체적 실현이 임박한 상황하에서 그 위법성을 바로잡기 위한 것이라면 사회통념상 허용되는 범위를 크게 넘어서지 않는 것으로 볼 수 있다.
> ㉣ 甲이 「가정폭력범죄의 처벌 등에 관한 특례법」상의 임시보호명령을 위반하여 피해자인 A의 주거지에 접근하고 문자메시지를 보낸 경우, 이에 대하여 A의 양해 내지 승낙이 있었다면 甲의 행위가 사회상규에 위배되는 행위로 볼 것은 아니다.

① ㉠, ㉡

② ㉠, ㉢

③ ㉠, ㉡, ㉣

④ ㉠, ㉢, ㉣

해설

㉠ [O] 일반적으로 면허 또는 자격없이 침술행위를 하는 것은 의료법 제25조의 무면허 의료행위에 해당하여 동법 제66조에 의하여 처벌되어야 하고, 수지침 시술행위도 위와 같은 침술 행위의 일종으로 의료법에서 금지하고 있는 무면허 의료행위에 해당하며, 시술자의 시술 동기, 목적, 방법, 횟수, 시술에 대한 지식수준, 시술 경력, 피시술자의 나이, 체질, 건강 상태, 시술행위로 인한 부작용 내지 위험발생 가능성 등을 종합적으로 고려하여 구체적 경우에 있어서 개별적으로 보아 법질서 전체의 정신이나 그 배후에 놓여 있는 사회윤리 내지 사회통념에 비추어 용인될 수 있는 행위에 해당한다고 인정되는 경우에는 형법 제20조 소정의 사회상규에 위배되지 않는 행위로서 위법성이 조각된다고 할 것이다(대판 2000.4.25. 98도2389).

㉡ [×] 노동조합 및 노동관계조정법 시행령 제17조에서 규정하고 있는 쟁의행위의 일시·장소·참가인원 및 그 방법에 관한 서면신고의무는 쟁의행위를 함에 있어 그 세부적·형식적 절차를 규정한 것으로서 쟁의행위에 적법성을 부여하기 위하여 필요한 본질적인 요소는 아니므로, 신고절차의 미준수만을 이유로 쟁의행위의 정당성을 부정할 수는 없다(대판 2007.12.28. 2007도5204).

㉢ [O] 甲아파트 입주자 대표회의 회장인 피고인이 자신의 승인 없이 동대표들이 관리소장과 함께 게시한 입주자 대표회의 소집 공고문을 뜯어내 제거함으로써 그 효용을 해하였다고 하여 재물손괴로 기소된 사안에서, 피고인이 위 공고문을 손괴한 조치는 그에 선행하는 위법한 공고문 작성 및 게시에 따른 위법 상태의 구체적 실현이 임박한 상황하에서 그 위법성을 바로잡기 위한 것으로서 사회통념상 허용되는 범위를 크게 넘어서지 않는 행위로 볼 수 있다(대판 2021.12.30. 2021도9680).

㉣ [×] 피고인이 접근금지, 문언송신금지 등을 명한 임시보호명령을 위반하여 피해자의 주거지에 접근하고 문자메시지를 보낸 사안에서, 임시보호명령을 위반한 주거지 접근이나 문자메시지 송신을 피해자가 양해 내지 승낙했더라도 가정폭력범죄의 처벌 등에 관한 특례법 위반죄의 구성요건에 해당하고 형법 제20조의 정당행위로 볼 수 없다는 이유로 가정폭력범죄의 처벌 등에 관한 특례법 위반죄를 인정한 원심판결을 정당하다고 한 사례(대판 2022.1.14. 2021도14015).

정답 ②

36 위법성조각사유에 대한 설명 중 가장 적절하지 않은 것은? (다툼이 있는 경우 판례에 의함) [23 경찰승진]

① 방위행위가 그 정도를 초과한 경우에 야간이나 그 밖의 불안한 상태에서 공포를 느끼거나 경악하거나 흥분하거나 당황하였기 때문에 그 행위를 하였을 때에는 그 형을 감경하거나 면제할 수 있다.

② 외관상 서로 격투를 하는 것처럼 보이는 경우라고 할지라도 실지로는 한쪽 당사자가 일방적으로 불법한 공격을 가하고 甲이 이러한 공격으로부터 자신을 보호하고 이를 벗어나기 위한 저항수단으로 유형력을 행사한 경우라면 위법성이 조각된다.

③ 검사가 참고인 조사를 받는 줄 알고 검찰청에 자진 출석한 변호사 甲의 사무실 사무장을 합리적 근거 없이 긴급체포하자 甲이 이를 제지하는 과정에서 검사에게 상해를 가한 경우 정당방위에 해당한다.

④ 甲이 피해자와 공모하여 교통사고를 가장하여 보험금을 편취할 목적으로 피해자에게 상해를 가하였다면 피해자의 승낙이 있었다고 하더라도 甲의 행위가 피해자의 승낙에 의하여 위법성이 조각된다고 할 수 없다.

해설

① [×] 면책적 과잉방위(제21조 제3항)의 경우 과잉방위가 야간이나 그 밖의 불안한 상태에서 공포를 느끼거나 경악하거나 흥분하거나 당황하였기 때문에 그 행위를 하였을 때에는 적법행위의 기대가능성이 없어 책임이 조각되어 벌하지 아니한다.

② [O] 외관상 서로 격투를 한 당사자 중 일방의 유형력의 행사가 타방의 일방적인 불법 폭행에 대하여 자신을 보호하고 이를 벗어나기 위한 저항수단으로서 소극적인 방어의 한도를 벗어나지 않았다는 이유로 위법성이 조각된다(대판 1999.10.12. 99도3377).

③ [O] 검사가 참고인 조사를 받는 줄 알고 검찰청에 자진 출석한 변호사 사무실 사무장을 합리적 근거 없이 긴급체포하자 그 변호사가 이를 제지하는 과정에서 위 검사에게 상해를 가한 것이 정당방위에 해당한다(대판 2006.9.8. 2006도148).

④ [O] 형법 제24조의 규정에 의하여 위법성이 조각되는 피해자의 승낙은 개인적 법익을 훼손하는 경우에 법률상 이를 처분할 수 있는 사람의 승낙이어야 할 뿐만 아니라, 그 승낙이 윤리적·도덕적으로 사회 상규에 반하는 것이 아니어야 한다. 갑이 을과 공모하여 보험사기를 목적으로 을에게 상해를 가한 사안에서, 피해자의 승낙으로 위법성이 조각되지 아니한다(대판 2008.12.11. 2008도9606).

정답 ①

37 정당행위에 대한 설명 중 가장 적절하지 않은 것은? (다툼이 있는 경우 판례에 의함)

① 甲이 자신의 차를 손괴하고 도망하려는 피해자를 도망하지 못하게 멱살을 잡고 흔들어 피해자에게 전치 14일의 흉부찰과상을 가한 경우 정당행위에 해당한다.

② 분쟁 중인 부동산 관계로 따지러 온 피해자가 甲의 가게 안에 들어와서 甲 및 그의 아버지에게 행패를 부리자, 이에 甲이 피해자를 가게 밖으로 밀어내려다가 피해자를 넘어지게 한 경우 사회통념상 용인될 만한 상당성이 있는 행위로 위법성이 없다.

③ 甲이 외국에서 침구사자격을 취득하였으나 국내에서 침술행위를 할 수 있는 면허나 자격을 취득하지 못하였음에도 불구하고 단순한 수지침 정도의 수준을 넘어 체침을 시술한 경우 사회상규에 위배되지 아니하는 무면허의료행위로 인정될 수 없다.

④ 국회의원 甲이 대기업 고위관계자와 중앙일간지 사주 간의 사적 대화를 불법 녹음한 자료를 입수한 후 그 대화내용과 위 대기업으로부터 이른바 떡값 명목의 금품을 수수하였다는 검사들의 실명이 게재된 보도자료를 작성하여 자신의 인터넷 홈페이지에 게재한 경우 공익에 대한 중대한 침해가 발생할 가능성이 현저한 경우로서 비상한 공적 관심의 대상이 되고, 방법의 상당성도 갖추었으므로 정당행위에 해당한다.

해설

① [O] 피고인의 차를 손괴하고 도망하려는 피해자를 도망하지 못하게 멱살을 잡고 흔들어 피해자에게 전치 14일의 흉부찰과상을 가한 경우, 정당행위에 해당한다(대판 1999.1.26. 98도3029).

② [O] 분쟁 중인 부동산 관계로 따지러 온 피해자가 피고인에게 달려들어 멱살을 잡고 발로 차는 등 폭행을 가하자 이를 뿌리치기 위하여 소극적인 저항방법으로 부득이 멱살을 잡고 있는 피해자의 손을 잡고 비틀어 떼어낸 행위는 사회통념상 허용될 만한 정도의 상당성이 있는 위법성이 결여된 행위이다(대판 1986.6.10. 86도400).

③ [O] 외국에서 침구사 자격을 취득하였으나 국내에서 침술행위를 할 수 있는 면허나 자격을 취득하지 못한 자가 단순한 수지침 정도의 수준을 넘어 체침을 시술한 경우, 사회상규에 위배되지 아니하는 무면허 의료행위로 인정될 수 없다(대판 2002.12.26. 2002도5077).

④ [×] 피고인이 국가기관의 불법 녹음 자체를 고발하기 위하여 불가피하게 위 녹음 자료에 담겨 있던 대화 내용을 공개한 것이 아니고, 위 대화가 피고인의 공개행위 시로부터 8년 전에 이루어져 이를 공개하지 아니하면 공익에 대한 중대한 침해가 발생할 가능성이 현저한 경우로서 비상한 공적 관심의 대상이 되는 경우에 해당한다고 보기 어려우며, 전파성이 강한 인터넷 매체를 이용하여 불법 녹음된 대화의 상세한 내용과 관련 당사자의 실명을 그대로 공개하여 방법의 상당성을 결여하였고, 위 게재행위와 관련된 사정을 종합하여 볼 때 위 게재에 의하여 얻어지는 이익 및 가치가 통신비밀이 유지됨으로써 얻어지는 이익 및 가치를 초월한다고 볼 수 없으므로, 피고인이 위 녹음 자료를 취득하는 과정에 위법이 없었더라도 위 행위는 형법 제20조의 정당행위에 해당한다고 볼 수 없는데도, 이와 달리 본 원심 판단에 법리 오해의 위법이 있다고 한 사례(대판 2011.5.13. 2009도14442).

정답 ④

38 다음 설명 중 옳은 것만을 모두 고른 것은? (다툼이 있으면 판례에 의함) [16 국가9급]

> ㉠ 甲은 동거녀가 자기의 지갑에서 현금을 꺼내가는 것을 보고도 아무런 만류를 하지 않았다면 이를 허용하는 묵시적 의사가 있다고 볼 수 있다.
> ㉡ 甲은 부도를 내고 도피한 피해자 상점의 물건들을 다른 채권자들이 취거해 갈 수 있다고 생각하고 자신의 청구권을 우선적으로 확보할 생각으로 무단 침입하여 피해자의 가구를 들고 나온 경우 정당한 자구행위로 볼 수 없다.
> ㉢ 방송사 기자인 甲이 구 국가안전기획부 정보수집팀이 타인 간의 사적 대화를 불법 녹음하여 생성한 도청자료인 녹음테이프와 녹취보고서를 입수한 후 이를 자사의 방송프로그램을 통하여 공개한 경우, 형법 제20조의 정당행위에 해당하지 않는다.
> ㉣ 작성권한이 없는 甲이 사문서를 작성·수정함에 있어 그 명의자의 현실적 승낙은 없었지만 행위 당시의 모든 객관적 사정을 종합하여 명의자가 행위 당시 그 사실을 알았더라면 당연히 승낙했을 것이라고 추정되는 경우에는 사문서위·변조죄가 성립하지 않는다.

① ㉠, ㉣
② ㉠, ㉡, ㉢
③ ㉡, ㉢, ㉣
④ ㉠, ㉡, ㉢, ㉣

해설

> ㉠ [○] 피고인이 동거중인 피해자의 지갑에서 현금을 꺼내가는 것을 피해자가 현장에서 목격하고도 만류하지 아니하였다면 피해자가 이를 허용하는 묵시적 의사가 있었다고 봄이 상당하여 이는 절도죄를 구성하지 않는다(대판 1985.11.26. 85도1487).
> ㉡ [○] 피고인들이 법정절차에 의하여 피해자에 대한 청구권을 보전하는 것이 불가능한 경우에 해당한다고 볼 수 없을 뿐만 아니라 또한 피해자 소유의 가구점에 관리종업원이 있음에도 불구하고 가구들을 무단으로 취거한 행위는 <u>청구권의 실행불능이나 현저한 실행곤란을 피하기 위한 상당한 이유가 있는 행위</u>라고 할 수 없다(대판 2006.3.24. 2005도8081).
> ㉢ [○] 방송사 기자인 피고인이, 구 국가안전기획부 정보수집팀이 타인 간의 사적 대화를 불법 녹음하여 생성한 도청자료인 녹음테이프와 녹취보고서를 입수한 후 이를 자사의 방송프로그램을 통하여 공개한 경우 정당행위에 해당하지 않는다(대판(전) 2011.3.17. 2006도8839).
> ㉣ [○] 사문서를 작성·수정함에 있어 그 명의자의 명시적이거나 묵시적인 승낙이 있었다면 사문서의 위·변조죄에 해당하지 않고, 한편 행위 당시 명의자의 현실적인 승낙은 없었지만 행위 당시의 모든 객관적 사정을 종합하여 명의자가 행위 당시 그 사실을 알았다면 당연히 승낙했을 것이라고 추정되는 경우 역시 사문서의 위·변조죄가 성립하지 않는다(대판 2011.9.29. 2010도14587).

정답 ④

39 정당행위에 관한 다음 설명 중 가장 적절하지 않은 것은? (다툼이 있으면 판례에 의함) [15 경찰채용]

① '회사의 직원이 회사의 이익을 빼돌린다'는 소문을 확인할 목적으로, 비밀번호를 설정한 피해자의 '개인용 컴퓨터의 하드디스크'를 떼어내어 다른 컴퓨터에 연결한 다음, 의심이 드는 단어로 파일을 검색하여 메신저 대화 내용, 이메일 등을 출력한 행위는 정당행위에 해당하지 않는다.

② 신문기자가 기사 작성 자료를 수집하기 위해 취재에 응해줄 것을 요청하고 취재한 내용을 관계 법령에 저촉되지 않는 범위 내에서 보도하는 것은 정당행위에 해당한다.

③ 국회의원인 피고인이 구 국가안전기획부 내 정보수집팀이 대기업 고위관계자와 중앙일간지 사주 간의 사적 대화를 불법 녹음한 자료를 입수한 후 그 대화내용과 위 대기업으로부터 이른바 떡값 명목의 금품을 수수하였다는 검사들의 실명이 게재된 보도자료를 작성하여 자신의 인터넷 홈페이지에 게재한 경우, 정당행위에 해당한다고 볼 수 없다.

④ 사용자가 제3자와 공동으로 관리하는 공간을 관리자의 의사에 반하여 침입·점거한 경우, 비록 사용자에 대하여 정당한 쟁의행위로 평가되더라도 이를 공동으로 관리하는 제3자에 대하여서까지 위법성이 조각된다고 볼 수는 없다.

해설

① [×] 피해자의 범죄 혐의를 구체적이고 합리적으로 의심할 수 있는 상황에서 피고인이 긴급히 확인하고 대처할 필요가 있었고, 그 열람의 범위를 범죄 혐의와 관련된 범위로 제한하였으며, 피해자가 입사시 회사 소유의 컴퓨터를 무단 사용하지 않고 업무 관련 결과물을 모두 회사에 귀속시키겠다고 약정하였고, 검색 결과 범죄행위를 확인할 수 있는 여러 자료가 발견된 사정 등에 비추어 보면 피고인의 행위는 사회통념상 허용될 수 있는 상당성이 있는 행위로서 정당행위에 해당한다(대판 2009.12.24. 2007도6243).

② [○] 신문기자가 기사 작성 자료를 수집하기 위해 취재에 응해줄 것을 요청하고 취재한 내용을 관계 법령에 저촉되지 않는 범위 내에서 보도하는 것은 정당행위에 해당한다(대판 2011.7.14. 2011도639).

③ [○] 국회의원인 피고인이 구 국가안전기획부 내 정보수집팀이 대기업 고위관계자와 중앙일간지 사주 간의 사적 대화를 불법 녹음한 자료를 입수한 후 그 대화내용과 위 대기업으로부터 이른바 떡값 명목의 금품을 수수하였다는 검사들의 실명이 게재된 보도자료를 작성하여 자신의 인터넷 홈페이지에 게재한 경우, 정당행위에 해당한다고 볼 수 없다(대판 2011.5.13. 2009도 14442).

④ [○] 사용자가 제3자와 공동으로 관리하는 공간을 관리자의 의사에 반하여 침입·점거한 경우, 비록 사용자에 대하여 정당한 쟁의행위로 평가되더라도 이를 공동으로 관리하는 제3자에 대하여서까지 위법성이 조각된다고 볼 수는 없다(대판 2010.3.11. 2009도5008).

정답 ①

40 다음 중 위법성이 조각되는 경우(○)와 조각되지 않는 경우(×)를 바르게 연결한 것은? (다툼이 있으면 판례에 의함)
[14 경찰채용]

⊙ 행방불명된 남편에 대하여 불리한 민사판결이 선고된 경우 적법한 다른 방법을 강구하지 않고 남편명의의 항소장을 임의로 작성하여 법원에 제출하였다.
ⓒ 공사수급인이 권리행사에 빙자하여 도급인측에 대하여 비리를 관계기관에 고발하겠다는 내용의 협박 내지 사무실의 장시간 무단점거 및 직원들에 대한 폭행 등의 위법수단을 써서 기성고 공사대금 명목으로 금품을 지급받았다.
ⓒ 피고인이 그 소유건물에 인접한 대지 위에 건축허가 조건에 위반되게 건물을 신축·사용하는 소유자로부터 일조권 침해 등으로 인한 손해배상에 관한 합의금을 받았다.
ⓔ 피해자로부터 범인으로 오인되어 경찰에 끌려가 구타당하여 입원한 경우에 피해자에게 그 치료비를 요구하고 응하지 않으면 무고죄로 고소하겠다고 언명하였다.

① ⊙○ ⓒ× ⓒ× ⓔ×　　　② ⊙○ ⓒ○ ⓒ× ⓔ○
③ ⊙× ⓒ× ⓒ○ ⓔ×　　　④ ⊙× ⓒ× ⓒ○ ⓔ○

해설

⊙ [×] 행방불명된 남편에 대하여 불리한 민사판결이 선고된 경우 적법한 다른 방법을 강구하지 않고 남편명의의 항소장을 임의로 작성하여 법원에 제출하였다면 정당행위라고 할 수 없다(대판 1994.11.8. 94도1657).

ⓒ [×] 수급인이 권리행사에 빙자하여 도급인측에 대하여 비리를 관계기관에 고발하겠다는 내용의 협박 내지 사무실의 장시간 무단점거 및 직원들에 대한 폭행 등의 위법수단을 써서 기성고 공사대금 명목으로 금 80,000,000원을 교부받은 행위는 사회통념상 허용되는 범위를 넘는 것으로서 이는 공갈죄에 해당한다(대판 1991.12.13. 91도2127).

ⓒ [○] 피고인이 그 소유건물에 인접한 대지 위에 건축허가 조건에 위반되게 건물을 신축·사용하는 소유자로부터 일조권 침해 등으로 인한 손해배상에 관한 합의금을 받았다면 이는 정당한 권리행사로서 정당행위에 해당한다(대판 1990.8.14. 90도114).

ⓔ [○] 피해자로부터 범인으로 오인되어 경찰에 끌려가 구타당하여 입원한 경우에 피해자에게 그 치료비를 요구하고 응하지 않으면 무고죄로 고소하겠다고 언명하였다면 이는 정당행위에 해당한다(대판 1971.11.9. 71도1629).

정답 ④

41 위법성조각사유에 대한 설명으로 가장 적절한 것은? (다툼이 있으면 판례에 의함) [20 경찰채용]

① 형법 제252조 제1항 촉탁·승낙살인죄는 피해자 승낙을 배제하는 효과를 그 내용으로 하고 있으므로, 본 죄의 위법성 조각은 불가능하다.

② 무수혈 인공고관절 수술의 위험성을 충분히 설명 받았으나, 진지한 의사결정에 의한 수혈 거부 의사가 존재하여 무수혈수술 동의 아래 수술을 진행하였는데 생명에 위험이 발생할 수 있는 응급상황이 발생하였음에도 환자의 자기결정권을 존중하여 수혈하지 않다가 환자가 과다출혈로 사망에 이른 경우 의사는 업무상과실치사의 죄책을 진다.

③ 위법성의 본질을 결과반가치에서만 구하는 입장은 우연방위에 대해 위법성을 탈락시킨다.

④ 주식회사 대표이사로서 회사의 계산으로 사전투표와 직접투표를 한 주주들에게 무상으로 20만 원 상당의 상품교환권 등을 각 제공한 것은 주주총회 의결권 행사와 관련된 이익의 공여이지만 사회통념상 허용되는 범위를 넘지 않는 행위로서 위법성이 조각된다.

해설

① [×] 촉탁·승낙살인죄의 경우 피해자의 촉탁·승낙이 있어도 범죄가 성립하므로 촉탁과 승낙에 의하여는 위법성이 조각될 수 없다. 그러나 사회상규에 위배되지 않는 행위로서 정당행위에 의하여 위법성이 조각될 수 있다.

② [×] [1] 환자의 명시적인 수혈 거부 의사가 존재하여 수혈하지 아니함을 전제로 환자의 승낙(동의)을 받아 수술하였는데 수술 과정에서 수혈을 하지 않으면 생명에 위험이 발생할 수 있는 응급상태에 이른 경우에, 환자의 생명을 보존하기 위해 불가피한 수혈 방법의 선택을 고려함이 원칙이라 할 수 있지만, 한편으로 환자의 생명 보호에 못지않게 환자의 자기결정권을 존중하여야 할 의무가 대등한 가치를 가지는 것으로 평가되는 때에는 이를 고려하여 진료행위를 하여야 한다.
[2] 환자의 생명과 자기결정권을 비교형량하기 어려운 특별한 사정이 있다고 인정되는 경우에 의사가 자신의 직업적 양심에 따라 환자의 양립할 수 없는 두 개의 가치 중 어느 하나를 존중하는 방향으로 행위하였다면 이러한 행위는 처벌할 수 없다(대판 2014.6.26. 2009도14407).

③ [O] 우연방위는 객관적 정당화 상황(예 현재의 부당한 침해)은 존재하나 주관적 정당화요소(예 방어의사)가 결여되어 있는 경우이다. 위법성의 본질을 결과반가치에서만 구하는 입장(주관적 정당화요소 불요설)은 객관적 정당화 상황만 존재하여도 위법성 조각을 인정한다.

④ [×] 피고인이 대표이사로서 회사의 계산으로 사전투표와 직접투표를 한 주주들에게 무상으로 20만 원 상당의 상품교환권 등을 각 제공한 것은 주주총회 의결권 행사와 관련된 이익의 공여로서 사회통념상 허용되는 범위를 넘어서는 것이어서 상법상 주주의 권리행사에 관한 이익공여의 죄에 해당한다(대판 2018.2.8. 2015도7397).

정답 ③

42 위법성조각사유에 대한 설명으로 옳은 것은? (다툼이 있으면 판례에 의함) [21 국가9급]

① 甲이 A를 강간하던 중 A가 손가락을 깨물며 반항하자, 甲이 물린 손가락을 비틀어 잡아 뽑다가 A에게 치아결손을 가한 행위는 긴급피난에 해당한다.

② 경찰관이 현행범인으로서의 요건을 갖추지 못한 甲을 체포하려고 하자, 甲이 체포를 면하려고 반항하는 과정에서 경찰관에게 상해를 가한 행위는 정당방위에 해당한다.

③ 친권자 甲이 스스로의 감정을 이기지 못하고 야구방망이로 때릴 듯이 자녀 A에게 "죽여 버린다"고 말하여 협박한 행위는 정당행위에 해당한다.

④ 정당 당직자 甲이 국회 상임위원회 회의장 앞 복도에서 출입이 봉쇄된 회의장 출입구를 뚫을 목적으로 회의장 출입문 및 그 안쪽에 쌓여있던 집기를 손상한 행위는 정당행위에 해당한다.

해설

① [×] 피고인이 스스로 야기한 강간범행의 와중에서 피해자가 피고인의 손가락을 깨물며 반항하자 물린 손가락을 비틀며 잡아 뽑다가 피해자에게 치아결손의 상해를 입힌 소위를 가리켜 법에 의하여 용인되는 피난행위라 할 수 없다(대판 1995.1.12. 94도2781).

② [○] 불법체포에 대항하기 위하여 경찰관에게 상해를 가한 경우 이는 부당한 침해에 대한 방위행위로서 정당방위가 인정된다(대판 2011.5.26. 2011도3682).

③ [×] 스스로의 감정을 이기지 못하고 야구방망이로 때릴 듯이 피해자에게 "죽여 버린다"고 말하여 협박하는 것은 그 자체로 피해자의 인격 성장에 장해를 가져올 우려가 커서 이를 교양권의 행사라고 보기도 어렵다(대판 2002.2.8. 2001도6468).

④ [×] 국민의 대의기관인 국회에서 서로의 의견을 경청하고 진지한 토론과 양보를 통하여 더욱 바람직한 결론을 도출하는 합법적 절차를 외면한 채 곧바로 폭력적 행동으로 나아간 피고인들의 행위는 상당성의 요건을 갖추지 못하였다고 할 것이므로 이를 정당행위나 긴급피난의 요건을 갖춘 행위로 평가하기 어렵다(대판 2013.6.13. 2010도13609).

정답 ②

---

43 위법성조각사유에 대한 아래 ㉠부터 ㉣까지의 설명 중 옳고 그름의 표시(○, ×)가 모두 바르게 된 것은? (다툼이 있으면 판례에 의함)

[21 경찰채용]

> ㉠ 정당방위상황은 존재하지만 방위의사 없이 행위한 경우, 위법성조각사유의 요건에 있어 주관적 정당화요소가 필요없다고 보는 견해에서는 여전히 행위반가치는 존재하므로 이를 불능미수범으로 취급하여야 한다고 본다.
>
> ㉡ 위법하지 않은 정당한 침해에 대한 정당방위는 인정되지 않는다.
>
> ㉢ 수급인 소속 근로자의 쟁의행위가 도급인의 사업장에서 일어나 도급인의 형법상 보호되는 법익을 침해한 경우, 사용자인 수급인에 대한 관계에서 쟁의행위의 정당성을 갖추었다면 사용자가 아닌 도급인에 대한 관계에서도 법령에 의한 정당한 행위로서 위법성이 조각된다.
>
> ㉣ 사용자가 당해 사업과 관계없는 자를 쟁의행위로 중단된 업무의 수행을 위하여 채용 또는 대체하는 경우, 쟁의행위에 참가한 근로자들이 위법한 대체근로를 저지하기 위하여 상당한 정도의 실력을 행사하는 것은 정당행위로서 위법성이 조각된다.

① ㉠ × ㉡ ○ ㉢ × ㉣ ○   ② ㉠ ○ ㉡ × ㉢ ○ ㉣ ×

③ ㉠ × ㉡ ○ ㉢ ○ ㉣ ○   ④ ㉠ ○ ㉡ ○ ㉢ × ㉣ ×

해설

㉠ [×] 위법성조각사유의 요건에 있어 주관적 정당화요소가 필요없다고 보는 견해에서는 정당방위상황은 존재하지만 방위의사(주관적 정당화요소) 없이 행위한 경우 위법성 조각을 인정한다.

㉡ [○] 정당방위는 부당한, 즉 위법한 침해에 대하여 인정된다(제21조 제1항).

㉢ [×] 쟁의행위가 정당행위로 위법성이 조각되는 것은 사용자에 대한 관계에서 인정되는 것이므로 제3자의 법익을 침해한 경우에는 원칙적으로 정당성이 인정되지 않는다. 그런데 도급인은 원칙적으로 수급인 소속 근로자의 사용자가 아니므로 수급인 소속 근로자의 쟁의행위가 도급인의 사업장에서 일어나 도급인의 형법상 보호되는 법익을 침해한 경우에는 사용자인 수급인에 대한 관계에서 쟁의행위의 정당성을 갖추었다는 사정만으로 사용자가 아닌 도급인에 대한 관계에서까지 법령에 의한 정당한 행위로서 법익침해의 위법성이 조각된다고 볼 수는 없다(대판 2020.9.3. 2015도1927).

㉣ [○] 사용자가 당해 사업과 관계없는 자를 쟁의행위로 중단된 업무의 수행을 위하여 채용 또는 대체하는 경우, 쟁의행위에 참가한 근로자들이 위법한 대체근로를 저지하기 위하여 상당한 정도의 실력을 행사하는 것은 정당행위로서 위법성이 조각된다(대판 2020.9.3. 2015도1927).

> ▶ 사용자는 쟁의행위 기간 중 그 쟁의행위로 중단된 업무의 수행을 위하여 당해 사업과 관계없는 자를 채용 또는 대체할 수 없다(노동조합 및 노동관계조정법 제43조 제1항).

정답 ①

44 자구행위에 관한 설명 중 가장 적절하지 않은 것은? [23 경찰채용]

① 자구행위란 법률에서 정한 절차에 따라서는 청구권을 보전(保全)할 수 없는 경우에 그 청구권의 실행이 불가능해지거나 현저히 곤란해지는 상황을 피하기 위한 상당한 이유가 있는 행위를 말한다.

② 자구행위의 경우에도 야간이나 그 밖의 불안한 상태에서 공포를 느끼거나 경악하거나 흥분하거나 당황하였기 때문에 그 행위를 하였을 때 벌하지 아니하는 형법 제21조 제3항의 규정이 준용된다.

③ 자구행위는 사후적 긴급행위이므로 과거의 침해에 대해서만 가능하다.

④ 자구행위에서 청구권 보전의 불가능이란 시간적·장소적 관계로 국가기관의 구제를 기다릴 여유가 없거나 후일 공적 수단에 의한다면 그 실효를 거두지 못할 긴급한 사정이 있는 경우를 말한다.

해설

① [O] 형법 제23조 제1항.

② [×] 과잉자구행위는 정황에 의하여 형을 감경하거나 면제할 수 있다(임의적 감면). 그러나 긴급피난의 경우와는 달리 형법 제21조 제3항(면책적 과잉방위)은 준용되지 않는다. 즉, 면책적 자구행위는 인정되지 않는다.

③ [O] 자구행위는 침해된 권리를 보전하기 위한 행위이므로 청구권에 대한 불법한 침해가 있어야 하고, 사후적 긴급행위이므로 과거의 침해에 대해서만 가능하다.

④ [O] 자구행위의 요건으로서 자구행위는 시간적·장소적 관계로 공적 구제를 기다릴 여유가 없고 후일 법정절차에 의할지라도 그 실효를 거두지 못할 긴급한 사정이 있는 경우에 한하여 할 수 있다(제1보충성). 따라서 가옥명도청구, 토지반환청구 또는 점유사용권을 회복하기 위한 자구행위는 허용되지 않는다.

정답 ②

제5절 | 위법성론 종합

45 주관적 정당화요소에 대한 설명 중 옳지 않은 것은? [16 경찰간부]

① 순수한 결과반가치론에 의하면 위법성 조각사유에서 주관적 정당화요소가 없어도 위법성이 조각될 수 있다.

② 일원적 인적 불법론에 의하면 구성요건적 행위는 주관적 정당화요소가 있는 경우에만 행위반가치가 탈락하여 정당화될 수 있다.

③ 우연방위 효과에 관한 불능미수범설은 기수범의 결과반가치는 배제되지만 행위반가치는 그대로 존재하므로 불능미수의 규정을 유추적용해야 한다는 견해이다.

④ 형법의 규정에 의하면 우연방위가 야간 기타 불안스러운 상태하에서 공포, 경악, 흥분 또는 당황으로 인한 때에는 벌하지 아니한다.

해설

① [○] 순수한 결과반가치론에 의하면 불법은 결과반가치만으로 구성되므로 위법성을 조각하기 위해서는 결과반가치를 상쇄시킬 수 있는 위법성조각사유의 객관적정당화상황만 존재하면 충분하게 되고 행위반가치를 상쇄시키는 주관적 정당화요소가 필요 없게 된다.

② [○] 일원적 인적불법론(행위반가치일원론)은 오직 행위반가치만이 불법의 전부라고 보는 견해이므로, 위법성을 조각하기 위해서는 행위반가치를 상쇄시킬 주관적 정당화요소가 필요하게 되고, 만약 이러한 주관적 정당화요소가 있으면 불법의 전부인 행위 반가치가 탈락하여 정당화될 수 있다.

③ [○] 우연방위 효과에 관한 불능미수범설은 존재하는 정당화상황으로 인해 기수범의 결과반가치는 배제되지만 행위반가치는 그대로 존재하므로 불능미수의 규정을 유추적용해야 한다는 견해이다.

④ [×] <u>과잉방위(형법 제21조 제2항)</u>가 야간 기타 불안스러운 상태하에서 공포, 경악, 흥분 또는 당황으로 인한 때에는 벌하지 아니한다(제21조 제3항).

정답 ④

---

46 위법성조각사유에 대한 설명으로 가장 적절한 것은? (다툼이 있으면 판례에 의함) [21 경찰승진]

① 정당방위는 부당한 침해에 대한 방어행위인데 반해 긴급피난은 부당한 침해가 아닌 위난에 대해서도 가능하다.

② 「형법」 제23조에 의하면 과잉자구행위가 야간 기타 불안스러운 상태하에서 공포·경악·흥분 또는 당황으로 인한 때에는 벌하지 아니한다.

③ 「형법」 제23조 제1항은 타인의 청구권 보전을 위한 자구행위도 가능한 것으로 명시하고 있다.

④ 건물의 소유자라고 주장하는 피고인과 그것을 점유·관리하고 있는 피해자 사이에 건물의 소유권에 대한 분쟁이 계속되고 있는 상황이라면, 피고인이 그 건물에 침입하였다 하더라도 피해자의 추정적 승낙이 있었다거나 피고인의 행위가 사회상규에 위배되지 않는다고 볼 수 있다.

해설

① [○] 제21조 제1항, 제22조 제1항.

② [×] 「형법」 제23조에는 "과잉자구행위가 야간 기타 불안스러운 상태하에서 공포·경악·흥분 또는 당황으로 인한 때에는 벌하지 아니한다."라는 규정을 두고 있지 아니하다. 형법은 면책적 과잉방위와 면책적 과잉피난은 인정하나 면책적 과잉자구행위를 인정하지 않는다.

③ [×] 자구행위란 법정절차에 의하여 청구권을 보전하기 불능한 경우에 그 청구권의 실행불능 또는 현저한 실행곤란을 피하기 위한 상당한 이유 있는 행위를 말한다(제23조 제1항). 형법 제23조 제1항의 청구권은 자기의 청구권으로 해석되고 있다.

④ [×] 피고인과 피해자 사이에 가옥의 소유권에 대한 분쟁이 있어 현재까지도 그 분쟁이 계속되고 있는 사실에 비추어 볼 때, 피고인이 가옥에 침입하는 것에 대한 피해자의 추정적 승낙이 있었다거나 피고인의 범행이 사회상규에 위배되지 아니한다고 볼 수 없다(대판 1989.9.12. 89도889).

정답 ①

47 위법성조각사유에 대한 설명으로 옳은 것은? (다툼이 있으면 판례에 의함)

① 甲이 자신의 아버지 乙에게서 乙 소유 부동산 매매에 관한 일체의 권한을 위임받아 이를 매도하였는데, 그 후 乙이 사망하자 부동산 소유권 이전에 사용할 목적으로 乙이 甲에게 인감증명서 발급을 위임한다는 취지의 인감증명 위임장을 작성한 후 주민센터 담당 직원에게 제출한 경우, 사망한 명의자 乙의 승낙이 추정되므로 위법성이 조각된다.

② 경찰관의 불심검문을 받게 된 甲이 운전면허증을 교부한 후 경찰관에게 큰 소리로 욕설을 하였고 이에 경찰관이 모욕죄의 현행범으로 체포하겠다고 고지한 후 甲의 어깨를 잡자, 甲이 이를 면하려고 반항하는 과정에서 경찰관에게 상해를 입힌 행위는 정당방위에 해당한다.

③ 운전자가 자신의 차를 가로막고 서서 통행을 방해하는 피해자를 향해 차를 조금씩 전진시키고 피해자가 뒤로 물러나면 다시 차를 전진시키는 방식의 운행을 반복한 경우, 정당방위에 해당하여 폭행죄가 성립하지 않는다.

④ 피해자의 승낙은 언제든지 자유롭게 철회될 수 있고 그 방법에는 제한이 없으며, 법익이 침해된 이후의 사후 승낙도 위법성을 조각할 수 있다.

해설

① [×] 乙의 사망으로 포괄적인 명의사용의 근거가 되는 위임관계 내지 포괄적인 대리관계는 종료된 것으로 보아야 하므로 피고인 甲은 더 이상 위임받은 사무처리와 관련하여 乙의 명의를 사용하는 것이 허용된다고 볼 수 없고, 피고인이 명의자 乙이 승낙하였을 것이라고 기대하거나 예측한 것만으로는 사망한 乙의 승낙이 추정된다고 단정할 수 없으므로 사문서위조죄가 성립한다(대판 2011.9.29. 2011도6223).

② [O] 경찰관의 불심검문을 받게 된 甲이 운전면허증을 교부한 후 경찰관에게 큰 소리로 욕설을 하였고 이에 경찰관이 모욕죄의 현행범으로 체포하겠다고 고지한 후 甲의 어깨를 잡자, 甲이 이를 면하려고 반항하는 과정에서 경찰관에게 상해를 입힌 행위는 정당방위에 해당한다(대판 2011.5.26. 2011도3682).
  ▶ 도주나 증거인멸의 염려가 없으므로 경찰관의 현행범 체포는 위법하고 경찰관에게 상해를 입힌 행위는 정당방위에 해당한다.

③ [×] 피고인이 자신의 차를 가로막고 서 있는 피해자를 향해 차를 조금씩 전진시키고 피해자가 뒤로 물러나면 다시 차를 전진시키는 방식의 운행을 반복하였는데, 이는 그 자체로 피해자에 대한 유형력의 행사에 해당하고 또한 이를 정당방위나 정당행위에 해당한다고 할 수 없다(대판 2016.10.27. 2016도9302).

④ [×] 위법성조각사유로서의 피해자의 승낙은 언제든지 자유롭게 철회할 수 있고, 그 철회의 방법에는 아무런 제한이 없다(대판 2011.5.13. 2010도9962).
  ▶ 승낙은 법익이 침해되기 이전에 있어야 하며 법익이 침해된 이후의 사후 승낙은 위법성이 조각될 수 없다.

정답 ②

48 위법성조각사유에 관한 설명이다. 다음 중 가장 적절하지 않은 것은? (다툼이 있으면 판례에 의함)

① 조합원에 대하여 파업 실시에 관한 찬반투표를 실시하지는 않았지만 노동조합의 조합원 총회를 거쳐 파업을 실시하였고, 파업에 참여한 인원 등에 비추어 조합원 대다수가 파업에 찬성한 것으로 보이는 쟁의행위는 정당행위에 해당하지 않는다.

② 쟁의행위에서 추구되는 목적이 여러 가지이고 그 중 일부가 정당하지 못한 경우에는 주된 목적 내지 진정한 목적의 당부에 의하여 그 쟁의목적의 당부를 판단하여야 하나, 부당한 요구사항을 뺐더라면 쟁의행위를 하지 않았을 것이라고 인정되는 경우라고 하여 그 쟁의행위 전체가 정당성을 갖지 못한다고 볼 수는 없다.

③ 대출의 조건 및 용도가 임야매수자금으로 한정되어 있는 정부정책자금을 대출받으면서 임야매수자금 외의 용도에 사용할 목적으로 임야매수자금을 실제보다 부풀린 허위계약서를 제출하여 대출받은 행위는, 정책자금을 대출받은 자가 대출의 조건 및 용도에 위반하여 자금을 사용하는 관행이 있더라도 사회상규에 위배되지 않는 정당한 행위라고 할 수 없다.

④ 임차인이 임대차기간이 만료된 방을 비워주지 못하겠다고 억지를 쓰며 폭언을 함으로 임대인의 며느리가 홧김에 그 방의 창문을 쇠스랑으로 부수자, 이에 격분하여 임차인이 배척(속칭 빠루)을 들고 휘둘러 구경꾼인 마을주민에게 상해를 입힌 행위는 정당방위에 해당하지 않는다.

해설

① [○] 쟁의행위의 찬반을 결정하는 투표절차의 위반의 경우 실질적 정당성을 갖추었더라도 특단의 사정이 없는 한 정당성이 상실된다(대판(전) 2001.10.25. 99도4837).

② [×] 쟁의행위가 추구하는 목적이 여러 가지로서 그 중 일부가 정당하지 못한 경우에는 주된 목적 내지 진정한 목적을 기준으로 쟁의행위 목적의 정당성 여부를 판단하여야 하는데, 만일 부당한 요구사항을 뺐더라면 쟁의행위를 하지 않았을 것이라고 인정될 때에는 그 쟁의행위 전체가 정당성을 갖지 못한다고 보아야 한다(대판 2014.11.13. 2011도393).

③ [○] 대출의 조건 및 용도가 임야매수자금으로 한정되어 있는 정부정책자금을 대출받으면서 임야매수자금 외의 용도에 사용할 목적으로 임야매수자금을 실제보다 부풀린 허위계약서를 제출하여 대출받은 행위는, 정책자금을 대출받은 자가 대출의 조건 및 용도에 위반하여 자금을 사용하는 관행이 있더라도 사회상규에 위배되지 않는 정당한 행위라고 할 수 없다(대판 2007.4.27. 2006도7634).

④ [○] 임차인의 행위는 그 침해행위에서 벗어난 후 분을 풀려는 목적에서 나온 공격행위로 정당방위에 해당한다고 할 수 없다(대판 1996.4.9. 96도241).

정답 ②

제3장 | 책임론

제1절 | 책임능력

01 책임능력에 관한 설명 중 가장 적절하지 않은 것은? (다툼이 있으면 판례에 의함) [14 경찰승진]

① 충동조절장애와 같은 성격적 결함은 원칙적으로 심신장애에 해당하지 않으나 그 정도가 매우 심각하여 원래의 의미의 정신병을 가진 사람과 동등하다고 평가할 수 있는 경우에는 심신장애를 인정할 수 있다.

② 소년법 제60조 제2항 소정의 '소년'인지의 여부는 원칙적으로 심판시, 즉 사실심 판결 선고시를 기준으로 하여 판단하여야 한다.

③ 형법 제11조는 '농아자의 행위는 형을 감경한다'라고 규정하고 있다.

④ 심신장애로 인하여 사물을 변별할 능력이나 의사를 결정할 능력이 미약한 자의 행위는 형을 감경할 수 있다.

해설

① [O] 충동조절장애와 같은 성격적 결함은 원칙적으로 심신장애에 해당하지 않으나 그 정도가 매우 심각하여 원래의 의미의 정신병을 가진 사람과 동등하다고 평가할 수 있는 경우에는 심신장애를 인정할 수 있다(대판 2011.2.10. 2010도14512).

② [O] 소년법 제60조 제2항 소정의 '소년'인지의 여부는 원칙적으로 심판시, 즉 사실심 판결 선고시를 기준으로 하여 판단하여야 한다(대판 2009.5.28. 2009도2682).

③ [O] 농아자의 행위는 형을 감경한다(제11조).
 ▶ 농아자는 현행법상 청각 및 언어장애인을 말한다(이하 동일함).

④ [O] 심신장애로 인하여 사물을 변별할 능력이나 의사를 결정할 능력이 미약한 자의 행위는 형을 감경할 수 있다(제10조 제2항).
 ▶ 출제당시에는 이 지문이 틀린 지문이었으나 법개정으로 옳은 지문에 해당한다.

정답 없음

02 책임능력에 대한 설명으로 옳지 않은 것은? (다툼이 있으면 판례에 의함) [11 국가9급]

① 심신장애가 있는가에 대하여 전문가의 감정이 있었다면 법원은 반드시 전문감정인의 의견에 기속되어야 한다.

② 피고인이 평소 간질병 증세가 있었더라도 범행 당시에는 간질병이 발작하지 아니하였다면 이는 책임감면 사유인 심신상실 내지는 심신미약의 경우에 해당하지 아니한다.

③ 충동조절장애는 형의 감면사유인 심신장애에 해당하지 아니하나, 그것이 매우 심각하여 원래의 의미의 정신병을 가진 사람과 동등하다고 평가할 수 있는 경우에는 심신장애로 인한 범행으로 보아야 한다.

④ 사물변별능력이나 의사결정능력은 판단능력 또는 의지능력과 관련된 것으로서 사실의 인식능력이나 기억능력과 반드시 일치하는 것은 아니다.

① [×] 심신장애의 유무 및 정도의 판단은 법률적 판단으로서 반드시 전문감정인의 의견에 기속되어야 하는 것은 아니고, 여러 사정을 종합하여 법원이 독자적으로 판단할 수 있다(대판 2007.11.29. 2007도8333).

② [○] 피고인이 평소 간질병 증세가 있었더라도 범행 당시에는 간질병이 발작하지 아니하였다면 이는 책임감면사유인 심신장애 내지는 심신미약의 경우에 해당하지 아니한다(대판 1983.10.11. 83도1897).

③ [○] 원칙적으로 충동조절장애와 같은 성격적 결함은 형의 감면사유인 심신장애에 해당하지 아니한다고 봄이 타당하다. 다만 충동조절장애와 같은 성격적 결함이라 할지라도 그것이 매우 심각하여 원래의 의미의 정신병을 가진 사람과 동등하다고 평가할 수 있는 경우에는 그로 인한 범행은 심신장애로 인한 범행으로 보아야 한다(대판 2011.2.10. 2010도14512).

④ [○] [1] 사물변별능력이나 의사결정능력은 판단능력 또는 의지능력과 관련된 것으로서 사실의 인식능력이나 기억능력과는 반드시 일치하는 것이 아니다.

[2] 범행 당시 정신분열증으로 심신장애의 상태에 있었던 피고인이 피해자를 살해한다는 명확한 의식이 있었고 범행의 경위를 소상하게 기억하고 있다고 하더라도 이러한 사실의 인식능력이나 기억능력이 있다는 것만 가지고 범행당시 사물의 변별능력이나 의사결정능력이 결여된 정도가 아니라 미약한 상태에 있었다고 단정할 수 없다(대판 1990.8.14. 90도1328).

정답 ①

03 형법상 책임능력에 관한 설명 중 가장 옳지 않은 것은? (다툼이 있으면 판례에 의함)   [13 법원9급]

① 피고인이 생리기간 중에 심각한 충동조절장애에 빠져 절도범행을 저지른 것으로 의심이 된다고 하더라도 자신의 충동을 억제하지 못하여 범죄를 저지르게 되는 현상은 정상인에게서도 얼마든지 찾아볼 수 있는 일이므로, 형의 감면사유인 심신장애에 해당하지 아니한다.

② 평소 간질병 증세가 있었더라도 범행 당시에는 간질병이 발작하지 않았다면 심신상실 또는 심신미약에 해당한다고 볼 수 없다.

③ 범행 당시를 기억하지 못한다는 사실만으로 바로 범행시 심신상실 상태에 있었다고 단정할 수 없다.

④ 농아자가 시비를 변별하고 이에 따라 행위할 능력이 있다 하더라도 반드시 형을 감경하여야 한다.

해설

① [×] 피고인에게 우울증 기타 정신병이 있고 특히 생리 때가 되면 남의 물건을 훔치고 싶은 억제할 수 없는 충동이 일어나고, 범행도 피고인으로서 어떻게 할 수 없는 그와 같은 종류의 절도 충동이 발동하여 저지르게 된 것이 아닌가 하는 의심을 품을 정도가 되었다면, 법원은 전문가에게 피고인의 정신상태를 감정시키는 등의 방법으로 과연 범행 당시 피고인의 정신상태가 우울증이나 생리의 영향으로 인하여 그 자신이 하는 행위의 옳고 그름을 변별하고, 그 변별에 따라 행동을 제어하는 능력을 상실하였거나 그와 같은 능력이 미약해진 상태이었는지 여부를 확실히 가려보아야 하였을 터이다(대판 1999.4.27. 99도693).

② [○] 피고인이 평소 간질병 증세가 있었더라도 범행 당시에는 간질병이 발작하지 아니하였다면 이는 책임감면사유인 심신장애 내지는 심신미약의 경우에 해당하지 아니한다(대판 1983.10.11. 83도1897).

③ [○] 범행을 기억하고 있지 않다는 사실만으로 바로 범행당시 심신상실 상태에 있었다고 단정할 수는 없다(대판 1985.5.28. 85도361).

④ [○] 농아자의 행위는 형을 감경한다(제11조). 농아자가 시비를 변별하고 이에 따라 행위할 능력이 있는지 불문하고 형을 감경한다.

정답 ①

04 책임에 대한 설명 중 옳은 것만을 모두 고른 것은? (다툼이 있는 경우 판례에 의함)

가. 책임비난의 근거를 행위자의 자유의사에서 찾는 도의적 책임론은 행위자책임을 형벌권 행사의 근거로 보기 때문에 책임무능력자에 대한 보안처분 부과를 옹호한다.

나. 사회적 책임론은 과거에 잘못 형성된 행위자의 성격에서 책임의 근거를 찾으므로 범죄는 행위자의 소질과 환경에 의해 결정된다고 이해한다.

다. 행위 당시 18세였던 甲이 제1심에서 부정기형을 선고받은 후 항소심 선고 이전에 19세에 도달한 경우, 항소심 법원은 甲에 대하여 정기형을 선고하여야 한다.

라. 「형법」 제10조에 규정된 심신장애는 정신병 또는 비정상적 정신상태와 같은 정신적 장애가 있는 외에 정신적 장애로 말미암아 사물에 대한 변별능력과 그에 따른 행위통제능력이 결여되거나 감소되었음을 요하므로 정신적 장애가 있는 자라고 하여도 범행 당시 정상적인 사물변별능력이나 행위통제능력이 있었다면 심신장애로 볼 수 없다.

마. 음주습벽이 있는 甲이 음주운전을 할 의사를 가지고 음주만취하여 심신상실상태에서 운전을 결행하여 부주의로 보행자 A를 충격하여 현장에서 즉사시키고 도주하였다면, 이는 음주시에 교통사고를 일으킬 위험성을 예견하였는데도 자의로 심신장애를 야기한 경우에 해당하므로 甲에 대한 형사처벌이 가능하다.

① 가, 다, 라

② 나, 라, 마

③ 다, 라, 마

④ 나, 다, 라, 마

해설

☑ 도의적 책임론과 사회적 책임론

구분	도의적 책임론5)	사회적 책임론
의의	책임이란 자유의사를 가진 자가 자유로운 의사에 의하여 적법한 행위를 할 수 있었음에도 불구하고 위법행위를 한 데 대한 윤리적 비난이라고 보는 견해이다.	책임의 근거를 소질과 환경에 의해서 결정된 행위자의 반사회적 성격에 두고 책임이란 인간의 반사회적 성격에 대하여 가하여지는 사회적 비난이라고 보는 견해이다.
인간관	비결정론(자유의사 긍정)	결정론(자유의사 부정)
책임의 근거	의사책임론(자유의사 있는 자의 위법한 의사형성)	성격책임론(소질과 환경에 의하여 결정된 행위자의 반사회적 성격)
책임비난의 대상	행위 책임론(행위자의 개인적 특성은 불고려)	행위자 책임론(사회적으로 위험한 성격을 가진 행위자)
형벌과 보안처분의 관계 및 대체가능성	① 이원론(자유의사를 가진 자에게 과하는 형벌과 책임무능력자에게 과하는 보안처분은 질적으로 구별된다) ② 양자는 질적 차이가 있으므로 대체불가	① 일원론(사회방위처분이라는 점에서 양자는 질적인 차이가 없고 다만 양적 차이가 있을 뿐이다) ② 양자는 질적 차이가 없으므로 대체가능
책임능력의 의미	범죄능력	형벌(적응)능력6)

▶ 나, 다, 라, 마. 4개가 옳다.

가. [×] 도의적 책임론은 책임이란 자유의사를 가진 자가 자유로운 의사에 의하여 적법한 행위를 할 수 있었음에도 불구하고 위법행위를 한 데 대한 윤리적 비난이라고 보는 견해이다. 행위 책임론에 따라 행위자의 개인적 특성은 고려하지 않는다. 행위자 책임론(사회적으로 위험한 성격을 가진 행위자)은 사회적 책임론의 입장이다.

나. [O] 사회적 책임론은 책임의 근거를 소질과 환경에 의해서 결정된 행위자의 반사회적 성격에 두고 책임이란 인간의 반사회적 성격에 대하여 가하여지는 사회적 비난이라고 보는 견해이다.

다. [O] 소년법 제60조 제1항에 정한 '소년'은 소년법 제2조에 정한 19세 미만인 자를 의미하는 것으로 이에 해당하는지는 사실심 판결 선고 시를 기준으로 판단하여야 하므로, 제1심에서 부정기형을 선고받은 피고인이 항소심 선고 이전에 19세에 도달하는 경우 정기형이 선고되어야 한다(대판(전) 2020.10.22. 2020도4140).

라. [O] 형법 제10조에 규정된 심신장애는 정신병 또는 비정상적 정신상태와 같은 정신적 장애가 있는 외에 이와 같은 정신적 장애로 말미암아 사물에 대한 변별능력이나 그에 따른 행위통제능력이 결여 또는 감소되었음을 요하므로, 정신적 장애가 있는 자라고 하여도 범행 당시 정상적인 사물변별능력과 행위통제능력이 있었다면 심신장애로 볼 수 없다(대판 2013.1.24. 2012도12689).

마. [O] 형법 제10조 제3항은 "위험의 발생을 예견하고 자의로 심신장애를 야기한 자의 행위에는 전 2항의 규정을 적용하지 아니한다"고 규정하고 있는바, 이 규정은 고의에 의한 원인에 있어서의 자유로운 행위만이 아니라 과실에 의한 원인에 있어서의 자유로운 행위까지도 포함하는 것으로서 위험의 발생을 예견할 수 있었는데도 자의로 심신장애를 야기한 경우도 그 적용대상이 된다고 할 것이어서, 피고인이 음주운전을 할 의사를 가지고 음주만취한 후 운전을 결행하여 교통사고를 일으켰다면 피고인은 음주시에 교통사고를 일으킬 위험성을 예견하였는데도 자의로 심신장애를 야기한 경우에 해당하므로 위 법조항에 의하여 심신장애로 인한 감경 등을 할 수 없다(대판 1992.7.28. 92도999).

정답 ④

05 책임의 근거와 본질에 관한 학설의 설명으로 옳고 그름의 표시(○, ×)가 바르게 된 것은? [23 경찰간부]

> 가. 책임은 자유의사를 가진 자가 그 의사에 의하여 적법한 행위를 할 수 있었음에도 불구하고 위법한 행위를 선택하였으므로 이에 대해 윤리적 비난을 가하는 것이다. - 심리적 책임론
> 나. 인간의 행위는 자유의사가 아니라 환경과 소질에 의해 결정되는 것으로 책임의 근거가 행위자의 반사회적 성격에 있다. - 규범적 책임론
> 다. 책임은 행위 당시 행위자가 가지고 있었던 고의·과실이라는 심리적 관계로 이해하여 심리적인 사실인 고의·과실이 있으면 책임이 있고, 그것이 없으면 책임도 없다. - 도의적 책임론
> 라. 책임을 심리적 사실관계로 보지 않고 규범적 평가 관계로 이해하여 행위자가 적법행위를 할 수 있었음에도 위법행위를 한 것에 대한 규범적 비난이 책임이다. - 사회적 책임론

① 가(○), 나(○), 다(○), 라(○)　　　　　② 가(○), 나(×), 다(○), 라(×)
③ 가(×), 나(○), 다(×), 라(○)　　　　　④ 가(×), 나(×), 다(×), 라(×)

해설

▶ 가, 나, 다, 라. 모두 옳지 않다.

구분		책임의 본질	책임의 구성요소	비판
심리적 책임론 (고전적 범죄체계론) (인과적 행위론)		① 행위·결과에 대한 행위자의 심리적 관계로서의 고의·과실을 책임의 본질이라고 본다. ② 범죄 성립의 모든 객관적·외적 요소는 구성요건과 위법성 단계에, 주관적·내적 요소는 책임단계에 배치한다.	고의, 과실(책임능력은 심리적 관계가 아니므로 책임의 구성 요소는 아니고 그 전제일 뿐이다)	① 행위나 결과에 대하여 행위자의 심리관계가 있을 수 없는 인식 없는 과실에 대하여 책임을 인정할 수 없게 된다. ② 고의나 과실이 있는 경우이지만 책임능력이 부정되거나 기대불가능성 때문에 책임이 조각되는 경우를 설명할 수 없다.
규범적 책임론	복합적 책임개념 (신고전적 범죄체계론) (인과적 행위론)	일반인의 관점에서 적법한 다른 행위가 가능했음에도 위법한 행위로 나온 행위자에 대한 비난가능성을 책임의 본질로 본다.	① 고의(범죄사실의 인식 + 위법성의 인식), 과실 ※ 위법성의 인식은 고의의 요소(고의설) ② 책임능력 ③ 기대가능성	규범적 평가를 의미하는 책임개념에 평가의 대상인 심리적 사실인 고의·과실을 포함시킴으로써 '평가의 객체'와 '객체의 평가'를 혼동했다.

---

5) 형법 제10조는 책임의 근거를 인간의 의사자유에서 구하는 도의적 책임론에 입각한 규정으로 해석된다.
6) 이와 같이 책임능력을 형벌능력으로 이해하게 되면 상습범인은 형벌적응능력이 없으므로 오히려 책임무능력자가 된다는 문제가 있다.

| 순수한 규범적 책임개념 (목적적 범죄체계론) (목적적 행위론) | | ① 책임능력
② 위법성의 인식
※ 고의(사실의 인식)와 위법성의 인식의 분리(책임설)
③ 기대가능성 | ① '평가의 객체'와 '객체의 평가'를 구분하여 책임의 고유한 평가객체인 행위의사를 책임에서 제외함으로써 책임은 고유한 판단대상을 상실하게 되어 책임개념의 공허화를 초래하였다.
② 고유한 판단대상이 없는 책임판단은 위법성판단에 대하여 독자적인 법적 판단이 될 수 없다. |
| 신복합적 책임개념 (합일태적 범죄체계론) (사회적 행위론) | | ① 책임형식으로서의 고의(심정반가치)·과실
② 책임능력
③ 위법성의 인식
④ 기대가능성 | |

구분	도의적 책임론[7]	사회적 책임론
의의	책임이란 자유의사를 가진 자가 자유로운 의사에 의하여 적법한 행위를 할 수 있었음에도 불구하고 위법행위를 한 데 대한 윤리적 비난이라고 보는 견해이다.	책임의 근거를 소질과 환경에 의해서 결정된 행위자의 반사회적 성격에 두고 책임이란 인간의 반사회적 성격에 대하여 가하여지는 사회적 비난이라고 보는 견해이다.
인간관	비결정론(자유의사 긍정)	결정론(자유의사 부정)
책임의 근거	의사책임론(자유의사 있는 자의 위법한 의사형성)	성격책임론(소질과 환경에 의하여 결정된 행위자의 반사회적 성격)
책임비난의 대상	행위 책임론(행위자의 개인적 특성은 불고려)	행위자 책임론(사회적으로 위험한 성격을 가진 행위자)
형벌과 보안처분의 관계 및 대체가능성	① 이원론(자유의사를 가진 자에게 과하는 형벌과 책임무능력자에게 과하는 보안처분은 질적으로 구별된다) ② 양자는 질적 차이가 있으므로 대체불가	① 일원론(사회방위처분이라는 점에서 양자는 질적인 차이가 없고 다만 양적 차이가 있을 뿐이다) ② 양자는 질적 차이가 없으므로 대체가능
책임능력의 의미	범죄능력	형벌(적응)능력[8]

가. [×] 도의적 책임론에 대한 설명에 해당한다.
나. [×] 사회적 책임론에 대한 설명에 해당한다.
다. [×] 심리적 책임론에 대한 설명에 해당한다.
라. [×] 규범적 책임론에 대한 설명에 해당한다.

정답 ④

---

7) 형법 제10조는 책임의 근거를 인간의 의사자유에서 구하는 도의적 책임론에 입각한 규정으로 해석된다.
8) 이와 같이 책임능력을 형벌능력으로 이해하게 되면 상습범인은 형벌적응능력이 없으므로 오히려 책임무능력자가 된다는 문제가 있다.

06 책임능력에 관련된 다음 설명 중 옳지 않은 것은 모두 몇 개인가? (다툼이 있으면 판례에 의함) [19 경찰간부]

⊙ 정신적 장애가 있는 자라고 하여도 범행 당시 정상적인 사물변별능력이나 행위통제능력이 있었다면 형법 제10조에 규정된 심신장애로 볼 수 없다.
ⓛ 무생물인 옷 등을 성적각성과 희열의 자극제로 믿고 이를 성적 흥분을 고취시키는데 쓰는 성주물성애증이라는 정신질환이 있다는 사정만으로는 형의 감면사유인 심신장애에 해당하는 것으로 볼 수 없다.
ⓒ 심신장애로 인하여 사물을 변별할 능력이나 의사를 결정할 능력이 미약한 자의 행위는 형을 감경할 수 있다.
ⓔ 음주운전을 할 의사를 가지고 음주만취 후 운전을 하다가 교통사고를 일으켰다면 음주 시에 교통사고를 일으킬 위험성을 예견하였는데도 자의로 심신장애를 야기한 경우에 해당하므로 형법 제10조 제3항에 의하여 심신장애로 인한 감경 등을 할 수 없다.

---

① 1개
② 2개
③ 3개
④ 4개

해설

⊙ [○] 정신적 장애가 있는 자라고 하여도 범행 당시 정상적인 사물변별능력이나 행위통제능력이 있었다면 형법 제10조에 규정된 심신장애로 볼 수 없다(대판 2013.1.24. 2012도12689).
ⓛ [○] 무생물인 옷 등을 성적각성과 희열의 자극제로 믿고 이를 성적 흥분을 고취시키는데 쓰는 성주물성애증이라는 정신질환이 있다는 사정만으로는 형의 감면사유인 심신장애에 해당하는 것으로 볼 수 없다(대판 2013.1.24. 2012도12689).
ⓒ [○] 심신장애로 인하여 사물을 변별할 능력이나 의사를 결정할 능력이 미약한 자의 행위는 형을 감경할 수 있다(제10조 제2항).
  ▶ 출제당시에는 이 지문이 틀린 지문이었으나 법개정으로 옳은 지문에 해당한다.
ⓔ [○] 음주운전을 할 의사를 가지고 음주만취 후 운전을 하다가 교통사고를 일으켰다면 음주 시에 교통사고를 일으킬 위험성을 예견하였는데도 자의로 심신장애를 야기한 경우에 해당하므로 형법 제10조 제3항에 의하여 심신장애로 인한 감경 등을 할 수 없다(대판 2007.7.27. 2007도4484).

정답 없음

---

07 책임능력에 관한 설명 중 옳은 것(○)과 옳지 않은 것(×)을 올바르게 조합한 것은? (다툼이 있으면 판례에 의함)

[21 변호사]

⊙ 「형법」 제10조에 규정된 심신장애의 유무 및 정도에 관한 법원의 판단은 전문감정인의 의견에 기속된다.
ⓛ 사춘기 이전의 소아들을 상대로 한 성행위를 중심으로 성적 흥분을 강하게 일으키는 공상, 성적 충동, 성적 행동이 반복되어 나타나는 소아기호증과 같은 질환이 있다는 사정은 그 자체만으로 형의 감면사유인 심신장애에 해당한다.
ⓒ 음주운전을 할 의사를 가지고 음주만취한 후 운전을 결행하여 교통사고를 일으켰다면 음주 시에 교통사고를 일으킬 위험성을 예견하였는데도 자의로 심신장애를 야기한 경우에 해당하므로 심신장애로 인한 감경 등을 할 수 없다.
ⓔ 대마초 흡연 시에 이미 범행을 예견하고 자의로 심신장애를 야기한 경우, 그로 인해 그 범행 시에 의사결정능력이 없거나 미약했다면 심신장애로 인한 감경 등을 할 수 있다.
ⓜ 반사회적 인격장애 혹은 기타 성격적 결함에 기하여 자신의 충동을 억제하지 못하여 범죄를 저지르는 경우 특별한 사정이 없는 한 이와 같은 자에 대해서는 자신의 충동을 억제하고 법을 준수하도록 요구할 수 없다.

---

① ⊙ × ⓛ ○ ⓒ × ⓔ ○ ⓜ ×
② ⊙ × ⓛ × ⓒ ○ ⓔ ○ ⓜ ×
③ ⊙ × ⓛ × ⓒ × ⓔ × ⓜ ○
④ ⊙ × ⓛ × ⓒ ○ ⓔ × ⓜ ×
⑤ ⊙ ○ ⓛ ○ ⓒ ○ ⓔ ○ ⓜ ×

㉠ [×] 심신장애의 유무 및 정도의 판단은 법률적 판단으로서 반드시 전문감정인의 의견에 기속되어야 하는 것은 아니고, 여러 사정을 종합하여 법원이 독자적으로 판단할 수 있다(대판 2007.11.29. 2007도8333).

㉡ [×] 소아기호증과 같은 질환이 있다는 사정은 그 자체만으로는 형의 감면사유인 심신장애에 해당하지 아니한다고 봄이 상당하고, 다만 그 증상이 매우 심각하여 원래의 의미의 정신병이 있는 사람과 동등하다고 평가할 수 있거나 다른 심신장애사유와 경합된 경우 등에는 심신장애를 인정할 여지가 있다(대판 2007.2.8. 2006도7900).

㉢ [○] 대판 2007.7.27. 2007도4484. ▶ 원인에 있어서 자유로운 행위에 해당하기 때문이다.

㉣ [×] 피고인들은 상습적으로 대마초를 흡연하는 자들로서 살인범행 당시에도 대마초를 흡연하여 그로 인하여 심신이 다소 미약한 상태에 있었음은 인정되나, 이는 피고인들이 피해자들을 살해할 의사를 가지고 범행을 공모한 후에 대마초를 흡연하고 범행에 이른 것으로 형법 제10조 제3항에 의하여 심신장애로 인한 감경 등을 할 수 없다(대판 1996.6.11. 96도857).

㉤ [×] 인격장애 혹은 기타 성격적 결함에 기하여 자신의 충동을 억제하지 못하여 범죄를 저지르게 되는 현상은 정상인에게서도 얼마든지 찾아볼 수 있는 일로서, 특별한 사정이 없는 한 이와 같은 성격적 결함을 가진 자에 대하여 자신의 충동을 억제하고 법을 준수하도록 요구하는 것이 기대할 수 없는 행위를 요구하는 것이라고 할 수 없다(대판(전) 2016.2.19. 2015도12980).

정답 ④

08 다음 설명 중 가장 적절하지 않은 것은? (다툼이 있으면 판례에 의함) [13 경찰채용]

① 심신장애 여부는 법원이 피고인의 행동 기타 재판기록에 나타난 제반자료와 공판정에서의 피고인의 태도 등을 종합하여 판단할 수 있는 것이며, 반드시 전문감정인의 의견에 기속되어야 하는 것은 아니다.

② 충동조절장애와 같은 성격적 결함은 정신병질이 아니기 때문에 그 정도에 상관없이 심신장애에 해당되지 않는다.

③ 평소 간질병 증세가 있었더라도 범행 당시에는 간질병이 발작하지 않았다면 심신상실 내지 심신미약의 경우에 해당한다고 볼 수 없다.

④ 범행 당시를 기억하지 못한다는 사실만으로 바로 범행시 심신상실상태에 있었다고 단정할 수는 없다.

해설

① [○] 심신장애 여부는 법원이 피고인의 행동 기타 재판기록에 나타난 제반자료와 공판정에서의 피고인의 태도 등을 종합하여 판단할 수 있는 것이며, 반드시 전문감정인의 의견에 기속되어야 하는 것은 아니다(대판 2007.11.29. 2007도8333).

② [×] 원칙적으로 충동조절장애와 같은 성격적 결함은 형의 감면사유인 심신장애에 해당하지 아니한다고 봄이 상당하지만, 충동조절장애와 같은 성격적 결함이라 할지라도 그것이 매우 심각하여 원래의 의미의 정신병을 가진 사람과 동등하다고 평가할 수 있는 경우에는 그로 인한 범행은 심신장애로 인한 범행으로 보아야 한다(대판 2011.2.10. 2010도14512).

③ [○] 평소 간질병 증세가 있었더라도 범행 당시에는 간질병이 발작하지 않았다면 심신상실 내지 심신미약의 경우에 해당한다고 볼 수 없다(대판 1983.10.11. 83도1897).

④ [○] 범행 당시를 기억하지 못한다는 사실만으로 바로 범행시 심신상실상태에 있었다고 단정할 수는 없다(대판 1985.5.28. 85도361).

정답 ②

09 책임능력에 관한 다음 설명 중 옳지 않은 것은 모두 몇 개인가? (다툼이 있으면 판례에 의함) [14 경찰채용]

⊙ 도의적 책임론은 책임능력을 형벌능력으로 파악하나, 사회적 책임론은 책임능력을 범죄능력이라고 한다.
ⓒ 책임무능력자로 하기 위해서는 심신상실로 인하여 사물을 변별할 능력이 없으며 의사를 결정할 능력이 없어야한다.
ⓒ 심신장애로 인하여 사물을 변별할 능력이나 의사를 결정할 능력이 미약한 자의 행위는 형을 감면한다.
ⓔ 법원이 심신장애여부를 판단함에 있어서는 반드시 전문가의 감정을 거쳐야 한다.
ⓜ 행위시 책임능력이 없는 자의 행위는 어떠한 경우에도 형벌을 부과할 수 없다.

---

① 2개   ② 3개
③ 4개   ④ 5개

해설

⊙ [×] 도의적 책임론은 책임능력을 <u>범죄능력</u>으로 파악하나, 사회적 책임론은 책임능력을 <u>형벌능력(수형능력)</u>이라고 한다.
ⓒ [×] 심신장애로 인하여 <u>사물을 변별할 능력이 없거나 의사를 결정할 능력이 없는 자</u>가 책임무능력자이다(제10조 제1항).
ⓒ [×] 심신장애로 인하여 사물을 변별할 능력이나 의사를 결정할 능력이 미약한 자의 행위는 형을 <u>감경할 수 있다</u>(제10조 제2항).
ⓔ [×] 피고인이 범행 당시 심신장애의 상태에 있었는지 여부를 판단함에 있어 <u>반드시 전문가의 감정을 거쳐야 하는 것은 아니다</u>(대판 2007.6.14. 2007도2360).
ⓜ [×] 행위시 책임능력이 없는 자의 행위일지라도 제10조 제3항의 원인에 있어서 자유로운 행위에 해당하는 경우 즉 <u>위험의 발생을 예견하고 자의로 심신장애를 야기한 경우</u>에는 형벌을 부과할 수 있다.

정답 ④

10 책임능력에 대한 설명 중 가장 적절하지 않은 것은? (다툼이 있는 경우 판례에 의함) [23 경찰승진]

① 정신적 장애가 있는 자라고 하여도 범행 당시 정상적인 사물 판별능력이나 행위통제능력이 있었다면 심신장애로 볼 수 없다.
② 심신장애로 인하여 사물을 변별할 능력이 없거나 의사를 결정할 능력이 없는 자의 행위는 벌하지 아니하며, 심신장애로 인하여 위의 능력이 미약한 자의 행위에 대해서는 형을 감경한다.
③ <u>스스로 절도의 충동을 억제하지 못하는 충동조절장애와 같은 성격적 결함은 원칙적으로 심신장애에 해당한다고 볼 수 없고, 다만 그 증상이 매우 심각하여 원래의 의미의 정신병이 있는 사람과 동등하다고 평가할 수 있다면 심신장애를 인정할 여지가 있다.</u>
④ 형법 제10조 제3항은 고의에 의한 원인에 있어서의 자유로운 행위만이 아니라 과실에 의한 원인에 있어서의 자유로운 행위까지도 포함하는 것으로서 위험의 발생을 예견할 수 있었는데도 자의로 심신장애를 야기한 경우 그 적용대상이 된다.

① [O] 정신적 장애가 있는 자라고 하여도 범행 당시 정상적인 사물 판별능력이나 행위통제능력이 있었다면 심신장애로 볼 수 없다(대판 1992.8.18. 92도1425).

② [×] 심신장애로 인하여 사물을 변별할 능력이 없거나 의사를 결정할 능력이 없는 자의 행위는 벌하지 아니하며(제10조 제1항), 심신장애로 인하여 위의 능력이 미약한 자의 행위는 형을 감경할 수 있다(제10조 제2항).

③ [O] 스스로 절도의 충동을 억제하지 못하는 충동조절장애와 같은 성격적 결함은 원칙적으로 심신장애에 해당한다고 볼 수 없고, 다만, 그 증상이 매우 심각하여 원래의 의미의 정신병이 있는 사람과 동등하다고 평가할 수 있다면 심신장애를 인정할 여지가 있다(대판 2002.5.24. 2002도1541).

④ [O] 형법 제10조 제3항은 고의에 의한 원인에 있어서의 자유로운 행위만이 아니라 과실에 의한 원인에 있어서의 자유로운 행위까지도 포함하는 것으로서 위험의 발생을 예견할 수 있었는데도 자의로 심신장애를 야기한 경우, 적용 대상이 된다(대판 1992.7.28. 92도999).

정답 ②

11 책임에 관한 설명으로 가장 적절하지 않은 것은? (다툼이 있는 경우 판례에 의함)

[23 경찰채용]

① 「형법」 제10조 제2항에 따르면 심신장애로 인하여 사물을 변별할 능력이나 의사를 결정할 능력이 미약한 사람의 행위는 형을 감경할 수 있다.

② 「형법」 제10조에 규정된 심신장애는 생물학적 요소로서 정신병 또는 비정상적 정신상태와 같은 정신적 장애가 있는 외에 심리학적 요소로서 이와 같은 정신적 장애로 말미암아 사물에 대한 변별능력과 그에 따른 행위통제능력이 결여되거나 감소되었음을 요하므로, 정신적 장애가 있는 자라고 하여도 범행 당시 정상적인 사물변별능력이나 행위통제능력이 있었다면 심신장애로 볼 수 없다.

③ 「형법」 제10조 제1항 및 동조 제2항에 규정된 심신장애의 유무 및 정도의 판단은 법률적 판단으로서 반드시 전문감정인의 의견에 기속되어야 하는 것은 아니고, 정신분열증의 종류와 정도, 범행의 동기, 경위, 수단과 태양, 범행 전후의 피고인의 행동, 반성의 정도 등 여러 사정을 종합하여 법원이 독자적으로 판단할 수 있다.

④ 원인에 있어서 자유로운 행위에 관한 「형법」 제10조 제3항은 원인행위시 심신장애 상태에서 위법행위로 나아갈 예견가능성이 없었던 경우에도 적용된다.

① [O] 심신장애로 인하여 전항의 능력이 미약한 자의 행위는 형을 감경할 수 있다(제10조 제2항).

② [O] 「형법」 제10조에 규정된 심신장애는 생물학적 요소로서 정신병 또는 비정상적 정신상태와 같은 정신적 장애가 있는 외에 심리학적 요소로서 이와 같은 정신적 장애로 말미암아 사물에 대한 변별능력과 그에 따른 행위통제능력이 결여되거나 감소되었음을 요하므로, 정신적 장애가 있는 자라고 하여도 범행 당시 정상적인 사물변별능력이나 행위통제능력이 있었다면 심신장애로 볼 수 없다(대판 1992.8.18. 92도1425).

③ [O] 「형법」 제10조 제1항 및 동조 제2항에 규정된 심신장애의 유무 및 정도의 판단은 법률적 판단으로서 반드시 전문감정인의 의견에 기속되어야 하는 것은 아니고, 정신분열증의 종류와 정도, 범행의 동기, 경위, 수단과 태양, 범행 전후의 피고인의 행동, 반성의 정도 등 여러 사정을 종합하여 법원이 독자적으로 판단할 수 있다(대판 1999.1.26. 98도3812).

④ [×] '예견'에는 구성요건에 해당하는 범죄사실을 인식한 경우(고의)뿐만 아니라 그 예견가능성이 있었던 경우(과실)도 포함된다(판례). 그러므로 위험의 발생에 대한 예견가능성마저 인정되지 않는 경우는 원인에 있어서 자유로운 행위라고 할 수 없다(에 강간할 의사로 일부러 만취하여 심신상실 상태에서 강간을 한 후 피해자의 재물을 절취한 경우, 절취행위는 원인에 있어서 자유로운 행위가 아니므로 심신상실이 그대로 인정되어 절도죄가 성립하지 아니한다).

정답 ④

12 책임능력에 관한 설명 중 가장 적절하지 않은 것은? (다툼이 있는 경우 판례에 의함) [23 경찰채용]

① 심신장애로 인하여 사물을 변별할 능력이 없거나 의사를 결정할 능력이 없는 자의 행위는 벌하지 아니하고, 심신장애로 인하여 위의 능력이 미약한 자의 행위는 형을 감경할 수 있다.

② 충동조절장애와 같은 성격적 결함은 형의 감면사유인 심신장애에 해당하지 아니하지만 그것이 매우 심각하여 원래의 의미의 정신병을 가진 사람과 동등하다고 평가할 수 있는 경우에는 그로 인한 범행은 심신장애로 인한 범행으로 보아야 한다.

③ 형법은 책임능력의 평가방법에 있어서 제9조의 형사미성년자는 생물학적 방법을, 제10조의 심신장애인은 '심신장애'라는 생물학적 방법과 '사물변별능력·의사결정능력'이라는 심리적 방법의 혼합적 방법을 채택하고 있다.

④ 사물을 변별할 능력이나 의사를 결정할 능력은 판단능력 또는 의지 능력과 관련된 것으로서 사실의 인식능력이나 기억 능력과 반드시 일치하여야 한다.

> **해설**
>
> ① [O] 심신장애로 인하여 사물을 변별할 능력이 없거나 의사를 결정할 능력이 없는 자의 행위는 벌하지 아니한다(제10조 제1항). 심신장애로 인하여 전항의 능력이 미약한 자의 행위는 형을 감경할 수 있다(동조 제2항).
>
> ② [O] '충동조절장애'와 같은 성격적 결함은 형의 감면사유인 심신장애에 해당하지 아니하지만, 그것이 매우 심각하여 원래의 의미의 정신병을 가진 사람과 동등하다고 평가할 수 있는 경우에는 그로 인한 범행은 심신장애로 인한 범행으로 보아야 한다(대판 2002.5.24. 2002도1541).
>
> ③ [O] 혼합적 방법은 행위자의 비정상적인 상태를 책임무능력의 생물학적 기초로 규정하고, 이러한 생물학적 요소가 행위자의 변별능력과 의사결정능력에 영향을 미쳤느냐라는 심리학적 문제를 검토하는 방법을 말한다. 형법 제10조 제1항(심신상실)과 제2항(심신미약)은 혼합적 방법에 의한 규정에 해당한다.
>
> ④ [X] 아동·청소년 성보호에 관한 법률 제8조 제1항에서 말하는 '사물을 변별할 능력'이란 사물의 선악과 시비를 합리적으로 판단하여 정할 수 있는 능력을 의미하고, '의사를 결정할 능력'이란 사물을 변별한 바에 따라 의지를 정하여 자기의 행위를 통제할 수 있는 능력을 의미하는데, 이러한 사물변별능력이나 의사결정능력은 판단능력 또는 의지능력과 관련된 것으로서 사실의 인식능력이나 기억능력과는 반드시 일치하는 것은 아니다(대판 2015.3.20. 2014도17346).

정답 ④

13 원인에 있어서 자유로운 행위에 대한 설명으로 가장 적절하지 않은 것은? (다툼이 있으면 판례에 의함)

[19 경찰승진]

① 원인에 있어서 자유로운 행위는 「형법」상 책임능력자의 행위와 동일하게 처벌된다.

② 판례는 「형법」 제10조 제3항이 고의에 의한 원인에 있어서의 자유로운 행위뿐만 아니라 과실에 의한 원인에 있어서의 자유로운 행위까지도 포함하는 것이라고 판시하였다.

③ 실행의 착수시기와 관련하여 원인행위를 실행행위로 보는 견해에 의하면 행위와 책임의 동시존재의 원칙을 유지할 수 있다.

④ 원인에 있어서 자유로운 행위의 가벌성 근거를 원인행위 자체에서 찾는 견해에 따르면 책임능력 결함상태에서 구성요건 해당행위를 시작한 때에 실행의 착수가 있는 것으로 본다.

해설

① [○] 제10조 제3항.
② [○] 형법 제10조 제3항은 "위험의 발생을 예견하고 자의로 심신장애를 야기한 자의 행위에는 전 2항의 규정을 적용하지 아니한다"고 규정하고 있는바, 이 규정은 <u>고의에 의한 원인에 있어서의 자유로운 행위만이 아니라 과실에 의한 원인에 있어서의 자유로운 행위까지도 포함한다</u>(대판 1992.7.28. 92도999).
③ [○] 실행의 착수시기와 관련하여 원인행위를 실행행위로 보는 견해(일치설)에 의하면 행위와 책임의 동시존재 원칙을 유지할 수 있다.
④ [×] 원인에 있어서 자유로운 행위의 가벌성 근거를 원인행위 자체에서 찾는 견해(일치설)에 따르면 원인설정행위시에 실행의 착수가 있는 것으로 본다.

정답 ④

14 원인에 있어 자유로운 행위에 대한 설명으로 가장 옳은 것은? (다툼이 있으면 판례에 의함)　　[15 경찰간부]

① 자의로 심신장애를 야기하였다면 언제나 원인에 있어 자유로운 행위에 해당한다.
② 원인행위를 실행의 착수로 인정할 경우 행위와 책임의 동시존재의 원칙이 유지된다.
③ 원인에 있어 자유로운 행위에 관한 형법 제10조 제3항은 위험의 발생을 예견할 수 있었는데도 자의로 심신장애를 야기한 경우에는 적용되지 않는다.
④ 원인에 있어 자유로운 행위는 형법상 책임무능력자의 행위와 동일하게 취급된다.

해설

① [×] 위험의 발생을 예견하고 자의로 심신장애를 야기한 자의 행위만이 원인에 있어 자유로운 행위에 해당한다(제10조 제3항).
② [○] 원인행위를 실행의 착수로 인정할 경우(일치설의 경우) 행위와 책임의 동시존재의 원칙이 유지된다.
③ [×] 형법 제10조 제3항은 '위험의 발생을 예견하고 자의로 심신장애를 야기한 자의 행위에는 전2항의 규정을 적용하지 아니한다'고 규정하고 있는바, 이 규정은 고의에 의한 원인에 있어서의 자유로운 행위만이 아니라 과실에 의한 원인에 있어서의 자유로운 행위까지도 포함하는 것으로서 <u>위험의 발생을 예견할 수 있었는데도 자의로 심신장애를 야기한 경우도 그 적용 대상이 된다</u>(대판 1992.7.28. 92도999).
④ [×] 원인에 있어 자유로운 행위는 제10조 제1항, 제2항의 적용이 배제되어 <u>책임능력자의 행위와 동일하게 취급된다</u>(제10조 제3항).

정답 ②

15 원인에 있어서 자유로운 행위에 관한 설명으로 가장 적절하지 않은 것은?

① 원인행위를 실행행위로 보는 견해에 따르면 행위와 책임의 동시 존재의 원칙에 부합하고, 책임무능력상태에서의 실행행위는 책임이 없거나 행위라고 할 수도 없기 때문에 원인행위 자체를 실행행위로 보지 않으면 원인에 있어서 자유로운 행위를 처벌할 수 없게 된다.

② 원인행위와 실행행위의 불가분적 연관에서 책임의 근거를 인정하는 견해에 따르면 원인설정행위는 실행행위 또는 그 착수행위가 될 수 없지만 책임능력 없는 상태에서의 실행행위와 불가분의 연관을 갖는 것이므로 원인설정행위에 책임비난의 근거가 있다.

③ 원인행위를 실행행위로 보는 견해에 따르면 원인설정행위를 실행행위로 파악하기 때문에 구성요건적 행위정형성을 중시하여 죄형법정주의의 보장적 기능에 부합한다.

④ 책임능력 결함상태에서의 실행행위를 책임의 근거로 인정하는 견해에 따르면 반무의식상태에서 실행행위가 이루어지는 한 그 주관적 요소를 인정할 수 있지만, 대부분의 경우에 책임능력이 인정되어 법적 안정성을 해하는 결과를 초래한다.

해설

① [O] 원인행위를 실행행위로 보는 견해(일치설)에 따르면 행위와 책임의 동시 존재의 원칙에 부합하고, 책임무능력상태에서의 실행행위는 책임이 없거나 행위라고 할 수도 없기 때문에 원인행위 자체를 실행행위로 보지 않으면 원인에 있어서 자유로운 행위를 처벌할 수 없게 된다.

② [O] 원인행위와 실행행위의 불가분적 연관에서 책임의 근거를 인정하는 견해(예외설)에 따르면 원인설정행위는 실행행위 또는 그 착수행위가 될 수 없지만 책임능력 없는 상태에서의 실행행위와 불가분의 연관을 갖는 것이므로 원인설정행위에 책임비난의 근거가 있다.

③ [X] 원인행위를 실행행위로 보는 견해에 따르면 원인설정행위(예 음주행위)를 실행행위로 파악하기 때문에 구성요건적 행위정형성을 무시하여 죄형법정주의의 보장적 기능에 부합하기 어렵다.

④ [O] 책임능력 결함상태에서의 실행행위를 책임의 근거로 인정하는 견해(반무의식상태설)에 따르면 반무의식상태에서 실행행위가 이루어지는 한 그 주관적 요소를 인정할 수 있지만, 대부분의 경우에 책임능력이 인정되어 법적 안정성을 해하는 결과를 초래한다.

정답 ③

16 책임에 관한 설명 중 옳지 않은 것은? (다툼이 있으면 판례에 의함) [22 변호사]

① 정신적 장애가 있는 자라고 하여도 범행 당시 정상적인 사물변별능력이나 행위통제능력이 있었다면 심신장애자로 볼 수 없다.

② 심신상실을 이유로 처벌받지 아니하거나 심신미약을 이유로 형벌이 감경될 수 있는 자라 할지라도 금고 이상의 형에 해당하는 죄를 지은 자에 대해서는 치료감호시설에서 치료를 받을 필요가 있고 재범의 위험성이 있는 경우 치료감호의 대상이 된다.

③ 소년법 제60조 제2항은 '소년의 특성에 비추어 상당하다고 인정되는 때에는 그 형을 감경할 수 있다'고 규정하고 있는데 여기에서의 '소년'에 해당하는지 여부의 판단은 원칙적으로 범죄행위시가 아니라 사실심 판결선고시를 기준으로 한다.

④ 원인에 있어서 자유로운 행위의 가벌성 근거와 관련하여 예외모델은 원인설정행위를 실행행위라고 이해하므로 실행행위의 정형성에 반한다는 비판을 받는다.

⑤ 형법 제12조의 강요된 행위에서 '저항할 수 없는 폭력'이란 심리적 의미에 있어서 육체적으로 어떤 행위를 절대적으로 하지 아니할 수 없게 하는 경우와 윤리적 의미에 있어서 강압된 경우를 말한다.

해설

① [○] 형법 제10조에 규정된 심신장애는 정신병 또는 비정상적 정신상태와 같은 정신적 장애가 있는 외에 이와 같은 정신적 장애로 말미암아 사물에 대한 변별능력이나 그에 따른 행위통제능력이 결여 또는 감소되었음을 요하므로, 정신적 장애가 있는 자라고 하여도 범행 당시 정상적인 사물변별능력과 행위통제능력이 있었다면 심신장애로 볼 수 없다(대판 2013.1.24. 2012도 12689).

② [○] 치료감호법 제2조【치료감호대상자】① 이 법에서 "치료감호대상자"란 다음 각 호의 어느 하나에 해당하는 자로서 치료 감호시설에서 치료를 받을 필요가 있고 재범의 위험성이 있는 자를 말한다. <개정 2014.12.30, 2020.10.20>
 1. 「형법」 제10조 제1항에 따라 벌하지 아니하거나 같은 조 제2항에 따라 형을 감경할 수 있는 심신장애인으로서 금고 이상의 형에 해당하는 죄를 지은 자

③ [○] 소년법이 적용되는 '소년'이란 심판시에 19세 미만인 사람을 말하므로, 소년법의 적용을 받으려면 심판시에 19세 미만이어야 한다. 따라서 소년법 제60조 제2항(소년에 대한 임의적 감경)의 적용대상인 '소년'인지의 여부도 심판시, 즉 사실심판결 선고시를 기준으로 판단되어야 한다(대판 2009.5.28. 2009도2682).

④ [×] 원인에 있어서 자유로운 행위의 가벌성 근거와 관련하여 원인설정행위를 실행행위라고 이해하므로 실행행위의 정형성에 반한다는 비판을 받는다는 견해는 예외설(예외모델)이 아니라 일치설(구성요건 모델)이다.

⑤ [○] 형법 제12조 소정의 저항할 수 없는 폭력은, 심리적인 의미에 있어서 육체적으로 어떤 행위를 절대적으로 하지 아니할 수 없게 하는 경우와 윤리적 의미에 있어서 강압된 경우를 말하고, 협박이란 자기 또는 친족의 생명·신체에 대한 위해를 달리 막을 방법이 없는 협박을 말하며, 강요라 함은 피강요자의 자유스런 의사결정을 하지 못하게 하면서 특정한 행위를 하게 하는 것을 말한다(대판 1983.12.13. 83도2276).

정답 ④

17 책임에 관한 설명 중 옳지 않은 것은? (다툼이 있는 경우 판례에 의함)　　　　　[23 변호사]

① 성격적 결함을 가진 자에 대하여 자신의 충동을 억제하고 법을 준수하도록 하는 것이 기대할 수 없는 행위를 요구하는 것이라고 할 수 없으므로, 특단의 사정이 없는 한 충동조절장애와 같은 성격적 결함은 원칙적으로 형의 감면사유인 심신장애에 해당하지 않는다.

② 자신의 차를 운전하여 술집에 가서 음주상태에서 교통사고를 일으킬 수 있다는 위험성을 예견하고도 술을 마신 후 심신미약 상태에서 운전을 하다가 교통사고를 일으킨 경우, 심신미약으로 인한 형의 감경을 할 수 없다.

③ 법률 위반 행위 중간에 일시적으로 판례에 따라 그 행위가 처벌대상이 되지 않는 것으로 해석되었던 적이 있었다고 하더라도 그것만으로 자신의 행위가 처벌되지 않는 것으로 믿은 데 정당한 이유가 있다고 할 수 없다.

④ 직장의 상사가 범법행위를 하는 데 가담한 부하가 그 상사와 직무상 지휘·복종관계에 있는 경우, 그 부하에게는 상사의 범법행위에 가담하지 않을 기대가능성이 없다.

⑤ 자신의 범행을 일관되게 부인하였으나 강도상해로 유죄판결이 확정된 甲이 위 강도상해의 공범으로 기소된 乙의 형사사건에서 자신의 범행사실을 부인하는 증언을 한 경우, 행위 당시의 구체적인 상황하에 행위자 대신에 사회적 평균인을 두고 이 평균인의 관점에서 볼 때 甲에게 사실대로 진술할 기대가능성이 있다.

해설

① [○] 자신의 충동을 억제하지 못하여 범죄를 저지르게 되는 현상은 정상인에게서도 얼마든지 찾아볼 수 있는 일로서, 특단의 사정이 없는 한 위와 같은 성격적 결함을 가진 자에 대하여 자신의 충동을 억제하고 법을 준수하도록 요구하는 것이 기대할 수 없는 행위를 요구하는 것이라고는 할 수 없으므로, 원칙적으로 충동조절장애와 같은 성격적 결함은 형의 감면사유인 심신장애에 해당하지 아니한다고 봄이 상당하지만, 그 이상으로 사물을 변별할 수 있는 능력에 장애를 가져오는 원래의 의미의 정신병이 도벽의 원인이라거나 혹은 도벽의 원인이 충동조절장애와 같은 성격적 결함이라 할지라도 그것이 매우 심각하여 원래의 의미의 정신병을 가진 사람과 동등하다고 평가할 수 있는 경우에는 그로 인한 절도 범행은 심신장애로 인한 범행으로 보아야 한다(대판 1999.4.27. 99도693; 동지 대판 2009.2.26. 2008도9867).

② [○] 형법 제10조 제3항은 "위험의 발생을 예견하고 자의로 심신장애를 야기한 자의 행위에는 전 2항의 규정을 적용하지 아니한다"고 규정하고 있는바, 이 규정은 고의에 의한 원인에 있어서의 자유로운 행위만이 아니라 과실에 의한 원인에 있어서의 자유로운 행위까지도 포함하는 것으로서 위험의 발생을 예견할 수 있었는데도 자의로 심신장애를 야기한 경우도 그 적용대상이 된다고 할 것이어서, 피고인이 음주운전을 할 의사를 가지고 음주만취한 후 운전을 결행하여 교통사고를 일으켰다면 피고인은 음주시에 교통사고를 일으킬 위험성을 예견하였는데도 자의로 심신장애를 야기한 경우에 해당하므로 위 법조항에 의하여 심신장애로 인한 감경 등을 할 수 없다(대판 1992.7.28. 92도999).

③ [○] 법률 위반행위 중간에 일시적으로 판례에 따라 그 행위가 처벌대상이 되지 않는 것으로 해석되었던 적이 있었다고 하더라도 그것만으로 자신의 행위가 처벌되지 않는 것으로 믿은 데에 정당한 이유가 있다고 할 수 없다(대판 2021.11.25. 2021도10903).

④ [×] 직장의 상사가 범법행위를 하는데 가담한 부하에게 직무상 지휘·복종관계에 있다 하여 범법행위에 가담하지 않을 기대가능성이 없다고 할 수 없다(대판 1999.7.23. 99도1911).

⑤ [○] 이미 유죄의 확정판결을 받은 경우에는 일사부재리의 원칙에 의해 다시 처벌되지 아니하므로 증언을 거부할 수 없는바,[9] 이는 자신의 범행을 시인하는 진술을 기대할 수 있기 때문이다. 이미 유죄의 확정판결을 받은 피고인은 공범의 형사사건에서 범행에 대한 증언을 거부할 수 없을 뿐만 아니라 사실대로 증언하여야 하고, 피고인이 자신의 형사사건에서 시종일관 범행을 부인하였다 하더라도 위증죄에 관한 양형참작사유로 볼 수 있음은 별론으로 하고 이를 이유로 피고인에게 사실대로 진술할 것을 기대할 가능성이 없다고 볼 수는 없다(대판 2008.10.23. 2005도10101).

정답 ④

18 강요된 행위에 관한 설명 중 가장 적절하지 않은 것은? (다툼이 있는 경우 판례에 의함) [23 경찰채용]

① 형법 제12조의 '저항할 수 없는 폭력'은 심리적인 의미에 있어서 육체적으로 어떤 행위를 절대적으로 하지 않을 수 없게 하는 행위와 윤리적 의미에 있어서 강압된 경우를 말한다.

② 형법 제12조의 '협박'이란 자기 또는 친족의 생명, 신체에 대한 위해를 달리 막을 방법이 없는 협박을 말한다.

③ 어떤 사람의 성장교육과정을 통하여 형성된 내재적인 관념 내지 확신으로 인하여 행위자 스스로의 의사결정이 사실상 강제되는 결과를 낳게 하는 경우도 형법 제12조의 강요된 행위에 포함된다.

④ 행위자의 강요와 피강요자의 강요된 행위 사이에는 인과관계가 요구되며, 피강요자의 강요된 행위는 적법행위의 기대가능성이 없기 때문에 책임이 조각되어 범죄가 성립하지 않는다.

해설

① [○] 형법 제12조 소정의 '저항할 수 없는 폭력'은 심리적 의미에 있어서 육체적으로 어떤 행위를 절대적으로 하지 아니할 수 없게 하는 경우와 윤리적 의미에 있어서 강압된 경우를 의미하고, '협박'이란 자기 또는 친족의 생명, 신체에 대한 위해를 달리 막을 방법이 없는 협박을 말하며, '강요'란 피강요자의 자유스런 의사결정을 하지 못하게 하면서 특정한 행위를 하게 하는 것을 의미한다(대판 1983.12.13. 83도2276).

② [○] 형법 제12조 소정의 '협박'이란 자기 또는 친족의 생명, 신체에 대한 위해를 달리 막을 방법이 없는 협박을 말한다(대판 2007.6.29. 2007도3306).

③ [×] 형법 제12조에서 말하는 '강요된 행위'는 저항할 수 없는 폭력이나 생명, 신체에 위해를 가하겠다는 협박 등 다른 사람의 강요행위에 의하여 이루어진 행위를 의미하는 것이지, 어떤 사람의 성장 교육 과정을 통하여 형성된 내재적인 관념 내지 확신으로 인하여 행위자 스스로의 의사결정이 사실상 강제되는 결과를 낳게 하는 경우까지 의미한다고 볼 수 없다(대판 1990.3.27. 89도1670).

④ [○] 강요된 행위는 적법행위의 기대가능성이 없다는 점을 고려하여 책임조각사유로 규정한 것이다. 피강요자의 행위는 구성요건에 해당하는 위법한 행위여야 하며, 폭력·협박과의 사이에 인과관계가 인정되어야 한다. 인과관계가 없을 경우에는 피강요자의 책임이 조각되지 않고, 피강요자가 강요자와 공범이 될 수 있다.

정답 ③

---

9) 형사소송법 제148조 【근친자의 형사책임과 증언거부】 누구든지 자기나 다음 각호의 1에 해당한 관계있는 자가 형사소추 또는 공소제기를 당하거나 유죄판결을 받을 사실이 발로될 염려있는 증언을 거부할 수 있다.

19 원인에 있어서 자유로운 행위에 관한 다음 설명 중 옳지 않은 것은 몇 개인가? [17 경찰간부]

> ㉠ 원인설정행위에 실행의 착수시기를 인정하는 견해에 대해서는 행위와 책임능력의 동시존재 원칙이 유지되기 어렵다는 비판이 제기된다.
> ㉡ 구성요건적 결과실현행위에 실행의 착수시기를 인정하는 견해에서는 행위와 책임능력의 동시존재 원칙에 대한 예외를 인정한다.
> ㉢ 원인에 있어서 자유로운 행위가 간접정범과 유사하다는 견해에서는 이용행위에 해당하는 원인설정행위시를 실행의 착수시기로 본다.
> ㉣ 판례는 형법 제10조 제3항이 고의에 의한 원인에 있어서의 자유로운 행위뿐만 아니라 과실에 의한 원인에 있어서의 자유로운 행위까지도 포함하는 것이라고 판시하였다.

① 0개   ② 1개   ③ 2개   ④ 3개

해설

> ㉠ [×] 원인설정행위에 실행의 착수시기를 인정하는 견해(일치설)는 행위와 책임의 동시존재의 원칙을 유지할 수 있다는 장점이 있으나, 구성요건적 행위 정형성을 무시한다는 비판이 제기된다.
> ㉡ [○] 구성요건적 결과실현행위에 실행의 착수시기를 인정하는 견해(예외설)에서는 행위와 책임능력의 동시존재 원칙에 대한 예외를 인정한다.
> ㉢ [○] 원인에 있어서 자유로운 행위가 간접정범과 유사하다는 견해(일치설)에서는 이용행위에 해당하는 원인설정행위시를 실행의 착수시기로 본다.
> ㉣ [○] 형법 제10조 제3항은 고의에 의한 원인에 있어서의 자유로운 행위뿐만 아니라 과실에 의한 원인에 있어서의 자유로운 행위까지도 포함하는 것이다(대판 1992.7.28. 92도999).

정답 ②

제2절 | 위법성인식과 금지의 착오

20 법률의 착오에 관한 설명으로 옳은 것은 모두 몇 개인가? (다툼이 있는 경우 판례에 의함) [23 경찰간부]

> 가. 「형법」 제16조의 규정은 단순한 법률의 부지를 말하는 것이 아니고, 일반적으로 범죄가 되는 경우이지만 자기의 특수한 경우에는 법령에 의하여 허용된 행위로서 죄가 되지 아니한다고 그릇 인식하고 그와 같이 그릇 인식함에 정당한 이유가 있는 경우에는 벌하지 않는다는 것이다.
> 나. 전송의 방법으로 공중송신권을 침해하는 게시물이나 그 게시물이 위치한 웹페이지 등에 연결되는 링크를 한 행위자가, 그 링크 사이트 운영 도중에 일시적으로 판례에 따라 그 행위가 처벌대상이 되지 않는 것으로 해석되었던 적이 있었다 하더라도 그것만으로 자신의 행위가 처벌되지 않는 것으로 믿은 데에 정당한 이유가 없다.
> 다. 「형법」 제16조의 정당한 이유는 행위자에게 자기 행위의 위법 가능성에 대해 심사숙고하거나 조회할 수 있는 계기가 있어 자신의 지적 능력을 다하여 이를 회피하기 위한 진지한 노력을 다하였더라면 스스로의 행위에 대하여 위법성을 인식할 수 있는 가능성이 있었는데도 이를 다하지 못한 결과 자기 행위의 위법성을 인식하지 못한 것인지 여부에 따라 판단해야 한다.
> 라. 숙박업소에서 위성방송수신장치를 이용하여 수신한 외국의 음란한 위성방송프로그램을 투숙객 등에게 제공한 행위로 구 「풍속영업의 규제에 관한 법률」 제3조 제2호 위 반행위를 한 피고인이 그 이전에 그와 유사한 행위로 '혐의없음' 처분을 받은 전력이 있다거나 일정한 시청차단장치를 설치하였다면 「형법」 제16조의 정당한 이유가 있는 경우에 해당한다.

① 1개   ② 2개   ③ 3개   ④ 4개

해설

가. [○] 형법 제16조에 의하여 처벌하지 아니하는 경우란 단순한 법률의 부지의 경우를 말하는 것이 아니고, 일반적으로 범죄가 되는 행위이지만 자기의 특수한 경우에는 법령에 의하여 허용된 행위로서 죄가 되지 아니한다고 그릇 인식하고 그와 같이 인식함에 있어 정당한 이유가 있는 경우에는 벌하지 아니한다는 취지이다(대판 2011.10.13. 2010도15260).

나. [○] 피고인들이 이 사건 사이트를 운영하던 도중에 대법원 2015.3.12. 2012도13748 판결이 선고되었지만, 이 판결은 대법원 2021.9.9. 선고 2017도19025 전원합의체 판결로 변경되었다. 법률 위반 행위 중간에 일시적으로 판례에 따라 그 행위가 처벌대상이 되지 않는 것으로 해석되었던 적이 있었다고 하더라도 그것만으로 자신의 행위가 처벌되지 않는 것으로 믿은 데에 정당한 이유가 있다고 할 수 없다(대판 2021.11.25. 2021도10903).

다. [○] 형법 제16조에서 … 정당한 이유가 있는지 여부는 행위자에게 자기 행위의 위법의 가능성에 대해 심사숙고하거나 조회할 수 있는 계기가 있어 자신의 지적능력을 다하여 이를 회피하기 위한 진지한 노력을 다하였더라면 스스로의 행위에 대하여 위법성을 인식할 수 있는 가능성이 있었음에도 이를 다하지 못한 결과 자기 행위의 위법성을 인식하지 못한 것인지 여부에 따라 판단하여야 할 것이고, 이러한 위법성의 인식에 필요한 노력의 정도는 구체적인 행위정황과 행위자 개인의 인식능력 그리고 행위자가 속한 사회집단에 따라 달리 평가되어야 한다(대판 2006.3.24. 2005도3717).

라. [×] 숙박업소의 업주들과 공모하여 위성방송수신기 등을 이용하여 일본의 음란한 위성방송프로그램을 수신하여 숙박업소의 손님들로 하여금 시청하게 하여 구 풍속영업의 규제에 관한 법률 제3조 제2호 위반행위를 한 피고인이 그 이전에 그와 유사한 행위로 '혐의없음' 처분을 받은 전력이 있다거나 일정한 시청차단장치를 설치하였다는 등의 사정만으로는, 형법 제16조의 정당한 이유가 있다고 볼 수 없다고 한 사례(대판 2010.7.15. 2008도11679).

정답 ③

21 법률의 착오에 관한 설명 중 가장 적절하지 않은 것은? (다툼이 있으면 판례에 의함) [16 경찰승진]

① 자기의 행위가 법령에 의하여 죄가 되지 아니하는 것으로 오인한 행위는 그 오인에 정당한 이유가 있는 때에 한하여 벌하지 아니한다.

② 행위자가 자기의 행위와 관련된 금지규범을 알지 못한 경우도 그 부지에 정당한 이유가 있는 경우에는 벌하지 않는다.

③ 범죄의 성립에 있어서 위법성의 인식은 그 범죄사실이 사회정의와 조리에 어긋난다는 것을 인식하는 것으로 족하며, 구체적인 해당 법조문까지 인식할 필요는 없다.

④ '타인의 상품과 피고인의 상품이 유사하지 않다'라는 변리사의 감정결과와 특허국의 등록사정을 믿고 발가락 5개의 양말을 제조·판매한 경우 형법 제16조에 해당하여 벌할 수 없다.

해설

① [○] 자기의 행위가 법령에 의하여 죄가 되지 아니하는 것으로 오인한 행위는 그 오인에 정당한 이유가 있는 때에 한하여 벌하지 아니한다(제16조).

② [×] 형법 제16조는 단순한 법률의 부지를 말하는 것이 아니고 일반적으로는 범죄가 되지만 자기의 특수한 경우에는 법령에 따라 허용된 행위로서 죄가 되지 아니한다고 그릇 인식하고 그와 같이 그릇 인식함에 정당한 이유가 있는 경우 벌하지 않는다는 취지이다(대판 2015.2.12. 2014도11501).

③ [○] 범죄의 성립에 있어서 위법성의 인식은 그 범죄사실이 사회정의와 조리에 어긋난다는 것을 인식하는 것으로 족하며, 구체적인 해당 법조문까지 인식할 필요는 없다(대판 1987.3.24. 86도2673).

④ [○] '타인의 상품과 피고인의 상품이 유사하지 않다'라는 변리사의 감정결과와 특허국의 등록사정을 믿고 발가락 5개의 양말을 제조·판매한 경우 형법 제16조에 해당하여 벌할 수 없다(대판 1982.1.19. 81도646).
▶ 형법 제16조에 해당하여 벌할 수 없다는 것은 법률의 착오에 정당한 이유가 인정된다는 취지이다.

정답 ②

22 법률의 착오에 관한 다음 설명 중 가장 적절하지 않은 것은? (다툼이 있으면 판례에 의함) [13 경찰승진]

① 우리 형법은 법률의 착오를 명문으로 규정하고 있으며, 판례는 단순한 법률의 부지를 법률의 착오로 인정하고 있지 않다.

② 남편이 부인을 구타하면서 징계권이 있다고 오인한 경우는 위법성 조각사유의 한계에 대한 착오이다.

③ 초등학교 교장이 도교육위원회의 지시에 따라 교과내용으로 되어 있는 꽃 양귀비를 교과식물로 비치하기 위하여 양귀비 종자를 사서 교무실 앞 화단에 심은 행위는 법률의 착오에 해당된다.

④ 허가를 담당하는 공무원이 허가를 요하지 않는다고 잘못 알려 준 것을 믿은 경우, 자기의 행위가 죄가 되지 않는 것으로 오인한 데 정당한 이유가 있다.

해설

① [○] 우리 형법은 제16조에서 법률의 착오를 명문으로 규정하고 있다. 한편 형법 제16조는 단순한 법률의 부지를 말하는 것이 아니다(대판 2015.2.12. 2014도11501).

② [×] 남편이 부인을 구타하면서 징계권이 있다고 오인한 경우는 위법성 조각사유의 존재에 대한 착오이다.

③ [○] 초등학교 교장이 도 교육위원회의 지시에 따라 교과내용으로 되어 있는 꽃 양귀비를 교과식물로 비치하기 위하여 양귀비 종자를 사서 교무실 앞 화단에 심은 것이라면 이는 죄가 되지 아니하는 것으로 오인한 행위로서 그 오인에 정당한 이유가 있는 경우에 해당한다고 할 것이다(대판 1972.3.31. 72도64).

④ [○] 허가를 담당하는 공무원이 허가를 요하지 않는다고 잘못 알려 준 것을 믿은 경우, 자기의 행위가 죄가 되지 않는 것으로 오인한 데 정당한 이유가 있다(대판 2005.8.19. 2005도1697).

정답 ②

23 법률의 착오에 관한 설명 중 가장 적절하지 않은 것은? (다툼이 있으면 판례에 의함) [14 경찰승진]

① 일본 영주권을 가진 재일교포가 영리를 목적으로 관세물품을 구입한 것이 아니라거나 국내 입국시 관세신고를 하지 않아도 되는 것으로 착오한 경우 정당한 이유가 있다.

② 수사처리의 관례상 일부 상치된 내용을 일치시키기 위하여 적법하게 작성된 참고인진술조서를 찢어버리고 진술인의 진술도 듣지 아니하고 그 내용을 일치시킨 새로운 진술조서를 작성한 경우 정당한 이유가 있다고 볼 수 없다.

③ 자기의 행위가 법령에 의하여 죄가 되지 아니하는 것으로 오인한 행위는 그 오인에 정당한 이유가 있는 때에 한하여 벌하지 아니한다.

④ 20여 년간 사법경찰관으로 근무한 자가 검사의 수사지휘를 받았으니 허위로 수사기록을 작성해도 된다고 생각하고 수사기록에 허위의 내용을 수록한 경우 정당한 이유가 있다고 볼 수 없다.

해설

① [×] 피고인이 일본 영주권을 가진 재일교포로서 영리를 목적으로 이 사건 관세물품을 구입한 것이 아니라거나 국내 입국시 관세신고를 하지 않아도 되는 것으로 착오하였다는 등의 사정만으로는 위에서 말한 형법 제16조의 법률의 착오에 해당한다고 할 수 없다(대판 2007.5.11. 2006도1993).

② [○] 수사처리의 관례상 일부 상치된 내용을 일치시키기 위하여 적법하게 작성된 참고인진술조서를 찢어버리고 진술인의 진술도 듣지 아니하고 그 내용을 일치시킨 새로운 진술조서를 작성한 경우 정당한 이유가 있다고 볼 수 없다(대판 1978.6.27. 76도2196).

③ [○] 제16조.

④ [○] 20여 년간 사법경찰관으로 근무한 자가 검사의 수사지휘를 받았으니 허위로 수사기록을 작성해도 된다고 생각하고 수사기록에 허위의 내용을 수록한 경우 정당한 이유가 있다고 볼 수 없다(대판 1995.11.10. 95도2088).

정답 ①

24 법률의 착오에 대한 설명 중 옳고 그름의 표시(○, ×)가 바르게 된 것은? (다툼이 있으면 판례에 의함)

[21 경찰간부]

> ⊙ 위법성의 인식에 필요한 노력의 정도는 일반인의 입장에서 판단되어야 하며, 구체적인 행위정황과 행위자 개인의 의사 능력 그리고 행위자가 속한 사회집단 등에 따라 다르게 평가될 수 없다.
> ⓛ 정기간행물의 등록을 강제하는 법률규정이 있다는 것을 몰랐고 또 간행물이 발행될 당시뿐만 아니라 그 발행이 중단되고 오랜 기간이 지난 다음에도 이에 대하여 문제가 제기된 바 없었다면, 자신의 간행물 발행행위가 죄가 되지 아니 한다고 믿는 데 정당한 이유가 있다고 할 수 있다.
> ⓒ 甲이 변리사로부터 받은 A의 상표권을 침해하지 않는다는 취지의 회답과 감정결과 통보, 특허청의 상표출원등록 등을 근거로 자신의 행위가 상표권을 침해하는 것이 아니라고 믿은 데에는 정당한 이유가 인정되지 않는다.
> ⓔ 사립학교 운영자 甲이 A학교의 교비회계에 속하는 수입을 수회에 걸쳐 B외국인학교에 대여하는 과정에서 관할청의 소속 공무원들이 참석한 A학교 학교운영위원회에서 B학교에 대한 자금대여 안건을 보고하였기 때문에 대여행위가 법률상 죄가 되지 않는 것으로 오인하였다면 그와 같은 그릇된 인식에 정당한 이유가 있다.

① ⊙ × ⓛ ○ ⓒ × ⓔ ×　　　　　② ⊙ ○ ⓛ ○ ⓒ × ⓔ ×

③ ⊙ × ⓛ × ⓒ ○ ⓔ ×　　　　　④ ⊙ × ⓛ × ⓒ × ⓔ ○

해설

> ⊙ [×] 위법성의 인식에 필요한 노력의 정도는 구체적인 행위정황과 행위자 개인의 인식능력 그리고 행위자가 속한 사회집단에 따라 달리 평가되어야 한다(대판 2015.2.12. 2014도11501).
> ⓛ [×] 정기간행물을 등록하지 않고 발행한 피고인들이 정기간행물의 등록을 강제하는 법률규정이 있다는 것을 몰랐고 또 그 간행물이 발행될 당시뿐만 아니라 그 발행이 중단되고 오랜 기간이 지난 다음에도 이에 대하여 문제가 제기된 바 없었다는 사정만으로는 피고인들이 그 행위가 죄가 되지 아니한다고 믿은 데 정당한 이유가 있다고 할 수 없다(대판 1994.12.9. 93도3223).
> ⓒ [○] 甲이 변리사로부터 받은 A의 상표권을 침해하지 않는다는 취지의 회답과 감정결과 통보, 특허청의 상표출원등록 등을 근거로 자신의 행위가 상표권을 침해하는 것이 아니라고 믿은 데에는 정당한 이유가 인정되지 않는다(대판 1998.10.13. 97도3337).
> ⓔ [×] 피고인이 위와 같은 대여행위가 법률상 허용되는 것으로서 죄가 되지 않는다고 그릇 인식하고 있었더라도 그와 같이 그릇된 인식에 정당한 이유가 없다(대판 2017.3.15. 2014도12773).

정답 ③

25 법률의 착오에 대한 다음 설명 중 옳은 것은? (다툼이 있으면 판례에 의함)

[16 경찰간부]

① 광역시의회 의원 甲이 선거구민들에게 의정보고서를 배부하기에 앞서 미리 관할 선거관리위원회 소속 공무원들에게 자문을 구하고 그들의 지적에 따라 수정한 의정보고서를 배부하는 것은 죄가 되지 아니한다고 오인하고 이를 배부한 경우 甲의 행위는 형법 제16조의 정당한 이유가 인정된다.

② 甲이 변호사에게 문의하여 자문을 받고 압류물을 집행관의 승인 없이 관할구역 밖으로 옮기는 행위가 허용되는 행위로 생각하고 이와 같은 행위를 하였다면, 甲의 오인에는 정당한 이유가 인정된다.

③ 甲은 실질적으로는 한 사람에게 대출금이 귀속됨에도 다른 사람의 명의를 빌려 그들 사이에 형식적으로만 공동투자약정을 맺고 동일인 한도를 초과하는 대출을 받는, 이른바 '사업자 쪼개기' 방식의 대출이 관행적으로 이루어져 온 만큼 죄가 되지 않는다고 인식하고 상호저축은행에서 대출을 받은 경우 甲이 대출행위가 죄가 되지 않는다고 오인한 점에 정당한 이유가 있다고 볼 수 있다.

④ 부동산중개업자 甲이 아파트 분양권의 매매를 중개하면서 중개수수료 산정에 관한 지방자치단체의 조례를 잘못 해석하여 법에서 허용하는 금액을 초과한 중개수수료를 수수한 경우 甲의 오인은 정당한 이유가 있는 경우에 해당한다.

해설

① [○] 광역시의회 의원 甲이 선거구민들에게 의정보고서를 배부하기에 앞서 미리 관할 선거관리위원회 소속 공무원들에게 자문을 구하고 그들의 지적에 따라 수정한 의정보고서를 배부하는 것은 죄가 되지 아니한다고 오인하고 이를 배부한 경우 甲의 행위는 형법 제16조의 정당한 이유가 인정된다(대판 2005.6.10. 2005도835).

② [×] 변호사 등에게 문의하여 자문을 받았다는 사정만으로는 피고인의 행위가 죄가 되지 않는다고 믿는 데에 정당한 이유가 있다고 할 수 없다(대판 1992.5.26. 91도894).

③ [×] 이른바 '사업자쪼개기' 방식의 대출이 관행적으로 이루어져 왔으며, 금융감독원도 2008년 이전에는 이를 적발하지 못하였다는 사정만으로는 피고인들이 대출행위가 죄가 되지 않는다고 오인하였다거나 그 오인에 정당한 이유가 있다고 볼 수 없다(대판 2010.4.29. 2009도13868).

④ [×] 부동산중개업자 甲이 아파트 분양권의 매매를 중개하면서 중개수수료 산정에 관한 지방자치단체의 조례를 잘못 해석하여 법에서 허용하는 금액을 초과한 중개수수료를 수수한 경우 甲의 오인함에 정당한 사유가 있는 경우에 해당한다거나 甲에게 범의가 없었다고 볼 수는 없다(대판 2005.5.27. 2004도62).

정답 ①

26 법률의 착오에 관한 설명 중 가장 적절하지 않은 것은? (다툼이 있으면 판례에 의함) [15 경찰승진]

① 마약취급면허가 없는 자가 제약회사에 근무한다는 자로부터 마약이 없어 약을 제조하지 못하니 구해달라는 거짓 부탁을 받고 제약회사에서 쓰는 마약은 구해 주어도 죄가 되지 아니하는 것으로 믿고 생아편을 구해 주었다 하더라도 오인에 정당한 이유가 있는 경우라고 볼 수 없다.

② 정부공인 체육종목인 '활법'의 사회체육지도사 자격증을 취득한 자가 기공원을 운영하면서 환자들을 대상으로 척추교정시술행위를 한 자신의 행위가 무면허 의료행위에 해당되지 아니하여 죄가 되지 않는다고 믿었다면 정당한 이유가 있는 법률의 착오에 해당한다.

③ 채광업자가 허가를 담당하는 공무원에게 문의한 결과 허가를 요하지 않는다고 잘못 알려준 것을 믿고 허가 없이 산림을 훼손한 경우에는 허가를 받지 않더라도 죄가 되지 않는 것으로 착오를 일으킨데 대하여 정당한 이유가 있는 경우에 해당한다.

④ 20여 년간 경찰공무원으로 근무해온 형사계 강력반장이 검사의 수사지휘대로 하면 적법한 것이라 믿고 허위공문서를 작성한 경우에는 그 오인에 정당한 이유가 있다고 볼 수 없다.

해설

① [○] 마약취급면허가 없는 자가 제약회사에 근무한다는 자로부터 마약이 없어 약을 제조하지 못하니 구해달라는 거짓 부탁을 받고 제약회사에서 쓰는 마약은 구해 주어도 죄가 되지 아니하는 것으로 믿고 생아편을 구해 주었다 하더라도 오인에 정당한 이유가 있는 경우라고 볼 수 없다(대판 1983.9.13. 83도1927).

② [×] 활법을 체육종목으로서 공인하거나 그 지도자 자격을 부여하는 것 등은 신체활동을 통하여 건전한 신체와 정신을 기르고 여가를 선용하고자 하는 체육활동으로서의 일반적인 활법의 지도를 위한 것이지 그 외에 법률에서 금지하는 무면허 의료행위까지 지도 할 수 있도록 허용하는 취지는 아니므로, 설사 피고인이 척추교정시술행위를 한 자신의 행위가 죄가 되지 않는다고 믿었다 하더라도 그와 같이 믿은 데에 정당한 사유가 있었다고 할 수 없다(대판 1995.4.7. 94도1325).

③ [○] 피고인의 착오는 정당한 이유가 있는 경우에 해당한다(대판 1993.9.14. 92도1560).

④ [○] 20여 년간 경찰공무원으로 근무해온 형사계 강력반장이 검사의 수사지휘대로 하면 적법한 것이라 믿고 허위공문서를 작성한 경우에는 그 오인에 정당한 이유가 있다고 볼 수 없다(대판 1995.11.10. 95도2088).

정답 ②

27 형법 제16조 법률의 착오에 관한 내용으로 옳지 않은 것은? (다툼이 있으면 판례에 의함) [15 경찰간부]

① 변호사 자격을 가진 국회의원이 낙천대상자로 선정된 사유에 대한 해명을 넘어 다른 동료의원들이나 네티즌의 낙천대상자 선정이 부당하다는 취지의 반론을 담은 의정보고서를 발간하는 과정에서 보좌관을 통하여 선거관리위원회 직원에게 문의하여 답변 받은 결과 선거법규에 저촉되지 않는다고 오인한 경우 정당한 이유가 없다.

② 자격기본법에 의한 민간자격관리자로부터 대체의학자격증을 수여받은 자가 사업자등록을 한 후 침술원을 개설하여 침술행위를 하는 것은 무면허 의료행위에 해당되지 아니하여 죄가 되지 않는다고 믿은 데에 정당한 이유가 없다.

③ 공무원이 그 직무에 관하여 실시한 봉인 등의 표시가 절차상 하자가 있어서 법률상 효력이 없다고 믿고 그 봉인 등의 표시를 손상 또는 은닉 기타의 방법으로 그 효용을 해하는 행위는 그 오인에 정당한 이유가 있다고 볼 수 없다.

④ 피고인이 과거 지방선거에서 이 사건 홍보물과 같은 내용의 선거홍보물을 사용하였지만 처벌받지 않아 이 사건 홍보물의 내용이 구 공직선거법에 위반됨을 알지 못한 경우 법률의 착오에 정당한 이유가 있다.

해설

① [○] 피고인이 선거법규에 저촉되지 않는다고 오인한 경우 정당한 이유가 없다(대판 2006.3.24. 2005도3717).

② [○] 피고인의 행위가 무면허 의료행위에 해당되지 아니하여 죄가 되지 않는다고 믿은 데에 정당한 이유가 없다(대판 2003.5.13. 2003도939).

③ [○] 공무원이 그 직무에 관하여 실시한 봉인 등의 표시가 절차상 하자가 있어서 법률상 효력이 없다고 믿고 그 봉인 등의 표시를 손상 또는 은닉 기타의 방법으로 그 효용을 해하는 행위는 그 오인에 정당한 이유가 있다고 볼 수 없다(대판 2000.4.21. 99도5563).

④ [×] 피고인이 과거 지방선거에서 같은 내용의 선거홍보물을 사용하였지만 처벌받지 않았다거나 홍보물의 내용이 구 공직선거법에 위반됨을 알지 못하였다는 사유만으로는 피고인의 행위에 범의가 없다거나 형법 제16조 소정의 법률의 착오에 해당하는 '정당한 이유'가 있다고 볼 수 없다(대판 2006.3.10. 2005도6316).

정답 ④

28 법률의 착오에 '정당한 이유'가 없어 처벌되는 것은 다음 중 모두 몇 개인가? (다툼이 있으면 판례에 의함)

[15 경찰채용]

㉠ 부동산중개업자가 아파트 분양권의 매매를 중개하면서 중개수수료 산정에 관한 지방자치단체의 조례를 잘못 해석하여 법에서 허용하는 금액을 초과한 중개수수료를 수수한 경우

㉡ 유선비디오 방송 설비는 허가 대상이 되지 않는다는 체신부장관의 회신을 믿고 당국의 허가 없이 유선비디오 방송 설비를 설치한 경우

㉢ 비디오물감상실업자가 개정된 법이 시행된 이후, 구청 문화관광과에서 실시한 교육과정에서 '만 18세 미만의 연소자' 출입금지 표시를 업소에 부착하라는 행정지도를 믿고 자신의 비디오감상실에 18세 이상 19세 미만의 청소년을 출입시킨 행위가 관련 법률에 의하여 허용된다고 믿은 경우

㉣ 중국 국적 선박을 구입한 피고인이 외환은행 담당자의 안내에 따라 매도인인 중국 해운회사에 선박을 임대하여 받기로 한 용선료를 재정경제부장관에게 미리 신고하지 아니하고 선박 매매대금과 상계함으로써 (구)「외국환거래법」을 위반한 경우

① 1개   ② 2개
③ 3개   ④ 4개

ㄱ 착오에 '정당한 이유'가 인정되지 아니한다(대판 2005.5.27. 2004도62).
ㄴ 착오에 '정당한 이유'가 인정되지 아니한다(대판 1989.2.14. 87도1860).
ㄷ 착오에 '정당한 이유'가 인정된다(대판 2002.5.17. 2001도4077).
ㄹ 착오에 '정당한 이유'가 인정되지 아니한다(대판 2011.7.14. 2011도2136).

정답 ③

29 다음 중 판례가 정당한 이유를 인정한 경우는 모두 몇 개인가? [15 경찰간부]

ㄱ 이복동생 이름으로 군복무 중 휴가를 얻어 귀가하여 자기는 다른 호적에 입적되어 있고 이복동생은 군복무를 필한 사실을 알고 다른 사람의 이름으로 군대생활을 할 필요가 없다고 생각하고 귀대하지 않은 경우
ㄴ 한국교통사고 상담센타 직원이 교통사고 피해자의 위임을 받아 회사와의 사이에 화해의 중재나 알선을 하고 피해자로부터 교통부장관이 승인한 조정수수료를 받은 경우
ㄷ 중국 국적 선박을 구입한 피고인이 외환은행 담당자의 안내에 따라 매도인인 중국해운회사에 선박을 임대하여 받기로 한 용선료를 재정경제부장관에게 미리 신고하지 아니하고 선박 매매대금과 상계함으로써 구 외국환거래법을 위반한 경우
ㄹ 채권자가 관할 공무원과 변호사에게 문의·확인하여 자기의 채권이 신고해야 할 기업사채에 해당하지 않는다고 믿고 신고를 하지 않은 경우
ㅁ 유선비디오 방송설비는 허가대상이 되지 않는다는 체신부장관의 회신을 믿고 당국의 허가 없이 유선비디오 방송설비를 설치한 경우

① 1개 ② 2개
③ 3개 ④ 4개

ㄱ 착오에 '정당한 이유'가 인정된다(대판 1974.7.23. 74도1399).
ㄴ 착오에 '정당한 이유'가 인정된다(대판 1975.3.25. 74도2882).
ㄷ 착오에 '정당한 이유'가 인정되지 아니한다(대판 2011.7.14. 2011도2136).
ㄹ 착오에 '정당한 이유'가 인정된다(대판 1976.1.13. 74도3680).
ㅁ 착오에 '정당한 이유'가 인정되지 아니한다(대판 1989.2.14. 87도1860).

정답 ③

30 착오에 관한 설명으로 가장 적절한 것은? (다툼이 있는 경우 판례에 의함) [23 경찰채용]

① 「형법」 제15조 제1항에 따르면 특별히 무거운 죄가 되는 사실을 인식하지 못한 행위는 그 오인에 정당한 이유가 있는 때에 한하여 벌하지 아니한다.

② 甲은 자신의 아버지인 A의 지갑을 훔친다고 생각하고 지갑을 훔쳤으나, 사실 그 지갑은 아버지 친구인 B의 것이라면 甲의 행위는 과실 행위이므로 절도죄로 처벌되지 않는다.

③ 법률의 착오에 있어서 위법성의 인식에 필요한 노력의 정도는 구체적인 행위정황과 행위자 개인의 인식능력 그리고 행위자가 속한 사회집단에 따라 달리 평가되어야 한다.

④ 甲이 지나가던 행인 3명과 싸우다가 힘이 달리자 식칼을 가지고 이들 3명을 상대로 휘두르다가 이를 말리면서 식칼을 뺏으려던 A에게 상해를 입혔다면 甲에게 A에 대한 상해의 범의를 인정할 수 없어 과실치상죄가 성립할 수 있을 뿐이다.

해설

① [×] 제15조【사실의 착오】 ① 특별히 무거운 죄가 되는 사실을 인식하지 못한 행위는 무거운 죄로 벌하지 아니한다.

② [×] 친족관계는 객관적 구성요건요소가 아니므로 이에 대한 착오는 고의가 조각되지 않는다. 친족상도례는 객관적으로 친족관계가 인정되면 행위자가 범행당시에 객관적인 친족관계의 존부를 알고 있었는가 여부를 불문하고 적용된다. 설문의 경우 甲에게 절도죄가 성립한다.

> **관련판례** 피고인이 그 본가의 소유물로 오신하여 이를 절취하였다 할지라도 그 오신은 형의 면제사유에 관한 것으로서 범죄의 구성요건 사실에 관한 제15조 제1항은 적용되지 않는 것이므로 그 오신은 본건 범죄의 성립이나 처벌에 아무런 영향도 미치지 아니한다(대판 1966.6.28. 66도104).

③ [○] 법률의 착오에 있어서 위법성의 인식에 필요한 노력의 정도는 구체적인 행위 정황과 행위자 개인의 인식능력 그리고 행위자가 속한 사회집단에 따라 달리 평가되어야 한다(대판 2021.11.25. 2021도10903).

④ [×] 甲이 乙등 3명과 싸우다가 힘이 달리자 식칼을 가지고 이들 3명을 상대로 휘두르다가 이를 말리면서 식칼을 뺏으려던 피해자 A에게 상해를 입혔다면 甲에게 상해의 범의가 인정되며 상해를 입은 사람이 목적한 사람이 아닌 다른 사람이라 하여 과실치상죄에 해당한다고 할 수 없다(대판 1987.10.26. 87도1745). ▶ 발생한 사실인 A에 대한 상해죄가 성립한다.

정답 ③

31 금지착오에 대한 설명 중 가장 적절한 것은? (다툼이 있는 경우 판례에 의함) [23 경찰승진]

① 위법성의 인식에 필요한 노력의 정도는 행위자 개인의 인식능력과 행위자가 속한 사회집단에 따라 달리 평가되어서는 안 되며, 사회 평균적 일반인의 입장에서 객관적으로 판단되어야 한다.

② 숙박업자가 자신이 운영하는 숙박업소에서 위성방송수신장치를 이용하여 수신한 외국의 음란한 위성방송프로그램을 투숙객 등에게 제공한 경우 그 이전에 그와 유사한 행위로 '혐의없음' 처분을 받은 전력이 있거나 일정한 시청차단장치를 설치하였다면 형법 제16조의 정당한 이유가 인정된다.

③ 법률 위반행위 중간에 일시적으로 판례에 따라 그 행위가 처벌 대상이 되지 않는 것으로 해석되었던 적이 있었다고 하더라도 그것만으로 자신의 행위가 처벌되지 않는 것으로 믿은 데에 정당한 이유가 있다고 할 수 없다.

④ 처벌규정이 존재함에도 불구하고 행위자가 처벌규정의 존재를 인식하지 못한 법률의 부지의 경우 그 오인에 정당한 이유가 있으면 벌하지 아니한다.

해설

① [×] 위법성의 인식에 필요한 노력의 정도는 구체적인 행위정황과 행위자 개인의 인식능력 그리고 행위자가 속한 사회집단에 따라 달리 평가되어야 한다(대판 2006.3.24. 2005도3717).

② [×] 피고인이 이 사건 행위 이전에 그와 유사한 행위에 대하여 '혐의없음' 처분을 받은 전력이 있다거나 일정한 시청차단장치를 설치하였다는 등의 사정만으로는 형법 제16조 소정의 정당한 이유가 있다고 볼 수 없다(대판 2010.7.15. 2008도11679).¹⁰⁾

③ [○] 법률 위반행위 중간에 일시적으로 판례에 따라 그 행위가 처벌 대상이 되지 않는 것으로 해석되었던 적이 있었다고 하더라도, 그것만으로 자신의 행위가 처벌되지 않는 것으로 믿은 데에 정당한 이유가 있다고 할 수 없다(대판 2021.11.25. 2021도10903).

④ [×] 형법 제16조에 의하여 처벌하지 아니하는 경우란 단순한 법률의 부지의 경우를 말하는 것이 아니고, 일반적으로 범죄가 되는 행위이지만 자기의 특수한 경우에는 법령에 의하여 허용된 행위로서 죄가 되지 아니한다고 그릇 인식하고 그와 같이 인식함에 있어 정당한 이유가 있는 경우에는 벌하지 아니한다는 취지이므로, 피고인이 자신의 행위가 건축법상의 허가대상인 줄을 몰랐다는 사정은 단순한 법률의 부지에 불과하고 특히 법령에 의하여 허용된 행위로서 죄가 되지 않는다고 적극적으로 그릇 인식한 경우가 아니어서 이를 법률의 착오에 기인한 행위라고 할 수 없다(대판 2011.10.13. 2010도15260).

▶ 법률의 부지도 법률의 착오에 해당한다는 것이 통설의 입장이나, 대법원은 단순한 법률의 부지의 경우는 법률의 착오에 해당하지 않는다는 입장이다.

정답 ③

---

32 다음 사례에 대한 설명 중 옳은 것은 모두 몇 개인가? (다툼이 있는 경우 판례에 의함) [22 경찰간부]

(1) 甲은 친구 乙이 돈을 벌고 싶으면 통장과 체크카드를 넘겨달라고 하여 乙이 보이스피싱을 한다는 사실을 알면서 자신의 통장과 체크카드를 넘겨주었다. 여분의 체크카드를 가지고 있던 甲은 통장을 확인하던 중 1,300만 원이 입금된 사실을 확인하고 이를 모두 인출하여 임의로 소비하였는데, 이 돈은 乙로부터 기망당한 A가 송금한 것이었다.

(2) 이후 甲은 승용차를 운전하다가 단속 중인 경찰관으로부터 운전면허증 제시를 요구받고 자신의 휴대전화기에 저장된 乙의 운전면허증을 촬영한 이미지 파일을 마치 자신의 운전면허증인 것처럼 제시하였다.

(3) 집으로 돌아온 甲은 평소 층간소음으로 다툼이 있던 B의 원룸을 향해 돌을 던져 창문을 깨버렸다. 마침 B는 주식 투자 실패로 자살하려고 번개탄을 피워둔 채 실신해 있다가 창문이 깨지는 바람에 생명을 구했다.

(4) 한편 밤에 퇴근하던 丙(女)은 모자를 푹 눌러쓰고 뒤따라오던 甲을 수상하게 여기던 중 우연히 이를 본 乙이 이번 기회에 甲을 혼내줄 생각으로 丙에게 "甲이 추행범이니 한 대 쳐버려!"라고 부추겼고, 이에 丙은 길을 묻기 위해 갑자기 자신의 앞을 가로막은 甲을 추행범으로 오인하고 자신을 방어할 생각으로 甲을 밀어 넘어뜨렸다.

가. (1)에서 甲에게는 횡령죄가 성립한다.
나. (2)에서 甲에게는 공문서부정행사죄가 성립한다.
다. (3)에서 甲에게 무죄가 성립한다는 견해에 대해서는 주관적 정당화요소가 있는 경우와 없는 경우 모두 똑같이 취급한다는 비판이 제기된다.
라. (4)에서 엄격책임설에 의할 경우 丙의 오인에 정당한 이유가 있다면 丙은 무죄가 되고, 소극적 구성요건표지이론에 의할 경우 乙에게 교사범이 성립할 여지가 없다.
마. (1)의 사건을 수사하던 사법경찰관 P가 甲과 乙을 긴급체포한 후, 사건이 체포적부심에 계속되어 있던 중 乙의 변호인이 乙의 출석을 보증할만한 보증금을 납입한 경우, 법원은 결정으로 乙의 석방을 명할 수 있다.

① 1개   ② 2개
③ 3개   ④ 4개

---

10) 검사의 무혐의 처분이 절대적 기준이 될 수 없음에 유의하여야 한다.

가. [×] 전기통신금융사기(이른바 보이스피싱 범죄)의 범인이 피해자를 기망하여 피해자의 돈을 사기이용계좌로 송금·이체받았다면 이로써 편취행위는 기수에 이른다. 따라서 범인이 피해자의 돈을 보유하게 되었더라도 이로 인하여 피해자와 사이에 어떠한 위탁 또는 신임관계가 존재한다고 할 수 없는 이상 피해자의 돈을 보관하는 지위에 있다고 볼 수 없으며, 나아가 그 후에 범인이 사기이용계좌에서 현금을 인출하였더라도 이는 이미 성립한 사기범행의 실행행위에 지나지 아니하여 새로운 법익을 침해한다고 보기도 어려우므로, 위와 같은 인출행위는 사기의 피해자에 대하여 따로 횡령죄를 구성하지 아니한다. 그리고 이러한 법리는 사기범행에 이용되리라는 사정을 알고서도 자신 명의의 계좌의 접근매체를 양도함으로써 사기범행을 방조한 종범이 사기이용계좌로 송금된 피해자의 돈을 임의로 인출한 경우에도 마찬가지로 적용된다(대판(전) 2017.5.31. 2017도3045).

나. [×] 자동차 등의 운전자가 경찰공무원에게 다른 사람의 운전면허증 자체가 아니라 이를 촬영한 이미지파일을 휴대전화 화면 등을 통하여 보여주는 행위는 운전면허증의 특정된 용법에 따른 행사라고 볼 수 없는 것이어서 그로 인하여 경찰공무원이 그릇된 신용을 형성할 위험이 있다고 할 수 없으므로, 이러한 행위는 결국 공문서부정행사죄를 구성하지 아니한다(대판 2019.12.12. 2018도2560).

다. [○] (3) 지문은 주관적 정당화요소를 결한 경우에 해당한다. 주관적 정당화요소의 흠결이란 객관적 정당화상황은 존재하지만 행위자가 이를 인식하지 못하고 행위를 한 경우를 말한다. 사례는 주관적 정당화요소 흠결의 경우이며 이에 대하여 무죄를 인정하는 견해는 결과반가치일원론이나 이를 근거로 하는 주관적 정당화요소 불요설이 있다. 주관적 정당화요소 불요설에 대한 비판에 해당한다. 불요설에 의하면 우연피난의 경우와 같이 주관적 정당화요소가 없는 경우에도 주관적 정당화요소가 있는 경우와 마찬가지로 위법성조각을 인정하여 무죄가 된다.

라. [○] 위법성조각사유의 전제사실에 대한 착오에 해당한다. 이에 대하여 소극적구성요건표지이론은 위법성조각사유는 소극적 구성요건표지로서 적극적 구성요건표지인 구성요건해당성과 더불어 불법구성요건을 형성하므로, 구성요건표지에 관한 착오와 같이 구성요건적 착오가 된다는 견해이다. 고의불법이 조각되어 과실범의 성립여부만 문제되므로 교사범이 성립할 수 없다. 엄격책임설은 행위자가 구성요건적 사실 그 자체는 인식했으므로 구성요건적 고의는 조각될 수 없고, 착오로 위법성을 인식하지 못한 것이므로 금지착오가 된다는 견해이다. 착오에 정당한 이유가 없으면 고의범으로 처벌되고, 정당한 이유가 있으면 책임이 조각되어 처벌받지 않게 된다(무죄).

마. [×] 형사소송법은 수사단계에서의 체포와 구속을 명백히 구별하고 있고 이에 따라 체포와 구속의 적부심사를 규정한 같은 법 제214조의2에서 체포와 구속을 서로 구별되는 개념으로 사용하고 있는 바, 제215조의2 제5항에 보증금 납입을 조건으로 한 석방의 대상자가 '구속된 피의자'라고 명시되어 있으므로 … 현행법상 체포된 피의자에 대하여는 보증금 납입을 조건으로 한 석방이 허용되지 않는다(대결 1997.8.27. 97모21).

정답 ②

33 위법성조각사유의 전제사실에 대한 착오에 관한 설명으로 가장 옳지 않은 것은? [20 경찰간부]

① 오상방위, 오상피난, 오상자구행위 등이 이에 해당한다.

② 甲이 야간에 악수를 청하는 이웃집 사람을 강도로 오인하고 방어할 생각으로 그를 때려 상해를 입힌 경우, 정당한 이유가 없다면 소극적 구성요건표지이론에 의할 때 상해죄가 성립한다.

③ 엄격고의설에 의하면 위법성조각사유의 전제사실에 대한 착오가 있는 경우에는 위법성 인식이 없으므로 고의가 조각된다.

④ 정당방위 상황이 객관적으로 존재하지 않음에도 불구하고 행위자는 존재하는 것으로 잘못 알고 방위행위를 한 경우, 엄격책임설은 이를 법률의 착오로 보고 '오인에 정당한 이유'가 있으면 책임이 조각된다고 본다.

① [○] 위법성조각사유의 전제사실에 대한 착오란 행위자가 존재하지 않는 위법성조각사유의 객관적 전제사실이 존재한다고 오신하고 행위를 한 경우를 말한다. 오상방위, 오상피난, 오상자구행위 등이 그 예에 해당한다.

② [×] 소극적 구성요건표지이론에 의할 때 과실치상죄가 성립한다.

③ [○] 엄격고의설에 의하면 위법성조각사유의 전제사실에 대한 착오가 있는 경우에는 위법성 인식이 없으므로 고의가 조각된다. 이때 고의는 책임고의를 말한다.

④ [○] 오상방위에 대하여 엄격책임설은 이를 법률의 착오로 보고 '오인에 정당한 이유'가 있으면 책임이 조각된다고 본다.

☑ 학설의 핵심정리

구분	착오의 성질	법적 효과의 이론구성	공범성립
엄격고의설		고의책임 조각 → (과실범)	
소극적 구성요건표지이론	구성요건적 착오 (제13조 직접적용)	고의불법 조각 → (과실범)	불가능
엄격책임설	위법성의 착오 (법률의 착오)	고의불법 인정 → 오인의 정당한 이유 유무에 따라 책임결정 → (고의범)	가능
유추적용설	제3의 착오 (제13조 유추적용)	고의불법 조각 → (과실범)	불가능
법효과제한적 책임설	제3의 착오	고의불법 인정, 고의책임 조각(심정반가치 탈락) → (과실범)	가능

정답 ②

34 위법성조각사유의 전제사실에 대한 착오의 설명으로 가장 적절한 것은? (다툼이 있으면 판례에 의함)

[21 경찰승진]

① 엄격책임설에 의하면 위법성조각사유의 전제사실에 대한 착오의 경우 「형법」 제13조를 직접 적용함으로써 고의범의 성립이 부정되고 과실이 있는 경우 과실범으로 처벌한다.

② 위법성조각사유의 요건을 총체적 불법구성요건의 소극적 표지로 이해하는 소극적 구성요건표지이론에 의하면 위법성조각사유의 전제사실에 대한 착오를 고의범으로 처벌한다.

③ 고의설과 법효과제한책임설은 위법성조각사유의 전제사실에 대한 착오의 법적 효과에 있어 동일한 결론을 취한다.

④ 유추적용설에 의하면 위법성조각사유의 전제사실에 대한 착오의 경우 「형법」 제13조를 유추적용함으로써 구성요건적 고의는 인정되지만 책임고의를 부정하여 고의범의 성립을 부정한다.

해설

① [×] 위법성조각사유의 전제사실에 대한 착오의 경우 「형법」 제13조를 직접 적용함으로써 고의범의 성립이 부정되고 과실이 있는 경우 과실범으로 처벌하는 견해는 소극적 구성요건표지이론에 해당한다.

② [×] 위법성조각사유의 요건을 총체적 불법구성요건의 소극적 표지로 이해하는 소극적 구성요건표지이론에 의하면 위법성조각사유의 전제사실에 대한 착오를 과실범의 성립문제로 처리한다.

③ [○] 문제 취지상 지문의 고의설은 '엄격고의설'로 이해되며 법효과제한책임설과 마찬가지로 위법성조각사유의 전제사실에 대한 착오의 법적 효과를 동일하게 과실범으로 처리한다.

④ [×] 유추적용설에 의하면 위법성조각사유의 전제사실에 대한 착오의 경우 「형법」 제13조를 유추적용함으로써 구성요건적 고의를 부정하여 고의범의 성립을 부정한다. 구성요건적 고의는 인정되지만 책임고의를 부정하여 고의범의 성립을 부정하는 견해는 법효과제한적책임설이다.

정답 ③

35 고의와 과실 및 착오에 관한 설명 중 옳지 않은 것은? (다툼이 있으면 판례에 의함) [19 경찰채용]

① 위법성을 조각하는 피해자의 승낙과 구성요건해당성을 조각하는 양해를 구별하는 입장에 따르면, 양해가 없음에도 불구하고 있다고 생각하고 행위한 경우 불능미수가 성립한다.

② 「형법」 제13조에 따르면 죄의 성립요소인 사실을 인식하지 못한 행위는 벌하지 아니하지만, 법률에 특별한 규정이 있는 경우에는 예외로 한다.

③ 골프경기를 하던 중 골프공을 쳐서 아무도 예상하지 못한 자신의 등 뒤편으로 보내어 경기보조원에게 상해를 입힌 행위는 주의의무를 현저히 위반하여 사회적 상당성의 범위를 벗어난 행위로서 과실치상죄가 성립한다.

④ 위법성은 구성요건해당성의 소극적 요소라고 보는 소극적 구성요건요소이론에 따르면, 위법성조각사유의 전제사실의 착오의 경우 고의가 부정된다.

해설

> ① [×] 위법성을 조각하는 피해자의 승낙과 구성요건해당성을 조각하는 양해를 구별하는 입장에 따르면, 양해가 없음에도 불구하고 있다고 생각하고 행위 구성요건의 착오에 해당하여 과실범의 성립문제가 된다. 그러나 양해가 있음에도 불구하고 양해가 없다고 생각하고 행위한 경우 불능미수가 성립한다.
> ② [○] 죄의 성립요소인 사실을 인식하지 못한 행위는 벌하지 아니하지만, 법률에 특별한 규정이 있는 경우에는 예외로 한다 (제13조).
> ③ [○] 골프경기를 하던 중 골프공을 쳐서 아무도 예상하지 못한 자신의 등 뒤편으로 보내어 경기보조원에게 상해를 입힌 행위는 주의의무를 현저히 위반하여 사회적 상당성의 범위를 벗어난 행위로서 과실치상죄가 성립한다(대판 2008.10.23. 2008도 6940).
> ④ [○] 소극적 구성요건요소이론에 따르면, 위법성조각사유의 전제사실의 착오의 경우 제13조가 직접 적용되어 고의가 부정된다.

정답 ①

36 밤눈이 어두운 甲은 야간에 자기 집 앞에서 악수를 청하는 이웃집 사람인 乙을 흉기를 꺼내드는 강도로 오인하고 정당방위 의사로 乙을 밀어뜨려 4주간의 치료를 요하는 상해를 입혔다. 甲이 乙을 강도로 오인함에 있어서 정당한 이유가 없다고 판단되는 경우에 甲의 죄책에 관한 설명 중 가장 적절하지 않은 것은? [11 경찰채용]

① 엄격고의설에 의하면 과실치상죄가 성립된다.

② 엄격책임설에 의하면 상해죄가 성립된다.

③ 법효과제한적책임설에 의하면 과실치상죄가 성립된다.

④ 유추적용설에 의하면 상해죄가 성립된다.

해설

> ▶ 사례는 오상방위, 즉 위법성조각사유의 전제사실의 착오에 해당한다. 오인에 정당한 이유가 없는 경우, 즉 과실이 인정되는 경우 엄격고의설, 법효과제한적책임설, 유추적용설은 과실범(과실치상죄)의 성립을 인정하나 엄격책임설은 고의범(상해죄)을 인정한다.

정답 ④

37 甲은 야간에 악수를 청하는 이웃집 사람을 강도로 오인하고 방어할 생각으로 그를 때려 상해를 입혔으나, 오인에 정당한 이유가 없는 경우 어떠한 학설에 따르면 甲의 죄책이 가장 무겁게 되는가? [16 경찰채용]

① 유추적용설

② 소극적 구성요건표지이론

③ 엄격책임설

④ 법효과제한적 책임설

해설

> ▶ 사례는 오상방위, 즉 위법성조각사유의 전제사실의 착오에 해당한다. 오인에 정당한 이유가 없는 경우, 즉 과실이 인정되는 경우 유추적용설, 소극적 구성요건표지이론, 법효과제한적책임설은 과실범(과실치상죄)의 성립을 인정하나 <u>엄격책임설은 고의범(상해죄)을 인정</u>한다. 따라서 甲의 죄책이 가장 무겁게 되는 경우는 엄격책임설의 경우이다.

정답 ③

38 다음 사례에 대한 설명으로 가장 적절하지 않은 것은? (재물손괴죄는 논외로 함) [21 경찰채용]

> 경찰관 甲은 가정폭력이 있다는 112 신고를 받고 현장에 출동하였다. 甲은 해당 주소를 확인하고 초인종을 수차례 눌렀으나 아무런 반응이 없었고, 집안에서 '살려달라'는 비명소리가 크게 들렸으며 신고자와의 통화도 연결되지 않았다. 사태의 급박함을 감지한 甲은 피해자를 구조하기 위하여 「경찰관 직무집행법」 제7조 제1항 및 「가정폭력범죄의 처벌 등에 관한 특례법」 제5조에 따라 해당 주소의 집 출입문을 강제로 개방하고 집안으로 진입하였다. 그런데 비명소리는 평소 귀가 어둡던 A가 즐겨보는 드라마에서 나오던 것으로 실제 가정폭력은 없었던 것으로 확인되었다.

① 甲에게 위법성의 인식이 없어 고의가 조각된다고 보는 견해에 따르면, 甲의 행위는 불가벌이다.

② 위의 사안을 법률의 착오(금지착오)의 문제로 파악하는 견해에 따르면, 甲의 오인에 정당한 이유가 있으면 벌하지 아니한다.

③ 고의의 이중적 지위를 인정하는 견해에 따르면, 甲에게 심정반가치적 요소가 없어 책임고의는 탈락되지만 구성요건적 고의는 인정되므로 주거침입죄가 성립한다고 본다.

④ 판례는 甲이 위와 같은 착오를 일으킨 경우, 그 오인에 정당한 이유가 있다면 위법성이 조각된다는 입장을 취하고 있다.

해설

> ▶ 사례는 위법성조각사유의 전제사실의 착오에 해당한다.
> ① [○] 甲에게 위법성의 인식이 없어 고의가 조각된다고 보는 견해(엄격고의설)에 따르면, 甲의 행위는 과실주거침입에 해당하여 불가벌이다.
> ② [○] 법률의 착오(금지착오)의 문제로 파악하는 견해(엄격책임설)에 따르면, 甲의 오인에 정당한 이유가 있으면 책임이 조각되어 甲은 처벌되지 아니한다.
> ③ [×] 고의의 이중적 지위를 인정하는 견해(법효과제한적 책임설)에 따르면, 甲에게 구성요건적 고의는 인정되지만 심정반가치적 요소가 없어 책임고의는 탈락되어 고의범인 주거침입죄가 성립하지 아니한다고 본다.
> ④ [○] 참고판례 당번병의 관사이탈행위는 중대장의 직접적인 허가가 없었다 하더라도 당번병으로서의 그 임무범위 내에 속하는 일로 오인하고 한 행위로서 그 오인에 정당한 이유가 있어 위법성이 없다고 볼 것이다(대판 1986.10.28. 86도1406).
> ▶ 판례의 취지에 따르면 지문은 옳다.

정답 ③

39 위법성조각사유의 전제사실의 착오에 관한 학설과 그에 제기되는 비판을 연결한 것 중 가장 옳지 않은 것은?

[17 경찰간부]

① 엄격고의설 – 과실범은 법률에 특별한 규정이 있는 때에만 예외적으로 처벌되기 때문에 처벌의 공백이 생길 수 있다.

② 소극적 구성요건표지이론 – 구성요건해당성이 없는 행위와 구성요건에는 해당하나 위법성이 조각되는 행위 사이에 존재하는 가치 차이를 무시한다.

③ 엄격책임설 – 위법성조각사유의 전제사실의 착오에 빠져 자신의 행위에 위법성의 인식이 없는 자를 고의범으로 처벌하는 것은 일반인의 법감정에 반한다.

④ 법효과제한적 책임설 – 위법성조각사유의 전제사실의 착오에 빠진 자를 교사하여 죄를 범하게 한 경우 그 교사자를 교사범으로 처벌할 수 없다.

해설

① [O] 엄격고의설은 위법성조각사유의 전제사실의 착오의 경우 과실범으로 처리하는데, 과실범은 법률에 특별한 규정이 있는 때에만 예외적으로 처벌되기 때문에 즉 과실범의 처벌규정이 없는 경우도 많기 때문에 처벌의 공백이 생길 수 있다(예 위전착에 의한 폭행은 과실범규정이 없어 처벌이 불가능해진다).

② [O] 소극적 구성요건요소이론에 의할 경우 처음부터 구성요건에 해당하지 않는 행위(예 모기를 죽이는 행위)와 구성요건에 해당하지만 허용되는 행위(예 살인을 하였으나 정당방위에 해당하는 경우)를 모두 구성요건해당성이 부정된다고 하므로 양자 사이의 가치 차이를 무시한다는 비판을 받는다.

③ [O] 엄격책임설은 위법성조각사유의 전제사실의 착오를 고의범으로 처벌하는데 착오한 자를 고의범으로 처벌하는 것은 일반인의 법감정에 반한다는 비판을 받는다.

④ [X] 법효과제한적 책임설은 위법성조각사유의 전제사실의 착오의 경우 구성요건적 고의(고의불법)는 인정되지만, 책임고의가 조각되어 과실범이 성립이 문제된다는 견해이다. 따라서 위법성조각사유의 전제사실의 착오에 기인하여 행위를 하는 자는 고의불법(구성요건해당성과 위법성)이 인정된다. 그러므로 위법성조각사유의 전제사실의 착오에 빠진 자를 교사하여 죄를 범하게 한 경우 그 교사자를 교사범으로 처벌할 수 있다.

정답 ④

―――――――――――〈사례〉―――――――――――

甲이 야간에 자신의 방에 들어오는 룸메이트를 강도로 오인하고 상해의 고의는 없이 방어할 의사로 그를 폭행하였는데 강도로 오인한 과실이 회피 가능하였을 경우

―――――――――――〈학설〉―――――――――――

(가) 범죄를 불법과 책임의 두 단계로 나누어, 위법성조각사유의 요건을 소극적 구성요건요소로 이해하는 이론으로서, 위 사례는 구성요건적 착오의 문제로 이해하는 견해

(나) 위법성의 인식을 고의의 요소가 아닌 독자적인 책임요소로 파악하는 이론으로서, 위 사례는 금지착오의 문제로 이해하는 견해

(다) 위법성조각사유의 전제사실은 구성요건적 사실과 유사하다는 점을 전제로 하여, 위 사례는 구성요건적 착오 규정을 유추적용 해야 하는 것으로 이해하는 견해

(라) 고의의 이중적 지위를 전제로 하여, 위 사례는 구성요건적 고의는 인정되나 책임고의가 탈락되어 결국 구성요건적 착오와 법효과적으로 동일한 것으로 이해하는 견해

① (가)와 (다)에 따르면 甲에게는 폭행죄가 성립한다.
② (나)와 (라)에 따르면 甲에게는 상해죄가 성립한다.
③ (나)와 (다)에 따르면 甲에게는 과실치상죄가 성립한다.
④ (가)와 (라)에 따르면 甲은 처벌되지 않는다.

해설

甲은 '현재의 부당한 침해'(객관적 정당화 상황)가 존재하지 않음에도 불구하고 방위의사로(주관적정당화요소) 폭행을 가한 것이므로 오상방위, 즉 위법성조각사유의 전제사실에 대한 착오에 해당한다.

(가)는 소극적 구성요건요소이론에 대한 설명이다. 이 견해는 위법성조각사유의 요건은 소극적구성요건요소가 되므로 위법성을 조각하는 행위상황에 대한 착오는 구성요건적착오가 되고 따라서 고의를 조각하게 되며, 만약 행위자에게 과실이 있고 과실범처벌규정이 있는 경우에는 과실범으로 처벌된다고 한다.

(나)는 엄격책임설에 대한 설명으로서 위법성조각사유의 전제사실의 착오를 포함한 모든 위법성조각사유에 관한 착오를 금지의 착오라고 해석한다. 따라서 착오에 정당한 이유가 없으면 고의범으로 처벌되고, 정당한 이유가 있으면 책임이 조각되어 처벌받지 않게 된다.

(다)는 유추적용설에 대한 설명으로서 위법성조각사유의 객관적 전제사실은 구성요건의 객관적 요소와 유사성이 있으므로 구성요건적 착오에 관한 규정을 유추적용하여 고의가 조각된다는 견해이다. 이 견해에 의하면 과실범의 성립 여부만 문제된다.

(라)는 다수설인 법효과제한적책임설에 대한 설명으로 객체를 침해한다는 사실에 대한 인식·인용은 있으므로 구성요건적 고의는 조각되지 아니하나(고의불법 인정), 착오로 인하여 행위자의 심정반가치를 인정할 수 없으므로 책임고의가 조각되어 그 법적 효과에 있어서만 구성요건적 고의가 조각된 것처럼 과실범의 문제로 취급하자는 견해이다.

▶ 소극적 구성요건요소이론, 유추적용설, 법효과제한적책임설에 따르면 과실범을 검토하게 되고, 엄격책임설은 착오에 정당한 이유 유무에 따라 고의범을 검토하게 된다. 따라서 설문의 경우 과실범을 검토하는 학설들은 과실폭행죄를 처벌하는 규정이 없으므로 불가벌이나, 엄격책임설에 따르면 오인에 과실이 있는 경우이므로 폭행죄로 처벌받게 된다.

정답 ④

41 새벽에 귀가 중인 甲에게 노숙자 A가 구걸을 하려고 접근하였다. 그러나 甲은 이전에 소위 '퍽치기' 강도를 당한 경험 때문에, A를 '퍽치기' 강도로 오인하였다. 이때 현장에 온 택시기사 乙이 A가 노숙자이고 구걸을 하려는 것을 알면서도 甲에게 "A가 당신을 공격하려 한다."라고 말하였다. 이에 甲은 그 말을 믿고 A를 폭행하였다. 甲과 乙의 형사책임에 관한 설명 중 옳지 않은 것은? [21 변호사]

① 소극적 구성요건요소이론에 의하면 甲의 착오는 사실의 착오(구성요건적 착오)에 해당하며 폭행죄의 고의가 부정된다.

② 엄격책임설에 의하면 甲의 착오는 법률의 착오에 해당하여 오인함에 정당한 이유가 없는 경우 폭행죄가 성립한다.

③ 구성요건적 착오규정을 유추적용하는 견해에 의하면 甲의 고의가 부정되어 폭행죄가 성립하지 않는다.

④ 법효과제한적 책임설에 의하면 甲에게 고의불법은 인정되지만 고의책임이 배제되어 폭행죄가 성립하지 않는다.

⑤ 소극적 구성요건요소이론과 법효과제한적 책임설에 따르면 제한적 종속형식에 의할 때 乙은 甲의 행위에 대하여 폭행죄의 교사범이 된다.

해설

① [○] 소극적 구성요건표지이론에 의하면 위법성조각사유는 소극적 구성요건이므로 위법성조각사유 전제사실의 착오의 경우 구성요건적 착오에 관한 규정을 직접 적용하여 (불법) 고의가 조각된다고 본다. 설문의 경우 甲에게 폭행죄의 고의가 부정된다.

② [○] 엄격책임설에 의하면 위법성조각사유 전제사실의 착오는 법률의 착오에 해당된다고 보므로 그 오인에 정당한 이유가 없으면 고의범으로 처벌되고, 그 오인에 정당한 이유가 있으면 책임이 조각되어 무죄가 된다. 설문의 경우 甲은 그 오인에 정당한 이유가 없었으므로 폭행죄로 처벌된다.

③ [○] 구성요건적 착오규정을 유추적용하는 견해에 의하면 위법성조각사유 전제사실의 착오는 구성요건적 착오와 유사하므로 구성요건적 착오에 관한 규정을 유추적용하여 (구성요건적) 고의가 조각된다고 본다. 설문의 경우 甲의 고의가 부정되어 폭행죄는 성립하지 않는다.

④ [○] 법효과제한적 책임설에 의하면 위법성조각사유 전제사실의 착오의 경우 행위자에게 (구성요건적) 고의는 인정되지만, 심정반가치가 존재하지 않으므로 고의책임이 배제된다고 본다. 설문의 경우 甲에게 고의불법은 인정되지만 고의책임이 배제되어 폭행죄가 성립하지 않는다.

⑤ [×] 소극적 구성요건요소이론에 의하면 甲은 과실폭행으로 처벌되지 않으므로 乙은 甲의 행위에 대하여 폭행죄의 간접정범이 성립한다. 그러나 법효과제한적 책임설에 의하면 甲에게 고의불법이 인정되므로 제한적 종속형식에 의하면 乙은 甲의 행위에 대하여 폭행죄의 교사범이 성립한다.

정답 ⑤

42 甲은 자신을 계속 뒤따라오다 손을 갑자기 내뻗는 A를 강제추행범으로 오인하고 이를 막고자 공격을 통해 A를 상해하였는데 실제로 A는 甲의 친구로서 장난을 치기 위해 위와 같은 행동을 한 것이었다. 이 사례의 해결방식과 설명에 대한 <보기 1>과 <보기 2>가 바르게 연결된 것은?

[24 변호사]

<보기 1>

가. 甲이 정당방위상황으로 잘못 판단한 데에 정당한 이유가 있으면 책임을 조각하려는 견해
나. 甲 행위의 구성요건적 고의를 인정하면서 고의범으로서의 법효과만을 제한하려는 견해
다. 사실의 착오 근거규정을 유추적용하려는 견해
라. 구성요건적 고의의 인식 대상이 되는 사실과 위법성조각사유의 전제되는 사실을 구별하지 아니하는 견해

<보기 2>

Ⓐ '불법'과 '책임'의 두 단계로 범죄체계를 구성한다면 「형법」상 위법성조각사유는 소극적 구성요건표지이다.
Ⓑ 甲은 행위상황에서 필요한 주의의무를 다 하지 않았을 뿐이고 그에게 책임고의가 존재하는 것은 아니다.
Ⓒ 甲에게는 위법성의 인식이 없었으므로, '자기의 행위가 법령에 의하여 죄가 되지 아니하는 것으로 오인한' 때에 해당한다.
Ⓓ A를 강제추행범으로 오인하여 반격하였다면 이는 고의의 인식대상을 착오한 것과 유사하다.

① 가-Ⓐ, 나-Ⓑ, 다-Ⓒ, 라-Ⓓ
② 가-Ⓑ, 나-Ⓒ, 다-Ⓓ, 라-Ⓐ
③ 가-Ⓒ, 나-Ⓓ, 다-Ⓐ, 라-Ⓑ
④ 가-Ⓒ, 나-Ⓑ, 다-Ⓓ, 라-Ⓐ
⑤ 가-Ⓓ, 나-Ⓒ, 다-Ⓐ, 라-Ⓑ

해설

▶ 甲이 A에게 상해를 입힌 것은 정당방위상황이 존재하는 것으로 오인하고 방위의사를 가지고 A를 상해한 경우로서, 甲의 오인은 오상방위, 즉 위법성조각사유의 전제사실의 착오의 일종에 해당한다.

가. 엄격책임설에 대한 설명으로 행위자가 구성요건적 사실 그 자체는 인식했으므로 구성요건적 고의는 조각될 수 없고, 착오로 위법성을 인식하지 못한 것이므로 금지착오가 된다는 견해이다. 이 견해에 따르면 착오에 정당한 이유가 없으면 고의범으로 처벌되고, 정당한 이유가 있으면 책임이 조각되어 처벌받지 않게 된다. 사례에서 甲에게 위법성의 인식이 없었는바 착오에 정당한 이유가 있는 경우에 해당한다. 따라서 가-Ⓒ의 연결이 옳다.[11]

나. 다수설인 법효과제한적 책임설에 대한 설명이다. 이 견해에 따르면 행위자에게 객체를 침해한다는 사실에 대한 인식·인용은 있으므로 구성요건적 고의는 조각되지 아니하나, 착오로 인하여 행위자의 심정반가치를 인정할 수 없으므로 책임고의가 조각되어 그 법적 효과에 있어서만 구성요건적 고의가 조각된 것처럼 과실범의 문제로 취급한다. 사례에서 甲은 행위상황에서 필요한 주의의무를 다 하지 않았을 뿐 심정반가치인 책임고의는 인정되지 않는다. 따라서 나-Ⓑ의 연결이 옳다.

다. 유추적용설에 대한 설명으로 위법성조각사유의 객관적 전제사실은 구성요건의 객관적 요소와 유사성이 있으며, 행위자에게 구성요건적 불법을 실현하려는 의사가 없어 행위반가치가 부정되기 때문에 구성요건적 착오에 관한 규정을 유추적용하여 고의가 조각된다는 견해이다. 이 견해에 따르면 과실범의 성립여부만 문제된다. 사례에서 甲이 A를 강제추행범으로 오인하여 반격한 것은 고의의 인식대상을 착오한 것과 유사하므로 과실범을 검토하게 된다. 따라서 다-Ⓓ의 연결이 옳다.

라. 소극적구성요건표지이론에 대한 설명이다. 이 견해에 따르면 위법성조각사유는 소극적 구성요건표지로서 적극적 구성요건표지인 구성요건해당성과 더불어 불법구성요건을 형성하므로, 구성요건표지에 관한 착오와 같이 구성요건적 착오가 된다. '불법'과 '책임'의 두 단계로 범죄체계를 구성하므로 위법성조각사유의 요건은 소극적구성요건요소가 된다. 따라서 라-Ⓐ의 연결이 옳다.

▶ 이상에서 본 바와 같이 가-Ⓒ, 나-Ⓑ, 다-Ⓓ, 라-Ⓐ의 연결이 옳다.

정답 ④

---

11) 설문의 경우 착오에 정당한 이유가 있었는지는 출제자가 판단을 요한 영역이 아니다. 이런 경우 설문에서 전제하고 있는 사실 그대로 판단하면 족한 것이지 수험생 스스로 이를 판단하여 결론을 내릴 필요는 없다.

제3절 | 강요된 행위와 기대가능성

43 강요된 행위에 대한 설명으로 옳은 것은? (다툼이 있으면 판례에 의함) [21 경찰간부]

① 친족의 명예에 위해를 가하겠다는 협박을 받아 자유로운 의사결정을 하지 않은 경우에는 강요된 행위에 해당한다.
② 형법 제12조가 말하는 '저항할 수 없는 폭력'은 심리적 의미에 있어서 어떤 행위를 절대적으로 하지 아니할 수 없게 하는 경우와 윤리적 의미에 있어서 강압된 경우를 말한다.
③ 상관의 명령에 절대 복종하여야 한다는 것이 불문율로 되어 있다면 중대하고 명백하게 위법인 명령에 따르는 행위라도 이는 강요된 행위로 인정되어 적법행위에 대한 기대가능성이 없는 경우에 해당한다.
④ 형법 제12조에서 말하는 강요된 행위는 어떤 사람의 성장 교육과정을 통하여 형성된 내재적인 관념 내지 확신으로 인하여 행위자 스스로의 의사결정이 사실상 강제되는 결과를 낳게 하는 경우도 포함한다.

해설

① [×] 저항할 수 없는 폭력이나 자기 또는 친족의 <u>생명, 신체</u>에 대한 위해를 방어할 방법이 없는 협박에 의하여 강요된 행위는 벌하지 아니한다(제12조).
② [○] 법 제12조가 말하는 '저항할 수 없는 폭력'은 심리적 의미에 있어서 어떤 행위를 절대적으로 하지 아니할 수 없게 하는 경우와 윤리적 의미에 있어서 강압된 경우를 포함한다(대판 2009.6.11. 2008도11784).
③ [×] 설령 대공수사단 직원은 상관의 명령에 절대 복종하여야 한다는 것이 불문율로 되어 있다 할지라도 고문행위 등이 금지되어 있는 우리의 국법질서에 비추어 볼 때 그와 같은 불문율이 있다는 것만으로는 고문치사와 같이 중대하고도 명백한 위법명령에 따른 행위가 정당한 행위에 해당하거나 강요된 행위로서 적법행위에 대한 기대가능성이 없는 경우에 해당하게 되는 것이라고는 볼 수 없다(대판 1988.2.23. 87도2358).
④ [×] 형법 제12조에서 말하는 강요된 행위는 저항할 수 없는 폭력이나 생명 신체에 위해를 가하겠다는 협박 등 다른 사람의 강요행위에 의하여 이루어진 행위를 의미하는 것이지, 어떤 사람의 성장교육과정을 통하여 형성된 내재적인 관념 내지 확신으로 인하여 행위자 스스로의 의사결정이 사실상 강제되는 결과를 낳게 하는 경우까지 의미한다고 볼 수는 없다(대판 1990.3.27. 89도1670).

정답 ②

44 기대가능성에 대한 설명으로 옳은 것(○)과 옳지 않은 것(×)을 바르게 표시한 것은? (다툼이 있으면 판례에 의함) [19 국가9급]

> ㉠ 이미 유죄의 확정판결을 받은 피고인이 설사 자신의 형사사건에서 시종일관 그 범행을 부인하였다 하더라도, 이를 이유로 피고인에게 공범의 형사사건에서 사실대로 증언할 것을 기대할 가능성이 없다고 볼 수는 없다.
> ㉡ 피고인이 주종관계에 있는 공동피고인의 지시를 거절할 수가 없어 뇌물을 공여하였더라도 그와 같은 사정만으로 피고인에게 뇌물공여 이외의 반대행위를 기대할 수 없는 경우라고 볼 수는 없다.
> ㉢ 상관의 명령에 절대 복종하여야 한다는 것이 불문율로 되어있다면, 고문행위와 같은 중대하고도 명백한 위법 명령에 따른 행위라도 강요된 행위로서 적법행위에 대한 기대가능성이 없는 경우에 해당한다.
> ㉣ 영업정지처분에 대한 집행정지 결정이 잠정적으로 받아들여졌다는 사정만으로는 구 음반·비디오물 및 게임물에 관한 법률 위반으로 기소된 피고인에게 적법행위의 기대가능성이 없다고 볼 수는 없다.

① ㉠ ○ ㉡ ○ ㉢ × ㉣ ○
② ㉠ ○ ㉡ ○ ㉢ × ㉣ ×
③ ㉠ ○ ㉡ × ㉢ × ㉣ ○
④ ㉠ × ㉡ ○ ㉢ ○ ㉣ ×

- ㉠ [O] 자신의 강도상해 범행을 일관되게 부인하였으나 유죄판결이 확정된 피고인이 별건으로 기소된 공범의 형사사건에서 자신의 범행사실을 부인하는 증언을 한 경우, 피고인에게 사실대로 진술할 기대가능성이 있으므로 위증죄가 성립한다(대판 2008.10.23. 2005도10101).
- ㉡ [O] 피고인이 비서라는 특수신분 때문에 주종관계에 있는 공동피고인들의 지시를 거절할 수 없어 뇌물을 공여한 것이었다 하더라도 그와 같은 사정만으로는 피고인에게 뇌물공여 이외의 반대행위를 기대할 수 없는 경우였다고 볼 수 없다(대판 1983.3.8. 82도2873).
- ㉢ [×] 설령 대공수사단 직원은 상관의 명령에 절대 복종하여야 한다는 것이 불문률로 되어 있다 할지라도 고문치사와 같이 중대하고도 명백한 위법명령에 따른 행위가 정당한 행위에 해당하거나 강요된 행위로서 적법행위에 대한 기대가능성이 없는 경우에 해당하게 되는 것이라고는 볼 수 없다(대판 1988.2.23. 87도2358).
- ㉣ [O] 영업정지처분에 대한 집행정지 결정이 잠정적으로 받아들여졌다는 사정만으로는 구 음반·비디오물 및 게임물에 관한 법률 위반으로 기소된 피고인에게 적법행위의 기대가능성이 없다고 볼 수는 없다(대판 2010.11.11. 2007도8645).

정답 ①

45 기대가능성에 관한 다음 설명 중 가장 옳지 않은 것은? (다툼이 있으면 판례에 의함) [13 법원9급]

① 자신의 강도상해 범행을 일관되게 부인하였으나 유죄판결이 확정된 피고인이 별건으로 기소된 공범의 형사사건에서 자신의 범행사실을 부인하는 증언을 한 경우, 피고인에게는 사실대로 진술할 기대가능성이 없으므로 위증죄가 성립하지 않는다.

② 입학시험에 응시한 수험생으로서 자기 자신이 부정한 방법으로 탐지한 것이 아니고 우연한 기회에 미리 출제될 시험문제를 알게 되어 그에 대한 답을 암기하였을 경우 그 암기한 답에 해당된 문제가 출제된다 하여도 위와 같은 경위로서 암기한 답을 그 입학시험 답안지에 기재하여서는 아니된다는 것을 그 일반수험생에게 기대한다는 것은 보통의 경우 도저히 불가능하다 할 것이므로 업무방해죄를 구성하지 않는다.

③ 양심적 병역거부자의 양심상의 결정이 적법행위로 나아갈 동기의 형성을 강하게 압박할 것이라고 보이기는 하지만 그렇다고 하여 그가 적법행위로 나아가는 것이 실제로 전혀 불가능하다고 할 수는 없다.

④ 직장의 상사가 범법행위를 하는 데 가담한 부하가 직무상 지휘·복종관계에 있다 하여 범법행위에 가담하지 않을 기대가능성이 없다고 할 수는 없을 것이다.

- ① [×] 자신의 강도상해 범행을 일관되게 부인하였으나 유죄판결이 확정된 피고인이 별건으로 기소된 공범의 형사사건에서 자신의 범행사실을 부인하는 증언을 한 경우, 피고인에게 사실대로 진술할 기대가능성이 있으므로 위증죄가 성립한다(대판 2008.10.23. 2005도10101).
- ② [O] 입학시험에 응시한 수험생으로서 자기 자신이 부정한 방법으로 탐지한 것이 아니고 우연한 기회에 미리 출제될 시험문제를 알게 되어 그에 대한 답을 암기하였을 경우 그 암기한 답에 해당된 문제가 출제되었다 하여도 위와 같은 경위로서 암기한 답을 그 입학시험 답안지에 기재하여서는 아니된다는 것을 그 일반수험생에게 기대한다는 것은 보통의 경우 도저히 불가능하다 할 것이다(대판 1966.3.22. 65도1164).
- ③ [O] 피고인에게 그의 양심상의 결정에 반한 행위를 기대할 가능성이 있는지 여부를 판단하기 위해서는, 행위 당시의 구체적 상황하에 행위자 대신에 사회적 평균인을 두고 이 평균인의 관점에서 기대가능성 유무를 판단하여야 할 것인바, 피고인의 양심상의 결정이 적법행위로 나아갈 동기의 형성을 강하게 압박할 것이라고 보이기는 하지만 그렇다고 하여 피고인이 적법행위로 나아가는 것이 실제로 전혀 불가능하다고 할 수는 없다(대판(전) 2004.7.15. 2004도2965).
- ④ [O] 직장 상사의 지시로 인하여 그 부하가 범법행위에 가담한 경우 비록 직무상 지휘·복종 관계가 인정된다고 하더라도 그것 때문에 범법행위에 가담하지 않을 기대가능성이 부정된다고 볼 수는 없다(대판 2009.4.23. 2008도11921).

정답 ①

46 책임조각에 대한 설명으로 가장 적절하지 않은 것은? (다툼이 있으면 판례에 의함)　　　[20 경찰채용]

① 야간에 자신의 방에 들어오는 룸메이트를 강도로 오인하고 상해의 고의는 없이 방어할 의사로 그를 폭행하였는데 강도로 오인한 과실이 회피 가능하였을 경우, 법률효과제한적 책임설에 따르면 행위자는 무죄가 된다.

② 엄청난 체력과 힘의 소유자인 체육선생이 연약한 만 16세 여학생 甲의 손목을 잡고 휘둘러 甲의 손으로 옆에 앉아 있던 乙에게 상해를 입힌 경우, 甲의 상해행위는 형법 제12조 강요된 행위에 의해 책임이 조각된다.

③ 경기 불황 상황에서 임금지급을 위한 모든 성의와 노력을 다했으나 경영부진으로 인한 자금사정 등 도저히 지급기일 안에 임금을 지급할 수 없었다는 등의 피할 수 없는 사정이 인정된다면 근로기준법 제36조 위반범죄의 책임이 조각된다.

④ 수학여행을 온 대학교 3학년생들 중 일부만의 학생증을 제시받아 성년임을 확인한 후 나이트클럽에 단체로 입장시켰으나 그들 중 1인이 미성년자인 경우, 미성년자가 섞여 있을지도 모른다는 것을 예상하여 그들의 증명서를 일일이 확인할 것을 요구하는 것은 사회통념상 기대가능성이 없으므로 책임이 조각된다.

해설

① [O] 법효과제한적 책임설에 의할 때 위법성조각사유의 전제사실에 대한 착오는 과실범으로 처리하는데 과실폭행은 처벌규정이 없으므로 행위자는 무죄이다.

② [×] 제12조의 폭력에는 강제적 폭력은 포함되나 절대적 폭력(예 강제로 남의 손을 꺾어 타인을 상해하게 하는 경우)은 포함되지 아니한다(판례·통설). 절대적 폭력에 의한 경우 피강요자의 의사를 인정할 수 없어 피강요자의 행위는 강요된 행위로서 책임이 조각되는 것이 아니라, 형법상의 행위라고 할 수 없으므로 구성요건해당성이 조각된다.

③ [O] 경기 불황 상황에서 임금지급을 위한 모든 성의와 노력을 다했으나 경영부진으로 인한 자금사정 등 도저히 지급기일 안에 임금을 지급할 수 없었다는 등의 피할 수 없는 사정이 인정된다면 근로기준법 제36조 위반범죄의 책임이 조각된다(대판 2015. 2.12. 2014도12753).

④ [O] 수학여행을 온 대학교 3학년생들 중 일부만의 학생증을 제시받아 성년임을 확인한 후 나이트클럽에 단체로 입장시켰으나 그들 중 1인이 미성년자인 경우, 미성년자가 섞여 있을지도 모른다는 것을 예상하여 그들의 증명서를 일일이 확인할 것을 요구하는 것은 사회통념상 기대가능성이 없으므로 책임이 조각된다(대판 1987.1.20. 86도874).

정답 ②

47 다음 중 기대가능성이 없는 경우는 모두 몇 개인가? (다툼이 있으면 판례에 의함)　　　[16 경찰간부]

> ㉠ 나이트클럽 주인이 수학여행을 온 대학생 34명 중 일부만의 학생증을 제시받아 성년자임을 확인하고 입장시켰으나 그들 중 1명이 미성년자였던 경우
> ㉡ 직무상 지휘·복종관계에 있는 직장 상사의 범법행위에 가담한 부하의 경우
> ㉢ 비서가 주종관계에 있는 상사의 지시에 따라 공무원에게 뇌물을 공여한 경우
> ㉣ 기관고장과 풍랑으로 표류 중 납북되어 북한을 찬양·고무·동조하고 송환될 때 지령을 받고 수락한 경우
> ㉤ 교수가 출제교수들로부터 대학원신입생전형시험문제를 제출받아 알게 된 것을 틈타서 그 시험문제를 알려주었고 수험생이 그 답안쪽지를 작성한 다음 이를 답안지에 그대로 베껴서 그 정을 모르는 시험감독관에게 제출한 경우

① 1개　　　　　　　　　　② 2개
③ 3개　　　　　　　　　　④ 4개

▶ ㉠, ㉣은 적법행위에 대한 기대가능성이 없는 경우에 해당한다.

㉠ [없음] 피고인에게 학생들 중에 미성년자가 섞여 있을지도 모른다는 것을 예상하여 그들의 증명서를 일일이 확인할 것을 요구하는 것은 사회통념상 기대가능성이 없다고 봄이 상당하므로 이를 벌할 수 없다(대판 1987.1.20. 86도874).

㉡ [있음] 직장 상사의 지시로 인하여 그 부하가 범법행위에 가담한 경우 비록 직무상 지휘·복종 관계가 인정된다고 하더라도 그것 때문에 범법행위에 가담하지 않을 기대가능성이 부정된다고 볼 수는 없다(대판 2009.4.23. 2008도11921).

㉢ [있음] 피고인 甲이 비서라는 특수신분 때문에 주종관계에 있는 乙, 丙의 지시를 거절할 수가 없어 뇌물을 공여한 것이었다 하더라도 그와 같은 사정만으로 피고인에게 뇌물 공여 이외의 반대행위를 기대할 수 없는 경우였다고 볼 수는 없다(대판 1983.3.8. 82도2873).

㉣ [없음] 동해방면에서 명태잡이를 하다가 기관고장과 풍랑으로 표류중 북한괴뢰집단에 함정에 납치되어 북괴지역으로 납북된 후 북괴를 찬양, 고무 또는 이에 동조하고 우리나라로 송환됨에 있어 여러가지 지령을 받아 수락한 소위는 살기 위한 부득이한 행위로서 기대가능성이 없다고 할 것이다(대판 1967.10.4. 67도1115).

㉤ [있음] 피고인 甲이 출제교수들로부터 대학원신입생전형시험문제를 제출받아 알게 된 것을 틈타서 피고인 乙, 丙 등에게 그 시험문제를 알려주었고 그렇게 알게 된 乙, 丙 등이 답안쪽지를 작성한 다음 이를 답안지에 그대로 베껴써서 정을 모르는 시험감독관에게 제출하였다면 이는 위계로써 입시감독업무를 방해한 것이다(대판 1991.11.12. 91도2211). 특별히 기대가능성이 없는 경우에 해당한다고 할 수 없다.

정답 ②

48 기대가능성에 관한 설명 중 가장 적절하지 않은 것은? (다툼이 있는 경우 판례에 의함) [22 경찰채용]

① 기대가능성의 판단기준을 국가에 두면 국가는 국민의 적법행위를 기대하므로 기대가능성이 없다는 이유로 책임이 조각되는 경우가 축소될 수 있다.

② 甲이 담배제조업 허가 없이 전자장치를 이용해 흡입할 수 있는 니코틴이 포함된 용액을 제조한 경우, 궐련담배제조업의 허가기준은 존재하나 전자담배제조업에 관한 허가기준이 없는 이상 甲에게 담배제조업 관련 법령의 허가기준을 준수하거나 허가기준이 새롭게 마련될 때까지 법 준수를 요구하는 것을 기대할 수 없다.

③ 형법 제12조의 '저항할 수 없는 폭력'은 심리적 의미에 있어서 육체적으로 어떤 행위를 절대적으로 할 수밖에 없게 하는 경우와 윤리적 의미에서 강압된 경우를 의미한다.

④ 영업정지처분에 대한 집행정지 신청이 잠정적으로 받아들여졌다는 사정만으로는 구 음반·비디오물 및 게임물에 관한 법률 위반으로 기소된 피고인에게 적법행위의 기대가능성이 없다고 볼 수 없다.

① [O] 기대가능성의 판단기준 중 하나인 국가표준설은 적법행위를 기대하고 있는 국가가 법질서 내지 현실을 지배하고 있는 국가이념에 따라 판단해야 한다는 견해이다. 이 견해에 따르면 국가는 항상 국민에게 법질서의 준수를 기대하고 있기 때문에 기대가능성이 없어 책임이 조각되는 경우란 거의 없게 된다.

② [×] 담배사업법령에서 담배제조업 허가제 및 허가기준을 둔 취지에 비추어 보면, 담배사업법의 위임을 받은 기획재정부가 전자담배제조업에 관한 허가기준을 마련하지 않고 있으나, 정부는 전자담배제조업의 허가와 관련하여 자본금, 시설, 기술인력, 담배 제조 기술의 연구·개발 및 국민 건강보호를 위한 품질관리 등에 관한 적정한 기준을 마련함에 있어 법률이 위임한 정책적 판단 재량이 존재하고, 궐련담배제조업에 관한 허가기준은 이미 마련되어 있는 상황에서 담배제조업 관련 법령의 허가기준을 준수하거나 허가기준이 새롭게 마련될 때까지 법 준수를 요구하는 것이, 피고인들이 아닌 사회적 평균인의 입장에서도 불가능하거나 현저히 곤란한 것을 요구하여 죄형법정주의 원칙에 위반된다거나 기대가능성이 없는 행위를 처벌하는 것이어서 위법하다고 보기 어렵다고 한 사례(대판 2018.9.28. 2018도9828).

③ [O] 형법 제12조의 '저항할 수 없는 폭력'은 심리적 의미에 있어서 육체적으로 어떤 행위를 절대적으로 할 수밖에 없게 하는 경우와 윤리적 의미에서 강압된 경우를 의미한다(대판 1983.12.13. 83도2276).

④ [O] 영업정지처분에 대한 집행정지 신청이 잠정적으로 받아들여졌다는 사정만으로는, 구 음반·비디오물 및 게임물에 관한 법률 위반으로 기소된 피고인에게 적법행위의 기대가능성이 없다고 볼 수 없다(대판 2010.11.11. 2007도8645).

정답 ②

police.Hackers.com

제1절 | 장애미수

01 미수범에 대한 설명으로 옳지 않은 것은? (다툼이 있으면 판례에 의함)　　　　[12 국가7급]

① 형법에는 진정부작위범의 미수를 처벌하는 규정이 존재한다.
② 형법에는 과실범의 미수를 처벌하는 규정이 존재한다.
③ 미수범은 법률에 특별한 규정이 없는 한 벌하지 않는다.
④ 실행의 착수가 있기 전인 예비행위를 중지한 경우에는 중지미수를 적용할 수 없다.

해설

① [○] 형법상 진정부작위범에 해당하는 퇴거불응죄와 집합명령위반죄에는 미수범 처벌규정이 있다.
② [×] 형법에는 과실범의 미수(예 과실치사죄의 미수 등)를 처벌하는 규정이 존재하지 아니한다.
③ [○] 미수범을 처벌할 죄는 각칙의 해당 죄에서 정한다(제29조). 따라서 미수범은 법률(각칙)에 특별한 규정이 없는 한 벌하지 않는다.
④ [○] 중지범은 범죄의 실행에 착수한 후 자의로 그 행위를 중지한 때를 말하는 것이고, 실행의 착수가 있기 전인 예비음모의 행위를 처벌하는 경우에 있어서 중지범의 관념은 인정할 수 없다(대판 1999.4.9. 99도424).

정답 ②

02 다음 중 형법상 미수범 처벌규정이 없는 범죄는?　　　　[15 경찰승진]

① 불법체포죄　　　　② 특수도주죄
③ 상해죄　　　　　　④ 폭행죄

해설

① 제124조 제2항.
② 제149조.
③ 제257조 제3항.
④ 폭행죄는 미수범 처벌규정이 없다.

정답 ④

03 다음 중 미수범을 처벌하는 범죄는? [16 경찰간부]

① 공무집행방해죄

② 공무상비밀표시무효죄

③ 위증죄

④ 공무상비밀누설죄

해설

② 공무상비밀표시무효죄는 미수범 처벌규정이 있다(제143조). 그러나 공무집행방해죄, 공무상비밀표시무효죄, 위증죄는 미수범 처벌규정이 없다.

정답 ②

04 다음 중 형법상 미수범 처벌규정이 없는 죄는 무엇인가? [10 경찰채용]

① 사문서부정행사죄(형법 제236조)

② 사인위조죄(형법 제239조)

③ 공문서부정행사죄(형법 제230조)

④ 공인위조죄(형법 제238조)

해설

[1] 사문서부정행사죄는 미수범 처벌규정이 없다.
　▶ 문서행사죄는 미수범 처벌규정이 없다.
[2] 공문서부정행사죄, 공인위조죄, 사인위조죄는 미수범 처벌규정이 있다(제235조, 제240조).

정답 ①

05 다음 중 형법상 미수범 처벌규정이 없는 범죄는? [10 경찰채용]

① 불법체포죄

② 특수도주죄

③ 공무상보관물무효죄

④ 증거인멸죄

해설

[1] 불법체포죄, 특수도주죄, 공무상보관물무효죄는 미수범 처벌규정이 있다(제124조 제2항, 제149조, 제143조).
[2] 증거인멸죄는 미수범 처벌규정이 없다.

정답 ④

06 다음 중 미수범을 처벌하는 범죄는? [12 경찰승진]

① 사문서부정행사죄(형법 제236조)　　　② 공무상비밀표시무효죄(형법 제140조)

③ 점유이탈물횡령죄(형법 제360조)　　　④ 타인소유 일반물건방화죄(형법 제167조 제1항)

해설

[1] 사문서부정행사죄, 점유이탈물횡령죄, 타인소유 일반물건방화죄는 미수범 처벌규정이 없다.
[2] 공무상비밀표시무효죄는 미수범 처벌규정이 있다(제143조).

정답 ②

07 다음 중 미수범이 처벌되는 경우는 모두 몇 개인가? [15 경찰간부]

㉠ 영아살해	㉡ 중상해
㉢ 특수체포	㉣ 존속협박
㉤ 인질치사	

① 2개　　　　　　　　　　　② 3개
③ 4개　　　　　　　　　　　④ 5개

해설

[1] ㉠ 영아살해, ㉢ 특수체포, ㉣ 존속협박, ㉤ 인질치사죄는 미수범 처벌규정이 있다(㉠ 제254조, ㉢ 제280조, ㉣ 제286조,
　　㉤ 제324조의5).
[2] 중상해죄는 미수범 처벌규정이 없다.

정답 ③

08 다음 중 형법상 미수범 처벌규정이 있는 범죄는 모두 몇 개인가? [12 경찰채용]

㉠ 불법체포죄	㉡ 직무유기죄
㉢ 사인위조죄	㉣ 강제집행면탈죄
㉤ 도주죄	㉥ 진화방해죄

① 1개　　　　　　　　　　　② 2개
③ 3개　　　　　　　　　　　④ 4개

해설

[1] ㉠ 불법체포죄, ㉢ 사인위조죄, ㉤ 도주죄는 미수범 처벌규정이 있다(제124조, 제240조, 제149조).
[2] ㉡ 직무유기죄, ㉣ 강제집행면탈죄, ㉥ 진화방해죄는 미수범 처벌규정이 없다.

정답 ③

09 다음 중 형법상 미수범 처벌규정이 없는 범죄는 모두 몇 개인가?

[17 경찰채용]

㉠ 사인위조죄	㉡ 불법체포죄
㉢ 특수도주죄	㉣ 영아살해죄
㉤ 인질치사죄	㉥ 점유이탈물횡령죄
㉦ 사문서부정행사죄	

① 1개 　　　　　　　　　　② 2개
③ 3개 　　　　　　　　　　④ 4개

해설

[1] ㉥ 점유이탈물횡령죄, ㉦ 사문서부정행사죄는 미수범 처벌규정이 없다.
[2] ㉠ 제240조, ㉡ 제124조, ㉢ 제146조, 제149조, ㉣ 제251조, 제254조, ㉤ 제324조의4, 제324조의5 각각 미수범 규정을 두고 있다.

정답 ②

10 다음 중 현행 형법상 미수범 처벌규정이 있는 범죄는 모두 몇 개인가?

[15 경찰채용]

㉠ 강제집행면탈죄	㉡ 장물취득죄
㉢ 직무유기죄	㉣ 감금죄
㉤ 퇴거불응죄	㉥ 공무상보관물무효죄

① 2개 　　　　　　　　　　② 3개
③ 4개 　　　　　　　　　　④ 5개

해설

[1] ㉠ 강제집행면탈죄, ㉡ 장물취득죄, ㉢ 직무유기죄는 미수범 처벌규정이 없다.
[2] ㉣ 감금죄-제280조, ㉤ 퇴거불응죄-제322조, ㉥ 공무상보관물무효죄-제143조의 경우 미수범 처벌규정이 있다.

정답 ②

11 실행의 착수가 인정되는 경우로 가장 적절하지 않은 것은? (다툼이 있으면 판례에 의함)

[16 경찰승진]

① 소매치기의 경우 피해자의 양복상의 주머니로부터 금품을 절취하려고 그 호주머니에 손을 뻗쳐 그 겉을 더듬은 때
② 공범들이 피해회사 건물의 담을 넘어 마당에 들어가 그중 1명이 그곳에 있는 구리를 찾기 위해 담에 붙어 걸어간 때
③ 평소 잘 아는 피해자에게 전화채권을 사주겠다고 하면서 골목길로 유인하여 돈을 절취하려고 기회를 엿본 경우
④ 피해자 소유 자동차 안에 들어 있는 밍크코트를 발견하고 이를 절취할 생각으로 공범이 위 차 옆에서 망을 보는 사이, 위 차 오른쪽 앞문을 열려고 앞문 손잡이를 잡아당긴 때

해설

① [○] 소매치기가 피해자의 양복 상의 주머니로부터 금품을 절취하려고 그 주머니에 손을 뻗쳐 그 겉을 더듬은 때에는 절도의 범행은 예비단계를 넘어 실행에 착수하였다고 봄이 상당하다(대판 1984.12.11. 84도2524).

② [○] 범인들이 함께 담을 넘어 마당에 들어가 그중 1명이 그곳에 있는 **구리를 찾기 위하여 담에 붙어 걸어가다가 잡혔다면** 절취 대상품에 대한 물색행위가 없었다고 할 수 없다(대판 1989.9.12. 89도1153).

③ [×] 피고인이 평소 잘 아는 피해자에게 전화채권을 사주겠다고 하면서 골목길로 유인하여 돈을 절취하려고 기회를 엿본 행위만으로는 절도의 예비행위는 될지언정 타인의 재물에 대한 사실상 지배를 침해하는데 밀접한 행위가 개시되었다고 단정할 수 없다(대판 1983.3.8. 82도2944).

④ [○] 절도죄의 실행의 착수시기는 재물에 대한 타인의 사실상의 지배를 침해하는 데 밀접한 행위가 개시된 때라 할 것인바 피해자 소유 자동차 안에 들어있는 밍크코트를 발견하고 이를 절취할 생각으로 공범이 위 차 옆에서 망을 보는 사이 위 차 오른쪽 앞문을 열려고 앞문 손잡이를 잡아당기다가 피해자에게 발각되었다면 절도의 실행에 착수하였다고 봄이 상당하다(대판 1986.12.23. 86도2256).

정답 ③

---

12 실행의 착수시기에 관한 학설의 설명으로 옳은 것은 모두 몇 개인가?

가. 형식적 객관설은 행위자가 구성요건에 해당하는 행위 또는 그 행위의 일부가 시작되었을 때 실행의 착수가 있다는 견해로 실행의 착수시기를 인정하는 시점이 너무 늦어져 미수의 범위가 좁아진다는 비판이 있다.

나. 실질적 객관설은 구성요건의 보호법익을 기준으로 하여 법익에 대한 직접적 위험을 발생시킨 객관적 행위시점에서 실행의 착수가 있다는 견해로 법익침해의 '직접적 위험'이라는 기준이 모호하다는 비판이 있다.

다. 주관설은 범죄란 범죄적 의사의 표현이므로 범죄의사를 명백하게 인정할 수 있는 외부적 행위가 있을 때 또는 범의의 비약적 표동이 있을 때 실행의 착수가 있다는 견해로 가벌적 미수의 범위가 지나치게 확대될 수 있다.

라. 주관적(개별적) 객관설은 행위자의 전체적 범행계획에 비추어 구성요건실현에 대한 직접적 행위가 있을 때 실행의 착수가 있다는 견해로 실행의 착수에 관한 객관설과 주관설의 단점을 제거하고 양설을 타협하기 위해 제시된 절충적인 견해이다.

① 1개   ② 2개

③ 3개   ④ 4개

해설

구분	내용	비판
형식적 객관설	구성요건에 해당하는 정형적인 행위 또는 그 일부행위를 시작한 때에 실행의 착수가 있다고 보는 견해이다. 예 절도죄(재물을 손으로 잡을 때), 살인죄(권총의 방아쇠를 당길 때)12)	① 실행의 착수를 인정하는 시점이 너무 늦다(형사정책적 결함). ② 간접정범의 실행의 착수를 설명하기 곤란하다.
실질적 객관설	① Frank의 공식: 자연적으로 보아 구성요건적 행위와 필연적 결합관계에 있는 구성요건 실현의 전 단계의 행위도 실행의 착수가 인정된다는 견해이다. ② 행위가 보호법익에 대하여 직접적인 위험을 야기시킨 때 또는 법익침해에 밀접한 행위가 있을 때에 실행의 착수가 있다고 보는 견해이다.	① 기준이 명백하지 못하다. ② 행위자의 범죄계획을 고려하지 아니하므로 실행의 착수시점을 판단하기 곤란하다.

---

12) 강도할 생각으로 복면을 하고 아파트 벨을 눌러 나오는 사람이 있으면 폭행하여 집 안으로 들어갈 계획이었으나 벨을 눌러도 나오지 않아 그만둔 경우, 형식적 객관설에 따르면 강도죄의 실행의 착수가 인정되지 않으므로 강도예비죄가 성립할 뿐이다.

264 **해커스경찰** police.Hackers.com

	행위자의 범죄의사를 기본으로 실행의 착수시기를 결정하려는 견해로, 범죄적 의사(범의)가 그 수행적 행위에 의하여 확정적으로 나타난 때 또는 범의의 비약적 표동이 있는 때 실행의 착수가 있다고 보는 견해이다.	① 범죄의사의 표현이라는 점에 있어서는 예비와 미수가 동일하므로 미수를 예비의 단계까지 확장할 우려가 있다(미수범의 처벌범위가 지나치게 확대). ② 범죄의사에만 의존하여 실행의 착수를 판단하므로 구성요건적 행위정형성을 도외시하여 죄형법정주의에 반할 우려가 있다.
주관설		
절충설 (주관적 객관설) (다수설)	행위자의 주관적인 범죄계획(주관적 기준)에 비추어 구성요건 실현에 대한 직접적 행위(객관적 기준)가 있을 때 실행의 착수가 있다고 보는 견해이다.	

가. [○] 형식적 객관설에 대한 설명에 해당한다.
나. [○] 실질적 객관설에 대한 설명에 해당한다.
다. [○] 주관설에 대한 설명에 해당한다.
라. [○] 절충설인 주관적 객관설에 대한 설명에 해당한다.

정답 ④

13 실행의 착수시기에 관한 설명 중 가장 적절하지 않은 것은? (다툼이 있으면 판례에 의함) [15 경찰승진]

① 피고인이 노상에 세워 놓은 자동차 안에 있는 물건을 훔칠 생각으로 유리창을 따기 위해 면장갑을 끼고 칼을 소지한 채 자동차의 유리창을 통하여 그 내부를 손전등으로 비추어 보았다면 절도의 실행의 착수에 이른 것이다.

② 사기도박에서 사기적인 방법으로 도금을 편취하려고 하는 자가 상대방에게 도박에 참가할 것을 권유하는 때에 실행의 착수가 있다.

③ 현주건조물에 방화하기 위하여 매개물에 불을 붙인 경우에는 현주건조물방화죄의 실행의 착수가 있다.

④ 간첩의 목적으로 외국 또는 북한에서 국내에 침투 또는 월남하는 경우에는 기밀탐지가 가능한 국내에 침투·상륙함으로써 간첩죄의 실행의 착수가 있다.

해설

① [×] 자동차 안에 있는 물건을 훔칠 생각으로 자동차의 유리창을 통하여 그 내부를 손전등으로 비추어 본 것에 불과하다면 비록 유리창을 따기 위해 면장갑을 끼고 있었고 칼을 소지하고 있었다 하더라도 절도의 예비행위로 볼 수는 있겠으나 절취행위의 착수에 이른 것이었다고 볼 수 없다(대판 1985.4.23. 85도464).

② [○] 사기죄는 편취의 의사로 기망행위를 개시한 때에 실행에 착수한 것으로 보아야 하므로, 사기도박에 있어서도 사기적인 방법으로 도금을 편취하려고 하는 자가 상대방에게 도박에 참가할 것을 권유하는 등 기망행위를 개시한 때에 실행의 착수가 있는 것으로 보아야 한다(대판 2011.1.13. 2010도9330).

③ [○] 매개물을 통한 점화에 의하여 건조물을 소훼함을 내용으로 하는 형태의 방화죄의 경우에, 범인이 그 매개물에 불을 켜서 붙였거나 또는 범인의 행위로 인하여 매개물에 불이 붙게 됨으로써 연소작용이 계속될 수 있는 상태에 이르렀다면 그것이 곧바로 진화되는 등의 사정으로 인하여 목적물인 건조물 자체에는 불이 옮겨 붙지 못하였다고 하더라도 방화죄의 실행의 착수가 있었다고 보아야 할 것이다(대판 2002.3.26. 2001도6641).

④ [○] 간첩의 목적으로 외국 또는 북한에서 국내에 침투 또는 월남하는 경우에는 기밀탐지가 가능한 국내에 침투·상륙함으로써 실행의 착수가 있다고 할 것이다(대판 1984.9.11. 84도1381).

정답 ①

14 실행의 착수시기에 관한 다음 설명 중 가장 옳지 않은 것은? (다툼이 있으면 판례에 의함) [12 법원9급]

① 부동산 이중양도에 있어서 매도인이 제2차 매수인으로부터 계약금만을 지급받고 중도금을 수령한 바 없다면 배임죄의 실행의 착수가 있었다고 볼 수 없다.

② 피고인들이 낮에 아파트 출입문 시정장치를 손괴하다가 발각되어 도주한 경우, 형법 제331조 제2항의 특수절도의 실행의 착수가 있었다고 볼 수 없다.

③ 출입문이 열려 있으면 안으로 들어가겠다는 의사 아래 출입문을 당겨보는 행위만으로는 주거침입의 실행의 착수가 있다고 볼 수 없다.

④ 강간을 목적으로 피해자의 집에 침입하여 안방에서 자고 있는 피해자의 가슴과 엉덩이를 만지면서 간음을 기도하였다는 사실만으로는 강간죄의 실행의 착수가 있었다고 볼 수 없다.

해설

> ① [○] 부동산 이중양도에 있어서 매도인이 제2차 매수인으로부터 계약금만을 지급받고 중도금을 수령한 바 없다면, 배임죄의 실행의 착수가 있었다고 볼 수 없다(대판 2010.4.29. 2009도14427).
> ② [○] 피고인들이 주간에 피해자의 아파트 출입문 시정장치를 손괴하다가 마침 귀가하던 피해자에게 발각되어 도주한 경우, 특수절도미수죄는 성립하지 아니한다(대판 2009.12.24. 2009도9667).
> ③ [×] 출입문이 열려 있으면 안으로 들어가겠다는 의사 아래 출입문을 당겨보는 행위는 주거침입의 실행에 착수한 것으로 보아야 한다(대판 2006.9.14. 2006도2824).
> ④ [○] 피고인이 누워 자고 있는 피해자의 가슴과 엉덩이를 만지면서 간음을 기도하였다는 사실만으로는 강간의 수단으로 피해자에게 폭행이나 협박을 개시하였다고 하기는 어렵다(대판 1990.5.25. 90도607).

정답 ③

15 범죄실행의 착수에 관한 판례의 입장과 다른 것은? [00 사시]

① 주간에 절도의 목적으로 타인의 주거에 침입하여 아직 절취할 물건의 물색행위를 시작하기 전에 발각된 경우에는 주거침입죄만 성립하고 절도의 실행의 착수는 인정되지 않는다.

② 야간에 절도의 목적으로 타인의 주거에 침입하여 아직 절취할 물건의 물색행위를 시작하기 전에 발각된 경우에는 야간주거침입절도의 실행의 착수가 있었던 것으로 인정된다.

③ 간첩행위를 할 목적으로 외국 또는 북한에서 국내에 침투상륙한 때에 간첩죄의 실행의 착수가 인정된다.

④ 노상에 세워져 있는 자동차 안의 물건을 절취할 생각으로 유리창을 따기 위해 면장갑을 끼고 칼을 소지한 채 자동차 유리창의 내부를 손전등으로 비추어 본 경우에는 아직 절취행위의 착수에 해당되지 않는다.

⑤ 공범들이 피해자회사 건물의 담을 넘어 마당에 들어가 그중 1명이 그곳에 있는 구리를 찾기 위해 담에 붙어 걸어가다가 체포된 경우에는 아직 절취행위의 착수에 해당되지 않는다.

해설

> ① [○] 야간이 아닌 주간에 절도의 목적으로 타인의 주거에 침입하였다고 하여도 아직 절취한 물건의 물색행위를 시작하기 전이라면 주거침입죄만 성립할 뿐 절도죄의 실행에 착수한 것으로 볼 수 없는 것이어서 절도미수죄는 성립하지 않는다(대판 1992.9.8. 92도1650).
> ② [○] 야간에 타인의 재물을 절취할 목적으로 주거에 침입한 경우에는 야간주거침입절도죄의 실행에 착수한 것으로 봄이 타당하다(대판 1970.4.28. 70도507).
> ③ [○] 대판 1984.9.11. 84도1381.

④ [O] 타인의 재물에 대한 지배를 침해하는 데 밀접한 행위를 한 것이라고는 볼 수 없어 절취행위의 착수에 이른 것이었다고 볼 수 없다(대판 1985.4.23. 85도464).

⑤ [×] 범인들이 함께 담을 넘어 마당에 들어가 그중 1명이 그곳에 있는 구리를 찾기 위하여 담에 붙어 걸어가다가 잡혔다면 절취대상품에 대한 물색행위가 없었다고 할 수 없다(대판 1989.9.12. 89도1153).

정답 ⑤

16 미수에 대한 설명 중 옳은 것을 모두 고른 것은? (다툼이 있으면 판례에 의함)

[18 경찰채용]

> ㉠ 甲은 乙과 합동하여 피해자를 텐트 안으로 끌고 간 후 甲, 乙 순으로 성관계를 하기로 하고 乙은 위 텐트 밖으로 나와 주변에서 망을 보고 甲은 피해자의 옷을 모두 벗기고 피해자의 반항을 억압한 후 피해자를 1회 간음하여 강간하고, 이어 乙이 위 텐트 안으로 들어가 피해자를 강간하려 하였으나 피해자가 반항을 하며 강간을 하지 말아 달라고 사정을 하여 강간을 하지 않았다면 乙에 대하여는 중지미수가 인정된다.
> ㉡ 피고인이 장롱 안에 있는 옷가지에 불을 놓아 건물을 소훼하려 하였으나 불길이 치솟는 것을 보고 겁이 나서 물을 부어 불을 끈 것이라면 중지미수라고 볼 수 없다.
> ㉢ 실행의 수단 또는 대상의 착오로 인하여 결과의 발생이 불가능하더라도 위험성이 있는 때에는 처벌한다. 단, 형을 감경 또는 면제한다.
> ㉣ 필로폰을 매수하려는 자에게서 필로폰을 구해 달라는 부탁과 함께 돈을 지급받았다고 하더라도, 당시 필로폰을 소지 또는 입수한 상태에 있었거나 그것이 가능하였다는 등 매매행위에 근접·밀착한 상태에서 대금을 지급받은 것이 아니라 단순히 필로폰을 구해 달라는 부탁과 함께 대금 명목으로 돈을 지급받은 것에 불과한 경우에는 필로폰 매매행위의 실행의 착수에 이른 것으로 볼 수 없다.

① ㉠, ㉡   ② ㉠, ㉢

③ ㉡, ㉣   ④ ㉢, ㉣

해설

㉠ [×] 다른 공범의 범행을 중지하게 하지 아니한 이상 자기만의 범의를 철회, 포기하여도 중지미수로는 인정될 수 없다. 따라서 甲이 乙과의 공모하여 강간행위에 나아간 이상 비록 乙이 강간행위에 나아가지 않았다 하더라도 중지미수에 해당하지 않는다 (대판 2005.2.25. 2004도8259).

㉡ [O] 피고인이 장롱 안에 있는 옷가지에 불을 놓아 건물을 소훼하려 하였으나 불길이 치솟는 것을 보고 겁이 나서 물을 부어 불을 끈 것이라면, 위와 같은 경우 치솟는 불길에 놀라거나 자신의 신체안전에 대한 위해 또는 범행 발각시의 처벌 등에 두려움을 느끼는 것은 일반 사회통념상 범죄를 완수함에 장애가 되는 사정에 해당한다고 보아야 할 것이므로, 이를 자의에 의한 중지미수라고는 볼 수 없다(대판 1997.6.13. 97도957).

㉢ [×] 실행의 수단 또는 대상의 착오로 인하여 결과의 발생이 불가능하더라도 위험성이 있는 때에는 처벌한다. 단, 형을 감경 또는 면제할 수 있다(제27조).

㉣ [O] 필로폰을 매수하려는 자에게서 필로폰을 구해 달라는 부탁과 함께 돈을 지급받았다고 하더라도, 당시 필로폰을 소지 또는 입수한 상태에 있었거나 그것이 가능하였다는 등 매매행위에 근접·밀착한 상태에서 대금을 지급받은 것이 아니라 단순히 필로폰을 구해 달라는 부탁과 함께 대금 명목으로 돈을 지급받은 것에 불과한 경우에는 필로폰 매매행위의 실행의 착수에 이른 것으로 볼 수 없다(대판 2015.3.20. 2014도16920).

정답 ③

17 실행의 착수에 관한 설명으로 가장 옳은 것은? (다툼이 있으면 판례에 의함) [14 법원9급]

① 강간을 목적으로 피해자의 집에 침입하여 안방에서 자고 있는 피해자의 가슴과 엉덩이를 만지면서 간음을 기도하였다는 사실만으로는 강간죄의 실행의 착수가 있었다고 볼 수 없다.

② 피고인이 노상에 세워 놓은 자동차 안에 있는 물건을 훔칠 생각으로, 유리창을 따기 위해 면장갑을 끼고 칼을 소지한 채 자동차의 유리창을 통하여 그 내부를 손전등으로 비추어 보았다면 절도의 실행의 착수에 이른 것이다.

③ 피고인이 주택주변과 피해자의 몸에 휘발유를 상당히 뿌린 상태에서 라이터를 켜 불꽃을 일으켰는데, 불이 피해자의 몸에만 붙고 방화 목적물인 주택 자체에 불이 옮겨 붙지 않았다면 현존건조물방화죄의 실행의 착수가 있었다고 볼 수 없다.

④ 제소자가 상대방의 주소를 허위로 기재함으로써 그 허위주소로 소송서류가 송달되어 그로 인하여 상대방 아닌 다른 사람이 그 서류를 받아 소송이 진행된 경우에는 소송사기의 실행에 착수한 것으로 볼 수 없다.

해설

① [○] 피고인이 누워 자고 있는 피해자의 가슴과 엉덩이를 만지면서 간음을 기도하였다는 사실만으로는 강간의 수단으로 피해자에게 폭행이나 협박을 개시하였다고 하기는 어렵다(대판 1990.5.25. 90도607).

② [×] 비록 유리창을 따기 위해 면장갑을 끼고 있었고 칼을 소지하고 있었다 하더라도 절도의 예비행위로 볼 수는 있겠으나 타인의 재물에 대한 지배를 침해하는데 밀접한 행위를 한 것이라고는 볼 수 없어 <u>절취행위의 착수에 이른 것이었다고 볼 수 없다</u>(대판 1985.4.23. 85도464).

③ [×] 비록 외부적 사정에 의하여 불이 방화 목적물인 주택 자체에 옮겨 붙지는 아니하였다 하더라도 현존건조물방화죄의 실행의 착수가 있었다고 봄이 상당하다(대판 2002.3.26. 2001도6641).

④ [×] 소송사기는 소송에서 주장하는 권리가 존재하지 않는 사실을 알고 있으면서도 법원을 기망한다는 인식을 가지고 소를 제기하면 이로써 <u>실행의 착수가 있고 소장의 유효한 송달을 요하지 아니한다고 할 것인바</u>, 이러한 법리는 제소자가 상대방의 주소를 허위로 기재함으로써 그 허위주소로 소송서류가 송달되어 그로 인하여 상대방 아닌 다른 사람이 그 서류를 받아 소송이 진행된 경우에도 마찬가지로 적용된다(대판 2006.11.10. 2006도5811).

정답 ①

18 실행의 착수시기에 관한 설명 중 가장 적절하지 않은 것은? (다툼이 있으면 판례에 의함) [17 경찰승진]

① 주거침입의 실행의 착수는 주거자, 관리자, 점유자 등의 의사에 반하여 주거나 관리하는 건조물 등에 들어가는 행위, 즉 구성요건의 일부를 실현하는 행위까지 요구하는 것은 아니고, 범죄구성요건의 실현에 이르는 현실적 위험성을 포함하는 행위를 개시하는 것으로 족하다.

② 입영대상자가 병역면제처분을 받을 목적으로 병원으로부터 허위의 병사용진단서를 발급받은 행위만으로는 사위행위에 의한 병역기피를 이유로 한 병역법위반죄의 실행에 착수한 것이 아니다.

③ 피담보채권인 공사대금 채권을 실제와 달리 허위로 부풀려 유치권에 의한 경매를 신청한 경우 소송사기죄의 실행의 착수가 인정되지 않는다.

④ 위조사문서행사죄는 상대방이 위조된 문서의 내용을 실제로 인식할 필요 없이 상대방으로 하여금 위조된 문서를 인식할 수 있는 상태에 둠으로써 기수가 된다.

① [O] 주거침입의 실행의 착수는 주거자, 관리자, 점유자 등의 의사에 반하여 주거나 관리하는 건조물 등에 들어가는 행위, 즉 구성요건의 일부를 실현하는 행위까지 요구하는 것은 아니고, 범죄구성요건의 실현에 이르는 현실적 위험성을 포함하는 행위를 개시하는 것으로 족하다(대판 2008.4.10. 2008도1464).

② [O] 입영대상자가 병역면제처분을 받을 목적으로 병원으로부터 허위의 병사용진단서를 발급받았다고 하더라도 이러한 행위만으로는 사위행위의 실행에 착수하였다고 볼 수 없다(대판 2005.11.10. 2005도1995). 병역을 기피할 목적으로 사위의 방법으로 병사용진단서를 발급 받은 것만으로는 병역법 제86조에서 규정하고 있는 사위행위의 실행에 이르렀다고 할 수 없다. 실행의 착수가 인정되려면 관할 병무청에 제출하거나 징병검사장에 출석하여 사위의 방법으로 신체검사를 받는 등의 행위에까지 이르러야 한다(대판 2005.10.13. 2005도2200).

③ [X] 유치권에 의한 경매를 신청한 유치권자는 일반채권자와 마찬가지로 피담보채권액에 기초하여 배당을 받게 되는 결과 피담보채권인 공사대금 채권을 실제와 달리 허위로 크게 부풀려 유치권에 의한 경매를 신청할 경우 정당한 채권액에 의하여 경매를 신청한 경우보다 더 많은 배당금을 받을 수도 있으므로, 이는 법원을 기망하여 배당이라는 법원의 처분행위에 의하여 재산상 이익을 취득하려는 행위로서 불능범에 해당한다고 볼 수 없고, 소송사기죄의 실행의 착수에 해당한다(대판 2012.11.15. 2012도9603).

④ [O] 위조사문서행사죄는 상대방이 위조된 문서의 내용을 실제로 인식할 필요 없이 상대방으로 하여금 위조된 문서를 인식할 수 있는 상태에 둠으로써 기수가 된다(대판 2005.1.28. 2004도4663).

정답 ③

19 다음 설명 중 가장 적절하지 않은 것은? (다툼이 있으면 판례에 의함) [16 경찰채용]

① 주간에 사람의 주거 등에 침입하여 야간에 타인의 재물을 절취한 경우 형법 제330조의 야간주거침입절도죄가 성립한다.

② 위장결혼의 당사자 및 브로커와 공모한 피고인이 허위로 결혼사진을 찍고 혼인신고에 필요한 서류를 준비하여 위장결혼의 당사자에게 건네준 것만으로는 공전자기록등불실기재죄의 실행에 착수한 것으로 볼 수 없다.

③ 본안 소송을 제기하지 아니한 채 허위채권에 기하여 가압류를 한 것만으로는 사기죄의 실행에 착수하였다고 할 수 없다.

④ 피해자에게 위조한 예금통장 사본 등을 보여주면서 외국회사에서 투자금을 받았다고 거짓말하며 자금 대여를 요청하였으나, 피해자와 함께 그 입금 여부를 확인하기 위해 은행에 가던 중 은행 입구에서 차용을 포기하고 돌아간 경우, 사기죄의 중지미수로 볼 수 없다.

① [X] 형법은 야간에 이루어지는 주거침입행위의 위험성에 주목하여 그러한 행위를 수반한 절도를 야간주거침입절도죄로 중하게 처벌하고 있는 것으로 보아야 하고, 따라서 주거침입이 주간에 이루어진 경우에는 야간주거침입절도죄가 성립하지 않는다고 해석하는 것이 타당하다(대판 2011.4.14. 2011도300).

② [O] [1] 공전자기록등부실기재죄에 있어서의 실행의 착수 시기는 공무원에 대하여 허위의 신고를 하는 때라고 보아야 할 것이다. [2] 위장결혼의 당사자 및 브로커와 공모한 피고인이 허위로 결혼사진을 찍고 혼인신고에 필요한 서류를 준비하여 위장결혼의 당사자에게 건네준 것만으로는 공전자기록등부실기재죄의 실행에 착수한 것으로 볼 수 없다(대판 2009.9.24. 2009도4998).

③ [O] 가압류는 강제집행의 보전방법에 불과하고 그 기초가 되는 허위의 채권에 의하여 실지로 청구의 의사표시를 한 것이라고 할 수 없으므로 소의 제기 없이 가압류신청을 한 것만으로는 사기죄의 실행에 착수한 것이라고 할 수 없다(대판 1982.10.26. 82도1529).

④ [O] 피고인이 甲에게 위조한 예금통장 사본 등을 보여주면서 외국회사에서 투자금을 받았다고 거짓말하며 자금 대여를 요청하였으나, 甲과 함께 그 입금 여부를 확인하기 위해 은행에 가던 중 은행 입구에서 차용을 포기하고 돌아갔다면, 이는 피고인이 범행이 발각될 것이 두려워 범행을 중지한 것으로서 일반 사회통념상 범죄를 완수함에 장애가 되는 사정에 해당하여 자의에 의한 중지미수로 볼 수 없다(대판 2011.11.10. 2011도10539).

정답 ①

20 실행의 착수에 대한 설명으로 가장 적절하지 않은 것은? (다툼이 있으면 판례에 의함) [19 경찰승진]

① 유치권자가 피담보채권인 공사대금 채권을 실제와 달리 허위로 부풀려 유치권에 의한 경매를 신청한 경우 소송사기죄의 실행의 착수가 인정된다.

② 2인 이상이 합동하여 주간에 절도의 목적으로 타인의 주거에 침입하였으나 아직 절취할 물건의 물색행위를 시작하기 전이라면 「형법」 제331조 제2항의 특수절도죄의 실행에 착수한 것은 아니다.

③ 법원을 기망하여 자기에게 유리한 판결을 얻고자 소송을 제기한 자가 상대방의 주소를 허위로 기재하여 소송을 제기함으로써 그 허위주소로 소송서류가 송달되어 그로 인하여 상대방 아닌 다른 사람이 그 서류를 받아 소송을 진행한 경우에는 소송사기죄의 실행의 착수가 인정되지 않는다.

④ 필로폰을 매수하려는 자에게서 필로폰을 구해 달라는 부탁과 함께 돈을 지급받았다고 하더라도, 당시 필로폰을 소지 또는 입수한 상태에 있었다는 등 매매행위에 근접·밀착한 상태에서 대금을 지급받은 것이 아니라 단순히 필로폰을 구해 달라는 부탁과 함께 대금 명목으로 돈을 지급받은 것에 불과한 경우에는 필로폰 매매행위의 실행의 착수에 이른 것이라고 볼 수 없다.

해설

① [○] 유치권자가 피담보채권인 공사대금 채권을 실제와 달리 허위로 부풀려 유치권에 의한 경매를 신청한 경우 소송사기죄의 실행의 착수가 인정된다(대판 2012.11.15. 2012도9603).

② [○] 2인 이상이 합동하여 주간에 절도의 목적으로 타인의 주거에 침입하였으나 아직 절취할 물건의 물색행위를 시작하기 전이라면 「형법」 제331조 제2항의 특수절도죄의 실행에 착수한 것은 아니다(대판 2009.12.24. 2009도9667).
  ▶ 주간에 합동에 의한 특수절도의 경우 절취할 물건의 물색행위를 시작하여야 실행의 착수가 인정된다.

③ [×] 소송사기는 소송에서 주장하는 권리가 존재하지 않는 사실을 알고 있으면서도 법원을 기망한다는 인식을 가지고 소를 제기하면 이로써 실행의 착수가 있고 소장의 유효한 송달을 요하지 아니한다고 할 것인바, 이러한 법리는 제소자가 상대방의 주소를 허위로 기재함으로써 그 허위주소로 소송서류가 송달되어 그로 인하여 상대방 아닌 다른 사람이 그 서류를 받아 소송이 진행된 경우에도 마찬가지로 적용된다(대판 2006.11.10. 2006도5811).

④ [○] 필로폰을 매수하려는 자에게서 필로폰을 구해 달라는 부탁과 함께 돈을 지급받았다고 하더라도, 당시 필로폰을 소지 또는 입수한 상태에 있었다는 등 매매행위에 근접·밀착한 상태에서 대금을 지급받은 것이 아니라 단순히 필로폰을 구해 달라는 부탁과 함께 대금 명목으로 돈을 지급받은 것에 불과한 경우에는 필로폰 매매행위의 실행의 착수에 이른 것이라고 볼 수 없다(대판 2015.3.20. 2014도16920).

정답 ③

21 실행의 착수에 대한 설명으로 옳지 않은 것은? (다툼이 있으면 판례에 의함) [20 국가9급]

① 주거침입죄의 실행의 착수는 구성요건의 일부를 실현하는 행위까지 요구하는 것은 아니고 범죄구성요건의 실현에 이르는 현실적 위험성을 포함하는 행위를 개시하는 것으로 족하다.

② 부동산 이중양도에 있어서 매도인이 제2차 매수인으로부터 계약금만을 지급받고 중도금을 수령한 바 없다면 배임죄의 실행의 착수가 있었다고 볼 수 없다.

③ 주간에 주거에 침입하여 야간에 절도를 범한 경우 주거침입을 한 때에 야간주거침입절도죄의 실행에 착수한 것으로 보는 것이 타당하다.

④ 소매치기가 피해자의 상의 호주머니로부터 금품을 훔치려고 그 호주머니에 손을 뻗쳐 그 겉을 더듬은 때에는 절도죄의 실행에 착수하였다고 봄이 상당하다.

해설

① [○] 침입대상인 아파트에 사람이 있는지를 확인하기 위해 그 집의 초인종을 누른 행위만으로는 침입의 현실적 위험성을 포함하는 행위를 시작하였다거나, 주거의 사실상의 평온을 침해할 객관적인 위험성을 포함하는 행위를 한 것으로 볼 수 없다 할 것이다(대판 2008.4.10. 2008도1464).

② [○] 부동산 이중양도에 있어서 매도인이 제2차 매수인으로부터 계약금만을 지급받고 중도금을 수령한 바 없다면 배임죄의 실행의 착수가 있었다고 볼 수 없다(대판 2010.4.29. 2009도14427).
   ▶ 제2차 매수인으로부터 중도금 이상을 수령한 때에 실행의 착수가 인정된다.

③ [×] 야간에 타인의 재물을 절취할 목적으로 사람의 주거에 침입한 경우에는 주거에 침입한 단계에서 이미 야간주거침입절도죄라는 범죄행위의 실행에 착수한 것이라고 보아야 한다(대판 2006.9.14. 2006도2824). 주간에 주거에 침입하여 야간에 절도를 범한 경우 주거침입죄와 절도죄가 성립한다(대판 2011.4.14. 2011도300).

④ [○] 소매치기가 피해자의 양복 상의 주머니로부터 금품을 절취하려고 그 주머니에 손을 뻗쳐 그 겉을 더듬은 때에는 절도의 범행은 예비단계를 넘어 실행에 착수하였다고 봄이 상당하다(대판 1984.12.11. 84도2524).

정답 ③

22 실행의 착수에 대한 설명으로 가장 적절하지 않은 것은? (다툼이 있으면 판례에 의함)   [17 경찰채용]

① 가압류는 강제집행의 보전방법에 불과하고 그 기초가 되는 허위의 채권에 의하여 실제로 청구의 의사표시를 한 것이라고 할 수 없으므로 소의 제기 없이 가압류신청을 한 것만으로는 사기죄의 실행에 착수한 것이라고 할 수 없다.

② 부동산 경매절차에서 피고인들이 허위의 공사대금채권을 근거로 유치권 신고를 한 경우, 소송사기의 실행의 착수가 인정된다.

③ 피고인이 히로뽕 제조원료 구입비로 금 3,000,000원을 제1심 공동피고인에게 제공하였는데 공동피고인이 그로써 구입할 원료를 물색 중 적발되었다면 피고인의 행위는 히로뽕 제조에 착수하였다고 볼 수 없다.

④ 「부정경쟁방지 및 영업비밀보호에 관한 법률」 제18조 제2항에서 정하고 있는 영업비밀부정사용죄에 있어서는, 행위자가 당해 영업비밀과 관계된 영업활동에 이용 혹은 활용할 의사 아래 그 영업활동에 근접한 시기에 영업비밀을 열람하는 행위를 하였다면 그 실행의 착수가 있다.

해설

① [○] 가압류는 강제집행의 보전방법에 불과하고 그 기초가 되는 허위의 채권에 의하여 실제로 청구의 의사표시를 한 것이라고 할 수 없으므로 소의 제기 없이 가압류신청을 한 것만으로는 사기죄의 실행에 착수한 것이라고 할 수 없다(대판 1982.10.26. 82도1529).

② [×] 유치권자가 경매절차에서 유치권을 신고하는 경우 법원은 이를 매각물건명세서에 기재하고 그 내용을 매각기일공고에 적시하나, 이는 경매목적물에 대하여 유치권 신고가 있음을 입찰예정자들에게 고지하는 것에 불과할 뿐 처분행위로 볼 수는 없고 또한 유치권자는 권리신고 후 이해관계인으로서 경매절차에서 이의신청권 등 몇 가지 권리를 얻게 되지만 이는 법률의 규정에 따른 것으로서 재물 또는 재산상 이득을 취득하는 것으로 볼 수 없으므로, 부동산 경매절차에서 피고인들이 허위로 유치권 신고를 하였더라도 이를 소송사기 실행의 착수가 있다고 볼 수는 없다(대판 2009.9.24. 2009도5900).

③ [○] 피고인이 히로뽕 제조원료 구입비로 금 3,000,000원을 제1심 공동피고인에게 제공하였는데 공동피고인이 그로써 구입할 원료를 물색 중 적발되었다면 피고인의 소위는 히로뽕제조에 착수하였다고 볼 수 없다(대판 1983.11.22. 83도2590).

④ [○] 「부정경쟁방지 및 영업비밀보호에 관한 법률」 제18조 제2항에서 정하고 있는 영업비밀부정사용죄에 있어서는, 행위자가 당해 영업비밀과 관계된 영업활동에 이용 혹은 활용할 의사 아래 그 영업활동에 근접한 시기에 영업비밀을 열람하는 행위를 하였다면 그 실행의 착수가 있다(대판 2009.10.15. 2008도9433).

정답 ②

23 미수범에 대한 설명으로 가장 적절하지 않은 것은? (다툼이 있으면 판례에 의함) [20 경찰채용]

① 소송비용을 편취할 의사로 소송비용의 지급을 구하는 손해배상청구의 소를 제기한 사안에서, 재산 침해의 위험성을 법률적 지식을 가진 일반인이 아닌 행위자의 인식을 기초로 판단하여 그 위험성은 인정되나, 소송비용 지급청구는 소송비용액 확정절차를 통해서만 가능하기 때문에 결과발생이 불가능하므로 소송사기죄의 불능범으로서 무죄가 된다.

② 위험한 물건인 전자충격기를 피해자의 허리에 대고 피해자를 폭행하여 강간하려다가 미수에 그치고 피해자에게 약 2주간의 치료를 요하는 안면부 좌상 등의 상해를 입힌 경우, 「성폭력범죄의처벌 등에 관한 특례법」상 특수강간치상죄의 기수범이 성립한다.

③ 절도죄의 실행의 착수시기는 재물에 대한 타인의 사실상의 지배를 침해하는 데에 밀접한 행위를 개시한 때라고 보아야 하므로, 야간이 아닌 주간에 절도의 목적으로 타인의 주거에 침입하였다고 하여도 아직 절취할 물건의 물색행위를 시작하기 전이라면 주거침입죄만 성립할 뿐 절도죄의 실행에 착수한 것으로 볼 수 없다.

④ 피고인이 피해자를 살해하려고 목과 왼쪽 가슴 부위를 칼로 수 회 찔렀으나 많은 피가 흘러나오는 것을 발견하고 겁을 먹고 그만두는 바람에 미수에 그쳤더라도 중지미수에 해당하지 않는다.

해설

① [×] 소송비용을 편취할 의사로 소송비용의 지급을 구하는 손해배상청구의 소를 제기하였다고 하더라도 이는 객관적으로 소송비용의 청구방법에 관한 법률적 지식을 가진 일반인의 판단으로 보아 결과 발생의 가능성이 없어 위험성이 인정되지 않으므로 불가벌적 불능범에 해당한다(대판 2005.12.8. 2005도8105).

② [○] 피고인이 전자충격기를 피해자의 허리에 대고 폭행하여 강간하려다가 미수에 그치고 피해자에게 약 2주간의 치료를 요하는 안면부 좌상 등의 상해를 입게 한 경우, 성폭법 소정의 특수강간치상죄의 기수에 해당한다(대판 2008.4.24. 2007도10058).

③ [○] 절도죄의 실행의 착수시기는 재물에 대한 타인의 사실상의 지배를 침해하는 데에 밀접한 행위를 개시한 때라고 보아야 하므로, 야간이 아닌 주간에 절도의 목적으로 타인의 주거에 침입하였다고 하여도 아직 절취할 물건의 물색행위를 시작하기 전이라면 주거침입죄만 성립할 뿐 절도죄의 실행에 착수한 것으로 볼 수 없다(대판 2009.12.24. 2009도9667).

④ [○] 피고인이 피해자를 살해하려고 그의 목 부위와 왼쪽 가슴 부위를 칼로 수 회 찔렀으나 피해자의 가슴 부위에서 많은 피가 흘러나오는 것을 발견하고 겁을 먹고 그만 두는 바람에 미수에 그친 것이라면, 위와 같은 경우 많은 피가 흘러나오는 것에 놀라거나 두려움을 느끼는 것은 일반 사회통념상 범죄를 완수함에 장애가 되는 사정에 해당한다고 보아야 할 것이므로, 이를 자의에 의한 중지미수라고 볼 수 없다(대판 1999.4.13. 99도640).

정답 ①

24 실행의 착수에 관한 설명으로 가장 옳은 것은? (다툼이 있으면 판례에 의함) [20 경찰간부]

① 예비·음모 후 실행의 착수로 나아가기를 자의로 포기한 경우 중지범 규정을 유추적용할 수 있다.

② 2인 이상이 합동하여 주간에 피해자의 아파트 출입문 시정 장치를 손괴하다가 발각되어 도주한 경우 형법 제331조 제2항 특수절도죄의 실행의 착수가 인정된다.

③ 이른바 '기습추행'의 경우 피고인의 팔이 피해자의 몸에 닿지 않았더라도 양팔을 높이 들어 갑자기 뒤에서 껴안으려고 한 경우 강제추행죄의 실행의 착수가 인정된다.

④ 「범죄수익은닉의 규제 및 처벌 등에 관한 법률」상 범죄수익 등의 은닉에 관한 죄의 경우, 강도범행을 통해 강취할 돈을 송금받기 위해 계좌를 개설한 때 실행의 착수가 인정된다.

해설

① [×] 중지범은 범죄의 실행에 착수한 후 자의로 그 행위를 중지한 때를 말하는 것이고, 실행의 착수가 있기 전인 예비음모의 행위를 처벌하는 경우에 있어서 중지범의 관념은 인정할 수 없다(대판 1999.4.9. 99도424).

② [×] 2인 이상이 합동하여 주간에 절도의 목적으로 아파트 출입문 잠금장치를 손괴하다가 발각되어 도주한 경우라면 특수절도 죄의 실행에 착수한 것으로 볼 수 없다(대판 2009.12.24. 2009도9667).

③ [○] 피고인의 팔이 甲(여, 17세)의 몸에 닿지 않았더라도 양팔을 높이 들어 갑자기 뒤에서 껴안으려는 행위는 甲의 의사에 반하는 유형력의 행사로서 폭행행위에 해당하며, 그때 '기습추행'에 관한 실행의 착수가 있는데, 마침 甲이 뒤돌아보면서 소리치 는 바람에 몸을 껴안는 추행의 결과에 이르지 못하고 미수에 그쳤으므로, 피고인의 행위는 아동·청소년에 대한 강제추행미수죄 에 해당한다(대판 2015.9.10. 2015도6980).

④ [×] [1] 범죄수익 등의 은닉행위의 실행에 착수하는 것은 범죄수익 등이 생겼을 때 비로소 가능하다 할 것이므로, 아직 범죄수 익 등이 생기지 않은 상태에서는 실행의 착수가 있다고 인정하기 어렵다.
[2] 피고인들의 범행은 공기총으로 농협직원들을 위협하여 피고인들이 개설한 예금계좌로 950억원을 송금하도록 하는 방법으 로 금원을 강취하려고 하다가 그 범행을 연기하거나 미수에 그침으로써 아직 그 범죄수익 등이 현실적으로 생기지 않은 상태에 서 이루어진 것으로서 범죄수익 등의 은닉에 관한 죄의 미수에 해당하는 것으로 볼 수는 없다(대판 2007.1.11. 2006도5288).

정답 ③

---

25 실행의 착수에 관한 다음 설명 중 가장 적절하지 않은 것은? (다툼이 있으면 판례에 의함) [15 경찰채용]

① 장애인단체의 지회장이 지방자치단체로부터 다음해의 보조금을 더 많이 지원받기 위하여 참고자료로 이용되는 허 위의 보조금 정산보고서를 제출한 경우에는 보조금 편취범행의 실행에 착수한 것으로 보기 어렵다.

② 소매치기가 피해자의 양복 상의(上衣) 주머니에 있는 금품을 절취하려고 그 호주머니에 손을 뻗쳐 그 겉을 더듬은 경우 절도의 범행은 실행에 착수하였다고 봄이 상당하다.

③ 피고인이 노상에 세워 놓은 자동차 안에 있는 물건을 훔칠 생각으로, 유리창을 따기 위해 면장갑을 끼고 칼을 소지 한 채 자동차의 유리창을 통하여 그 내부를 손전등으로 비추어 보았다면 절도의 실행의 착수에 이른 것이다.

④ 사기도박에서 사기적인 방법으로 도금을 편취하려고 하는 자가 상대방에게 도박에 참가할 것을 권유하는 때에는 실행에 착수하였다고 할 것이다.

해설

① [○] 장애인단체의 지회장이 지방자치단체로부터 보조금을 더 많이 지원받기 위하여 허위의 보조금 정산보고서를 제출한 경우, 보조금 정산보고서는 보조금의 지원 여부 및 금액을 결정하기 위한 참고자료에 불과하고 직접적인 서류라고 할 수 없으므로 보조금 편취범행의 실행에 착수한 것으로 보기 어렵다(대판 2003.6.13. 2003도1279).

② [○] 소매치기가 피해자의 양복 상 주머니로부터 금품을 절취하려고 그 주머니에 손을 뻗쳐 그 겉을 더듬은 때에는 절도의 범행은 예비단계를 넘어 실행에 착수하였다고 봄이 상당하다(대판 1984.12.11. 84도2524).

③ [×] 자동차 안에 있는 물건을 훔칠 생각으로 자동차의 유리창을 통하여 그 내부를 손전등으로 비추어 본 것에 불과하다면 비록 유리창을 따기 위해 면장갑을 끼고 있었고 칼을 소지하고 있었다 하더라도 절도의 예비행위로 볼 수는 있겠으나 절취행위 의 착수에 이른 것이었다고 볼 수 없다(대판 1985.4.23. 85도464).

④ [○] 사기도박에서 사기적인 방법으로 도금을 편취하려고 하는 자가 상대방에게 도박에 참가할 것을 권유하는 때에는 실행에 착수하였다고 할 것이다(대판 2011.1.13. 2010도9330).

정답 ③

26 실행의 착수시기에 대한 설명 중 가장 적절한 것은? (다툼이 있으면 판례에 의함) [20 경찰승진]

① 침입 대상인 아파트에 사람이 있는지를 확인하기 위해 그 집의 초인종을 누른 경우 주거의 사실상의 평온을 침해할 객관적인 위험성이 있으므로 주거침입죄의 실행의 착수가 인정된다.

② 야간에 다세대주택 2층의 불이 꺼져있는 것을 보고 물건을 절취하기 위하여 가스배관을 타고 올라가다가, 발은 1층 방범창을 딛고 두 손은 1층과 2층 사이에 있는 가스배관을 잡고 있던 상태에서 순찰 중이던 경찰관에게 발각되자 그대로 뛰어내린 경우 야간주거침입절도죄의 실행의 착수가 인정되지 않는다.

③ 야간에 아파트에 침입하여 물건을 훔칠 의도하에 아파트의 베란다 철제난간까지 올라가 유리창문을 열려고 시도하고 실제로 집안에 들어가지는 못한 경우 야간주거침입절도죄의 실행의 착수가 인정되지 않는다.

④ 노상에 세워 놓은 자동차 안에 있는 물건을 훔칠 생각으로 자동차의 유리창을 통하여 그 내부를 손전등으로 비추어 본 경우 유리창을 따기 위해 면장갑을 끼고 있었고 칼을 소지하고 있었다면 절도죄의 실행의 착수가 인정된다.

해설

① [×] 침입 대상인 아파트에 사람이 있는지를 확인하기 위해 초인종을 누른 행위만으로는 주거침입죄의 실행의 착수가 인정되지 않는다(대판 2008.4.10. 2008도1464).

② [○] 야간에 다세대주택 2층의 불이 꺼져있는 것을 보고 물건을 절취하기 위하여 가스배관을 타고 올라가다가, 발은 1층 방범창을 딛고 두 손은 1층과 2층 사이에 있는 가스배관을 잡고 있던 상태에서 순찰 중이던 경찰관에게 발각되자 그대로 뛰어내린 경우 야간주거침입절도죄의 실행의 착수가 인정되지 않는다(대판 2008.3.27. 2008도917).
   ▶ 주거침입의 개시가 인정되지 않기 때문이다.

③ [×] 피고인이 야간에 아파트 202호에 침입하여 물건을 훔칠 의도하에 아파트 202호의 베란다 철제난간까지 올라가 유리창문을 열려고 시도하였다면 주거의 사실상의 평온을 침해할 객관적 위험성을 포함하는 구체적인 행위를 한 것으로 볼 수 있다(대판 2003.10.24. 2003도4417).

④ [×] 자동차 안에 있는 물건을 훔칠 생각으로 자동차의 유리창을 통하여 그 내부를 손전등으로 비추어 본 것에 불과하다면 비록 유리창을 따기 위해 면장갑을 끼고 있었고 칼을 소지하고 있었다 하더라도 절도의 예비행위로 볼 수는 있겠으나 절취행위의 착수에 이른 것이었다고 볼 수 없다(대판 1985.4.23. 85도464).

정답 ②

27 실행의 착수시기 및 미수에 대한 설명으로 가장 적절한 것은? (다툼이 있으면 판례에 의함) [18경찰승진]

① 피고인이 임야를 편취할 목적으로 소송을 제기하였으나 소 제기시 이미 소송의 상대방이 사망하였을 경우에는 소송에서 승소판결을 받는다고 하더라도 판결의 효력이 해당 임야의 재산상속인에게 미칠 수 없으므로 이는 사기죄의 불능미수에 해당한다.

② 행위자가 처음부터 미수에 그치겠다는 고의를 가진 경우라도 미수범이 성립할 수 있다.

③ 금융기관 직원이 전산단말기를 이용하여 다른 공범들이 지정한 특정계좌에 돈이 입금된 것처럼 허위의 정보를 입력하는 방법으로 위 계좌로 입금되도록 한 경우, 그 후 그러한 입금이 취소되어 현실적으로 인출되지 못한 경우는 컴퓨터등사용사기미수죄에 해당한다.

④ 甲이 부동산 경매절차에서 피담보채권인 공사대금채권을 실제와 달리 허위로 부풀려 유치권에 의한 경매를 신청한 경우 소송사기죄의 실행의 착수에 해당한다.

해설

① [×] 피고인의 제소가 사망한 자를 상대로 한 것이라면 이와 같은 사망한 자에 대한 판결은 그 내용에 따른 효력이 생기지 아니하여 상속인에게 그 효력이 미치지 아니하고 따라서 사기죄를 구성한다고는 할 수 없고, 나아가 피고인의 행위가 소송사기죄의 불능미수에 해당한다고 볼 수도 없으므로 법원은 무죄판결을 선고하여야 한다(대판 2002.1.11. 2000도1881).
　▶ 불능범에 해당한다는 취지이다.

② [×] 미수범이 성립하기 위한 고의는 기수의 고의여야 한다. 따라서 행위자가 처음부터 미수에 그치겠다는 고의를 가진 경우, 즉 미수의 고의를 가진 경우에는 미수범이 성립할 수 없다.

③ [×] 금융기관 직원이 전산단말기를 이용하여 다른 공범들이 지정한 특정계좌에 돈이 입금된 것처럼 허위의 정보를 입력하는 방법으로 위 계좌로 입금되도록 한 경우, 이러한 입금절차를 완료함으로써 장차 그 계좌에서 이를 인출하여 갈 수 있는 재산상 이익의 취득이 있게 되었다고 할 것이므로 컴퓨터등사용사기죄는 기수에 이르렀다고 할 것이고, 그 후 그러한 입금이 취소되어 현실적으로 인출되지 못하였다고 하더라도 이미 성립한 컴퓨터등사용사기죄에 어떤 영향이 있다고 할 수는 없다(대판 2006.9.14. 2006도4127).

④ [○] 유치권에 의한 경매를 신청한 유치권자는 일반채권자와 마찬가지로 피담보채권액에 기초하여 배당을 받게 되는 결과 피담보채권인 공사대금 채권을 실제와 달리 허위로 크게 부풀려 유치권에 의한 경매를 신청할 경우 정당한 채권액에 의하여 경매를 신청한 경우보다 더 많은 배당금을 받을 수도 있으므로, 이는 법원을 기망하여 배당이라는 법원의 처분행위에 의하여 재산상 이익을 취득하려는 행위로서 불능범에 해당한다고 볼 수 없고, 소송사기죄의 실행의 착수에 해당한다(대판 2012.11.15. 2012도9603).

정답 ④

28 다음 중 실행의 착수시기에 대한 설명으로 가장 옳지 않은 것은? (다툼이 있으면 판례에 의함) [21 해경승진]

① 금품을 절취하기 위하여 고속버스 선반 위에 놓여진 손가방의 한쪽걸쇠만 열었다 하더라도 절도범행의 실행에 착수하였다고 볼 수 있다.

② 「범죄수익은닉의 규제 및 처벌 등에 관한 법률」상 범죄수익 등의 은닉에 관한 죄의 경우, 강도 범행을 통해 강취할 돈을 송금받기 위해 계좌를 개설하였더라도 실행에 착수한 것으로 볼 수 없다.

③ 2인 이상이 합동하여 주간에 피해자의 아파트 출입문 잠금장치를 손괴하다가 발각되어 도주한 경우, 「형법」 제331조 제2항 특수절도죄의 실행의 착수가 인정된다.

④ 실행의 착수가 있기 전인 예비·음모의 행위를 처벌하는 경우에 있어서는 중지범의 관념은 이를 인정할 수 없다.

해설

① [○] 금품을 절취하기 위하여 고속버스 선반 위에 놓여진 손가방의 한쪽 걸쇠만 열었다 하여도 절도범행의 실행에 착수하였다 할 것이다(대판 1983.10.25. 83도2432).

② [○] 「범죄수익은닉의 규제 및 처벌 등에 관한 법률」상 범죄수익 등의 은닉에 관한 죄의 경우, 강도 범행을 통해 강취할 돈을 송금받기 위해 계좌를 개설하였더라도 실행에 착수한 것으로 볼 수 없다(대판 2007.1.11. 2006도5288).

③ [×] 2인 이상이 합동하여 주간에 절도의 목적으로 아파트 출입문 잠금장치를 손괴하다가 발각되어 도주한 경우라면 특수절도죄의 실행에 착수한 것으로 볼 수 없다(대판 2009.12.24. 2009도9667).

④ [○] 실행의 착수가 있기 전인 예비·음모의 행위를 처벌하는 경우에 있어서는 중지범의 관념은 이를 인정할 수 없다(대판 1999.4.9. 99도424).

정답 ③

29 실행의 착수시기 또는 기수시기에 관한 설명 중 옳지 않은 것은? (다툼이 있는 경우에는 판례에 의함)

① 위장결혼의 당사자 및 브로커와 공모한 피고인이 허위로 결혼사진을 찍고 혼인신고에 필요한 서류를 준비하여 위장결혼의 당사자에게 건네준 것만으로는 공전자기록등불실기재죄의 실행에 착수한 것으로 볼 수 없다.

② 부동산의 매도인이 제1차 매수인에게서 중도금을 수령한 후, 다시 제2차 매수인에게서 계약금만을 지급받더라도 배임죄의 실행의 착수는 인정된다.

③ 피고인이 방화의 의사로 뿌린 휘발유가 인화성이 강한 상태로 피고인의 처와 자녀가 있는 주택 주변과 피해자의 몸에 적지 않게 살포되어 있는 사정을 알면서도 라이터를 켜 불꽃을 일으킴으로써 피해자의 몸에 불이 붙은 경우, 비록 외부적 사정으로 불이 방화 목적물인 주택 자체에 옮겨 붙지는 아니하였다 하더라도 현존건조물방화죄의 실행의 착수가 인정된다.

④ 피해자의 해외도피를 방지하기 위하여 피해자를 협박하고 이에 피해자가 겁을 먹고 있는 상태를 이용하여 피해자 소유의 여권을 교부하게 함으로써 피해자가 그의 여권을 강제회수당하였다면 강요죄의 기수가 성립한다.

⑤ 위조사문서행사죄는 상대방이 위조된 문서의 내용을 실제로 인식할 필요 없이 상대방으로 하여금 위조된 문서를 인식할 수 있는 상태에 둠으로써 기수가 된다.

해설

① [○] [1] 공전자기록등부실기재죄에 있어서의 실행의 착수 시기는 공무원에 대하여 허위의 신고를 하는 때라고 보아야 할 것이다. [2] 위장결혼의 당사자 및 브로커와 공모한 피고인이 허위로 결혼사진을 찍고 혼인신고에 필요한 서류를 준비하여 위장결혼의 당사자에게 건네준 것만으로는 공전자기록등부실기재죄의 실행에 착수한 것으로 볼 수 없다(대판 2009.9.24. 2009도4998).

② [×] 부동산의 이중양도에 있어서 매도인이 제2차 매수인으로부터 계약금만을 지급받고 중도금을 수령한 바 없다면 배임죄의 실행의 착수가 있었다고 볼 수 없다. 따라서 피고인이 제1차 매수인으로부터 계약금 및 중도금 명목의 금원을 교부받은 후 제2차 매수인에게 부동산을 매도하기로 하고 계약금만을 지급받은 뒤 더 이상의 계약이행에 나아가지 않았다면 배임죄의 실행의 착수가 있었다고 볼 수 없다(대판 2003.3.25. 2002도7134).

③ [○] [1] 매개물을 통한 점화에 의하여 건조물을 소훼함을 내용으로 하는 형태의 방화죄의 경우에, 범인이 그 매개물에 불을 켜서 붙였거나 또는 범인의 행위로 인하여 매개물에 불이 붙게 됨으로써 연소작용이 계속될 수 있는 상태에 이르렀다면, 그것이 곧바로 진화되는 등의 사정으로 인하여 목적물인 건조물 자체에는 불이 옮겨 붙지 못하였다고 하더라도, 방화죄의 실행의 착수가 있었다고 보아야 할 것이다.

[2] 피고인이 방화의 의사로 뿌린 휘발유가 인화성이 강한 상태로 주택주변과 피해자의 몸에 적지 않게 살포되어 있는 사정을 알면서도 라이터를 켜 불꽃을 일으킴으로써 피해자의 몸에 불이 붙은 경우, 비록 외부적 사정에 의하여 불이 방화 목적물인 주택 자체에 옮겨 붙지는 아니하였다 하더라도 현존건조물방화죄의 실행의 착수가 있었다고 봄이 상당하다(대판 2002.3.26. 2001도6641).

④ [○] 형법 제324조 소정의 폭력에 의한 권리행사방해죄(강요죄)는 폭행 또는 협박에 의하여 권리행사가 현실적으로 방해되어야 할 것인바, 피해자의 해외도피를 방지하기 위하여 피해자를 협박하고 이에 피해자가 겁을 먹고 있는 상태를 이용하여 동인 소유의 여권을 교부하게 하여 피해자가 그의 여권을 강제 회수당하였다면 피해자가 해외여행을 할 권리는 사실상 침해되었다고 볼 것이므로 권리행사방해죄(강요죄를 의미한다 – 저자 주)의 기수로 보아야 한다(대판 1993.7.27. 93도901).
▶ 폭력에 의한 권리행사방해죄는 과거 형법이 개정되면서 강요죄로 명칭이 변경되었다는 점을 주의하여야 한다.

⑤ [○] 위조사문서의 행사는 상대방으로 하여금 위조된 문서를 인식할 수 있는 상태에 둠으로써 기수가 되고 상대방이 실제로 그 내용을 인식하여야 하는 것은 아니므로, 위조된 문서를 우송한 경우에는 그 문서가 상대방에게 도달한 때에 기수가 되고 상대방이 실제로 그 문서를 보아야 하는 것은 아니다(대판 2005.1.28. 2004도4663).

정답 ②

30 미수범에 관한 다음 설명 중 가장 적절한 것은? (다툼이 있으면 판례에 의함) [15 경찰채용]

① 금품을 절취할 생각으로 타인의 주머니에 몰래 손을 넣은 경우는 비록 그 주머니 속에 실제로 금품이 들어있지 않았더라도 절도미수죄를 구성한다.

② 일반적으로 사람에게 공포심을 일으킬 수 있는 정도의 해악의 고지가 상대방에게 도달하여 상대방이 그 의미를 인식했지만 현실적으로 공포심을 일으키지 않은 경우는 협박미수죄를 구성한다.

③ 주거침입의 고의로 야간에 타인의 집 창문을 열고 집 안으로 얼굴을 들이민 것만으로는 사실상 주거의 평온을 해하였더라도 주거침입미수죄를 구성한다.

④ 금융기관 직원이 전산단말기를 이용하여 다른 공범들이 지정한 특정계좌에 돈이 입금된 것처럼 허위의 정보를 입력하는 방법으로 위 계좌로 입금되도록 한 경우, 그 후 그러한 입금이 취소되어 현실적으로 인출되지 못한 경우는 컴퓨터등사용사기미수죄를 구성한다.

해설

① [O] 소매치기가 피해자의 주머니에 손을 넣어 금품을 절취하려 한 경우 비록 그 주머니 속에 금품이 들어있지 않았었다 하더라도 위 소위는 절도라는 결과발생의 위험성을 충분히 내포하고 있으므로 이는 절도미수에 해당한다(대판 1986.11.25. 86도2090).

② [×] 협박죄가 성립되려면 고지된 해악의 내용이 일반적으로 사람으로 하여금 공포심을 일으키게 하기에 충분한 것이어야 할 것이지만, 상대방이 그에 의하여 현실적으로 공포심을 일으킬 것까지 요구되는 것은 아니며, 그와 같은 정도의 해악을 고지함으로써 상대방이 그 의미를 인식한 이상 상대방이 현실적으로 공포심을 일으켰는지 여부와 관계없이 그로써 구성요건은 충족되어 협박죄의 기수에 이른다(대판(전) 2007.9.28. 2007도606).

③ [×] 피고인이 자신의 신체의 일부가 집 안으로 들어간다는 인식하에 하였더라도 주거침입죄의 범의는 인정되고 또한 비록 신체의 일부만이 집 안으로 들어갔다고 하더라도 사실상 주거의 평온을 해하였다면 주거침입죄는 기수에 이른다(대판 1995.9.15. 94도2561).

④ [×] 입금절차를 완료함으로써 장차 그 계좌에서 이를 인출하여 갈 수 있는 재산상 이익을 취득하였으므로 컴퓨터등사용사기죄는 기수에 이르렀고, 그 후 그러한 입금이 취소되어 현실적으로 인출되지 못하였다고 하더라도 이미 성립한 컴퓨터등사용사기죄에 어떤 영향이 있다고 할 수는 없다(대판 2006.9.14. 2006도4127).

정답 ①

31 실행의 착수시기 또는 기수시기에 관한 설명 중 가장 적절하지 않은 것은? (다툼이 있으면 판례에 의함)

[14 경찰승진]

① 사기도박에서 사기적인 방법으로 도금을 편취하려고 하는 자가 상대방에게 도박에 참가할 것을 권유하는 등 기망행위를 개시한 때에 실행의 착수가 있는 것으로 보아야 한다.

② 소송사기의 고의로 소를 제기한 경우 아직 그 소장이 피고에게 송달되지 않아도 사기죄의 실행의 착수가 인정된다.

③ 금융기관 직원이 전산단말기를 이용하여 다른 공범들이 지정한 특정 계좌에 돈이 입금된 것처럼 허위의 정보를 입력하는 방법으로 위 계좌로 돈이 입금되도록 하였으나 그 후 그러한 입금이 취소되어 현실적으로 인출되지 못하였다면 컴퓨터등사용사기죄의 미수에 해당한다.

④ 피고인이 지하철 환승 에스컬레이터 내에서 카메라폰으로 성적 수치심을 느낄 수 있는 치마 속 신체부위를 피해자 의사에 반하여 동영상 촬영 중 경찰관에게 발각되어 저장버튼을 누르지 않고 촬영을 종료하였더라도 구 성폭력범죄의 처벌 및 피해자보호 등에 관한 법률에서 정한 '카메라등이용촬영죄'의 기수에 해당한다.

① [○] 사기도박에서 사기적인 방법으로 도금을 편취하려고 하는 자가 상대방에게 도박에 참가할 것을 권유하는 등 기망행위를 개시한 때에 실행의 착수가 있는 것으로 보아야 한다(대판 2011.1.13. 2010도9330).

② [○] 소송사기의 고의로 소를 제기한 경우 아직 그 소장이 피고에게 송달되지 않아도 사기죄의 실행의 착수가 인정된다(대판 2006.11.10. 2006도5811).

③ [×] 입금절차를 완료함으로써 장차 그 계좌에서 이를 인출하여 갈 수 있는 재산상 이익을 취득하였으므로 컴퓨터등사용사기죄는 기수에 이르렀고, 그 후 그러한 입금이 취소되어 현실적으로 인출되지 못하였다고 하더라도 이미 성립한 컴퓨터등사용사기죄에 어떤 영향이 있다고 할 수는 없다(대판 2006.9.14. 2006도4127).

④ [○] 카메라 등 기계장치를 이용하여 동영상 촬영이 이루어졌다면 범행은 촬영 후 일정한 시간이 경과하여 영상정보가 기계장치 내 주기억장치 등에 입력됨으로써 기수에 이르는 것이고, 촬영된 영상정보가 전자파일 등의 형태로 영구저장되지 않은 채 사용자에 의해 강제종료되었다고 하여 미수에 그쳤다고 볼 수는 없다(대판 2011.6.9. 2010도10677).

정답 ③

32 다음 설명 중 옳고 그름의 표시(○, ×)가 옳게 된 것은? (다툼이 있으면 판례에 의함)

[13 경찰채용]

ⓐ 피고인이 지하철 환승 에스컬레이터 내에서 카메라폰으로 성적 수치심을 느낄 수 있는 치마 속 신체 부위를 피해자 의사에 반하여 동영상 촬영 중 경찰관에게 발각되어 저장버튼을 누르지 않고 촬영을 종료하였다면, 영상정보가 기계장치 내 임시저장된 데 불과하므로 구 성폭력범죄의처벌및피해자보호등에관한법률에서 정한 '카메라등이용촬영죄'의 미수이다.

ⓑ 신용카드를 절취하여 대금을 결제하기 위하여 신용카드를 제시하고 카드회사의 승인을 받았지만 매출전표에 서명한 사실이 없고 도난카드임이 밝혀져 최종적으로 매출취소로 거래가 종결되었을지라도, 여신전문금융업법상 신용카드 부정사용의 기수가 된다.

ⓒ 甲이 乙을 살해하기 위하여 丙, 丁 등을 고용하면서 그들에게 대가의 지급을 약속한 경우, 甲에게는 살인죄를 범할 목적 및 살인에 관한 고의가 인정되며 객관적으로 살인죄의 실현을 위한 준비행위를 완료하였으므로 살인죄의 미수로 처벌된다.

ⓓ 금융기관 직원이 전산단말기를 이용하여 다른 공범들이 지정한 특정계좌에 돈이 입금된 것처럼 허위의 정보를 입력하는 방법으로 위 계좌로 입금되도록 하고, 이러한 입금절차를 완료하였지만 입금이 취소되어 현실적으로 인출되지 못하였다면 컴퓨터등사용사기죄의 미수범이다.

① ⓐ × ⓑ ○ ⓒ ○ ⓓ ○　　　　② ⓐ × ⓑ × ⓒ ○ ⓓ ×

③ ⓐ ○ ⓑ ○ ⓒ × ⓓ ○　　　　④ ⓐ × ⓑ × ⓒ × ⓓ ×

ⓐ [×] 피고인이 휴대폰을 이용하여 동영상 촬영을 시작하여 일정한 시간이 경과하였다면 설령 촬영 중 경찰관에게 발각되어 저장버튼을 누르지 않고 촬영을 종료하였더라도 카메라등이용촬영 범행은 이미 '기수'에 이르렀다고 볼 여지가 매우 크다(대판 2011.6.9. 2010도10677).

ⓑ [×] 신용카드의 사용이라 함은 대금결제를 위하여 가맹점에 신용카드를 제시하고 매출표에 서명하여 이를 교부하는 일련의 행위를 가리키므로, 단순히 신용카드를 제시하는 행위만으로는 신용카드부정사용죄의 실행에 착수한 것에 불과하고 그 사용행위를 완성한 것으로 볼 수 없다(대판 1993.11.23. 93도604).

ⓒ [×] 甲에게 살인죄를 범할 목적 및 살인의 준비에 관한 고의뿐만 아니라 살인죄의 실현을 위한 준비행위를 하였음을 인정되므로 살인예비죄가 성립한다(대판 2009.10.29. 2009도7150).

ⓓ [×] 입금절차를 완료함으로써 장차 그 계좌에서 이를 인출하여 갈 수 있는 재산상 이익을 취득하였으므로 컴퓨터등사용사기죄는 기수에 이르렀고, 그 후 그러한 입금이 취소되어 현실적으로 인출되지 못하였다고 하더라도 이미 성립한 컴퓨터등사용사기죄에 어떤 영향이 있다고 할 수는 없다(대판 2006.9.14. 2006도4127).

정답 ④

33 실행의 착수에 관한 설명 중 가장 적절하지 않은 것은? (다툼이 있는 경우 판례에 의함) [23 경찰채용]

① 소유권이전등기청구권에 대한 압류는 강제집행절차를 위한 일련의 시작행위라고 할 수 있으므로, 허위 채권에 기한 공정증서를 집행권원으로 하여 채무자의 소유권이전등기청구권에 대하여 압류신청을 한 시점에 소송사기의 실행에 착수하였다고 볼 수 있다.

② 배임죄는 임무에 위배하는 행위를 한다는 점과 이로 인하여 자기 또는 제3자가 이익을 취득하여 본인에게 손해를 가한다는 점에 대한 인식이나 의사를 가지고 임무에 위배한 행위를 개시한 때 실행에 착수하였다고 볼 수 있다.

③ 업무상배임죄에서 부작위를 실행의 착수로 볼 수 있기 위해서는 작위의무가 이행되지 않으면 사무처리의 임무를 부여한 사람이 재산권을 행사할 수 없으리라고 객관적으로 예견되는 등으로 구성요건적 결과 발생의 위험이 구체화한 상황에서 부작위가 이루어져야 하고, 행위자는 부작위 당시 자신에게 주어진 임무를 위반한다는 점과 그 부작위로 인해 손해가 발생할 위험이 있다는 점을 인식하였어야 한다.

④ 甲이 乙로부터 국제우편을 통해 향정신성의약품을 수입하는 경우, 필로폰을 받을 국내 주소를 알려주었으나 乙이 필로폰이 들어 있는 우편물을 발신국의 우체국에 제출하지 않았다고 하더라도 甲의 이러한 행위는 향정신성의약품 수입행위의 실행에 착수하였다고 볼 수 있다.

해설

① [○] 소유권이전등기청구권에 대한 압류는 강제집행절차를 위한 일련의 시작행위라고 할 수 있으므로, 허위 채권에 기한 공정증서를 집행권원으로 하여 채무자의 소유권이전등기청구권에 대하여 압류신청을 한 시점에 소송사기의 실행에 착수하였다고 볼 수 있다(대판 2015.2.12. 2014도10086).

② [○] 배임죄는 타인의 사무를 처리하는 자가 배임의 범의로, 즉 임무에 위배하는 행위를 한다는 점과 이로 인하여 자기 또는 제3자가 이익을 취득하여 본인에게 손해를 가한다는 점에 대한 인식이나 의사(배임의 범의)를 가지고 임무에 위배한 행위를 개시한 때 실행에 착수하였다고 볼 수 있는 것이고, 이러한 행위로 인하여 자기 또는 제3자가 이익을 취득하여 본인에게 손해를 가한 때에 기수에 이른다(대판(전) 2017.7.20. 2014도1104).

③ [○] 업무상배임죄는 타인과의 신뢰관계에서 일정한 업무에 따라 사무를 처리할 법적의무 있는 자가 그 상황에서 당연히 할 것이 법적으로 요구되는 행위를 하지 않는 부작위에 의해서도 성립할 수 있다. 그러한 부작위를 실행의 착수로 볼 수 있기 위해서는 작위의 의무가 이행되지 않으면 사무처리의 임무를 부여한 사람이 재산권을 행사할 수 없으리라고 객관적으로 예견되는 등으로 구성요건적 결과발생의 위험이 구체화된 상황에서 부작위가 이루어져야 한다. 그리고 행위자는 부작위 당시 자신에게 주어진 임무를 위반한다는 점과 그 부작위로 인해 손해가 발생할 위험이 있다는 점을 인식하였어야 한다(대판 2021.5.27. 2020도15529).

④ [×] 이 사건과 같이 국제우편 등을 통하여 향정신성의약품을 수입하는 경우에는 국내에 거주하는 사람이 수신인으로 명시되어 발신국의 우체국 등에 향정신성의약품이 들어 있는 우편물을 제출할 때에 범죄의 실행에 착수하였다고 볼 수 있다. 따라서 피고인이 공소외인에게 필로폰을 받을 국내 주소를 알려주었다고 하더라도 공소외인이 필로폰이 들어 있는 우편물을 발신국의 우체국 등에 제출하였다는 사실이 밝혀지지 않은 이상, 피고인 등의 이러한 행위는 향정신성의약품 수입의 예비행위라고 볼 수 있을지언정 이를 가지고 향정신성의약품 수입행위의 실행에 착수하였다고 할 수는 없다(대판 2019.5.16. 2019도97).

정답 ④

34 실행의 착수에 대한 설명으로 옳은 것을 모두 고른 것은? (다툼이 있는 경우 판례에 의함) [23 경찰승진]

> ㉠ 야간에 아파트에 침입하여 물건을 훔칠 의도하에 아파트의 베란다 철제난간까지 올라가 유리창문을 열려고 시도한 경우 야간주거침입절도죄의 실행에 착수하였다.
> ㉡ 甲이 잠을 자고 있는 피해자 A의 옷을 벗긴 후 자신의 바지를 내린 상태에서 A의 음부 등을 만지고 자신의 성기를 A의 음부에 삽입하려고 하였으나 A가 몸을 뒤척이고 비트는 등 잠에서 깨어 거부하는 듯한 기색을 보이자 더 이상 간음행위에 나아가는 것을 포기한 경우 준강간죄의 실행에 착수하였다.
> ㉢ 위장결혼의 당사자 및 브로커와 공모한 甲이 허위로 결혼사진을 찍고 혼인신고에 필요한 서류를 준비하여 위장결혼의 당사자에게 건네준 것만으로는 공전자기록등불실기재죄의 실행에 착수한 것으로 볼 수 없다.
> ㉣ 입영대상자가 병역면제처분을 받을 목적으로 병원으로부터 허위의 병사용진단서를 발급받은 경우 구 병역법 제86조 사위행위의 실행에 착수하였다.
> ㉤ 허위의 채권을 피보전권리로 삼아 가압류를 한 경우 그 채권에 관하여 현실적으로 청구의 의사표시를 한 것이라고 볼 수 있으므로, 본안소송을 제기하지 아니한 채 가압류를 한 경우에도 사기죄의 실행에 착수하였다.

① ㉠, ㉡, ㉢   ② ㉠, ㉡, ㉤
③ ㉠, ㉢, ㉣   ④ ㉡, ㉣, ㉤

해설

㉠ [○] 야간에 아파트에 침입하여 물건을 훔칠 의도하에 아파트의 베란다 철제난간까지 올라가 유리창문을 열려고 시도한 경우 야간주거침입절도죄의 실행에 착수하였다(대판 2003.10.24. 2003도4417).

㉡ [○] 피고인이 잠을 자고 있는 피해자의 옷을 벗긴 후 자신의 바지를 내린 상태에서 피해자의 음부 등을 만지고 자신의 성기를 피해자의 음부에 삽입하려고 하였으나 피해자가 몸을 뒤척이고 비트는 등 잠에서 깨어 거부하는 듯한 기색을 보이자 더 이상 간음행위에 나아가는 것을 포기한 경우, 준강간죄의 실행에 착수하였다(대판 2000.1.14. 99도5187).

㉢ [○] 위장결혼의 당사자 및 브로커와 공모한 피고인이 허위로 결혼사진을 찍고 혼인신고에 필요한 서류를 준비하여 위장결혼의 당사자에게 건네준 것만으로는 공전자기록등불실기재죄의 실행에 착수한 것으로 볼 수 없다(대판 2009.9.24. 2009도4998).

㉣ [×] 입영대상자가 병역면제처분을 받을 목적으로 병원으로부터 허위의 병사용진단서를 발급받았다고 하더라도 이러한 행위만으로는 사위행위의 실행에 착수하였다고 볼 수 없다고 한 사례(대판 2005.9.28. 2005도3065).

㉤ [×] 가압류는 강제집행의 보전방법에 불과한 것이어서 허위의 채권을 피보전권리로 삼아 가압류를 하였다고 하더라도 그 채권에 관하여 현실적으로 청구의 의사표시를 한 것이라고는 볼 수 없으므로, 본안소송을 제기하지 아니한 채 가압류를 한 것만으로는 사기죄의 실행에 착수하였다고 할 수 없다(대판 1988.9.13. 88도55).

정답 ①

35 미수에 대한 설명 중 가장 적절한 것은? (다툼이 있는 경우 판례에 의함) [23 경찰승진]

① 준강도죄의 기수 여부는 구성요건적 행위인 폭행 또는 협박이 종료되었는가의 여부에 따라 결정된다.
② 소송비용을 이미 송금받았음에도 불구하고 소송비용을 편취할 의사로 소송비용의 지급을 구하는 손해배상청구의 소를 제기한 경우 사기죄의 불능범에 해당한다.
③ 피해자를 살해하려고 그의 목 부위와 왼쪽 가슴 부위를 칼로 수 회 찔렀으나 피해자의 가슴 부위에서 많은 피가 흘러나오는 것을 발견하고 겁을 먹고 그만 둔 경우 살인죄의 중지미수에 해당한다.
④ 불능범과 구별되는 불능미수의 성립요건인 '위험성'은 행위 당시 행위자가 인식한 사정과 일반인이 인식할 수 있었던 사정을 기초로 일반적 경험법칙에 따라 객관적 사후적으로 판단하여야 한다.

① [×] … 준강도죄의 기수 여부는 '절도행위의 기수 여부'를 기준으로 하여 판단하여야 한다(대판(전) 2004.11.18. 2004도 5074).

② [○] 소송비용을 이미 송금받았음에도 불구하고 소송비용을 편취할 의사로 소송비용의 지급을 구하는 손해배상청구의 소를 제 기한 경우, 사기죄의 불능범에 해당한다(대판 2005.12.8. 2005도8105).

③ [×] 위와 같은 경우 많은 피가 흘러나오는 것에 놀라거나 두려움을 느끼는 것은 일반 사회통념상 범죄를 완수함에 장애가 되는 사정에 해당한다고 보아야 할 것이므로, 이를 자의에 의한 중지미수라고 볼 수 없다(대판 1999.4.13. 99도640).

④ [×] 불능범과 구별되는 불능미수의 성립요건인 '위험성'은 피고인이 행위 당시에 인식한 사정을 놓고 일반인이 객관적으로 판 단하여 결과 발생의 가능성이 있는지 여부를 따져야 한다(대판(전) 2019.3.28. 2018도16002). 위험성 판단에 관한 '추상적 위험설'의 입장인 判例이다. 지문은 구체적 위험설에 대한 설명이다.

정답 ②

36 미수범에 관한 설명 중 옳지 않은 것은? (다툼이 있는 경우 판례에 의함) [23 변호사]

① 甲이 위험한 물건인 전기충격기를 사용하여 A에 대한 강간을 시도하다가 미수에 그쳤다 하더라도 그로 인하여 A에게 약 2주간의 치료를 요하는 안면부 좌상 등 치상의 결과를 초래하였다면, 甲에게는 「성폭력범죄의 처벌 등에 관한 특례법」 위반의 특수강간치상죄의 기수가 성립한다.

② 甲이 소송비용을 편취할 의사로 소송비용의 지급을 구하는 손해배상청구의 소를 제기하였다가 담당 판사로부터 소송비용의 확정은 소송비용액 확정절차를 통하여 하라는 권유를 받고 위 소를 취하하였다면, 甲에게는 소송사기 죄의 불능미수범이 성립한다.

③ 甲이 장롱 안에 있는 옷가지에 불을 놓아 사람이 주거로 사용하는 건물을 불태우려 하였으나 불길이 치솟는 것을 보고 겁이 나서 물을 부어 불을 끈 것이라면, 자의에 의한 현주건조물방화죄의 중지미수가 성립하지 않는다.

④ 甲이 A로부터 위탁받아 식재·관리하여 오던 나무들을 A 모르게 제3자에게 매도하는 계약을 체결하고 그 제3자로 부터 계약금을 수령한 상태에서 A에게 적발되어 위 계약이 더 이행되지 아니하고 무위로 그쳤다면, 甲에게는 횡령 미수죄가 성립한다.

⑤ 甲이 주간에 재물을 절취할 목적으로 A가 운영하는 주점에 이르러 주점의 잠금장치를 뜯고 침입하여 주점 내 진열 장에 있던 양주 45병을 바구니 3개에 담고 있던 중, A가 주점으로 들어오는 소리를 듣고서 담고 있던 양주들을 그대로 둔 채 출입문을 열고 나오다가 A에게 붙잡히자 체포를 면탈할 목적으로 A를 폭행하였다면, 甲에게는 준강 도미수죄가 성립한다.

① [○] 피고인이 전자충격기를 피해자의 허리에 대고 폭행하여 강간하려다가 미수에 그치고 피해자에게 약 2주간의 치료를 요하 는 안면부 좌상 등의 상해를 입게 한 경우, 성폭법 소정의 특수강간치상죄의 기수에 해당한다(대판 2008.4.24. 2007도 10058).[13]

② [×] [1] 불능범의 판단기준으로서 위험성 판단은 피고인이 행위 당시에 인식한 사정을 놓고 이것이 객관적으로 일반인의 판단 으로 보아 결과발생의 가능성이 있느냐를 따져야 한다.

[2] 소송비용을 편취할 의사로 소송비용의 지급을 구하는 손해배상청구의 소를 제기한 경우, 사기죄의 불능범에 해당한다고 한 사례(대판 2005.12.8. 2005도8105).

판결이유 민사소송법상 소송비용의 청구는 소송비용액 확정절차에 의하도록 규정하고 있으므로, 위 절차에 의하지 아니하고 손해배상금 청구의 소 등으로 소송비용의 지급을 구하는 것은 소의 이익이 없는 부적법한 소로서 허용될 수 없다고 할 것이다. 따라서 소송비용을 편취할 의사로 소송비용의 지급을 구하는 손해배상청구의 소를 제기하였다고 하더라도, 객관적으로 소송비 용의 청구방법에 관한 법률적 지식을 가진 일반인의 판단으로 보아 결과발생의 가능성이 없어 위험성이 인정되지 않는다.

---

13) 결과적 가중범의 미수 인정 여부가 쟁점이다.

③ [○] 피고인이 장롱 안에 있는 옷가지에 불을 놓아 건물을 소훼하려 하였으나 불길이 치솟는 것을 보고 겁이 나서 물을 부어 불을 끈 것이라면, 위와 같은 경우 치솟는 불길에 놀라거나 자신의 신체안전에 대한 위해 또는 범행 발각시의 처벌 등에 두려움을 느끼는 것은 일반 사회통념상 범죄를 완수함에 장애가 되는 사정에 해당한다고 보아야 할 것이므로, 자의에 의한 중지미수라고는 볼 수 없다(대판 1997.6.13. 97도957).

④ [○] [1] 횡령죄는 소유권 등 본권이 침해될 위험이 있으면 그 침해의 결과가 발생하지 않더라도 성립하는 위험범인데, 여기서 위험범이라는 것은 횡령죄가 개인적 법익침해를 전제로 하는 재산범죄임을 감안할 때 단순히 사회 일반에 대한 막연한 추상적 위험이 발생하는 것만으로는 부족하고 소유자의 본권 침해에 대한 구체적 위험이 발생하는 수준에 이를 것을 요하기 때문에 이러한 단계에 있지 않은 경우에는 횡령죄의 미수범의 책임을 진다.

[2] 피고인이 피해자로부터 위탁받아 식재·관리하여 오던 나무들을 피해자 모르게 제3자에게 매도하는 계약을 체결하고 제3자로부터 계약금을 수령한 상태에서 피해자에게 적발되어 위 계약이 더 이행되지 아니하고 무위로 그친 경우, 피고인의 행위는 횡령기수가 아니라 횡령미수에 해당한다(대판 2012.8.17. 2011도9113).

⑤ [○] [1] 피해자에 대한 폭행·협박을 수단으로 하여 재물을 탈취하고자 하였으나 그 목적을 이루지 못한 자가 강도미수죄로 처벌되는 것과 마찬가지로, 절도미수범인이 폭행·협박을 가한 경우에도 강도미수에 준하여 처벌하는 것이 합리적이라 할 것이다.

[2] 준강도죄의 기수 여부는 절도행위의 기수 여부를 기준으로 하여 판단하여야 한다(대판(전) 2004.11.18. 2004도5074).

정답 ②

37 다음 중 가장 적절한 것은? (다툼이 있는 경우 판례에 의함) [23 경찰채용]

① 甲이 허위 내용의 고소장을 경찰관에게 제출하였다가 그 경찰관으로부터 고소장의 내용만으로는 범죄 혐의가 없는 것이라 하므로 그 고소장을 되돌려 받은 때에는 「형법」제156조에 따른 무고죄의 장애미수에 해당한다.

② 甲이 소송비용을 편취할 의사로 소송비용의 지급을 구하는 손해배상청구의 소를 제기하였다가 담당 판사로부터 소송비용의 확정은 소송비용액 확정절차를 통해 하라는 권유를 받고 위 소를 취하한 때에는 「형법」제347조에 따른 사기죄의 불능미수에 해당한다.

③ 甲이 외국환 수출 신고를 하지 않은 채 일화를 국외로 반출하기 위해, 일화 400만 엔이 든 휴대용 가방을 가지고 보안검색대에 나아가지 않은 채 공항 내에서 탑승을 기다리고 있던 중 체포되었다면 일화 400만 엔 반출에 대해서는 실행의 착수가 있다고 볼 수 없다.

④ 甲이 A의 뒤에 서서 카메라폰으로 치마 속 신체 부위를 일정한 시간 동안 촬영하다가 경찰관에게 발각되어 저장버튼을 누르지 않고 촬영을 종료하였다면 구 「성폭력범죄의 처벌 및 피해자보호 등에 관한 법률」제14조의2 제1항에 따른 카메라 등 이용촬영죄의 장애미수에 해당한다.

해설

① [×] 피고인이 최초에 작성한 허위내용의 고소장을 경찰관에게 제출하였을 때 이미 허위사실의 신고가 수사기관에 도달되어 무고죄의 기수에 이른 것이라 할 것이므로 그 후에 그 고소장을 되돌려 받았다 하더라도 이는 무고죄의 성립에 아무런 영향이 없다(대판 1985.2.8. 84도2215).

② [×] 소송비용을 편취할 의사로 소송비용의 지급을 구하는 손해배상청구의 소를 제기하였다고 하더라도 이는 객관적으로 소송비용의 청구 방법에 관한 법률적 지식을 가진 일반인의 판단으로 보아 결과 발생의 가능성이 없어 위험성이 인정되지 않는다고 할 것이므로, 사기죄의 불능범에 해당한다(대판 2005.12.8. 2005도8105).

③ [○] 외국환거래법 제28조 제1항 제3호에서 규정하는 선고를 하지 아니하거나 허위로 신고하고 지급수단 귀금속 또는 증권을 수출하는 행위는 지급수단 등을 국외로 반출하기 위한 행위에 근접 밀착하는 행위가 행하여진 때에 그 실행의 착수가 있었다고 할 것이므로, 피고인이 일화 500만 ¥은 기탁화물로 부치고, 일화 400만 ¥은 휴대용 가방에 넣어 국외로 반출하려고 하는 경우에, 500만 ¥에 대하여는 기탁화물로 부칠 때 이미 국외로 반출하기 위한 행위에 근접 밀착한 행위가 이루어졌다고 보아 실행의 착수가 있었다고 할 것이지만, 휴대용 가방에 넣어 비행기에 탑승하려고 한 나머지 400만 ¥에 대하여는 휴대용 가방을 보안검색대에 올려놓거나 이를 휴대하고 통과하는 때에 비로소 실행의 착수가 있었다고 볼 것이므로, 피고인이 휴대용 가방을 가지고 보안검색대에 나아가지 않은 채 공항 내에서 탑승을 기다리고 있던 중에 체포되었다면 일화 400만 ¥에 대하여는 실행의 착수가 있었다고 볼 수 없다(대판 2001.7.27. 2000도4298).

④ [×] 피고인이 휴대폰을 이용하여 동영상 촬영을 시작하여 일정한 시간이 경과하였다면 설령 촬영 중 경찰관에게 발각되어 저장 버튼을 누르지 않고 촬영을 종료하였더라도 카메라 등 이용 촬영 범행은 이미 '기수'에 이르렀다고 볼 여지가 매우 크다(대판 2011.6.9. 2010도10677).

정답 ③

제2절 | 중지미수

38 중지미수에 관한 다음 설명 중 가장 옳지 않은 것은? (다툼이 있으면 판례에 의함) [15 법원9급]

① 범죄의 실행행위에 착수하고 그 범죄가 완수되기 전에 자기의 자유로운 의사에 따라 범죄의 실행행위를 중지한 경우 자의에 의한 중지가 일반 사회통념상 장애에 의한 미수라고 보여지는 경우가 아니면 이는 중지미수에 해당한다.

② 피고인이 장롱 안에 있는 옷가지에 불을 놓아 건물을 소훼하려 하였으나 불길이 치솟는 것을 보고 겁이 나서 물을 부어 불을 끈 것이라면, 중지미수에 해당한다.

③ 피고인이 피해자를 강간하려다가 피해자의 다음번에 만나 친해지면 응해 주겠다는 취지의 간곡한 부탁으로 인하여 그 목적을 이루지 못한 후 피해자를 자신의 차에 태워 집에까지 데려다 주었다면, 중지미수에 해당한다.

④ 피고인이 피해자를 살해하려고 그의 목 부위와 왼쪽 가슴 부위를 칼로 수 회 찔렀으나 피해자의 가슴 부위에서 많은 피가 흘러나오는 것을 발견하고 겁을 먹고 그만 두는 바람에 미수에 그친 것이라면, 중지미수에 해당하지 않는다.

해설

① [○] 범죄의 실행행위에 착수하고 그 범죄가 완수되기 전에 자기의 자유로운 의사에 따라 범죄의 실행행위를 중지한 경우 자의에 의한 중지가 일반 사회통념상 장애에 의한 미수라고 보여지는 경우가 아니면 이는 중지미수에 해당한다(대판 2011.11.10. 2011도10539).

② [×] 피고인이 장롱 안에 있는 옷가지에 불을 놓아 건물을 소훼하려 하였으나 불길이 치솟는 것을 보고 겁이 나서 물을 부어 불을 끈 것이라면, 위와 같은 경우 치솟는 불길에 놀라거나 자신의 신체안전에 대한 위해 또는 범행 발각시의 처벌 등에 두려움을 느끼는 것은 일반 사회통념상 범죄를 완수함에 장애가 되는 사정에 해당한다고 보아야 할 것이므로 자의에 의한 중지미수라고는 볼 수 없다(대판 1997.6.13. 97도957).

③ [○] 피고인은 자의로 피해자에 대한 강간행위를 중지한 것이고 피해자의 다음에 만나 친해지면 응해 주겠다는 취지의 간곡한 부탁은 사회통념상 범죄실행에 대한 장애라고 여겨지는 아니하므로 피고인의 행위는 중지미수에 해당한다(대판 1993.10.12. 93도1851).

④ [○] 피고인이 피해자를 살해하려고 그의 목 부위와 왼쪽 가슴 부위를 칼로 수 회 찔렀으나 피해자의 가슴 부위에서 많은 피가 흘러나오는 것을 발견하고 겁을 먹고 그만 두는 바람에 미수에 그친 것이라면, 위와 같은 경우 많은 피가 흘러나오는 것에 놀라거나 두려움을 느끼는 것은 일반 사회통념상 범죄를 완수함에 장애가 되는 사정에 해당한다고 보아야 할 것이므로 이를 자의에 의한 중지미수라고 볼 수 없다(대판 1999.4.13. 99도640).

정답 ②

39 다음 중 중지미수를 인정할 수 있는 경우는? (다툼이 있으면 판례에 의함) [00 사시]

① 피해자를 살해하려고 목부위와 가슴부위를 칼로 찔렀으나 많은 피가 흘러나오자 겁을 먹고 그만 둔 경우
② 피해자의 어린 딸이 옆에서 울고 피해자가 남편이 돌아올 시간이 되었다고 하면서 더구나 임신중이라고 사정하자 강간행위를 그만 둔 경우
③ 강간하려고 폭행했으나 피해자가 수술한 지 얼마 되지 않아 배가 아프다면서 애원하자 강간행위를 그만 둔 경우
④ 장롱 안에 있는 옷가지에 불을 놓아 건물을 소훼하려 했으나 불길이 치솟자 겁이 나서 불을 끈 경우
⑤ 피고인이 피해자를 강간하려고 협박하다가 피해자가 다음번에 만나 친해지면 응해 주겠다는 취지의 간곡한 부탁을 하자 강간행위를 그만 둔 경우

해설

① [×] 범죄의 실행행위에 착수하고 그 범죄가 완수되기 전에 자기의 자유로운 의사에 따라 범죄의 실행행위를 중지한 경우에 그 중지가 일반 사회통념상 범죄를 완수함에 장애가 되는 사정에 의한 것이 아니라면 이는 중지미수에 해당한다고 할 것이지만, 피고인이 피해자를 살해하려고 그의 목 부위와 왼쪽 가슴 부위를 칼로 수 회 찔렀으나 피해자의 가슴 부위에서 많은 피가 흘러나오는 것을 발견하고 겁을 먹고 그만 두는 바람에 미수에 그친 것이라면, 위와 같은 경우 많은 피가 흘러나오는 것에 놀라거나 두려움을 느끼는 것은 일반 사회통념상 범죄를 완수함에 장애가 되는 사정에 해당한다고 보아야 할 것이므로, 이를 자의에 의한 중지미수라고 볼 수 없다(대판 1999.4.13. 99도640).
② [×] 강도가 강간하려고 하였으나 잠자던 피해자의 어린 딸이 잠에서 깨어 우는 바람에 도주하였고, 또 피해자가 시장에 간 남편이 곧 돌아온다고 하면서 임신중이라고 말하자 도주한 경우에는 자의로 강간행위를 중지하였다고 볼 수 없다(대판 1993.4.13. 93도347).
③ [×] 피고인들이 피해자를 강간하려고 하던 중 피해자가 수술한 지 얼마 안되어 배가 아프다면서 애원하는 바람에 그 뜻을 이루지 못하였다면 피고인들이 간음행위를 중단한 것은 피해자를 불쌍히 여겨서가 아니라 피해자의 신체조건상 강간을 하기에 지장이 있다고 본 데 기인한 것이므로 이는 일반의 경험상 강간행위를 수행함에 장애가 되는 외부적 사정에 의하여 범행을 중지한 것에 지나지 않는 것이므로 중지범의 요건인 자의성을 결여하였다(대판 1992.7.28. 92도917).
④ [×] 피고인이 장롱 안에 있는 옷가지에 불을 놓아 건물을 소훼하려 하였으나 불길이 치솟는 것을 보고 겁이 나서 물을 부어 불을 끈 것이라면, 위와 같은 경우 치솟는 불길에 놀라거나 자신의 신체안전에 대한 위해 또는 범행 발각시의 처벌 등에 두려움을 느끼는 것은 일반 사회통념상 범죄를 완수함에 장애가 되는 사정에 해당한다고 보아야 할 것이므로 이를 자의에 의한 중지미수라고는 볼 수 없다(대판 1997.6.13. 97도957).
⑤ [○] 피해자의 다음에 만나 친해지면 응해주겠다는 취지의 간곡한 부탁은 사회통념상 범죄 실행에 대한 장애라고 여겨지지는 아니하므로 피고인의 행위는 중지미수에 해당한다(대판 1993.10.12. 93도1851).

정답 ⑤

40 중지미수의 자의성 판단기준을 '자율적 동기와 타율적 동기'에 근거하여 판단할 때 다음 중 甲에게 자의성이 인정되는 경우만으로 짝지은 것은?

[17 경찰간부]

⊙ 甲이 기밀탐지 임무를 부여받고 대한민국에 입국하여 기밀을 탐지 수집 중 경찰관이 甲의 행적을 탐문하고 갔다는 말을 전해 듣고 지령사항 수행을 보류하고 있던 중 체포되었다.

⊙ 甲은 乙과 함께 丙이 경영하는 사무실의 금품을 절취하기로 공모한 후 甲은 그 부근 포장마차에 있고 乙은 사무실의 열려진 출입문을 통하여 안으로 들어가 물건을 물색하고 있는 동안 甲은 자신의 범행전력 등을 생각하여 가책을 느낀 나머지 丙에게 乙의 침입사실을 알려 丙과 함께 乙을 체포하였다.

⊙ 甲은 乙과 대지를 공유하는 자로서 乙의 승낙을 받지 않고 공유대지를 담보에 제공하고 가등기를 경료하였다가 그 후가등기를 말소하였다.

⊙ 甲은 乙을 폭행한 다음 강간하려고 하다가 乙이 다음번에 만나 친해지면 응해 주겠다는 취지의 간곡한 부탁을 하여 그 목적을 이루지 못한 후, 乙을 자신의 차에 태워 집에 데려다 주었다.

① ⊙, ⊙
② ⊙, ⊙
③ ⊙, ⊙
④ ⊙, ⊙

해설

⊙ [×] 피고인이 기밀탐지임무를 부여받고 대한민국에 입국 기밀을 탐지 수집중 경찰관이 피고인의 행적을 탐문하고 갔다는 말을 전해 듣고 지령사항수행을 보류하고 있던 중 체포되었다면 피고인은 기밀탐지의 기회를 노리다가 검거된 것이므로 이를 중지범으로 볼 수는 없다(대판 1984.9.11. 84도1381).

⊙ [○] 乙이 천광상회의 열려진 출입문을 통하여 안으로 들어가 물건을 물색하고 있는 동안 甲은 자신의 범행전력 등을 생각하여 가책을 느낀 나머지 스스로 결의를 바꾸어 丙에게 乙의 침입사실을 알려 그와 함께 乙을 체포하여서 그 범행을 중지하여 결과발생을 방지하였다는 것이므로 甲의 소위는 중지미수의 요건을 갖추었다고 할 것이다(대판 1986.3.11. 85도2831).

⊙ [×] 타인의 재물을 공유하는 자가 공유자의 승낙을 받지 않고 공유대지를 담보에 제공하고 가등기를 경료한 경우 횡령행위는 기수에 이르고 그 후 가등기를 말소했다고 하여 중지미수에 해당하는 것이 아니다(대판 1978.11.28. 78도2175).

⊙ [○] 피고인은 자의로 피해자에 대한 강간행위를 중지한 것이고 피해자의 다음에 만나 친해지면 응해 주겠다는 취지의 간곡한 부탁은 사회통념상 범죄실행에 대한 장애라고 여겨지는 아니하므로 피고인의 행위는 중지미수에 해당한다(대판 1993.10.12. 93도1851).

정답 ③

41 미수·기수에 대한 설명으로 옳지 않은 것은? (다툼이 있으면 판례에 의함)

[21 국가9급]

① 공동정범 중 1인이 다른 공범의 범행을 중지하게 하지 아니하고 자기만의 범의를 철회, 포기한 경우 중지미수로 인정될 수 없다.

② 불능범과 구별되는 불능미수의 성립요건인 '위험성'은 행위자가 행위 당시에 인식한 사정을 놓고 일반인이 객관적으로 판단하여 결과 발생의 가능성이 있는지 여부를 따져야 한다.

③ 甲이 A에게 위조한 예금통장 사본 등을 보여주면서 외국회사에서 투자금을 받았다고 거짓말하며 자금 대여를 요청한 후 A와 함께 그 입금 여부를 확인하기 위해 은행에 가던 중 범행이 발각될 것이 두려워 은행 입구에서 그 차용을 포기하고 돌아간 경우 사기죄의 장애미수에 해당한다.

④ 甲이 타인의 명의를 빌려 예금계좌를 개설한 후 통장과 도장은 명의인에게 보관시키고 자신은 위 계좌의 현금인출카드를 소지한 채 명의인을 기망하여 위 계좌로 돈을 송금하게 하였지만 그 돈을 인출하지 않고 있던 중 명의인이 이를 인출한 경우, 甲은 사기죄의 장애미수에 해당한다.

① [O] 甲과 乙이 합동하여 A女를 텐트 안으로 끌고 간 후 차례로 성관계를 하기로 하고, 甲이 밖에서 망을 보고 乙이 먼저 강간한 후, 이어 甲이 강간하려 하였으나 A女가 반항을 하며 강간을 하지 말아 달라고 사정을 하여 강간을 하지 않았다고 하더라도, 甲이 다른 공범의 범행을 중지하게 하지 아니한 이상 자기만의 범의를 철회, 포기하여도 중지미수에 해당하지는 않는다고 할 것이다(대판 2005.2.25. 2004도8259).

② [O] 불능범과 구별되는 불능미수의 성립요건인 '위험성'은 행위자가 행위 당시에 인식한 사정을 놓고 일반인이 객관적으로 판단하여 결과 발생의 가능성이 있는지 여부를 따져야 한다(대판(전) 2019.3.28. 2018도16002).

③ [O] 피고인 甲이 A에게 위조한 예금통장 사본 등을 보여주면서 외국회사에서 투자금을 받았다고 거짓말하며 자금 대여를 요청하였으나, A와 함께 그 입금 여부를 확인하기 위해 은행에 가던 중 은행 입구에서 차용을 포기하고 돌아갔다면, 이는 피고인이 범행이 발각될 것이 두려워 범행을 중지한 것으로서 일반 사회통념상 범죄를 완수함에 장애가 되는 사정에 해당하여 자의에 의한 중지미수로 볼 수 없다(대판 2011.11.10. 2011도10539).

④ [×] 피고인 甲이 A의 명의를 빌려 예금계좌를 개설한 후, 통장과 도장은 명의인 A에게 보관시키고 자신은 위 계좌의 현금인출카드를 소지한 채 A를 기망하여 예금계좌로 돈을 송금하게 한 경우, 자신은 언제든지 카드를 이용하여 차명계좌 통장으로부터 금원을 인출할 수 있었고 A를 기망하여 통장으로 돈을 송금받은 이상, 이로써 송금받은 돈을 자신의 지배하에 두게 되어 편취행위는 기수에 이르렀다고 할 것이고, 이후 편취금을 인출하지 않고 있던 중 A가 이를 인출하여 갔다 하더라도 이는 범죄성립 후의 사정일 뿐 사기죄의 성립에 영향이 없다(대판 2003.7.25. 2003도2252).

정답 ④

제3절 | 불능미수

42 다음 설명 중 옳은 것은 모두 몇 개인가? (다툼이 있으면 판례에 의함) [20 경찰간부]

㉠ 주체의 착오로 인해 결과발생이 불가능한 경우에도 불능미수가 성립될 수 있는지에 대해서는 형법상 명문의 규정이 없다.

㉡ 장애미수 또는 중지미수는 범죄의 실행에 착수할 당시 실행행위를 놓고 판단하였을 때 행위자가 의도한 범죄의 기수가 성립할 가능성이 있었으므로 처음부터 기수가 될 가능성이 객관적으로 배제되는 불능미수와 구별된다.

㉢ 임대인과 소액임대차계약을 체결한 임차인이 임차건물에 거주하기는 하였으나 그의 처만이 전입신고를 마친 후에 경매절차에서 배당을 받기 위하여 임대차계약서상의 임차인 명의를 처로 변경하여 경매법원에 배당요구를 한 경우 불능범에 해당한다.

㉣ 피고인이 피해자가 심신상실 또는 항거불능의 상태에 있다고 인식하고 그러한 상태를 이용하여 간음할 의사로 피해자를 간음하였으나 피해자가 실제로는 심신상실 또는 항거불능의 상태에 있지 않은 경우, 준강간죄의 불능미수에 해당한다.

㉤ 일반적으로 공범이 자신의 행위를 중지한 것만으로는 중지미수가 성립하지 않지만, 다른 공범 또는 정범의 행위를 중단시키기 위하거나 결과 발생을 저지하기 위한 진지한 노력이 있었을 경우에는 비록 결과가 발생하였다고 할지라도 그 공범에게는 예외적으로 중지미수가 성립될 수 있다.

① 1개 ② 2개
③ 3개 ④ 4개

해설

⊙ [O] 실행의 수단 또는 대상의 착오로 인하여 결과의 발생이 불가능하더라도 위험성이 있는 때에 불능미수가 성립한다(제27조). 그러나 주체의 착오에 대해서는 형법상 명문의 규정이 없다.

© [O] 장애미수 또는 중지미수는 범죄의 실행에 착수할 당시 실행행위를 놓고 판단하였을 때 행위자가 의도한 범죄의 기수가 성립할 가능성이 있었으므로 처음부터 기수가 될 가능성이 객관적으로 배제되는 불능미수와 구별된다(대판(전) 2019.3.28. 2018도16002).

© [O] 임대인과 소액임대차계약을 체결한 임차인이 임차건물에 거주하기는 하였으나 그의 처만이 전입신고를 마친 후에 경매절차에서 배당을 받기 위하여 임대차계약서상의 임차인 명의를 처로 변경하여 경매법원에 배당요구를 한 경우 불능범에 해당한다(대판 2002.2.8. 2001도6669).

@ [O] 피고인이 피해자가 심신상실 또는 항거불능의 상태에 있다고 인식하고 그러한 상태를 이용하여 간음할 의사로 피해자를 간음하였으나 피해자가 실제로는 심신상실 또는 항거불능의 상태에 있지 않은 경우에는, 실행의 수단 또는 대상의 착오로 인하여 준강간죄에서 규정하고 있는 구성요건적 결과의 발생이 처음부터 불가능하였고 실제로 그러한 결과가 발생하였다고 할 수 없다. 피고인이 준강간의 실행에 착수하였으나 범죄가 기수에 이르지 못하였으므로 준강간죄의 미수범이 성립한다. 피고인이 행위 당시에 인식한 사정을 놓고 일반인이 객관적으로 판단하여 보았을 때 준강간의 결과가 발생할 위험성이 있었으므로 준강간죄의 불능미수가 성립한다(대판(전) 2019.3.28. 2018도16002).

@ [X] 다른 공범 또는 정범의 행위를 중단시키기 위하거나 결과 발생을 저지하기 위한 진지한 노력이 있었을 경우라도 결과가 발생한 이상 중지미수는 성립할 여지가 없다(대판 2005.2.25. 2004도8259).

정답 ④

43 다음 중 불능범에 해당하는 경우는? (판례에 의함)

[11 경찰승진]

① 향정신성의약품인 메스암페타민(속칭 히로뽕) 제조를 위해 그 원료인 염산에페트린 및 수종의 약품을 교반하여 히로뽕 제조를 시도하였으나 그 약품배합 미숙으로 그 완제품을 제조하지 못한 경우

② 소송비용을 편취할 의사로 소송비용의 지급을 구하는 손해배상청구의 소를 제기한 경우

③ 일정량 이상을 먹으면 사람이 죽을 수도 있는 '초우뿌리'나 '부자' 달인 물을 마시게 하여 피해자를 살해하려다 미수에 그친 경우

④ 소매치기가 피해자의 주머니에 손을 넣어 금품을 절취하려 하였으나 그 주머니 속에 금품이 들어있지 않았던 경우

해설

① [X] 불능범은 범죄행위의 성질상 결과발생의 위험이 절대로 불능한 경우를 말하는 것인바 향정신성 의약품인 메스암페타민 속칭 '히로뽕' 제조를 위해 그 원료인 염산에페트린 및 수종의 약품을 교반하여 '히로뽕' 제조를 시도하였으나 그 약품배합 미숙으로 그 완제품을 제조하지 못하였다면 위 소위는 그 성질상 결과발생의 위험성이 있다고 할 것이므로 이를 습관성의약품제조 미수범으로 처단한 것은 정당하다(대판 1985.3.26. 85도206).

② [O] [1] 민사소송법상 소송비용의 청구는 소송비용액 확정절차에 의하도록 규정하고 있으므로 이 절차에 의하지 아니하고 손해배상금 청구의 소 등으로 소송비용의 지급을 구하는 것은 소의 이익이 없는 부적법한 소로서 허용될 수 없다.
[2] 소송비용을 편취할 의사로 소송비용의 지급을 구하는 손해배상청구의 소를 제기하였다고 하더라도 이는 객관적으로 소송비용의 청구방법에 관한 법률적 지식을 가진 일반인의 판단으로 보아 결과 발생의 가능성이 없어 위험성이 인정되지 않으므로 불가벌적 불능범에 해당한다(대판 2005.12.8. 2005도8105).

③ [X] [1] 불능범은 범죄행위의 성질상 결과발생 또는 법익침해의 가능성이 절대로 있을 수 없는 경우를 말한다.
[2] 일정량 이상을 먹으면 사람이 죽을 수도 있는 '초우뿌리'나 '부자' 달인 물을 마시게 하여 피해자를 살해하려다 미수에 그친 행위는 불능범이 아닌 살인미수죄에 해당한다(대판 2007.7.26. 2007도3687).

④ [X] 소매치기가 피해자의 주머니에 손을 넣어 금품을 절취하려 한 경우 비록 그 주머니 속에 금품이 들어있지 않았었다 하더라도 위 소위는 절도라는 결과발생의 위험성을 충분히 내포하고 있으므로 이는 절도미수에 해당한다(대판 1986.11.25. 86도2090).

정답 ②

44 불능미수에 대한 설명 중 가장 적절하지 않은 것은? (다툼이 있으면 판례에 의함) [20 경찰승진]

① 불능미수는 실행의 수단이나 대상의 착오로 처음부터 구성요건이 충족될 가능성이 없는 경우로, 결과적으로 구성요건의 충족은 불가능하지만 그 행위의 위험성이 있으면 불능미수로 처벌한다.

② 불능미수는 행위자가 실제로 존재하지 않는 사실을 존재한다고 오인하였다는 측면에서 존재하는 사실을 인식하지 못한 사실의 착오와 다르다.

③ '결과 발생의 불가능'은 실행의 수단 또는 대상의 원시적 불가능성으로 인하여 범죄가 기수에 이를 수 없는 것을 의미한다고 보아야 한다.

④ 불능범과 구별되는 불능미수의 성립요건인 '위험성'은 행위 당시에 행위자가 인식한 사정과 일반인이 인식할 수 있는 사정을 기초로 일반적 경험법칙에 따라 판단해야 한다.

해설

① [○], ② [○] 형법 제27조에서 규정하고 있는 불능미수는 행위자에게 범죄의사가 있고 실행의 착수라고 볼 수 있는 행위가 있지만 실행의 수단이나 대상의 착오로 처음부터 구성요건이 충족될 가능성이 없는 경우이다. 다만, 결과적으로 구성요건의 충족은 불가능하지만, 그 행위의 위험성이 있으면 불능미수로 처벌한다. 불능미수는 행위자가 실제로 존재하지 않는 사실을 존재한다고 오인하였다는 측면에서 존재하는 사실을 인식하지 못한 사실의 착오와 다르다(대판(전) 2019.3.28. 2018도16002).

③ [○] 형법 제27조에서 정한 '실행의 수단 또는 대상의 착오'는 행위자가 시도한 행위방법 또는 행위객체로는 결과의 발생이 처음부터 불가능하다는 것을 의미한다. 그리고 '결과 발생의 불가능'은 실행의 수단 또는 대상의 원시적 불가능성으로 인하여 범죄가 기수에 이를 수 없는 것을 의미한다고 보아야 한다(대판(전) 2019.3.28. 2018도16002).

④ [×] 불능범과 구별되는 불능미수의 성립요건인 '위험성'은 피고인이 행위 당시에 인식한 사정을 놓고 일반인이 객관적으로 판단하여 결과 발생의 가능성이 있는지 여부를 따져야 한다(대판(전) 2019.3.28. 2018도16002).

정답 ④

45 미수 및 예비죄에 관한 설명 중 옳지 않은 것을 모두 고른 것은? (다툼이 있으면 판례에 의함) [21 변호사]

㉠ 중지범은 범죄의 실행에 착수한 후 자의로 그 행위를 중지한 때를 말하는 것이므로 실행의 착수가 있기 전인 예비의 중지범은 인정할 수 없다.

㉡ 공동정범 중 1인의 자의에 의한 실행중지만으로는 그의 중지미수를 인정할 수 없으며, 공동정범 전원의 실행행위를 중지시키거나 모든 결과발생을 완전히 방지한 때 공동정범 전체의 중지미수가 인정된다.

㉢ 정범이 예비단계에 그친 경우, 이를 방조한 자도 예비죄의 종범으로 처벌된다.

㉣ 살인예비죄가 성립하기 위하여 살인죄를 범할 목적 이외에 살인의 준비에 관한 고의가 있어야 하는 것은 아니다.

㉤ 가벌적 불능미수와 불가벌적 불능범의 구별 기준인 '위험성'은 행위 당시에 행위자가 인식한 사정 및 일반인이 인식할 수 있었던 사정을 기초로 일반적 경험법칙에 따라 사후 판단한다.

① ㉠, ㉡, ㉢　　　　　　　　　　② ㉠, ㉢, ㉣

③ ㉡, ㉢, ㉣　　　　　　　　　　④ ㉡, ㉣, ㉤

⑤ ㉡, ㉢, ㉣, ㉤

해설

① [O] 중지범은 범죄의 실행에 착수한 후 자의로 그 행위를 중지한 때를 말하는 것이므로 실행의 착수가 있기 전인 예비의 중지범은 인정할 수 없다(대판 1999.4.9. 99도424).

① [×] 공동정범 중 1인의 자의에 의한 실행중지만으로는 그의 중지미수를 인정할 수 없으며, 공동정범 전원의 실행행위를 중지시키거나 모든 결과발생을 완전히 방지한 때에는 공동정범 중 중지시키거나 결과발생을 방지한 자는 중지미수가 되지만, 나머지는 장애미수가 된다(대판 1986.3.11. 85도2831).

© [×] 정범이 실행의 착수에 이르지 아니한 예비의 단계에 그친 경우에는 이에 가공하는 행위가 예비의 공동정범이 되는 경우를 제외하고는 이를 종범으로 처벌할 수 없다(대판 1976.5.25. 75도1549).

@ [×] 살인예비죄가 성립하기 위하여는 살인죄를 범할 목적 외에도 살인의 준비에 관한 고의가 있어야 하며, 나아가 실행의 착수까지에는 이르지 아니하는 살인죄의 실현을 위한 준비행위가 있어야 한다(대판 2009.10.29. 2009도7150).

® [×] 불능범과 구별되는 불능미수의 성립요건인 '위험성'은 피고인이 행위 당시에 인식한 사정을 놓고 일반인이 객관적으로 판단하여 결과 발생의 가능성이 있는지 여부를 따져야 한다(대판(전) 2019.3.28. 2018도16002).

정답 ⑤

46 미수와 예비에 대한 설명으로 가장 적절한 것은? (다툼이 있으면 판례에 의함) [21 경찰채용]

① 불능미수와 장애미수는 모두 형을 감경 또는 면제할 수 있다.

② 범행이 발각될 것이 두려워 범행을 중지한 경우, 자의에 의한 중지미수로 볼 수 없다.

③ 소송비용을 편취할 의사로 소송비용의 지급을 구하는 손해배상청구의 소를 제기한 경우, 이는 객관적으로 소송비용의 청구방법에 관한 법률적 지식을 가진 일반인의 판단으로 보아 결과 발생의 가능성이 있어 위험성이 인정되므로 사기죄의 불능미수로 볼 수 있다.

④ 예비행위를 자의로 중지한 경우 중지미수의 규정을 준용하여 형을 감경 또는 면제한다.

해설

① [×] 불능미수는 형을 감경 또는 면제할 수 있다(제27조). 장애미수는 형을 감경할 수 있다(제25조).

② [O] 판례는 범행이 발각될 것이 두려워 범행을 중지한 경우, 자의에 의한 중지미수로 볼 수 없다는 입장이다(대판 1985.11.12. 85도2002).

③ [×] [1] 민사소송법상 소송비용의 청구는 소송비용액 확정절차에 의하도록 규정하고 있으므로 이 절차에 의하지 아니하고 손해배상금 청구의 소 등으로 소송비용의 지급을 구하는 것은 소의 이익이 없는 부적법한 소로서 허용될 수 없다.
[2] 소송비용을 편취할 의사로 소송비용의 지급을 구하는 손해배상청구의 소를 제기하였다고 하더라도 이는 객관적으로 소송비용의 청구방법에 관한 법률적 지식을 가진 일반인의 판단으로 보아 결과 발생의 가능성이 없어 위험성이 인정되지 않으므로 불가벌적 불능범에 해당한다(대판 2005.12.8. 2005도8105).

④ [×] 중지범은 범죄의 실행에 착수한 후 자의로 그 행위를 중지한 때를 말하는 것이고 실행의 착수가 있기 전인 예비음모의 행위를 처벌하는 경우에 있어서 중지범의 관념은 이를 인정할 수 없다(대판 1999.4.9. 99도424).

정답 ②

제4절 ㅣ 예비 · 음모

47 「형법」상 예비죄에 대한 설명 중 옳지 않은 것만을 모두 고른 것은? (다툼이 있는 경우 판례에 의함)

[22 경찰간부]

> 가. 형법각칙의 예비죄를 처단하는 규정을 바로 독립된 구성요건 개념에 포함시킬 수는 없다고 하는 것이 죄형법정주의에 부합한다.
>
> 나. 예비와 미수는 각각 형법각칙에 처벌규정이 있는 경우에만 처벌할 수 있지만 구체적인 법정형까지 규정될 필요는 없다.
>
> 다. 예비죄를 처벌하는 범죄의 예비단계에서 자의로 중지를 하였다면, 예비죄의 중지미수가 성립한다.
>
> 라. 살인예비죄가 성립하기 위하여는 살인죄를 범할 목적이 있어야 할 뿐만 아니라 살인의 준비에 관한 고의도 있어야 한다.
>
> 마. 정범의 실행 착수 전에 장래의 실행행위를 예상하고 이를 용이하게 하는 행위를 하여 방조한 경우, 정범이 실행의 착수에 이르지 못했다면 방조자는 종범이 성립되지 않지만 정범이 그 실행행위로 나아갔다면 종범이 성립한다.

① 가, 나

② 나, 다

③ 가, 다, 마

④ 다, 라, 마

해설

▶ 나, 다. 2개가 옳지 않다.

가. [O] 형법각칙의 예비죄를 처단하는 규정을 바로 독립된 구성요건개념에 포함시킬 수는 없다고 하는 것이 죄형법정주의의 원칙에도 합당하는 해석이라 할 것이다(대판 1976.5.25. 75도1549).

나. [×] 형법 제28조에 의하면 범죄의 음모 또는 예비행위가 실행의 착수에 이르지 아니한 때에는 법률에 특별한 규정이 없는 한 처벌하지 아니한다고 규정하고 있어 범죄의 음모 또는 예비는 원칙으로 벌하지 아니하되 예외적으로 법률에 특별한 규정이 있을때 다시 말하면 음모 또는 예비를 처벌한다는 취지와 그 형을 함께 규정하고 있을 때에 한하여 이를 처벌할 수 있다(대판 1977.6.28. 77도251).

다. [×] 중지범은 범죄의 실행에 착수한 후 자의로 그 행위를 중지한 때를 말하는 것이고 실행의 착수가 있기 전인 예비·음모의 행위를 처벌하는 경우에 있어서 중지범의 관념은 이를 인정할 수 없다(대판 1999.4.9. 99도424).

라. [O] (요약: 살인예비죄의 경우 살인의 목적 이외에 살인의 준비에 관한 고의를 요한다) 형법 제255조, 제250조의 살인예비죄가 성립하기 위하여는 형법 제255조에서 명문으로 요구하는 살인죄를 범할 목적 외에도 살인의 준비에 관한 고의가 있어야 한다(대판 2009.10.29. 2009도7150).

마. [O] 종범은 정범의 실행행위 중에 이를 방조하는 경우는 물론이고 실행의 착수 전에 장래의 실행행위를 예상하고 이를 용이하게 하는 행위를 하여 방조한 경우에도 정범이 그 실행행위에 나아갔다면 성립한다(대판(전) 1997.4.17. 96도3377; 동지 대판 2007.12.14. 2005도872).

정답 ②

48 예비와 미수에 관한 설명으로 옳은 것은 모두 몇 개인가? (다툼이 있는 경우 판례에 의함) [22 경찰채용]

> ⊙ 미수범이란 행위를 종료했더라도 결과가 발생하지 아니한 경우를 말하는 것이므로 결과가 발생한 경우에는 미수범이 성립할 여지가 없다.
>
> ⓛ 강도치상죄와는 달리 강도상해죄는 강도가 미수에 그쳤다면 상해가 발생하였어도 강도상해죄의 미수에 해당한다.
>
> ⓒ 대법원은 예비죄의 실행행위성을 긍정하는 입장에 서 있으므로 예비죄의 공동정범뿐만 아니라 예비죄에 대한 종범의 성립도 긍정한다.
>
> ② 저작권 침해 게시물을 인터넷 웹사이트 서버 등에 업로드 하여 공중의 구성원이 개별적으로 선택한 시간과 장소에서 접근할 수 있도록 이용에 제공하였더라도 공중에게 침해 게시물을 실제로 송신하지 않았다면 저작권법상 공중송신권 침해는 기수에 이르지 않는다.
>
> ⓜ 교사를 받은 자가 범죄의 실행 자체를 승낙하지 아니하거나 실행을 승낙하고 실행의 착수에 이르지 않은 경우, 교사자는 예비·음모에 준하여 처벌된다.

① 1개 ② 2개

③ 3개 ④ 4개

해설

⊙ [×] 미수범은 원칙적으로 범죄가 미완성이어야 한다. 다만, 결과가 발생한 때에도 인과관계나 객관적 귀속이 부정되면 미수가 된다.

ⓛ [×] 강도상해죄의 기수·미수는 상해의 기수·미수에 따라 결정되며, 강도의 기수·미수와는 무관하다. 강도치상죄는 상해의 결과가 발생한 때 기수가 된다. 강도의 기수·미수는 불문한다.

관련판례 피고인이 절취품을 물색중 피해자가 잠에서 깨어나 "도둑이야"고 고함치자 체포를 면탈할 목적으로 그녀에게 이불을 덮어 씌우고 입과 목을 졸라 상해를 입혔다면 절도의 목적달성여부에 관계없이 강도상해죄가 성립한다(대판 1985.5.28. 85도682).

ⓒ [×] 형법 제32조 제1항 소정 타인의 범죄란 정범이 범죄의 실현에 착수한 경우를 말하는 것이므로 종범이 처벌되기 위하여는 정범의 실행의 착수가 있는 경우에만 가능하고 형법 전체의 정신에 비추어 정범이 실행의 착수에 이르지 아니한 예비의 단계에 그친 경우에는 이에 가공하는 행위가 예비의 공동정범이 되는 경우를 제외하고는 종범의 성립을 부정하고 있다고 보는 것이 타당하다(대판 1976.5.25. 75도1549; 동지 대판 1979.5.22. 79도522).

② [×] 정범이 침해 게시물을 인터넷 웹사이트 서버 등에 업로드하여 공중의 구성원이 개별적으로 선택한 시간과 장소에서 접근할 수 있도록 이용에 제공하면, 공중에게 침해 게시물을 실제로 송신하지 않더라도 공중송신권 침해는 기수에 이른다. 그런데 정범이 침해 게시물을 서버에서 삭제하는 등으로 게시를 철회하지 않으면 이를 공중의 구성원이 개별적으로 선택한 시간과 장소에서 접근할 수 있도록 이용에 제공하는 가벌적인 위법행위가 계속 반복되고 있어 공중송신권 침해의 범죄행위가 종료되지 않았으므로, 그러한 정범의 범죄행위는 방조의 대상이 될 수 있다(대판(전) 2021.9.9. 2017도19025).

ⓜ [○] 피교사자가 승낙하지 않거나 이미 결의하고 있는 때는 실패한 교사로서 교사자만을 예비·음모에 준하여 처벌한다(제31조 제3항). 반면, 피교사자가 승낙하고 예비에 그친 경우 또는 실행에 착수하지 않은 경우에는 효과 없는 교사로서 교사자·피교사자를 모두 예비·음모에 준하여 처벌한다(제31조 제2항). 실패한 교사와 효과 없는 교사를 합쳐 기도된 교사라 한다.

정답 ①

49 다음 중 형법상 예비행위가 처벌되지 않는 범죄는? [10 경찰승진]

① 도주원조죄   ② 영아살해죄
③ 간첩죄   ④ 통화위조죄

해설

> [1] ② 영아살해죄의 예비·음모는 처벌규정이 없으므로 처벌되지 아니한다.
> [2] ① 도주원조죄-제150조, ③ 간첩죄-제101조, ④ 통화위조죄-제213조는 예비·음모가 처벌된다.

정답 ②

50 다음 중 형법상 예비·음모를 처벌하는 범죄로만 조합된 것은? [11 경찰간부]

① 도주원조죄, 간수자도주원조죄   ② 폭발물사용죄, 특수도주죄
③ 체포·감금죄, 외국에 대한 사전죄   ④ 간첩죄, 무고죄

해설

> ① [○] 도주원조죄, 간수자도주원조죄의 예비·음모는 모두 처벌한다(제150조).
> ② [×] 폭발물사용죄의 예비·음모는 처벌하지만(제120조), 특수도주죄의 예비·음모는 처벌하지 아니한다.
> ③ [×] 외국에 대한 사전죄의 예비·음모는 처벌하지만(제111조), 체포·감금죄의 예비·음모는 처벌하지 아니한다.
> ④ [×] 간첩죄의 예비·음모는 처벌하지만(제101조), 무고죄의 예비·음모는 처벌하지 아니한다.

정답 ①

51 다음 중 형법상 예비·음모를 처벌하지 않는 범죄는 모두 몇 개인가? [10 경찰승진]

㉠ 유가증권위조죄	㉡ 허위유가증권작성죄
㉢ 자격모용에 의한 유가증권작성죄	㉣ 인지·우표변조죄

① 1개   ② 2개
③ 3개   ④ 4개

해설

> [1] ㉡ 허위유가증권작성죄의 예비·음모는 처벌하지 아니한다.
> [2] ㉠ 유가증권위조죄, ㉢ 자격모용에 의한 유가증권작성죄, ㉣ 인지·우표변조죄의 예비·음모는 처벌한다(제224조).

정답 ①

52 형법상 예비·음모의 처벌규정이 없는 것을 모두 고른 것은?

[17 경찰승진]

㉠ 영아살해죄	㉡ 미성년자약취·유인죄
㉢ 통화유사물제조죄	㉣ 도주원조죄
㉤ 허위유가증권작성죄	㉥ 수도불통죄
㉦ 폭발물사용죄	㉧ 일반교통방해죄

① ㉠, ㉡, ㉤, ㉥

② ㉠, ㉢, ㉤, ㉧

③ ㉢, ㉣, ㉥, ㉧

④ ㉣, ㉤, ㉥, ㉦

해설

[1] ㉠ 영아살해죄, ㉢ 통화유사물제조죄, ㉤ 허위유가증권작성죄, ㉧ 일반교통방해죄의 예비·음모는 처벌규정이 없다.
[2] ㉡ 미성년자약취·유인죄-제296조, ㉣ 도주원조죄-제150조, ㉥ 수도불통죄-제197조, ㉦ 폭발물사용죄-제120조 제1항의 예비·음모는 처벌규정이 있다.

정답 ②

53 다음 중 예비죄 처벌규정이 있는 것은 모두 몇 개인가?

[12 경찰채용]

㉠ 도주원조죄	㉡ 현주건조물방화죄
㉢ 유가증권위조죄	㉣ 소인말소죄
㉤ 수도불통죄	㉥ 촉탁승낙살인죄

① 2개

② 3개

③ 4개

④ 5개

해설

㉠ 도주원조죄-제150조, ㉡ 현주건조물방화죄-제175조, ㉢ 유가증권위조죄-제224조, ㉤ 수도불통죄-제197조의 예비죄는 처벌규정이 있다.

정답 ③

54 음모 또는 예비에 관한 설명으로 옳지 않은 것은 몇 개인가? (다툼이 있으면 판례에 의함) [14 법원9급]

> ㉠ 일본으로 밀항하고자 甲에게 도항비로 일화 100만 엔을 주기로 약속한 바 있었으나 그 후 이 밀항을 포기하였다면 이는 밀항의 예비이다.
> ㉡ 예비죄도 각칙에 규정되어 있어 실행행위성을 인정할 수 있으므로, 예비에 대한 방조도 가능하다.
> ㉢ 범죄의 음모 또는 예비행위가 실행의 착수에 이르지 아니한 때에는 법률에 특별한 규정이 없는 한 벌하지 아니한다.
> ㉣ 예비죄는 단순한 고의뿐만 아니라 기본범죄를 범할 목적이 있을 것을 요하는 목적범이다.
> ㉤ 예비의 공동정범은 성립 가능하다.
> ㉥ 음모·예비죄의 중지미수는 불가능하므로 형법 제26조(중지미수 규정)에 따라 형을 감면할 수 없다.

① 1개   ② 2개
③ 3개   ④ 4개

해설

㉠ [×] 일본으로 밀항하고자 도항비로 일화 100만엔을 주기로 약속한 바 있었으나 그 후 이 밀항을 포기하였다면 이는 밀항의 음모에 지나지 않는 것으로 밀항의 예비 정도에는 이르지 아니한 것이다(대판 1986.6.24. 86도437).

㉡ [×] 정범이 실행의 착수에 이르지 아니한 예비단계에 그친 경우에는 이에 가공한다 하더라도 예비의 공동정범이 되는 때를 제외하고는 <u>종범으로 처벌할 수 없다</u>(대판 1976.5.25. 75도1549).

㉢ [○] 범죄의 음모 또는 예비행위가 실행의 착수에 이르지 아니한 때에는 법률에 특별한 규정이 없는 한 벌하지 아니한다(제28조).

㉣ [○] 살인예비죄가 성립하기 위하여는 형법 제255조에서 명문으로 요구하는 살인죄를 범할 목적 외에도 살인의 준비에 관한 고의가 있어야 한다(대판 2009.10.29. 2009도7150).

㉤ [○] 종범이 처벌되기 위하여는 정범의 실행의 착수가 있는 경우에만 가능하고 정범이 실행의 착수에 이르지 아니한 예비의 단계에 그친 경우에는 이에 가공하는 행위가 예비의 공동정범이 되는 경우를 제외하고는 이를 종범으로 처벌할 수 없다(대판 1976.5.25. 75도1549).

㉥ [○] 중지범은 범죄의 실행에 착수한 후 자의로 그 행위를 중지한 때를 말하는 것이고, 실행의 착수가 있기 전인 예비음모의 행위를 처벌하는 경우에 있어서 중지범의 관념은 인정할 수 없다(대판 1999.4.9. 99도424).

정답 ②

55 예비·음모죄에 대한 설명으로 가장 적절하지 않은 것은? (다툼이 있으면 판례에 의함) [21 경찰승진]

① 예비행위를 자의로 중지한 경우 중지미수에 관한 「형법」 제26조가 준용된다.
② 「형법」 제28조는 예비죄의 처벌이 가져올 범죄의 구성요건을 부당하게 유추 내지 확장해석하는 것을 금지하고 있기 때문에 형법각칙의 예비죄를 처단하는 규정을 바로 독립된 구성요건 개념에 포함시킬 수는 없다.
③ 판례는 예비죄의 공동정범 성립이 가능하다는 입장이다.
④ 내란음모죄에 해당하는 합의가 있다고 하기 위해서는 단순히 내란에 관한 범죄결심을 외부에 표시·전달하는 것만으로는 부족하고 객관적으로 내란범죄의 실행을 위한 합의라는 것이 명백히 인정되고, 그러한 합의에 실질적인 위험성이 인정되어야 한다.

해설

① [×] 중지범은 범죄의 실행에 착수한 후 자의로 그 행위를 중지한 때를 말하는 것이고, 실행의 착수가 있기 전인 예비음모의 행위를 처벌하는 경우에 있어서 중지범의 관념은 인정할 수 없다(대판 1999.4.9. 99도424).

② [○] 형법각칙의 예비죄를 처단하는 규정을 바로 독립된 구성요건개념에 포함시킬 수는 없다고 하는 것이 죄형법정주의의 원칙에도 합당하는 해석이라 할 것이다(대판 1976.5.25. 75도1549).

③ [○] 종범이 처벌되기 위하여는 정범의 실행의 착수가 있는 경우에만 가능하고 정범이 실행의 착수에 이르지 아니한 예비의 단계에 그친 경우에는 이에 가공하는 행위가 예비의 공동정범이 되는 경우를 제외하고는 이를 종범으로 처벌할 수 없다(대판 1976.5.25. 75도1549).

④ [○] 내란음모죄에 해당하는 합의가 있다고 하기 위해서는 단순히 내란에 관한 범죄결심을 외부에 표시·전달하는 것만으로는 부족하고 객관적으로 내란죄의 실행을 위한 합의라는 것이 명백히 인정되고, 그러한 합의에 실질적인 위험성이 인정되어야 한다(대판(전) 2015.1.22. 2014도10978).

정답 ①

56 예비죄에 대한 설명으로 옳은 것은? (다툼이 있으면 판례에 의함) [20 국가7급]

① 甲이 절도 범행이 발각되었을 경우 체포를 면탈하는 데 도움이 될 수 있을 것이라는 정도의 생각에서 등산용 칼을 휴대하고 있던 중에 붙잡힌 경우, 甲에게 강도예비죄가 성립한다.

② 甲은 강도를 하려고 흉기를 구하던 乙에게 자신이 가지고 있던 전자충격기를 건네주었는데 乙이 실행행위로 나아가지 않은 경우, 甲에게 乙의 강도예비죄에 대한 방조범이 성립한다.

③ 甲이 자신을 배신한 A를 살해하려고 사냥용 총을 구입한 직후 스스로 후회하고 총을 폐기한 경우, 甲에게 살인죄의 중지미수 규정이 준용될 수 있다.

④ 甲이 A를 살해하기 위하여 乙, 丙 등을 고용하면서 그들에게 대가의 지급을 약속한 경우, 甲에게는 살인예비죄가 성립한다.

해설

① [×] [1] 강도예비·음모죄가 성립하기 위해서는 예비·음모 행위자에게 미필적으로라도 '강도'를 할 목적이 있음이 인정되어야 하고 그에 이르지 않고 단순히 '준강도'할 목적이 있음에 그치는 경우에는 강도예비·음모죄로 처벌할 수 없다.
[2] 피고인이 휴대 중이던 등산용 칼을 뜻하지 않게 절도 범행이 발각되었을 경우 체포를 면탈하는데 도움이 될 수 있을 것이라는 정도의 생각에서 더 나아가, 타인으로부터 물건을 강취하는 데 사용하겠다는 생각으로 준비하였다고 단정하기는 어렵고, 이와 같이 피고인에게 준강도할 목적이 인정되는 정도에 그치는 이상 피고인에게 강도할 목적이 있었다고 볼 수 없으므로 강도예비죄의 죄책을 인정할 수는 없다(대판 2006.9.14. 2004도6432).

② [×] 종범이 처벌되기 위하여는 정범의 실행의 착수가 있는 경우에만 가능하고 정범이 실행의 착수에 이르지 아니한 예비의 단계에 그친 경우에는 이에 가공하는 행위가 예비의 공동정범이 되는 경우를 제외하고는 이를 종범으로 처벌할 수 없다(대판 1976.5.25. 75도1549).
▶ 판례에 의하면 甲에게 乙의 강도예비죄에 대한 방조범이 성립하지 아니한다.

③ [×] 중지범은 범죄의 실행에 착수한 후 자의로 그 행위를 중지한 때를 말하는 것이고 실행의 착수가 있기 전인 예비음모의 행위를 처벌하는 경우에 있어서 중지범의 관념은 이를 인정할 수 없다(대판 1999.4.9. 99도424).

④ [○] 甲이 A를 살해하기 위하여 乙, 丙 등을 고용하면서 그들에게 대가의 지급을 약속한 경우, 甲에게는 살인죄를 범할 목적 및 살인의 준비에 관한 고의뿐만 아니라 살인죄의 실현을 위한 준비행위를 하였음을 인정할 수 있으므로, 甲에게는 살인예비죄가 성립한다(대판 2009.10.29. 2009도7150).

정답 ④

57 예비죄에 대한 설명으로 가장 적절한 것은? (다툼이 있으면 판례에 의함) [18 경찰승진]

① 예비음모의 행위를 처벌하는 경우에 있어서 중지범의 관념을 인정할 수 있다.

② 甲이 행사할 목적으로 미리 준비한 물건들과 옵세트인쇄기를 사용하여 한국은행권 100원권을 사진찍어 그 필름원판 7매와 이를 확대하여 현상한 인화지 7매를 만들었다면 통화위조의 착수에 이른 것이다.

③ 살인예비죄가 성립하기 위해서는 살인죄를 범할 목적 외에 살인의 준비에 관한 고의가 있어야 하고, 실행의 착수에 이르지 아니하는 살인죄 실현을 위한 준비행위가 있어야 하는데, 여기서의 준비행위는 단순한 범행의 의사 또는 계획만으로 족하다.

④ 절도를 준비하면서 뜻하지 않게 절도 범행이 발각될 경우에 대비하여 체포를 면탈할 목적으로 칼을 휴대하고 있었더라도 강도예비죄가 성립하지 않는다.

해설

① [×] 중지범은 범죄의 실행에 착수한 후 자의로 그 행위를 중지한 때를 말하는 것이고, 실행의 착수가 있기 전인 예비음모의 행위를 처벌하는 경우에 있어서 중지범의 관념은 인정할 수 없다(대판 1999.4.9. 99도424).

② [×] 피고인이 미리 준비한 물건들과 옵셋트 인쇄기를 사용하여, 한국은행권 100원권을 사진찍어 그 필림원판 7매와 이를 확대하여 현상한 인화지 7매를 만들었음에 그쳤다면 아직 통화위조의 착수에는 이르지 아니하였고 그 예비단계에 불과하다(대판 1966.12.6. 66도1317).

③ [×] 살인예비죄가 성립하기 위하여는 살인죄를 범할 목적 외에도 살인의 준비에 관한 고의가 있어야 하며, 나아가 실행의 착수까지에는 이르지 아니하는 살인죄의 실현을 위한 준비행위가 있어야 한다. 여기서의 준비행위는 물적인 것에 한정되지 아니하며 특별한 정형이 있는 것도 아니지만, 단순히 범행의 의사 또는 계획만으로는 그것이 있다고 할 수 없고 객관적으로 보아서 살인죄의 실현에 실질적으로 기여할 수 있는 외적 행위를 필요로 한다(대판 2009.10.29. 2009도7150).

④ [○] 강도예비·음모죄가 성립하기 위해서는 예비·음모 행위자에게 미필적으로라도 '강도'를 할 목적이 있음이 인정되어야 하고 그에 이르지 않고 단순히 '준강도'할 목적이 있음에 그치는 경우에는 강도예비·음모죄로 처벌할 수 없다(대판 2006.9.14. 2004도6432).

정답 ④

---

58 예비·음모와 미수에 관한 설명 중 옳은 것을 모두 고른 것은? (다툼이 있는 경우 판례에 의함) [24 변호사]

ㄱ. 甲이 乙의 강도예비죄의 범행에 방조의 형태로 가담한 경우 甲을 강도예비죄의 방조범으로 처벌할 수 없다.

ㄴ. 「형법」상 음모죄의 성립을 위한 범죄실행의 합의가 있다고 하기 위하여는 단순히 범죄결심을 외부에 표시·전달하는 것만으로는 부족하고, 객관적으로 보아 특정한 범죄의 실행을 위한 준비행위라는 것이 명백히 인식되고, 그 합의에 실질적인 위험성이 인정되어야 한다.

ㄷ. 중지미수의 경우에는 법정형의 상한과 하한 모두를 2분의 1로 감경하는 반면, 장애미수의 경우에는 법익침해의 위험 발생 정도에 따라 법정형에 대한 감경을 하지 않거나 법정형의 하한만 2분의 1로 감경할 수 있다.

ㄹ. 실행의 착수가 있기 전인 예비나 음모의 행위를 처벌하는 경우 중지미수범의 관념을 인정할 수 없으므로, 예비단계에서 범행을 중지하더라도 중지미수범의 규정이 적용될 수 없다.

ㅁ. 甲이 피해자가 심신상실 또는 항거불능의 상태에 있다고 인식하고 그러한 상태를 이용하여 간음할 의사로 피해자를 간음하였으나 실행의 착수 당시부터 피해자가 실제로는 심신상실 또는 항거불능의 상태에 있지 않은 경우 甲이 행위 당시에 인식한 사정을 놓고 일반인이 객관적으로 판단하여 보았을 때 준강간의 결과가 발생할 위험성이 있었다면 준강간죄의 불능미수가 성립한다.

① ㄱ, ㄴ, ㄷ
② ㄱ, ㄴ, ㄹ
③ ㄴ, ㄷ, ㅁ
④ ㄱ, ㄴ, ㄹ, ㅁ
⑤ ㄱ, ㄷ, ㄹ, ㅁ

ㄱ. [○] 형법 제32조 제1항 소정 타인의 범죄란 정범이 범죄의 실현에 착수한 경우를 말하는 것이므로 종범이 처벌되기 위하여는 정범의 실행의 착수가 있는 경우에만 가능하고 형법 전체의 정신에 비추어 정범이 실행의 착수에 이르지 아니한 예비의 단계에 그친 경우에는 이에 가공하는 행위가 예비의 공동정범이 되는 경우를 제외하고는 종범의 성립을 부정하고 있다고 보는 것이 타당하다(대판 1976.5.25. 75도1549; 동지 대판 1979.5.22. 79도522).

ㄴ. [○] 형법상 음모죄가 성립하는 경우의 음모란 2인 이상의 자 사이에 성립한 범죄실행의 합의를 말하는 것으로, 범죄실행의 합의가 있다고 하기 위하여는 범죄결심을 외부에 표시·전달하는 것만으로는 부족하고, 객관적으로 특정한 범죄의 실행을 위한 준비행위라는 것이 명백히 인식되고, 합의에 실질적인 위험성이 인정될 때에 음모죄가 성립한다(대판 1999.11.12. 99도3801).

ㄷ. [×] 필요적 감경의 경우에는 감경사유의 존재가 인정되면 반드시 형법 제55조 제1항에 따른 법률상 감경을 하여야 함에 반해, 임의적 감경의 경우에는 감경사유의 존재가 인정되더라도 법관이 형법 제55조 제1항에 따른 법률상 감경을 할 수도 있고 하지 않을 수도 있다. 나아가 임의적 감경사유의 존재가 인정되고 법관이 그에 따라 징역형에 대해 법률상 감경을 하는 이상 형법 제55조 제1항 제3호에 따라 상한과 하한을 모두 2분의 1로 감경한다(대판(전) 2021.1.21. 2018도5475).

ㄹ. [○] 중지범은 범죄의 실행에 착수한 후 자의로 행위를 중지한 때를 말하는 것이고, 실행의 착수가 있기 전인 예비·음모의 행위를 처벌하는 경우에 있어서는 중지범의 관념은 인정할 수 없는 것이다(대판 1999.4.9. 99도424).

ㅁ. [○] 피고인이 피해자가 심신상실 또는 항거불능의 상태에 있다고 인식하고 그러한 상태를 이용하여 간음할 의사로 피해자를 간음하였으나 피해자가 실제로는 심신상실 또는 항거불능의 상태에 있지 않은 경우에는, 실행의 수단 또는 대상의 착오로 인하여 준강간죄에서 규정하고 있는 구성요건적 결과의 발생이 처음부터 불가능하였고 실제로 그러한 결과가 발생하였다고 할 수 없다. 피고인이 준강간의 실행에 착수하였으나 범죄가 기수에 이르지 못하였으므로 준강간죄의 미수범이 성립한다. 피고인이 행위 당시에 인식한 사정을 놓고 일반인이 객관적으로 판단하여 보았을 때 준강간의 결과가 발생할 위험성이 있었으므로 준강간죄의 불능미수가 성립한다(대판(전) 2019.3.28. 2018도16002).

정답 ④

제5절 | 미수론 종합

59 다음 중 틀린 것은 모두 몇 개인가? (다툼이 있으면 판례에 의함)　　　　[12 경찰채용]

> ㉠ 중지미수란 범죄의 실행에 착수한 자가 그 범죄가 기수에 이르기 전에 자의로 범행을 중지하거나 범행으로 인한 결과의 발생을 방지한 경우를 말한다.
> ㉡ 부동산에 대한 공갈죄는 그 부동산에 관하여 소유권이전등기에 필요한 서류를 교부받은 때에 기수가 된다.
> ㉢ 야간에 강간을 목적으로 침입한 후, 자고 있는 피해자의 가슴과 엉덩이를 만지면서 강간하려고 하였으나 피해자가 비명을 지르는 바람에 도망한 경우라면 강간죄의 장애미수에 해당한다.

① 0개　　　　　　　　　　② 1개
③ 2개　　　　　　　　　　④ 3개

㉠ [○] 제26조.

㉡ [×] 부동산에 대한 공갈죄는 그 부동산에 관하여 소유권이전등기를 경료받거나 또는 인도를 받은 때에 기수로 되는 것이고, 소유권이전등기에 필요한 서류를 교부받은 때에 기수로 되어 그 범행이 완료되는 것은 아니다(대판 1992.9.14. 92도1506).

㉢ [×] 피고인이 강간할 목적으로 피해자의 집에 침입하였다 하더라도 안방에 들어가 누워 자고 있는 피해자의 가슴과 엉덩이를 만지면서 간음을 기도하였다는 사실만으로는 강간의 수단으로 피해자에게 폭행이나 협박을 개시하였다고 하기는 어렵다(대판 1990.5.25. 90도607).

정답 ③

60 다음 중 甲의 행위와 미수(불가벌적 불능범 포함)의 연결이 바르게 된 것을 모두 고른 것은? (다툼이 있으면 판례에 의함)

[21 경찰승진]

> ㉠ 소송비용을 편취할 의사로 「민사소송법」상 소송비용의 지급을 구하는 손해배상청구의 소를 제기한 甲의 행위 - 「형법」 제347조 사기죄의 불능미수
>
> ㉡ 甲은 피해자가 심신상실 또는 항거불능의 상태에 있다고 인식하고 그러한 상태를 이용하여 간음할 의사로 피해자를 간음하였으나 피해자가 실제로는 심신상실 또는 항거불능의 상태에 있지 않은 경우, 甲의 행위 - 「형법」 제299조 준강간죄의 불가벌적 불능범
>
> ㉢ 피해자를 살해하기 위해 그의 목 부위와 왼쪽 가슴 부위를 칼로 수 회 찔렀으나 피해자의 가슴 부위에서 많은 피가 흘러나오는 것을 발견하고 겁을 먹고 범행을 그만둔 甲의 행위 - 「형법」 제250조 살인죄의 중지미수
>
> ㉣ 강도행위 중에 피해자를 강간하려고 작은 방으로 끌고가 팬티를 강제로 벗기고 음부를 만지자 피해자가 수술한 지 얼마 안되어 배가 아프다면서 애원하는 바람에 강간을 그만 둔 甲의 행위 - 「형법」 제339조 강도강간죄의 장애미수

① ㉠, ㉡, ㉣   ② ㉠, ㉢

③ ㉡, ㉢   ④ ㉣

해설

㉠ [×] 소송비용을 편취할 의사로 소송비용의 지급을 구하는 손해배상청구의 소를 제기하였다고 하더라도 이는 객관적으로 소송비용의 청구방법에 관한 법률적 지식을 가진 일반인의 판단으로 보아 결과 발생의 가능성이 없어 위험성이 인정되지 않으므로 불가벌적 불능범에 해당한다(대판 2005.12.8. 2005도8105).

㉡ [×] 피고인이 피해자가 심신상실 또는 항거불능의 상태에 있다고 인식하고 그러한 상태를 이용하여 간음하였으나 피해자가 실제로는 심신상실 또는 항거불능의 상태에 있지 않았다면 이는 실행의 수단 또는 대상의 착오로 인하여 구성요건적 결과의 발생이 처음부터 불가능하였고 실제로 그러한 결과가 발생하였다고 할 수 없으나, 피고인이 행위 당시에 인식한 사정을 놓고 일반인이 객관적으로 판단하여 보았을 때 준강간의 결과가 발생할 위험성이 있었으므로 준강간죄의 불능미수가 성립한다(대판(전) 2019.3.28. 2018도16002).

㉢ [×] 피고인이 피해자를 살해하려고 그의 목 부위와 왼쪽 가슴 부위를 칼로 수 회 찔렀으나 피해자의 가슴 부위에서 많은 피가 흘러나오는 것을 발견하고 겁을 먹고 그만 두는 바람에 미수에 그친 것이라면, 위와 같은 경우 많은 피가 흘러나오는 것에 놀라거나 두려움을 느끼는 것은 일반 사회통념상 범죄를 완수함에 장애가 되는 사정에 해당한다고 보아야 할 것이므로 이를 자의에 의한 중지미수라고 볼 수 없다(대판 1999.4.13. 99도640).

㉣ [○] 피고인들이 피해자를 강간하려고 하던 중 <u>피해자가 수술한 지 얼마 안 되어 배가 아프다면서 애원하는 바람에 그 뜻을 이루지 못하였다면</u> 피고인들이 간음행위를 중단한 것은 피해자를 불쌍히 여겨서가 아니라 피해자의 신체조건상 강간을 하기에 지장이 있다고 본 데 기인한 것이므로 이는 일반의 경험상 강간행위를 수행함에 장애가 되는 외부적 사정에 의하여 범행을 중지한 것에 지나지 않는 것이므로 중지범의 요건인 자의성을 결여하였다(대판 1993.4.13. 93도347).

정답 ④

61 다음 설명 중 가장 옳지 않은 것은? (다툼이 있으면 판례에 의함)　　　　　　　　[16 법원9급]

① 권총에 탄알을 장전하여 발사하였으나 탄알이 불량이어서 불발된 경우에도 이러한 행위는 결과발생을 초래할 위험이 내포되어 있었다 할 것이므로 이를 불능범이라고 할 수 없다.

② 임차인이 임차건물에 거주하기는 하였으나 그의 처만이 전입신고를 마친 후에 경매절차에서 배당을 받기 위하여 임대차계약서상의 임차인 명의를 처로 변경하여 경매법원에 배당요구를 한 경우, 임차인 명의를 처의 명의로 변경하지 아니하였다 하더라도 소액임대차보증금에 대한 우선변제권 행사로서 배당금을 수령할 권리가 있다 할 것이어서, 재물의 편취라는 결과의 발생은 불가능하다 할 것이고, 이러한 임차인의 행위를 객관적으로 결과발생의 가능성이 있는 행위라고 볼 수도 없다.

③ 타인의 재물을 공유하는 자가 공유자의 승낙을 받지 않고 공유대지를 담보로 가등기를 경료하고 그 후 가등기를 말소하였다면 중지미수에 해당한다.

④ 범행당일 미리 제보를 받은 세관직원들이 범행장소 주변에 잠복근무를 하고 있어 그들이 왔다 갔다하는 것을 본 피고인이 범행의 발각을 두려워한 나머지 자신이 분담하기로 한 실행행위에 이르지 못한 경우, 이는 피고인의 자의에 의한 범행의 중지가 아니어서 중지범에 해당한다고 볼 수 없다.

해설

① [O] 권총에 탄자를 충전하여 발사하였으나 탄자가 불량하여 불발된 경우에도 이러한 총탄을 충전하여 발사하는 행위는 결과발생을 초래할 위험이 내포되어 있었다 할 것이므로 이를 불능범이라 할 수 없다(대판 1954.1.30. 4286형상103).

② [O] 임대인과 임대차계약을 체결한 임차인이 임차건물에 거주하기는 하였으나 그의 처만이 전입신고를 마친 후에 경매절차에서 배당을 받기 위하여 임대차계약서상의 임차인 명의를 처로 변경하여 경매법원에 배당요구를 한 경우, 실제의 임차인이 전세계약서상의 임차인 명의를 처의 명의로 변경하지 아니하였다 하더라도 소액임대차보증금에 대한 우선변제권 행사로서 배당금을 수령할 권리가 있다 할 것이어서, 경매법원이 실제의 임차인을 처로 오인하여 배당결정을 하였더라도 이로써 재물의 편취라는 결과의 발생은 불가능하다 할 것이고, 이러한 임차인의 행위를 객관적으로 결과발생의 가능성이 있는 행위라고 볼 수도 없으므로 무죄를 선고하여야 한다(대판 2002.2.8. 2001도6669).

③ [×] 타인의 재물을 공유하는 자가 공유자의 승낙을 받지 않고 공유대지를 담보로 제공하고 가등기를 경료한 경우 횡령행위는 기수에 이르고 그 후 가등기를 말소했다고 하여 중지미수에 해당하는 것이 아니다(대판 1978.11.28. 78도2175).

④ [O] 범행 당일 미리 제보를 받은 세관직원들이 범행장소 주변에 잠복근무를 하고 있어 그들이 왔다 갔다하는 것을 본 피고인이 범행의 발각을 두려워한 나머지 자신이 분담하기로 한 실행행위에 이르지 못한 경우, 이는 피고인의 자의에 의한 범행의 중지가 아니어서 중지범에 해당한다고 볼 수 없다(대판 1986.1.21. 85도2339).

정답 ③

62 미수범에 대한 설명으로 옳은 것은? (다툼이 있으면 판례에 의함)　　　　　　　　[21 경찰간부]

① 피고인이 피해자를 살해하려고 목 부위와 왼쪽 가슴 부위를 칼로 수회 찔렀으나 피해자의 가슴 부위에서 많은 피가 흘러나오는 것을 발견하고 겁을 먹고 그만 두는 바람에 미수에 그친 것이라면 자의로 인한 중지미수로 인정할 수 있다.

② 일반적으로 사람으로 하여금 공포심을 갖도록 하기에 충분한 내용의 해악을 고지하였고 상대방이 그 의미를 인식한 경우라도 현실적으로 공포심을 일으키지 않은 경우에는 협박죄의 미수에 해당한다.

③ 불능범의 판단기준인 위험성을 판단할 때에는 피고인이 행위 당시 인식한 사정을 놓고 구체적으로 피고인의 판단으로 볼 때 결과 발생의 가능성이 있는지를 살펴야 한다.

④ 특수강간이 미수에 그친 경우에도 그로 인하여 피해자가 상해를 입었으면 특수강간치상죄가 성립한다.

① [×] 피고인이 피해자를 살해하려고 그의 목 부위와 왼쪽 가슴 부위를 칼로 수 회 찔렀으나 피해자의 가슴 부위에서 많은 피가 흘러나오는 것을 발견하고 겁을 먹고 그만 두는 바람에 미수에 그친 것이라면, 위와 같은 경우 많은 피가 흘러나오는 것에 놀라거나 두려움을 느끼는 것은 일반 사회통념상 범죄를 완수함에 장애가 되는 사정에 해당한다고 보아야 할 것이므로 이를 자의에 의한 중지미수라고 볼 수 없다(대판 1999.4.13. 99도640).
② [×] 해악을 고지함으로써 상대방이 그 의미를 인식한 이상 상대방이 현실적으로 공포심을 일으켰는지 여부와 관계없이 그로써 구성요건은 충족되어 협박죄의 기수에 이른다(대판 2011.1.27. 2010도14316).
③ [×] 불능범과 구별되는 불능미수의 성립요건인 '위험성'은 피고인이 행위 당시에 인식한 사정을 놓고 일반인이 객관적으로 판단하여 결과 발생의 가능성이 있는지 여부를 따져야 한다(대판(전) 2019.3.28. 2018도16002).
④ [○] 피고인이 전자충격기를 피해자의 허리에 대고 폭행하여 강간하려다가 미수에 그치고 피해자에게 약 2주간의 치료를 요하는 안면부 좌상 등의 상해를 입게 한 경우, 성폭법 소정의 특수강간치상죄의 기수에 해당한다(대판 2008.4.24. 2007도10058).

정답 ④

63 실행의 착수 또는 기수시기에 대한 설명으로 옳은 것은? (다툼이 있으면 판례에 의함) [21 경찰간부]

① 장애인단체의 지회장이 지방자치단체로부터 다음 해의 보조금을 더 많이 지원받기 위하여 지원금 지원결정의 참고자료로 이용되는 허위의 보조금 정산보고서를 제출한 경우에는 보조금 편취범행의 실행에 착수한 것으로 보기 어렵다.
② 금융기관 직원이 전산단말기를 이용하여 다른 공범들이 지정한 특정 계좌에 돈이 입금된 것처럼 허위의 정보를 입력하는 방법으로 위 계좌로 입금되도록 한 경우, 그 후 그러한 입금이 취소되어 현실적으로 인출하지 못한 경우에는 컴퓨터등사용사기미수죄에 해당한다.
③ 진정한 임차권자가 아니면서 허위의 임대차계약서를 법원에 제출하여 임차권등기명령을 신청한 것만으로는 소송사기의 실행행위에 착수한 것으로 볼 수 없고, 나아가 그 임차보증금반환채권에 관하여 현실적으로 청구의 의사표시를 하여야 사기죄의 실행의 착수가 있다고 볼 것이다.
④ 법원을 기망하여 자기에게 유리한 판결을 얻고자 소송을 제기한 자가 상대방의 주소를 허위로 기재하여 소송을 제기함으로써 그 허위주소로 소송서류가 송달되어 그로 인하여 상대방 아닌 다른 사람이 그 서류를 받아 소송을 진행한 경우 소송사기죄의 실행의 착수가 인정되지 않는다.

해설

① [○] 장애인단체의 지회장이 지방자치단체로부터 보조금을 더 많이 지원받기 위하여 허위의 보조금 정산보고서를 제출한 경우, 보조금 정산보고서는 보조금의 지원 여부 및 금액을 결정하기 위한 참고자료에 불과하고 직접적인 서류라고 할 수 없으므로 보조금 편취범행(기망)의 실행에 착수한 것으로 보기 어렵다(대판 2003.6.13. 2003도1279).
② [×] 금융기관 직원이 전산단말기를 이용하여 다른 공범들이 지정한 특정계좌에 돈이 입금된 것처럼 허위의 정보를 입력하는 방법으로 위 계좌로 입금되도록 한 경우, 이러한 입금절차를 완료함으로써 장차 그 계좌에서 이를 인출하여 갈 수 있는 재산상 이익의 취득이 있게 되었다고 할 것이므로 컴퓨터등사용사기죄는 기수에 이르렀다고 할 것이고, 그 후 그러한 입금이 취소되어 현실적으로 인출되지 못하였다고 하더라도 이미 성립한 컴퓨터등사용사기죄에 어떤 영향이 있다고 할 수는 없다(대판 2006. 9.14. 2006도4127).
③ [×] [1] 법원의 임차권등기명령은 피신청인의 재산상의 지위 또는 상태에 영향을 미칠 수 있는 행위로서 피신청인의 처분행위에 갈음하는 내용과 효력이 있다고 보아야 하고, 따라서 이러한 법원의 임차권등기명령을 이용한 소송사기의 경우 피해자인 피신청인이 직접 처분행위를 하였는지 여부는 사기죄의 성부에 아무런 영향을 주지 못한다.
[2] 진정한 임차권자가 아니면서 허위의 임대차계약서를 법원에 제출하여 임차권등기명령을 신청하면 그로써 소송사기의 실행행위에 착수한 것으로 보아야 하고, 나아가 그 임차보증금 반환채권에 관하여 현실적으로 청구의 의사표시를 하여야만 사기죄의 실행의 착수가 있다고 볼 것은 아니다(대판 2012.5.24. 2010도12732).

④ [×] 소송에서 주장하는 권리가 존재하지 않는 사실을 알고 있으면서도 법원을 기망한다는 인식을 가지고 소를 제기하면 이로써 소송사기의 실행의 착수가 있었다고 할 것이고, 소장의 유효한 송달을 요하지 아니한다고 할 것인바, 이러한 법리는 제소자가 상대방의 주소를 허위로 기재함으로써 그 허위주소로 소송서류가 송달되어 그로 인하여 상대방 아닌 다른 사람이 그 서류를 받아 소송이 진행된 경우에도 마찬가지로 적용된다(대판 2006.11.10. 2006도5811).

정답 ①

제1절 | 공동정범

01 다음 중 판례가 인정하지 않는 범죄가담형태는?

① 과실범의 공동정범

② 편면적 공동정범

③ 편면적 종범

④ 공모공동정범

해설

① [과실범의 공동정범 인정] 대판 1994.5.24. 94도660.

② [편면적 공동정범 부정] 공동가공의 의사는 공동행위자 상호간에 있어야 하며 <u>행위자 일방의 가공 의사만으로는 공동정범 관계가 성립할 수 없다</u>(대판 1985.5.14. 84도2118).

③ [편면적 종범 인정] 대판 1974.5.28. 74도509.

④ [공모공동정범 인정] 대판 2007.11.15. 2007도6075.

정답 ②

02 공범에 대한 설명으로 옳지 않은 것은? (다툼이 있는 경우 판례에 의함)

① 교사를 받은 자가 범죄의 실행을 승낙하지 아니한 때에는 교사자만을 음모 또는 예비에 준하여 처벌한다.

② 필요적 공범이라는 것은 법률상 범죄의 실행이 다수인의 협력을 필요로 하는 것을 가리키는 것으로서 이러한 범죄의 성립에는 행위의 공동을 필요로 하는 것에 불과하고 반드시 협력자 전부가 책임이 있음을 필요로 하는 것은 아니다.

③ 공모공동정범에 있어서의 공모는 범죄사실을 구성하는 것으로서 이를 인정하기 위해서는 엄격한 증명이 요구된다.

④ 정범에 의한 법익침해의 위험을 증대시키면 방조범이 성립하므로 방조범에서는 인과관계가 요구되지 아니한다.

해설

① [○] 피교사자가 승낙하지 않거나 이미 결의하고 있는 때에는 교사자만을 예비·음모에 준하여 처벌한다(제31조 제3항).

② [○] 필요적 공범이라는 것은 법률상 범죄의 실행이 다수인의 협력을 필요로 하는 것을 가리키는 것으로서 이러한 범죄의 성립에는 행위의 공동을 필요로 하는 것에 불과하고 반드시 협력자 전부가 책임이 있음을 필요로 하는 것은 아니다(대판 1987.12.22. 87도1699).

③ [○] 공모공동정범(합동에 의한 특수강도)에 있어서 '공모(공모관계) 또는 모의'는 범죄될 사실의 주요부분에 해당하는 이상 엄격한 증명의 대상에 해당한다(대판 2007.4.27. 2007도236; 동지 대판 2001.12.11. 2001도4013).

④ [×] <u>방조범은 정범에 종속하여 성립하는 범죄이므로 방조행위와 정범의 범죄 실현 사이에는 인과관계가 필요하다. 방조범이 성립하려면 방조행위가 정범의 범죄 실현과 밀접한 관련이 있고 정범으로 하여금 구체적 위험을 실현시키거나 범죄결과를 발생시킬 기회를 높이는 등으로 정범의 범죄 실현에 현실적인 기여를 하였다고 평가할 수 있어야 한다. 정범의 범죄 실현과 밀접한 관련이 없는 행위를 도와준 데 지나지 않는 경우에는 방조범이 성립하지 않는다</u>(대판 2021.9.16. 2015도12632).

정답 ④

03 공동정범에 관한 설명 중 가장 적절하지 않은 것은? (다툼이 있는 경우 판례에 의함) [22 경찰채용]

① 甲이 A투자금융회사에 입사하여 다른 공범들과 특정 회사 주식을 허위매수 주문 등의 방법으로 시세조종 주문을 내기로 공모하고 시세조종 행위의 일부를 실행한 후 A 회사로부터 해고를 당하여 공범관계에서 이탈한 경우, 甲이 다른 공범들의 범죄실행을 저지하지 않은 이상 그 이후 공범들이 행한 나머지 시세조종 행위에 대해서도 공동정범이 성립한다.

② 예인선 정기용선자의 현장소장 甲은 사고의 위험성이 높은 시점에 출항을 강행할 것을 지시하였고, 예인선 선장 乙은 甲의 지시에 따라 사고의 위험성이 높은 시점에 출항하는 등 무리하게 예인선을 운항한 결과 예인되던 선박에 적재된 물건이 해상에 추락하여 선박교통을 방해한 경우, 甲과 乙은 업무상 과실일반교통방해죄의 공동정범이 성립한다.

③ 甲·乙·丙 주식회사가 A 주식회사의 주식 총수의 5/100 이상을 보유하여 자본시장과 금융투자업에 관한 법률 상 주식 등 변경 보고의무를 공동으로 부담하게 되었고, 동법은 이러한 보고의무를 이행하지 않는 자를 처벌하는 진정부작위범인 주식 등 변경 보고의무 위반죄를 규정하고 있음에도 불구하고 甲과 乙 주식회사만이 공모하여 보고의무를 이행하지 않은 경우, 보고의무가 있는 甲 주식회사, 乙 주식회사, 丙 주식회사에게 주식 등 변경 보고의무 위반죄의 공동정범이 성립한다.

④ 강도를 모의한 甲, 乙, 丙이 A에게 칼을 들이댄 후 전화선으로 A의 손발을 묶고 폭행하여 반항을 억압한 후 甲이 다른 방에서 물건을 찾는 사이 乙과 丙이 공동으로 A를 강간하고 다 같이 도주한 경우, 甲에게는 강도강간죄의 공동정범이 성립하지 않는다.

해설

① [O] 피고인이 포괄일죄의 관계에 있는 범행의 일부를 실행한 후 공범관계에서 이탈하였으나 다른 공범자에 의하여 나머지 범행이 이루어진 경우, 피고인이 관여하지 않은 부분에 대하여도 죄책을 부담한다(대판 2011.1.13. 2010도9927).

비교판례 포괄일죄의 범행 도중에 공동정범으로 범행에 가담한 자는 비록 그가 그 범행에 가담할 때에 이미 이루어진 종전의 범행을 알았다 하더라도 그 가담 이후의 범행에 대하여만 공동정범으로 책임을 진다(대판 2007.11.15. 2007도6336).

② [O] 예인선 정기용선자의 현장소장 甲은 사고의 위험성이 높은 해상에서 철골 구조물 및 해상크레인 운반작업을 함에 있어 선적작업이 지연되어 정조시점에 맞추어 출항할 수 없게 되었음에도, 출항을 연기하거나 대책을 강구하지 않고 예인선 선장 乙의 출항연기 건의를 묵살한 채 출항을 강행하도록 지시하였고, 예인선 선장 乙은 甲의 지시에 따라 사고의 위험이 큰 시점에 출항하였고 해상에 강조류가 흐르고 있었음에도 무리하게 예인선을 운항한 결과 무동력 부선에 적재된 철골 구조물이 해상에 추락하여 해상의 선박교통을 방해한 사안에서, 甲과 乙을 업무상과실일반교통방해죄의 공동정범으로 처벌한 사례(대판 2009.6.11. 2008도11784).

③ [×] 자본시장과 금융투자업에 관한 법률(이하 '자본시장법'이라 한다)의 규정 형식과 취지에 비추어 보면 주권상장법인의 주식 등 대량보유·변동 보고의무 위반으로 인한 자본시장법 위반죄는 구성요건이 부작위에 의해서만 실현될 수 있는 진정부작위범에 해당한다. 진정부작위범인 주식 등 대량보유·변동 보고의무 위반으로 인한 자본시장법 위반죄의 공동정범은 그 의무가 수인에게 공통으로 부여되어 있는데도 수인이 공모하여 전원이 그 의무를 이행하지 않았을 때 성립할 수 있다(대판 2022.1.13. 2021도11110).

▶ 피고인에게 주식 변경보고의무자와 공통된 의무가 부여되어 있지 않은 이상, 피고인 A에 대하여 진정부작위범인 주식등 변경 보고의무 위반으로 인한 자본시장법 제445조 제20호 위반죄의 공동정범은 성립할 수 없다.

④ [O] 대판 1988.9.13. 88도1114.

정답 ③

04 공동정범에 관한 판례의 태도가 아닌 것은?

[01 사시]

① 행위자 일방의 가공의사만으로는 공동정범이 성립하지 않는다.

② 상호의사의 연락하에 상해하여 사망의 결과가 발생하였는데 누구의 행위에 의한 것인지가 불분명한 경우에는 독립 행위의 경합의 문제가 발생한다.

③ 주관적 요건으로서 공동가공의 의사와 객관적 요건으로서 공동의사에 의한 기능적 행위지배를 통한 범죄의 실행사실이 필요하다.

④ 공모공동정범에 있어서 그 공모자 중의 1인이 다른 공모자가 실행행위에 이르기 전에 그 공모관계에서 이탈한 때에는 그 이후의 다른 공모자의 행위에 대하여 공동정범으로서의 책임을 지지 않는다.

⑤ 범인 전원이 동일한 일시, 장소에서 모의하지 않고 순차적으로 범행계획에 대한 연락이 이루어짐으로써 그 범의 내용에 대하여 포괄적 또는 개별적 의사의 연락이나 인식이 있었으면 공동정범이 성립한다.

해설

① [○] 판례는 편면적 공동정범을 부정한다(대판 1985.5.14. 84도2118).

② [×] 2인 이상이 상호의사의 연락이 없이 동시에 범죄구성요건에 해당하는 행위를 하였을 때에는 원칙적으로 각인에 대하여 그 죄를 논하여야 하나, 그 결과발생의 원인이 된 행위가 분명하지 아니한 때에는 각 행위자를 미수범으로 처벌하고(독립행위의 경합), 이 독립행위가 경합하여 특히 상해의 경우에는 공동정범의 예에 따라 처단(동시범)하는 것이므로, 상호의사의 연락이 있어 공동정범이 성립한다면, 독립행위경합 등의 문제는 아예 제기될 여지가 없다(대판 1997.11.28. 97도1740).

③ [○] 형법 제30조의 공동정범은 2인 이상이 공동하여 죄를 범하는 것으로서, 공동정범이 성립하기 위하여는 주관적 요건인 공동가공의 의사와 객관적 요건인 공동의사에 의한 기능적 행위지배를 통한 범죄의 실행사실이 필요하고, 공동가공의 의사는 공동의 의사로 특정한 범죄행위를 하기 위하여 일체가 되어 서로 다른 사람의 행위를 이용하여 자기의 의사를 실행에 옮기는 것을 내용으로 하는 것이어야 한다(대판 2001.11.9. 2001도4792).

④ [○] 구체적인 살해방법이 확정되어 피고인을 제외한 나머지 공범들이 피해자의 팔, 다리를 묶어 저수지 안으로 던지는 순간에 피해자에 대한 살인행위의 실행의 착수가 있다 할 것이고 따라서 피고인은 살해모의에는 가담하였으나 다른 공모자들이 실행행위에 이르기 전에 그 공모관계에서 이탈한 이후의 다른 공모자의 행위에 관하여는 공동정범으로서의 책임을 지지 않는다 할 것이고, 그 이탈의 표시는 반드시 명시적임을 요하지 않는다(대판 1986.1.21. 85도2371).

⑤ [○] 공모공동정범의 경우에 비록 전체의 모의과정이 없었다고 하더라도 수인 사이에 순차적으로 또는 암묵적으로 상통하여 그 의사의 결합이 이루어지면 공모관계가 성립한다 할 것이고, 이러한 공모가 이루어진 이상 실행행위에 직접 관여하지 아니한 자라도 다른 공범자의 행위에 대하여 공동정범으로서 형사책임을 지는 것이다(대판 1997.10.10. 97도1720).

정답 ②

05 다음은 판례의 태도를 기술한 것이다. 옳은 것은 모두 몇 개인가?

[10 경찰채용]

㉠ 공동정범은 2인 이상이 공동하여 죄를 범하는 것으로 공동가공의 의사를 그 객관적 요건으로 하며 이 공동가공의 의사는 상호적임을 요하나 이는 상호 공동가공의 인식이 있으면 족하고 사전에 어떤 모의과정이 있어야 하는 것이 아니다. ㉡ 2인 이상이 상호의사의 연락 없이 동시에 범죄구성요건에 해당하는 행위를 하였을 때에는 원칙적으로 각인에 대하여 그 죄를 논하여야 하나 ㉢ 그 결과 발생의 원인이 된 행위가 분명하지 아니한 때에는 각 행위자를 기수범으로 처벌하고, ㉣ 이 독립행위가 경합하여 특히 상해의 결과를 발생하게 하고 그 결과발생의 원인이 된 행위가 밝혀지지 아니한 경우에는 공동정범의 예에 따라 처단(동시범)하는 것이므로 ㉤ 공범관계에 있어 공동가공의 의사가 있었다면 이에는 동시범 등의 문제는 제기될 여지가 없다.

① 2개   ② 3개

③ 4개   ④ 5개

해설

○ [×] 공동정범은 2인 이상이 공동하여 죄를 범하는 것으로 공동가공의 의사를 그 주관적 요건으로 하며 이 공동가공의 의사는 상호적임을 요하나 이는 상호 공동가공의 인식이 있으면 족하고 사전에 어떤 모의 과정이 있어야 하는 것은 아니다.

ⓒ [○] 2인 이상이 상호의사의 연락없이 동시에 범죄구성요건에 해당하는 행위를 하였을 때에는 원칙적으로 각인에 대하여 그 죄를 논하여야 하나

ⓔ [×] 그 결과 발생의 원인이 된 행위가 분명하지 아니한 때에는 각 행위자를 미수범으로 처벌하고,

ⓕ [○] 이 독립행위가 경합하여 특히 상해의 결과를 발생하게 하고 그 결과발생의 원인이 된 행위가 밝혀지지 아니한 경우에는 공동정범의 예에 따라 처단(동시범)하는 것이므로

ⓜ [○] 공범관계에 있어 공동가공의 의사가 있었다면 이에는 도시 동시범 등의 문제는 제기될 여지가 없다(대판 1985.12.10. 85도1892).

정답 ②

06 수인이 범행에 가담한 형태에 대한 설명으로 옳은 것은? (다툼이 있으면 판례에 의함) [18 국가7급]

① 甲이 乙과 공동으로 A의 권리행사를 방해한 혐의로 기소되었으나 물건의 소유자인 乙에게 고의가 없는 등으로 범죄가 성립하지 않는 경우라도, 甲에게는 권리행사방해죄의 공동정범이 성립될 수 있다.

② 乙이 위조된 부동산임대차계약서를 담보로 제공하고 A로부터 돈을 빌려 편취할 것을 계획하면서 甲에게 미리 전화를 하여 임대인 행세를 하여달라고 부탁하였고, 甲은 그 사정을 잘 알면서도 임대인인 것처럼 행세하여 전세금액 등을 확인한 경우 甲에게 위조사문서행사죄의 방조범이 성립한다.

③ 乙의 포괄일죄의 범행 도중에 공동정범으로 범행에 가담한 甲이 그 범행에 가담할 때에 이미 이루어진 종전의 범행을 알았던 경우 甲은 가담 이전의 범행에 대하여도 공동정범으로 책임을 진다.

④ 피해자 A가 승용차를 구입하고 다만 장애인에 대한 면세 혜택 등의 적용을 받기 위해 甲의 어머니인 乙의 명의를 빌려 등록하였는데, 甲이 乙로부터 승용차를 가져가 매도할 것을 허락받고 乙의 인감증명 등을 교부받은 뒤 甲이 승용차를 피해자 A 몰래 가져간 경우 甲과 乙에게는 절도죄의 공모공동정범이 성립한다.

해설

① [×] 물건의 소유자가 아닌 사람은 형법 제33조 본문에 따라 소유자의 권리행사방해 범행에 가담한 경우에 한하여 그의 공범이 될 수 있을 뿐이다. 그러나 권리행사방해죄의 공범으로 기소된 물건의 소유자에게 고의가 없는 등으로 범죄가 성립하지 않는다면 공동정범이 성립할 여지가 없다(대판 2017.5.30. 2017도4578).

② [×] 乙이 위조된 부동산임대차계약서를 담보로 제공하고 A로부터 돈을 차용할 것을 계획하면서 A가 위조된 부동산임대차계약서상의 임대인에게 전화를 하여 확인할 것에 대비하여 甲에게 미리 전화를 하여 임대인 행세를 하여달라고 부탁을 하였고, 甲은 이를 승낙하여 실제로 A의 남편 B로부터 전화를 받자 자신이 실제의 임대인인 것처럼 행세하여 전세금액 등을 확인함으로써 위조사문서의 행사에 관하여 역할분담을 한 경우, 甲의 행위는 위조사문서행사에 있어서 기능적 행위지배의 공동정범요건을 갖추었다고 할 것이다(대판 2010.1.28. 2009도10139).
   ▶ 甲은 위조사문서행사죄의 공동정범에 해당한다.

③ [×] 포괄일죄의 범행 도중에 공동정범으로 범행에 가담한 자는 비록 그가 그 범행에 가담할 때에 이미 이루어진 종전의 범행을 알았다 하더라도 그 가담 이후의 범행에 대하여만 공동정범으로 책임을 진다(대판 2007.11.15. 2007도6336).

④ [○] 자동차 명의신탁관계에서 제3자가 명의수탁자로부터 승용차를 가져가 매도할 것을 허락받고 인감증명 등을 교부받아 위 승용차를 명의신탁자 몰래 가져간 경우, 위 제3자와 명의수탁자의 공모·가공에 의한 절도죄의 공모공동정범이 성립한다(대판 2007.1.11. 2006도4498).

정답 ④

07 공범에 관한 다음 설명 중 가장 옳지 않은 것은? (다툼이 있으면 판례에 의함) [16 법원9급]

① 2인 이상이 범죄에 공동가공하는 공범관계에서 공모는 법률상 어떤 정형을 요구하는 것이 아니고, 2인 이상이 공모하여 어느 범죄에 공동가공하여 그 범죄를 실현하려는 의사의 결합만 있으면 되는 것으로서, 비록 전체의 모의과정이 없었다고 하더라도 수인 사이에 순차적으로 또는 암묵적으로 상통하여 그 의사의 결합이 이루어지면 공모관계가 성립한다.

② 공모관계에서의 이탈은 공모자가 공모에 의하여 담당한 기능적 행위지배를 해소하는 것이 필요하므로, 공모자가 공모에 주도적으로 참여하여 다른 공모자의 실행에 영향을 미친 때에는 범행을 저지하기 위하여 적극적으로 노력하는 등 실행에 미친 영향력을 제거하지 아니하는 한 공모관계에서 이탈되었다고 할 수 없다.

③ 피고인이 포괄일죄의 관계에 있는 범행의 일부를 실행한 후 공범관계에서 이탈하였으나 다른 공범자에 의하여 나머지 범행이 이루어진 경우, 피고인이 관여하지 않은 부분에 대하여도 죄책을 부담한다.

④ 포괄일죄의 범행 도중에 공동정범으로 범행에 가담한 자는 그가 그 범행에 가담할 때 이미 이루어진 종전의 범행을 알고 이를 용인한 것이므로 전체 범행에 대하여 공동정범으로 책임을 진다.

해설

① [○] 2인 이상이 범죄에 공동가공하는 공범관계에서 공모는 법률상 어떤 정형을 요구하는 것이 아니고, 2인 이상이 공모하여 어느 범죄에 공동가공하여 그 범죄를 실현하려는 의사의 결합만 있으면 되는 것으로서, 비록 전체의 모의과정이 없었다고 하더라도 수인 사이에 순차적으로 또는 암묵적으로 상통하여 그 의사의 결합이 이루어지면 공모관계가 성립하는 것이다(대판 2007.1.11. 2006도5288).

② [○] 공모공동정범에서 공모자 중의 1인이 다른 공모자가 실행행위에 이르기 전에 그 공모관계에서 이탈한 때에는 그 이후의 다른 공모자의 행위에 관하여는 공동정범으로서의 책임은 지지 않는다. 그렇지만 공모관계에서의 이탈은 공모자가 공모에 의하여 담당한 기능적 행위지배를 해소하는 것이 필요하므로 공모자가 공모에 주도적으로 참여하여 다른 공모자의 실행에 영향을 미친 때에는 범행을 저지하기 위하여 적극적으로 노력하는 등 실행에 미친 영향력을 제거하지 아니하는 한 공모관계에서 이탈하였다고 할 수 없다(대판 2015.2.16. 2014도14843).

③ [○] 피고인이 포괄일죄의 관계에 있는 범행의 일부를 실행한 후 공범관계에서 이탈하였으나 다른 공범자에 의하여 나머지 범행이 이루어진 경우, 피고인이 관여하지 않은 부분에 대하여도 죄책을 부담한다(대판 2011.1.13. 2010도9927).

④ [×] 포괄일죄의 범행 도중에 공동정범으로 범행에 가담한 자는 비록 그가 그 범행에 가담할 때에 이미 이루어진 종전의 범행을 알았다 하더라도 그 가담 이후의 범행에 대하여만 공동정범으로 책임을 진다(대판 2007.11.15. 2007도6336).

정답 ④

08 공동정범에 관한 다음 설명 중 가장 옳지 않은 것은? (다툼이 있으면 판례에 의함) [13 법원9급]

① 3인 이상의 범인이 합동절도의 범행을 공모한 후 적어도 2인 이상의 범인이 범행 현장에서 시간적, 장소적으로 협동관계를 이루어 절도의 실행행위를 분담하여 절도 범행을 한 경우에, 그 공모에는 참여하였으나 현장에서 절도의 실행행위를 직접 분담하지 아니한 다른 범인에 대하여도 그가 현장에서 절도 범행을 실행한 위 2인 이상의 범인의 행위를 자기 의사의 수단으로 하여 합동절도의 범행을 하였다고 평가할 수 있는 정범성의 표지를 갖추고 있는 한 공동정범의 일반 이론에 비추어 그 다른 범인에 대하여 합동절도의 공동정범으로 인정할 수 있다.

② 공모공동정범에 있어서 공모자 중의 1인이 다른 공모자가 실행행위에 이르기 전에 그 공모관계에서 이탈한 때에는 그 이후의 다른 공모자의 행위에 관하여는 공동정범으로서의 책임은 지지 않는다 할 것이나, 공모관계에서의 이탈은 공모자가 공모에 의하여 담당한 기능적 행위지배를 해소하는 것이 필요하므로 공모자가 공모에 주도적으로 참여하여 다른 공모자의 실행에 영향을 미친 때에는 범행을 저지하기 위하여 적극적으로 노력하는 등 실행에 미친 영향력을 제거하지 아니하는 한 공모관계에서 이탈하였다고 할 수 없다.

③ 甲이 A를 강간하고 있을 때, 乙 스스로 강간행위에 가담할 의사로 甲이 모르는 사이에 망을 보아 준 경우, 乙은 강간죄의 공동정범이 된다.

④ 甲과 乙이 공동하여 강도하기로 공모하고 함께 협박에 사용할 등산용 칼을 구입하였으나 실행의 착수에 이르지 못한 경우, 강도예비죄의 공동정범이 된다.

해설

① [○] 3인 이상의 범인이 합동절도의 범행을 공모한 후 적어도 2인 이상의 범인이 범행 현장에서 시간적, 장소적으로 협동관계를 이루어 절도의 실행행위를 분담하여 절도 범행을 한 경우에, 그 공모에는 참여하였으나 현장에서 절도의 실행행위를 직접 분담하지 아니한 다른 범인에 대하여도 그가 현장에서 절도 범행을 실행한 위 2인 이상의 범인의 행위를 자기 의사의 수단으로 하여 합동절도의 범행을 하였다고 평가할 수 있는 정범성의 표지를 갖추고 있는 한 공동정범의 일반 이론에 비추어 그 다른 범인에 대하여 합동절도의 공동정범으로 인정할 수 있다(대판 2011.5.13. 2011도2021).

② [○] 공모공동정범에서 공모자 중의 1인이 다른 공모자가 실행행위에 이르기 전에 그 공모관계에서 이탈한 때에는 그 이후의 다른 공모자의 행위에 관하여는 공동정범으로서의 책임은 지지 않는다. 그렇지만 공모관계에서의 이탈은 공모자가 공모에 의하여 담당한 기능적 행위지배를 해소하는 것이 필요하므로 공모자가 공모에 주도적으로 참여하여 다른 공모자의 실행에 영향을 미친 때에는 범행을 저지하기 위하여 적극적으로 노력하는 등 실행에 미친 영향력을 제거하지 아니하는 한 공모관계에서 이탈하였다고 할 수 없다(대판 2015.2.16. 2014도14843).

③ [×] 공동가공의 의사는 공동행위자 상호간에 있어야 하며 <u>행위자 일방의 가공 의사만으로는 공동정범 관계가 성립할 수 없다</u>(대판 1985.5.14. 84도2118). ▶ 乙은 강간죄의 공동정범이 아니다.

④ [○] 판례는 예비죄의 공동정범을 인정한다(대판 1976.5.25. 75도1549).

정답 ③

09 공모관계 이탈 및 공범관계 이탈에 대한 설명으로 옳지 않은 것은? (다툼이 있으면 판례에 의함) [20 국가7급]

① 공모자가 공모에 주도적으로 참여하여 다른 공모자의 실행에 영향을 미친 때에는 범행을 저지하기 위하여 적극적으로 노력하는 등 실행에 미친 영향력을 제거하지 아니하는 한 공모관계에서 이탈하였다고 할 수 없다.

② 단순공모자 중의 어떤 사람이 다른 공모자가 실행행위에 이르기 전에 그 공모관계에서 이탈한 때에는 그 이후의 다른 공모자의 행위에 관하여 공동정범으로서의 책임은 지지 않는다고 할 것이고, 그 이탈의 표시는 반드시 명시적임을 요하지 않는다.

③ 피고인이 공범과 함께 가출청소년에게 성매매를 하도록 한 후 피고인이 별건으로 구속된 상태에서 공범들이 그 청소년에게 계속 성매매를 하게 한 경우, 구속 이후 범행에 대하여는 피고인의 실질적인 행위지배가 인정되지 않으므로 피고인에게는 공동정범의 죄책이 인정되지 않는다.

④ 피고인이 공범들과 주식시세조종의 목적으로 허위매수주문, 통정매매행위 등을 반복적으로 행하다가 회사를 퇴사하는 등의 사정으로 공범관계에서 이탈하였으나 다른 공범에 의하여 포괄일죄 관계에 있는 나머지 범행이 이루어진 경우, 피고인은 자신이 관여하지 않은 부분에 대하여도 죄책을 부담한다.

해설

① [○] 공모자가 공모에 주도적으로 참여하여 다른 공모자의 실행에 영향을 미친 때에는 범행을 저지하기 위하여 적극적으로 노력하는 등 실행에 미친 영향력을 제거하지 아니하는 한 공모관계에서 이탈하였다고 할 수 없다(대판 2015.2.16. 2014도14843).

② [○] 단순공모자 중의 어떤 사람이 다른 공모자가 실행행위에 이르기 전에 그 공모관계에서 이탈한 때에는 그 이후의 다른 공모자의 행위에 관하여 공동정범으로서의 책임은 지지 않는다고 할 것이고, 그 이탈의 표시는 반드시 명시적임을 요하지 않는다(대판 1986.1.21. 85도2371).

③ [×] [1] 공모자가 공모에 주도적으로 참여하여 다른 공모자의 실행에 영향을 미친 때에는 범행을 저지하기 위하여 적극적으로 노력하는 등 실행에 미친 영향력을 제거하지 아니하는 한 공모관계에서 이탈하였다고 할 수 없다.
[2] 甲이 乙과 공모하여 가출 청소년 丙을 유인하고 성매매 홍보용 나체사진을 찍은 후, 자신이 별건으로 체포되어 수감 중인 동안 丙이 乙의 관리 아래 성매수의 상대방이 된 대가로 받은 돈을 丙, 乙 및 甲의 처 등이 나누어 사용한 경우, 甲은 乙과 함께 미성년자유인죄, 아청법위반죄의 책임을 진다(대판 2010.9.9. 2010도6924).

④ [○] 피고인이 포괄일죄의 관계에 있는 범행의 일부를 실행한 후 공범관계에서 이탈하였으나 다른 공범자에 의하여 나머지 범행이 이루어진 경우, 피고인이 관여하지 않은 부분에 대하여도 죄책을 부담한다(대판 2011.1.13. 2010도9927).

정답 ③

10 다음 설명 중 옳은 것을 모두 고른 것은? (다툼이 있으면 판례에 의함)

> ㉠ 공모공동정범의 경우 제반 상황에 비추어 공모자들이 범행도중에 부수적인 다른 범죄가 파생되리라고 예상하거나 충분히 예상할 수 있는데도 이를 방지하기 위한 합리적인 조치를 취하지 아니하여 예상되던 범행들이 발생하였다면, 그 파생적인 범행에 대하여 개별적인 의사의 연락이 없었다고 하더라도 당초의 공모자들 사이에 그 범행 전부에 대하여 암묵적인 공모는 물론 그에 대한 기능적 행위지배가 인정된다.
>
> ㉡ 공모공동정범에서 공모관계로부터의 이탈은 공모자가 공모에 의하여 담당한 기능적 행위지배를 해소하는 것이 필요하므로, 공모자가 공모에 주도적으로 참여하여 다른 공모자의 실행에 영향을 미친 때에는 범행을 저지하기 위하여 적극적으로 노력하는 등 실행에 미친 영향력을 제거하지 않는 한 공모관계로부터 이탈하였다고 할 수 없다.
>
> ㉢ 대향범은 2인 이상의 대향적 협력에 의하여 성립하는 범죄로서 대향자 쌍방의 불법내용이 같으므로 형법상 쌍방을 처벌하는 경우 전부 쌍방의 법정형이 같은데, 다만 대향자 일방만을 처벌하는 경우가 있다.
>
> ㉣ 변호사 사무실 직원 甲이 법원공무원 乙에게 부탁하여 수사 중인 사건의 체포영장 발부자 명단을 누설받은 경우, 乙이 직무상 비밀을 누설한 행위와 甲이 이를 누설받은 행위는 대향범 관계에 있으므로 甲의 행위를 공무상비밀누설교사죄로 처벌할 수 없다.

① ㉠, ㉡   ② ㉠, ㉣

③ ㉠, ㉡, ㉣   ④ ㉡, ㉢, ㉣

⑤ ㉠, ㉡, ㉢, ㉣

해설

㉠ [O] 공모자들이 그 공모한 범행을 수행하거나 목적 달성을 위하여 나아가는 도중에 부수적인 다른 범죄가 파생되리라고 예상하거나 충분히 예상할 수 있는데도 그러한 가능성을 외면한 채 이를 방지하기에 충분한 합리적인 조치를 취하지 아니하고 공모한 범행에 나아갔다가 결국 그와 같이 예상되던 범행들이 발생하였다면, 비록 그 파생적인 범행 하나하나에 대하여 개별적인 의사의 연락이 없었더라도 당초의 공모자들 사이에 그 범행 전부에 대하여 암묵적인 공모는 물론 그에 대한 기능적 행위지배가 존재한다고 보아야 한다(대판 2013.9.12. 2013도6570).

㉡ [O] 공모관계에서의 이탈은 공모자가 공모에 의하여 담당한 기능적 행위지배를 해소하는 것이 필요하므로 공모자가 공모에 주도적으로 참여하여 다른 공모자의 실행에 영향을 미친 때에는 범행을 저지하기 위하여 적극적으로 노력하는 등 실행에 미친 영향력을 제거하지 아니하는 한 공모관계에서 이탈하였다고 할 수 없다(대판 2010.9.9. 2010도6924).

㉢ [×] 대향범에 있어 각자의 불법내용이 같다고 볼 수 없고 또한 뇌물죄와 같이 대향범 쌍방을 처벌하는 경우에도 쌍방의 법정형이 다를 수도 있다. 뇌물죄에 있어 보통 수뢰자의 법정형이 증뢰자의 법정형보다 중하다(형법 제129조부터 제133조 등).

㉣ [O] 변호사 사무실 직원 甲이 법원공무원 乙에게 부탁하여 수사 중인 사건의 체포영장 발부자 명단을 누설받은 경우, 乙이 직무상 비밀을 누설한 행위와 甲이 이를 누설받은 행위는 대향범 관계에 있으므로 甲에 대하여는 공범에 관한 형법총칙 규정이 적용될 수 없다(대판 2011.4.28. 2009도3642).

정답 ③

11 공동정범에 대한 설명으로 가장 적절한 것은? (다툼이 있으면 판례에 의함)

① 우연히 만난 자리에서 서로 협력하여 공동의 범의를 실현하려는 의사가 암묵적으로 상통하여 범행에 공동가공한 것이라면 공동정범은 성립하지 않는다.

② 타인의 범행을 인식하면서도 이를 제지하지 아니하고 용인하는 심리상태만으로 공동정범의 공동가공의 의사가 인정될 수 있다.

③ 딱지어음을 발행하여 매매하였더라도, 딱지어음의 전전유통경로나 중간 소지인들 및 그 기망방법을 구체적으로 몰랐던 경우라면 사기죄의 공모관계를 인정할 수 없다.

④ 업무상배임죄로 이익을 얻는 수익자 또는 그와 밀접한 관련이 있는 제3자를 배임의 실행행위자와 공동정범으로 인정하기 위해서는 실행행위자의 행위가 피해자 본인에 대한 배임행위에 해당한다는 것을 알면서도 소극적으로 배임행위에 편승하여 이익을 취득한 것만으로는 부족하고, 실행행위자의 배임행위를 교사하거나 또는 배임행위의 전 과정에 관여하는 등으로 배임행위에 적극 가담할 것이 필요하다.

해설

① [×] 공동정범이 성립하기 위하여는 반드시 공범자간에 사전에 모의가 있어야 하는 것은 아니며, 우연히 만난 자리에서 서로 협력하여 공동의 범의를 실현하려는 의사가 암묵적으로 상통하여 범행에 공동가공하더라도 공동정범은 성립된다(대판 1984.12.26. 82도1373).

② [×] 공동정범은 2인 이상이 공동하여 죄를 범하는 것으로서, 공동정범이 성립하기 위하여는 주관적 요건인 공동가공의 의사와 객관적 요건으로서 그 공동의사에 기한 기능적 행위지배를 통하여 범죄를 실행하였을 것이 필요하고, 공동가공의 의사란 타인의 범행을 인식하면서도 이를 제지함이 없이 용인하는 것만으로는 부족하고 공동의 의사로 특정한 범죄행위를 하기 위하여 일체가 되어 서로 다른 사람의 행위를 이용하여 자기의 의사를 실행에 옮기는 것을 내용으로 하는 것이어야 한다(대판 2015.10.29. 2015도9010).

③ [×] 딱지어음들을 발행하여 매매한 피고인들이 이를 사용한 사기의 실행행위에 직접 관여하지 않았더라도 그 사기범행에 관하여 암묵적, 순차적으로 공모하였다고 볼 수 있다면, 딱지어음들의 전전유통경로나 중간 소지인들 및 그 기망방법을 구체적으로 몰랐더라도 사기죄의 공동정범이 된다(대판 1997.9.12. 97도1706).

④ [○] 업무상배임죄로 이익을 얻는 수익자 또는 그와 밀접한 관련이 있는 제3자를 배임의 실행행위자와 공동정범으로 인정하기 위해서는 실행행위자의 행위가 피해자 본인에 대한 배임행위에 해당한다는 것을 알면서도 소극적으로 배임행위에 편승하여 이익을 취득한 것만으로는 부족하고, 실행행위자의 배임행위를 교사하거나 또는 배임행위의 전 과정에 관여하는 등으로 배임행위에 적극 가담할 것이 필요하다(대판 2013.7.11. 2011도5337).

정답 ④

12 다수의 행위자가 범죄에 가담하는 형태와 방식에 대한 다음 설명 중 옳지 않은 것끼리 묶인 것은? (다툼이 있으면 판례에 의함)

㉠ 강간의 범행을 함께 공모한 자 중 다른 한 명이 피해자를 강간하는 동안 피해자가 반항하지 못하도록 피해자 입을 틀어막고 얼굴을 때린 자는, 강간 실행행위를 직접 하지 않았더라도 공동정범의 죄책을 질 수 있다.

㉡ 필요적 공범의 내부참가자에게는 형법총칙상의 공범규정이 적용되지 않는다.

㉢ 과실행위의 공동이란 존재할 수 없으므로, 고의의 기본범죄 이후 과실로 중한 결과가 발생하는 결과적 가중범에 대해서는 공동정범이 성립할 수 없다.

㉣ 판례는 "2인 이상이 합동하여" 범죄를 행하는 합동범의 성립요건에 대하여 주관적 요건으로서의 공모와 객관적 요건으로서의 범행현장에서의 범행의 실행의 분담을 요구하므로, 합동하여 범행하기로 공모하였으나 현장에 가지 않은 자는 합동범의 공동정범이 될 수 없다.

① ㉠, ㉡

② ㉡, ㉢

③ ㉢, ㉣

④ ㉡, ㉣

ⓐ [O] 피고인과 공소외 甲이 공모하여 甲이 피해자를 강간하고 있는 동안 동 피해자가 반항하지 못하도록 그의 입을 손으로 틀어 막고 주먹으로 얼굴을 2회 때렸다면 피고인은 강간죄의 공동정범의 죄책을 면할 수 없다(대판 1984.6.12. 84도780).

ⓑ [O] 2인 이상 서로 대향된 행위의 존재를 필요로 하는 대향범에 대하여는 공범에 관한 형법총칙 규정이 적용될 수 없는데, 형법 제127조는 공무원 또는 공무원이었던 자가 법령에 의한 직무상 비밀을 누설하는 행위만을 처벌하고 있을 뿐 직무상 비밀을 누설받은 상대방을 처벌하는 규정이 없는 점에 비추어, 직무상 비밀을 누설받은 자에 대하여는 공범에 관한 형법총칙 규정이 적용될 수 없다고 보는 것이 타당하다(대판 2011.4.28. 2009도3642).

ⓒ [×] 결과적 가중범인 상해치사죄의 공동정범은 폭행 기타의 신체침해행위를 공동으로 할 의사가 있으면 성립되고 결과를 공동으로 할 의사는 필요 없으므로, 패싸움 중 한 사람이 칼로 찔러 상대방을 죽게 한 경우에 다른 공범자가 그 결과인식이 없다하여 상해치사죄의 책임이 없다고 할 수 없다(대판 1993.8.24. 93도1674).
▶ 판례는 결과적 가중범의 공동정범의 성립도 인정한다.

ⓓ [×] 3인 이상의 범인이 합동절도의 범행을 공모한 후 적어도 2인 이상의 범인이 범행 현장에서 시간적, 장소적으로 협동관계를 이루어 절도의 실행행위를 분담하여 절도 범행을 한 경우에, 그 공모에는 참여하였으나 현장에서 절도의 실행행위를 직접 분담하지 아니한 다른 범인에 대하여도 그가 현장에서 절도 범행을 실행한 2인 이상의 범인의 행위를 자기 의사의 수단으로 하여 합동절도의 범행을 하였다고 평가할 수 있는 정범성의 표지를 갖추고 있는 한 그 다른 범인에 대하여 합동절도의 공동정범으로 인정할 수 있다(대판 2011.5.13. 2011도2021).

정답 ③

13 공동정범에 관한 설명 중 옳은 것을 모두 고른 것은? (다툼이 있는 경우에는 판례에 의함) [13 변호사]

가. 2인 이상이 범죄에 공동가공하는 공범관계에서 비록 전체의 모의과정이 없더라도 수인 사이에 순차적으로 또는 암묵적으로 상통하여 의사의 결합이 이루어지면 공모관계가 성립한다.

나. 乙, 丙과 A회사의 사무실 금고에서 현금을 절취할 것을 공모한 甲이 乙과 丙에게 범행도구를 구입하여 제공해 주었을 뿐만 아니라 乙과 丙이 사무실에서 현금을 절취하는 동안 범행장소가 보이지 않는 멀리 떨어진 곳에서 기다렸다가 절취한 현금을 운반한 경우, 甲은 乙, 丙의 합동절도의 공동정범의 죄책을 진다.

다. 甲이 부녀를 유인하여 성매매를 통해 수익을 얻을 것을 乙과 공모한 후, 乙로 하여금 유인된 A녀(16세)의 성매매 홍보용 나체사진을 찍도록 하고, A가 중도에 약속을 어길 경우 민·형사상 책임을 진다는 각서를 작성하도록 하였지만, 자신이 별건으로 체포되어 구치소에 수감 중인 동안 A가 乙의 관리 아래 성매수의 대가로 받은 돈을 A, 乙 및 甲의 처 등이 나누어 사용한 경우라도 甲에게는 공모관계에서의 이탈이 인정된다.

라. 포괄일죄의 범행 도중에 공동정범으로 범행에 가담한 자는 비록 그가 그 범행에 가담할 때에 이미 이루어진 종전의 범행을 알았다 하더라도 그 가담 이후의 범행에 대하여만 공동정범의 책임을 진다.

마. 甲과 乙은 알선 등과 관련하여 금품 등을 특정 금액 이하로만 받기로 약정하고 이를 수수하기로 공모하였지만 乙이 공모내용을 현저히 초과하는 금품을 수수한 경우, 수수한 금품 등의 구체적 금액을 공범자가 알아야 공모공동정범이 성립하는 것은 아니므로 甲에게는 乙이 수수한 금품 전부에 관하여 공모공동정범이 성립한다.

① 가, 나, 다
② 가, 나, 라
③ 나, 다, 라
④ 가, 나, 라, 마
⑤ 나, 다, 라, 마

가. [○] 2인 이상이 범죄에 공동 가공하는 공범관계에서 공모는 법률상 어떤 정형을 요구하는 것이 아니고 2인 이상이 공모하여 어느 범죄에 공동가공하여 그 범죄를 실현하려는 의사의 결합만 있으면 되는 것으로서, 비록 전체의 모의과정이 없었다고 하더라도 수인 사이에 순차적으로 또는 암묵적으로 상통하여 그 의사의 결합이 이루어지면 공모관계가 성립하고, 이러한 공모가 이루어진 이상 실행행위에 직접 관여하지 아니한 자라도 다른 공모자의 행위에 대하여 공동정범으로서의 형사책임을 지는 것이다(대판 2004.5.28. 2004도1465).

나. [○] [1] 3인 이상의 범인이 합동절도의 범행을 공모한 후 적어도 2인 이상의 범인이 범행 현장에서 시간적, 장소적으로 협동관계를 이루어 절도의 실행행위를 분담하여 절도 범행을 한 경우에, 그 공모에는 참여하였으나 현장에서 절도의 실행행위를 직접 분담하지 아니한 다른 범인에 대하여도 그가 현장에서 절도 범행을 실행한 위 2인 이상의 범인의 행위를 자기 의사의 수단으로 하여 합동절도의 범행을 하였다고 평가할 수 있는 정범성의 표지를 갖추고 있는 한 공동정범의 일반 이론에 비추어 그 다른 범인에 대하여 합동절도의 공동정범으로 인정할 수 있다.

[2] 형법 제30조의 공동정범은 공동가공의 의사와 그 공동의사에 기한 기능적 행위지배를 통한 범죄 실행이라는 주관적·객관적 요건을 충족함으로써 성립하는바, 공모자 중 일부가 구성요건 행위 중 일부를 직접 분담하여 실행하지 않은 경우라 할지라도 전체 범죄에서 그가 차지하는 지위, 역할이나 범죄 경과에 대한 지배 내지 장악력 등을 종합해 볼 때, 단순한 공모자에 그치는 것이 아니라 범죄에 대한 본질적 기여를 통한 기능적 행위지배가 존재하는 것으로 인정된다면, 이른바 공모공동정범으로서의 죄책을 면할 수 없다.

[3] 제반 사정에 비추어 피고인은 甲, 乙의 합동절도 범행에 대한 공동정범으로서 죄책을 면할 수 없다(대판 2011.5.13. 2011도2368).

다. [×] 甲이 乙과 공모하여 가출 청소년 A(여, 16세)에게 낙태수술비를 벌도록 해 주겠다고 유인하였고, 乙로 하여금 A의 성매매 홍보용 나체사진을 찍도록 하였으며, A가 중도에 약속을 어길 경우 민형사상 책임을 진다는 각서를 작성하도록 한 후, 甲이 별건으로 체포되어 구치소에 수감 중인 동안 A가 乙의 관리 아래 12회에 걸쳐 불특정 다수 남성의 성매수 행위의 상대방이 된 대가로 받은 돈을 A, 乙 및 甲의 처 등이 나누어 사용한 사안에서, A의 성매매 기간 동안 甲이 수감되어 있었다 하더라도 위 甲은 乙과 함께 미성년자유인죄, 구 청소년의 성보호에 관한 법률 위반죄의 책임을 진다고 한 원심판단을 수긍한 사례(대판 2010.9.9. 2010도6924).

▶ 甲에게 공모관계에서의 이탈이 인정되지 않는다는 취지의 판례이다.

라. [○] 포괄적 일죄의 일부에 공동정범으로 가담한 자는 비록 그가 그때에 이미 이루어진 종전의 범행을 알았다 하여도 그 가담 이후의 범행에 대해서만 공동정범으로서 책임을 진다(대판 1982.6.8. 82도884).

마. [×] 구 특정범죄 가중처벌 등에 관한 법률(2010.3.31. 법률 제10210호로 개정되기 전의 것) 제3조와 특정경제범죄 가중처벌 등에 관한 법률 제7조 알선수재 및 구 변호사법(2000.1.28. 법률 제6207호로 전부 개정되기 전의 것) 제90조 제2호 법률사건에 관한 화해·청탁 알선 등의 공모공동정범에서, 공범자들 사이에 그 알선 등과 관련하여 금품이나 이익을 수수하기로 명시적 또는 암묵적인 공모관계가 성립하고 그 공모 내용에 따라 공범자 중 1인이 금품이나 이익을 수수하였다면, 사전에 특정 금액 이하로만 받기로 약정하였다든가 수수한 금액이 공모 과정에서 도저히 예상할 수 없는 고액이라는 등과 같은 특별한 사정이 없는 한, 그 수수한 금품이나 이익 전부에 관하여 위 각 죄의 공모공동정범이 성립하는 것이며, 수수할 금품이나 이익의 규모나 정도 등에 대하여 사전에 서로 의사의 연락이 있거나 수수한 금품 등의 구체적 금액을 공범자가 알아야 공모공동정범이 성립하는 것은 아니고, 이와 같은 법리는 특정경제범죄 가중처벌 등에 관한 법률 제5조가 정한 수재의 공모공동정범에서도 마찬가지로 적용된다(대판 2010.10.14. 2010도387).

정답 ②

14 공동정범에 관한 다음 설명 중 가장 옳은 것은? (다툼이 있으면 판례에 의함) [17 경찰간부]

① 甲은 乙로부터 캠코더 등을 밀수입해 오면 팔아주겠느냐는 제의를 받고 팔아주겠다고 승낙한 다음 乙이 물품을 밀수입해 오자 대금을 지불하고 이를 인도받아 타에 처분하였다면 밀수입 범행의 공동정범이 된다.

② 甲은 A회사의 영업비밀을 다른 벤처기업에 유출하거나 스스로의 이익을 위하여 이용할 목적으로 CD에 저장한 다음 반출하여 집으로 가져와 보관한 후에, 乙에게 그 사실을 말하여 乙이 甲과 접촉해 A회사의 영업비밀을 취득하려 하였다면 乙은 업무상배임죄의 공동정범이 될 수 있다.

③ 甲은 乙과 공모하여 가출 청소년 丙(여, 16세)에게 낙태수술비를 벌도록 해 주겠다고 유인하였고, 乙로 하여금 丙의 성매매 홍보용 나체사진을 찍도록 하였으며, 丙이 중도에 약속을 어길 경우 민형사상 책임을 진다는 각서를 작성하도록 한 후, 甲이 별건으로 체포되어 구치소에 수감 중인 동안 丙이 乙의 관리 아래 성매매를 계속한 경우, 丙의 성매매 기간 동안 甲은 수감 되어 있었으므로 甲은 공모관계에서 이탈하였다고 할 수 있다.

④ 건설회사의 유일한 지배자인 대표 甲이 장기간에 걸쳐 건설공사 현장소장 乙의 뇌물공여 행위를 보고 받고 이를 확인·결재 하는 등의 방법으로 관여한 경우, 비록 사전에 구체적인 대상 및 액수를 정하여 뇌물공여를 지시하지 아니하였다고 하더라도 그 핵심적 경과를 계획적으로 조종하거나 촉진하는 등으로 기능적 행위지배를 하였다고 보아 공모공동정범이 성립한다.

해설

① [×] 피고인 甲이 乙로부터 "전자제품 등을 밀수입해 올테니 이를 팔아달라"는 제의를 받고 승낙한 경우 그 승낙은 물품을 밀수입해 오면 이를 취득하거나 그 매각알선을 하겠다는 의사표시로 볼 수 있을 뿐 밀수입 범행을 공동으로 하겠다는 공모의 의사를 표시한 것으로는 볼 수 없다(대판 2000.4.7. 2000도576).

② [×] 회사 직원이 영업비밀을 경쟁업체에 유출하거나 스스로의 이익을 위하여 이용할 목적으로 무단으로 반출한 때 업무상배임죄의 기수에 이르렀다고 할 것이고, 그 이후에 직원과 접촉하여 영업비밀을 취득하려고 한 자는 업무상배임죄의 공동정범이 될 수 없다(대판 2003.10.30. 2003도4382).

③ [×] [1] 공모자가 공모에 주도적으로 참여하여 다른 공모자의 실행에 영향을 미친 때에는 범행을 저지르기 위하여 적극적으로 노력하는 등 실행에 미친 영향력을 제거하지 아니하는 한 공모관계에서 이탈하였다고 할 수 없다.
[2] 甲이 乙과 공모하여 가출 청소년 丙을 유인하고 성매매 홍보용 나체사진을 찍은 후, 자신이 별건으로 체포되어 수감 중인 동안 丙이 乙의 관리 아래 성매수의 상대방이 된 대가로 받은 돈을 丙, 乙 및 甲의 처 등이 나누어 사용한 경우, 甲은 乙과 함께 미성년자유인죄, 아청법위반죄의 책임을 진다(대판 2010.9.9. 2010도6924).

④ [○] 건설 관련 회사의 유일한 지배자가 회사 대표의 지위에서 장기간에 걸쳐 건설공사 현장소장들의 뇌물공여행위를 보고받고 이를 확인·결재하는 등의 방법으로 위 행위에 관여한 경우, 비록 사전에 구체적인 대상 및 액수를 정하여 뇌물공여를 지시하지 아니하였다고 하더라도 그 핵심적 경과를 계획적으로 조종하거나 촉진하는 등으로 기능적 행위지배를 하였다면 공모공동정범의 죄책을 인정하여야 한다(대판 2010.7.15. 2010도3544).

정답 ④

15 다음 설명 중 가장 적절한 것은? (다툼이 있으면 판례에 의함)

① 공동정범의 주관적 요건에 해당되는 공동가공의 의사는 타인의 범행을 인식하면서도 그것을 제지하지 않고 용인하는 것만으로는 부족하고 공동의 의사로 특정한 범죄행위를 하기 위해 일체가 되어 서로 다른 사람의 행위를 이용해서 자기의 의사를 실행에 옮기는 것이어야 한다.

② 3인이 합동절도의 범행을 공모한 후 그 가운데 2인이 범행 현장에서 시간적·장소적으로 협동관계를 이루어 절도의 실행행위를 분담해서 절도 범행을 한 경우에, 절도의 실행행위를 직접 분담하지 않은 1인은 단순절도의 공동정범이 될 수 있을 뿐이고 합동절도의 공동정범이 될 수는 없다.

③ 공모에 주도적으로 참여해서 다른 공모자의 실행에 영향을 미친 공모자라도 다른 공모자가 실행행위에 이르기 전에 그 공모관계에서 이탈한 때에는 그 이후의 다른 공모자의 행위에 관해서는 공동정범으로서의 책임을 질 여지는 없다.

④ 결과적 가중범의 공동정범이 인정되기 위해서는 행위를 공동으로 할 의사 외에 결과를 공동으로 할 의사도 필요하다.

해설

① [O] 공동정범의 주관적 요건에 해당되는 공동가공의 의사는 타인의 범행을 인식하면서도 그것을 제지하지 않고 용인하는 것만으로는 부족하고 공동의 의사로 특정한 범죄행위를 하기 위해 일체가 되어 서로 다른 사람의 행위를 이용해서 자기의 의사를 실행에 옮기는 것이어야 한다(대판 2014.5.16. 2012도3676).

② [×] 공모에는 참여하였으나 현장에서 절도의 실행행위를 직접 분담하지 아니한 다른 범인에 대하여도 그가 현장에서 절도 범행을 실행한 2인 이상의 범인의 행위를 자기 의사의 수단으로 하여 합동절도의 범행을 하였다고 평가할 수 있는 정범성의 표지를 갖추고 있다고 보여지는 한, 그 다른 범인에 대하여 합동절도의 공동정범의 성립을 부정할 이유가 없다(대판(전) 1998.5.21. 98도321).

③ [×] 공모자가 공모에 주도적으로 참여하여 다른 공모자의 실행에 영향을 미친 때에는 범행을 저지하기 위하여 적극적으로 노력하는 등 실행에 미친 영향력을 제거하지 아니하는 한 공모관계에서 이탈하였다고 할 수 없다(대판 2008.4.10. 2008도1274).

④ [×] 결과적 가중범의 공동정범은 기본행위를 공동으로 할 의사가 있으면 성립하고 결과를 공동으로 할 의사는 필요 없다(대판 1997.10.10. 97도1720).

정답 ①

---

16 공동정범에 대한 설명 중 판례의 입장과 다른 것은 모두 몇 개인가?

㉠ 교량을 건설하는데 있어 甲은 부실공사를 하고 乙은 공사감독공무원으로서 공사감독을 소홀히 하고 교량이 완성된 후에는 교량의 유지·관리를 담당하는 丙이 유지·관리를 소홀히 한 바람에 결국 다리가 붕괴되어 지나가던 사람이 사망한 경우 甲·乙·丙은 업무상과실치사죄의 단독정범은 성립할 수 있으나 공동정범은 될 수 없다.

㉡ 타인의 범행을 인식하면서도 이를 제지하지 아니하고 용인하는 심리상태만으로 공동정범의 공동가공의 의사가 인정될 수 있다.

㉢ 甲과 乙이 절도를 공모하고 甲은 절도를 행하고 있는 동안 乙은 망을 보다 양심의 가책을 느끼고 돌아갔다 혼자 남은 甲이 절취를 완성하였어도 乙은 절도죄의 중지미수에 해당한다.

㉣ 甲, 乙, 丙은 등산용 칼을 이용하여 노상강도를 하기로 공모한 후 甲은 범행당시 차안에서 망을 보고 乙과 丙은 함께 차에서 내려 丁으로부터 금품을 강취하려 했는데 그때 우연히 현장을 목격하게 된 戊를 乙이 자신이 소지하고 있던 등산용 칼로 찔러 살해하였다면 甲, 乙, 丙 모두는 강도살인죄의 공동정범이 된다.

① 1개   ② 2개

③ 3개   ④ 4개

- ㉠ [×] 성수대교와 같은 교량이 그 수명을 유지하기 위하여는 건설업자의 완벽한 시공, 감독공무원들의 철저한 제작시공상의 감독 및 유지·관리를 담당하고 있는 공무원들의 철저한 유지·관리라는 조건이 합치되어야 하는 것이므로 피고인들은 특별한 사정이 있는 경우를 제외하고는 성수대교 붕괴에 대한 공동책임을 면할 수 없다(대판 1997.11.28. 97도1740).
- ㉡ [×] 공동정범이 성립하기 위하여는 주관적 요건으로서 공동가공의 의사와 객관적 요건으로서 공동의사에 기한 기능적 행위지배를 통한 범죄의 실행사실이 필요하고, 공동가공의 의사는 타인의 범행을 인식하면서도 이를 제지하지 아니하고 용인하는 것만으로는 부족하다(대판 2014.5.16. 2012도3676).
- ㉢ [×] 다른 공범의 범행을 중지하게 하지 아니한 이상 자기만의 범의를 철회, 포기하여도 중지미수로는 인정될 수 없는 것이다(대판 2005.2.25. 2004도8259).
- ㉣ [×] 피고인들이 등산용 칼을 이용하여 노상강도를 하기로 공모한 사건에서, 범행 당시 차안에서 망을 보고 있던 피고인 甲이나, 등산용 칼을 휴대하고 있던 피고인 乙과 함께 차에서 내려 피해자로부터 금품을 강취하려 했던 피고인 丙으로서는, 그때 우연히 현장을 목격하게 된 다른 피해자를 피고인 乙이 소지중인 등산용 칼로 살해하여 강도살인행위에 이를 것을 전혀 예상하지 못하였다고 할 수 없으므로 피고인들 모두는 강도치사죄로 의율 처단함이 옳다(대판 1990.11.27. 90도2262).
  - ▶ 乙은 강도살인죄의 죄책을 지며 甲과 丙은 강도치사죄의 죄책을 진다.

정답 ④

17 정범 및 공범에 관한 설명 중 옳지 않은 것은? (다툼이 있으면 판례에 의함) [19 변호사]

① 「형법」 제127조는 공무원 또는 공무원이었던 자가 법령에 의한 직무상 비밀을 누설하는 행위만을 처벌하고 있을 뿐 직무상 비밀을 누설받은 상대방을 처벌하는 규정이 없으므로, 직무상 비밀을 누설받은 자에 대하여는 공범에 관한 형법총칙 규정이 적용될 수 없다.

② 甲이 뇌물공여의사 없이 오로지 공무원 乙을 함정에 빠뜨릴 의사로 직무와 관련되었다는 형식을 빌려 乙에게 금품을 공여한 경우에도 乙이 그 금품을 직무와 관련하여 수수한다는 의사를 가지고 받아들이면 甲에게 뇌물공여죄가 성립하지 않는 경우라도 乙에게 뇌물수수죄가 성립한다.

③ 「폭력행위 등 처벌에 관한 법률」 제2조 제2항에서 '2명 이상이 공동하여' 죄를 범한 때라 함은 수인이 동일한 장소에서 동일한 기회에 상호 다른 사람의 범행을 인식하고 이를 이용하여 범행을 한 경우를 뜻하는 것으로서, 폭행 등의 실행범과의 공모사실은 인정되나 그와 공동하여 범행에 가담하였거나 범행장소에 있었다고 인정되지 아니하는 경우에는 공동하여 죄를 범한 때에 해당하지 아니한다.

④ 합동범은 주관적 요건으로서 공모 외에 객관적 요건으로서 현장에서의 실행행위의 분담을 요하나, 이 실행행위의 분담은 반드시 동시에 동일 장소에서 실행행위를 특정하여 분담하는 것만을 뜻하는 것이 아니라 시간적으로나 장소적으로 서로 협동관계에 있다고 볼 수 있으면 충분하다.

⑤ 간접정범이 성립하기 위해서는 처벌되지 아니하는 타인의 행위를 적극적으로 유발하고 이를 이용하여 자신의 범죄를 실현하여야 하며, 그 과정에서 타인의 의사를 부당하게 억압하여야 한다.

해설

① [○] 형법 제127조는 공무원 또는 공무원이었던 자가 법령에 의한 직무상 비밀을 누설하는 행위만을 처벌하고 있을 뿐 직무상 비밀을 누설받은 상대방을 처벌하는 규정이 없는 점에 비추어, 직무상 비밀을 누설받은 자에 대하여는 공범에 관한 형법총칙 규정이 적용될 수 없다(대판 2011.4.28. 2009도3642).

② [○] 뇌물공여죄와 뇌물수수죄는 필요적 공범관계에 있다고 할 것이나, 필요적 공범이라는 것은 법률상 범죄의 실행이 다수인의 협력을 필요로 하는 것을 가리키는 것으로서 이러한 범죄의 성립에는 행위의 공동을 필요로 하는 것에 불과하고 반드시 협력자 전부가 책임이 있음을 필요로 하는 것은 아니므로, 오로지 공무원을 함정에 빠뜨릴 의사로 직무와 관련되었다는 형식을 빌려 그 공무원에게 금품을 공여한 경우에도 공무원이 그 금품을 직무와 관련하여 수수한다는 의사를 가지고 받아들이면 뇌물수수죄가 성립한다(대판 2008.3.13. 2007도10804).

③ [O] 폭처법 제2조 제2항의 '2인 이상이 공동하여 전항 게기의 죄를 범한 때'라고 함은 그 수인간에 소위 공범관계가 존재하는 것을 요건으로 하는 것이고 수인이 동일 장소에서 동일 기회에 상호 다른자의 범행을 인식하고 이를 이용하여 범행을 한 경우임을 요한다고 할 것이므로 폭행의 실행범과의 공모사실은 인정되나 그와 공동하여 범행에 가담하였거나 범행장소에 있었다고 인정되지 아니하는 경우에는 '공동하여' 죄를 범한 때에 해당하지 아니한다(대판 1990.10.30. 90도2022).

④ [O] 형법 제334조 제2항의 특수강도죄에 있어 실행행위의 분담은 반드시 동시에 동일장소에서 실행행위를 특정하여 분담하는 것만을 뜻하는 것이 아니라 시간적으로나 장소적으로 서로 협동관계에 있다고 볼 수 있으면 충분하다(대판 1992.7.28. 92도917).

⑤ [×] 처벌되지 아니하는 타인의 행위를 적극적으로 유발하고 이를 이용하여 자신의 범죄를 실현한 자는 간접정범의 죄책을 지게 되고, 그 과정에서 타인의 의사를 부당하게 억압하여야만 간접정범에 해당하는 것은 아니다(대판 2008.9.11. 2007도7204).

정답 ⑤

18 공범의 종속성에 관한 설명 중 가장 적절하지 않은 것은? [23 경찰채용]

① 공범종속성설에 의하면 공범은 정범의 실행행위에 종속해서만 성립할 수 있고, 정범이 적어도 실행의 착수에 이르러야 공범이 성립할 수 있다.

② 공범종속성설 중 극단적 종속형식에 의하면 정범의 행위가 구성요건에 해당하고 위법하며 유책할 뿐만 아니라 가벌성의 조건(처벌조건)까지 모두 갖추어야 공범이 성립할 수 있다.

③ 공범독립성설에 의하면 공범은 독립된 범죄로서 교사·방조행위가 있으면 정범의 실행행위가 없더라도 공범이 성립할 수 있다.

④ 공범종속성설 중 제한적 종속형식에 의하면 정범의 실행행위가 구성요건에 해당하고 위법하면 공범이 성립할 수 있고 유책할 것을 요하지 않는다는 것으로, 책임무능력자의 위법행위를 교사·방조한 경우에도 공범이 성립할 수 있다.

해설

① [O] 공범종속성설은 공범의 본질은 타인의 구성요건실현에 가담하는 데 있으므로 공범은 정범의 현실적인 실행행위가 있어야 그에 종속하여 성립한다는 견해이다.

② [×] 극단적 종속형식은 정범의 행위가 구성요건에 해당하고 위법·유책하면 공범의 성립을 인정한다. 설문은 초극단적 종속형식에 대한 설명에 해당한다.

③ [O] 공범독립성설은 범죄는 행위자의 반사회적 징표이고, 공범행위(교사행위·방조행위) 자체가 반사회적인 범죄실행행위로서의 실질을 가지므로 공범은 정범과 관계없이 독립하여 성립한다는 견해이다. 이 견해에 따르면 공범은 독립된 범죄로서 교사방조행위가 있으면 정범의 실행행위가 없더라도 공범이 성립할 수 있다.

④ [O] 공범종속성설 중 제한적 종속형식에 의하면 정범의 실행행위가 구성요건에 해당하고 위법하면 공범이 성립할 수 있고 유책할 것을 요하지 않으므로 책임무능력자의 위법행위를 교사·방조한 경우에도 공범이 성립할 수 있다.

정답 ②

19 다음 중 가장 적절하지 않은 것은? (다툼이 있는 경우 판례에 의함) [23 경찰채용]

① 甲이 타인을 비방할 목적으로 허위의 기사 재료를 그 정을 모르는 기자에게 제공하여 신문 등에 보도되게 한 경우 甲에게 출판물에 의한 명예훼손죄의 간접정범이 성립할 수 있다.

② 국헌문란의 목적을 달성하기 위해 그러한 목적이 없는 대통령을 이용하여 비상계엄 전국확대조치를 한 것은 간접정범의 방법으로 내란죄를 실행한 것이다.

③ 공범자의 범인도피행위의 도중에 그 범행을 인식하면서 그와 공동의 범의를 가지고 기왕의 범인도피상태를 이용하여 스스로 범인도피행위를 계속한 자에 대하여는 범인도피죄의 공동정범이 성립한다.

④ 피해자는 강제추행에 관한 간접정범의 의사를 실현하는 도구로서의 타인에 포함될 수 없다.

해설

① [O] 출판물에 의한 명예훼손죄는 간접정범에 의하여 범하여질 수 있으므로, 타인을 비방할 목적으로 허위의 기사 재료를 그 정을 모르는 기자에게 제공하여 신문 등에 보도되게 한 경우에도 성립할 수 있다(대판 2002.6.28. 2000도3045).

② [O] 국헌문란의 목적을 달성하기 위해 그러한 목적이 없는 대통령을 이용하여 비상계엄 전국 확대조치를 한 것은 간접정범의 방법으로 내란죄를 실행한 것이다(대판(전) 1997.4.17. 96도3376).

③ [O] 공범자의 범인도피 행위 도중에 그 범행을 인식하면서 그와 공동의 범의를 가지고 기왕의 범인도피 상태를 이용하여 스스로 범인도피 행위를 계속한 자에 대하여는 범인도피죄의 공동정범이 성립한다(대판 2012.8.30. 2012도6027).

④ [×] 강제추행에 관한 간접정범의 의사를 실현하는 '도구로서의 타인'에는 피해자도 포함될 수 있으므로, 피해자를 도구로 삼아 피해자의 신체를 이용하여 추행행위를 한 경우에도 강제추행죄의 간접정범에 해당할 수 있다(대판 2018.2.8. 2016도17733).

정답 ④

20 공동정범에 관한 설명으로 가장 적절하지 않은 것은? (다툼이 있는 경우 판례에 의함) [23 경찰채용]

① 공동정범에서 주관적 요건인 공동가공의 의사는 타인의 범행을 인식하면서도 이를 제지하지 아니하고 용인하는 것만으로는 부족하고, 공동의 의사로 특정한 범죄행위를 하기 위하여 일체가 되어 서로 다른 사람의 행위를 이용하여 자기의 의사를 실행에 옮기는 것을 내용으로 하여야 한다.

② 공동정범이 성립하기 위하여는 반드시 공범자 간에 사전 모의가 있어야 하므로, 우연히 만난 자리에서 서로 협력하여 공동의 범의를 실현하려는 의사가 암묵적으로 상통하여 범행에 공동가공하더라도 공동정범은 성립되지 않는다.

③ 공모공동정범에 있어서 공모자가 공모에 주도적으로 참여하여 다른 공모자의 실행에 영향을 미친 때에는 범행을 저지하기 위하여 적극적으로 노력하는 등 실행에 미친 영향력을 제거하지 아니하는 한 공모관계에서 이탈하였다고 할 수 없다.

④ 비신분자가 신분관계로 인하여 성립될 범죄에 가공한 경우, 비신분자에게 공동가공의 의사와 이에 기초한 기능적 행위지배를 통해 범죄의 실행이라는 주관적·객관적 요건이 충족되면 신분자와 공동정범이 성립한다.

해설

① [O] 공동정범에서 주관적 요건인 공동가공의 의사는 타인의 범행을 인식하면서도 이를 제지하지 아니하고 용인하는 것만으로는 부족하고, 공동의 의사로 특정한 범죄행위를 하기 위하여 일체가 되어 서로 다른 사람의 행위를 이용하여 자기의 의사를 실행에 옮기는 것을 내용으로 하여야 한다(대판 2023.1.12. 2022도11245).

② [×] 공동정범이 성립하기 위하여는 반드시 공범자간에 사전에 모의가 있어야 하는 것은 아니며, 우연히 만난 자리에서 서로 협력하여 공동의 범의를 실현하려는 의사가 암묵적으로 상통하여 범행에 공동가공하더라도 공동정범은 성립된다(대판 1984.12.26. 82도1373).

③ [O] 공모공동정범에 있어서 공모자가 공모에 주도적으로 참여하여 다른 공모자의 실행에 영향을 미친 때에는 범행을 저지하기 위하여 적극적으로 노력하는 등 '실행에 미친 영향력을 제거하지 아니하는 한' 공모관계에서 이탈하였다고 할 수 없다(대판 2008.4.10. 2008도1274).

④ [O] 비신분자가 신분관계로 인하여 성립될 범죄에 가공한 경우, 비신분자에게 공동가공의 의사와 이에 기초한 기능적 행위지배를 통해 범죄의 실행이라는 주관적·객관적 요건이 충족되면 신분자와 공동정범이 성립한다(대판(전) 2019.8.29. 2018도13792).

정답 ②

21 정범 및 공범에 관한 설명으로 가장 적절하지 않은 것은? (다툼이 있는 경우 판례에 의함) [22 경찰채용]

① 공모공동정범에 있어서 공모자가 공모에 주도적으로 참여하여 다른 공모자의 실행에 영향을 미친 때에는 범행을 저지하기 위하여 적극적으로 노력하는 등 실행에 미친 영향력을 제거하지 아니하는 한 공모관계에서 이탈하였다고 할 수 없다.

② 피교사자가 교사자의 교사행위 당시에는 일응 범행을 승낙하지 아니한 것으로 보여진다 하더라도 이후 그 교사행위에 의하여 범행을 결의한 것으로 인정되는 이상 교사범의 성립에는 영향이 없다.

③ 甲이 책임무능력자를 이용하여 범행한 사례에 있어서 공범의 종속 정도와 관련하여 제한종속형식설을 취하는 경우, 공범의 우위성에 따라 甲에게는 교사범이 성립하므로 간접정범이 성립할 여지가 없다.

④ 어느 행위로 인하여 과실범으로 처벌되는 자를 교사 또는 방조하여 범죄행위의 결과를 발생하게 한 자는 교사 또는 방조의 예에 의하여 처벌한다.

해설

① [O] 공모관계에서의 이탈은 공모자가 공모에 의하여 담당한 기능적 행위지배를 해소하는 것이 필요하므로 공모자가 공모에 주도적으로 참여하여 다른 공모자의 실행에 영향을 미친 때에는 범행을 저지하기 위하여 적극적으로 노력하는 등 실행에 미친 영향력을 제거하지 아니하는 한 공모관계에서 이탈하였다고 할 수 없다(대판 2008.4.10. 2008도1274).

② [O] 피교사자가 교사자의 교사행위 당시에는 일응 범행을 승낙하지 아니한 것으로 보여진다 하더라도 이후 그 교사행위에 의하여 범행을 결의한 것으로 인정되는 이상 교사범의 성립에는 영향이 없다(대판 2013.9.12. 2012도2744).

③ [×] 책임이 없는 자를 이용한 경우에 제한적 종속형식에 의하면 간접정범과 공범의 성립이 모두 가능하나 정범개념의 우위성에 의하여 의사지배를 기준으로 먼저 간접정범의 성립 여부를 심사해야 한다(정범개념의 우위성, 다수설).14)

④ [O] 어느 행위로 인하여 처벌되지 아니하는 자 또는 과실범으로 처벌되는 자를 교사 또는 방조하여 범죄행위의 결과를 발생하게 한 자는 교사 또는 방조의 예에 의하여 처벌한다(제34조 제1항).

정답 ③

22 공동정범에 대한 설명 중 가장 적절한 것은? (다툼이 있는 경우 판례에 의함) [23 경찰승진]

① 공동가공의 의사는 공동행위자 상호간에 있어야 하며 행위자 일방의 가공의사만으로는 공동정범 관계가 성립할 수 없다.

② 甲이 피해자 일행을 한 사람씩 나누어 강간하자는 일행들의 제의에 아무런 대답도 하지 않고 따라다니다가 자신의 강간 상대방으로 남겨진 A에게 일체의 신체적 접촉도 시도하지 않은 채 다른 일행이 인근 숲속에서 강간을 마칠 때까지 A와 함께 이야기만 나눈 경우 강간죄의 공동정범이 성립한다.

③ 회사직원이 영업비밀을 경쟁업체에 유출하거나 스스로의 이익을 위하여 이용할 목적으로 무단으로 반출한 때 업무상배임죄의 기수에 이르렀으며, 그 이후에 위 직원과 접촉하여 영업비밀을 취득하려고 한 자는 업무상배임죄의 공동정범이 된다.

④ 포괄일죄의 범행 도중에 공동정범으로 범행에 가담한 자가 그 범행에 가담할 때에 이미 이루어진 종전의 범행을 알았다면 가담 이후의 범행뿐만 아니라 가담 이전의 범행에 대하여도 공동정범으로 책임을 진다.

---

14) 甲이 심신상실자 A를 이용할 생각으로 타인의 자동차를 손괴하도록 사주하고, 이에 따라 A가 타인의 자동차를 손괴한 사례의 경우, 정범개념 우위성을 전제하면 甲은 책임능력이 없어 처벌되지 아니하는 자를 이용한 간접정범에 해당되게 되어 공범은 성립할 수 없게 된다.

해설

① [○] 공동가공의 의사는 공동행위자 상호간에 있어야 하며 행위자 일방의 가공의사만으로는 공동정범 관계가 성립할 수 없다 (대판 1985.5.14. 84도2118).

② [×] 피해자 일행을 한 사람씩 나누어 강간하자는 피고인 일행의 제의에 아무런 대답도 하지 않고 따라다니다가 자신의 강간 상대방으로 남겨진 공소외인에게 일체의 신체적 접촉도 시도하지 않은 채 다른 일행이 인근 숲속에서 강간을 마칠 때까지 공소 외인과 함께 이야기만 나눈 경우, 피고인에게 다른 일행의 강간 범행에 공동으로 가공할 의사가 있었다고 볼 수 없다고 한 사례 (대판 2003.3.28. 2002도7477).

③ [×] 회사직원이 영업비밀을 경쟁업체에 유출하거나 스스로의 이익을 위하여 이용할 목적으로 무단으로 반출한 때 업무상배임 죄의 기수에 이르렀다고 할 것이고, 그 이후에 위 직원과 접촉하여 영업비밀을 취득하려고 한 자는 업무상배임죄의 공동정범이 될 수 없다고 한 사례(대판 2003.10.30. 2003도4382).

④ [×] 포괄일죄의 일부에 공동정범으로 가담한 자는 비록 그가 그 범행에 가담할 때에 이미 이루어진 종전의 범행을 알았다 하여도 그 '가담 이후의 범행에 대해서만' 공동정범으로서 책임을 진다(대판 1982.6.8. 82도884).

정답 ①

23 동시범에 관한 설명으로 옳은 것은 모두 몇 개인가? (다툼이 있는 경우 판례에 의함) [22 경찰채용]

> ⊙ 시간적 차이가 있는 독립행위가 경합한 경우, 그 결과발생의 원인된 행위가 판명되지 아니한 때에 형법 제263조 가 적용되는 경우를 제외하고는 형법 제19조가 적용된다.
> ⓒ 독립행위가 경합하여 상해의 결과를 발생하게 한 경우에 있어서 원인된 행위가 판명되지 아니한 때에는 각 행위 자를 미수범으로 처벌한다.
> ⓒ 형법 제263조의 동시범은 강간치상죄에는 적용할 수 없다.
> ⓔ A가 甲으로부터 폭행을 당하고 얼마 후 함께 A를 폭행하자는 甲의 연락을 받고 달려 온 乙로부터 다시 폭행을 당하고 사망하였으나 사망의 원인행위가 판명되지 않았다면, 형법 제263조가 적용되어 甲과 乙은 폭행치사죄의 공동정범의 예에 의하여 처벌된다.

① 1개
② 2개
③ 3개
④ 4개

해설

⊙ [○] 귀책의 범위는 원칙적으로 형법 총칙의 제19조(독립행위의 경합)에 의하여 해결하여야 하나, 제263조에 특례규정을 두고 있다.

ⓒ [×] 독립행위가 경합하여 상해의 결과가 발생하게 한 경우에 있어서 원인된 행위가 판명되지 아니한 때에는 공동정범의 예에 의한다(제263조).

ⓒ [○] 형법 제263조의 동시범은 상해와 폭행죄에 관한 특별규정으로서 동 규정은 그 보호법익을 달리하는 강간치상죄에는 적용 할 수 없다(대판 1984.4.24. 84도372).

ⓔ [×] 2인 이상이 상호의사의 연락이 없이 동시에 범죄구성요건에 해당하는 행위를 하였을 때에는 원칙적으로 각인에 대하여 그 죄를 논하여야 하나, 그 결과발생의 원인이 된 행위가 분명하지 아니한 때에는 각 행위자를 미수범으로 처벌하고(독립행위의 경합), 이 독립행위가 경합하여 특히 상해의 경우에는 공동정범의 예에 따라 처단(동시범)하는 것이므로, 상호의사의 연락이 있어 공동정범이 성립한다면, 독립행위경합 등의 문제는 아예 제기될 여지가 없다(대판 1997.11.28. 97도1740).

정답 ②

24 상해죄의 동시범의 특례(형법 제263조)에 대한 설명으로 가장 옳지 않은 것은? (다툼이 있으면 판례에 의함)

[14 경찰간부]

① 형법 제263조의 동시범은 상해와 폭행죄에 관한 특별규정으로서 동 규정은 그 보호법익을 달리하는 강간치상죄에는 적용할 수 없다.

② 시간적 차이가 있는 독립된 상해행위나 폭행행위가 경합하여 사망의 결과가 일어나고 그 사망의 원인된 행위가 판명되지 않은 경우에도 공동정범의 예에 의하여 처벌한다.

③ 만일 흉기로 피해자의 얼굴을 찍은 것이 피고인들 중 어느 한 사람의 소행일 가능성이 없고 피고인들 및 제3자 상호간에 의사의 연락이 있었다고 볼 수 없다면, 피고인들에 대하여 흉기에 의한 상해행위 부분까지 그 죄책을 물을 수는 없다.

④ 상해죄의 동시범은 독립행위가 경합하여 특히 상해의 결과를 발생하게 하고 그 결과발생의 원인이 된 행위가 밝혀지지 아니한 경우 공동정범의 예에 따라 처단하는 것이므로, 행위자 일방의 공동가공의사만 있었다면 이를 동시범으로 처단할 수 없다.

해설

① [○] 형법 제263조의 동시범은 상해와 폭행죄에 관한 특별규정으로서 동 규정은 그 보호법익을 달리하는 강간치상죄에는 적용할 수 없다(대판 1984.4.24. 84도372).

② [○] 시간적 차이가 있는 독립된 상해행위나 폭행행위가 경합하여 사망의 결과가 일어나고 그 사망의 원인된 행위가 판명되지 않은 경우에는 공동정범의 예에 의하여 처벌할 것이다(대판 2000.7.28. 2000도2466).

③ [○] 상해죄에 있어서의 동시범은 두 사람 이상이 가해행위를 하여 상해의 결과를 가져올 경우에 그 상해가 어느 사람의 가해행위로 인한 것인지가 분명치 않다면 가해자 모두를 공동정범으로 본다는 것이므로 가해행위를 한 것 자체가 분명치 않은 사람에 대하여는 동시범으로 다스릴 수 없다(대판 1984.5.15. 84도488).

④ [×] 상호의사의 연락이 있어 공동정범이 성립한다면, 독립행위경합(동시범) 등의 문제는 아예 제기될 여지가 없다(대판 1997.11.28. 97도1740). 따라서 행위자 일방의 공동가공의사만 있었다면 상호의사의 연락이 있었던 경우가 아니므로 이를 동시범으로 처단할 수 있다.

정답 ④

제2절 ㅣ 간접정범

25 판례에 의할 때 (   ) 안의 간접정범이 성립될 수 없는 경우는?

[10 경찰승진]

① 수표의 발행인 아닌 자가 허위신고의 고의 없는 발행인을 이용하여 허위신고하게 한 경우(부정수표단속법상의 허위신고죄)

② 면(面)의 호적계장이 행사할 목적으로 정을 모르는 면장의 결재를 받아 허위내용의 호적부를 작성한 경우(허위공문서작성죄)

③ 타인을 비방할 목적으로 허위의 기사 재료를 그 정을 모르는 기자에게 제공하여 신문 등에 보도되게 한 경우(출판물에 의한 명예훼손죄)

④ 인신구속에 관한 직무를 행하는 자 또는 이를 보조하는 자가 피해자를 구속하기 위하여 진술조서 등을 허위로 작성한 후 검사와 영장전담판사를 기망하여 구속영장을 발부받아 피해자를 구금한 경우(직권남용감금죄)

① [불성립] 부정수표단속법 제4조가 수표금액의 지급 또는 거래정지처분을 면할 목적을 요건으로 하고, 수표금액의 지급책임을 부담하는 자 또는 거래정지처분을 당하는 자는 발행인에 국한되는 점에 비추어 볼 때 그와 같은 발행인이 아닌 자는 부정수표단속법 제4조가 정한 허위신고죄의 주체가 될 수 없고 발행인이 아닌 자는 허위신고의 고의 없는 발행인을 이용하여 간접정범의 형태로 허위신고죄를 범할 수도 없다(대판 2007.3.15. 2006도7318).

② [성립] 면의 호적계장이 정을 모른 면장의 결재를 받아 허위내용의 호적부를 작성한 경우 허위공문서작성, 동행사죄의 간접정범이 성립된다(대판 1990.10.30. 90도1912).

③ [성립] 출판물에 의한 명예훼손죄는 간접정범에 의하여 범하여질 수도 있으므로 타인을 비방할 목적으로 허위의 기사 재료를 그 정을 모르는 기자에게 제공하여 신문 등에 보도되게 한 경우에도 성립할 수 있다(대판 2002.6.28. 2000도3045).

④ [성립] 감금죄는 간접정범의 형태로도 행하여질 수 있는 것이므로 인신구속에 관한 직무를 행하는 자 또는 이를 보조하는 자가 피해자를 구속하기 위하여 진술조서 등을 허위로 작성한 후 이를 기록에 첨부하여 구속영장을 신청하고 진술조서 등이 허위로 작성된 정을 모르는 검사와 영장전담판사를 기망하여 구속영장을 발부받은 후 그 영장에 의하여 피해자를 구금하였다면 직권남용감금죄가 성립한다(대판 2006.5.25. 2003도3945).

정답 ①

26 간접정범에 대한 설명 중 가장 옳지 않은 것은? (다툼이 있으면 판례에 의함) [11 경찰간부]

① 사법경찰관이 피해자를 구속하기 위하여 허위로 진술조서 등을 작성하여 기록에 첨부한 후 구속영장을 신청하여 그 정을 모르는 검사와 판사를 속여 구속영장을 발부받아 피해자를 구속하였다면 간접정범이 성립할 수 있다.

② 공무원이 아닌 자가 허위사실을 신고하여 면장의 거주확인증을 발급받더라도 허위공문서작성죄의 간접정범의 죄책을 지지 아니한다.

③ 자기에게 유리한 판결을 얻기 위하여 증거가 조작되어 있다는 정을 인식하지 못하는 타인을 이용하여 그로 하여금 민사소송의 당사자가 되게 하고 법원을 기망하여 소송 상대방의 재물을 취득하였더라도 사기죄의 간접정범의 죄책을 지지 않는다.

④ 무허가 식용유 제조의 범의가 없는 자에게 의뢰하여 허가 없이 식용유를 제조케 한 경우에는 무허가 식용유 제조의 간접정범이 성립한다.

① [O] 감금죄는 간접정범의 형태로도 행하여질 수 있는 것이므로 인신구속에 관한 직무를 행한 자 또는 이를 보조하는 자가 피해자를 구속하기 위하여 진술조서 등을 허위로 작성한 후 이를 기록에 첨부하여 구속영장을 신청하고 진술조서 등이 허위로 작성된 정을 모르는 검사와 영장전담판사를 기망하여 구속영장을 발부받은 후 그 영장에 의하여 피해자를 구금하였다면 직권남용감금죄가 성립한다(대판 2006.5.25. 2003도3945).

② [O] 공무원 아닌 자가 면장의 거주확인증 발급을 위한 허위사실의 신고는 허위공문서작성죄의 간접정범이 되지 않는다(대판 1971.1.26. 70도2598).

③ [×] 자기에게 유리한 판결을 얻기 위하여 소송상의 주장이 사실과 다름이 객관적으로 명백하거나 증거가 조작되어 있다는 정을 인식하지 못하는 제3자를 이용하여 그로 하여금 소송의 당사자가 되게 하고 법원을 기망하여 소송 상대방의 재물 또는 재산상 이익을 취득하려 하였다면 간접정범의 형태에 의한 소송사기죄가 성립하게 된다(대판 2007.9.6. 2006도3591).

④ [O] 무허가 식용유 제조의 범의가 없는 자에게 의뢰하여 허가 없이 식용유를 제조케 한 경우에는 무허가 식용유 제조의 간접정범이 성립한다(대판 1983.5.24. 83도200).

정답 ③

27 일반인인 **甲**은 예비군훈련을 받은 사실이 없음에도 불구하고 소속 예비군동대 방위병인 乙에게 예비군훈련을 받았다는 확인서를 발급해 달라고 부탁하였다. 乙은 작성권자인 예비군 동대장 丙에게 甲의 훈련사실을 허위보고한 뒤 丙명의의 예비군훈련확인서를 발급하여 甲에게 교부하였다. 甲의 죄책은? (다툼이 있으면 판례에 의하고, 행사죄는 고려하지 말 것)

[11 경찰승진]

① 공문서위조죄의 교사범
② 공문서위조죄의 정범
③ 허위공문서작성죄의 간접정범의 공범
④ 공무원의 신분이 없으므로 무죄

해설

③ 공문서의 작성권한이 있는 공무원의 직무를 보좌하는 자가 그 직위를 이용하여 행사할 목적으로 허위의 내용이 기재된 문서 초안을 그 정을 모르는 상사에게 제출하여 결재하도록 하는 등의 방법으로 작성권한이 있는 공무원으로 하여금 허위의 공문서를 작성하게 한 경우에는 간접정범이 성립되고 이와 공모한 자 역시 그 간접정범의 공범으로서의 죄책을 면할 수 없는 것이고, 여기서 말하는 공범은 반드시 공무원의 신분이 있는 자로 한정되는 것은 아니라고 할 것이다(대판 1992.1.17. 91도2837).

정답 ③

28 간접정범에 관한 설명 중 옳은 것은? (다툼이 있으면 판례에 의함)

[02 사시]

① 공무원이 아닌 甲이 행사할 목적으로 관공서에 허위 내용의 증명원을 제출하여 그 내용이 허위인 정을 모르는 담당공무원으로부터 그 증명원의 내용과 같은 증명서를 발급받은 경우 공문서위조죄의 간접정범이 성립한다.
② 공문서의 작성권한이 있는 공무원의 직무를 보좌하는 甲이 행사할 목적으로 그 직위를 이용하여 허위의 내용이 기재된 문서 초안을 그 정을 모르는 상사에게 제출하여 결재하도록 하는 등의 방법으로 작성권한이 있는 공무원으로 하여금 허위의 공문서를 작성하게 한 경우 허위공문서작성죄의 간접정범이 성립하지 않는다.
③ 甲이 정신분열증 환자인 A가 정상적인 의사능력을 갖고 있지 않고 자신의 명령에는 맹목적으로 복종하는 것을 이용하여 A에게 목을 매달아 자살하는 방법을 가르쳐 그렇게 자살하도록 한 경우 살인죄의 간접정범이 성립한다.
④ 호적계장인 甲이 행사할 목적으로 A의 부탁을 받고 면장 모르게 호적계에 보관중인 면장의 고무인과 직인을 이용하여 인감증명서 용지에 날인하여 A의 인감증명서를 작성한 경우 허위공문서작성죄의 간접정범이 성립한다.
⑤ 경찰관 甲이 행사할 목적으로 A의 음주운전을 눈감아주기 위하여 A에 대한 음주운전자 적발보고서를 찢어버리고, 부하로 하여금 일련번호가 동일한 가짜 음주운전 적발보고서에 B의 음주운전 사실을 기재케 하여 그 정을 모르는 담당 경찰관으로 하여금 음주운전자 음주측정처리부에 B의 음주운전 사실을 기재케 한 경우 허위공문서작성죄의 간접정범이 성립하지 않는다.

해설

① [×] 어느 문서의 작성권한을 갖는 공무원이 그 문서의 기재 사항을 인식하고 그 문서를 작성할 의사로써 이에 서명·날인하였다면, 설령 그 서명날인이 타인의 기망으로 착오에 빠진 결과 그 문서의 기재사항이 진실에 반함을 알지 못한 데 기인한다고 하여도, 그 문서의 성립은 진정하며 여기에 하등 작성명의를 모용한 사실이 있다고 할 수는 없으므로, 공무원 아닌 자가 관공서에 허위 내용의 증명원을 제출하여 그 내용이 허위인 정을 모르는 담당공무원으로부터 그 증명원 내용과 같은 증명서를 발급받은 경우 공문서위조죄의 간접정범으로 의율할 수는 없다(대판 2001.3.9. 2000도938).
② [×] 작성권한 있는 공무원의 직무를 보좌하여 공문서를 기안 또는 초안하는 직권이 있는 자가 그 직위를 이용하여 행사할 목적으로 직무상 기안하는 문서에 허위의 내용을 기재하고 허위인 정을 모르는 상사로 하여금 그 초안내용이 진실한 것으로 오신케 하여 서명날인케 함으로써 허위내용의 공문서를 작성토록 하였다면 소위 허위공문서작성죄의 간접정범의 죄책을 면할 수 없다(대판 1990.2.27. 89도1816).
③ [O] "자살"이라는 구성요건해당성이 없는 행위를 이용한 살인죄의 간접정범이다.

④ [×] 허위공문서작성죄의 주체는 그 문서를 작성할 권한이 있는 명의인인 공무원에 한하고, 그 공무원의 문서작성을 보조하는 직무에 종사하는 공무원은 위 죄의 주체가 되지 못하므로 보조 공무원이 허위공문서를 기안하여 그 정을 모르는 작성권자의 결재를 받아 공문서를 완성한 때에는 허위공문서작성죄의 간접정범이 되고, 이러한 결재를 거치지 않고 임의로 허위내용의 공문서를 완성한 때에는 공문서위조죄가 성립한다(대판 1981.7.28. 81도898).

⑤ [×] 경찰서 보안과장인 피고인이 甲의 음주운전을 눈감아주기 위하여 그에 대한 음주운전자 적발보고서를 찢어버리고, 부하로 하여금 일련번호가 동일한 가짜 음주운전 적발보고서에 乙에 대한 음주운전 사실을 기재케 하여 그 정을 모르는 담당 경찰관으로 하여금 주취운전자 음주측정처리부에 乙에 대한 음주운전 사실을 기재하도록 한 이상, 乙이 음주운전으로 인하여 처벌을 받았는지 여부와는 관계없이 허위공문서작성 및 동 행사죄의 간접정범으로서의 죄책을 면할 수 없다(대판 1996.10.11. 95도1706).

정답 ③

29 다음은 간접정범에 대한 설명이다. 가장 적절하지 않은 것은? (다툼이 있으면 판례에 의함) [13 경찰채용]

① 처벌되지 아니하는 타인의 행위를 적극적으로 유발하고 이를 이용하여 자신의 범죄를 실현한 자는 형법 제34조 제1항이 정하는 간접정범의 죄책을 지게 되고, 그 과정에서 타인의 의사를 부당하게 억압하여야만 간접정범에 해당하는 것은 아니다.

② 사법경찰관 甲이 乙을 구속하기 위하여 진술조서 등을 허위로 작성한 후 이를 기록에 첨부하여 구속영장을 신청하고, 진술조서 등이 허위로 작성된 정을 모르는 검사와 영장전담판사를 기망하여 구속영장을 발부받은 후 그 영장에 의하여 乙을 구금하였다면 甲에게는 직권남용감금죄의 간접정범이 성립한다.

③ 회사 경영자가 내막을 알지 못하는 소속 직원들로 하여금 회사 소재지 지역구 국회의원의 담당사무에 대한 청탁과 관련하여 그 국회의원이 사실상 지배·장악하고 있던 후원회에 후원금을 기부하게 한 사안에서 그 경영자에게는 정치자금법위반죄의 간접정범이 성립한다.

④ 甲이 자기에게 유리한 판결을 얻기 위하여 증거가 조작되어 있다는 정을 인식하지 못하는 乙을 이용하여 그로 하여금 민사소송의 당사자가 되게 하고 법원을 기망하여 소송 상대방의 재물을 취득하였더라도 甲은 소송 당사자가 아니므로 사기죄의 죄책을 지지 않는다.

해설

① [○], ③ [○] [1] 처벌되지 아니하는 타인의 행위를 적극적으로 유발하고 이를 이용하여 자신의 범죄를 실현한 자는 형법 제34조 제1항이 정하는 간접정범의 죄책을 지게 되고, 그 과정에서 타인의 의사를 부당하게 억압하여야만 간접정범에 해당하는 것은 아니다.
[2] 정유회사 경영자의 청탁으로 국회의원이 위 경영자와 지역구 지방자치단체장 사이에 정유공장의 지역구 유치와 관련한 간담회를 주선하고 위 경영자는 정유회사 소속 직원들로 하여금 국회의원이 사실상 지배·장악하고 있던 후원회에 후원금을 기부하게 한 경우, 국회의원에게는 정치자금법위반죄가, 경영자에게는 정치자금법 위반죄의 간접정범이 성립한다(대판 2008.9.11. 2007도7204).

② [○] 감금죄는 간접정범의 형태로도 행하여질 수 있는 것이므로 인신구속에 관한 직무를 행하는 자 또는 이를 보조하는 자가 피해자를 구속하기 위하여 진술조서 등을 허위로 작성한 후 이를 기록에 첨부하여 구속영장을 신청하고 진술조서 등이 허위로 작성된 정을 모르는 검사와 영장전담판사를 기망하여 구속영장을 발부받은 후 그 영장에 의하여 피해자를 구금하였다면 직권남용감금죄가 성립한다(대판 2006.5.25. 2003도3945).

④ [×] 자기에게 유리한 판결을 얻기 위하여 소송상의 주장이 사실과 다름이 객관적으로 명백하거나 증거가 조작되어 있다는 정을 인식하지 못하는 제3자를 이용하여 그로 하여금 소송의 당사자가 되게 하고 법원을 기망하여 소송 상대방의 재물 또는 재산상 이익을 취득하려 하였다면 간접정범의 형태에 의한 소송사기죄가 성립하게 된다(대판 2007.9.6. 2006도3591).

정답 ④

30 간접정범에 관한 다음 설명 중 옳은 것(○)과 옳지 않은 것(×)을 올바르게 조합한 것은? (다툼이 있으면 판례에 의함)

[10 사시]

> 가. 경찰서 보안과장이 甲의 음주운전을 눈감아주기 위하여 그에 대한 음주운전자 적발보고서를 찢어 버리고, 부하로 하여금 일련번호가 동일한 가짜 음주운전자 적발보고서에 乙에 대한 음주운전 사실을 기재하게 하여 그 정을 모르는 담당경찰관으로 하여금 乙에 대한 음주운전 사실을 기재하도록 한 경우에는 허위공문서작성죄의 간접정범이 성립한다.
> 나. 타인을 비방할 목적으로 허위의 기사자료를 그 정을 모르는 기자에게 제공하여 신문 등에 보도되게 한 경우에는 출판물에 의한 명예훼손죄의 간접정범이 성립한다.
> 다. 공무원 아닌 자가 관공서에 허위내용의 증명원을 제출하여 그 내용이 허위인 정을 모르는 담당공무원으로부터 그 증명원 내용과 같은 증명서를 발급받은 경우에는 공문서위조죄의 간접정범이 성립한다.
> 라. 회사 경영자가 내막을 알지 못하는 소속 직원들로 하여금 회사 소재지 지역구 국회의원의 담당사무에 대한 청탁과 관련하여 그 국회의원이 사실상 지배·장악하고 있던 후원회에 후원금을 기부하게 하였더라도, 그 경영자에게는 정치자금법위반죄의 간접정범이 성립하지 않는다.
> 마. 공무원 아닌 자가 허위사실을 신고하여 면장의 거주확인증을 발급받은 경우에는 허위공문서작성죄의 간접정범이 성립한다.

① 가(○), 나(○), 다(○), 라(×), 마(○)
② 가(○), 나(○), 다(×), 라(○), 마(○)
③ 가(○), 나(×), 다(○), 라(×), 마(×)
④ 가(○), 나(○), 다(×), 라(×), 마(×)
⑤ 가(×), 나(×), 다(○), 라(○), 마(○)

해설

가. [○] 경찰서 보안과장인 피고인이 甲은 허위공문서작성 및 동 행사죄의 간접정범으로서의 죄책을 면할 수 없다(대판 1996. 10.11. 95도1706).

나. [○] 출판물에 의한 명예훼손죄는 간접정범에 의하여 범하여질 수도 있으므로 타인을 비방할 목적으로 허위의 기사 재료를 그 정을 모르는 기자에게 제공하여 신문 등에 보도되게 한 경우에도 성립할 수 있다(대판 2002.6.28. 2000도3045).

다. [×] 어느 문서의 작성권한을 갖는 공무원이 그 문서의 기재 사항을 인식하고 그 문서를 작성할 의사로써 이에 서명날인하였다면, 설령 그 서명날인이 타인의 기망으로 착오에 빠진 결과 그 문서의 기재사항이 진실에 반함을 알지 못한 데 기인한다고 하여도, 그 문서의 성립은 진정하며 여기에 하등 작성명의를 모용한 사실이 있다고 할 수는 없으므로, 공무원 아닌 자가 관공서에 허위 내용의 증명원을 제출하여 그 내용이 허위인 정을 모르는 담당공무원으로부터 그 증명원 내용과 같은 증명서를 발급받은 경우 공문서위조죄의 간접정범으로 의율할 수는 없다(대판 2001.3.9. 2000도938).

라. [×] [1] 처벌되지 아니하는 타인의 행위를 적극적으로 유발하고 이를 이용하여 자신의 범죄를 실현한 자는 형법 제34조 제1항이 정하는 간접정범의 죄책을 지게 되고, 그 과정에서 타인의 의사를 부당하게 억압하여야만 간접정범에 해당하는 것은 아니다.
[2] 정유회사 경영자의 청탁으로 국회의원이 위 경영자와 지역구 지방자치단체장 사이에 정유공장의 지역구 유치와 관련한 간담회를 주선하고 위 경영자는 정유회사 소속 직원들로 하여금 위 국회의원이 사실상 지배·장악하고 있던 후원회에 후원금을 기부하게 한 사안에서, 국회의원에게는 정치자금법 제32조 제3호 위반죄가, 경영자에게는 정치자금법 위반죄의 간접정범이 성립한다고 한 사례(대판 2008.9.11. 2007도7204).

마. [×] 공무원이 아닌 자가 허위의 공문서 위조의 간접정범이 되는 때에는 동법 제228조(공정증서원본등의 부실기재)의 경우 이외에는 이를 처벌하지 아니하는 취지로 해석함이 상당하다(대판 1961.12.14. 4292형상645).

정답 ④

31 간접정범에 관한 설명 중 가장 적절하지 않은 것은? (다툼이 있는 경우 판례에 의함)

① 국헌문란의 목적을 달성하기 위해 그러한 목적이 없는 대통령을 이용하여 비상계엄 전국확대조치를 한 것은 간접정범의 방법으로 내란죄를 실행한 것이다.

② 처벌되지 아니하는 타인의 행위를 적극적으로 유발하고 이를 이용하여 자신의 범죄를 실현한 자는 간접정범의 죄책을 지게 되고, 그 과정에서 타인의 의사를 부당하게 억압하여야만 간접정범에 해당하는 것은 아니다.

③ 자기의 지휘, 감독을 받는 자를 교사하여 범죄를 실행하게 한 때에는 정범에 정한 형의 장기 또는 다액의 2분의 1까지 가중한다.

④ 간접정범의 실행의 착수시기를 이용자의 이용행위시로 보는 경우, 이용자의 이용의사가 외부로 표현되기만 하면 실행의 착수가 인정되어 미수범의 처벌범위가 축소될 수 있다.

해설

① [O] 국헌문란의 목적을 달성하기 위해 그러한 목적이 없는 대통령을 이용하여 비상계엄 전국확대조치를 한 것은 간접정범의 방법으로 내란죄를 실행한 것이다(대판(전) 1997.4.17. 96도3376).

② [O] 처벌되지 아니하는 타인의 행위를 적극적으로 유발하고 이를 이용하여 자신의 범죄를 실현한 자는 간접정범의 죄책을 지게 되고, 그 과정에서 타인의 의사를 부당하게 억압하여야만 간접정범에 해당하는 것은 아니다(대판 2008.9.11. 2007도7204).

③ [O] 자기의 지휘, 감독을 받는 자를 교사하여 범죄를 실행하게 한 때에는 정범에 정한 형의 장기 또는 다액의 2분의 1까지 가중한다(제34조 제2항).

④ [X] 주관설(이용행위시설)은 간접정범의 경우 피이용자는 이용자의 도구에 불과하기 때문에 이용자의 행위는 이용행위로 끝나고 그 후 피이용자의 행위는 이용행위의 결과로서 인과관계의 일부를 형성할 뿐이므로 이용자가 우월한 지위에서 이용자가 피이용자를 이용하는 행위를 개시한 때에 실행의 착수를 인정해야 한다는 견해이다. 주관설에 따르면 이용자의 이용의사가 외부로 표현되기만 하면 실행의 착수가 인정되므로 미수범의 처벌범위가 축소되는 것이 아니라 확대될 수 있다.

정답 ④

제3절 | 교사범

32 교사범에 관한 다음 설명 중 옳은 것으로만 묶인 것은? (다툼이 있으면 판례에 의함)

⊙ 형법은 '교사'를 실패한 교사와 효과없는 교사로 나누고 전자의 경우에만 처벌한다.
ⓒ 실패한 교사는 교사자만 예비·음모에 준하여 처벌한다.
ⓒ 피교사자가 이미 범죄의 결의를 가지고 있을 때에는 교사범이 성립할 여지가 없다.
ⓔ 자기의 형사사건에 관한 증거를 인멸하기 위하여 타인을 교사하여 죄를 범하게 한 경우 증거인멸교사죄가 성립한다.

① ⊙, ⓒ, ⓒ, ⓔ
② ⊙, ⓒ, ⓔ
③ ⊙, ⓒ, ⓔ
④ ⓒ, ⓒ, ⓔ

ⓐ [×] 형법은 실패한 교사(제31조 제3항)와 효과 없는 교사(제31조 제2항)를 모두를 처벌한다.
ⓑ [○] 교사를 받은 자가 범죄의 실행을 승낙하지 아니한 때(실패한 교사)는 교사자만 예비·음모에 준하여 처벌한다(제31조 제3항).
ⓒ [○] 교사범이란 타인(정범)으로 하여금 범죄를 결의하게 하여 그 죄를 범하게 한 때에 성립하는 것이고 피교사자는 교사자의 교사에 의하여 범죄실행을 하여야 하는 것이므로, 피교사자가 이미 (동일한) 범죄의 결의를 가지고 있을 때에는 교사범이 성립할 여지가 없다(대판 2012.8.30. 2010도13694).
ⓓ [○] 타인이 타인의 형사사건에 관한 증거를 그 이익을 위하여 인멸하는 행위를 하면 본법 제155조 제1항의 증거인멸죄가 성립되므로 자기의 형사사건에 관한 증거를 인멸하기 위하여 타인을 교사하여 죄를 범하게 한 자에 대하여도 교사범의 죄책을 부담케 함이 상당할 것이다(대판 2000.3.24. 99도5275).

정답 ④

33 다음 설명 중 옳지 않은 것은? (다툼이 있으면 판례에 의함) [03 사시]

① 甲이 乙에게 丙을 살해할 것을 교사하고 乙이 이를 승낙한 후 실행의 착수에 이르지 아니한 경우, 甲은 살인의 예비·음모죄로 처벌된다.
② 甲이 乙에게 丙의 재물을 절취할 것을 교사했으나 乙이 방화를 한 경우, 甲은 무죄이다.
③ 甲과 乙이 과도를 들고 재물을 강취하기로 공모하고 甲은 대문 밖에서 망을 보고 乙은 공모한 대로 丙의 집에 들어가 丙에게 과도를 휘둘러 상해를 입혔다. 그러나 甲은 상해를 가할 것까지는 공모하지 않았을 경우, 甲은 특수강도죄로 처벌된다.
④ 甲이 乙에게 丙이 거주하는 집에 방화하도록 교사하였으나 乙이 방화는 하지 않고 丙을 살해한 경우, 甲은 현주건조물방화의 예비·음모죄로 처벌된다.
⑤ 甲이 乙에게 丙의 재물을 강취할 것을 교사하였으나 乙이 丙의 재물을 절취한 경우, 甲은 강도의 예비·음모죄로 처벌된다.

① [○] 제31조 제2항의 효과 없는 교사에 해당하여 교사자는 교사한 범죄의 예비·음모죄로 처벌된다.
②[○], ④ [○] 교사의 착오 중 질적 초과에 해당하므로 교사자는 초과부분에 대해서 책임을 지지 않고, 다만 교사한 범죄의 예비·음모 처벌규정이 있으면 처벌될 뿐이다. 따라서 ②의 경우 절도죄의 예비·음모는 처벌규정이 없으므로 결국 甲은 무죄가 되고, ④의 경우 甲은 현주건조물방화의 예비·음모죄로 처벌된다.
③ [×] 강도합동범 중 1인이 피고인과 공모한 대로 과도를 들고 강도를 하기 위하여 피해자의 거소를 들어가 피해자를 향하여 칼을 휘두른 이상 이미 강도의 실행행위에 착수한 것임이 명백하고, 그가 피해자들을 과도로 찔러 상해를 가하였다면 대문 밖에서 망을 본 공범인 피고인이 구체적으로 상해를 가할 것까지 공모하지 않았다 하더라도 피고인은 상해의 결과에 대하여도 공범으로서의 책임을 면할 수 없다(대판 1998.4.14. 98도356).
⑤ [○] 교사의 착오 중 정범이 교사한 범죄보다 경미한 범죄를 실행한 경우이다. 이 경우 교사범에게는 공범의 종속성상 정범이 실행한 경미한 범죄에 대한 교사범과 교사한 범죄의 예비·음모죄의 상상적 경합이 된다. 따라서 설문의 경우 절도죄의 교사범과 강도의 예비·음모죄의 상상적 경합이 되어 중한 죄인 강도의 예비·음모죄로 처벌된다.

정답 ③

34 교사의 착오에 관한 설명으로 가장 적절하지 않은 것은? (다툼이 있는 경우 판례에 의함)

① 甲이 乙에게 강도를 교사하였는데 乙이 절도를 실행한 경우, 甲은 강도의 예비·음모죄와 절도죄의 교사범이 성립하는데, 양죄는 상상적 경합관계에 있으므로 甲은 형이 더 무거운 강도예비·음모죄로 처벌된다.

② 甲이 乙에게 절도를 교사하였는데 乙이 강간을 실행한 경우, 甲은 절도죄의 예비·음모에 준하여 처벌될 수 있는데, 절도죄의 예비·음모는 처벌규정이 없으므로 무죄가 된다.

③ 甲이 乙에게 사기를 교사하였는데 乙이 공갈을 실행한 경우, 교사내용과 실행행위의 질적 차이가 본질적이지 않으므로 甲은 교사한 범죄에 대한 교사범의 책임을 지지 않는다.

④ 甲이 乙에게 상해를 교사하였는데 乙이 살인을 실행한 경우, 甲에게 사망이라는 결과에 대하여 예견가능성이 있다면 甲을 상해치사죄의 교사범으로 처벌할 수 있다.

해설

▶ 설문은 교사의 착오 중 추상적 사실의 착오에 해당한다.

구분		사례	교사자의 책임
실행 행위에 대한 착오	교사내용보다 적게 실행한 경우	강도교사 → 절도	절도의 교사범이 되는 동시에 강도예비·음모(제31조 제2항)가 되어 양죄의 상상적 경합범에 해당한다. 따라서 형법 제40조에 의하여 형이 중한 강도 예비·음모죄로 처벌된다.
		살인교사 → 미수에 그침	살인미수죄의 교사범
	교사 내용을 초과하여 실행한 경우 / 질적 초과	강간교사 → 방화	질적 초과에 본질적인 차이가 있는 경우로서 발생한 결과에 대하여는 교사범이 성립하지 않는다. 다만, 교사한 범죄의 예비·음모가 처벌되는 경우에 한하여 제31조 제2항, 제3항에 의해 예비·음모에 준하여 처벌 *강간죄 예비·음모 규정 신설 주의!
		상해교사 → 절도	
		강도교사 → 강간	
	비본질적 초과(착오)	사기교사 → 공갈	질적 초과이지만 본질적인 차이가 없는 경우로서 교사한 범죄에 대한 교사범 성립
		공갈교사 → 강도	
		허위공문서작성교사 → 공문서위조	
	양적 초과 (구성요건을 달리하지만 공통적 요소를 포함하는 범죄실행)	절도교사 → 강도	절도죄의 교사범
		상해교사 → 살인	결과에 대하여 피교사자의 예견가능성이 있었는지 여부와 관계없이 교사자에게 예견가능성이 있는 때에는 제15조 제2항에 의해 상해치사죄(결과적 가중범)의 교사범 성립(판례)

① [○] 교사 내용보다 적게 실행한 경우로서 제40조에 따라 형이 중한 강도예비·음모죄로 처벌된다.

② [○] 질적 초과 중 본질적 초과에 해당한다. 이 경우 교사한 범죄는 예비·음모로 처벌되고, 교사하지 않은 범죄에 대해서는 책임을 지지 않는다.

③ [×] 질적 초과 중 비본질적 초과에 해당한다. 이 경우 교사한 범죄에 대한 교사범만 성립한다. 따라서 설문의 경우 교사한 범죄인 사기죄만 성립한다.

④ [○] 교사 내용보다 초과 실행한 경우로서 양적 초과에 해당한다. 이 경우 판례에 따르면 결과에 대하여 피교사자의 예견가능성이 있었는지 여부와 관계없이 교사자에게 예견가능성이 있는 때에는 제15조 제2항에 의해 상해치사죄(결과적 가중범)의 교사범이 성립한다.

정답 ③

35 교사범에 관한 다음 설명 중 가장 적절하지 않은 것은? (다툼이 있으면 판례에 의함) [15 경찰채용]

① 교사자의 교사행위에도 불구하고 피교사자가 범행을 승낙하지 아니하거나 피교사자의 범행결의가 교사자의 교사행위에 의하여 생긴 것으로 보기 어려운 경우에는 이른바 실패한 교사로서 형법 제31조 제3항에 의하여 교사자를 음모 또는 예비에 준하여 처벌할 수 있을 뿐이다.

② 교사범이 공범관계로부터 이탈하기 위해서는 피교사자가 범죄의 실행행위에 나아가기 전에 교사범에 의하여 형성된 피교사자의 범죄 실행의 결의를 해소하는 것이 필요하다.

③ 당초의 교사행위에 의하여 형성된 피교사자의 범죄 실행의 결의가 더 이상 유지되지 않는 것으로 평가할 수 있다면, 설사 그 후 피교사자가 범죄를 저지르더라도 이는 당초의 교사행위에 의한 것이 아니라 새로운 범죄 실행의 결의에 따른 것이므로 교사자는 형법 제31조 제2항에 의한 죄책을 부담함은 별론으로 하고 형법 제31조 제1항의 교사범으로서의 죄책을 부담하지는 않는다.

④ 교사범이 성립하기 위해서는 교사자가 피교사자에게 범행의 일시, 장소, 방법 등의 세부적인 사항까지를 특정하여 교사하여야 한다.

해설

① [○] 교사범이란 정범인 피교사자로 하여금 범죄를 결의하게 하여 그 죄를 범하게 한 때에 성립하므로 교사자의 교사행위에도 불구하고 피교사자가 범행을 승낙하지 아니하거나 피교사자의 범행결의가 교사자의 교사행위에 의하여 생긴 것으로 보기 어려운 경우에는 이른바 실패한 교사로서 형법 제31조 제3항에 의하여 교사자를 음모 또는 예비에 준하여 처벌할 수 있을 뿐이다(대판 2013.9.12. 2012도2744).

② [○], ③ [○] [1] 교사범이 공범관계로부터 이탈하기 위해서는 피교사자가 범죄의 실행행위에 나아가기 전에 교사범에 의하여 형성된 피교사자의 범죄 실행의 결의를 해소하는 것이 필요하다.
[2] 당초의 교사행위에 의하여 형성된 피교사자의 범죄 실행의 결의가 더 이상 유지되지 않는 것으로 평가할 수 있다면, 설사 그 후 피교사자가 범죄를 저지르더라도 이는 당초의 교사행위에 의한 것이 아니라 새로운 범죄 실행의 결의에 따른 것이므로 교사자는 형법 제31조 제2항에 의한 죄책을 부담함은 별론으로 하고 형법 제31조 제1항의 교사범으로서의 죄책을 부담하지는 않는다(대판 2012.11.15. 2012도7407).

④ [×] 교사범이 성립하기 위하여는 범행의 일시, 장소, 방법 등의 세부적인 사항까지를 특정하여 교사할 필요는 없는 것이고, 정범으로 하여금 일정한 범죄의 실행을 결의할 정도에 이르게 하면 교사범이 성립된다(대판 1991.5.14. 91도542).

정답 ④

36 다음 설명 중 가장 옳은 것은? (다툼이 있으면 판례에 의함) [21 법원9급]

① 교사범이란 정범인 피교사자로 하여금 범죄를 결의하게 하여 그 죄를 범하게 한 때에 성립하므로 교사자의 교사행위에도 불구하고 피교사자가 범행을 승낙하지 아니하거나 피교사자의 범행결의가 교사자의 교사행위에 의하여 생긴 것으로 보기 어려운 경우에는 이른바 실패한 교사로서 형법 제31조 제3항에 의하여 교사자를 음모 또는 예비에 준하여 처벌할 수 있을 뿐이다.

② 교사자가 피교사자에게 피해자를 "정신차릴 정도로 때려주라"고 교사하였다는 사정만으로는 상해에 대한 교사로 보기까지는 어렵다.

③ 막연히 "범죄를 하라"거나 "절도를 하라"고 하는 등의 행위만으로는 교사행위가 되기에 부족하므로, 교사범이 성립하기 위해서는 범행의 일시, 장소, 방법 등의 사항을 특정하여 교사하여야 한다.

④ 대리응시자들의 시험장 입장이 시험관리자의 승낙 또는 그 추정된 의사에 반한 불법침입이라 하더라도, 이와 같은 침입을 교사한 사람에게 주거침입교사죄가 성립된다고 볼 수는 없다.

① [○] 교사범이란 정범인 피교사자로 하여금 범죄를 결의하게 하여 그 죄를 범하게 한 때에 성립하므로 교사자의 교사행위에도 불구하고 피교사자가 범행을 승낙하지 아니하거나 피교사자의 범행결의가 교사자의 교사행위에 의하여 생긴 것으로 보기 어려운 경우에는 이른바 실패한 교사로서 형법 제31조 제3항에 의하여 교사자를 음모 또는 예비에 준하여 처벌할 수 있을 뿐이다 (대판 2013.9.12. 2012도2744).

② [×] 피고인이 "피해자를 정신차릴 정도로 때려주라"고 교사하였다면 이는 상해에 대한 교사로 봄이 상당하다(대판 1997.6.24. 97도1075).

③ [×] 교사범이 성립하기 위하여는 범행의 일시, 장소, 방법 등의 세부적인 사항까지를 특정하여 교사할 필요는 없고, 정범으로 하여금 일정한 범죄의 실행을 결의할 정도에 이르게 하면 교사범이 성립된다(대판 2012.4.13. 2012도1101).

④ [×] 대리응시자들의 시험장의 입장은 시험관리자의 승낙 또는 그 추정된 의사에 반한 불법침입이라 아니할 수 없고 이와 같은 침입을 교사한 이상 주거침입교사죄가 성립된다(대판 1967.12.19. 67도1281).

정답 ①

---

37 다음 중 교사범에 관한 판례의 태도가 아닌 것은? [11 법원9급]

① 교사범이 성립하기 위해서는 교사자의 교사행위와 정범의 실행행위가 있어야 하는 것이므로, 정범의 성립은 교사범의 구성요건의 일부를 형성하고 교사범이 성립함에는 정범의 범죄행위가 인정되는 것이 그 전제요건이 된다.

② 교사자가 피교사자에 대하여 상해를 교사하였는데 피교사자가 이를 넘어 살인을 실행한 경우, 교사자는 언제나 상해치사죄의 교사범으로서의 죄책을 진다.

③ 피교사자가 이미 범죄의 결의를 가지고 있을 때에는 교사범이 성립할 여지가 없다.

④ 자기의 형사사건에 관한 증거를 인멸하기 위하여 타인을 교사하여 죄를 범하게 한 자도 교사범의 죄책을 부담한다.

① [○] 교사범이 성립하기 위해서는 교사자의 교사행위와 정범의 실행행위가 있어야 하는 것이므로, 정범의 성립은 교사범의 구성요건의 일부를 형성하고 교사범이 성립함에는 정범의 범죄행위가 인정되는 것이 그 전제요건이 된다(대판 2000.2.25. 99도1252).

② [×] 교사자가 피교사자에 대하여 상해를 교사하였는데 피교사자가 이를 넘어 살인을 실행한 경우 교사자에게 피해자의 사망이라는 결과에 대하여 과실 내지 예견가능성이 있는 때에는 상해치사죄의 죄책을 지을 수 있다(대판 2002.10.25. 2002도4089).

③ [○] 피교사자는 교사범의 교사에 의하여 범죄실행을 결의하여야 하는 것이므로 피교사자가 이미 범죄의 결의를 가지고 있을 때에는 교사범이 성립할 여지가 없다(대판 2012.8.30. 2010도13694).

④ [○] 자기의 형사사건에 관한 증거를 인멸하기 위하여 타인을 교사하여 죄를 범하게 한 자에 대하여는 증거인멸교사죄가 성립한다(대판 2000.3.24. 99도5275).

정답 ②

38 甲은 丙에게 자신과 사업관계로 다툼이 있었던 乙을 혼내 주되, 평생 후회하면서 살도록 허리 아래 부분을 찌르고 특히 허벅지나 종아리를 찔러 병신을 만들라는 취지로 이야기 하면서 차량과 칼 구입비 명목으로 경비 90만원 정도를 주었으며, 丙은 피해자 乙의 종아리 부위 등을 20여 회나 칼로 찔러 사망하게 한 경우 甲과 丙의 죄책은? (다툼이 있으면 판례에 의함)　　　　　　　　　　　　　　　　　　　　　　　　　　　　　　[15 경찰간부]

① 甲은 상해죄의 교사범, 丙은 살인죄의 정범
② 甲은 상해치사죄의 교사범, 丙은 상해치사의 정범
③ 甲은 상해치사죄의 교사범, 丙은 살인죄의 정범
④ 甲은 살인죄의 교사범, 丙은 살인죄의 정범

해설

[1] 피고인이 피해자의 머리나 가슴 등 치명적인 부위가 아닌 허벅지나 종아리 부위 등을 주로 찔렀다고 하더라도 칼로 피해자를 20여 회나 힘껏 찔러 그로 인하여 피해자가 과다실혈로 사망하게 된 이상 피고인이 자기들의 가해행위로 인하여 피해자가 사망할 수도 있다는 사실을 인식하지 못하였다고는 볼 수 없고, 오히려 살인의 미필적 고의가 있었다고 볼 수 있다.
[2] 교사자가 피교사자에 대하여 상해 또는 중상해를 교사하였는데 피교사자가 이를 넘어 살인을 실행한 경우 일반적으로 교사자는 상해죄 또는 중상해죄의 교사범이 되지만 이 경우 교사자에게 피해자의 사망이라는 결과에 대하여 과실 내지 예견가능성이 있는 때에는 상해치사죄의 교사범으로서의 죄책을 지울 수 있다(대판 2002.10.25. 2002도4089).
▶ 판례의 취지에 의하면 甲은 상해치사죄의 교사범, 丙은 살인죄의 정범의 죄책을 진다.

정답 ③

39 교사범에 대한 설명 중 가장 적절하지 않은 것은? (다툼이 있는 경우 판례에 의함)　　　　　　　[23 경찰승진]

① 교사범이 그 공범관계로부터 이탈하기 위해서는 피교사자가 범죄의 실행행위에 나아가기 전에 교사범에 의하여 형성된 피교사자의 범죄 실행의 결의를 해소하는 것이 필요하다.
② 교사범이 성립하기 위해서는 교사자의 교사행위와 정범의 실행행위가 있어야 하는 것이므로, 정범의 성립은 교사범의 구성요건의 일부를 형성하고 교사범이 성립함에는 정범의 범죄행위가 인정되는 것이 그 전제요건이 된다.
③ 교사범의 교사가 정범이 죄를 범한 유일한 조건일 필요는 없으므로, 교사행위에 의하여 정범이 실행을 결의하게 된 이상 비록 정범에게 범죄의 습벽이 있어 그 습벽과 함께 교사행위가 원인이 되어 정범이 범죄를 실행한 경우에도 교사범의 성립에 영향이 없다.
④ 교사자의 교사행위에도 불구하고 피교사자가 범행을 승낙하지 아니하거나 피교사자의 범행결의가 교사자의 교사행위에 의하여 생긴 것으로 보기 어려운 경우에는 이른바 효과 없는 교사로서 형법 제31조 제2항에 의하여 교사자와 피교사자 모두 음모 또는 예비에 준하여 처벌할 수 있다.

해설

① [O] 교사범이 그 공범관계로부터 이탈하기 위해서는 피교사자가 범죄의 실행행위에 나아가기 전에 교사범에 의하여 형성된 피교사자의 범죄 실행의 결의를 해소하는 것이 필요하다(대판 2012.11.15. 2012도7407).
② [O] 교사범이 성립하기 위해서는 교사자의 교사행위와 정범의 실행행위가 있어야 하는 것이므로, 정범의 성립은 교사범의 구성요건의 일부를 형성하고 교사범이 성립함에는 정범의 범죄행위가 인정되는 것이 그 전제요건이 된다(대판 2000.2.25. 99도1252).
③ [O] 교사범의 교사가 정범이 죄를 범한 유일한 조건일 필요는 없으므로, 교사행위에 의하여 정범이 실행을 결의하게 된 이상 비록 정범에게 범죄의 습벽이 있어 그 습벽과 함께 교사행위가 원인이 되어 정범이 범죄를 실행한 경우에도 교사범의 성립에 영향이 없다(대판 1991.5.14. 91도542).

④ [×] 교사범이란 정범인 피교사자로 하여금 범죄를 결의하게 하여 그 죄를 범하게 한 때에 성립하므로, 교사자의 교사행위에도 불구하고 피교사자가 범행을 승낙하지 아니하거나 피교사자의 범행결의가 교사자의 교사행위에 의하여 생긴 것으로 보기 어려운 경우에는 이른바 '실패한 교사'로서 형법 제31조 제3항에 의하여 교사자를 음모 또는 예비에 준하여 처벌할 수 있을 뿐이다(대판 2013.9.12. 2012도2744).

정답 ④

제4절 | 방조범

40 방조범에 대한 설명 중 옳은 것은? (다툼이 있으면 판례에 의함)　　　　　　　　　　　　　　[16 경찰간부]

① 정범이 실행에 착수하기 전에 방조한 경우에는 그 이후 정범이 실행에 착수하였더라도 방조범이 성립할 수 없다.

② 간호조무사의 무면허 진료행위가 있은 후에 이를 의사가 진료부에 기재하는 행위는 범죄종료 후의 사후행위에 불과하므로 무면허 의료행위의 방조에 해당하지 않는다.

③ 방조범에 있어서 정범의 고의는 정범에 의하여 실현되는 범죄의 구체적 내용을 인식할 것을 요하는 것은 아니고 미필적 인식 또는 예견으로 족하다.

④ 방조범은 정범이 누구인지를 확실히 알아야 한다.

해설

① [×] 종범은 정범이 실행행위에 착수하여 범행을 하는 과정에서 이를 방조한 경우뿐 아니라 정범의 실행의 착수 이전에 장래의 실행행위를 미필적으로나마 예상하고 이를 용이하게 하기 위하여 방조한 경우에도 그 후 정범이 실행행위에 나아갔다면 성립할 수 있다(대판 2013.11.14. 2013도7494).

② [×] 진료부는 환자의 계속적인 진료에 참고로 공하여지는 진료상황부이므로 간호보조원의 무면허 진료행위가 있은 후에 이를 의사가 진료부에다 기재하는 행위는 정범의 실행행위 종료 후의 단순한 사후행위에 불과하다고 볼 수 없고 무면허 의료행위의 방조에 해당한다(대판 1982.4.27. 82도122).

③ [○] 방조범에 있어서 정범의 고의는 정범에 의하여 실현되는 범죄의 구체적 내용을 인식할 것을 요하는 것은 아니고 미필적 인식 또는 예견으로 족하다(대판 2012.6.28. 2012도2628).

④ [×] 정범이 범행을 한다는 점을 알면서 그 실행행위를 용이하게 한 이상 그 행위가 간접적이거나 직접적이거나를 가리지 않으며, 이 경우 정범이 누구에 의하여 실행되어지는가를 확지할 필요는 없다(대판 1977.9.28. 76도4133).

정답 ③

41 종범에 대한 설명으로 옳지 않은 것은? (다툼이 있으면 판례에 의함) [20 국가9급]

① 작위는 물론이고 부작위에 의한 종범도 성립할 수 있지만, 정범이 작위범인 경우에는 부작위에 의한 방조자에게 보증인적 지위가 인정되지 않으면 부작위에 의한 종범이 성립하지 않는다.

② 종범이 성립하기 위해서는 방조자에게 자신이 피방조자의 범죄실행을 방조한다는 점에 대한 고의와 피방조자의 행위가 구성요건적 결과를 실현한다는 점에 대한 고의가 둘 다 있어야 한다.

③ 정범이 강도의 예비행위를 할 때 방조행위가 행해졌고 그 후에 정범이 강도의 실행에 착수하지 못했다면 방조자는 강도예비죄의 종범으로 처벌된다.

④ 간호보조원의 무면허 진료행위 후에 이를 의사가 진료부에 기재하는 행위는 무면허의료행위의 방조에 해당한다.

해설

① [○] 형법상 방조행위는 정범의 실행을 용이하게 하는 직접, 간접의 모든 행위를 가리키는 것으로서 작위에 의한 경우뿐만 아니라 부작위에 의하여도 성립된다(대판 2006.4.28. 2003도4128). 한편 정범이 작위범인 경우에는 부작위에 의한 방조자에게 보증인적 지위가 인정되지 않으면 부작위에 의한 종범이 성립하지 않는다. 방조자가 부작위범이므로 보증인적 지위가 인정되어야 한다.

② [○] 형법상 방조행위는 정범이 범행을 한다는 정을 알면서 그 실행행위를 용이하게 하는 직접·간접의 행위를 말하므로, 방조범은 정범의 실행을 방조한다는 이른바 방조의 고의와 정범의 행위가 구성요건에 해당하는 행위인 점에 대한 정범의 고의가 있어야 한다(대판 2010.3.25. 2008도4228).

③ [×] 정범이 실행의 착수에 이르지 아니한 예비의 단계에 그친 경우에는 이에 가공하는 행위가 예비의 공동정범이 되는 경우를 제외하고는 이를 종범으로 처벌할 수 없다(대판 1976.5.25. 75도1549).

④ [○] 진료부는 환자의 계속적인 진료에 참고로 공하여지는 진료상황부이므로 간호보조원의 무면허 진료행위가 있은 후에 이를 의사가 진료부에다 기재하는 행위는 정범의 실행행위 종료 후의 단순한 사후행위에 불과하다고 볼 수 없고 무면허 의료행위의 방조에 해당한다(대판 1982.4.27. 82도122).

정답 ③

42 방조범에 대한 설명 중 가장 옳지 않은 것은? (다툼이 있으면 판례에 의함) [13 법원9급]

① 정범이 범행을 한다는 점을 알면서 그 실행행위를 용이하게 한 이상 그 행위가 간접적이거나 직접적이거나를 가리지 않으며 이 경우 정범이 누구에 의하여 실행되어지는가를 확지할 필요는 없다.

② 방조범에 있어서 정범의 고의는 정범에 의하여 실현되는 범죄의 구체적 내용을 인식할 것을 요하는 것은 아니고 미필적 인식 또는 예견으로 충분하다.

③ 방조자의 인식과 정범의 실행간에 착오가 있고 양자의 구성요건을 달리한 경우에는 원칙적으로 방조자의 고의는 조각되는 것이나, 그 구성요건이 중첩되는 부분이 있는 경우에는 그 중복되는 한도내에서는 방조자의 죄책을 인정하여야 할 것이다.

④ 정범이 실행에 착수하기 전에 장래의 실행행위를 예상하고 이를 용이하게 하는 행위를 하여 방조한 경우에는, 그 이후 정범이 실행에 착수하였다 하더라도 방조범이 성립할 수 없다.

① [O] 정범이 범행을 한다는 점을 알면서 그 실행행위를 용이하게 한 이상 그 행위가 간접적이거나 직접적이거나를 가리지 않으며, 이 경우 정범이 누구에 의하여 실행되어지는가를 확지할 필요는 없다(대판 1977.9.28. 76도4133).

② [O] 방조범에 있어서 정범의 고의는 정범에 의하여 실현되는 범죄의 구체적 내용을 인식할 것을 요하는 것은 아니고 미필적 인식 또는 예견으로 충분하다(대판 2010.3.25. 2008도4228).

③ [O] 방조자의 인식과 피방조자의 실행간에 착오가 있고 양자의 구성요건을 달리한 경우에는 원칙적으로 방조자의 고의는 조각되는 것이나, 그 구성요건이 중첩되는 부분이 있는 경우에는 그 중복되는 한도 내에서만 방조자의 죄책을 인정하여야 한다(대판 1985.2.26. 84도2987).

④ [×] 종범은 정범이 실행행위에 착수하여 범행을 하는 과정에서 이를 방조한 경우뿐 아니라, 정범의 실행의 착수 이전에 장래의 실행행위를 미필적으로나마 예상하고 이를 용이하게 하기 위하여 방조한 경우에도 그 후 정범이 실행행위에 나아갔다면 성립할 수 있다(대판 2013.11.14. 2013도7494).

정답 ④

---

43 방조범에 관한 설명 중 옳은 것을 모두 모은 것은? (다툼이 있으면 판례에 의함) [09 사시]

> 가. 의사 甲이 입원치료를 받을 필요가 없는 환자 乙이 보험금 수령을 위하여 입원치료를 받으려고 하는 사실을 알면서도 입원을 허가하여 형식상으로 입원치료를 받도록 한 후 입원확인서를 발급하여 주었고 乙이 이를 제출하여 보험금을 수령하였다면 甲에게는 사기방조죄가 성립한다.
> 나. 방조범은 정범의 실행행위 중에 이를 방조하는 경우뿐만 아니라, 실행의 착수 전에 장래의 실행행위를 예상하고 이를 용이하게 하는 행위를 하여 방조한 경우에도 정범이 그 실행행위에 나아갔다면 성립한다.
> 다. 자동차 운전면허가 없는 甲의 요구에 응하여 乙이 이를 인식하면서도 승용차를 제공하여 甲이 무면허운전을 하였다면 이는 도로교통법위반(무면허운전) 범행의 방조행위에 해당한다.
> 라. 乙은 강도를 준비하고 있는 甲이 범행도구를 마련하는 것을 도와주었다. 그러나 甲이 실행의 착수 전에 마음을 바꾸어 범행을 포기하였다면 甲은 강도예비, 乙은 강도예비의 방조범으로 처벌된다.

① 가, 다   ② 가, 나, 다
③ 가, 나, 라   ④ 나, 다, 라
⑤ 가, 나, 다, 라

가. [O] 의사인 피고인이 입원치료를 받을 필요가 없는 환자들이 보험금 수령을 위하여 입원치료를 받으려고 하는 사실을 알면서도 입원을 허가하여 형식상으로 입원치료를 받도록 한 후 입원확인서를 발급하여 준 사안에서, 사기방조죄가 성립한다고 한 원심의 판단을 수긍한 사례(대판 2006.1.12. 2004도6557).

나. [O] 종범은 정범의 실행행위 중에 방조하는 경우는 물론이고 실행의 착수 전에 장래의 실행행위를 예상하고 이를 용이하게 하는 행위를 하여 방조한 경우에도 정범이 실행행위에 나아갔다면 성립하는 것이다(대판 1997.4.17. 96도3377).

다. [O] 형법상 방조행위는 정범이 범행을 한다는 점을 알면서 그 실행행위를 용이하게 하는 직접·간접의 모든 행위를 가리키는 것인바, 자동차운전면허가 없는 자에게 승용차를 제공하여 그로 하여금 무면허운전을 하게 하였다면 이는 도로교통법 위반(무면허운전) 범행의 방조행위에 해당한다(대판 2000.8.18. 2000도1914).

라. [×] 형법 제32조 제1항 소정 타인의 범죄란 정범이 범죄의 실현에 착수한 경우를 말하는 것이므로 종범이 처벌되기 위하여는 정범의 실행의 착수가 있는 경우에만 가능하고 형법 전체의 정신에 비추어 정범이 실행의 착수에 이르지 아니한 예비의 단계에 그친 경우에는 이에 가공하는 행위가 예비의 공동정범이 되는 경우를 제외하고는 종범의 성립을 부정하고 있다고 보는 것이 타당하다(대판 1976.5.25. 75도1549).

정답 ②

44 방조범에 관한 설명으로 옳은 것(○)과 옳지 않은 것(×)을 올바르게 조합한 것은? (다툼이 있는 경우에는 판례에 의함)
[12 변호사]

가. 정범이 실행에 착수하기 전에 방조한 경우에는 그 이후 정범이 실행에 착수하였더라도 방조범이 성립할 수 없다.
나. 간호조무사의 무면허 진료행위가 있은 후에 이를 의사가 진료부에 기재하는 행위는 범죄종료 후의 사후행위에 불과하므로 무면허 의료행위의 방조에 해당하지 않는다.
다. 방조범에 있어서 정범의 고의는 정범에 의하여 실현되는 범죄의 구체적 내용을 인식할 것을 요하는 것은 아니고 미필적 인식 또는 예견으로 족하다.
라. 방조범은 정범이 누구인지를 확실히 알아야 한다.

① 가(○), 나(○), 다(×), 라(○)
② 가(○), 나(×), 다(○), 라(×)
③ 가(×), 나(○), 다(×), 라(○)
④ 가(×), 나(×), 다(○), 라(×)
⑤ 가(×), 나(×), 다(○), 라(○)

해설

가. [×] 종범은 정범의 실행행위 중에 이를 방조하는 경우는 물론이고 실행의 착수 전에 장래의 실행행위를 예상하고 이를 용이하게 하는 행위를 하여 방조한 경우에도 정범이 그 실행행위에 나아갔다면 성립한다(대판 2007.12.14. 2005도872).
나. [×] 진료부는 환자의 계속적인 진료에 참고로 공하여지는 진료상황부이므로 간호보조원의 무면허 진료행위가 있은 후에 이를 의사가 진료부에다 기재하는 행위는 정범의 사실행위 종료 후의 단순한 사후행위에 불과하다고 볼 수 없고 보건범죄단속에 관한 특별조치법상 무면허 의료행위의 방조에 해당한다(대판 1982.4.27. 82도122).
다. [○] 형법상 방조행위는 정범이 범행을 한다는 정을 알면서 그 실행행위를 용이하게 하는 직접·간접의 행위를 말하므로, 방조범은 정범의 실행을 방조한다는 이른바 방조의 고의와 정범의 행위가 구성요건에 해당하는 행위인 점에 대한 정범의 고의가 있어야 하며, 또한 방조범에 있어서 정범의 고의는 정범에 의하여 실현되는 범죄의 구체적 내용을 인식할 것을 요하는 것은 아니고 미필적 인식 또는 예견으로 족하다(대판 2010.3.25. 2008도4228).
라. [×] 형법이 방조행위를 종범으로 처벌하는 까닭은 정범의 실행을 용이하게 하는 점에 있으므로 그 방조행위가 정범의 실행에 대하여 간접적이거나 직접적이거나를 가리지 아니하고 정범이 범행을 한다는 점을 알면서 그 실행행위를 용이하게 한 이상 종범으로 처벌함이 마땅하며 간접적으로 정범을 방조하는 경우 방조자에 있어 정범이 누구에 의하여 실행되어지는가를 확지할 필요가 없다(대판 1977.9.28. 76도4133).

정답 ④

45 종범에 관한 설명 중 옳지 않은 것을 모두 고른 것은? (다툼이 있으면 판례에 의함)
[15 변호사]

㉠ 정범의 강도예비행위를 방조하였으나 정범이 실행의 착수에 이르지 못한 경우 방조자는 강도예비죄의 종범에 해당한다.
㉡ 자기의 지휘, 감독을 받는 자를 방조하여 범죄의 결과를 발생하게 한 자는 정범에 정한 형의 장기 또는 다액에 그 2분의 1까지 가중한 형으로 처벌한다.
㉢ 법률상 정범의 범행을 방지할 의무가 있는 자가 그 범행을 알면서도 방지하지 아니하여 범행을 용이하게 한 때에는 부작위에 의한 종범이 성립한다.
㉣ 종범은 정범의 실행행위 중에 이를 방조하는 경우뿐만 아니라, 정범이 실행행위에 나아갔다면 실행의 착수 전에 장래의 실행행위를 예상하고 이를 용이하게 한 경우에도 종범이 성립한다.

① ㉠
② ㉠, ㉡
③ ㉡, ㉢
④ ㉠, ㉡, ㉢
⑤ ㉡, ㉢, ㉣

- ㉠ [×] 정범이 실행의 착수에 이르지 아니한 예비의 단계에 그친 경우에는 이에 가공하는 행위가 예비의 공동정범이 되는 경우를 제외하고는 이를 <u>종범으로 처벌할 수 없다</u>(대판 1976.5.25. 75도1549).
- ㉡ [×] 자기의 지휘, 감독을 받는 자를 방조하여 범죄의 결과를 발생하게 한 자는 <u>정범의 형으로 처벌한다</u>(형법 제34조 제2항).
- ㉢ [○] 형법상 방조행위는 정범의 실행을 용이하게 하는 직접, 간접의 모든 행위를 가리키는 것으로서 작위에 의한 경우뿐만 아니라 부작위에 의하여도 성립되는 것이다(대판 2006.4.28. 2003도4128).
- ㉣ [○] 종범은 정범의 실행의 착수 이전에 장래의 실행행위를 미필적으로나마 예상하고 이를 용이하게 하기 위하여 방조한 경우에도 그 후 정범이 실행행위에 나아갔다면 성립할 수 있다(대판 2013.11.14. 2013도7494).

정답 ②

---

46 교사범과 방조범에 관한 설명 중 가장 적절하지 않은 것은? (다툼이 있는 경우 판례에 의함) [23 경찰채용]

① 교사범이란 타인으로 하여금 범죄실행의 결의를 일으키게 하고, 이 결의에 의하여 범죄를 실행하게 함으로써 성립하는 범죄로서 형법 제31조 제1항에 따라 정범과 동일한 형으로 처벌한다.

② 방조범은 정범의 실행행위를 방조한다는 '방조의 고의'와 정범의 행위가 구성요건에 해당하는 행위인 점에 대한 '정범의 고의'를 갖추어야 하며, 목적범의 경우 정범의 목적에 대한 구체적 내용까지 인식할 것을 요한다.

③ 교사자의 교사행위에도 불구하고 피교사자가 범행을 승낙하지 아니하거나 피교사자의 범행결의가 교사자의 교사행위에 의하여 생긴 것으로 보기 어려운 경우에는 실패한 교사로서 형법 제31조 제3항에 따라 교사자를 예비·음모에 준하여 처벌할 수 있다.

④ 방조범이란 타인의 범죄실행을 방조함으로써 성립하는 범죄이며, 형법 제32조 제2항에 따라 방조범의 형은 정범의 형보다 감경한다.

해설

- ① [○] 타인을 교사하여 죄를 범하게 한 자는 죄를 실행한 자와 동일한 형으로 처벌한다(제31조 제1항).
- ② [×] [1] 형법상 방조행위는 정범이 범행을 한다는 정을 알면서 그 실행행위를 용이하게 하는 직접·간접의 행위를 말하므로, 방조범은 정범의 실행을 방조한다는 이른바 방조의 고의와 정범의 행위가 구성요건에 해당하는 행위인 점에 대한 정범의 고의가 있어야 하나, <u>방조범에서 정범의 고의는</u> 정범에 의하여 실현되는 범죄의 구체적 내용을 인식할 것을 요하는 것은 아니고 <u>미필적 인식 또는 예견으로 족하다.</u>
  [2] 구 금융실명거래 및 비밀보장에 관한 법률 제6조 제1항 위반죄는 이른바 초과 주관적 위법요소로서 '탈법행위의 목적'을 범죄성립요건으로 하는 목적범이므로, <u>방조범에게도</u> 정범이 위와 같은 <u>탈법행위를</u> 목적으로 타인 실명 금융거래를 한다는 점에 관한 고의가 있어야 하나, 그 목적의 구체적 내용까지 인식할 것을 요하는 것은 아니다(대판 2022.10.27. 2020도12563).
- ③ [○] 교사자의 교사행위에도 불구하고 <u>피교사자가 범행을 승낙하지 아니하거나 피교사자의 범행 결의가 교사자의 교사행위에 의하여 생긴 것으로 보기 어려운 경우에는 실패한 교사로서,</u> 형법 제31조 제3항에 따라 <u>교사자를 예비·음모에 준하여 처벌할 수 있다</u>(대판 2013.9.12. 2012도2744).
- ④ [○] 종범의 형은 정범의 형보다 감경한다(제32조 제2항).

정답 ②

47 다음 사례에서 甲의 죄책에 관한 설명으로 가장 적절하지 않은 것은? (다툼이 있는 경우 판례에 의함)

[23 경찰채용]

> 甲은 2022.12.21.경부터 보이스피싱 사기범행에 사용된다는 사정을 알면서도 유령법인 설립, 그 법인 명의 계좌 개설 후 그 접근매체를 채팅 애플리케이션을 통해 대화명 A에게 전달 유통하는 행위를 계속하였다. 그 후 2023.1.15.경 보이스피싱 조직원의 제안에 따라 이른바 '전달책' 역할을 승낙하고, 2023.1.28.부터 '전달책'에 해당하는 실행행위를 하였다.

① 형법상 방조행위는 정범이 범행을 한다는 정을 알면서 그 실행행위를 용이하게 하는 직·간접의 모든 행위를 가리킨다.

② 甲의 이러한 접근매체 전달·유통행위는 보이스피싱 사기 범행에 사용된다는 정을 알면서도 정범이 실행에 착수하기 이전부터 장래의 실행행위를 예상하고서 이를 용이하게 하는 유형적·물질적 방조행위이다.

③ 甲이 '전달책' 역할까지 승낙한 행위 역시 정범의 범행 결의를 강화시키는 무형적·정신적 방조행위이다.

④ 甲이 '전달책'으로서의 행위를 한 때부터 비로소 피해자들에 대한 사기죄의 종범에 해당한다.

해설

▶ ①, ②, ③번 지문은 옳은 지문이고, ④번은 틀린 지문이다.
[1] 정범의 범죄종료 후의 이른바 사후방조를 종범으로 볼 수는 없지만, 형법상 '방조' 행위는 정범이 범행을 한다는 정을 알면서 그 실행행위를 용이하게 하는 직·간접의 모든 행위를 가리키는 것으로서(①번 지문) 유형적·물질적인 방조뿐만 아니라 정범에게 범행의 결의를 강화하도록 하는 것과 같은 무형적·정신적 방조행위도 포함되고, 정범의 실행행위 중은 물론 실행의 착수 전에 장래의 실행행위를 예상하고 이를 용이하게 하는 행위도 이에 해당한다.
[2] 피고인의 이러한 접근매체 전달·유통행위는 보이스피싱 사기 범행에 사용된다는 정을 알면서도 정범이 실행에 착수하기 이전부터 장래의 실행행위를 예상하고서 이를 용이하게 하는 유형적·물질적 방조행위이고(②번 지문), 이러한 상태에서 '전달책' 역할까지 승낙한 행위 역시 정범의 범행 결의를 강화시키는 무형적·정신적 방조행위이므로(③번 지문), 피고인은 '전달책'으로서 실행행위를 한 시기에 관계없이 피해자들에 대한 사기죄의 종범에 해당한다(④번 지문)(대판 2022.4.14. 2022도649).

정답 ④

48 공범에 관한 설명으로 가장 적절하지 않은 것은? (다툼이 있는 경우 판례에 의함)

[22 경찰채용]

① 신분관계로 인하여 형의 경중이 있는 경우에 신분이 있는 자가 신분이 없는 자를 교사하여 죄를 범하게 한 때에는 형법 제33조(공범과 신분) 단서가 형법 제31조(교사범) 제1항에 우선하여 적용된다.

② 교사범이 성립하기 위해 교사범의 교사가 정범의 범행에 대한 유일한 조건일 필요는 없다.

③ 종범은 정범의 실행행위 중에 이를 방조하는 경우는 물론이고 실행의 착수 전에 장래의 실행행위를 예상하고 이를 용이하게 하는 행위를 하여 방조한 경우에도 성립할 수 있고, 이 경우 정범이 실행에 착수하지 않았다 하더라도 종범 성립에는 영향이 없다.

④ 형법상 방조행위는 정범의 실행행위를 용이하게 하는 직접, 간접의 모든 행위를 가리키는 것으로서 작위에 의한 경우뿐만 아니라 부작위에 의하여도 성립된다.

① [O] 형법 제31조 제1항은 협의의 공범의 일종인 교사범이 그 성립과 처벌에 있어서 정범에 종속한다는 일반적인 원칙을 선언한 것에 불과하고, 신분관계로 인하여 형의 경중이 있는 경우에 신분이 있는 자가 신분이 없는 자를 교사하여 죄를 범하게 한 때에는 형법 제33조 단서가 형법 제31조 제1항에 우선하여 적용됨으로써 신분 있는 교사범이 신분이 없는 정범보다 중하게 처벌된다(대판 1994.12.23. 93도1002).

② [O] 교사범이 성립하기 위해 교사범의 교사가 정범의 범행에 대한 유일한 조건일 필요는 없다(대판 2012.11.15. 2012도7407).

③ [X] 종범은 정범의 실행행위 중에 이를 방조하는 경우는 물론이고, 실행의 착수 전에 장래의 실행행위를 예상하고 이를 용이하게 하는 행위를 하여 방조한 경우에도 정범이 그 실행행위에 나아갔다면 성립한다(대판(전) 1997.4.17. 96도3377).

④ [O] 형법상 방조행위는 정범의 실행행위를 용이하게 하는 직접, 간접의 모든 행위를 가리키는 것으로서 작위에 의한 경우뿐만 아니라 부작위에 의하여도 성립된다(대판 2006.4.28. 2003도4128).

정답 ③

제5절 | 공범과 신분

49 공범과 신분에 대한 설명 중 옳은 것만을 모두 고른 것은? (다툼이 있는 경우 판례에 의함) [22 경찰간부]

> 가. 비신분자가 신분관계로 인하여 성립될 범죄에 가공한 경우 비신분자에게 공동가공의 의사와 이에 기초한 기능적 행위지배를 통한 범죄의 실행이라는 주관적·객관적 요건이 충족되면 신분자와 공동정범이 성립한다.
> 나. 甲이 친구 乙과 공모하여 자신의 아버지를 살해한 경우, 乙은 존속살해죄의 공동정범이 성립하나 보통살인죄에 정한 형으로 처단된다.
> 다. 도박의 습벽이 있는 甲이 도박을 하고 또한 도박의 습벽이 없는 A의 도박을 방조한 경우, 甲은 상습도박죄와 도박방조죄가 성립하고 양죄는 실체적 경합관계에 있다.
> 라. 甲이 공무원인 자신의 남편 A에게 채무변제로 받는 돈이라고 속여 A로 하여금 뇌물을 받게 한 경우, 甲은 「형법」 제33조에 의해 수뢰죄의 간접정범으로 처벌된다.

① 가, 나

② 나, 라

③ 다, 라

④ 가, 나, 라

▶ 가, 나. 2개가 옳다.

가. [O] 신분관계가 없는 사람이 신분관계로 인하여 성립될 범죄에 가공한 경우에는 신분관계가 있는 사람과 공범이 성립한다(형법 제33조 본문 참조). 이 경우 신분관계가 없는 사람에게 공동가공의 의사와 이에 기초한 기능적 행위지배를 통한 범죄의 실행이라는 주관적·객관적 요건이 충족되면 공동정범으로 처벌한다(대판(전) 2019.8.29. 2018도13792).

나. [O] 판례나 소수설에 의하면 비신분자에게도 제33조 본문에 의하여 부진정신분범이 성립하며, 다만 처벌은 제33조 단서에 의하여 부진정신분범이 아닌 보통(일반)범죄로 처벌된다(사안에서 甲과 乙이 공동하여 甲의 아버지를 살해한 경우: 乙에게도 존속살해죄의 공동정범이 성립하고 다만 보통살인죄로 처벌된다).

다. [X] 상습도박의 죄나 상습도박방조의 죄에 있어서의 상습성은 행위의 속성이 아니라 행위자의 속성으로서 도박을 반복해서 거듭하는 습벽을 말하는 것인바, 도박의 습벽이 있는 자가 타인의 도박을 방조하면 상습도박방조의죄에 해당하는 것이며, 도박의 습벽이 있는 자가 도박을 하고 또 도박방조를 하였을 경우 상습도박방조의 죄는 무거운 상습도박의 죄에 포괄시켜 1죄로서 처단하여야 할 것이다(대판 1984.4.24. 84도195).

라. [×] 진정신분범에 있어서 비신분자가 신분자를 이용하더라도 비신분자는 진정신분범의 정범적격이 없으므로 간접정범이 될 수 없다(다수설). 공무원 아닌 자가 허위공문서작성의 간접정범[15]일 때에는 본법 제228조(공정증서원본부실기재죄)의 경우를 제외하고는 이를 처단하지 못하므로 면장의 거주확인증 발급을 위한 허위사실의 신고는 허위공문서작성죄가 되지 않는다(대판 1971.1.26. 70도2598; 동지 대판 2006.5.11. 2006도1663).

> **동지판례** 부정수표단속법의 목적이 부정수표 등의 발행을 단속 처벌함에 있고(제1조), 허위신고죄를 규정한 위 법 제4조가 '수표금액의 지급 또는 거래정지처분을 면하게 할 목적'이 아니라 '수표금액의 지급 또는 거래정지처분을 면할 목적'을 요건으로 하고 있는데 수표금액의 지급책임을 부담하는 자 또는 거래정지처분을 당하는 자는 오로지 발행인에 국한되는 점에 비추어 볼 때 발행인 아닌 자는 위 법조가 정한 허위신고죄의 주체가 될 수 없고, 허위신고의 고의 없는 발행인을 이용하여 간접정범의 형태로 허위신고죄를 범할 수도 없다(대판 1992.11.10. 92도1342).

정답 ①

---

50 형법 제33조는 "신분관계로 인하여 성립될 범죄에 가공한 행위는 신분관계가 없는 자에게도 전3조(공동정범, 교사범, 종범)의 규정을 적용한다. 단, 신분관계로 인하여 형의 경중이 있는 경우에는 중한 형으로 벌하지 아니한다."고 규정하고 있다. 이러한 공범과 신분에 관한 다음 설명 중 가장 옳지 않은 것은? (다툼이 있으면 판례에 의함)

[20 법원9급]

① 공무원이 아닌 자가 공무원과 공동하여 허위공문서작성죄를 범한 때에는 공무원이 아닌 자도 허위공문서작성죄의 공동정범이 된다.

② '업무상의 임무'라는 신분관계가 없는 자가 그러한 신분관계 있는 자와 공모하여 업무상배임죄를 저질렀다면, 그러한 신분관계가 없는 공범에게도 형법 제33조 본문에 따라 일단 신분범인 업무상배임죄가 성립하되, 다만 과형에서는 같은 조 단서에 따라 단순배임죄의 법정형이 적용된다.

③ 모해할 목적이 있는 甲이 그 목적이 없는 乙을 교사하여 위증죄를 범하게 한 경우 甲에게는 "타인을 교사하여 죄를 범하게 한 자는 죄를 실행한 자와 동일한 형으로 처벌한다."라고 규정한 형법 제31조 제1항에 우선하여 형법 제33조 단서가 적용되어 乙보다 중하게 처벌된다.

④ 의료인인 甲이 의료인이나 의료법인 아닌 乙의 의료기관 개설행위에 공모하여 가공하면 의료법위반죄의 공동정범에 해당하나, 甲이 乙을 교사하여 진료행위를 하도록 지시하면 무면허의료행위의 교사범에 해당하지 않는다.

해설

① [○] 공무원이 아닌 자는 형법 제228조의 경우를 제외하고는 허위공문서작성죄의 간접정범으로 처벌할 수 없으나, 공무원이 아닌 자가 공무원과 공동하여 허위공문서작성죄를 범한 때에는 공무원이 아닌 자도 형법 제33조, 제30조에 의하여 허위공문서작성죄의 공동정범이 된다(대판 2006.5.11. 2006도1663).

② [○] 업무상의 임무라는 신분관계가 없는 자가 그러한 신분관계 있는 자와 공모하여 업무상배임죄를 저질렀다면, 그러한 신분관계가 없는 공범에 대하여는 형법 제33조 단서에 따라 단순배임죄에서 정한 형으로 처단하여야 한다. 이 경우에는 신분관계 없는 공범에게도 같은 조 본문에 따라 일단 신분범인 업무상배임죄가 성립하고 다만 과형에서만 같은 조 단서에 따라 무거운 형이 아닌 단순배임죄의 법정형이 적용된다(대판 2018.8.30. 2018도10047).

---

15) 공무원 아닌 자가 공무원을 이용하여 허위공문서를 작성하게 하였다는 사실적 의미이지 허위공문서작성죄의 간접정범(또는 간접정범의 성립)이라는 의미가 아님을 주의하여야 한다.

③ [O] [1] 피고인이 A를 모해할 목적으로 乙에게 위증을 교사한 이상, 가사 정범인 乙에게 모해의 목적이 없었다고 하더라도, 형법 제33조 단서의 규정에 의하여 피고인을 모해위증교사죄로 처단할 수 있다.

[2] 형법 제31조 제1항은 협의의 공범의 일종인 교사범이 그 성립과 처벌에 있어서 정범에 종속한다는 일반적인 원칙을 선언한 것에 불과하고, 신분관계로 인하여 형의 경중이 있는 경우에 신분이 있는 자가 신분이 없는 자를 교사하여 죄를 범하게 한 때에는 형법 제33조 단서가 형법 제31조 제1항에 우선하여 적용됨으로써 신분이 있는 교사범이 신분이 없는 정범보다 중하게 처벌된다(대판 1994.12.23. 93도1002).

④ [×] 의료인이 의료인이나 의료법인 아닌 자의 의료기관 개설행위에 공모하여 가공하면 의료법 제66조 제3호, 제30조 제2항 위반죄의 공동정범에 해당된다(대판 2007.7.26. 2005도5579). 한편 의사인 피고인이 그 사용인 등을 교사하여 의료법 위반행위를 하게 한 경우 피고인은 의료법의 관련 규정 및 형법 총칙의 공범규정에 따라 의료법위반 교사의 책임을 지게 된다(대판 2007.1.25. 2006도6912).

정답 ④

51 공범과 신분에 관한 설명 중 옳은 것을 모두 고른 것은? (다툼이 있는 경우에는 판례에 의함) [13 사시]

> ㄱ. 甲이 A를 모해할 목적으로 乙에게 위증을 교사한 경우, 정범인 乙에게 모해의 목적이 없었다고 하더라도, 형법 제33조 단서에 의하여 甲에게는 모해위증죄의 교사범이 성립한다.
>
> ㄴ. 업무상 타인의 사무를 처리하는 지위에 있지 아니한 자가 그러한 신분관계가 있는 자와 공모하여 업무상배임죄를 범한 경우 그러한 신분관계가 없는 자에 대하여는 형법 제33조 단서에 의하여 배임죄에 정한 형으로 처벌하여야 한다.
>
> ㄷ. 의료인일지라도 의료인 아닌 자의 의료행위에 공모하여 가공하면 의료법이 규정하는 무면허의료행위의 공동정범으로서 책임을 져야 한다.
>
> ㄹ. 도박의 습벽이 있는 甲이 도박의 습벽이 없는 乙의 도박을 방조하면 甲에게는 상습도박죄의 방조범이 성립한다.

① ㄱ, ㄴ, ㄷ   ② ㄱ, ㄴ, ㄹ

③ ㄱ, ㄷ, ㄹ   ④ ㄴ, ㄷ, ㄹ

⑤ ㄱ, ㄴ, ㄷ, ㄹ

해설

ㄱ. [O] [1] 형법 제152조 제1항과 제2항은 위증을 한 범인이 형사사건의 피고인 등을 '모해할 목적'을 가지고 있었는가 아니면 그러한 목적이 없었는가 하는 범인의 특수한 상태의 차이에 따라 범인에게 과할 형의 경중을 구별하고 있으므로, 이는 바로 형법 제33조 단서 소정의 "신분관계로 인하여 형의 경중이 있는 경우"에 해당한다고 봄이 상당하다.

[2] 피고인이 甲을 모해할 목적으로 乙에게 위증을 교사한 이상, 가사 정범인 乙에게 모해의 목적이 없었다고 하더라도, 형법 제33조 단서의 규정에 의하여 피고인을 모해위증교사죄로 처단할 수 있다(대판 1994.12.23. 93도1002).

ㄴ. [O] 업무상배임죄는 신분관계가 없는 자가 그러한 신분관계가 있는 자와 공모하여 업무상배임죄를 저질렀다면 그러한 신분관계가 없는 자에 대하여는 형법 제33조 단서에 의하여 단순배임죄에 정한 형으로 처단하여야 할 것이다(대판 1999.4.27. 99도883).

ㄷ. [O] 의사가 의료인 아닌 자의 의료행위에 공모하여 가공하면 의료법 제25조 제1항이 규정하는 무면허의료 행위의 공동정범으로서의 책임을 진다(대판 1986.2.11. 85도448).

ㄹ. [O] 상습도박의 죄나 상습도박방조의 죄에 있어서의 상습성은 행위의 속성이 아니라 행위자의 속성으로서 도박을 반복해서 거듭하는 습벽을 말하는 것인 바, 도박의 습벽이 있는 자가 타인의 도박을 방조하면 상습도박방조의 죄에 해당하는 것이며, 도박의 습벽이 있는 자가 도박을 하고 또 도박방조를 하였을 경우 상습도박방조의 죄는 무거운 상습도박의 죄에 포괄시켜 1죄로서 처단하여야 한다(대판 1984.4.24. 84도195).

정답 ⑤

52 공범과 신분에 관한 다음 설명 중 가장 옳지 않은 것은? (다툼이 있으면 판례에 의함) [11 법원9급]

① 공무원 아닌 자가 공문서작성을 보좌하는 공무원과 공모하여 허위의 문서초안을 상사에게 제출하여 결재케 함으로 써 허위 공문서를 작성케 한 경우, 간접정범의 공범으로서의 죄책을 진다.

② 은행원이 아닌 자가 은행원들과 공모하여 업무상 배임죄를 저질렀다 하여도, 이는 업무상 타인의 사무를 처리하는 신분관계로 인하여 형의 경중이 있는 경우이므로, 그러한 신분관계가 없는 자에 대하여서는 형법 제33조 단서에 의하여 형법 제355조 제2항에 따라 처단하여야 한다.

③ 피고인이 甲을 모해할 목적으로 乙에게 위증을 교사하였다고 하더라도, 정범인 乙에게 모해의 목적이 없는 이상, 피고인을 모해위증교사죄로 처단할 수 없다.

④ 의료인일지라도 의료인 아닌 자의 의료행위에 공모하여 가공하면 무면허의료 행위의 공동정범으로서의 책임을 진다.

해설

① [○] 공문서의 작성권한이 있는 공무원의 직무를 보좌하는 자가 그 직위를 이용하여 행사할 목적으로 허위의 내용이 기재된 문서초안을 그 정을 모르는 상사에게 제출하여 결재하도록 하는 등의 방법으로 작성권한이 있는 공무원으로 하여금 허위의 공문서를 작성하게 한 경우에는 간접정범이 성립되고 이와 공모한 자 역시 간접정범의 공범으로서의 죄책을 면할 수 없는 것이고, 여기서 말하는 공범은 반드시 공무원의 신분이 있는 자로 한정되는 것은 아니다(대판 1992.1.17. 91도2837).

② [○] 은행원이 아닌 자가 은행원들과 공모하여 업무상배임죄를 저질렀다 하여도, 이는 업무상 타인의 사무를 처리하는 신분관계로 인하여 형의 경중이 있는 경우이므로 그러한 신분관계가 없는 자에 대하여서는 형법 제33조 단서에 의하여 형법 제355조 제2항(단순배임죄)에 따라 처단하여야 한다(대판 1986.10.28. 86도1517).

③ [×] 피고인이 甲을 모해할 목적으로 乙에게 위증을 교사한 이상 가사 정범인 乙에게 모해의 목적이 없었다고 하더라도 형법 제33조 단서의 규정에 의하여 피고인을 <u>모해위증교사죄로 처단할 수 있다</u>(대판 1994.12.23. 93도1002).

④ [○] 의료인이 의료인이나 의료법인 아닌 자의 의료기관 개설행위에 공모하여 가공하면 의료법 제66조 제3호, 제30조 제2항 위반죄의 공동정범에 해당된다(대판 2007.7.26. 2005도5579).

정답 ③

53 공범과 신분에 대한 설명으로 가장 적절하지 않은 것은? (다툼이 있으면 판례에 의함) [18 경찰채용]

① 업무상 타인의 사무를 처리하는 자가 그러한 신분관계가 없는 자와 공모하여 업무상배임죄를 저질렀다면 그러한 신분관계가 없는 자에 대하여는 「형법」 제33조 단서에 의하여 단순배임죄가 성립한다.

② 「공직선거법」에서 규정하는 각 기부행위제한 위반죄의 주체 및 각 기부행위의 주체로 인정되지 아니하는 자가 주체자 등과 공모하여 기부행위를 한 경우, 주체자에 해당하는 법조 위반죄의 공동정범으로 처벌할 수 없다.

③ 의료인일지라도 의료인 아닌 자의 의료행위에 공모하여 가공하면 「의료법」상 무면허의료행위의 공동정범으로서의 책임을 진다.

④ 도박의 습벽이 있는 자가 도박의 습벽이 없는 타인의 도박을 방조하면 상습도박방조의 죄가 성립한다.

해설

① [×] 업무상배임죄는 타인의 사무를 처리하는 지위라는 점에서 보면 신분관계로 인하여 성립될 범죄이고, 업무상 타인의 사무를 처리하는 지위라는 점에서 보면 단순배임죄에 대한 가중규정으로서 신분관계로 인하여 형의 경중이 있는 경우라고 할 것이므로, 그와 같은 신분관계가 없는 자가 그러한 신분관계가 있는 자와 공모하여 업무상배임죄를 저질렀다면, 그러한 신분관계가 없는 자에 대하여는 형법 제33조 단서에 의하여 단순배임죄에 정한 형으로 처단하여야 한다(대판 2012.11.15. 2012도6676).

② [○] 공직선거법 제257조 제1항 제1호 소정의 각 기부행위제한위반의 죄는 법 제113조(후보자 등의 기부행위 제한), 제114조(정당 및 후보자의 가족 등의 기부행위 제한), 제115조(제3자의 기부행위 제한)에 각기 한정적으로 열거되어 규정하고 있는 신분관계가 있어야만 성립하는 범죄이고, 죄형법정주의의 원칙상 유추해석은 할 수 없으므로 위 각 해당 신분관계가 없는 자의 기부행위는 위 각 해당 법조항위반의 범죄로는 되지 아니하며, 또한 위 각 법조항을 구분하여 기부행위의 주체 및 그 주체에 따라 기부행위제한의 요건을 각기 달리 규정한 취지는 각 기부행위의 주체자에 대하여 그 신분에 따라 각 해당법조로 처벌하려는 것이고, 각 기부행위의 주체로 인정되지 아니하는 자가 기부행위의 주체자 등과 공모하여 기부행위를 하였다고 하더라도 그 신분에 따라 각 해당법조로 처벌하여야 하지 기부행위의 주체자의 해당법조의 공동정범으로 처벌할 수도 없다(대판 2008.3.13. 2007도9507).

③ [○] 의료인이 의료인이나 의료법인 아닌 자의 의료기관 개설행위에 공모하여 가공하면 의료법 제66조 제3호, 제30조 제2항 위반죄의 공동정범에 해당된다(대판 2007.7.26. 2005도5579).

④ [○] 도박의 습벽이 있는 자가 도박의 습벽이 없는 타인의 도박을 방조하면 상습도박방조의 죄가 성립한다(대판 1984.4.24. 84도195).

정답 ①

---

54 공범과 신분에 관한 다음 설명 중 옳지 않은 것은 모두 몇 개인가? (다툼이 있으면 판례에 의함) [14 경찰채용]

> ㉠ 판례는 「형법」 제33조의 해석과 관련하여 본문은 진정신분범과 부진정신분범에 대한 공범성립의 문제를, 단서는 부진정신분범에 한하여 과형의 문제를 각각 규정한 것으로 이해한다.
>
> ㉡ 치과의사가 환자의 대량유치를 위해 치과기공사들로 하여금 내원환자들에게 진료행위를 하도록 지시하여 동인들이 각 단독으로 진료행위를 하였다면 무면허 의료행위의 교사범에 해당한다.
>
> ㉢ 의료인일지라도 의료인 아닌 자의 의료행위에 공모하여 가공하면 의료법상의 무면허의료행위의 공동정범에 해당된다.
>
> ㉣ 「공직선거법」 제257조 제1항 제1호에서 규정하는 각 기부행위제한위반의 죄와 관련하여, 각 기부행위의 주체로 인정되지 아니하는 자가 기부행위의 주체자 등과 공모하여 기부행위를 한 경우, 기부행위 주체자에 해당하는 법조 위반의 공동정범으로 처벌할 수 있다.

① 없음   ② 1개

③ 2개   ④ 3개

해설

㉠ [○] 제33조의 해석에 대한 판례의 입장을 올바르게 설명한 것이다.

㉡ [○] 치과의사가 환자의 대량유치를 위해 치과기공사들로 하여금 내원환자들에게 진료행위를 하도록 지시하여 동인들이 각 단독으로 진료행위를 하였다면 무면허 의료행위의 교사범에 해당한다(대판 1986.7.8. 86도749).

㉢ [○] 의료인일지라도 의료인 아닌 자의 의료행위에 공모하여 가공하면 의료법상의 무면허의료행위의 공동정범에 해당된다(대판 1986.2.11. 85도448).

㉣ [×] 공직선거법 제257조 제1항 제1호 소정의 각 기부행위제한위반의 죄는 법 제113조(후보자 등의 기부행위 제한), 제114조(정당 및 후보자의 가족 등의 기부행위 제한), 제115조(제3자의 기부행위 제한)에 각기 한정적으로 열거되어 규정하고 있는 신분관계가 있어야만 성립하는 범죄이고, 죄형법정주의의 원칙상 유추해석은 할 수 없으므로 위 각 해당 신분관계가 없는 자의 기부행위는 위 각 해당 법조항위반의 범죄로는 되지 아니하며, 또한 위 각 법조항을 구분하여 기부행위의 주체 및 그 주체에 따라 기부행위제한의 요건을 각기 달리 규정한 취지는 각 기부행위의 주체자에 대하여 그 신분에 따라 각 해당법조로 처벌하려는 것이고, 각 기부행위의 주체로 인정되지 아니하는 자가 기부행위의 주체자 등과 공모하여 기부행위를 하였다고 하더라도 그 신분에 따라 각 해당법조로 처벌하여야 하지 기부행위의 주체자의 해당법조의 공동정범으로 처벌할 수도 없다(대판 2008.3.13. 2007도9507).

정답 ②

55 공범과 신분에 대한 설명 중 가장 적절하지 않은 것은? (다툼이 있는 경우 판례에 의함)　　[23 경찰승진]

① 신분관계라 함은 널리 일정한 범죄행위에 관련된 범인의 인적 관계인 특수한 지위 또는 상태를 지칭하는 것이므로, 고의나 목적과 같이 행위 관련적 요소는 이에 포함되지 않는다.

② 신분관계로 인하여 형의 경중이 있는 경우에 신분이 있는 자가 신분이 없는 자를 교사하여 죄를 범하게 한 때에는 형법 제33조 단서가 형법 제31조 제1항에 우선하여 적용됨으로써 신분이 있는 교사범이 신분이 없는 정범보다 중하게 처벌된다.

③ 공무원 아닌 자가 공무원과 공동하여 허위공문서작성죄를 범한 때에는 허위공문서작성죄의 공동정범이 된다.

④ 업무상배임죄에 있어서 업무상 임무라는 신분관계가 없는 자가 그러한 신분관계 있는 자와 공모하여 업무상배임죄를 저지르는 경우 신분관계 없는 공범은 신분범인 업무상배임죄가 성립하고, 다만 과형에서만 무거운 형이 아닌 단순배임죄의 법정형이 적용된다.

해설

① [×] [1] 형법 제33조 소정의 이른바 신분관계라 함은 남녀의 성별, 내·외국인의 구별, 친족관계, 공무원인 자격과 같은 관계뿐만 아니라 널리 일정한 범죄행위에 관련된 범인의 인적관계인 특수한 지위 또는 상태를 지칭하는 것이다.
[2] 형법 제152조 제1항과 제2항은 위증을 한 범인이 형사사건의 피고인 등을 '모해할 목적'을 가지고 있었는가 아니면 그러한 목적이 없었는가 하는 범인의 특수한 상태의 차이에 따라 범인에게 과할 형의 경중을 구별하고 있으므로, 이는 바로 형법 제33조 단서 소정의 "신분관계로 인하여 형의 경중이 있는 경우"에 해당한다고 봄이 상당하다(대판 1994.12.23. 93도1002).

② [○] 신분관계로 인하여 형의 경중이 있는 경우에 신분이 있는 자가 신분이 없는 자를 교사하여 죄를 범하게 한 때에는 형법 제31조 제1항은 공범 종속성설의 일반원칙을 선언한 것에 불과하고, 형법 제33조 단서가 형법 제31조 제1항에 우선하여 적용됨으로써 신분이 있는 교사범이 신분이 없는 정범보다 중하게 처벌된다(대판 1994.12.23. 93도1002).

③ [○] 공무원이 아닌 자는 형법 제228조의 경우를 제외하고는 허위공문서작성죄의 간접정범으로 처벌할 수 없으나, 공무원 아닌 자가 공무원과 공동하여 허위공문서작성죄를 범한 때에는 허위공문서작성죄의 공동정범이 된다(대판 2006.5.11. 2006도1663).

④ [○] 업무상배임죄에 있어서 업무상 임무라는 신분관계가 없는 자가 그러한 신분관계 있는 자와 공모하여 업무상배임죄를 저지르는 경우 신분관계 없는 공범은 신분범인 업무상배임죄가 성립하고, 다만 과형에서만 무거운 형이 아닌 단순배임죄의 법정형이 적용된다(대판 2008.8.30. 2018도10047).

정답 ①

56 공범에 관한 설명 중 옳은 것은? (다툼이 있는 경우 판례에 의함)　　[23 변호사]

① 공무원이 아닌 사람이 공무원과 공동가공의 의사와 이를 기초로 한 기능적 행위지배를 통하여 공무원의 직무에 관하여 뇌물을 수수하는 범죄를 실행하였다 하더라도 공무원이 아닌 사람은 뇌물수수죄의 공동정범이 될 수 없다.

② 모해의 목적을 가진 甲이 모해의 목적이 없는 乙에게 위증을 교사하여 乙이 위증죄를 범한 경우, 공범종속성에 따라 甲에게는 모해위증교사죄가 성립할 수 없다.

③ 공문서 작성권자의 직무를 보조하는 공무원이 그 직위를 이용하여 행사할 목적으로 허위내용의 공문서의 초안을 작성한 후 문서에 기재된 내용의 허위사실을 모르는 작성권자에게 제출하여 결재하도록 하는 방법으로 작성권자로 하여금 허위의 공문서를 작성하게 한 경우, 그 보조공무원에게는 허위공문서작성죄의 간접정범이 성립하지 않는다.

④ 비신분자가 업무상 타인의 사무를 처리하는 자의 배임행위를 교사한 경우, 그 비신분자는 타인의 사무처리자에 해당하지 않으므로 업무상배임죄의 교사범이 성립하지 않는다.

⑤ 벌금 이상의 형에 해당하는 죄를 범한 甲이 자신의 동거가족 乙에게 자신을 도피시켜 달라고 교사한 경우, 乙이 甲과의 신분관계로 인해 범인도피죄로 처벌될 수 없다 하더라도 甲에게는 범인도피죄의 교사범이 성립한다.

① [×] 신분관계가 없는 사람이 신분관계로 인하여 성립될 범죄에 가공한 경우에는 신분관계가 있는 사람과 공범이 성립한다(형법 제33조 본문 참조). 따라서 공무원이 아닌 사람(이하 '비공무원'이라 한다)이 공무원과 공동가공의 의사와 이를 기초로 한 기능적 행위지배를 통하여 공무원의 직무에 관하여 뇌물을 수수하는 범죄를 실행하였다면 공무원이 직접 뇌물을 받은 것과 동일하게 평가할 수 있으므로 공무원과 비공무원에게 형법 제129조 제1항에서 정한 뇌물수수죄의 공동정범이 성립한다(대판(전) 2019.8.29. 2018도2738).

② [×] [1] 형법 제152조는 위증을 한 범인이 형사사건의 피고인 등을 '모해할 목적'을 가지고 있었는가 아니면 그러한 목적이 없었는가 하는 범인의 특수한 상태의 차이에 따라 범인에게 과할 형의 경중을 구별하고 있으므로 이는 바로 형법 제33조 단서 소정의 '신분관계로 인하여 형의 경중이 있는 경우'에 해당한다.
[2] 甲이 A를 모해할 목적으로 乙에게 위증을 교사 한 이상, 가사 정범인 乙에게 모해의 목적이 없었다고 하더라도 형법 제33조 단서의 규정에 의하여 甲을 모해위증교사죄로 처단할 수 있다(대판 1994.12.23. 93도1002).

③ [×] 공문서의 작성권한이 있는 공무원의 직무를 보좌하는 자가 그 직위를 이용하여 행사할 목적으로 허위의 내용이 기재된 문서 초안을 그 정을 모르는 상사에게 제출하여 결재하도록 하는 등의 방법으로 작성권한이 있는 공무원으로 하여금 허위의 공문서를 작성하게 한 경우에는 간접정범이 성립되고 이와 공모한 자 역시 그 간접정범의 공범으로서의 죄책을 면할 수 없는 것이고, 여기서 말하는 공범은 반드시 공무원의 신분이 있는 자로 한정되는 것은 아니라고 할 것이다(대판 1992.1.17. 91도2837).

④ [×] 업무상배임죄는 타인의 사무를 처리하는 지위라는 점에서 보면 신분관계로 인하여 성립될 범죄이고, 업무상 타인의 사무를 처리하는 지위라는 점에서 보면 단순배임죄에 대한 가중규정으로서 신분관계로 인하여 형의 경중이 있는 경우라고 할 것이므로, 그와 같은 신분관계가 없는 자가 그러한 신분관계가 있는 자와 공모하여 업무상배임죄를 저질렀다면 그러한 신분관계가 없는 자에 대하여는 형법 제33조 단서에 의하여 단순배임죄에 정한 형으로 처단하여야 할 것이다(대판 1999.4.27. 99도883).

⑤ [○] 범인이 자신을 위하여 타인으로 하여금 허위의 자백을 하게 하여 범인도피죄를 범하게 하는 행위는 방어권의 남용으로 범인도피교사죄에 해당하는바, 이 경우 그 타인이 형법 제151조 제2항에 의하여 처벌을 받지 아니하는 친족 또는 동거 가족에 해당한다 하여 달리 볼 것은 아니다(대판 2006.12.7. 2005도3707).

정답 ⑤

01 죄수에 관한 설명으로 가장 적절한 것은? (다툼이 있는 경우 판례에 의함) [22 경찰채용]

① 예금주인 현금카드 소유자를 협박하여 그 카드를 갈취한 다음 피해자의 승낙에 의하여 현금카드를 사용할 권한을 부여받아 이를 이용하여 현금자동지급기에서 현금을 인출한 행위는 공갈죄와는 별도로 절도죄를 구성한다.

② 음주로 인한 특정범죄 가중처벌 등에 관한 법률 위반(위험운전치사상)죄는 중한 형태의 도로교통법 위반(음주운전)죄를 기본 범죄로 하는 결과적 가중범으로 그 행위유형과 보호법익을 이미 모두 포함하고 있으므로, 특정범죄 가중처벌 등에 관한 법률 위반(위험운전치사상)죄가 성립하면 도로교통법 위반(음주운전)죄는 이에 흡수되어 따로 성립하지 아니한다.

③ 공무원이 직무관련자에게 제3자와 계약을 체결하도록 요구하여 계약 체결을 하게 한 행위가 제3자뇌물수수죄의 구성요건과 직권남용권리행사방해죄의 구성요건에 모두 해당하는 경우에는 제3자뇌물수수죄와 직권남용권리행사방해죄가 각각 성립하고 두 죄는 상상적 경합관계에 있다.

④ 업무방해죄와 폭행죄의 관계에 있어 피해자에 대한 폭행행위가 동일한 피해자에 대한 업무방해죄의 수단이 된 경우, 그러한 폭행행위는 이른바 불가벌적 수반행위에 해당하여 업무방해죄에 대하여 흡수관계에 있다.

해설

① [×] 예금주인 현금카드 소유자를 협박하여 그 카드를 갈취하였고, 하자 있는 의사표시이기는 하지만 피해자의 승낙에 의하여 현금카드를 사용할 권한을 부여받아 이를 이용하여 현금을 인출한 이상, 피해자가 그 승낙의 의사표시를 취소하기까지는 현금카드를 적법, 유효하게 사용할 수 있고, 은행의 경우에도 피해자의 지급정지 신청이 없는 한 피해자의 의사에 따라 그의 계산으로 적법하게 예금을 지급할 수밖에 없는 것이므로, 피고인이 피해자로부터 현금카드를 사용한 예금인출의 승낙을 받고 현금카드를 교부받은 행위와 이를 사용하여 현금자동지급기에서 예금을 여러 번 인출한 행위들은 모두 피해자의 예금을 갈취하고자 하는 피고인의 단일하고 계속된 범의 아래에서 이루어진 일련의 행위로서 포괄하여 하나의 공갈죄를 구성한다고 볼 것이지, 현금지급기에서 피해자의 예금을 취득한 행위를 현금지급기 관리자의 의사에 반하여 그가 점유하고 있는 현금을 절취한 것이라 하여 이를 현금카드 갈취행위와 분리하여 따로 절도죄로 처단할 수는 없다(대판 1996.9.20. 95도1728).

동지판례 (편취한 현금카드로 자동지급기에서 수 회 예금을 인출한 경우 = 사기죄의 포괄일죄)
예금주인 현금카드 소유자로부터 그 카드를 편취하여, 비록 하자 있는 의사표시이기는 하지만 현금카드 소유자의 승낙에 의하여 사용권한을 부여받은 이상, 그 소유자가 승낙의 의사표시를 취소하기까지는 현금카드를 적법, 유효하게 사용할 수 있으며, 은행 등 금융기관은 현금카드 소유자의 지급정지 신청이 없는 한 카드 소유자의 의사에 따라 그의 계산으로 적법하게 예금을 지급할 수밖에 없는 것이므로, 피고인이 현금카드의 소유자로부터 현금카드를 사용한 예금인출의 승낙을 받고 현금카드를 교부받은 행위와 이를 사용하여 현금자동지급기에서 예금을 여러 번 인출한 행위들은 모두 현금카드 소유자의 예금을 편취하고자 하는 피고인의 단일하고 계속된 범의 아래에서 이루어진 일련의 행위로서 포괄하여 하나의 사기죄를 구성한다고 볼 것이지, 현금자동지급기에서 카드 소유자의 예금을 인출, 취득한 행위를 현금자동지급기 관리자의 의사에 반하여 그가 점유하고 있는 현금을 절취한 것이라 하여 이를 현금카드 편취행위와 분리하여 따로 절도죄로 처단할 수는 없다(대판 2005.9.30. 2005도5869).

비교판례 (강취한 현금카드로 자동지급기에서 예금을 인출한 경우 = 강도죄와 절도죄의 실체적 경합)
강도죄는 공갈죄와는 달리 피해자의 반항을 억압할 정도로 강력한 정도의 폭행·협박을 수단으로 재물을 탈취하여야 성립하므로, 피해자로부터 현금카드를 강취하였다고 인정되는 경우에는 피해자로부터 현금카드의 사용에 관한 승낙의 의사표시가 있었다고 볼 여지가 없다. 따라서 강취한 현금카드를 사용하여 현금자동지급기에서 예금을 인출한 행위는 피해자의 승낙에 기한 것이라고 할 수 없으므로, 현금자동지급기 관리자의 의사에 반하여 그의 지배를 배제하고 그 현금을 자기의 지배하에 옮겨 놓는 것이 되어서 강도죄와는 별도로 절도죄를 구성한다고 할 것이다(대판 2007.5.10. 2007도1375).

② [×] 음주로 인한 특정범죄 가중처벌 등에 관한 법률 위반(위험운전치사상)죄16)와 도로교통법 위반(음주운전)죄는 입법 취지와 보호법익 및 적용영역을 달리하는 별개의 범죄이므로,17) 양 죄가 모두 성립하는 경우 두 죄는 실체적 경합관계에 있다(대판 2008.11.13. 2008도7143).

비교판례 [1] 음주로 인한 특정범죄 가중처벌 등에 관한 법률 위반(위험운전치사상)죄는 … 형법 제268조에서 규정하고 있는 업무상과실치사상죄의 특례를 규정하여 가중처벌함으로써 피해자의 생명·신체의 안전이라는 개인적 법익을 보호하기 위한 것이다. 따라서 그 죄가 성립하는 때에는 차의 운전자가 형법 제268조의 죄(업무상과실치사상죄)를 범한 것을 내용으로 하는 교통사고처리특례법 위반죄는 그 죄에 흡수되어 별죄를 구성하지 아니한다(대판 2008.12.11. 2008도9182).
[2] 음주 또는 약물의 영향으로 정상적인 운전이 곤란한 상태에서 자동차를 운전하여 사람을 상해에 이르게 함과 동시에 다른 사람의 재물을 손괴한 때에는 특정범죄가중처벌 등에 관한 법률위반(위험운전치사상)죄 외에 업무상과실재물손괴로 인한 도로교통법위반죄가 성립하고, 위 두죄는 1개의 운전행위로 인한 것으로서 상상적 경합관계에 있다(대판 2009.12.24. 2009도10845).

③ [○] 대판 2017.3.15. 2016도19659.

④ [×] 업무방해죄와 폭행죄는 구성요건과 보호법익을 달리하고 있고, 업무방해죄의 성립에 일반적·전형적으로 사람에 대한 폭행행위를 수반하는 것은 아니며, 폭행행위가 업무방해죄에 비하여 별도로 고려되지 않을 만큼 경미한 것이라고 할 수도 없으므로, 설령 피해자에 대한 폭행행위가 동일한 피해자에 대한 업무방해죄의 수단이 되었다고 하더라도 그러한 폭행행위가 이른바 '불가벌적 수반행위'에 해당하여 업무방해죄에 대하여 흡수관계에 있다고 볼 수는 없다(대판 2012.10.11. 2012도1895).

정답 ③

---

02 (가)와 (나) 사례에 관한 죄수의 기초이론에 따른 설명 중 가장 적절하지 않은 것은? [22 경찰채용]

> (가) 공무원 甲은 직무와 관련하여 乙로부터 매월 1일 100만 원씩 10회에 걸쳐 뇌물을 수수하였다.
> (나) 甲이 A를 살해하기 위하여 A의 음료수에 치사량의 독약을 한 번 넣고 가버린 후 그 음료수를 나누어 마신 A와 그의 비서가 사망하였다.

① 자연적 행위표준설에 따르면 (가)는 수죄, (나)는 일죄가 된다.
② 법익표준설에 따르면 (나)는 전속적 법익인 생명을 침해한 것으로 법익주체마다 1개의 죄가 성립한다.
③ (가)에서 구성요건표준설로는 甲의 10회에 걸친 뇌물수수 행위가 일죄인지, 수죄인지 명확하게 결정할 수 없다는 비판이 있다.
④ 의사표준설에 따르면 (가)의 경우 甲이 10회의 뇌물수수 과정에서 단일한 범의를 가졌는지를 불문하고 일죄가 된다.

---

16) 음주 또는 약물의 영향으로 정상적인 운전이 곤란한 상태에서 자동차 등을 운전하여 사람을 상해 또는 사망에 이르게 한 자에게 성립하는 범죄이다.
17) 음주운전죄는 원활한 교통을 확보함을 목적으로 하며, 추상적 위험범의 성질을 갖고, 혈중 알코올농도가 기준치 이상일 경우에 성립하나, 위험운전치사상죄는 피해자의 생명·신체의 안전이라는 개인적 법익의 보호를 목적으로 하며, 결과범의 성질을 갖고, 혈중알코올농도가 기준치를 초과하였는지 여부와는 상관없이 운전자가 음주의 영향으로 실제 정상적인 운전이 곤란한 상태에 있어야만 한다.

해설

① [○] 행위표준설은 자연적 의미의 행위의 수에 따라 죄수를 결정하는 견해이다(객관주의 범죄이론). 연속범은 수죄, 상상적 경합은 일죄가 된다. 결합범을 설명하기 곤란하다는 점과 구성요건을 전제하지 않는 자연적 의미의 행위는 죄수결정에 아무런 의미를 가질 수 없다는 비판이 제기된다. 설문 (가)의 경우 甲은 10회에 걸친 뇌물수수 행위를 하였으므로 수죄가 성립하고, (나)의 경우 甲은 독약을 한 번 넣는 1개의 행위를 하였으므로 일죄가 성립한다.

② [○] 법익표준설은 침해되는 보호법익(또는 결과)의 수를 기준으로 죄수를 결정하는 견해이다(객관주의 범죄이론). 일신전속적 법익(예 생명, 신체, 자유, 명예)은 피해주체마다 1개의 죄가 성립, 비전속적 법익(예 재산권, 공공의 안전)은 포괄적으로 1개의 죄가 성립(예 절도죄의 경우 관리를 기준으로 1개의 죄 성립)한다. 상상적 경합의 경우 실질상은 수죄이지만, 과형상 일죄로 취급한다. (나)의 경우 전속적 법익에 해당하는 A와 비서의 생명을 침해하였으므로 수죄가 성립한다.

③ [○] 구성요건표준설은 구성요건에 해당하는 횟수를 기준으로 죄수를 결정하는 견해이다(객관주의 범죄이론). 상상적 경합은 본질상 수죄이지만, 과형상 일죄로 취급한다. 이 견해는 반복된 행위가 동일한 구성요건을 수회 충족할 경우 죄수를 결정하기가 곤란하다는 점과 구체적 적용에 있어서 구성요건에 해당하는 횟수를 판단하기 어렵다는 비판이 제기된다.

④ [×] 의사표준설은 범죄의사의 수를 기준으로 죄수를 결정하는 견해이다(주관주의 범죄이론). 이 견해에서는 상상적 경합 및 연속범도 의사의 단일성이 인정되는 한도에서는 일죄로 취급한다. 범죄의 수를 단지 범죄의사에 의하여 결정하는 것은 범죄의 정형성을 무시하는 것이라는 점과 범죄의사가 1개라고 하여 다수의 결과가 발생한 때에도 일죄라고 보는 것은 부당하다는 비판이 제기된다.

정답 ④

03 불가벌적 사후행위에 해당하는 것으로 가장 적절한 것은? (다툼이 있으면 판례에 의함) [17 경찰채용]

① 흡연할 목적으로 대마를 매입한 후 흡연할 기회를 포착하기 위하여 2일 이상 하의주머니에 넣고 다님으로써 매입한 대마를 소지한 행위

② 부정한 이익을 얻을 목적으로 타인의 영업비밀이 담긴 CD를 절취하여 그 영업비밀을 부정 사용한 행위

③ 절도범인으로부터 장물보관의뢰를 받은 자가 그 정을 알면서 이를 인도받아 보관하고 있다가 임의처분한 행위

④ 자동차를 절취한 후 절취한 자동차에서 자동차등록번호판을 떼어내는 행위

해설

① [×] 흡연할 목적으로 대마를 매입한 후 흡연할 기회를 포착하기 위하여 이틀 이상 하의주머니에 넣고 다님으로써 소지한 행위는 매매행위의 불가분의 필연적 결과라고 평가될 수 없다(대판 1990.7.27. 90도543). ▶ 대마소지죄가 별도로 성립한다.

② [×] 영업비밀이 담겨 있는 타인의 재물을 절취한 후 그 영업비밀을 사용하는 경우, 영업비밀의 부정사용행위는 새로운 법익의 침해로 보아야 하므로 위와 같은 부정사용행위가 절도범행의 불가벌적 사후행위가 되는 것은 아니다(대판 2008.9.11. 2008도5364). ▶ 부정경쟁방지법위반죄가 성립한다.

③ [○] 절도범인으로부터 장물보관 의뢰를 받은 자가 그 정을 알면서 이를 인도받아 보관하고 있다가 임의 처분하였다 하여도 장물보관죄가 성립하는 때에는 이미 그 소유자의 소유물 추구권을 침해하였으므로 그 후의 횡령행위는 불가벌적 사후행위에 불과하여 별도로 횡령죄가 성립하지 않는다(대판 2004.4.9. 2003도8219).

④ [×] 절취한 후 자동차등록번호판을 떼어내는 행위는 새로운 법익의 침해로 보아야 하므로 위와 같은 번호판을 떼어내는 행위가 절도범행의 불가벌적 사후행위가 되는 것은 아니다(대판 2007.9.6. 2007도4739). ▶ 자동차관리법위반죄가 성립한다.

정답 ③

04 **죄수에 대한 설명으로 옳은 것은? (다툼이 있는 경우 판례에 의함)** [22 경찰간부]

① 징역형만 규정된 A죄와 징역형과 벌금형의 임의적 병과규정이 있는 B죄가 상상적 경합관계에 있는 경우, A죄에 정해진 징역형의 상한이 B죄에 정해진 징역형의 상한보다 높다면 A죄에서 정한 징역형으로 처벌해야 하고 벌금형은 병과할 수 없다.

② 甲이 상습절도죄(A죄)로 X법원으로부터 징역형을 선고받고 확정된 후 동일한 습벽이 있는 별개의 B죄를 저질러 Y법원에서 심리 중이었는데 확정된 A죄에 대한 X법원의 적법한 재심심판절차에서 징역형이 선고되어 확정된 경우, 별개로 기소된 B죄를 심판하는 Y법원은 B죄에 대하여 「형법」 제39조 제1항에 의한 형의 감경 또는 면제를 할 수 없다.

③ 甲이 A를 살해할 목적으로 흉기를 구입하여 A의 집 앞에서 A를 기다렸으나 만나지 못하였고 다음날 A의 맥주잔에 독약으로 오인한 제초제를 몰래 넣었으나 복통만 일으키게 하다가 며칠 뒤 A를 자동차로 치어 사망하게 한 경우, 甲에게는 살인예비 내지 미수죄와 동 기수죄의 경합죄가 성립한다.

④ 운전면허시험에 계속 불합격하였으나 운전을 잘하던 甲이 영업을 하기 위해 자동차를 구입하여 일주일 동안 매일매일 운전 해오다가 적발된 경우, 甲에게는 포괄하여 도로교통법위반(무면허운전)의 일죄가 성립한다.

해설

① [×] 상상적 경합의 관계에 있는 사기죄와 변호사법 위반죄에 대하여 형이 더 무거운 사기죄에 정한 형으로 처벌하기로 하면서도, 필요적 몰수·추징에 관한 구 변호사법 제116조, 제111조에 의하여 청탁 명목으로 받은 금품 상당액을 추징한 원심의 조치를 수긍한 사례(대판 2006.1.27. 2005도8704; 동지 대판 1984.2.28. 83도3160).

> **[동지판례]** 상상적 경합관계에 있는 업무상배임죄와 영업비밀 국외누설로 인한 구 부정경쟁방지 및 영업비밀보호에 관한 법률(2007.12.21. 법률 제8767호로 개정되기 전의 것) 위반죄에 대하여 형이 더 무거운 업무상배임죄에 정한 형으로 처벌하기로 하면서, 징역형과 벌금형을 병과할 수 있도록 규정한 위 특별법에 의하여 벌금형을 병과할 수 있다고 한 사례(대판 2008.12.24. 2008도9169).

② [○] 유죄의 확정판결을 받은 사람이 그 후 별개의 후행범죄를 저질렀는데 유죄의 확정판결에 대하여 재심이 개시된 경우, 후행범죄가 재심대상판결에 대한 재심판결 확정 전에 범하여졌다 하더라도 아직 판결을 받지 아니한 후행범죄와 재심판결이 확정된 선행범죄 사이에는 형법 제37조 후단에서 정한 경합범 관계(이하 '후단 경합범'이라 한다)가 성립하지 않는다. 재심판결이 후행범죄 사건에 대한 판결보다 먼저 확정된 경우에 후행범죄에 대해 재심판결을 근거로 후단 경합범이 성립한다고 하려면 재심심판법원이 후행범죄를 동시에 판결할 수 있었어야 한다. 그러나 아직 판결을 받지 아니한 후행범죄는 재심심판절차에서 재심대상이 된 선행범죄와 함께 심리하여 동시에 판결할 수 없었으므로 후행범죄와 재심판결이 확정된 선행범죄 사이에는 후단 경합범이 성립하지 않고, 동시에 판결할 경우와 형평을 고려하여 그 형을 감경 또는 면제할 수 없다(대판(전) 2019.6.20. 2018도20698).

③ [×] 예비와 미수는 A에 대한 살인기수죄의 불가벌적 사전행위로서 흡수관계에 있다. 따라서 별죄가 성립하지 않는다.

> **[관련판례]** 살해의 목적으로 동일인에게 일시·장소를 달리하고 수차에 걸쳐 단순한 예비행위를 하거나 또는 공격을 가하였으나 미수에 그치다가 드디어 그 목적을 달성한 경우에 그 예비행위 내지 공격행위가 동일한 의사발동에서 나왔고 그 사이에 범의의 갱신이 없는 한 각 행위가 같은 일시·장소에서 행하여졌거나 또는 다른 장소에서 행하여졌거나를 막론하고 또 그 방법이 동일하거나 여부를 가릴 것 없이 그 살해의 목적을 달성할 때까지의 행위는 모두 실행행위의 일부로서 이를 포괄적으로 보고 단순한 한 개의 살인기수죄로 처단할 것이지 살인예비 내지 미수와 동 기수죄의 경합죄로 처단할 수 없는 것이다(대판 1965.9.28. 65도695).

④ [×] (여러 날에 걸친 무면허운전행위: 실체적 경합) 무면허운전으로 인한 도로교통법위반죄에 있어서는 어느 날에 운전을 시작하여 다음날까지 동일한 기회에 일련의 과정에서 계속 운전을 한 경우 등 특별한 경우를 제외하고는 사회통념상 운전한 날을 기준으로 운전한 날마다 1개의 운전행위가 있다고 보는 것이 상당하므로 운전한 날마다 무면허운전으로 인한 도로교통법위반의 1죄가 성립한다고 보아야 할 것이고, 비록 계속적으로 무면허운전을 할 의사를 가지고 여러 날에 걸쳐 무면허운전행위를 반복하였다 하더라도 이를 포괄하여 일죄로 볼 수는 없다(대판 2002.7.23. 2001도6281).

정답 ②

05 다음 중 불가벌적 사후행위에 해당하는 것으로 가장 적절한 것은? (다툼이 있으면 판례에 의함) [14 경찰채용]

① 절취한 자기앞수표를 음식대금으로 교부하고 거스름돈을 환불받은 행위

② 사람을 살해한 다음 그 범죄의 흔적을 은폐하기 위하여 그 시체를 다른 장소로 옮겨 유기한 행위

③ 절취한 전당표를 제3자에게 교부하면서 자기 누님의 것이니 찾아 달라고 거짓말을 하여 이를 믿은 제3자가 전당포에 이르러 그 종업원에게 전당표를 제시하여 기망케 하고 전당물을 교부받은 행위

④ 부정한 이익을 얻을 목적으로 타인의 영업비밀이 담긴 CD를 절취하여 그 영업비밀을 부정사용한 행위

해설

① [○] 절취한 자기앞수표를 음식대금으로 교부하고 거스름돈을 환불받은 행위는 절도의 불가벌적 사후처분행위로서 사기죄가 되지 아니한다(대판 1987.1.20. 86도1728).

② [×] 사람을 살해한 다음 그 범죄의 흔적을 은폐하기 위하여 그 시체를 다른 장소로 옮겨 유기하였을 때에는 살인죄와 사체유기죄의 경합범이 성립한다(대판 1984.11.27. 84도2263).

③ [×] 절취한 전당표를 제3자에게 교부하면서 자기 누님의 것이니 찾아 달라고 거짓말을 하여 전당물을 교부받게 하여 편취하였다면 이는 사기죄를 구성하는 것이다(대판 1980.10.14. 80도2155).

④ [×] 영업비밀이 담겨 있는 타인의 재물을 절취한 후 그 영업비밀을 사용하는 경우, 영업비밀의 부정사용행위는 새로운 법익의 침해로 보아야 하므로 부정사용행위가 절도범행의 불가벌적 사후행위가 되는 것은 아니다(대판 2008.9.11. 2008도5364).

정답 ①

06 다음 중 피고인 甲의 후행행위가 불가벌적 사후행위에 해당하는 것은 모두 몇 개인가? (다툼이 있으면 판례에 의함) [15 경찰채용]

㉠ A주식회사 대표이사인 피고인 甲이 자신의 채권자 乙에게 차용금에 대한 담보로 A회사 명의 정기예금에 질권을 설정하여 주었는데, 그 후 乙이 피고인 甲의 동의하에 위 정기예금계좌에 입금되어 있던 A회사 자금을 전액 인출한 경우 (후행 예금인출동의 행위의 횡령죄 성립 여부)

㉡ 피해자 乙종중으로부터 토지를 명의신탁받아 보관 중이던 피고인 甲이 丙에 대한 개인채무 변제에 사용할 돈을 차용하기 위해 乙종중의 승낙없이 위 토지에 근저당권설정등기를 경료해 준 후 다시 乙종중의 승낙없이 丁에게 위 토지를 매도한 경우 (후행 매도행위의 횡령죄 성립 여부)

㉢ 피고인 甲이 당초부터 약속어음을 할인하여 줄 의사가 없으면서 있는 것처럼 피해자를 기망하여 약속어음을 교부받은 후 이를 피해자에 대한 채권의 변제에 충당한 경우 (후행 채권 변제 행위의 횡령죄 성립 여부)

㉣ 피고인 甲이 부정한 이익을 얻을 목적으로 타인의 영업비밀이 담긴 CD를 절취하여 그 영업비밀을 부정사용한 경우 (후행 부정사용 행위의 영업비밀부정사용죄 성립 여부)

① 1개

② 2개

③ 3개

④ 4개

해설

㉠ [인정] 주식회사 대표이사인 피고인 甲이 자신의 채권자 乙에게 차용금에 대한 담보로 회사 명의 정기예금에 질권을 설정하여 주었는데, 그 후 乙이 피고인 甲의 동의하에 정기예금 계좌에 입금되어 있던 회사 자금을 전액 인출하였다고 하여도, 위와 같은 예금인출 동의행위는 이미 배임행위로써 이루어진 질권설정행위의 사후조처에 불과하여 불가벌적 사후행위에 해당하고 따라서 별도의 횡령죄를 구성하지 않는다(대판 2012.11.29. 2012도10980).

ⓒ [불인정] 타인의 부동산을 보관 중인 자가 그 부동산에 근저당권설정등기를 경료함으로써 일단 횡령행위가 기수에 이르렀다 하더라도 그 후 해당 부동산을 매각함으로써 기존의 근저당권과 관계없이 법익침해의 결과를 발생시켰다면, 이는 근저당권으로 인해 당연히 예상될 수 있는 범위를 넘어 새로운 법익침해의 위험을 추가시키거나 법익침해의 결과를 발생시킨 것이므로 불가벌적 사후행위로 볼 수 없고 별도로 횡령죄를 구성한다(대판(전) 2013.2.21. 2010도10500).

ⓒ [인정] 피고인이 당초부터 피해자를 기망하여 약속어음을 교부받은 경우에는 그 교부받은 즉시 사기죄가 성립하고 그 후 이를 피해자에 대한 피고인의 채권의 변제에 충당하였다 하더라도 불가벌적 사후행위가 됨에 그칠 뿐, 별도로 횡령죄를 구성하지 않는다(대판 1983.4.26. 82도3079).

ⓔ [불인정] 영업비밀이 담겨 있는 타인의 재물을 절취한 후 그 영업비밀을 사용하는 경우, 영업비밀의 부정사용행위는 새로운 법익의 침해로 보아야 하므로 위와 같은 부정사용행위가 절도범행의 불가벌적 사후행위가 되는 것은 아니다(대판 2008.9.11. 2008도5364).

정답 ②

07 불가벌적 사후행위에 해당하는 것은? (다툼이 있으면 판례에 의함) [01 사시]

① 사람을 살해한 후 그 사체를 유기하는 행위
② 예금통장을 강취한 후 그 은행에서 예금을 인출하는 행위
③ 신용카드를 절취한 후 백화점에서 물건을 구입하는 행위
④ 장물보관을 의뢰받고 그 정을 알면서 보관한 후 임의로 처분하는 행위
⑤ 대마를 절취한 후 흡입할 목적으로 소지하는 행위

해설

① [불인정] 살인죄와 사체유기죄의 실체적 경합.
② [불인정] 강도죄와 사기죄의 실체적 경합.
③ [불인정] 절도죄와 사기죄의 실체적 경합(신용카드부정사용죄도 성립함).
④ [인정] 절도범인으로부터 장물보관의뢰를 받은 자가 그 정을 알면서 이를 인도받아 보관하고 있다가 임의처분하였다 하여도 장물보관죄가 성립되는 때에는 이미 그 소유자의 소유물추구권을 침해하였으므로 그 후의 횡령행위는 불가벌적 사후행위에 불과하여 별도로 횡령죄가 성립하지 않는다(대판 1976.11.23. 76도3067).
⑤ [불인정] 대마취급자가 아닌 자가 절취한 대마를 흡입할 목적으로 소지하는 행위는 절도죄의 보호법익과는 다른 새로운 법익을 침해하는 행위이므로 절도죄의 불가벌적 사후행위로서 절도죄에 포괄흡수된다고 할 수 없고 절도죄 외에 별개의 죄를 구성한다고 할 것이며, 절도죄와 무허가대마소지죄는 경합범의 관계에 있다(대판 1999.4.13. 98도3619).

정답 ④

08 죄수결정에 관한 설명 중 옳지 않은 것은? (다툼이 있으면 판례에 의함) [05 사시]

① 대마취급자가 아닌 자가 절취한 대마를 흡입할 목적으로 소지하는 행위는 절도죄의 불가벌적 사후행위로서 절도죄에 포괄흡수된다.

② 강도가 시간적으로 접착된 상황에서 가족을 이루는 수인에게 폭행·협박을 가하여 집안에 있는 재물을 탈취한 경우 이를 탈취하는 행위는 그 소유자가 누구인지 불구하고 단일한 강도죄의 죄책을 진다.

③ 무면허운전으로 인한 도로교통법위반죄에 있어서는 어느 날에 운전을 시작하여 다음날까지 동일한 기회에 일련의 과정에서 계속 운전을 한 경우 등 특별한 경우를 제외하고는 운전한 날마다 무면허운전으로 인한 도로교통법위반의 1죄가 성립한다.

④ 피고인이 당초부터 피해자를 기망하여 약속어음을 교부받은 경우에는 그 교부받은 즉시 사기죄가 성립하고 그 후 이를 피해자에 대한 피고인의 채권의 변제에 충당하였다 하더라도 불가벌적 사후행위가 됨에 그칠 뿐, 별도로 횡령죄를 구성하지 아니한다.

⑤ (판례변경으로 삭제함)

해설

① [×] 대마취급자가 아닌 자가 절취한 대마를 흡입할 목적으로 소지하는 행위는 절도죄의 보호법익과는 다른 새로운 법익을 침해하는 행위이므로 절도죄의 불가벌적 사후행위로서 절도죄에 포괄흡수된다고 할 수 없고 절도죄 외에 별개의 죄를 구성한다고 할 것이며, 절도죄와 무허가대마소지죄는 경합범의 관계에 있다(대판 1999.4.13. 98도3619).

② [○] 강도가 시간적으로 접착된 상황에서 가족을 이루는 수 인에게 폭행·협박을 가하여 집안에 있는 재물을 탈취한 경우 그 재물은 가족의 공동점유 아래 있는 것으로서, 이를 탈취하는 행위는 그 소유자가 누구인지에 불구하고 단일한 강도죄의 죄책을 진다(대판 1996.7.30. 96도1285).

③ [○] 무면허운전으로 인한 도로교통법위반죄에 있어서는 어느 날에 운전을 시작하여 다음날까지 동일한 기회에 일련의 과정에서 계속 운전을 한 경우 등 특별한 경우를 제외하고는 사회통념상 운전한 날을 기준으로 운전한 날마다 1개의 운전행위가 있다고 보는 것이 상당하므로 운전한 날마다 무면허운전으로 인한 도로교통법위반의 1죄가 성립한다고 보아야 할 것이고, 비록 계속적으로 무면허운전을 할 의사를 가지고 여러 날에 걸쳐 무면허운전행위를 반복하였다 하더라도 이를 포괄하여 일죄로 볼 수는 없다(대판 2002.7.23. 2001도6281). ▶ 실체적 경합

④ [○] 피고인이 당초부터 피해자를 기망하여 약속어음을 교부받은 경우에는 그 교부받은 즉시 사기죄가 성립하고 그 후 이를 피해자에 대한 피고인의 채권의 변제에 충당하였다 하더라도 불가벌적 사후행위가 됨에 그칠 뿐 별도로 횡령죄를 구성하지 않는다(대판 1983.4.26. 82도3079).

⑤ (판례변경으로 삭제함)

정답 ①

09 불가벌적 사후행위에 관한 다음 설명 중 옳지 않은 것은? (다툼이 있으면 판례에 의함) [10 사시]

① 부정한 이익을 얻을 목적으로 타인의 영업비밀이 담긴 CD를 절취하여 그 영업비밀을 부정사용한 경우, 그 부정사용행위는 절도죄의 불가벌적 사후행위에 해당한다.

② 약속어음을 편취한 후, 이를 숨기고 그 사실을 모르는 제3자로부터 할인받은 경우, 그 어음할인 행위는 별도의 사기죄를 구성한다.

③ 자동차를 절취한 후 자동차 등록번호판을 떼어낸 행위는 절도죄의 불가벌적 사후행위에 해당되지 않는다.

④ (판례변경으로 삭제함)

⑤ 장물이라는 사정을 알면서 절도범으로부터 자기앞수표를 교부받아 이를 물품구입 대금으로 지급하고 거스름돈을 받았다면 이는 장물죄의 불가벌적 사후행위에 해당한다.

해설

① [×] 부정한 이익을 얻거나 기업에 손해를 가할 목적으로 그 기업에 유용한 영업비밀이 담겨 있는 타인의 재물을 절취한 후 그 영업비밀을 사용하는 경우, 영업비밀의 부정사용행위는 새로운 법익의 침해로 보아야 하므로 위와 같은 부정사용행위가 절도 범행의 불가벌적 사후행위가 되는 것은 아니다(대판 2008.9.11. 2008도5364).

② [○] 편취한 약속어음을 그와 같은 사실을 모르는 제3자에게 편취사실을 숨기고 할인받는 행위는 당초의 어음 편취와는 별개의 새로운 법익을 침해하는 행위로서 기망행위와 할인금의 교부행위 사이에 상당인과관계가 있어 새로운 사기죄를 구성한다 할 것이고, 설령 그 약속어음을 취득한 제3자가 선의이고 약속어음의 발행인이나 배서인이 어음금을 지급할 의사와 능력이 있었다 하더라도 이러한 사정은 사기죄의 성립에 영향이 없다(대판 2005.9.30. 2005도5236).

③ [○] 자동차를 절취한 후 자동차등록번호판을 떼어내는 행위는 새로운 법익의 침해로 보아야 하므로 위와 같은 번호판을 떼어 내는 행위가 절도범행의 불가벌적 사후행위가 되는 것은 아니다(대판 2007.9.6. 2007도4739).
   ▶ 차량관리법위반죄의 별죄가 성립한다.

④ [○] (판례변경으로 삭제함)

⑤ [○] 금융기관 발행의 자기앞수표는 그 액면금을 즉시 지급받을 수 있는 점에서 현금에 대신하는 기능을 가지고 있어서 장물인 자기앞수표를 취득한 후 이를 현금 대신 교부한 행위는 장물취득에 대한 가벌적 평가에 당연히 포함되는 불가벌적 사후행위로서 별도의 범죄를 구성하지 아니한다(대판 1993.11.23. 93도213).

정답 ①

10 포괄일죄에 관한 설명으로 가장 적절하지 않은 것은? (다툼이 있는 경우 다수설과 판례에 의함) [23 경찰간부]

① 연속범은 개별적인 행위가 범죄의 요소인 구성요건에 해당하고 위법·유책해야 하며, 동일한 법익의 침해가 있어 야 성립되므로 피해법익의 동일성에 따라 보호법익을 같이 하는 횡령, 배임 등의 행위와 사기의 행위는 포괄일죄를 구성한다.

② 집합범은 다수의 동종의 행위가 동일한 의사에 의하여 반복될 것이 당해 구성요건에서 당연히 예상되는 범죄를 말하며, 집합범의 종류로는 영업범과 상습범이 있다.

③ 접속범은 동일한 법익에 대하여 수개의 구성요건적 행위가 불가분하게 접속하여 행하여지는 범행형태로 같은 기회 에 하나의 행위로 여러 개의 영업비밀을 취득하였다면 이는 일죄로 평가된다.

④ 결합범은 개별적으로 독립된 범죄의 구성요건에 해당하는 수개의 행위가 결합하여 일죄를 구성하는 경우로 결합범 자체는 1개의 범죄완성을 위한 수개 행위의 결합이고, 수개 행위의 불법내용을 함께 평가하는 것이므로 포괄일죄가 된다.

해설

① [×] 연속범은 연속하여 행하여진 수개의 행위가 동종의 범죄에 해당하는 경우로서 포괄일죄에 해당한다(판례, 다수설). 연속범 의 요건으로서 금지기초의 동일성이 인정되어야 하는데, 금지기초의 동일성은 기본적인 구성요건이 동일해야 하는바(원칙적으 로 같은 구성요건에 해당할 것) 횡령·배임과 사기는 금지기초의 동일성이 인정되지 않으므로 포괄일죄를 구성하지 않는다.

② [○] 다수의 동종의 행위가 동일한 의사의 경향에 따라 반복될 것이 당연히 예상되어 있기 때문에 수개의 행위가 일괄하여 일죄를 구성하는 경우이다. 그 종류로는 영업범(예 무면허의료행위), 직업범(예 범행의 반복을 경제적 수입원으로 삼는 경우), 상습범이 있다.

③ [○] 단독으로도 범죄가 될 수 있는 수개의 행위가 동일한 기회에 동일한 법익에 대하여 불가분적으로 접속하여 행해졌을 때 포괄하여 일죄로 되는 경우이다.

④ [○] 개별적으로 독립된 범죄의 구성요건에 해당하는 수개의 행위가 결합하여 한 개의 범죄를 구성하는 경우이다. 예를 들면 강도죄(폭행·협박죄와 절도죄)와 강도살인죄(강도죄와 살인죄)가 있다.

정답 ①

11 포괄일죄에 관한 다음 설명 중 가장 옳지 않은 것은? (다툼이 있으면 판례에 의함) [21 법원9급]

① 포괄일죄로 되는 개개의 범죄행위가 법 개정의 전후에 걸쳐서 행하여진 경우, 범죄 실행 종료 시의 법이라고 할 수 있는 신법을 적용한다.

② 포괄일죄의 중간에 다른 종류의 확정판결이 끼어 있는 경우에는 그 확정판결 때문에 포괄적 범죄가 둘로 나뉘는 것이고, 이를 그 확정판결 후의 범죄로서 다룰 것은 아니다.

③ 범죄단체를 구성하거나 이에 가입한 자가 더 나아가 구성원으로 활동하는 경우 이는 포괄일죄의 관계에 있다.

④ 포괄일죄에 있어서는 그 죄의 일부를 구성하는 개개의 행위에 대하여 구체적으로 특정하지 않더라도 그 전체 범행의 시기와 종기, 범행방법, 범행횟수 또는 피해액의 합계 및 피해자나 상대방을 명시하면 이로써 그 범죄사실은 특정된다.

해설

① [○] 포괄일죄로 되는 개개의 범죄행위가 법 개정의 전후에 걸쳐서 행하여진 경우에는 신·구법의 법정형에 대한 경중을 비교하여 볼 필요도 없이 범죄 실행 종료시의 법이라고 할 수 있는 '신법'을 적용하여 포괄일죄로 처단하여야 한다(대판 2009.4.9. 2009도321).

② [×] 포괄일죄로 되는 개개의 범죄행위가 다른 종류의 죄의 확정판결의 전후에 걸쳐서 행하여진 경우에는 그 죄는 2죄로 분리되지 않고 확정판결 후인 최종의 범죄행위시에 완성되는 것이다(대판 2015.9.10. 2015도7081).

③ [○] 범죄단체의 구성이나 가입은 범죄행위의 실행 여부와 관계없이 범죄단체 구성원으로서의 활동을 예정하는 것이고, 범죄단체 구성원으로서의 활동은 범죄단체의 구성이나 가입을 당연히 전제로 하는 것이므로, 양자는 모두 범죄단체의 생성 및 존속·유지를 도모하는, 범죄행위에 대한 일련의 예비·음모 과정에 해당한다는 점에서 범의의 단일성과 계속성을 인정할 수 있을 뿐만 아니라 피해법익도 다르지 않다. 따라서 범죄단체를 구성하거나 이에 가입한 자가 더 나아가 구성원으로 활동하는 경우, 이는 포괄일죄의 관계에 있다(대판 2015.9.10. 2015도7081).

④ [○] 포괄일죄에 있어서는 그 죄의 일부를 구성하는 개개의 행위에 대하여 구체적으로 특정하지 않더라도 그 전체 범행의 시기와 종기, 범행방법, 범행횟수 또는 피해액의 합계 및 피해자나 상대방을 명시하면 이로써 그 범죄사실은 특정된다(대판 1990.6.26. 90도833).

정답 ②

12 포괄일죄에 관한 다음 설명 중 틀린 것은? (다툼이 있으면 판례에 의함) [10 법원9급]

① 포괄일죄의 범행 도중에 공동정범으로 범행에 가담한 자는 범행에 가담할 때에 종전의 범행을 알았다 하더라도 그 가담 이후의 범행에 대하여만 공동정범으로 책임을 진다.

② 포괄일죄의 공소시효는 최종의 범죄행위가 종료한 때로부터 진행하기 시작한다.

③ 포괄일죄로 된 개개의 범죄행위가 법개정의 전후에 걸쳐서 행해진 경우에는 신구법의 법정형에 대한 경중을 비교할 필요도 없이 범죄실행 종료시의 법이라고 할 수 있는 신법을 적용하여 포괄일죄로 처단하여야 한다.

④ 실체법상 상습사기의 일죄로 포괄될 수 있는 관계의 일련의 사기범행의 중간에 동종의 죄에 관한 (상습범의) 확정판결이 있는 경우에는 그 확정판결에 의하여 원래 일죄로 포괄될 수 있었던 일련의 범행은 2죄로 분리되지 않고 확정판결 후인 최종의 범죄행위시에 완성된다.

해설

① [○] 포괄일죄의 범행 도중에 공동정범으로 범행에 가담한 자는 비록 그가 그 범행에 가담할 때에 이미 이루어진 종전의 범행을 알았다 하더라도 그 가담 이후의 범행에 대하여만 공동정범으로 책임을 진다(대판 2007.11.15. 2007도6336).

② [○] 포괄일죄의 공소시효는 최종의 범죄행위가 종료한 때로부터 진행하기 시작한다(대판 2015.10.29. 2014도5939).

③ [○] 포괄일죄로 되는 개개의 범죄행위가 법 개정의 전후에 걸쳐서 행하여진 경우에는 신·구법의 법정형에 대한 경중을 비교하여 볼 필요도 없이 범죄 실행 종료시의 법이라고 할 수 있는 '신법'을 적용하여 포괄일죄로 처단하여야 한다(대판 2009.4.9. 2009도321).

④ [×] 상습범의 중간에 동종의 상습범의 확정판결이 있는 경우, 확정판결 전후의 범행은 두 개의 죄로 분단된다(대판 2000.3.10. 99도2744).

정답 ④

---

13 포괄일죄에 대한 설명으로 옳은 것은? (다툼이 있으면 판례에 의함)   [21 국가9급]

① 수인의 피해자에 대하여 각 피해자별로 기망행위를 하여 각각 재물을 편취한 경우에도 그 범의가 단일하고 범행방법이 동일한 경우에는 사기죄의 포괄일죄가 성립한다.

② 동일한 저작권자의 여러 개의 저작물에 대한 침해행위가 단일하고 동일한 범의 아래 행하여졌다면 저작권법 위반의 포괄일죄가 성립한다.

③ 폭력행위 등 처벌에 관한 법률 제4조 제1항에서는 그 법에 규정된 범죄행위를 목적으로 하는 단체를 구성하거나 이에 가입하는 행위 또는 구성원으로 활동하는 행위를 처벌하도록 규정하고 있으므로, 범죄단체를 구성하거나 이에 가입한 자가 나아가 구성원으로 활동하는 경우에는 폭력행위 등 처벌에 관한 법률 위반의 포괄일죄가 성립한다.

④ 비의료인이 의료기관을 개설하여 운영하는 도중 개설자 명의를 다른 의료인으로 변경한 경우에는 그 범의가 단일하고 범행 방법이 종전과 동일하므로 의료법 위반의 포괄일죄가 성립한다.

해설

① [×] 사기죄에 있어서 수인의 피해자에 대하여 각 피해자별로 기망행위를 하여 각각 재물을 편취한 경우에 그 범의가 단일하고 범행방법이 동일하다고 하더라도 포괄일죄가 성립하는 것이 아니라 피해자별로 1개씩의 죄가 성립한다(대판 1993.6.22. 93도743).

② [×] 저작재산권 침해행위는 저작권자가 같더라도 저작물별로 침해되는 법익이 다르므로 각각의 저작물에 대한 침해행위는 원칙적으로 각 별개의 죄를 구성한다(대판 2013.9.26. 2011도1435).

③ [○] 범죄단체의 구성이나 가입은 범죄행위의 실행 여부와 관계없이 범죄단체 구성원으로서의 활동을 예정하는 것이고, 범죄단체 구성원으로서의 활동은 범죄단체의 구성이나 가입을 당연히 전제로 하는 것이므로, 범죄단체를 구성하거나 이에 가입한 자가 더 나아가 구성원으로 활동하는 경우 이는 포괄일죄의 관계에 있다(대판 2015.9.10. 2015도7081).

④ [×] 비의료인이 의료기관을 개설하여 운영하는 도중 개설자 명의를 다른 의료인 등으로 변경한 경우 그 범의가 단일하다거나 범행방법이 종전과 동일하다고 보기 어려우므로 개설자 명의별로 별개의 범죄가 성립하고 각 죄는 실체적 경합범의 관계에 있다(대판 2018.11.29. 2018도10779).

정답 ③

14 죄수관계에 대한 설명으로 옳지 않은 것은? (다툼이 있으면 판례에 의함) [12 국가9급]

① 회사의 대표이사가 회사 자금을 횡령한 다음 그중 일부를 타인에 대한 청탁과 함께 배임증재에 공여한 경우, 횡령의 범행과 배임증재의 범행은 서로 범의 및 행위의 태양과 보호법익을 달리하는 별개의 행위이다.

② 수인의 피해자에 대하여 단일한 범의하에 동일한 방법으로 각 피해자별로 기망행위를 하여 재물을 편취한 경우, 사기죄는 실체적 경합관계가 된다.

③ 동일 죄명에 해당하는 수 개의 행위를 단일하고 계속된 범의하에 일정기간 계속하여 행하고 그 피해법익도 동일한 경우에는 이들 각 행위를 통틀어 포괄일죄로 처단하여야 할 것이다.

④ 강도범인이 체포를 면탈할 목적으로 경찰관에게 폭행을 가한 때에는 강도죄와 공무집행방해죄는 상상적 경합의 관계에 있다.

해설

① [O] 회사의 대표이사가 업무상 보관하던 회사 자금을 빼돌려 횡령한 다음 그중 일부를 더 많은 장비 납품 등의 계약을 체결할 수 있도록 해달라는 취지의 묵시적 청탁과 함께 배임증재에 공여한 경우, 위 횡령의 범행과 배임증재의 범행은 서로 범의 및 행위의 태양과 보호법익을 달리하는 별개의 행위이다(대판 2010.5.13. 2009도13463).

② [O] 사기죄에 있어서 수인의 피해자에 대하여 각 피해자별로 기망행위를 하여 각각 재물을 편취한 경우에 그 범의가 단일하고 범행방법이 동일하다고 하더라도 포괄일죄가 성립하는 것이 아니라 피해자별로 1개씩의 죄가 성립한다(대판 2013.1.24. 2012도10629).

③ [O] 동일 죄명에 해당하는 수 개의 행위를 단일하고 계속된 범의로 일정기간 계속하여 행하고 그 피해법익도 동일한 경우에는 이들 각 행위를 통틀어 포괄일죄로 처단하여야 할 것이나, 수 개의 범행에서 범의의 단일성과 계속성이 인정되지 아니하거나 범행방법이 동일하지 않다면 각 범행은 실체적 경합범에 해당한다(대판 2013.11.28. 2013도10467).

④ [×] 강도범인이 체포를 면탈할 목적으로 경찰관에게 폭행을 가한 때에는 강도죄와 공무집행방해죄는 실체적 경합관계에 있고 상상적 경합관계에 있는 것이 아니다(대판 1992.7.28. 92도917).

정답 ④

15 죄수에 관한 다음의 설명 중 판례의 태도와 가장 거리가 먼 것은? [11 법원9급]

① 타인의 사무를 처리하는 자가 기망행위를 수단으로 배임행위를 한 경우 양 죄는 법조경합 관계에 있어 사기죄의 1죄만 성립하고 별도로 배임죄를 구성하지 않는다.

② 공무원이 수뢰 후 행한 부정행위가 공도화변조 및 동행사죄의 구성요건을 충족하는 경우에는 수뢰후부정처사죄 외에 공도화변조 및 동행사죄가 성립하고 이들 죄와 수뢰후부정처사죄는 각각 상상적 경합 관계에 있다.

③ 경찰관이 압수물을 범죄 혐의의 입증에 사용하도록 하는 등의 적절한 조치를 취하지 않은 채 피압수자에게 돌려준 경우 증거인멸죄만 성립하고 별도로 직무유기죄는 성립하지 않는다.

④ 존속을 살해할 목적으로 현주건조물에 방화하여 사망에 이르게 한 경우 존속살인죄와 현주건조물방화치사죄는 상상적 경합범 관계에 있다.

해설

① [×] 1개의 행위에 관하여 사기죄와 업무상배임죄의 각 구성요건이 모두 구비된 때에는 양 죄를 법조경합 관계로 볼 것이 아니라 상상적 경합관계로 봄이 상당하다(대판(전) 2002.7.18. 2002도669).

② [O] 수뢰후부정처사죄에 있어서 공무원이 수뢰후 행한 부정행위가 공도화변조 및 동행사죄와 같이 보호법익을 달리하는 별개 범죄의 구성요건을 충족하는 경우에는 수뢰후부정처사죄 외에 별도로 공도화변조 및 동행사죄가 성립하고 이들 죄와 수뢰후부정처사죄는 각각 상상적 경합 관계에 있다(대판 2001.2.9. 2000도1216).

③ [O] 경찰서 방범과장이 압수물을 수사계에 인계하고 검찰에 송치하여 범죄 혐의의 입증에 사용하도록 하는 등의 적절한 조치를 취하지 않고, 오히려 부하직원에게 위와 같이 압수한 변조 기판을 돌려주라고 지시하여 오락실 업주에게 이를 돌려준 경우, 작위범인 증거인멸죄만이 성립하고 부작위범인 직무유기(거부)죄는 따로 성립하지 아니한다(대판(전) 2006.10.19. 2005도3909).

④ [O] 사람을 살해할 목적으로 현주건조물에 방화하여 사망에 이르게 한 경우에는 현주건조물방화치사죄로 의율하여야 하고 이와 더불어 살인죄와의 상상적 경합범으로 의율할 것은 아니라고 할 것이고, 다만 존속살인죄와 현주건조물방화치사죄는 상상적 경합범 관계에 있으므로 법정형이 중한 존속살인죄로 의율함이 타당하다(대판 1996.4.26. 96도485).

정답 ①

---

16 다음 중 상상적 경합범 관계에 있지 <u>않은</u> 것은? (다툼이 있으면 판례에 의함) [13 경찰간부]

① 금융회사 등의 임직원의 직무에 속하는 사항에 관하여 알선할 의사와 능력이 없음에도 알선을 한다고 기망하고 금품 등을 수수한 경우

② 사기의 수단으로 발행한 수표가 지급거절된 경우

③ 재물을 강취한 후 그 집에 불을 질러 피해자들을 사망에 이르게 한 경우

④ 공무집행중인 공무원에게 공무집행을 방해하기 위하여 상해를 입힌 경우

해설

① [O] 사기죄와 특정법 제7조 위반죄(알선수재)의 상상적 경합관계에 있다(대판 2012.6.28. 2012도3927).

② [×] 사기의 수단으로 발행한 수표가 지급거절된 경우 부정수표단속법위반죄와 사기죄는 그 행위의 태양과 보호법익을 달리하므로 실체적 경합범의 관계에 있다(대판 2004.6.25. 2004도1751).

③ [O] 피해자의 재물을 강취한 후 그를 살해할 목적으로 현주건조물에 방화하여 사망에 이르게 한 경우 피고인의 위 행위는 강도살인죄와 현주건조물방화치사죄에 모두 해당하고 그 두 죄는 상상적 경합범관계에 있다(대판 1998.12.8. 98도3416).

④ [O] 1개의 상해행위에 의하여 공무집행방해죄와 상해죄가 성립하므로 양죄는 상상적 경합관계에 있다.

정답 ②

---

17 다음 중 상상적 경합관계에 해당하는 경우는? (다툼이 있으면 판례에 의함) [15 경찰간부]

① 강도범행의 실행에 착수하였으나 강취할 만한 재물이 없어 미수에 그치자, 그 자리에서 항거불능의 상태에 빠진 피해자를 간음할 것을 결의하고 실행에 착수하였으나 역시 미수에 그쳤지만 반항을 억압하기 위한 폭행으로 피해자에게 상해를 입힌 경우, 강도강간미수죄와 강도치상죄

② A에게 수표금액을 지급할 의사나 능력이 없는 상태에서 부도가 예상되는 당좌수표를 발행하여 주고 A로부터 금원을 차용하였으며, 그 당좌수표가 지급기일에 부도처리된 경우, 사기죄와 부정수표단속법위반죄

③ 초병이 일단 그 수소를 이탈한 후 다시 부대에 복귀하기 전에 별도로 군무를 기피할 목적을 일으켜 그 직무를 이탈한 경우, 초병의 수소이탈죄와 군무이탈죄

④ 위조통화를 행사하여 재물을 불법영득한 경우, 위조통화행사죄와 사기죄

① 상상적 경합관계에 있다(대판 1988.6.28. 88도820).
② 실체적 경합관계에 있다(대판 1983.11.22. 83도2495).
③ 실체적 경합관계에 있다(대판 1981.10.13. 81도2397).
④ 실체적 경합관계에 있다(대판 1979.7.10. 79도840).

정답 ①

18 사례와 죄수판단을 연결한 것으로 가장 적절한 것은? (다툼이 있으면 판례에 의함) [21 경찰승진]

① 계속적으로 무면허운전을 할 의사를 가지고 여러 날에 걸쳐 무면허운전행위를 반복적으로 한 경우 – 도로교통법위 반죄의 포괄일죄
② 강도가 체포면탈의 목적으로 경찰관에게 폭행을 가한 경우 – 강도죄와 공무집행방해죄의 상상적 경합
③ 동일한 공무를 집행하는 두 명의 경찰관에 대하여 동일한 장소에서 동일한 기회에 각각 폭행을 가한 경우 – 공무집 행방해죄의 포괄일죄
④ 주취상태에서 운전을 하여 사람을 사상하게 함으로써 「도로교통법」상의 음주운전죄와 「특정범죄가중처벌 등에 관한 법률」상의 위험운전치사상죄를 범한 경우 – 도로교통법위반죄와 특정범죄가중처벌등에관한법률위반죄의 실체 적 경합

해설

① [×] 무면허운전으로 인한 도로교통법위반죄는 특별한 경우를 제외하고는 운전한 날마다 1죄가 성립한다고 보아야 할 것이고, 비록 계속적으로 무면허운전을 할 의사를 가지고 여러 날에 걸쳐 무면허운전행위를 반복하였다 하더라도 이를 포괄하여 일죄로 볼 수는 없다(대판 2002.7.23. 2001도6281).
② [×] 강도범인이 체포를 면탈할 목적으로 경찰관에게 폭행을 가한 때에는 강도죄와 공무집행방해죄는 실체적 경합관계에 있고 상상적 경합관계에 있는 것이 아니다(대판 1992.7.28. 92도917).
③ [×] 동일한 공무를 집행하는 여럿의 공무원에 대하여 폭행·협박 행위를 한 경우에는 공무를 집행하는 공무원의 수에 따라 여럿의 공무집행방해죄가 성립하고, 위와 같은 폭행·협박 행위가 동일한 장소에서 동일한 기회에 이루어진 것으로서 여럿의 공무집행방해죄는 상상적 경합의 관계에 있다(대판 2009.6.25. 2009도3505).
④ [○] 음주로 인한 특정범죄 가중처벌 등에 관한 법률 위반(위험운전치사상)죄18)와 도로교통법 위반(음주운전)죄는 입법 취지와 보호법익 및 적용영역을 달리하는 별개의 범죄이므로, 양 죄가 모두 성립하는 경우 두 죄는 실체적 경합관계에 있다(대판 2008.11.13. 2008도7143).

정답 ④

---

18) 음주 또는 약물의 영향으로 정상적인 운전이 곤란한 상태에서 자동차 등을 운전하여 사람을 상해 또는 사망에 이르게 한 자에게 성립하는 범죄이다.

19 죄수(罪數)에 대한 다음 설명 중 적절한 것만을 모두 고른 것은? (다툼이 있으면 판례에 의함) [21 경찰채용]

> ㉠ 피고인이 강취한 현금카드를 사용하여 현금자동지급기에서 현금을 인출한 행위는 강도죄와는 별도로 절도죄가 성립한다.
> ㉡ 전기통신금융사기(이른바 보이스피싱 범죄)의 범인이 피해자를 기망하여 피해자의 돈을 사기이용계좌로 송금·이체받은 후 그 계좌에서 현금을 인출하였다면, 송금·이체 행위에 대해서는 사기죄가, 현금을 인출한 행위에 대해서는 횡령죄가 성립하며 양 죄는 실체적 경합관계에 있다.
> ㉢ 음주로 인한 특정범죄 가중처벌 등에 관한 법률 위반(위험운전치사상)죄와 도로교통법 위반(음주운전)죄가 모두 성립하는 경우 두 죄는 실체적 경합관계에 있다.
> ㉣ 신용카드를 절취한 후 이를 사용한 경우 신용카드의 부정사용행위는 선행 절도범행의 불가벌적 사후행위에 해당한다.

① ㉠, ㉡

② ㉡, ㉢

③ ㉠, ㉢

④ ㉢, ㉣

해설

㉠ [O] 강도죄는 공갈죄와는 달리 피해자의 반항을 억압할 정도로 강력한 정도의 폭행·협박을 수단으로 재물을 탈취하여야 성립하므로, 피해자로부터 현금카드를 강취하였다고 인정되는 경우에는 피해자로부터 현금카드의 사용에 관한 승낙의 의사표시가 있었다고 볼 여지가 없다. 따라서 강취한 현금카드를 사용하여 현금자동지급기에서 예금을 인출한 행위는 피해자의 승낙에 기한 것이라고 할 수 없으므로, 현금자동지급기 관리자의 의사에 반하여 그의 지배를 배제하고 그 현금을 자기의 지배하에 옮겨 놓는 것이 되어서 강도죄와는 별도로 절도죄를 구성한다고 할 것이다(대판 2007.5.10. 2007도1375).

㉡ [×] 전기통신금융사기(이른바 보이스피싱 범죄)의 범인이 피해자의 자금을 점유하고 있다고 하여 피해자와의 어떠한 위탁관계나 신임관계가 존재한다고 볼 수 없을 뿐만 아니라, 사기이용계좌에서 현금을 인출하였다고 하더라도 이는 이미 성립한 사기범행이 예정하고 있던 행위에 지나지 아니하여 새로운 법익을 침해한다고 보기도 어려우므로 사기의 피해자에 대하여 별도의 횡령죄를 구성하지 아니한다(대판 2017.5.31. 2017도3894).

㉢ [O] 음주로 인한 특정범죄 가중처벌 등에 관한 법률 위반(위험운전치사상)죄[19]와 도로교통법 위반(음주운전)죄는 입법 취지와 보호법익 및 적용영역을 달리하는 별개의 범죄이므로, 양 죄가 모두 성립하는 경우 두 죄는 실체적 경합관계에 있다(대판 2008.11.13. 2008도7143).

㉣ [×] 신용카드를 절취한 후 이를 사용한 경우 신용카드의 부정사용행위는 새로운 법익의 침해로 보아야 하고 그 법익침해가 절도범행보다 큰 것이 대부분이므로 위와 같은 부정사용행위가 절도범행의 불가벌적 사후행위가 되는 것은 아니다(대판 1996.7.12. 96도1181).

정답 ③

---

19) 음주 또는 약물의 영향으로 정상적인 운전이 곤란한 상태에서 자동차 등을 운전하여 사람을 상해 또는 사망에 이르게 한 자에게 성립하는 범죄이다.

20 죄수에 관한 다음 설명 중 가장 옳지 않은 것은? (다툼이 있으면 판례에 의함) [13 법원9급]

① 채권자들에 의한 복수의 강제집행이 예상되는 경우 재산을 은닉 또는 허위양도함으로써 채권자들을 해하였다면 채권자별로 각각 강제집행면탈죄가 성립하고, 상호 상상적 경합범의 관계에 있다.

② 피해자를 1회 강간하여 상처를 입게 한 후 약 1시간 후에 장소를 옮겨 같은 피해자를 다시 1회 강간한 행위는 그 범행시간과 장소를 달리하고 있을 뿐만 아니라 각 별개의 범의에서 이루어진 행위로서 형법 제37조 전단의 실체적 경합범에 해당한다.

③ 소송사건의 같은 심급에서 변론기일을 달리하여 수차 증인으로 나가 수 개의 허위진술을 한 경우에는 최초 한 선서의 효력을 유지시킨 후 증언을 하더라도 각 진술마다 수 개의 위증죄를 구성한다.

④ 절도범이 甲의 집에 침입하여 그 집의 방안에서 그 소유의 재물을 절취하고 그 무렵 그 집에 세들어 사는 乙의 방에 침입하여 재물을 절취하려다 미수에 그쳤다면 위 두 범죄는 그 범행장소와 물품의 관리자를 달리하고 있어서 별개의 범죄를 구성한다.

해설

① [○] 채권자들에 의한 복수의 강제집행이 예상되는 경우 재산을 은닉 또는 허위양도함으로써 채권자들을 해하였다면 채권자별로 각각 강제집행면탈죄가 성립하고, 상호 상상적 경합범의 관계에 있다(대판 2011.12.8. 2010도4129).

② [○] 피해자를 1회 강간하여 상처를 입게 한 후 약 1시간 후에 장소를 옮겨 같은 피해자를 다시 1회 강간한 행위는 그 범행시간과 장소를 달리하고 있을 뿐만 아니라 별개의 범의에서 이루어진 행위로서 실체적 경합범에 해당한다(대판 1987.5.12. 87도694).

③ [×] 같은 심급에서 변론기일을 달리하여 수차 증인으로 나가 수 개의 허위진술을 하더라도 최초 한 선서의 효력을 유지시킨 후 증언한 이상 1개의 위증죄를 구성함에 그친다(대판 2007.3.15. 2006도9463).

④ [○] 절도범이 甲의 집에 침입하여 그 집의 방안에서 재물을 절취하고 그 무렵 그 집에 세들어 사는 乙의 방에 침입하여 재물을 절취하려다 미수에 그쳤다면 두 범죄는 범행장소와 물품의 관리자를 달리하고 있어서 별개의 범죄를 구성한다(대판 1989.8.8. 89도664).

정답 ③

21 다음 설명 중 가장 옳지 않은 것은? (다툼이 있으면 판례에 의함) [20 법원9급]

① 동일한 공무를 집행하는 여럿의 공무원에 대하여 폭행, 협박행위를 한 경우에는 공무를 집행하는 공무원의 수에 따라 여럿의 공무집행방해죄가 성립하고, 위와 같은 폭행, 협박행위가 동일한 장소에서 동일한 기회에 이루어진 것으로서 사회관념상 1개의 행위로 평가되는 경우에는 여럿의 공무집행방해죄는 상상적 경합의 관계에 있다.

② 음주로 인한 특정범죄가중처벌 등에 관한 법률 위반(위험운전치사상)죄와 도로교통법 위반(음주운전)죄는 입법 취지와 보호법익 및 적용영역을 달리하는 별개의 범죄이므로 1개의 행위에 관하여 양 죄의 각 구성요건이 모두 구비된 때에는 서로 법조경합의 관계로 볼 것이 아니라 상상적 경합관계로 봄이 상당하다.

③ 공무원인 의사가 공무소의 명의로 허위진단서를 작성한 경우에는 허위공문서작성죄만이 성립하고 허위진단서작성죄는 별도로 성립하지 않는다.

④ 강도가 한 개의 강도 범행을 하는 기회에 수명의 피해자에게 각 폭행을 가하여 각 상해를 입힌 경우에는 각 피해자별로 수개의 강도상해죄가 성립하고 이들은 실체적 경합범의 관계에 있다.

해설

① [○] [1] 동일한 공무를 집행하는 여럿의 공무원에 대하여 폭행·협박 행위를 한 경우에는 공무를 집행하는 공무원의 수에 따라 여럿의 공무집행방해죄가 성립하고, 위와 같은 폭행·협박 행위가 동일한 장소에서 동일한 기회에 이루어진 것으로서 사회관념상 1개의 행위로 평가되는 경우에는 여럿의 공무집행방해죄는 상상적 경합의 관계에 있다.

[2] 범죄 피해 신고를 받고 출동한 두 명의 경찰관에게 욕설을 하면서 차례로 폭행을 하여 신고 처리 및 수사 업무에 관한 정당한 직무집행을 방해한 경우, 동일한 장소에서 동일한 기회에 이루어진 폭행 행위는 사회관념상 1개의 행위에 해당하므로, 위 공무집행방해죄는 형법 제40조에 정한 상상적 경합의 관계에 있다(대판 2009.6.25. 2009도3505).

② [×] 음주로 인한 특정범죄 가중처벌 등에 관한 법률 위반(위험운전치사상)죄[20]와 도로교통법 위반(음주운전)죄는 입법 취지와 보호법익 및 적용영역을 달리하는 별개의 범죄이므로, 양 죄가 모두 성립하는 경우 두 죄는 실체적 경합관계에 있다(대판 2008.11.13. 2008도7143).

③ [○] 형법이 제225조 내지 제230조에서 공문서에 관한 범죄를 규정하고, 이어 제231조 내지 제236조에서 사문서에 관한 범죄를 규정하고 있는 점 등에 비추어 볼 때 형법 제233조 소정의 허위진단서작성죄의 대상은 공무원이 아닌 의사가 사문서로서 진단서를 작성한 경우에 한정되고, 공무원인 의사가 공무소의 명의로 허위진단서를 작성한 경우에는 허위공문서작성죄만이 성립하고, 허위진단서작성죄는 별도로 성립하지 않는다(대판 2004.4.9. 2003도7762).

④ [○] 강도가 한 개의 강도 범행을 하는 기회에 수명의 피해자에게 각 폭행을 가하여 각 상해를 입힌 경우에는 각 피해자별로 수개의 강도상해죄가 성립하고 이들은 실체적 경합범의 관계에 있다(대판 1987.5.26. 87도527).

정답 ②

22 죄수에 대한 설명으로 가장 적절한 것은? (다툼이 있으면 판례에 의함)

[17 경찰채용]

① 경찰관이 검사로부터 범인을 검거하라는 지시를 받고서도 그 직무상의 의무에 따른 적절한 조치를 취하지 아니하고 오히려 범인에게 전화로 도피하라고 권유하여 그를 도피케 한 경우, 범인도피죄와 직무유기죄의 상상적 경합이다.

② 상습성이 있는 자가 같은 종류의 죄를 반복하여 저질렀다 하더라도 상습범을 별도의 범죄유형으로 처벌하는 규정이 없는 한, 각 죄는 원칙적으로 별개의 범죄로서 경합범으로 처단하여야 한다.

③ 사기의 수단으로 발행한 수표가 지급거절된 경우, 부정수표단속법위반죄와 사기죄는 그 행위의 태양과 보호법익을 달리하므로 상상적 경합범의 관계에 있다.

④ 편취한 약속어음을 그와 같은 사실을 모르는 제3자에게 편취사실을 숨기고 할인 받은 경우, 그 약속어음을 취득한 제3자가 선의이고 약속어음의 발행인이나 배서인이 어음금을 지급할 의사와 능력이 있었다면 제3자에 대한 별도의 사기죄는 성립하지 않는다.

해설

① [×] 경찰관이 검사로부터 범인을 검거하라는 지시를 받고서도 그 직무상의 의무에 따른 적절한 조치를 취하지 아니하고 오히려 범인에게 전화로 도피하라고 권유하여 그를 도피케 하였다는 범죄사실만으로는 직무위배의 위법상태가 범인도피행위 속에 포함되어 있는 것으로 보아야 할 것이므로, 이와 같은 경우에는 작위범인 범인도피죄만이 성립하고 부작위범인 직무유기죄는 따로 성립하지 아니한다(대판 1996.5.10. 96도51).

② [○] 상습성이 있는 자가 같은 종류의 죄를 반복하여 저질렀다 하더라도 상습범을 별도의 범죄유형으로 처벌하는 규정이 없는 한, 각 죄는 원칙적으로 별개의 범죄로서 경합범으로 처단하여야 한다(대판 2012.5.10. 2011도12131).

③ [×] 사기의 수단으로 발행한 수표가 지급거절된 경우 부정수표단속법위반죄와 사기죄는 그 행위의 태양과 보호법익을 달리하므로 실체적 경합범의 관계에 있다(대판 2004.6.25. 2004도1751).

④ [×] 편취한 약속어음을 그와 같은 사실을 모르는 제3자에게 편취사실을 숨기고 할인받는 행위는 당초의 어음 편취와는 별개의 새로운 법익을 침해하는 행위로서 기망행위와 할인금의 교부행위 사이에 상당인과관계가 있어 새로운 사기죄를 구성한다 할 것이고, 설령 그 약속어음을 취득한 제3자가 선의이고 약속어음의 발행인이나 배서인이 어음금을 지급할 의사와 능력이 있었다 하더라도 이러한 사정은 사기죄의 성립에 영향이 없다(대판 2005.9.30. 2005도5236).

정답 ②

---

20) 음주 또는 약물의 영향으로 정상적인 운전이 곤란한 상태에서 자동차 등을 운전하여 사람을 상해 또는 사망에 이르게 한 자에게 성립하는 범죄이다.

23 죄수에 대한 설명으로 적절한 것을 모두 고른 것은? (다툼이 있으면 판례에 의함) [17 경찰채용]

> ⊙ 피고인이 수개의 선거비용 항목을 허위기재한 하나의 선거비용 보전청구서를 제출하여 대한민국으로부터 선거
> 비용을 과다 보전받아 이를 편취하였다면 이는 일죄로 평가되어야 하고, 각 선거비용 항목에 따라 별개의 사기
> 죄가 성립하는 것은 아니다.
>
> ⓛ 회사에 대한 관계에서 타인의 사무를 처리하는 자가 임무에 위배하는 행위로써 회사로 하여금 회사가 펀드 운영
> 사에 지급하여야 할 펀드출자금을 정해진 시점보다 선지급하도록 하여 배임죄를 범한 다음, 그와 같이 선지급된
> 펀드출자금을 보관하는 자와 공모하여 펀드출자금을 임의로 인출한 후 자신의 투자금으로 사용하기 위하여 임
> 의로 송금하도록 한 행위는 펀드출자금 선지급으로 인한 배임죄와는 다른 새로운 보호법익을 침해하지 않는 행
> 위로서 배임 범행의 불가벌적 사후행위가 되는 것이므로, 별죄로서 횡령죄를 구성한다고 볼 수 없다.
>
> ⓔ 피해자에 대한 폭행행위가 동일한 피해자에 대한 업무방해죄의 수단이 되었다고 하더라도, 그러한 폭행행위가
> 이른바 '불가벌적 수반행위'에 해당하여 업무방해죄에 대하여 흡수관계에 있다고 볼 수는 없다.

① ⊙
② ⓛ, ⓔ
③ ⊙, ⓔ
④ ⓔ

해설

> ⊙ [○] 피고인이 수개의 선거비용 항목을 허위기재한 하나의 선거비용 보전청구서를 제출하여 대한민국으로부터 선거비용을 과
> 다 보전받아 이를 편취하였다면 이는 일죄로 평가되어야 하고, 각 선거비용 항목에 따라 별개의 사기죄가 성립하는 것은 아니다
> (대판 2017.5.30. 2016도21713).
>
> ⓛ [×] 회사에 대한 관계에서 타인의 사무를 처리하는 자가 회사로 하여금 회사가 펀드 운영사에 지급하여야 할 펀드출자금을
> 정해진 시점보다 선지급하도록 하여 배임죄를 범한 다음, 그와 같이 선지급된 펀드출자금을 보관하는 자와 공모하여 펀드출자금
> 을 임의로 인출한 후 자신의 투자금으로 사용하기 위하여 임의로 송금하도록 한 행위는 펀드출자금 선지급으로 인한 배임죄와는
> 다른 새로운 보호법익을 침해하는 행위로서 배임 범행의 불가벌적 사후행위가 되는 것이 아니라 별죄로서 횡령죄를 구성한다
> (대판 2014.12.11. 2014도10036).
>
> ⓔ [○] 업무방해죄와 폭행죄는 구성요건과 보호법익을 달리하고 있고, 업무방해죄의 성립에 일반적·전형적으로 사람에 대한 폭
> 행행위를 수반하는 것은 아니며, 폭행행위가 업무방해죄에 비하여 별도로 고려되지 않을 만큼 경미한 것이라고 할 수도 없으므
> 로, 설령 피해자에 대한 폭행행위가 동일한 피해자에 대한 업무방해죄의 수단이 되었다고 하더라도 그러한 폭행행위가 이른바
> '불가벌적 수반행위'에 해당하여 업무방해죄에 대하여 흡수관계에 있다고 볼 수는 없다(대판 2012.10.11. 2012도1895).

정답 ③

24 다음 설명 중 옳은 것은 모두 몇 개인가? (다툼이 있으면 판례에 의함) [15 경찰간부]

> ⊙ 甲이 백화점에서 A의 신용카드를 제시하고 매출표에 서명하여 교부함으로써 물품을 구입하였다면, 甲에게는 여
> 신전문금융업법위반(신용카드부정사용)죄와 사기죄의 실체적 경합이 성립하고 별도로 사문서위조 및 동행사의
> 죄는 성립하지 않는다.
>
> ⓛ 피해자에 대한 폭행행위가 동일한 피해자에 대한 업무방해죄의 수단이 된 경우, 업무방해죄가 성립하기 위해서
> 는 일반적으로 사람에 대한 폭행행위를 수반하므로 폭행행위는 업무방해죄의 불가벌적 수반행위에 해당한다.
>
> ⓔ 특정범죄가중처벌등에관한법률 제5조의4 제1항에 규정된 상습절도등죄를 범한 범인이 그 범행의 수단으로 주거
> 침입을 한 경우에 주거침입죄는 그 목적 여하에 불구하고 그 목적하는 죄와 별도로 성립하기 때문에 상습절도등
> 죄와 주거침입죄는 상상적 경합관계에 있다.
>
> ⓖ 절도범인 甲이 체포를 면탈할 목적으로 체포하려는 A, B, C에게 동일한 기회에 폭행을 가하여 그 중 A에게만
> 상해를 가한 경우, 甲에게는 하나의 강도상해죄만 성립한다.

① 1개
② 2개
③ 3개
④ 4개

해설

㉠ [O] 위 매출표의 서명 및 교부가 별도로 사문서위조 및 동행사의 죄의 구성요건을 충족한다고 하여도 이 사문서위조 및 동행사의 죄는 위 신용카드부정사용죄에 흡수되어 신용카드부정사용죄의 1죄만이 성립하고 별도로 사문서위조 및 동행사의 죄는 성립하지 않는다(대판 1992.6.9. 92도77).

㉡ [×] 업무방해죄와 폭행죄는 구성요건과 보호법익을 달리하고 있고, 업무방해죄의 성립에 일반적·전형적으로 사람에 대한 폭행행위를 수반하는 것은 아니며, 폭행행위가 업무방해죄에 비하여 별도로 고려되지 않을 만큼 경미한 것이라고 할 수도 없으므로, 설령 피해자에 대한 폭행행위가 동일한 피해자에 대한 업무방해죄의 수단이 되었다고 하더라도 그러한 폭행행위가 이른바 '불가벌적 수반행위'에 해당하여 업무방해죄에 대하여 흡수관계에 있다고 볼 수는 없다(대판 2012.10.11. 2012도1895).

㉢ [×] 형법 제332조에 규정된 상습절도죄를 범한 범인이 그 범행의 수단으로 주간에 주거침입을 한 경우 그 주간 주거침입행위는 상습절도죄와 별개로 주거침입죄를 구성한다. 또 형법 제332조에 규정된 상습절도죄를 범한 범인이 그 범행 외에 상습적인 절도의 목적으로 주간에 주거침입을 하였다가 절도에 이르지 아니하고 주거침입에 그친 경우에도 그 주간 주거침입행위는 상습절도죄와 별개로 주거침입죄를 구성한다(대판 2015.10.15. 2015도8169).

㉣ [O] 절도범이 체포를 면탈할 목적으로 체포하려는 여러 명의 피해자에게 같은 기회에 폭행을 가하여 그 중 1인에게만 상해를 가하였다면 이러한 행위는 포괄하여 하나의 강도상해죄만 성립한다(대판 2001.8.21. 2001도3447).

정답 ②

25 다음 기술 중 괄호 안의 범죄가 성립하고 그 범죄들이 상상적 경합관계에 있는 것을 모두 고른 것은? (다툼이 있으면 판례에 의함) [08 사시]

> ㄱ. 甲이 절도범행을 하여 다른 사람의 물건을 가지고 나오다가 마침 부근을 순찰하던 경찰관에게 발각되자 체포를 면탈할 목적으로 경찰관에게 폭행을 가하였다. (준강도죄와 공무집행방해죄)
> ㄴ. 甲은 A의 인장을 위조하고 이를 이용하여 A명의의 사문서를 위조하였다. (인장위조죄와 사문서위조죄)
> ㄷ. 甲이 강도범행의 실행에 착수하였으나 강취할 만한 재물이 없어 미수에 그치자, 그 자리에서 항거불능의 상태에 빠진 피해자를 간음할 것을 결의하고 실행에 착수하였으나 역시 미수에 그쳤더라도 반항을 억압하기 위한 폭행으로 피해자에게 상해를 입혔다. (강도강간미수죄와 강도치상죄)
> ㄹ. 甲은 A에게 수표금액을 지급할 의사나 능력이 없는 상태에서 부도가 예상되는 당좌수표를 발행하여 주고 A로부터 금원을 차용하였으며, 그 당좌수표가 지급기일에 부도처리되었다. (사기죄와 부정수표단속법위반죄)
> ㅁ. 공무원인 의사 甲이 공무소의 명의로 A에 대한 허위진단서를 작성하였다. (허위공문서작성죄와 허위진단서작성죄)

① ㄱ, ㄷ   ② ㄱ, ㄹ
③ ㄱ, ㄴ, ㄷ   ④ ㄱ, ㄷ, ㄹ
⑤ ㄷ, ㄹ, ㅁ   ⑥ ㄴ, ㄹ, ㅁ

해설

ㄱ. [상상적 경합] 절도범인이 체포를 면탈할 목적으로 경찰관에게 폭행·협박을 가한 때에는 준강도죄와 공무집행방해죄를 구성하고 양죄는 상상적 경합관계에 있다(대판 1992.7.28. 92도917).

ㄴ. [일죄] 인장위조죄는 사문서위조죄에 흡수되고 따로 인장위조죄가 성립하는 것은 아니다(대판 1978.9.26. 78도1787).

ㄷ. [상상적 경합] 강도강간미수죄와 강도치상죄가 성립되고 이는 1개의 행위가 2개의 죄명에 해당되어 상상적 경합관계가 성립된다(대판 1988.6.28. 88도820).

ㄹ. [실체적 경합] 사기의 수단으로 발행한 수표가 지급거절된 경우 부정수표단속법위반죄와 사기죄는 그 행위의 태양과 보호법익을 달리하므로 실체적 경합범의 관계에 있다(대판 2004.6.25. 2004도1751).

ㅁ. [일죄] 형법이 제225조 내지 제230조에서 공문서에 관한 범죄를 규정하고, 이어 제231조 내지 제236조에서 사문서에 관한 범죄를 규정하고 있는 점 등에 비추어 볼 때 형법 제233조 소정의 허위진단서작성죄의 대상은 공무원이 아닌 의사가 사문서로서 진단서를 작성한 경우에 한정되고, 공무원인 의사가 공무소의 명의로 허위진단서를 작성한 경우에는 허위공문서작성죄만이 성립하고 허위진단서작성죄는 별도로 성립하지 않는다(대판 2004.4.9. 2003도7762).

정답 ①

26 다음 설명 중 가장 적절하지 않은 것은? (다툼이 있으면 판례에 의함) [16 경찰채용]

① 불가벌적 수반행위란 법조경합의 한 형태인 흡수관계에 속하는 것으로서, 행위자가 특정한 죄를 범하면 비록 논리 필연적인 것은 아니지만 일반적·전형적으로 다른 구성요건을 충족하고 이때 그 구성요건의 불법이나 책임 내용이 주된 범죄에 비하여 경미하기 때문에 처벌이 별도로 고려되지 않는 경우를 말한다.

② 피해자에 대한 폭행행위가 동일한 피해자에 대한 업무방해죄의 수단이 되었다면, 그러한 폭행행위는 이른바 불가벌적 수반행위에 해당하여 업무방해죄에 대하여 흡수관계에 있다.

③ 수수한 메스암페타민을 장소를 이동하여 투약하고서 잔량을 은닉하는 방법으로 소지한 행위는 사회통념상 수수행위와는 독립한 별개의 행위를 구성한다고 보아야 한다.

④ 국회의원 선거에서 정당의 공천을 받게 하여 줄 의사나 능력이 없음에도 이를 해줄 수 있는 것처럼 기망하여 공천과 관련하여 금품을 받은 경우, 공직선거법상 공천 관련 금품수수죄와 사기죄가 모두 성립하고 양자는 상상적 경합의 관계에 있다.

해설

① [O] 불가벌적 수반행위란 법조경합의 한 형태인 흡수관계에 속하는 것으로서, 행위자가 특정한 죄를 범하면 비록 논리 필연적인 것은 아니지만 일반적·전형적으로 다른 구성요건을 충족하고 이때 그 구성요건의 불법이나 책임 내용이 주된 범죄에 비하여 경미하기 때문에 처벌이 별도로 고려되지 않는 경우를 말한다(대판 2012.10.11. 2012도1895).

② [×] 업무방해죄와 폭행죄는 구성요건과 보호법익을 달리하고 있고, 업무방해죄의 성립에 일반적·전형적으로 사람에 대한 폭행행위를 수반하는 것은 아니며, 폭행행위가 업무방해죄에 비하여 별도로 고려되지 않을 만큼 경미한 것이라고 할 수도 없으므로, 설령 피해자에 대한 폭행행위가 동일한 피해자에 대한 업무방해죄의 수단이 되었다고 하더라도 그러한 폭행행위가 이른바 '불가벌적 수반행위'에 해당하여 업무방해죄에 대하여 흡수관계에 있다고 볼 수는 없다(대판 2012.10.11. 2012도1895).

③ [O] 수수한 메스암페타민을 장소를 이동하여 투약하고서 잔량을 은닉하는 방법으로 소지한 행위는 사회통념상 수수행위와는 독립한 별개의 행위를 구성한다고 보아야 한다(대판 1999.8.20. 99도1744).

④ [O] 국회의원 선거에서 정당의 공천을 받게 하여 줄 의사나 능력이 없음에도 이를 해줄 수 있는 것처럼 기망하여 공천과 관련하여 금품을 받은 경우, 공직선거법상 공천 관련 금품수수죄와 사기죄가 모두 성립하고 양자는 상상적 경합의 관계에 있다(대판 2013.9.26. 2013도7876).

정답 ②

27 사기죄 등에 관한 다음 설명 중 옳지 않은 것은? (다툼이 있으면 판례에 의함) [08 사시]

① 위조한 사문서를 기망의 수단으로 행사하여 재물 또는 재산상의 이익을 취득한 경우 위조사문서행사죄와 사기죄의 실체적 경합범이 성립한다.

② 자기가 점유하는 타인의 재물을 영득함에 있어서 기망의 수단을 사용한 경우 사기죄와 횡령죄의 상상적 경합범이 성립한다.

③ 타인의 사무를 처리하는 자가 본인을 기망하여 재산상의 이익을 취득하고 본인에게 손해를 가한 경우 배임죄와 사기죄의 상상적 경합범이 성립한다.

④ 자신이 절취한 장물을 자기 소유인 것처럼 제3자에게 담보로 제공하고 금원을 편취한 경우 절도죄와 사기죄의 실체적 경합범이 성립한다.

⑤ 대표이사가 회사의 상가분양 사업을 수행하면서 수분양자들을 기망하여 분양대금을 편취한 후 그 분양대금을 임의로 사용한 경우 사기죄와 횡령죄의 실체적 경합범이 성립한다.

해설

① [O] 피고인이 예금통장을 강취하고 예금자 명의의 예금청구서를 위조한 다음 이를 은행원에게 제출·행사하여 예금인출금 명목의 금원을 교부받았다면 강도, 사문서위조, 동행사, 사기의 각 범죄가 성립하고 이들은 실체적 경합관계에 있다 할 것이다(대판 1991.9.10. 91도1722).

② [X] 자기가 점유하는 타인의 재물을 횡령하기 위하여 기망수단을 쓴 경우에는 피기망자에 의한 재산처분행위가 없으므로 일반적으로 횡령죄만 성립되고 사기죄는 성립되지 아니한다(대판 1980.12.9. 80도1177).

③ [O] 업무상배임행위에 사기행위가 수반된 때의 죄수 관계에 관하여 보면, 사기죄는 사람을 기망하여 재물의 교부를 받거나 재산상의 이익을 취득하는 것을 구성요건으로 하는 범죄로서 임무위배를 그 구성요소로 하지 아니하고 사기죄의 관념에 임무위배 행위가 당연히 포함된다고 할 수도 없으며, 업무상배임죄는 업무상 타인의 사무를 처리하는 자가 그 업무상의 임무에 위배하는 행위로써 재산상의 이익을 취득하거나 제3자로 하여금 이를 취득하게 하여 본인에게 손해를 가하는 것을 구성요건으로 하는 범죄로서 기망적 요소를 구성요건의 일부로 하는 것이 아니어서 양 죄는 그 구성요건을 달리하는 별개의 범죄이고 형법상으로도 각각 별개의 장(章)에 규정되어 있어, 1개의 행위에 관하여 사기죄와 업무상배임죄의 각 구성요건이 모두 구비된 때에는 양 죄를 법조경합관계로 볼 것이 아니라 상상적 경합관계로 봄이 상당하다 할 것이고, 나아가 업무상배임죄가 아닌 단순배임죄라고 하여 양 죄의 관계를 달리 보아야 할 이유도 없다(대판(전) 2002.7.18. 2002도669).

④ [O] 절도범인이 절취한 장물을 자기 것인양 제3자에게 담보로 제공하고 금원을 편취한 경우에는 별도의 사기죄가 성립된다(대판 1980.11.25. 80도2310).

⑤ [O] 대표이사가 회사의 상가분양 사업을 수행하면서 수분양자들을 기망하여 편취한 분양대금은 회사의 소유로 귀속되는 것이므로, 대표이사가 그 분양대금을 횡령하는 것은 사기 범행이 침해한 것과는 다른 법익을 침해하는 것이어서 회사를 피해자로 하는 별도의 횡령죄가 성립된다(대판 2005.4.29. 2005도741).

정답 ②

28 다음 설명 중 가장 옳지 않은 것은? (다툼이 있으면 판례에 의함)

① 음주운전으로 1차 사고를 낸 후 다시 운전하여 제2차 사고를 낸 경우 음주운전의 포괄일죄가 된다.

② 컴퓨터로 음란물을 제공한 행위로 서버컴퓨터가 압수된 이후 동종의 제2범행을 한 경우 포괄일죄로 판단된다.

③ 공직선거법 제106조 제1항 소정의 호별방문죄에 있어서 각 집의 방문이 '연속적'인 것으로 인정되기 위해서는 반드시 집집을 중단 없이 방문하여야 하거나 동일한 일시 및 기회에 각 집을 방문하여야 하는 것은 아니지만, 각 방문행위 사이에는 어느 정도의 시간적 근접성이 있어야 할 것이고, 이러한 시간적 근접성이 없다면 '연속적'인 것으로 인정될 수는 없다.

④ 상습성을 갖춘 자가 여러 개의 죄를 반복하여 저지른 경우에는 각 죄를 별죄로 보아 경합범으로 처단할 것이 아니라 그 모두를 포괄하여 상습범으로 처단하여야 한다.

해설

① [O] 음주상태로 자동차를 운전하다가 제1차 사고를 내고 그대로 진행하여 제2차 사고를 낸 후 음주측정을 받아 도로교통법 위반(음주운전)죄로 약식명령을 받아 확정되었는데, 그 후 제1차 사고 당시의 음주운전으로 기소된 사안에서 위 공소사실이 약식명령이 확정된 도로교통법 위반(음주운전)죄와 포괄일죄 관계에 있다고 본 사례(대판 2007.7.26. 2007도4404).

② [X] 컴퓨터로 음란 동영상을 제공한 제1범죄행위로 서버컴퓨터가 압수된 이후 다시 장비를 갖추어 동종의 제2범죄행위를 한 경우, 피고인에게 범의의 갱신이 있어 제1범죄행위는 제2범죄행위와 실체적 경합관계에 있다(대판 2005.9.30. 2005도4051).

③ [O] 공직선거법 제106조 제1항 소정의 호별방문죄에 있어서 각 집의 방문이 '연속적'인 것으로 인정되기 위해서는 반드시 집집을 중단 없이 방문하여야 하거나 동일한 일시 및 기회에 각 집을 방문하여야 하는 것은 아니지만, 각 방문행위 사이에는 어느 정도의 시간적 근접성이 있어야 할 것이고, 이러한 시간적 근접성이 없다면 '연속적'인 것으로 인정될 수는 없다(대판 2007.3.15. 2006도9042).

④ [O] 상습성을 갖춘 자가 여러 개의 죄를 반복하여 저지른 경우에는 각 죄를 별죄로 보아 경합범으로 처단할 것이 아니라 그 모두를 포괄하여 상습범이라고 하는 하나의 죄로 처단하는 것이 상습범의 본질 또는 상습범 가중처벌규정의 입법취지에 부합한다(대판(전) 2004.9.16. 2001도3206).

정답 ②

29 죄수 및 경합에 관한 설명 중 옳은 것을 모두 고른 것은? (다툼이 있는 경우에는 판례에 의함) [13 사시]

ㄱ. 강도범이 체포를 면탈할 목적으로 경찰관에게 폭행을 가한 경우에는 강도죄와 공무집행방해죄의 상상적 경합이다.
ㄴ. 위조통화를 행사하여 재물을 불법영득한 경우에는 위조통화행사죄와 사기죄의 실체적 경합이다.
ㄷ. 기망의 방법으로 자기가 점유하는 타인의 재물을 영득한 경우에는 사기죄와 횡령죄의 상상적 경합이다.
ㄹ. 절취한 물건을 자기 것인 양 제3자에게 담보로 제공하고 돈을 빌린 행위는 불가벌적 사후행위에 해당한다.
ㅁ. 타인의 사무를 처리하는 자가 본인을 기망하는 방식으로 임무위배행위를 하여 재산상의 이익을 취득하고 본인에게 손해를 가한 경우에는 배임죄와 사기죄의 상상적 경합이다.
ㅂ. 강취한 현금카드를 이용하여 현금자동지급기에서 예금을 인출한 경우에는 강도죄의 포괄일죄이다.

① ㄴ, ㄷ   ② ㄴ, ㅁ
③ ㄱ, ㄹ, ㅁ   ④ ㄱ, ㄹ, ㅂ
⑤ ㄴ, ㄷ, ㅁ   ⑥ ㄴ, ㄷ, ㅂ
⑦ ㄴ, ㄹ, ㅁ

해설

ㄱ. [×] 절도범인이 체포를 면탈할 목적으로 경찰관에게 폭행 협박을 가한 때에는 준강도죄와 공무집행방해죄를 구성하고 양죄는 상상적 경합관계에 있으나, 강도범인이 체포를 면탈할 목적으로 경찰관에게 폭행을 가한 때에는 강도죄와 공무집행방해죄는 실체적 경합관계에 있고 상상적 경합관계에 있는 것이 아니다(대판 1992.7.28. 92도917).

ㄴ. [O] 위조통화를 행사하여 재물을 불법영득한 때에는 위조통화행사죄와 사기죄의 양죄가 성립된다(대판 1979.7.10. 79도840). ▶ 실체적 경합범이 성립한다.

ㄷ. [×] 사기죄는 타인이 점유하는 재물을 그의 처분행위에 의하여 취득함으로써 성립하는 죄이므로 자기가 점유하는 타인의 재물에 대하여는 이것을 영득함에 기망행위를 한다 하여도 사기죄는 성립하지 아니하고 횡령죄만을 구성한다(대판 1987.12.22. 87도2168).

ㄹ. [×] 절도범인이 절취한 장물을 자기 것인 양 제3자에게 담보로 제공하고 금원을 편취한 경우에는 별도의 사기죄가 성립된다(대판 1980.11.25. 80도2310).

ㅁ. [O] 1개의 행위에 관하여 사기죄와 업무상배임죄의 각 구성요건이 모두 구비된 때에는 양 죄를 법조경합 관계로 볼 것이 아니라 상상적 경합관계로 봄이 상당하다 할 것이고, 나아가 업무상배임죄가 아닌 단순배임죄라고 하여 양 죄의 관계를 달리 보아야 할 이유도 없다(대판(전) 2002.7.18. 2002도669).

ㅂ. [×] 강도죄는 공갈죄와는 달리 피해자의 반항을 억압할 정도로 강력한 정도의 폭행·협박을 수단으로 재물을 탈취하여야 성립하므로, 피해자로부터 현금카드를 강취하였다고 인정되는 경우에는 피해자로부터 현금카드의 사용에 관한 승낙의 의사표시가 있었다고 볼 여지가 없다. 따라서 강취한 현금카드를 사용하여 현금자동지급기에서 예금을 인출한 행위는 피해자의 승낙에 기한 것이라고 할 수 없으므로, 현금자동지급기 관리자의 의사에 반하여 그의 지배를 배제하고 그 현금을 자기의 지배하에 옮겨 놓는 것이 되어서 강도죄와는 별도로 절도죄를 구성한다고 할 것이다(대판 2007.5.10. 2007도1375).

정답 ②

30 경합범에 관한 다음 설명 중 가장 옳은 것은? (다툼이 있으면 판례에 의함) [16 법원9급]

① 판결이 확정되지 아니한 수개의 죄 또는 벌금 이상의 형에 처한 판결이 확정된 죄와 그 판결확정 전에 범한 죄를 경합범으로 한다.

② 경합범 중 판결을 받지 아니한 죄가 있는 때에는 그 죄와 판결이 확정된 죄를 동시에 판결할 경우와 형평을 고려하여 그 죄에 대하여 형을 선고한다. 이 경우 그 형을 감경 또는 면제한다.

③ 1개의 행위가 수개의 죄에 해당하는 경우, 각 죄에 정한 형이 사형 또는 무기징역이나 무기금고 이외의 동종의 형인 때에는 가장 중한 죄에 정한 장기 또는 다액에 그 2분의 1까지 가중하되 각 죄에 정한 형의 장기 또는 다액을 합산한 형기 또는 액수를 초과할 수 없다. 단 과료와 과료, 몰수와 몰수는 병과할 수 있다.

④ 아직 판결을 받지 아니한 죄가 이미 판결이 확정된 죄와 동시에 판결할 수 없었던 경우에는 형법 제37조 후단의 경합범 관계가 성립할 수 없다.

해설

① [×] 확정되지 아니한 수개의 죄 또는 <u>금고 이상의</u> 형에 처한 판결이 확정된 죄와 그 판결확정전에 범한 죄를 경합범으로 한다 (제37조).

② [×] 경합범 중 판결을 받지 아니한 죄가 있는 때에는 그 죄와 판결이 확정된 죄를 동시에 판결할 경우와 형평을 고려하여 그 죄에 대하여 형을 선고한다. 이 경우 그 형을 <u>감경 또는 면제할 수 있다</u>(제39조 제1항).

③ [×] 1개의 행위가 수개의 죄에 해당하는 경우(상상적 경합 경우)에는 <u>가장 중한 죄에 정한 형으로 처벌한다</u>(제40조).

④ [○] 아직 판결을 받지 아니한 죄가 이미 판결이 확정된 죄와 동시에 판결할 수 없었던 경우에는 형법 제39조 제1항에 따라 동시에 판결할 경우와 형평을 고려하여 형을 선고하거나 그 형을 감경 또는 면제할 수 없다(대판 2014.5.16. 2013도12003).

정답 ④

31 죄수에 관한 다음 설명 중 옳은 것(○)과 틀린 것(×)을 올바르게 조합한 것은? (다툼이 있으면 판례에 의함) [13 경찰승진]

㉠ 상상적 경합은 1개의 행위가 실질적으로 수개의 구성요건을 충족하는 경우를 말하고, 법조경합은 1개의 행위가 외관상 수개의 죄의 구성요건에 해당하는 것처럼 보이나 실질적으로 1죄만을 구성하는 경우를 말하며, 실질적으로 1죄인가 수죄인가는 보호법익과는 관계없이 구성요건적 평가의 측면을 고찰하여 판단하여야 한다.

㉡ 상습성이 있는 자가 같은 종류의 죄를 반복하여 저질렀다 하더라도 상습범을 별도의 범죄유형으로 처벌하는 규정이 없는 한, 각 죄는 원칙적으로 별개의 범죄로서 경합범으로 처단하여야 한다.

㉢ 단일하고 계속된 범의 아래 같은 장소에서 반복하여 여러 사람으로부터 계불입금을 편취한 경우, 피해자의 수에 관계없이 사기죄의 포괄일죄가 성립한다.

㉣ 피고인이 여관에서 종업원을 칼로 찔러 상해를 가하고 객실로 끌고 들어가는 등 폭행·협박을 하고 있던 중, 마침 다른 방에서 나오던 여관의 주인도 같은 방에 밀어 넣은 후, 주인으로부터 금품을 강취하고 1층 안내실에서 종업원 소유의 현금을 꺼내 갔다면, 여관종업원과 주인에 대한 각 강도행위는 실체적 경합범의 관계에 있다.

① ㉠ ○ ㉡ × ㉢ × ㉣ ○
② ㉠ ○ ㉡ ○ ㉢ ○ ㉣ ×
③ ㉠ × ㉡ ○ ㉢ × ㉣ ○
④ ㉠ × ㉡ ○ ㉢ × ㉣ ×

㉠ [×] 실질적으로 1죄인가 또는 수죄인가는 <u>구성요건적 평가와 보호법익의 측면</u>에서 고찰하여 판단하여야 한다(대판 2012. 10.11. 2012도1895).

㉡ [○] 상습성이 있는 자가 같은 종류의 죄를 반복하여 저질렀다 하더라도 상습범을 별도의 범죄유형으로 처벌하는 규정이 없는 한, 각 죄는 원칙적으로 별개의 범죄로서 경합범으로 처단하여야 한다(대판 2012.5.10. 2011도12131).

㉢ [×] 단일하고 계속된 범의 아래 같은 장소에서 반복하여 여러 사람으로부터 계불입금을 편취한 소위는 <u>피해자별로 포괄하여 1개의 사기죄가 성립</u>하고 이들 포괄일죄 상호간은 <u>상상적 경합관계</u>에 있다(대판 1990.1.25. 89도252).

㉣ [×] 여관 종업원과 주인에 대한 각 강도행위가 각별로 강도죄를 구성하되 피고인이 피해자인 종업원과 주인을 폭행·협박한 행위는 법률상 1개의 행위로 평가되는 것이 상당하므로 위 2죄는 <u>상상적 경합범 관계</u>에 있다(대판 1991.6.25. 91도643).

정답 ④

---

32 실체적 경합관계가 인정되는 것을 모두 고른 것은? (다툼이 있으면 판례에 의함) [15 사시]

> ㉠ 금전소비대차계약서의 주채무자와 연대보증인의 명의를 연명으로 위조한 경우
> ㉡ 절도가 주인집의 방 안에서 재물을 절취하고 그 무렵 세 들어 사는 사람의 방 안에서 재물을 절취한 경우
> ㉢ 종중으로부터 명의신탁 받아 보관 중이던 토지를 임의로 매각하여 이를 횡령한 후 그 매각대금을 이용하여 다른 토지를 취득하였다가 이를 제3자에게 담보로 제공한 경우
> ㉣ 승용차를 절취한 후 자동차등록번호판을 떼어 낸 경우
> ㉤ 감금행위가 단순히 강도상해 범행의 수단이 되는 데 그치지 아니하고 강도상해의 범행이 끝난 뒤에도 계속된 경우

① ㉠, ㉡, ㉢　　　　　　　　　　② ㉠, ㉣, ㉤

③ ㉡, ㉣, ㉤　　　　　　　　　　④ ㉠, ㉡, ㉢, ㉤

⑤ ㉡, ㉢, ㉣, ㉤

㉠ [상상적 경합] 2인 이상의 연명으로 된 문서를 위조한 때에는 작성명의인의 수대로 수개의 문서위조죄가 성립하고 그 수개의 죄는 <u>상상적 경합범</u>에 해당한다(대판 1987.7.21. 87도564).

㉡ [실체적 경합] 절도범이 A의 집에 침입하여 그 집의 방안에서 재물을 절취하고 그 무렵 그 집에 세들어 사는 B의 방에 침입하여 재물을 절취하려다 미수에 그쳤다면 위 두 범죄는 범행장소와 물품의 관리자를 달리하고 있어서 별개의 범죄를 구성한다(대판 1989.8.8. 89도664). ▶ 실체적 경합관계에 해당한다.

㉢ [일죄] 피고인이 명의신탁받아 보관 중이던 토지를 임의로 매각하여 이를 횡령한 경우에 그 매각대금을 이용하여 다른 토지를 취득하였다가 이를 제3자에게 담보로 제공하였다고 하더라도 이는 횡령한 물건을 처분한 대가로 취득한 물건을 이용한 것에 불과할 뿐이어서 명의신탁 토지에 대한 <u>횡령죄와 별개의 횡령죄를 구성하지 않는다</u>(대판 2006.10.13. 2006도4034).

㉣ [실체적 경합] 자동차를 절취한 후 자동차등록번호판을 떼어내는 행위는 새로운 법익의 침해로 보아야 하므로 번호판을 떼어내는 행위가 절도범행의 불가벌적 사후행위가 되는 것은 아니다(대판 2007.9.6. 2007도4739).
　　▶ 절도죄와 자동차관리법위반죄의 <u>실체적 경합관계</u>에 해당한다.

㉤ [실체적 경합] 감금행위가 단순히 강도상해 범행의 수단이 되는 데 그치지 아니하고 강도상해의 범행이 끝난 뒤에도 계속된 경우에는 감금죄와 강도상해죄는 <u>실체적 경합범에 해당한다</u>(대판 2003.1.10. 2002도4380).

정답 ③

33 죄수론에 대한 설명 중 옳지 않은 것을 모두 고른 것은? (다툼이 있는 경우 판례에 의함) [23 경찰승진]

> ㉠ 공무원 甲이 A를 기망하여 그로부터 뇌물을 수수한 경우 수뢰죄와 사기죄는 구성요건을 달리하는 별개의 범죄
> 로서, 서로 보호법익을 달리하고 있으므로 양죄는 실체적 경합범의 관계에 있다.
>
> ㉡ 甲이 공무원이 취급하는 사건에 관하여 청탁 또는 알선을 할 의사와 능력이 없음에도 청탁 또는 알선을 한다고
> A를 기망하여 금품을 교부받은 경우 사기죄와 변호사법위반죄는 상상적 경합범의 관계에 있다.
>
> ㉢ 甲이 A로부터 수수한 메스암페타민을 장소를 이동하여 투약하고서 잔량을 은닉하는 방법으로 소지한 행위는 그
> 소지의 경위나 태양에 비추어 볼 때 당초의 수수행위에 수반되는 필연적 결과로 볼 수 있으므로 향정신성의약품
> 수수죄만 성립하고 별도로 그 소지죄는 성립하지 않는다.
>
> ㉣ 甲이 음주의 영향으로 정상적인 운전이 곤란한 상태에서 자동차를 운전하여 사람을 상해에 이르게 함과 동시에
> 다른 사람의 재물을 손괴한 경우 특정범죄가중처벌 등에 관한 법률 위반(위험운전치사상)죄 외에 업무상과실 재
> 물손괴로 인한 도로교통법 위반죄가 성립하고, 양죄는 실체적 경합관계에 있다.
>
> ㉤ 甲이 음주상태로 자동차를 운전하다가 제1차 사고를 내고 그대로 진행하여 제2차 사고를 낸 경우 제1차 사고 당
> 시의 음주운전으로 인한 도로교통법 위반(음주운전)죄와 제2차 사고 당시의 음주운전으로 인한 도로교통법 위반
> (음주운전)죄는 포괄일죄의 관계에 있다.

① ㉠, ㉡, ㉣

② ㉠, ㉢, ㉣

③ ㉠, ㉢, ㉤

④ ㉡, ㉢, ㉣, ㉤

해설

㉠ [×] 뇌물을 수수함에 있어서 공여자를 기망한 점이 있다 하여도 뇌물수수죄, 뇌물공여죄의 성립에는 영향이 없고, 이 경우 뇌물을 수수한 공무원에 대하여는 한 개의 행위가 뇌물죄와 사기죄의 각 구성요건에 해당하므로 형법 제40조에 의하여 상상적 경합으로 처단하여야 할 것이다(대판 2015.10.29. 2015도12838).

㉡ [○] 공무원이 취급하는 사건에 관하여 청탁 또는 알선을 할 의사와 능력이 없음에도 청탁 또는 알선을 한다고 기망하고 금품을 교부받은 경우, 사기죄와 변호사법 위반죄가 상상적 경합의 관계에 있다(대판 2006.1.27. 2005도8704).

㉢ [×] 수수한 메스암페타민을 장소를 이동하여 투약하고서 잔량을 은닉하는 방법으로 소지한 행위는 그 소지의 경위나 태양에 비추어 볼 때 당초의 수수행위에 수반되는 필연적 결과로 볼 수는 없고, 사회통념상 수수행위와는 독립한 별개의 행위를 구성한다고 보아야 한다(대판 1999.8.20. 99도1744).

㉣ [×] 음주 또는 약물의 영향으로 정상적인 운전이 곤란한 상태에서 자동차를 운전하여 사람을 상해에 이르게 함과 동시에 다른 사람의 재물을 손괴한 때에는 특정범죄가중처벌 등에 관한 법률 위반(위험운전치사상)죄 외에 업무상과실 재물손괴로 인한 도로교통법 위반죄가 성립하고, 위 두 죄는 1개의 운전행위로 인한 것으로서 상상적 경합관계에 있다(대판 2010.1.14. 2009도10845).

㉤ [○] 동일 죄명에 해당하는 수개의 행위 혹은 연속된 행위를 단일하고 계속된 범의하에 일정기간 계속하여 행하고 그 피해법익도 동일한 경우에는 이들 각 행위를 통틀어 포괄일죄로 처단하여야 할 것인바(대법원 2005.9.30. 선고 2005도4051 판결, 대법원 2006.5.11. 선고 2006도1252 판결 등 참조), 앞서 본 음주운전으로 인한 도로교통법 위반죄의 보호법익과 처벌방법을 고려할 때, 피고인이 혈중알콜농도 0.05% 이상의 음주 상태로 동일한 차량을 일정기간 계속하여 운전하다가 1회 음주측정을 받았다면 이러한 음주운전행위는 동일 죄명에 해당하는 연속된 행위로서 단일하고 계속된 범의하에 일정기간 계속하여 행하고 그 피해법익도 동일한 경우이므로, 포괄일죄에 해당한다(대판 2007.7.26. 2007도4404).

정답 ②

① 공무원이 직무관련자에게 제3자와 계약을 체결하도록 요구하여 계약 체결을 하게 한 행위가 제3자뇌물수수죄의 구성요건과 직권남용권리행사방해죄의 구성요건에 모두 해당하는 경우, 제3자뇌물수수죄와 직권남용권리행사방해죄가 각각 성립하고 양죄는 상상적 경합관계에 있다.

② 허위공문서작성죄와 동행사죄가 수뢰후부정처사죄와 각각 상상적 경합관계에 있는 경우, 허위공문서작성죄와 동행사죄 상호간은 실체적 경합범관계에 있다고 할지라도 상상적 경합범관계에 있는 수뢰후부정처사죄와 대비하여 가장 중한 죄에 정한 형으로 처단하면 족하다.

③ 수 개의 행위가 여러 개의 구성요건을 충족하는 경우에도 포괄일죄가 될 수 있으므로 횡령, 배임의 행위와 사기의 행위 사이에는 포괄일죄를 구성할 수 있다.

④ 형법 제40조가 규정하는 한 개의 행위가 여러 개의 죄에 해당하는 경우에 "가장 무거운 죄에 정한 형으로 처벌한다"란, 여러 개의 죄명 중 가장 무거운 형을 규정한 법조에 의하여 처단한다는 취지와 함께 다른 법조의 최하한의 형보다 가볍게 처단할 수 없다는 취지, 즉 각 법조의 상한과 하한을 모두 중한 형의 범위 내에서 처단한다는 것을 포함한다.

해설

① [○] 공무원이 직무관련자에게 제3자와 계약을 체결하도록 요구하여 계약 체결을 하게 한 행위가 제3자뇌물수수죄의 구성요건과 직권남용권리행사방해죄의 구성요건에 모두 해당하는 경우, 제3자 뇌물수수죄와 직권남용권리행사방해죄가 각각 성립하고 양 죄는 상상적 경합관계에 있다(대판 2017.3.15. 2016도19659).

② [○] 허위공문서작성죄와 동행사죄가 수뢰후부정처사죄와 각각 상상적 경합관계에 있는 경우, 허위공문서작성죄와 동행사죄 상호 간은 실체적경합범 관계에 있다고 할지라도 상상적 경합범관계에 있는 수뢰후부정처사죄와 대비하여 가장 중한 죄에 정한 형으로 처단하면 족하다(대판 1983.7.26. 83도1378).

③ [×] 차용자가 갚을 의사와 능력이 없으면서 있는 것처럼 속여서 피해자들로부터 차용금 명목으로 금원을 교부받은 이상 차용자가 이를 타에 대여했다가 변제받을 수 없게 되어 차용자에게 현실적인 이득이 남아있지 않은 결과가 되었더라도 이미 성립한 사기죄에는 아무런 영향이 없다고 하면서, 포괄일죄라 함은 각기 따로 존재하는 수 개의 행위가 한개의 구성요건을 한번 충족하는 경우를 말하므로, 구성요건을 달리하고 있는 횡령, 배임 등의 행위와 사기의 행위는 포괄일죄를 구성할 수 없다(대판 1988. 2.9. 87도58).

④ [○] 형법 제40조가 규정하는 한 개의 행위가 여러 개의 죄에 해당하는 경우(사기죄와 변호사법 위반죄가 모두 성립하고, 양자는 상상적 경합관계에 있는 경우)에 "가장 무거운 죄에 정한 형으로 처벌한다"란, 여러 개의 죄명 중 가장 무거운 형을 규정한 법조 (사기죄) 에 의하여 처단한다는 취지와 함께 다른 법조의 최하한의 형보다 가볍게 처단할 수 없다는 취지, 즉 각 법조의 '상한과 하한을 모두 중한 형의 범위 내에서 처단한다'는 것을 포함한다(대판 2006.1.27. 2005도8704).

정답 ③

35 죄수에 관한 설명으로 옳은 것은 모두 몇 개인가? (다툼이 있는 경우 판례에 의함)

> ⊙ 강도범인이 체포를 면탈할 목적으로 경찰관에게 폭행을 가한 때에는 강도죄와 공무집행방해죄는 상상적 경합관계에 있다.
> ⓛ 피고인들이 피해자들의 재물을 강취한 후 그들을 살해할 목적으로 현주건조물에 방화하여 사망에 이르게 한 경우, 피고인들의 행위는 강도살인죄와 현주건조물방화치사죄에 모두 해당하고 그 두 죄는 실체적 경합관계에 있다.
> ⓒ 「폭력행위 등 처벌에 관한 법률」 제4조 제1항은 그 법에 규정된 범죄행위를 목적으로 하는 단체를 구성하거나 이에 가입하는 행위(범죄단체구성·가입죄) 또는 구성원으로 활동하는 행위(범죄단체 활동죄)를 처벌하도록 정하고 있는데, 범죄단체를 구성하거나 이에 가입한 자가 더 나아가 구성원으로 활동하는 경우, 각 행위는 실체적 경합관계에 있다.
> ⓔ 범죄단체 등에 소속된 조직원이 저지른 폭력행위 등 처벌에 관한 법률 위반(단체 등의 공동강요)죄 등의 개별적 범행과 동법 위반(단체 등의 활동)죄는 범행의 목적이나 행위 등 측면에서 일부 중첩되는 부분이 있고, 이에 특별한 사정이 없는 한 법률상 1개의 행위로 평가되어 실체적 경합이 아닌 상상적 경합관계에 있다고 보아야 한다.

① 0개　　　　　　　　　　② 1개
③ 2개　　　　　　　　　　④ 3개

해설

⊙ [×] 절도 범인이 체포를 면탈할 목적으로 경찰관에게 폭행 협박을 가한 때에는 준강도죄와 공무집행방해죄를 구성하고 양죄는 상상적 경합관계에 있으나, 강도 범인이 체포를 면탈할 목적으로 경찰관에게 폭행을 가한 때에는 강도죄와 공무집행방해죄는 실체적 경합관계에 있고 상상적 경합관계에 있는 것이 아니다(대판 1992.7.28. 92도917).

ⓛ [×] 피고인들이 피해자들의 재물을 강취한 후 그들을 살해할 목적으로 현주건조물에 방화하여 사망에 이르게 한 경우, 피고인들의 행위는 강도살인죄와 현주건조물방화치사죄에 모두 해당하고, 그 두 죄는 상상적 경합범관계에 있다(대판 1998.12.8. 98도3416).

ⓒ [×] 범죄 단체의 구성이나 가입은 범죄행위의 실행 여부와 관계없이 범죄단체 구성원으로서의 활동을 예정하는 것이고, 범죄단체 구성원으로서의 활동은 범죄단체의 구성이나 가입을 당연히 전제로 하는 것이므로, 양자는 모두 범죄단체의 생성 및 존속·유지를 도모하는, 범죄행위에 대한 일련의 예비·음모 과정에 해당한다는 점에서 범의의 단일성과 계속성을 인정할 수 있을 뿐만 아니라 피해법익도 다르지 않다. 따라서 범죄 단체를 구성하거나 이에 가입한 자가 더 나아가 구성원으로 활동하는 경우, 이는 포괄일죄의 관계에 있다(대판 2015.9.10. 2015도7081).

ⓔ [×] 범죄 단체 등에 소속된 조직원이 저지른 폭력행위 등 처벌에 관한 법률 위반(단체 등의 공동강요)죄 등의 개별적 범행과 폭력행위처벌법 위반(단체 등의 활동)죄는 범행의 목적이나 행위 등 측면에서 일부 중첩되는 부분이 있더라도, 일반적으로 구성요건을 달리하는 별개의 범죄로서 범행의 상대방, 범행 수단 내지 방법, 결과 등이 다를 뿐만 아니라 그 보호법익이 일치한다고 볼 수 없다. 또한 폭력행위처벌법 위반(단체 등의 구성·활동)죄와 위 개별적 범행은 특별한 사정이 없는 한 법률상 1개의 행위로 평가되는 경우로 보기 어려워 상상적 경합이 아닌 실체적 경합관계에 있다고 보아야 한다(대판 2022.9.7. 2022도6993).

정답 ①

36 (가)와 (나) 사례에 관한 죄수의 기초이론에 따른 설명 중 가장 적절하지 않은 것은? [22 경찰채용]

> (가) 공무원 甲은 직무와 관련하여 乙로부터 매월 1일 100만 원씩 10회에 걸쳐 뇌물을 수수하였다.
> (나) 甲이 A를 살해하기 위하여 A의 음료수에 치사량의 독약을 한 번 넣고 가버린 후 그 음료수를 나누어 마신 A와 그의 비서가 사망하였다.

① 자연적 행위표준설에 따르면 (가)는 수죄, (나)는 일죄가 된다.
② 법익표준설에 따르면 (나)는 전속적 법익인 생명을 침해한 것으로 법익주체마다 1개의 죄가 성립한다.
③ (가)에서 구성요건표준설로는 甲의 10회에 걸친 뇌물수수 행위가 일죄인지, 수죄인지 명확하게 결정할 수 없다는 비판이 있다.
④ 의사표준설에 따르면 (가)의 경우 甲이 10회의 뇌물수수 과정에서 단일한 범의를 가졌는지를 불문하고 일죄가 된다.

해설

① [○] 행위표준설은 자연적 의미의 행위의 수에 따라 죄수를 결정하는 견해이다(객관주의 범죄이론). 이에 따르면 설문 (가)의 경우 연속범에 해당하므로 수죄가 성립하고, 설문 (나)의 경우 상상적 경합에 해당하므로 일죄가 성립한다.
② [○] 법익표준설은 침해되는 보호법익(또는 결과)의 수를 기준으로 죄수를 결정하는 견해이다(객관주의 범죄이론). 이에 따르면 일신전속적 법익의 경우 그 피해주체마다 1개의 범죄가 성립한다. 따라서 설문 (나)의 경우 甲은 A와 비서의 생명의 법익을 침해하였으므로 수죄가 성립한다.
③ [○] 구성요건표준설은 구성요건에 해당하는 횟수를 기준으로 죄수를 결정하는 견해이다(객관주의 범죄이론). 구성요건표준설은 반복된 행위가 동일한 구성요건을 수회 충족할 경우 죄수를 결정하기가 곤란하다는 비판을 받는다.
④ [×] 의사표준설은 범죄의사의 수를 기준으로 죄수를 결정하는 견해이다(주관주의 범죄이론). 이에 따르면 상상적 경합 및 연속범도 의사의 단일성이 인정되는 한도에서는 일죄로 취급된다. 따라서 설문 (가)의 경우 의사의 단일성이 인정되지 않는다면 일죄로 취급될 수 없다.

정답 ④

---

37 죄수에 관한 설명 중 가장 적절하지 않은 것은? (다툼이 있는 경우 판례에 의함) [22 경찰채용]

① 주거침입강간죄는 사람의 주거 등을 침입한 자가 피해자를 강간한 경우에 성립하는 것으로서 주거침입죄를 범한 후에 사람을 강간하여야 하는 일종의 신분범이고, 선후가 바뀌어 강간죄를 범한 자가 그 피해자의 주거에 침입한 경우에는 강간죄와 주거침입죄의 실체적 경합범이 된다.
② 피해견인 로트와일러가 묶여 있던 자신의 진돗개를 공격하자, 진돗개 주인이 피해견을 쫓아버리기 위해 엔진톱으로 위협하다가 피해견의 등 쪽을 절단하여 죽게 한 행위는 구 동물보호법 위반죄(잔인한 방법으로 죽이는 행위)와 재물손괴죄가 성립하고, 양자는 상상적 경합의 관계에 있다.
③ 공직선거법 제18조 제3항(형법 제38조에도 불구하고 제1항 제3호에 규정된 죄와 다른 죄의 경합범에 대하여는 이를 분리 선고하여야 한다)은 선거범이 아닌 다른 죄가 선거범의 양형에 영향을 미치는 것을 최소화하기 위하여 형법상 경합범 처벌례에 관한 조항의 적용을 배제하고 분리하여 형을 따로 선고하여야 한다는 취지이기에, 선거범과 상상적 경합 관계에 있는 모든 죄는 통틀어 선거범으로 취급하여서는 아니된다.
④ 수 개의 등록상표에 대하여 상표법 제230조의 상표권 침해행위가 계속하여 이루어진 경우에는 등록상표마다 포괄하여 1개의 범죄가 성립하나, 하나의 유사상표 사용행위로 수 개의 등록상표를 동시에 침해하였다면 각각의 상표법 위반죄는 상상적 경합의 관계에 있다.

① [O] **주거침입강간죄는** 사람의 주거 등을 침입한 자가 피해자를 강간한 경우에 성립하는 것으로서 **주거침입죄를 범한 후에 사람을 강간하여야** 하는 일종의 신분범이고, 선후가 바뀌어 강간죄를 범한 자가 그 피해자의 주거에 침입한 경우에는 강간죄와 주거침입죄의 실체적 경합범이 된다(대판 2021.8.12. 2020도17796).

② [O] 피해견인 로트와일러가 묶여 있던 자신의 진돗개를 공격하자, 진돗개 주인이 피해견을 쫓아버리기 위해 엔진톱으로 위협하다가 피해견의 등 쪽을 절단하여 죽게 한 행위는 구 동물보호법 위반죄(잔인한 방법으로 죽이는 행위)와 재물손괴죄가 성립하고, **양자는 상상적 경합의 관계에** 있다(대판 2016.1.28. 2014도2477).

③ [×] 공직선거법 제18조 제3항은 선거범과 다른 죄의 경합범에 대하여는 형법 제38조의 규정에 불구하고 이를 분리 심리하여 따로 선고하여야 한다고 규정하고 있는바, 그 취지는 선거범이 아닌 다른 죄가 선거범의 양형에 영향을 미치는 것을 최소화하기 위하여 단지 형법 제38조의 적용을 배제하고 분리 심리하여 형을 따로 선고하여야 한다는 것이므로, **선거범과 상상적 경합관계에 있는 다른 범죄에 대하여는 여전히 형법 제40조에 의하여 그중 가장 중한 죄에 정한 형으로 처벌해야 하고,** 공직선거법에서 선거범을 달리 취급하는 입법 취지와 그 조항의 개정 연혁에 비추어 볼 때 처벌받는 가장 중한 죄가 선거범인지 여부를 묻지 않고 선거범과 상상적 경합관계에 있는 모든 죄는 통틀어 선거범으로 취급하여야 할 것이다(대판 1999.4.23. 99도636).

④ [O] 수 개의 등록상표에 대하여 상표법 제230조의 상표권 침해행위가 계속하여 이루어진 경우에는 등록상표마다 포괄하여 **1개의 범죄가 성립하나, 하나의 유사상표 사용행위로 수 개의 등록상표를 동시에 침해하였다면 각각의 상표법 위반죄는 상상적 경합의 관계에** 있다(대판 2020.11.12. 2019도11688).

정답 ③

38 다음 중 가장 적절한 것은? (다툼이 있는 경우 판례에 의함) [23 경찰채용]

① 폭행치사죄와 상해치사죄까지 「형법」 제263조(동시범)를 적용하면 피고인에게 불리한 유추적용이 되므로 동 규정의 적용은 배제되어야 한다.

② 공무집행방해죄에서의 '폭행'은 사람에 대한 유형력의 행사로 족하고 반드시 그 신체에 대한 것임을 요하지 아니하며, 또한 추상적 위험범으로서 구체적으로 직무집행의 방해라는 결과발생을 요하지도 아니한다.

③ 살인예비죄가 성립하기 위한 '준비행위'는 물적인 것에 한정되지 아니하며 특별한 정형이 있는 것도 아니어서 단순히 범행의 의사 또는 계획만으로도 충분하므로, 객관적으로 보아 살인죄의 실현에 실질적으로 기여할 수 있는 외적 행위를 필요로 하는 것은 아니다.

④ 甲이 상습으로 A를 폭행하고, 자신의 어머니 B를 존속폭행하였다는 내용으로 기소된 사안에서, 甲에게 폭행 범행을 반복하여 저지르는 습벽이 있고 이러한 습벽에 의하여 단순폭행, 존속폭행 범행을 저지른 사실이 인정된다면 단순폭행, 존속폭행의 각 죄별로 상습성을 판단하여야 한다.

① [×] 시간적 차이가 있는 독립된 상해행위나 폭행행위가 경합하여 사망의 결과가 일어나고 그 사망의 원인된 행위가 판명되지 않은 경우에는 공동정범의 예에 의하여 처벌할 것이다(대판 2000.7.28. 2000도2466).

② [O] 공무집행방해죄에서의 '폭행'은 사람에 대한 유형력의 행사로 족하고 반드시 그 신체에 대한 것임을 요하지 아니하며, 또한 추상적 위험범으로서 구체적으로 직무집행의 방해라는 결과발생을 요하지도 아니한다(대판 2018.3.29. 2017도21537).

③ [×] 형법 제255조, 제250조의 살인예비죄가 성립하기 위하여는 형법 제255조에서 명문으로 요구하는 살인죄를 범할 목적 외에도 살인의 준비에 관한 고의가 있어야 하며, 나아가 실행의 착수까지에는 이르지 아니하는 살인죄의 실현을 위한 준비행위가 있어야 한다. 여기서의 준비행위는 물적인 것에 한정되지 아니하며 특별한 정형이 있는 것도 아니지만, 단순히 범행의 의사 또는 계획만으로는 그것이 있다고 할 수 없고 객관적으로 보아서 살인죄의 실현에 실질적으로 기여할 수 있는 외적 행위를 필요로 한다(대판 2009.10.29. 2009도7150).

④ [×] 피고인에게 폭행 범행을 반복하여 저지르는 습벽이 있고 이러한 습벽에 의하여 단순폭행, 존속폭행 범행을 저지른 사실이 인정된다면 단순폭행, 존속폭행의 각 죄별로 상습성을 판단할 것이 아니라 포괄하여 그중 법정형이 가장 중한 상습존속폭행죄만 성립할 여지가 있다(대판 2018.4.24. 2017도10956).

정답 ②

39 다음 설명 중 옳은 것을 모두 고른 것은? (다툼이 있으면 판례에 의함)

> ㉠ 특수강간이 미수에 그쳤다 하더라도 그로 인하여 피해자가 상해를 입었다면 「성폭력범죄의 처벌 등에 관한 특례법」에 의한 특수강간치상죄의 기수가 성립한다.
> ㉡ 강도가 재물강취의 뜻을 재물의 부재로 이루지 못한 채 미수에 그쳤으나 그 자리에서 항거불능의 상태에 빠진 피해자를 간음할 것을 결의하고 실행에 착수했으나 역시 미수에 그쳤더라도 반항을 억압하기 위한 폭행으로 피해자에게 상해를 입힌 경우에는 강도강간미수죄와 강도치상죄의 실체적 경합범이 성립한다.
> ㉢ 재물을 강취한 후 피해자를 살해할 목적으로 현주건조물에 방화하여 사망에 이르게 한 경우 강도살인죄와 현주건조물방화치사죄에 해당하고 그 두 죄는 상상적 경합관계에 있다.
> ㉣ 수뢰후부정처사죄는 반드시 뇌물수수 등의 행위가 완료된 이후에 부정한 행위가 이루어져야 함을 의미하는 것은 아니고, 결합범 또는 결과적가중범 등에서의 기본행위와 마찬가지로 뇌물수수 등의 행위를 하는 중에 부정한 행위를 한 경우도 포함한다.

① ㉠, ㉡
② ㉡, ㉢
③ ㉢, ㉣
④ ㉠, ㉢, ㉣
⑤ ㉡, ㉢, ㉣

해설

㉠ [O] 피고인이 전자충격기를 피해자의 허리에 대고 폭행하여 강간하려다가 미수에 그치고 피해자에게 약 2주간의 치료를 요하는 안면부 좌상 등의 상해를 입게 한 경우, 성폭법 소정의 특수강간치상죄의 기수에 해당한다(대판 2008.4.24. 2007도10058).

㉡ [×] 강도가 재물강취의 뜻을 재물의 부재로 이루지 못한 채 미수에 그쳤으나 그 자리에서 항거불능의 상태에 빠진 피해자를 간음할 것을 결의하고 실행에 착수했으나 역시 미수에 그쳤더라도 반항을 억압하기 위한 폭행으로 피해자에게 상해를 입힌 경우에는 강도강간미수죄와 강도치상죄가 성립되고 이는 상상적 경합관계가 성립된다(대판 1988.6.28. 88도820).

㉢ [O] 피해자의 재물을 강취한 후 그를 살해할 목적으로 현주건조물에 방화하여 사망에 이르게 한 경우 피고인의 위 행위는 강도살인죄와 현주건조물방화치사죄에 모두 해당하고 그 두 죄는 상상적 경합범관계에 있다고 할 것이다(대판 1998.12.8. 98도3416).

㉣ [O] 수뢰후부정처사죄를 정한 형법 제131조 제1항은 공무원 또는 중재인이 형법 제129조(수뢰, 사전수뢰) 및 제130조(제3자뇌물제공)의 죄를 범하여 부정한 행위를 하는 것을 구성요건으로 하고 있다. 여기에서 '형법 제129조 및 제130조의 죄를 범하여'란 반드시 뇌물수수 등의 행위가 완료된 이후에 부정한 행위가 이루어져야 함을 의미하는 것은 아니고, 결합범 또는 결과적 가중범 등에서의 기본행위와 마찬가지로 뇌물수수 등의 행위를 하는 중에 부정한 행위를 한 경우도 포함하는 것으로 보아야 한다(대판 2021.2.4. 2020도12103).

정답 ④

40 아래 〈범죄경력〉 중 1개가 있는 甲이 2023.11.10. 아래 〈범죄사실〉중 어느 1개 또는 수개의 죄로 공소제기되어 그 〈범죄사실〉이 인정될 경우, 다음 설명 중 옳지 않은 것은? (다툼이 있는 경우 판례에 의함) [24 변호사]

〈범죄경력〉

Ⓐ 2023.4.10. 서울중앙지방법원에서 상습절도죄로 벌금 500만 원을 선고받아 2023.4.18. 판결이 확정되었다.
Ⓑ 2023.5.10. 서울중앙지방법원에서 절도죄로 징역 6월을 선고받아 2023.5.18. 판결이 확정되었다.

〈범죄사실〉

㉠ 상습으로 2023.2.10.경 X편의점에서 피해자 M소유의 휴대전화 1대를 가지고 가는 등 절취하였다[상습절도].
㉡ 2023.3.8.경 Y커피숍에서 피해자 N에게 "수일 내 유명 가상자산 거래소에 상장되는 가상자산이 있는데, 나에게 돈을 투자하면 수백 배 이상의 수익을 얻을 수 있다"라고 거짓말하여 2023.3.10.경 1,000만원을 피해자 N으로부터 교부받아 이를 편취하였다[사기].
㉢ 2023.6.10.경 Z유흥주점에서 피해자O의 뺨을 수회 때리고 발로 다리를 걸어차 피해자를 폭행하였다[폭행].

① Ⓐ범죄경력이 있는 甲이 ㉠죄로 기소된 경우, ㉠범죄사실과 Ⓐ범죄사실과의 사이에 동일한 습벽에 의하여 범행을 저질렀다는 점이 인정된다면, 「형사소송법」 제326조 제1호의 면소판결이 선고되어야 한다.

② Ⓑ범죄경력이 있는 甲이 ㉠죄로 기소된 경우, ㉠범죄사실과 Ⓑ범죄사실과의 사이에 동일한 습벽에 의하여 범행을 저질렀다는 점이 인정되더라도, 「형사소송법」 제326조 제1호의 면소판결을 선고할 수 없다.

③ Ⓐ범죄경력이 있는 甲이 ㉡죄로 기소된 경우, 판결이 확정된 Ⓐ죄와 사이에 「형법」 제37조 후단의 경합범 관계에 있다.

④ Ⓑ범죄경력이 있는 甲이 ㉡, ㉢죄로 기소된 경우, ㉡죄는 판결이 확정된 Ⓑ죄와 사이에 「형법」 제37조 후단의 경합범 관계에 있으므로, 법원은 ㉡, ㉢죄에 대해 동시에 판결을 선고할 때 ㉡죄에 관하여 1개, ㉢죄에 관하여 1개의 형을 각각 선고하여야 한다.

⑤ Ⓑ범죄경력이 있는 甲이 ㉡, ㉢죄로 기소된 경우, ㉡죄에 관하여 「형법」 제39조 제1항에 의하여 형을 감경할 때에도 법률상 감경에 관한 「형법」 제55조 제1항이 적용되어 유기징역을 감경할 때에는 그 형기의 2분의 1 미만으로는 감경할 수 없다.

해설

① [○], ② [○] 상습범으로서 포괄적 일죄의 관계에 있는 여러 개의 범죄사실 중 일부에 대하여 유죄판결이 확정된 경우에, 그 확정판결의 사실심판결 선고 전에 저질러진 나머지 범죄에 대하여 새로이 공소가 제기되었다면 이에 대하여는 판결로써 면소의 선고를 하여야 하는 것인바, 다만 이러한 법리가 적용되기 위해서는 전의 확정판결에서 당해 피고인이 상습범으로 기소되어 처단되었을 것을 필요로 하는 것이고, 상습범 아닌 기본 구성요건의 범죄로 처단되는 데 그친 경우에는 앞서의 확정판결을 상습범의 일부에 대한 확정판결이라고 보아 그 기판력이 그 사실심판결 선고 전의 나머지 범죄에 미친다고 보아서는 아니 된다(대판(전) 2004.9.16. 2001도3206). Ⓐ범죄경력은 상습절도죄로 기소되어 확정되었으므로 ㉠죄로 기소된 경우 면소판결이 선고되어야 하나, Ⓑ범죄경력의 경우 단순 절도죄로 기소되어 판결이 확정되었으므로 ㉠죄로 기소된 경우 유무죄의 실체재판을 하여야 하고 면소판결을 선고할 수 없다.

③ [×] 사후적 경합범은 금고 이상의 형에 처한 판결이 확정된 죄와 그 판결확정 전에 범한 죄로서 동시심판이 가능했던 경우이다(제37조 후단). 따라서 확정판결은 금고 이상의 형에 처하는 것임을 요하므로 지문의 Ⓐ범죄경력과 같이 벌금형을 선고받고 확정된 경우에는 사후적 경합범에 해당하지 않는다.

④ [○] 사후적 경합범은 금고 이상의 형에 처한 판결이 확정된 죄와 그 판결확정 전에 범한 죄이어야 하므로 판결확정 전후의 죄는 경합범이 아니다. Ⓑ범죄경력의 경우 확정일은 2023.5.18.이므로 ㉡죄는 Ⓑ죄와 사이에 「형법」 제37조 후단의 경합범 관계에 있으나, ㉢죄는 Ⓑ죄의 확정 이후에 저지른 범죄이므로 Ⓑ죄와 제37조 후단 경합범의 관계에 있지 않다. 따라서 법원은 ㉡, ㉢죄에 대한 판결선고 시(설사 동종의 형일지라도) ㉡죄에 관하여 1개, ㉢죄에 관하여 1개의 형을 각각 선고하여야 한다.

관련판례 포괄일죄로 되는 개개의 범죄행위가 다른 종류의 죄의 확정판결의 전후에 걸쳐서 행하여진 경우에는 그 죄는 2죄로 분리되지 않고 확정판결 후인 최종의 범죄행위시에 완성되는 것이다(대판 2001.8.21. 2001도3312).

⑤ [○] 형법 제37조 후단 경합범(이하 '후단 경합범'이라 한다)에 대하여 형법 제39조 제1항에 의하여 형을 감경할 때에도 법률상 감경에 관한 형법 제55조 제1항이 적용되어 유기징역을 감경할 때에는 그 형기의 2분의 1 미만으로는 감경할 수 없다(대판(전) 2019.4.18. 2017도14609).

정답 ③

제3편

형벌론

01 형벌에 관한 설명 중 가장 적절하지 않은 것은? [22 경찰채용]

① 징역 10년 형을 선고받은 甲은 그 형의 집행이 종료하거나 면제될 때까지 다른 법률에 특별한 규정이 있는 경우를 제외하고는 공무원이 되는 자격, 공법상의 선거권과 피선거권, 법률로 요건을 정한 공법상의 업무에 관한 자격이 정지된다.

② 甲에게 징역 12년 형이 확정된 후 그 집행을 받지 아니하고 15년이 경과했다면, 그 기간 내에 형의 집행을 면할 목적으로 국외에 3년 동안 나가 있던 것이 확인된 경우라도 형의 시효는 완성된다.

③ 법원이 중상해죄(1년 이상 10년 이하의 징역)로 유죄가 인정된 甲에게 형의 가중·감경사유 중 형법 제10조 제2항(심신미약)과 제35조(누범)만을 적용하여 형을 선고할 경우, 甲에게 선고할 수 있는 형의 최하한은 징역 6월이다.

④ 법원이 피고인 甲에게 30억원의 벌금을 선고하는 경우, 이를 납입하지 아니하는 것을 대비하여 500일 이상의 노역장 유치 기간을 정하여 동시에 선고하여야 한다.

해설

① [○] 유기징역 또는 유기금고의 판결을 받은 자는 그 형의 집행이 종료하거나 면제될 때까지 공무원이 되는 자격, 공법상의 선거권과 피선거권, 법률로 요건을 정한 공법상의 업무에 관한 자격이 정지된다(형법 제43조 제1항·2항).

② [×] 10년 이상의 징역 또는 금고의 형이 확정된 후 그 집행을 받지 아니하고 15년의 기간이 경과하면 형의 시효가 완성된다. 다만 시효는 형이 확정된 후 그 형의 집행을 받지 아니한 자가 형의 집행을 면할 목적으로 국외에 있는 기간 동안은 진행되지 아니한다(제79조 제2항, 제78조 제3호).

③ [○] 형법 제56조에 따라 누범가중을 한 후 심신미약감경을 한다. 설문의 경우 먼저, 누범가중 시 장기 2배까지 가중하므로 처단형의 범위는 1년 이상 20년 이하가 된다. 그다음 심신미약감경을 하면 6월 이상 10년 이하가 된다. 따라서 甲에게 선고할 수 있는 처단형의 최하한은 징역 6월이다.

④ [○] 벌금이나 과료를 선고할 때에는 이를 납입하지 아니하는 경우의 노역장 유치기간을 정하여 동시에 선고하여야 한다. 선고하는 벌금이 1억원 이상 5억원 미만인 경우에는 300일 이상, 5억원 이상 50억원 미만인 경우에는 500일 이상, 50억원 이상인 경우에는 1천일 이상의 노역장 유치기간을 정하여야 한다(제70조 제1항·제2항).

정답 ②

02 형벌에 관한 설명 중 옳은 것(○)과 옳지 않은 것(×)을 올바르게 조합한 것은? (다툼이 있는 경우 판례에 의함)

[23 변호사]

ㄱ. 「폭력행위 등 처벌에 관한 법률」 제2조 제3항은 2회 이상 징역형을 받은 사람에 대해서 누범으로 가중 처벌하도록 하고 있는데, 집행유예의 선고를 받은 후 그 선고가 실효 또는 취소됨이 없이 유예기간을 경과하여 형의 선고가 효력을 잃은 경우는 위 조항의 '징역형을 받은 경우'에 해당하지 않는다.

ㄴ. 형의 집행을 유예하는 경우에는 보호관찰과 사회봉사 또는 수강을 동시에 명할 수는 없다.

ㄷ. 범죄행위에 이용한 웹사이트 매각을 통해 피고인이 취득한 대가는 「형법」 제48조 제2항의 추징 대상이 된다.

ㄹ. 휴대전화로 촬영한 동영상은 일정한 저장매체에 전자방식이나 자기방식에 의하여 저장된 기록으로서 저장매체를 매개로 존재하는 물건이므로 몰수의 사유가 있는 때에는 그 전자기록을 몰수할 수 있다.

ㅁ. 유기징역형에 대한 법률상 감경을 하면서 「형법」 제55조 제1항 제3호에서 정한 것과 같이 장기와 단기를 모두 2분의 1로 감경하는 것이 아닌 장기 또는 단기 중 어느 하나만을 2분의 1로 감경하는 방식이나 2분의 1보다 넓은 범위의 감경을 하는 방식 등은 죄형법정주의 원칙상 허용될 수 없다.

① ㄱ(×), ㄴ(×), ㄷ(○), ㄹ(○), ㅁ(×)
② ㄱ(○), ㄴ(○), ㄷ(○), ㄹ(×), ㅁ(○)
③ ㄱ(○), ㄴ(×), ㄷ(×), ㄹ(○), ㅁ(○)
④ ㄱ(×), ㄴ(○), ㄷ(×), ㄹ(×), ㅁ(○)
⑤ ㄱ(○), ㄴ(×), ㄷ(○), ㄹ(×), ㅁ(○)

해설

ㄱ. [○] 폭력행위 등 처벌에 관한 법률(이하 '폭력행위처벌법'이라 한다) 제2조 제3항은 "이 법(형법 각 해당 조항 및 각 해당 조항의 상습범, 특수범, 상습특수범, 각 해당 조항의 상습범의 미수범, 특수범의 미수범, 상습특수범의 미수범을 포함한다)을 위반하여 2회 이상 징역형을 받은 사람이 다시 제2항 각 호에 규정된 죄를 범하여 누범으로 처벌할 경우에는 다음 각 호의 구분에 따라 가중처벌한다."라고 규정하고 있다. 그런데 형의 실효 등에 관한 법률에 따라 형이 실효된 경우에는 형의 선고에 의한 법적 효과가 장래를 향하여 소멸하므로 형이 실효된 후에는 그 전과를 폭력행위처벌법 제2조 제3항에서 말하는 '징역형을 받은 경우'라고 할 수 없다(대판 2016.6.23. 2016도5032).

ㄴ. [×] 형법 제62조의2 제1항은 "형의 집행을 유예하는 경우에는 보호관찰을 받을 것을 명하거나 사회봉사 또는 수강을 명할 수 있다."고 규정하고 있는바, 그 문리에 따르면, 보호관찰과 사회봉사는 각각 독립하여 명할 수 있다는 것이지, 반드시 그 양자를 동시에 명할 수 없다는 취지로 해석되지는 아니할 뿐더러, 소년법 제32조 제3항, 성폭력범죄의처벌및피해자보호등에관한법률 제16조 제2항, 가정폭력범죄의처벌등에관한특례법 제40조 제1항 등에는 보호관찰과 사회봉사를 동시에 명할 수 있다고 명시적으로 규정하고 있는바, 일반 형법에 의하여 보호관찰과 사회봉사를 명하는 경우와 비교하여 특별히 달리 취급할 만한 이유가 없으며, 제도의 취지에 비추어 보더라도, 범죄자에 대한 사회복귀를 촉진하고 효율적인 범죄예방을 위하여 양자를 병과할 필요성이 있는 점 등을 종합하여 볼 때, 형법 제62조에 의하여 집행유예를 선고할 경우에는 같은 법 제62조의2 제1항에 규정된 보호관찰과 사회봉사 또는 수강을 동시에 명할 수 있다고 해석함이 상당하다(대판 1998.4.24. 98도98).

ㄷ. [×] 피고인이 甲, 乙과 공모하여 정보통신망을 통하여 음란한 화상 또는 영상을 배포하고, 도박 사이트를 홍보하였다는 공소사실로 기소되었는데, 원심이 공소사실을 유죄로 인정하면서 피고인이 범죄행위에 이용한 웹사이트 매각을 통해 취득한 대가를 형법 제48조에 따라 추징한 사안에서, 위 웹사이트는 범죄행위에 제공된 무형의 재산에 해당할 뿐 형법 제48조 제1항 제2호에서 정한 '범죄행위로 인하여 생하였거나 이로 인하여 취득한 물건'에 해당하지 않으므로, 피고인이 위 웹사이트 매각을 통해 취득한 대가는 형법 제48조 제1항 제2호, 제2항이 규정한 추징의 대상에 해당하지 않는다는 이유로, 이와 달리 보아 위 웹사이트 매각대금을 추징한 원심판결에 형법 제48조에서 정한 몰수·추징에 관한 법리오해의 잘못이 있다고 한 사례(대판 2021.10.14. 2021도7168).

ㄹ. [○] 휴대전화로 촬영한 동영상은 일정한 저장매체에 전자방식이나 자기방식에 의하여 저장된 기록으로서 저장매체를 매개로 존재하는 물건이므로 몰수의 사유가 있는 때에는 그 전자기록을 몰수할 수 있다(대판 2017.10.23. 2017도5905).

ㅁ. [○] 형법 제55조 제1항은 형벌의 종류에 따라 법률상 감경의 방법을 규정하고 있는데, 형법 제55조 제1항 제3호는 "유기징역 또는 유기금고를 감경할 때에는 그 형기의 2분의 1로 한다."라고 규정하고 있다. 이와 같이 유기징역형을 감경할 경우에는 '단기'나 '장기'의 어느 하나만 2분의 1로 감경하는 것이 아니라 '형기' 즉 법정형의 장기와 단기를 모두 2분의 1로 감경함을 의미한다는 것은 법문상 명확하다. 처단형은 선고형의 최종적인 기준이 되므로 그 범위는 법률에 따라서 엄격하게 정하여야 하고, 별도의 명시적인 규정이 없는 이상 형법 제56조에서 열거하고 있는 가중·감경할 사유에 해당하지 않는 다른 성질의 감경사유를 인정할 수는 없다. 따라서 유기징역형에 대한 법률상 감경을 하면서 형법 제55조 제1항 제3호에서 정한 것과 같이 장기와 단기를 모두 2분의 1로 감경하는 것이 아닌 장기 또는 단기 중 어느 하나만을 2분의 1로 감경하는 방식이나 2분의 1보다 넓은 범위의 감경을 하는 방식 등은 죄형법정주의 원칙상 허용될 수 없다(대판(전) 2021.1.21. 2018도5475).

정답 ③

03 형의 종류가 중한 것부터 경한 것으로 바르게 배열된 것은?

[10 경찰승진]

① 사형 - 징역 - 금고 - 자격상실 - 벌금 - 자격정지 - 구류 - 몰수 - 과료
② 사형 - 징역 - 금고 - 자격상실 - 자격정지 - 벌금 - 구류 - 몰수 - 과료
③ 사형 - 징역 - 금고 - 자격상실 - 벌금 - 자격정지 - 구류 - 과료 - 몰수
④ 사형 - 징역 - 금고 - 자격상실 - 자격정지 - 벌금 - 구류 - 과료 - 몰수

해설

④ 제50조, 제41조에 의하면 사형 - 징역 - 금고 - 자격상실 - 자격정지 - 벌금 - 구류 - 과료 - 몰수의 순서이다.

정답 ④

04 다음 중 형법상 임의적 몰수의 대상인 것은?

[11 경찰승진]

① 공무원이 받은 뇌물
② 아편에 관한 죄의 아편흡식기
③ 유가증권위조죄에 있어서의 위조된 유가증권
④ 배임수재에 의하여 취득한 재물

해설

① 제134조, ② 제206조, ④ 제357조 제3항: 형법각칙의 필요적 몰수의 대상이다.
③ 형법 총칙의 임의적 몰수의 대상이다(제48조).

정답 ③

05 다음 설명 중 옳지 않은 것은? (다툼이 있으면 판례에 의함)

[15 경찰간부]

① 몰수의 대상이 되는 물건은 반드시 압수되어 있는 물건에 대하여서만 하는 것이 아니므로, 몰수대상물건이 압수되어 있는가 하는 점은 몰수의 요건이 아니다.
② 추징은 일종의 형으로서 검사가 공소를 제기함에 있어 관련 추징규정의 적용을 빠뜨렸다 하더라도 법원이 직권으로 이를 적용하여야 하는 것은 아니다.
③ 피해자로 하여금 사기도박에 참여하도록 유인하기 위하여 고액의 수표를 제시해 보인 경우, 위 수표가 직접적으로 도박자금으로 사용되지 아니하였다 할지라도 이를 몰수할 수 있다.
④ 대형할인매장에서 수회 상품을 절취하여 자신의 승용차에 싣고 간 경우, 위 승용차는 범죄행위에 제공한 물건으로 보아 몰수할 수 있다.

해설

① [O] 몰수는 반드시 압수되어 있는 물건에 대하여서만 하는 것이 아니므로, 몰수대상물건이 압수되어 있는가 하는 점 및 적법한 절차에 의하여 압수되었는가 하는 점은 몰수의 요건이 아니다(대판 2003.5.30. 2003도705).
② [×] 추징은 일종의 형으로서 검사가 공소를 제기함에 있어 관련 추징규정의 적용을 빠뜨렸다 하더라도 법원은 직권으로 이를 적용하여야 한다(대판 2007.1.25. 2006도8663).

③ [○] 피해자로 하여금 사기도박에 참여하도록 유인하기 위하여 고액의 수표를 제시해 보인 경우, 형법 제48조 소정의 몰수가 임의적 몰수에 불과하여 법관의 자유재량에 맡겨져 있고, 위 수표가 직접적으로 도박자금으로 사용되지 아니하였다 할지라도, 위 수표가 피해자로 하여금 사기도박에 참여하도록 만들기 위한 수단으로 사용된 이상, 이를 몰수할 수 있고, 그렇다고 하여 피고인에게 극히 가혹한 결과가 된다고 볼 수는 없다(대판 2002.9.24. 2002도3589).

④ [○] 대형할인매장에서 수회 상품을 절취하여 자신의 승용차에 싣고 간 경우, 위 승용차는 형법 제48조 제1항 제1호에 정한 범죄행위에 제공한 물건으로 보아 몰수할 수 있다(대판 2006.9.14. 2006도4075).

정답 ②

06 몰수와 추징에 관한 설명 중 옳지 않은 것은? (다툼이 있으면 판례에 의함)

[19 변호사]

① 배임수·증재죄에서 수재자가 증재자로부터 받은 재물을 그대로 가지고 있다가 증재자에게 반환하였다면 증재자로부터 이를 몰수하거나 그 가액을 추징하여야 한다.

② 공무원이 뇌물을 받음에 있어서 그 취득을 위하여 상대방에게 뇌물의 가액에 상당하는 금원의 일부를 비용의 명목으로 출연한 경우, 그 공무원으로부터 뇌물죄로 얻은 이익을 몰수·추징함에 있어서는 그 뇌물의 가액에서 위와 같은 지출을 공제한 나머지 가액에 상당한 이익만을 몰수·추징해야 하는 것이지 그 받은 뇌물 자체를 몰수해야 하는 것은 아니다.

③ 공무원인 범인이 금품을 무상대여 받음으로써 위법한 재산상 이익을 취득한 경우, 그가 받은 부정한 이익은 그로 인한 금융이익 상당액이라 할 것이므로 추징의 대상이 되는 것은 무상으로 대여받은 금품 그 자체가 아니라 위 금융이익 상당액이라고 보아야 한다.

④ 특정범죄가중처벌등에관한법률위반(알선수재)죄로 유죄가 선고된 사안에서, 범인이 공무원의 직무에 속한 사항의 알선에 관하여 금품을 받음에 있어 타인의 동의하에 그 타인 명의의 예금계좌로 입금받는 방식을 취하였다고 하더라도 이는 범인이 받은 금품을 관리하는 방법의 하나에 지나지 아니하므로, 그 가액 역시 범인으로부터 추징해야 한다.

⑤ 법원은 피고인의 소유물은 물론 공범자의 소유물도 그 공범자의 소추 여부를 불문하고 몰수할 수 있고, 이 경우 공범자에는 공동정범, 교사범, 방조범에 해당하는 자뿐만 아니라 필요적 공범관계에 있는 자도 포함된다.

해설

① [○] 배임수증재죄에서 몰수의 대상으로 규정한 '범인이 취득한 재물'은 배임수재죄의 범인이 취득한 목적물이자 배임증재죄의 범인이 공여한 목적물을 가리키는 것이지 배임수재죄의 목적물만을 한정하여 가리키는 것이 아니므로, 수재자가 증재자로부터 받은 재물을 그대로 가지고 있다가 증재자에게 반환하였다면 증재자로부터 이를 몰수하거나 그 가액을 추징하여야 한다(대판 2017.4.7. 2016도18104).

② [×] 공무원이 뇌물을 받음에 있어서 그 취득을 위하여 상대방에게 뇌물의 가액에 상당하는 금원의 일부를 비용의 명목으로 출연하거나 그 밖에 경제적 이익을 제공하였다 하더라도, 이는 뇌물을 받는 데 지출한 부수적 비용에 불과하므로 공무원으로부터 뇌물죄로 얻은 이익을 몰수·추징함에 있어서는 그 받은 뇌물 자체를 몰수하여야 하고, 그 뇌물의 가액에서 위와 같은 지출을 공제한 나머지 가액에 상당한 이익만을 몰수·추징할 것은 아니다(대판 1999.10.8. 99도1638).

③ [○] 금품의 무상대여를 통하여 위법한 재산상 이익을 취득한 경우 범인이 받은 부정한 이익은 그로 인한 금융이익 상당액이라 할 것이므로 추징의 대상이 되는 것은 무상으로 대여받은 금품 그 자체가 아니라 금융이익 상당액이다(대판 2014.5.16. 2014도1547).

④ [○] 공무원의 직무에 속한 사항의 알선에 관하여 금품을 받음에 있어 타인의 동의하에 그 타인 명의의 예금계좌로 입금받는 방식을 취하였다고 하더라도 이는 범인이 받은 금품을 관리하는 방법의 하나에 지나지 아니하므로, 그 가액 역시 범인으로부터 추징하지 않으면 안된다(대판 2006.10.27. 2006도4659).

⑤ [○] 형법 제48조 제1항의 '범인'에는 공범자도 포함되므로 피고인의 소유물은 물론 공범자의 소유물도 그 공범자의 소추 여부를 불문하고 몰수할 수 있는 것이고, 여기에서의 공범자에는 공동정범, 교사범, 방조범에 해당하는 자는 물론 필요적 공범관계에 있는 자도 포함된다(대판 2006.11.23. 2006도5586).

정답 ②

07 몰수와 추징에 관한 설명으로 가장 타당하지 않은 것은? (다툼이 있으면 판례에 의함) [13 경찰간부]

① 수인이 공모하여 수뢰한 경우에 개별적으로 수수한 액수를 알 수 없으면 평등하게 분할한 액을 몰수 또는 추징해야 한다.

② 뇌물을 받은 자가 그 뇌물을 증뢰자에게 반환한 때에도 수뢰자에게 그 가액을 추징하여야 한다.

③ 몰수나 추징을 선고하기 위하여는 몰수나 추징의 요건이 공소가 제기된 범죄사실과 관련되어 있어야 하므로, 법원으로서는 범죄사실에서 인정되지 아니한 사실에 관하여는 몰수나 추징을 선고할 수 없다고 보아야 한다.

④ 변호사법 위반의 범행으로 금품을 취득한 경우 그 범행과정에서 지출한 비용이 있더라도 추징할 금원을 산정할 때 그 금품의 가액에서 위 지출 비용을 공제할 수는 없다.

해설

① [○] 수인이 공모하여 뇌물을 수수한 경우에 몰수불능으로 그 가액을 추징하려면 개별적으로 추징하여야 하고 수수금품을 개별적으로 알 수 없을 때에는 평등하게 추징하여야 한다(대판 1975.4.22. 73도1963).

② [×] 피고인이 수수한 금원을 그대로 보관하고 있다가 이를 공여자에게 반환하였다면 증뢰자로부터 몰수 또는 추징을 할 것이지 피고인으로부터 추징할 수 없다(대판 1984.2.28. 83도2783).

③ [○] 몰수나 추징을 선고하기 위하여는 몰수나 추징의 요건이 공소가 제기된 범죄사실과 관련되어 있어야 하므로, 법원으로서는 범죄사실에서 인정되지 아니한 사실에 관하여는 몰수나 추징을 선고할 수 없다고 보아야 한다(대판 2010.5.13. 2009도11732).

④ [○] 변호사법 위반의 범행으로 금품을 취득한 경우 그 범행과정에서 지출한 비용은 그 금품을 취득하기 위하여 지출한 부수적 비용에 불과하고, 몰수하여야 할 것은 변호사법 위반의 범행으로 취득한 금품 그 자체이므로, 취득한 금품이 이미 처분되어 추징할 금원을 산정할 때 그 금품의 가액에서 위 지출 비용을 공제할 수는 없다(대판 2008.10.9. 2008도6944).

정답 ②

08 몰수에 관한 다음 설명 중 가장 옳지 않은 것은? (다툼이 있으면 판례에 의함) [13 법원9급]

① 형법 제134조는 뇌물에 공할 금품을 필요적으로 몰수하고 이를 몰수하기 불가능한 때에는 그 가액을 추징하도록 규정하고 있는바, 몰수는 특정된 물건에 대한 것이고 추징은 본래 몰수할 수 있었음을 전제로 하는 것임에 비추어 뇌물에 공할 금품이 특정되지 않았던 것은 몰수할 수 없고 그 가액을 추징할 수도 없다.

② 마약류관리에 관한 법률 제67조에 의한 몰수나 추징은 범죄행위로 인한 이득의 박탈을 목적으로 하는 것이 아니라 징벌적 성질의 것이므로, 그 범행으로 인하여 이득을 취득한 바 없다 하더라도 법원은 그 가액의 추징을 명하여야 한다.

③ 몰수의 취지가 범죄에 의한 이득의 박탈을 그 목적으로 하는 것이고 추징도 이러한 몰수의 취지를 관철하기 위한 것이라는 점을 고려하면 몰수하기 불능한 때에 추징하여야 할 가액은 범인이 그 물건을 보유하고 있다가 몰수의 선고를 받았더라면 잃었을 이득상당액을 의미한다고 보아야 할 것이므로 그 가액산정은 재판선고시의 가격을 기준으로 하여야 할 것이다.

④ 형법 제134조의 몰수나 추징을 선고하기 위하여는 몰수나 추징의 요건이 공소가 제기된 범죄사실과 반드시 관련되어 있어야 할 필요는 없으므로, 법원으로서는 범죄사실에서 인정되지 아니한 사실에 관하여도 몰수나 추징만을 선고할 수 있다.

① [O] 형법 제134조는 뇌물에 공할 금품을 필요적으로 몰수하고 이를 몰수하기 불가능한 때에는 그 가액을 추징하도록 규정하고 있는바, 몰수는 특정된 물건에 대한 것이고 추징은 본래 몰수할 수 있었음을 전제로 하는 것임에 비추어 뇌물에 공할 금품이 특정되지 않았던 것은 몰수할 수 없고 그 가액을 추징할 수도 없다(대판 1996.5.8. 96도221).

② [O] 마약법 제67조에 의한 몰수나 추징은 범죄행위로 인한 이득의 박탈을 목적으로 하는 것이 아니라 징벌적 성질의 처분이므로 그 범행으로 인하여 이득을 취득한 바 없다 하더라도 법원은 그 가액의 추징을 명하여야 하고, 죄를 범한 자가 여러 사람일 때에는 각자에 대하여 그가 취급한 범위 내에서 의약품 가액 전액의 추징을 명하여야 한다(대판 2010.8.26. 2010도7251).

③ [O] 몰수는 범죄에 의한 이득을 박탈하는 데 그 취지가 있고, 추징도 이러한 몰수의 취지를 관철하기 위한 것인 점 등에 비추어 볼 때, 몰수할 수 없는 때에 추징하여야 할 가액은 범인이 그 물건을 보유하고 있다가 몰수의 선고를 받았더라면 잃었을 이득상당액을 의미한다고 보아야 하므로 다른 특별한 사정이 없는 한 그 가액산정은 재판선고시의 가격을 기준으로 하여야 한다(대판 2008.10.9. 2008도6944).

④ [×] 공소가 제기되지 아니한 별개의 범죄사실을 법원이 인정하여 그에 관하여 몰수나 추징을 선고하는 것은 <u>불고불리의 원칙에 위반되어 허용되지 아니한다</u>(대판 1992.7.28. 92도700).

정답 ④

---

09 몰수 및 추징에 관한 설명 중 옳지 않은 것은? (다툼이 있는 경우 판례에 의함)　　　　[14 사시]

① 공무원이 자신의 직무에 속한 사항의 알선에 관하여 금품을 받을 때 타인의 동의 하에 그 타인 명의의 예금계좌로 입금받는 방식을 취한 경우에도 이는 범인이 받은 금품을 관리하는 방법의 하나에 지나지 않으므로 그 가액 역시 그 공무원으로부터 추징하여야 한다.

② 추징은 형의 일종으로서 검사가 공소를 제기할 때 필요적 추징규정의 적용을 빠뜨렸다 하더라도 법원은 직권으로 이를 적용하여야 한다.

③ 몰수나 추징이 공소사실과 관련이 있다 하더라도 이미 공소시효가 완성되어 유죄의 선고를 할 수 없는 경우에는 몰수나 추징을 할 수 없다.

④ 주형을 선고유예하는 경우 부가형인 몰수나 추징도 선고유예할 수 있으나, 필요적 몰수의 경우에는 주형을 선고유예하더라도 부가형에 대하여는 선고유예할 수 없다.

⑤ 이미 그 집행을 종료함으로써 효력을 상실한 압수·수색영장에 기하여 다시 압수·수색을 실시하면서 몰수대상 물건을 압수한 경우 압수 자체가 위법하더라도 위 물건에 대한 몰수의 효력은 인정된다.

① [O] <u>공무원의 직무에 속한 사항의 알선에 관하여 금품을 받음에 있어 타인의 동의하에 그 타인 명의의 예금계좌로 입금받는 방식을 취하였다고 하더라도 이는 범인이 받은 금품을 관리하는 방법의 하나에 지나지 아니하므로, 그 가액 역시 범인으로부터 추징하지 않으면 안 된다고 할 것이다</u>(대판 2006.10.27. 2006도4659).

② [O] 추징은 형의 일종으로서 검사가 공소를 제기할 때 필요적 추징규정의 적용을 빠뜨렸다 하더라도 법원은 직권으로 이를 적용하여야 한다(대판 1989.2.14. 88도2211).

③ [O] <u>몰수나 추징을 선고하기 위하여서는 몰수나 추징의 요건이 공소가 제기된 공소사실과 관련되어 있어야 하고, 공소사실이 인정되지 않는 경우에 이와 별개의 공소가 제기되지 아니한 범죄사실을 법원이 인정하여 그에 관하여 몰수나 추징을 선고하는 것은 불고불리의 원칙에 위반되어 불가능하며, 몰수나 추징이 공소사실과 관련이 있다 하더라도 그 공소사실에 관하여 이미 공소시효가 완성되어 유죄의 선고를 할 수 없는 경우에는 몰수나 추징도 할 수 없다</u>(대판 1992.7.28. 92도700).

④ [×] 필요적 몰수의 경우라도 주형을 선고유예하는 경우에는 몰수나 또는 몰수에 가름하는 추징도 선고유예를 할 수 있다(대판 1978.4.25. 76도2262).

⑤ [O] 몰수는 반드시 압수되어 있는 물건에 대하여서만 하는 것이 아니므로, 몰수대상물건이 압수되어 있는가 하는 점 및 적법한 절차에 의하여 압수되었는가 하는 점은 몰수의 요건이 아니다(대판 2003.5.30. 2003도705).

정답 ④

10 몰수 · 추징에 대한 설명으로 옳지 않은 것은? (다툼이 있으면 판례에 의함) [16 경찰간부]

① 금품의 무상대여를 통하여 위법한 재산상 이익을 취득한 경우 범인이 받은 부정한 이익은 그로 인한 금융이익 상당액이므로 추징의 대상이 되는 것은 무상으로 대여받은 금품 그 자체가 아니라 위 금융이익 상당액이다.

② 범죄행위로 인하여 물건을 취득하면서 그 대가를 지급하였다고 하더라도 범죄행위로 취득한 것은 물건 자체이고 이는 몰수되어야 할 것이지만, 이미 처분되어 없다면 그 가액 상당을 추징하여야 한다.

③ 뇌물에 공할 금품이 특정되지 않았던 것은 몰수할 수 없고 그 가액을 추징할 수도 없다.

④ A주식회사 대표이사인 甲이 금융기관에 청탁하여 B주식회사가 대출을 받을 수 있도록 알선행위를 하고 그 대가로 용역대금 명목의 수수료를 A주식회사 계좌를 통해 송금받아 회사재산으로 귀속시켰다면 甲이 이 수수료 중에서 개인적으로 사용한 금품에 한해 甲으로부터 몰수 또는 그 가액을 추징할 수 있다.

해설

① [O] 금품의 무상대여를 통하여 위법한 재산상 이익을 취득한 경우 범인이 받은 부정한 이익은 그로 인한 금융이익 상당액이므로 추징의 대상이 되는 것은 무상으로 대여받은 금품 그 자체가 아니라 위 금융이익 상당액이다(대판 2014.5.16. 2014도1547).

② [O] 범죄행위로 인하여 물건을 취득하면서 그 대가를 지급하였다고 하더라도 범죄행위로 취득한 것은 물건 자체이고 이는 몰수되어야 할 것이지만, 이미 처분되어 없다면 그 가액 상당을 추징하여야 한다(대판 2015.11.12. 2015도9123).

③ [O] 형법 제134조는 뇌물에 공할 금품을 필요적으로 몰수하고 이를 몰수하기 불가능한 때에는 그 가액을 추징하도록 규정하고 있는바, 몰수는 특정된 물건에 대한 것이고 추징은 본래 몰수할 수 있었음을 전제로 하는 것임에 비추어 뇌물에 공할 금품이 특정되지 않았던 것은 몰수할 수 없고 그 가액을 추징할 수도 없다(대판 1996.5.8. 96도221).

④ [×] 피고인이 주식회사의 대표이사로서 특경법 제7조(알선수재)에 해당하는 행위를 하고 당해 행위로 인한 대가로 수수료를 받았다면 수수료에 대한 권리가 회사에 귀속된다 하더라도 행위자인 피고인으로부터 <u>수수료로 받은 금품을 몰수 또는 그 가액을 추징할 수 있고</u>, 이는 피고인이 개인적으로 실제 사용한 금품이 없다고 하더라도 마찬가지이다(대판 2015.1.15. 2012도7571).

정답 ④

11 몰수와 추징에 대한 설명으로 옳은 것은? (다툼이 있으면 판례에 의함) [21 경찰간부]

① 甲주식회사 대표이사가 금융기관에 청탁하여 乙주식회사의 대출을 알선하고 그 대가로 용역대금 명목의 수수료를 받아 특정경제범죄 가중처벌 등에 관한 법률 위반죄를 범한 경우, 수수료에 대한 권리는 甲회사에 귀속되기 때문에 수수료로 받은 금품을 몰수 또는 그 가액을 추징할 수 없다.

② 몰수는 범죄에 의한 이득을 박탈하는데 그 취지가 있고 추징도 이러한 몰수의 취지를 관철하기 위한 것이라는 점에서 추징가액의 산정은 재판선고시의 가격이 기준이 된다.

③ 형법 제48조 제1항의 '범인'에 해당하는 공범자는 유죄의 죄책을 지는 자에 국한되므로, 유죄의 죄책을 지지 않는 공범자의 물건은 몰수할 수 없다.

④ 효력을 상실한 압수 · 수색영장에 기하여 다시 압수를 실시하여 압수해 온 물건을 몰수하였다면, 해당 몰수는 위법한 것으로 효력이 없다.

① [×] 피고인이 주식회사의 대표이사로서 특경법 제7조(알선수재)에 해당하는 행위를 하고 당해 행위로 인한 대가로 수수료를 받았다면 수수료에 대한 권리가 회사에 귀속된다 하더라도 행위자인 피고인으로부터 수수료로 받은 금품을 몰수 또는 그 가액을 추징할 수 있고, 이는 피고인이 개인적으로 실제 사용한 금품이 없다고 하더라도 마찬가지이다(대판 2015.1.15. 2012도7571).

② [○] 몰수의 취지가 범죄에 의한 이득의 박탈을 그 목적으로 하는 것이고 추징도 이러한 몰수의 취지를 관철하기 위한 것이라는 점을 고려하면 몰수하기 불능할 때에 추징하여야 할 가액은 법인이 그 물건을 보유하고 있다가 몰수의 선고를 받았더라면 잃었을 이득 상당액을 의미한다고 보아야 할 것이므로 그 가액 산정은 재판선고시의 가격을 기준으로 하여야 할 것이다(대판 2008.10.9. 2008도6944).

③ [×] 형법 제48조 제1항의 '범인'에 해당하는 공범자는 반드시 유죄의 죄책을 지는 자에 국한된다고 볼 수 없고 공범에 해당하는 행위를 한 자이면 족하다고 할 것이어서, 이러한 자의 소유물도 형법 제48조 제1항의 '범인 이외의 자의 소유에 속하지 아니하는 물건'으로서 이를 피고인으로부터 몰수할 수 있다(대판 2006.11.23. 2006도5586).

④ [×] 몰수대상 물건이 압수되어 있는가 하는 점 및 적법한 절차에 의하여 압수되었는가 하는 점은 몰수의 요건이 아니므로, 이미 그 집행을 종료함으로써 효력을 상실한 압수·수색영장에 기하여 다시 압수·수색을 실시하면서 몰수대상 물건을 압수한 경우 압수 자체가 위법하게 됨은 별론으로 하고 몰수의 효력에는 영향을 미칠 수 없다(대판 2003.5.30. 2003도705).

정답 ②

12 몰수와 추징에 관한 설명이다. 다음 중 가장 적절하지 않은 것은? (다툼이 있으면 판례에 의함) [15 경찰채용]

① 몰수나 추징이 공소사실과 관련이 있다 하더라도 그 공소사실에 관하여 이미 공소시효가 완성되어 유죄의 선고를 할 수 없는 경우에는 몰수나 추징도 할 수 없다.

② 몰수의 취지가 범죄에 의한 이득의 박탈을 그 목적으로 하는 것이고 추징도 이러한 몰수의 취지를 관철하기 위한 것이라는 점을 고려하면 몰수하기 불능할 때에 추징하여야 할 가액은 법인이 그 물건을 보유하고 있다가 몰수의 선고를 받았더라면 잃었을 이득 상당액을 의미한다고 보아야 할 것이므로 그 가액 산정은 재판선고시의 가격을 기준으로 하여야 할 것이다.

③ 히로뽕을 수수하여 그 중 일부를 직접 투약한 경우에는 수수한 히로뽕의 가액뿐만 아니라 직접 투약한 부분에 대한 가액을 별도로 추징하여야 한다.

④ 범인이 배임수재에 의하여 취득한 재물은 현행 형법상 필요적 몰수 대상이다.

① [○] 공소가 제기되지 아니한 별개의 범죄사실을 법원이 인정하여 그에 관하여 몰수나 추징을 선고하는 것은 불고불리의 원칙에 위반되어 허용되지 아니한다(대판 1992.7.28. 92도700).

② [○] 몰수의 취지가 범죄에 의한 이득의 박탈을 그 목적으로 하는 것이고 추징도 이러한 몰수의 취지를 관철하기 위한 것이라는 점을 고려하면 몰수하기 불능할 때에 추징하여야 할 가액은 법인이 그 물건을 보유하고 있다가 몰수의 선고를 받았더라면 잃었을 이득 상당액을 의미한다고 보아야 할 것이므로 그 가액 산정은 재판선고시의 가격을 기준으로 하여야 할 것이다(대판 2008.10.9. 2008도6944).

③ [×] 피고인을 기준으로 하여 그가 취급한 범위 내에서 의약품 가액 전액의 추징을 명하면 되는 것이지 동일한 의약품을 취급한 피고인의 일련의 행위가 별죄를 구성한다고 하여 그 행위마다 따로 그 가액을 추징하여야 하는 것은 아니므로, 히로뽕을 수수하여 그 중 일부를 직접 투약한 경우에는 수수한 히로뽕의 가액만을 추징할 수 있고 직접 투약한 부분에 대한 가액을 별도로 추징할 수 없다(대판 2000.9.8. 2000도546).

④ [○] 제357조 제3항에 의한 필요적 몰수 대상이다.

정답 ③

13 몰수·추징에 대한 설명 중 가장 적절한 것은? (다툼이 있는 경우 판례에 의함)

① 몰수는 원칙적으로 타형에 부가하여 과하는 부가형이므로, 몰수의 요건이 있는 경우라도 행위자에게 유죄의 재판을 하지 아니할 때에는 몰수만을 선고할 수 없다.

② 형법 제357조 배임수증재죄에서 수재자가 증재자로부터 받은 재물을 그대로 가지고 있다가 증재자에게 반환한 경우 증재자로부터 이를 몰수하거나 그 가액을 추징할 수 없다.

③ 살인행위에 사용한 칼 등 범죄의 실행행위 자체에 사용한 물건뿐만 아니라 실행행위의 착수 전의 행위에 사용한 물건도 몰수할 수 있지만, 실행행위의 종료 후의 행위에 사용한 물건은 그것이 범죄행위의 수행에 실질적으로 기여하였다고 인정되더라도 몰수할 수 없다.

④ 피해자로 하여금 사기도박에 참여하도록 유인하기 위하여 수표를 제시해 보인 경우 수표가 직접적으로 도박자금에 사용되지 아니하였다 할지라도, 피해자로 하여금 사기도박에 참여하도록 만들기 위한 수단으로 사용되었다면 몰수할 수 있다.

해설

① [×] 몰수는 타형에 부가하여 과한다. 단, 행위자에게 유죄의 재판을 아니할 때에도 몰수의 요건이 있는 때에는 몰수만을 선고할 수 있다(제49조).

② [×] 제357조 제3항에서 몰수의 대상으로 규정한 '범인이 취득한 제1항의 재물'은 배임수재죄의 범인이 취득한 목적물이자 배임증재죄의 범인이 공여한 목적물을 가리키는 것이지 배임수재죄의 목적물만을 한정하여 가리키는 것이 아니다. 그러므로 수재자가 증재자로부터 받은 재물을 그대로 가지고 있다가 증재자에게 반환하였다면 증재자로부터 이를 몰수하거나 그 가액을 추징하여야 한다(대판 2017.4.7. 2016도18104).

③ [×] 형법 제48조 제1항 제1호의 "범죄행위에 제공한 물건"은 가령 살인행위에 사용한 칼 등 범죄의 실행행위 자체에 사용한 물건에만 한정되는 것이 아니며, 실행행위의 착수 전의 행위 또는 실행행위의 종료 후의 행위에 사용한 물건이더라도 그것이 범죄행위의 수행에 실질적으로 기여하였다고 인정되는 한 위 법조 소정의 제공한 물건에 포함된다(대판 2006.9.14. 2006도4075).

④ [○] 피해자로 하여금 사기도박에 참여하도록 유인하기 위하여 수표를 제시해 보인 경우 수표가 직접적으로 도박자금에 사용되지 아니하였다 할지라도, 피해자로 하여금 사기도박에 참여하도록 만들기 위한 수단으로 사용되었다면 몰수할 수 있다(대판 2002.9.24. 2002도3589).

정답 ④

police.Hackers.com

01 「형법」상 양형의 조건으로 가장 적절하지 않은 것은? [18 경찰승진]

① 피해자에 대한 관계

② 범행 전의 정황

③ 범인의 연령, 성행, 지능과 환경

④ 범행의 동기, 수단과 결과

해설

형법 제51조에 의하면 형을 정함에 있어서는 범인의 연령, 성행, 지능과 환경, 피해자에 대한 관계, 범행의 동기, 수단과 결과, 범행 후의 정황 등을 참작하여야 한다.

정답 ②

02 형을 가중·감경할 사유가 경합될 때 그 순서로서 옳은 것은? [11 경찰승진]

① 각칙 본조에 의한 가중 → 누범가중 → 경합범 가중 → 제34조 제2항(특수교사·방조)의 가중 → 법률상 감경 → 작량감경

② 각칙 본조에 의한 가중 → 경합범 가중 → 제34조 제2항(특수교사·방조)의 가중 → 누범가중 → 작량감경 → 법률상 감경

③ 각칙 본조에 의한 가중 → 제34조 제2항(특수교사·방조)의 가중 → 누범가중 → 법률상 감경 → 경합범 가중 → 작량감경

④ 각칙 본조에 의한 가중 → 법률상 감경 → 작량감경 → 제34조 제2항(특수교사·방조)의 가중 → 누범가중 → 경합범 가중

해설

③ [○] 제56조에 의하면 각칙 본조에 의한 가중 → 제34조 제2항(특수교사·방조)의 가중 → 누범가중 → 법률상 감경 → 경합범 가중 → 작량감경 …의 순서이다.

정답 ③

03 다음 형법상 형의 감경·면제사유 중 임의적 감면사유는 모두 몇 개인가?

[12 경찰채용]

> ㉠ 장애미수(제25조 제2항)
> ㉡ 농아자(제11조)
> ㉢ 외국에서 받은 형의 집행(제7조)
> ㉣ 중지미수(제26조)
> ㉤ 심신미약자(제10조 제2항)
> ㉥ 과잉자구행위(제23조 제2항)

① 1개 ② 2개
③ 3개 ④ 4개

해설

> ㉠ 임의적 감경(제25조 제2항)
> ㉡ 필요적 감경(제11조)
> ㉢ 필요적 산입(제7조)
> ㉣ 필요적 감면(제26조)
> ㉤ 임의적 감경(제10조 제2항) ▶ 최근 개정되었음을 주의할 것
> ㉥ 임의적 감면(제23조 제2항)

정답 ①

---

04 자수에 관한 설명으로 가장 옳지 않은 것은? (판례에 의함)

[11 경찰승진]

① 수사기관의 질문 또는 조사에 응하여 범죄사실을 진술하는 것은 자백일 뿐 자수는 아니다.
② 수개의 범죄사실 중에 일부에 관하여만 자수한 경우에는 그 부분 범죄사실에 대하여만 자수의 효력이 있다.
③ 세관 검색시 금속탐지기에 의해 대마 휴대 사실이 발각될 상황에서 세관 검색원의 추궁에 의하여 대마 수입 범행을 시인한 경우, 자수에 해당하지 않는다.
④ 일단 자수가 성립하였다 하더라도 수사기관이나 법정에서 범행의 일부를 부인하면 자수의 효력은 소멸한다.

해설

> ① [○] 피고인이 수사기관에 자진 출석하여 처음 조사를 받으면서는 돈을 차용하였을 뿐이라며 범죄사실을 부인하다가 제2회 조사를 받으면서 비로소 업무와 관련하여 돈을 수수하였다고 자백한 행위를 자수라고 할 수 없고, 설령 자수하였다고 하더라도 자수한 이에 대하여는 법원이 임의로 형을 감경할 수 있음에 불과한 것이다(대판 2011.12.22. 2011도12041).
> ② [○] 수개의 범죄사실 중에 일부에 관하여만 자수한 경우에는 그 부분 범죄사실에 대하여만 자수의 효력이 있다(대판 1994.10.14. 94도2130).
> ③ [○] 세관 검색시 금속탐지기에 의해 대마 휴대 사실이 발각될 상황에서 세관 검색원의 추궁에 의하여 대마 수입 범행을 시인한 경우, 자발성이 결여되어 자수에 해당하지 않는다(대판 1999.4.13. 98도4560).
> ④ [×] 일단 자수가 성립한 이상 자수의 효력은 확정적으로 발생하고 그 후에 범인이 번복하여 수사기관이나 법정에서 범행을 부인한다고 하여 일단 발생한 자수의 효력이 소멸하는 것은 아니다(대판 2011.12.22. 2011도12041).

정답 ④

05 자수에 대한 다음 설명 중 가장 적절하지 않은 것은? (다툼이 있으면 판례에 의함) [16 경찰채용]

① 수사기관에 뇌물수수의 범죄사실을 자발적으로 신고하였으나 그 수뢰액을 실제보다 적게 신고함으로써 적용법조와 법정형이 달라지게 된 경우 자수가 성립하지 않는다.

② 범죄사실과 범인이 누구인가가 발각된 후라 하더라도 범인이 자발적으로 자기의 범죄사실을 수사기관에 신고한 경우에는 이를 자수로 보아야 한다.

③ 형법상 피해자의 의사에 반하여 처벌할 수 없는 죄에 있어서 피해자에게 자복한 경우에는 필요적 감면사유이다.

④ 피고인이 수사기관에 자진 출석하여 처음 조사를 받으면서는 돈을 차용하였을 뿐이라며 범죄사실을 부인하다가 제2회 조사를 받으면서 비로소 업무와 관련하여 돈을 수수하였다고 자백한 행위를 자수라고 할 수 없다.

해설

① [〇] 수사기관에 뇌물수수의 범죄사실을 자발적으로 신고하였으나 그 수뢰액을 실제보다 적게 신고함으로써 적용법조와 법정형이 달라지게 된 경우 자수가 성립하지 않는다(대판 2004.6.24. 2004도2003).

② [〇] 범죄사실과 범인이 누구인가가 발각된 후라 하더라도 범인이 자발적으로 자기의 범죄사실을 수사기관에 신고한 경우에는 이를 자수로 보아야 한다(대판(전) 1997.3.20. 96도1167).

③ [×] 피해자의 의사에 반하여 처벌할 수 없는 죄에 있어서 피해자에게 자복한 때에는 그 형을 <u>감경 또는 면제할 수 있다</u>(제52조 제2항).

④ [〇] 피고인이 수사기관에 자진 출석하여 처음 조사를 받으면서는 돈을 차용하였을 뿐이라며 범죄사실을 부인하다가 제2회 <u>조사를 받으면서 비로소 업무와 관련하여 돈을 수수하였다고 자백한 행위를 자수라고 할 수 없고</u>, 설령 자수하였다고 하더라도 자수한 이에 대하여는 법원이 임의로 형을 감경할 수 있음에 불과한 것이다(대판 2011.12.22. 2011도12041).

정답 ③

06 다음 설명 중 가장 옳지 않은 것은? (다툼이 있으면 판례에 의함)

① 자수라 함은 범인이 스스로 수사책임이 있는 관서에 자기의 범행을 고하고 그 처분을 구하는 의사표시를 하는 것을 말하므로, 수사기관의 직무상의 질문 또는 조사에 응하여 범죄사실을 진술한 경우는 자수로 평가할 수 있다.

② 법인의 직원 또는 사용인이 위반행위를 하여 양벌규정에 의하여 법인이 처벌받는 경우, 법인에게 자수감경을 적용하기 위하여는 법인의 이사 기타 대표자가 수사책임이 있는 관서에 자수하는 경우에 한하고, 그 위반행위를 한 직원 또는 사용인이 자수한 것만으로는 형을 감경할 수 없다.

③ 법률상 감경사유가 있을 때에는 작량감경보다 우선하여야 한다.

④ 자수서를 소지하고 수사기관에 자발적으로 출석하였으나 자수서를 제출하지 아니하고 범행사실도 부인하였다면 자수가 성립하지 아니하고, 그 이후 구속까지 된 상태에서 자수서를 제출하고 범행사실을 시인한 것을 자수에 해당한다고 인정할 수 없다.

해설

① [×] 수사기관의 직무상의 질문 또는 조사에 응하여 범죄사실을 진술하는 것은 자백일 뿐 자수가 되는 것은 아니다(대판 2011. 12.22. 2011도12041).

② [○] 법인의 직원 또는 사용인이 위반행위를 하여 양벌규정에 의하여 법인이 처벌받는 경우, 법인에게 자수감경을 적용하기 위하여는 법인의 이사 기타 대표자가 수사책임이 있는 관서에 자수하는 경우에 한하고, 그 위반행위를 한 직원 또는 사용인이 자수한 것만으로는 형을 감경할 수 없다(대판 1995.7.25. 95도391).

③ [○] 법률상 감경사유가 있을 때에는 작량감경보다 우선하여 하여야 할 것이고, 작량감경은 이와 같은 법률상 감경을 다하고도 그 처단형보다 낮은 형을 선고하고자 할 때에 하는 것이 옳다(대판 1994.3.8. 93도3608).

④ [○] 자수서를 소지하고 수사기관에 자발적으로 출석하였으나 자수서를 제출하지 아니하고 범행사실도 부인하였다면 자수가 성립하지 아니하고, 그 이후 구속까지 된 상태에서 자수서를 제출하고 범행사실을 시인한 것을 자수에 해당한다고 인정할 수 없다(대판 2004.10.14. 2003도3133).

정답 ①

01 다음 설명 중 옳지 않은 것은? (다툼이 있으면 판례에 의함)   [00 사시]

① 형의 선고를 유예할 경우에는 사회봉사를 명할 수 있다.

② 구류형에 대해서는 선고를 유예할 수 없다.

③ 집행유예의 기간이 무사히 경과하더라도 형의 선고가 있었다는 기왕의 사실까지 없어지는 것이 아니다.

④ 범죄사실을 부인하거나 죄의 뉘우침이 없는 자수는 외형이 자수일지라도 법률상 형의 감경사유가 되는 진정한 자수라고 할 수 없다.

⑤ 복권이 있었던 경우에도 그 전과사실은 누범가중사유에 해당될 수 있다.

해설

① [×] 선고유예의 경우에는 집행유예와는 달리 사회봉사를 명할 수 없고 보호관찰만 가능하다(제59조의2).

② [○] 1년 이하의 징역이나 금고, 자격정지 또는 벌금형을 선고할 경우에 선고유예가 가능하다(제59조).

③ [○] 형법 제65조 소정의 "형의 선고는 효력을 잃는다"는 취지는 형의 선고의 법률적 효과가 없어진다는 것일 뿐 형의 선고가 있었다는 기왕의 사실 자체까지 없어진다는 뜻이 아니다(대결 1983.4.2. 83모8).

④ [○] 형법 제52조 제1항 소정의 자수를 형의 감경사유로 삼는 주된 이유는 범인이 그 죄를 뉘우치고 있다는 점에 있으므로 범죄사실을 부인하거나 죄의 뉘우침이 없는 자수는 그 외형은 자수일지라도 법률상 형의 감경사유가 되는 진정한 자수라고는 할 수 없다(대판 1994.10.14. 94도2130).

⑤ [○] 복권은 일반사면의 경우와 같이 형의 언도의 효력을 상실시키는 것이 아니고, 다만 형의 언도의 효력으로 인하여 상실 또는 정지된 자격을 회복시킴에 지나지 아니하는 것이므로 복권이 있었다고 하더라도 그 전과사실은 누범가중사유에 해당한다(대판 1981.4.14. 81도543).

정답 ①

02 누범에 대한 설명 중 가장 옳지 않은 것은? (다툼이 있으면 판례에 의함)   [11 경찰간부]

① 형법 제35조 제1항의 '금고 이상에 해당하는 죄'는 법정형을 의미한다.

② 가석방기간 중의 재범에 대하여는 누범가중처벌되지 아니한다.

③ 특별사면으로 출소한 후 3년 내에 다시 죄를 범한 자에 대한 누범가중은 적법하다.

④ 일반사면이 있었을 때에는 해당 전과는 누범가중사유가 되지 않는다.

해설

① [×] 형법 제35조 제1항에 규정된 '금고 이상에 해당하는 죄'라 함은 유기금고형이나 유기징역형으로 처단할 경우에 해당하는 죄를 의미하는 것으로서 법정형 중 벌금형을 선택한 경우에는 누범가중을 할 수 없다(대판 1982.9.14. 82도1702).
   ▶ '금고 이상에 해당하는 죄'는 선고형을 의미한다는 취지이다.

② [○] 가석방은 가석방의 처분을 받은 후 그 처분의 실효 또는 취소됨이 없이 무기에 있어서는 10년, 유기형에 있어서는 그 잔형기를 경과한 때에는 형의 집행을 종료한 것으로 간주되는 것이므로 아직 가석방기간 중일 때에는 형집행 종료라고 볼 수 없기 때문에 가석방기간 중의 재범에 대하여는 그 가석방된 전과사실 때문에 누범가중처벌되지 아니한다(대판 1976.9.14. 76도2071).

③ [○] 형의 선고를 받은 자가 특별사면을 받아 형의 집행을 면제받고 또 후에 복권이 되었다 하더라도 형의 선고의 효력이 상실되는 것은 아니라 할 것이므로 특별사면으로 출소한 후 3년 내에 다시 죄를 범한 자에 대한 누범가중은 적법하다(대판 1986.11.11. 86도2004).

④ [○] 일반사면에 의하여 형의 선고의 효력이 상실된 범죄는 누범전과로 인정될 수 없다(대판 1965.11.30. 65도910).

정답 ①

03 누범에 대한 다음의 설명 중 옳지 않은 것은? (다툼이 있으면 판례에 의함) [15 경찰간부]

① 누범에 해당하더라도 그 법정형에서 무기징역을 선택하였다면 무기징역형으로만 처벌하고 따로 누범가중을 할 수 없다.

② 포괄일죄의 일부 범행이 누범기간 내에 이루어진 이상 나머지 범행이 누범기간 경과 이후에 이루어졌더라도 그 범행 전부가 누범에 해당한다고 보아야 한다.

③ 누범이 경합범인 경우에는 각 죄에 대하여 먼저 누범 가중을 한 후에 경합범 가중을 하여야 한다.

④ 형법 제35조는 누범에 대하여 형의 장기 및 단기 모두 2배까지 가중하도록 규정하고 있다.

해설

① [○] 형법 제38조 제1항 제1호는 경합범 중 가장 중한 죄에 정한 형이 사형 또는 무기징역이나 무기금고인 때에는 가장 중한 죄에 정한 형으로 처벌하도록 규정하고 있으므로, 경합범 중 가장 중한 죄의 소정형에서 무기징역형을 선택한 이상 무기징역형으로만 처벌하고 따로이 경합범가중을 하거나 가장 중한 죄가 누범이라 하여 누범가중을 할 수 없다(대판(전) 1992.10.13. 92도1428).

② [○] 포괄일죄의 일부 범행이 누범기간 내에 이루어진 이상 나머지 범행이 누범기간 경과 후에 이루어졌더라도 그 범행 전부가 누범에 해당한다고 보아야 한다(대판 2012.3.29. 2011도14135).

③ [○] 제56조.

④ [×] 누범의 형은 그 죄에 정한 형의 장기의 2배까지 가중한다(제35조 제2항).

정답 ④

01 선고유예제도에 대한 설명으로 옳은 것을 모두 고른 것은? (다툼이 있으면 판례에 의함)　　　[18 경찰채용]

> ㉠ 선고유예는 집행유예와 마찬가지로 법원이 유예기간을 정하여야 한다.
> ㉡ 주형에 대하여 선고를 유예하는 경우에는 그 부가할 몰수·추징에 대하여도 선고를 유예할 수 있으나, 그 주형에 대하여 선고를 유예하지 아니하면서 이에 부가할 몰수·추징에 대하여서만 선고를 유예할 수는 없다.
> ㉢ 피고인이 범죄사실을 자백하지 않고 부인한 경우에는 선고유예의 요건 중 '개전의 정상이 현저한 때'에 해당하지 않으므로 언제나 선고유예를 할 수 없다.
> ㉣ 선고유예의 실효사유인 '형의 선고유예를 받은 자가 자격정지 이상의 형에 처한 전과가 발견된 때'란 형의 선고유예의 판결이 확정된 후에 전과가 발견된 경우를 말한다.

① ㉠, ㉡　　　　　　　　　　　　　　② ㉡, ㉣
③ ㉠, ㉢　　　　　　　　　　　　　　④ ㉢, ㉣

해설

> ㉠ [×] 형의 선고유예를 받은 날로부터 2년을 경과한 때에는 면소된 것으로 간주한다(제60조). 따라서 선고유예의 경우는 집행유예와는 달리 유예기간이 법률에 규정이 되어 있으므로 법원이 유예기간을 정하여야 하는 것이 아니다.
> ㉡ [○] 주형에 대하여 선고를 유예하는 경우에는 그 부가할 몰수·추징에 대하여도 선고를 유예할 수 있으나, 그 주형에 대하여 선고를 유예하지 아니하면서 이에 부가할 몰수·추징에 대하여서만 선고를 유예할 수는 없다(대판 1988.6.21. 88도551).
> ㉢ [×] 선고유예의 요건 중 '개전의 정상이 현저한 때'라고 함은, 형을 선고하지 않더라도 피고인이 다시 범행을 저지르지 않으리라는 사정이 현저하게 기대되는 경우를 가리킨다고 해석할 것이고, 이와 달리 여기서의 '개전의 정상이 현저한 때'가 반드시 피고인이 죄를 깊이 뉘우치는 경우만을 뜻하는 것으로 제한하여 해석하거나 피고인이 범죄사실을 자백하지 않고 부인할 경우에는 언제나 선고유예를 할 수 없다고 해석할 것은 아니다(대판(전) 2003.2.20. 2001도6138).
> ㉣ [○] 선고유예의 실효사유인 '형의 선고유예를 받은 자가 자격정지 이상의 형에 처한 전과가 발견된 때'란 형의 선고유예의 판결이 확정된 후에 전과가 발견된 경우를 말한다(대결 2008.2.14. 2007모845).

정답 ②

02 형의 집행유예에 관한 다음 설명 중 가장 옳은 것은?　　　[13 경찰간부]

① 집행유예의 선고를 받은 후 그 선고의 실효 또는 취소됨이 없이 유예기간을 경과한 때에는 형의 집행이 면제된다.
② 형의 집행을 유예하면서 보호관찰이나 사회봉사명령, 수강명령 또는 원상회복을 명할 수 있다.
③ 형을 병과할 경우에 그 형의 일부에 대해서도 집행을 유예할 수 있다.
④ 집행유예 선고를 받은 자가 유예기간 중 고의로 범한 죄로 금고 이상의 실형을 선고받아 그 판결이 확정된 때에는 집행유예의 선고를 취소할 수 있다.

① [×] 집행유예의 선고를 받은 후 그 선고의 실효 또는 취소됨이 없이 유예기간을 경과한 때에는 형의 선고는 효력을 잃는다(제65조).

② [×] 형의 집행을 유예하는 경우에는 보호관찰을 받을 것을 명하거나 사회봉사 또는 수강을 명할 수 있다(제62조의2 제1항). 따라서 원상회복을 명할 수 없다.

③ [○] 형을 병과할 경우에 그 형의 일부에 대해서도 집행을 유예할 수 있다(제62조 제2항).

④ [×] 집행유예의 선고를 받은 자가 유예기간 중 고의로 범한 죄로 금고 이상의 실형을 선고받아 그 판결이 확정된 때에는 집행유예의 선고는 효력을 잃는다(제63조).

정답 ③

---

03 형의 집행유예에 대한 설명으로 옳지 않은 것은? (다툼이 있으면 판례에 의함) [17 국가7급]

① 집행유예기간 중에 범한 죄에 대하여 공소가 제기된 후 그 재판 도중에 집행유예기간이 경과한 경우에는 그 집행유예 기간 중에 범한 죄에 대하여 다시 집행유예를 선고할 수 있다.

② 집행유예를 선고받은 사람이 그 선고가 실효 또는 취소됨이 없이 집행유예기간을 경과하여 형의 선고가 효력을 상실한 경우에는 선고유예 결격사유인 '자격정지 이상의 형을 받은 전과가 있는 자'에 해당한다.

③ 집행유예를 선고하면서 피고인에게 유죄로 인정된 범죄행위를 뉘우치거나 그 범죄행위를 공개하는 취지의 말이나 글을 발표하도록 하는 내용의 사회봉사를 명하는 것은 위법이다.

④ 집행유예 선고의 판결확정 전에 이미 수사단계에서 검사가 집행유예 결격사유가 되는 전과의 존재를 당연히 알 수 있는 객관적 상황이 존재하였음에도 부주의로 알지 못한 경우에는 집행유예의 선고를 취소할 수 있다.

해설

① [○] 집행유예기간 중에 범한 죄에 대하여 공소가 제기된 후 그 재판 도중에 집행유예기간이 경과한 경우에는 그 집행유예 기간 중에 범한 죄에 대하여 다시 집행유예를 선고할 수 있다(대판 2007.7.27. 2007도768).

② [○] 형법 제59조 제1항 단행에서 정한 "자격정지 이상의 형을 받은 전과"라 함은 자격정지 이상의 형을 선고받은 범죄경력 자체를 의미하는 것이고, 그 형의 효력이 상실된 여부는 묻지 않는 것으로 해석함이 상당하다고 할 것이다. 따라서 형의 집행유예를 선고받은 자는 형법 제65조에 의하여 그 선고가 실효 또는 취소됨이 없이 정해진 유예기간을 무사히 경과하여 형의 선고가 효력을 잃게 되었다고 하더라도 형의 선고의 법률적 효과가 없어진다는 것일 뿐, 형의 선고가 있었다는 기왕의 사실 자체까지 없어지는 것은 아니므로, 선고유예 결격사유인 "자격정지 이상의 형을 받은 전과가 있는 자"에 해당한다고 보아야 할 것이다(대판 2012.6.28. 2011도10570).

③ [○] 법원이 형의 집행을 유예하는 경우 명할 수 있는 사회봉사는 자유형의 집행을 대체하기 위한 것으로서 500시간 내에서 시간 단위로 부과될 수 있는 일 또는 근로활동을 의미하는 것으로 해석되므로, 집행유예를 선고하면서 피고인에게 유죄로 인정된 범죄행위를 뉘우치거나 그 범죄행위를 공개하는 취지의 말이나 글을 발표하도록 하는 내용의 사회봉사를 명하는 것은 위법이다(대판 2008.4.11. 2007도8373).

④ [×] 형법 제64조 제1항에 의하면 '집행유예의 선고를 받은 후 형법 제62조 단행의 사유(집행유예 결격사유)가 발각된 때에는 집행유예의 선고를 취소한다'고 규정되어 있는바, 여기에서 집행유예를 선고받은 후 형법 제62조 단행의 사유가 발각된 때라 함은 집행유예 선고의 판결이 확정된 후에 비로소 발각된 경우를 말하고, 그 판결확정 전에 결격사유가 발각된 경우에는 이를 취소할 수 없으며, 이때 판결확정 전에 발각되었다고 함은 검사가 명확하게 그 결격사유를 안 경우만을 말하는 것이 아니라 당연히 그 결격사유를 알 수 있는 객관적 상황이 존재함에도 부주의로 알지 못한 경우도 포함된다(대결 2001.6.27. 2001모135).

정답 ④

04 선고유예와 집행유예에 대한 설명으로 옳은 것은? (다툼이 있으면 판례에 의함)   [21 경찰간부]

① 형의 선고를 유예하는 경우 보호관찰을 명할 수 있고, 보호관찰의 기간은 법원이 형법 제51조의 사항을 참작하여 정할 수 있다.

② 형의 선고를 유예하는 판결을 할 경우에도 선고가 유예된 형에 대한 판단을 해야 하기 때문에 그 선고형을 정해 놓아야 하고, 벌금의 경우에는 벌금액을 정해야 하지만 환형유치처분까지 할 필요는 없다.

③ 형법 제62조 제1항은 '형'의 집행을 유예할 수 있다고 규정하고 있는데 이는 하나의 형의 전부에 대한 집행유예에 관한 규정으로 해석하여야 하고, 따라서 하나의 형의 일부에 대한 집행유예는 불가능하다.

④ 형의 집행유예를 선고받은 자가 유예기간을 무사히 경과하여 형의 선고가 효력을 잃게 되는 경우, 형의 선고가 있었다는 사실 자체까지 없어지므로 선고유예 결격사유인 '자격정지 이상의 형을 받은 전과가 있는 자'에 해당되지 않는다.

해설

① [×] 형의 선고를 유예하는 경우에 재범방지를 위하여 지도 및 원호가 필요한 때에는 보호관찰을 받을 것을 명할 수 있다. 보호관찰의 기간은 1년으로 한다(제59조의2 제1항·제2항).

② [×] 선고유예 판결에서도 그 판결이유에서는 선고형을 정해 놓아야 하고 그 형이 벌금형일 경우에는 벌금액뿐만 아니라 환형유치처분까지 해 두어야 한다(대판 2015.1.29. 2014도15120).

③ [○] 형법 제62조 제1항은 '형'의 집행을 유예할 수 있다고 규정하고 있는데 이는 하나의 형의 전부에 대한 집행유예에 관한 규정으로 해석하여야 하고, 따라서 하나의 형의 일부에 대한 집행유예는 불가능하다(대판 2007.2.22. 2006도8555).

④ [×] 집행유예를 선고받은 사람이 그 선고가 실효 또는 취소됨이 없이 정해진 유예기간을 무사히 경과하여 형의 선고가 효력을 잃게 되었더라도, 그는 선고유예 결격사유인 "자격정지 이상의 형을 받은 전과가 있는 자"에 해당한다(대판 2012.6.28. 2011도10570).

정답 ③

05 선고유예와 집행유예에 관한 다음 설명 중 가장 옳지 않은 것은? (다툼이 있으면 판례에 의함)   [16 법원9급]

① 자격정지 이상의 형을 받은 전과가 있는 자에 대하여는 선고를 유예할 수 없고, 형의 선고유예를 받은 자가 유예기간 중 자격정지 이상의 형에 처한 전과가 발견된 때에는 유예한 형을 선고한다.

② 금고 이상의 형을 선고한 판결이 확정된 때부터 그 집행을 종료하거나 면제된 후 3년까지의 기간에 범한 죄에 대하여 형을 선고하는 경우에는 형의 집행을 유예할 수 없다.

③ 집행유예를 함에 있어 그 집행유예 기간의 시기는 집행유예를 선고한 판결 확정일로 하여야 하고, 법원이 판결확정일 이후 시점을 임의로 선택할 수는 없다.

④ 하나의 판결로 두 개의 징역형을 선고하는 경우, 그 중 하나의 징역형에 대하여 실형을 선고하면서 다른 징역형에 대하여 집행유예를 선고하는 것은 허용되지 않는다.

해설

① [O] 제61조 제1항, 제59조 제1항.
② [O] 제62조 제1항.
③ [O] [1] 우리 형법이 집행유예기간의 시기(始期)에 관하여 명문의 규정을 두고 있지는 않지만 형사소송법 제459조가 '재판은 이 법률에 특별한 규정이 없으면 확정한 후에 집행한다'고 규정한 취지나 집행유예 제도의 본질 등에 비추어 보면 집행유예를 함에 있어 집행유예기간의 시기는 집행유예를 선고한 판결 확정일로 하여야 하고 법원이 판결 확정일 이후의 시점을 임의로 선택할 수는 없다.
[2] 형법 제37조 후단의 경합범 관계에 있는 죄에 대하여 두 개의 징역형을 선고하면서 하나의 징역형에 대하여만 집행유예를 선고하고 집행유예기간의 시기를 다른 하나의 징역형의 집행종료일로 한 것은 위법하다(대판 2002.2.26. 2000도4637).
④ [×] 형법 제37조 후단의 경합범 관계에 있는 두 개의 범죄에 대하여 <u>하나의 판결로 두 개의 자유형을 선고하는 경우</u> 그 두 개의 자유형은 각각 별개의 형이므로 형법 제62조 제1항에 정한 집행유예의 요건에 해당하면 각 자유형에 대하여 각각 집행유예를 선고할 수 있는 것이고 또 두 개의 징역형 중 하나의 징역형에 대하여는 <u>실형을 선고</u>하면서 다른 징역형에 대하여 집행유예를 선고하는 것도 우리 형법상 이러한 조치를 금하는 명문의 규정이 없는 이상 <u>허용된다</u>(대판 2002.2.26. 2000도4637).

정답 ④

---

06 현행 형법상 집행유예에 관한 다음 설명 중 가장 옳지 않은 것은? [14 법원9급]

① 금고 이상의 형을 선고한 판결이 확정된 때부터 그 집행을 종료하거나 면제된 후 3년까지의 기간에 범한 죄에 대하여는 집행유예를 선고할 수 없다.
② 집행유예 기간 중에 범한 범죄라고 할지라도 집행유예가 실효·취소됨이 없이 그 유예기간이 경과한 경우에는 이에 대해 다시 집행유예의 선고가 가능하다.
③ 집행유예 기간이 경과함으로써 형의 선고가 효력을 잃은 후에는 형법 제62조 단행의 사유가 발각되었다고 하더라도 그와 같은 이유로 집행유예를 취소할 수 없고 그대로 유예기간 경과의 효과가 발생한다.
④ 집행유예의 선고를 받은 자가 유예기간 중 고의 또는 과실로 범한 죄로 금고 이상의 실형을 선고받아 그 판결이 확정된 때에는 집행유예의 선고는 효력을 잃는다.

해설

① [O] 제62조 제1항.
② [O] 집행유예기간 중에 범한 범죄라고 할지라도 집행유예가 실효 또는 취소됨이 없이 그 유예기간이 경과한 경우에는 이에 대해 다시 집행유예의 선고가 가능하다(대판 2007.7.27. 2007도768).
③ [O] 집행유예의 선고를 받은 후 그 선고의 실효 또는 취소됨이 없이 유예기간을 경과한 때에는 형법 제65조가 정하는 바에 따라 형의 선고는 효력을 잃는 것이고, 그와 같이 유예기간이 경과함으로써 형의 선고가 효력을 잃은 후에는 형법 제62조 단행의 사유(집행유예 결격사유)가 발각되었다고 하더라도 그와 같은 이유로 집행유예를 취소할 수 없고 그대로 유예기간경과의 효과가 발생한다(대결 1999.1.12. 98모151).
④ [×] 집행유예의 선고를 받은 자가 유예기간 중 <u>고의로 범한 죄로</u> 금고 이상의 실형을 선고받아 그 판결이 확정된 때에는 집행유예의 선고는 효력을 잃는다(제63조).

정답 ④

07 다음 설명 중 가장 적절한 것은? (다툼이 있으면 판례에 의함) [12 경찰채용]

① 집행유예의 선고를 받고 그 유예기간을 무사히 경과한 자에 대하여는 선고유예가 가능하다.

② 사회봉사명령으로 일정한 금원을 출연할 것을 명하는 것은 위법하지만, 자신의 범죄행위를 공개하는 취지의 말이나 글을 발표하도록 명하는 것은 허용된다.

③ 보호관찰명령 없이 사회봉사, 수강명령만 선고하는 경우에도 보호관찰대상자에 대한 특별준수사항을 사회봉사, 수강명령 대상자에게 그대로 적용할 수 있다.

④ 벌금형에 대하여는 선고유예와 집행유예 모두 가능하다.

해설

① [×] 집행유예를 선고받은 사람이 그 선고가 실효 또는 취소됨이 없이 정해진 유예기간을 무사히 경과하여 형의 선고가 효력을 잃게 되었더라도, 그는 선고유예 결격사유인 "자격정지 이상의 형을 받은 전과가 있는 자"에 해당한다(대판 2012.6.28. 2011도10570).

② [×] 법원이 피고인에게 유죄로 인정된 범죄행위를 뉘우치거나 그 범죄행위를 공개하는 취지의 말이나 글을 발표하도록 하는 내용의 사회봉사를 명하고 이를 위반할 경우 집행유예의 선고를 취소할 수 있도록 함으로써 그 이행을 강제하는 것은, 헌법이 보호하는 피고인의 양심의 자유, 명예 및 인격에 대한 심각하고 중대한 침해에 해당하므로 허용될 수 없다(대판 2008.4.11. 2007도8373).

③ [×] 사회봉사·수강명령 대상자에 대한 특별준수사항은 보호관찰대상자에 대한 것과 같을 수 없고, 따라서 보호관찰대상자에 대한 특별준수사항을 사회봉사·수강명령대상자에게 그대로 적용하는 것은 적합하지 않다(대결 2009.3.30. 2008모1116).

④ [○] 제59조, 제62조(벌금형에 대한 집행유예 제도 도입).

정답 ④

---

08 선고유예와 집행유예에 대한 설명으로 가장 적절한 것은? (다툼이 있으면 판례에 의함) [18 경찰승진]

① 형의 선고를 유예하는 경우 재범방지를 위하여 필요한 때에는 보호관찰을 받을 것을 명할 수 있고 그 기간은 법원이 「형법」 제51조의 사항을 참작하여 재량으로 한다.

② 집행유예의 선고를 받은 후 그 선고의 실효 또는 취소됨이 없이 유예기간을 경과한 때에는 형의 선고는 효력을 잃는다.

③ 집행유예의 선고를 받은 자가 유예기간 중 고의 또는 과실로 범한 죄로 금고 이상의 실형을 선고받아 그 판결이 확정된 때에는 집행유예의 선고는 효력을 잃는다.

④ 주형에 대해 선고유예하지 않으면서 부가형에 대하여만 선고유예 할 수 있다.

해설

① [×] 형의 선고를 유예하는 경우에 재범방지를 위하여 지도 및 원호가 필요한 때에는 보호관찰을 받을 것을 명할 수 있다. 보호관찰의 기간은 1년으로 한다(제59조의2).

② [○] 제65조.

③ [×] 집행유예의 선고를 받은 자가 유예기간 중 고의로 범한 죄로 금고 이상의 실형을 선고받아 그 판결이 확정된 때에는 집행유예의 선고는 효력을 잃는다(제63조).

④ [×] 주형에 대하여 선고를 유예하는 경우에는 그 부가할 몰수 추징에 대하여도 선고를 유예할 수 있으나, 주형에 대하여 선고를 유예하지 아니하면서 이에 부가할 몰수 추징에 대하여서만 선고를 유예할 수는 없다(대판 1988.6.21. 88도551).

정답 ②

09 누범 또는 집행유예에 관한 다음 설명 중 옳지 않은 것은? (다툼이 있으면 판례에 의함) [08 사시]

① 누범이 성립하려면 금고 이상의 형의 선고가 유효하여야 하므로 일반사면이나 복권을 받은 경우는 누범가중사유로 인정되지 않는다.

② 상습범 중 일부 행위가 누범 기간 내에 있는 이상 나머지 행위가 누범 기간 경과 후에 행하여졌더라도 위의 행위 전부가 누범에 해당한다.

③ 누범이 성립하려면 금고 이상의 형을 받아 그 집행을 종료하거나 면제를 받은 후 3년 내에 다시 금고 이상에 해당하는 죄를 범하여야 하는바, 3년의 기간 내에 실행의 착수가 있으면 족하고 그 기간 내에 기수에까지 이르러야 되는 것은 아니다.

④ 하나의 자유형 중 일부에 대해서는 실형을 선고하고, 나머지에 대해서는 집행유예를 선고하는 것은 허용되지 않는다.

⑤ 집행유예가 실효되기 위해서는 유예기간 중 고의로 범한 죄로 금고 이상의 실형을 선고받아 그 판결이 확정되어야 한다.

해설

① [×] [1] 일반사면의 경우 형의 선고의 효력이 상실되는 것이므로 <u>일반사면된 전과에 대하여 누범가중을 할 수 없다</u>(대판 1965.11.30. 65도910).

[2] 복권은 일반사면의 경우와 같이 형의 언도의 효력을 상실시키는 것이 아니고, 다만 형의 언도의 효력으로 인하여 상실 또는 정지된 자격을 회복시킴에 지나지 아니하는 것이므로 <u>복권이 있었다고 하더라도 그 전과사실은 누범가중사유에 해당한다</u>(대판 1981.4.14. 81도543).

② [○] 상습범 중 일부 행위가 누범기간 내에 이루어진 이상 나머지 행위가 누범기간 경과후에 행하여 졌더라도 그 행위 전부가 누범관계에 있는 것이다(대판 1985.7.9. 85도1000).

③ [○] 형법 제35조 소정의 누범이 되려면 금고 이상의 형을 받아 그 집행을 종료하거나 면제를 받은 후 3년 내에 다시 금고 <u>이상에 해당하는 죄를 범하여야 하는바</u>, 이 경우 다시 금고 이상에 해당하는 죄를 범하였는지 여부는 그 범죄의 실행행위를 하였는지 여부를 기준으로 결정하여야 하므로 <u>3년의 기간 내에 실행의 착수가 있으면 족하고, 그 기간 내에 기수에까지 이르러야 되는 것은 아니다</u>(대판(전) 2006.4.7. 2005도9858).

④ [○] 하나의 자유형 중 일부에 대해서는 실형을, 나머지에 대해서는 집행유예를 선고하는 것은 허용되지 않는다(대판 2007.2.22. 2006도8555).

⑤ [○] 제63조【집행유예의 실효】집행유예의 선고를 받은 자가 유예기간 중 고의로 범한 죄로 금고 이상의 실형을 선고받아 그 판결이 확정된 때에는 집행유예의 선고는 효력을 잃는다.

정답 ①

10 집행유예·선고유예에 관한 설명 중 옳지 않은 것을 모두 고른 것은? (다툼이 있는 경우에는 판례에 의함)

[14 변호사]

ㄱ. 형법 제37조 후단의 경합범 관계에 있는 죄에 대하여 하나의 판결로 두 개의 자유형을 선고하는 경우에 하나의 자유형에 대하여는 실형을, 다른 하나의 자유형에 대하여는 집행유예를 선고하는 것은 허용되지 않는다.

ㄴ. 집행유예의 선고를 받은 후에 그 선고가 실효 또는 취소됨이 없이 유예기간이 경과하더라도 형의 선고가 있었다는 사실 자체가 없어지는 것은 아니다.

ㄷ. '개전의 정상이 현저한 때'라고 함은 피고인이 죄를 깊이 뉘우치는 경우를 뜻하는 것이므로 피고인이 범죄사실을 자백하지 않고 부인할 경우에는 언제나 선고유예를 할 수 없다.

ㄹ. 집행유예를 선고하면서 사회봉사명령으로서 일정액의 금전출연을 주된 내용으로 하는 사회공헌계획의 성실한 이행을 명하는 것은 허용될 수 없다.

ㅁ. 형법 제39조 제1항에 의하여 형법 제37조 후단 경합범 중 판결을 받지 아니한 죄에 대하여 형을 선고하는 경우에, 형법 제37조 후단에 규정된 '금고 이상의 형에 처한 판결이 확정된 죄'의 형은 선고유예의 결격사유인 '자격정지 이상의 형을 받은 전과'에 포함되지 않는다.

① ㄱ, ㄷ
② ㄷ, ㅁ
③ ㄱ, ㄷ, ㄹ
④ ㄱ, ㄷ, ㅁ
⑤ ㄴ, ㄹ, ㅁ

해설

ㄱ. [×] 형법 제37조 후단의 경합범 관계에 있는 두 개의 범죄에 대하여 하나의 판결로 두 개의 자유형을 선고하는 경우 그 두 개의 자유형은 각각 별개의 형이므로 형법 제62조 제1항에 정한 집행유예의 요건에 해당하면 그 각 자유형에 대하여 각각 집행유예를 선고할 수 있는 것이고, 또 그 두 개의 징역형 중 하나의 징역형에 대하여는 실형을 선고하면서 다른 징역형에 대하여 집행유예를 선고하는 것도 우리 형법상 이러한 조치를 금하는 명문의 규정이 없는 이상 허용되는 것으로 보아야 한다(대판 2001.10.12. 2001도3579).

ㄴ. [○] 형법 제65조 소정의 "형의 선고는 효력을 잃는다"는 취지는 형의 선고의 법률적 효과가 없어진다는 것일 뿐 형의 선고가 있었다는 기왕의 사실 자체까지 없어진다는 뜻이 아니다(대결 1983.4.2. 83모8).

ㄷ. [×] 선고유예의 요건 중 '개전의 정상이 현저한 때'라고 함은 반성의 정도를 포함하여 널리 형법 제51조가 규정하는 양형의 조건을 종합적으로 참작하여 볼 때 형을 선고하지 않더라도 피고인이 다시 범행을 저지르지 않으리라는 사정이 현저하게 기대되는 경우를 가리킨다고 해석할 것이고, 이와 달리 여기서의 '개전의 정상이 현저한 때'가 반드시 피고인이 죄를 깊이 뉘우치는 경우만을 뜻하는 것으로 제한하여 해석하거나 피고인이 범죄사실을 자백하지 않고 부인할 경우에는 언제나 선고유예를 할 수 없다고 해석할 것은 아니다(대판(전) 2003.2.20. 2001도6138).

ㄹ. [○] 사회봉사는 형의 집행을 유예하면서 부가적으로 명하는 것이고 집행유예 되는 형은 자유형에 한정되고 있는 점 등에 비추어 법원이 형의 집행을 유예하는 경우 명할 수 있는 사회봉사는 자유형의 집행을 대체하기 위한 것으로서 500시간 내에서 시간 단위로 부과될 수 있는 일 또는 근로활동을 의미하는 것으로 해석되므로, 법원이 형법 제62조의2의 규정에 의한 사회봉사명령으로 피고인에게 일정한 금원을 출연하거나 이와 동일시할 수 있는 행위를 명하는 것은 허용될 수 없다(대판 2008.4.11. 2007도8373).

ㅁ. [×] 형법 제39조 제1항에 의하여 형법 제37조 후단 경합범 중 판결을 받지 아니한 죄에 대하여 형을 선고하는 경우에 있어서 형법 제37조 후단에 규정된 금고 이상의 형에 처한 판결이 확정된 죄의 형도 형법 제59조 제1항 단서에서 정한 '자격정지 이상의 형을 받은 전과'에 포함된다고 봄이 상당하다(대판 2010.7.8. 2010도931).

정답 ④

11 형의 시효·소멸에 관한 설명으로 가장 적절하지 않은 것은? (다툼이 있는 경우 판례에 의함) [23 경찰간부]

① 3년 미만의 징역이나 금고 또는 5년 이상의 자격정지의 형을 선고하는 재판이 확정된 후 그 집행을 받지 아니하고 7년의 기간이 지나면 형의 시효는 완성된다.

② 징역형의 집행유예와 벌금형의 병과를 선고받은 자에 대하여 징역형의 집행유예의 효력을 상실케 하는 특별사면이 있었다면 그 벌금형 역시 선고의 효력이 상실된다.

③ 형의 시효는 형의 집행의 유예나 정지 또는 가석방 기타 집행할 수 없는 기간은 진행되지 아니한다.

④ 형의 시효는 형이 확정된 후 그 형의 집행을 받지 아니한 자가 형의 집행을 면할 목적으로 국외에 있는 기간 동안은 진행되지 아니한다.

해설

① [O] 제78조 제5호.
② [×] 형법 제41조, 사면법 관련 규정의 내용 및 취지에 비추어 보면, 여러 개의 형이 병과된 사람에 대하여 그 병과형 중 일부의 집행을 면제하거나 그에 대한 형의 선고의 효력을 상실케 하는 특별사면이 있은 경우, 그 특별사면의 효력이 병과된 나머지 형에까지 미치는 것은 아니므로 징역형의 집행유예와 벌금형이 병과된 신청인에 대하여 징역형의 집행유예의 효력을 상실케 하는 내용의 특별사면이 그 벌금형의 선고의 효력까지 상실케 하는 것은 아니다(대결 1997.10.13. 96모33).
③ [O], ④ [O] 제79조 제1항·제2항.

정답 ②

12 「형법」상 형의 시효·소멸에 대한 설명으로 가장 적절하지 않은 것은? [17 경찰채용]

① 징역 또는 금고의 집행을 종료하거나 집행이 면제된 자가 피해자의 손해를 보상하고 자격정지 이상의 형을 받음이 없이 5년을 경과한 때에는 본인 또는 검사의 신청에 의하여 그 재판의 실효를 선고할 수 있다.

② 자격정지의 선고를 받은 자가 피해자의 손해를 보상하고 자격정지 이상의 형을 받음이 없이 정지기간의 2분의 1을 경과한 때에는 본인 또는 검사의 신청에 의하여 자격의 회복을 선고할 수 있다.

③ 시효는 형이 확정된 후 그 형의 집행을 받지 아니한 자가 형의 집행을 면할 목적으로 국외에 있는 기간 동안은 진행되지 아니한다.

④ 시효는 사형, 징역, 금고와 구류에 있어서는 수형자를 체포함으로, 벌금, 과료, 몰수와 추징에 있어서는 강제처분을 개시함으로 인하여 중단된다.

해설

① [×] 징역 또는 금고의 집행을 종료하거나 집행이 면제된 자가 피해자의 손해를 보상하고 자격정지 이상의 형을 받음이 없이 7년을 경과한 때에는 본인 또는 검사의 신청에 의하여 그 재판의 실효를 선고할 수 있다(제81조).
② [O] 제82조.
③ [O] 제79조 제2항.
④ [O] 제80조.

정답 ①

13 다음 설명 중 가장 옳지 않은 것은? (다툼이 있으면 판례에 의함)

① 유죄의 확정판결에 대하여 재심개시결정이 확정되어 법원이 그 사건에 대하여 다시 심판을 한 후 재심의 판결을 선고하고 그 재심판결이 확정된 때에는 종전의 확정판결은 당연히 효력을 상실하므로, 누범전과가 될 수 없다.

② 형의 집행유예를 선고받은 후 형법 제65조에 의하여 그 선고가 실효 또는 취소됨이 없이 정해진 유예기간을 무사히 경과하여 형의 선고가 효력을 잃게 되는 경우에는 선고유예의 판결을 할 수 있다.

③ 집행유예의 선고를 받은 후에 그 선고가 실효 또는 취소됨이 없이 유예기간이 경과하더라도 형의 선고가 있었다는 사실 자체가 없어지는 것은 아니다.

④ 징역 또는 금고의 집행 중에 있는 자가 그 행상이 양호하여 개전의 정이 현저한 때에는 무기에 있어서는 20년, 유기에 있어서는 형기의 3분의 1을 경과한 후 행정처분으로 가석방을 할 수 있다.

해설

① [O] 유죄의 확정판결에 대하여 재심개시결정이 확정되어 법원이 그 사건에 대하여 다시 심판을 한 후 재심의 판결을 선고하고 그 재심판결이 확정된 때에는 종전의 확정판결은 당연히 효력을 상실하므로, 누범전과가 될 수 없다(대판 2017.9.21. 2017도4019).

② [×] 집행유예를 선고받은 사람이 그 선고가 실효 또는 취소됨이 없이 정해진 유예기간을 무사히 경과하여 형의 선고가 효력을 잃게 되더라도, 그는 선고유예 결격사유인 '자격정지 이상의 형을 받은 전과가 있는 자'에 해당한다(대판 2012.6.28. 2011도10570).

③ [O] 형법 제65조 소정의 "형의 선고는 효력을 잃는다"는 취지는 <u>형의 선고의 법률적 효과가 없어진다는 것일 뿐 형의 선고가 있었다는 기왕의 사실 자체까지 없어진다는 뜻이 아니다</u>(대결 1983.4.2. 83모8).

④ [O] 제72조 제1항.

정답 ②

14 선고유예 · 집행유예 · 가석방에 관한 설명 중 가장 적절하지 않은 것은? (다툼이 있는 경우 판례에 의함)

① 집행유예의 선고를 받은 후 그 선고의 실효 또는 취소됨이 없이 유예기간을 경과한 때에는 형법 제65조가 정하는 바에 따라 형의 선고는 효력을 잃는 것이고, 그와 같이 유예기간이 경과 함으로써 형의 선고가 효력을 잃은 후에는 형법 제62조 단행의 사유가 발각되었다고 하더라도 그와 같은 이유로 집행유예를 취소할 수 없고 그대로 유예기간 경과의 효과가 발생한다.

② 1년 이하의 징역이나 금고, 자격정지, 벌금 또는 구류의 형을 선고할 경우에 형법 제51조의 사항을 고려하여 뉘우치는 정상이 뚜렷할 때에는 그 형의 선고를 유예할 수 있지만, 자격정지 이상의 형을 받은 전과가 있는 사람에 대해서는 그러하지 아니하다.

③ 형법 제62조의2의 규정에 의하여 보호관찰이나 사회봉사 또는 수강을 명한 집행유예를 받은 자가 준수사항이나 명령을 위반한 경우에 그 위반사실이 동시에 범죄행위로 되더라도 그 기소나 재판의 확정 여부 등 형사절차와는 별도로 법원이 보호관찰 등에 관한 법률에 의한 검사의 청구에 의하여 형법 제64조 제2항에 규정된 집행유예 취소의 요건에 해당하는가를 심리하여 준수사항이나 명령 위반사실이 인정되고 위반의 정도가 무거운 때에는 집행유예를 취소할 수 있다.

④ 형법에 의하면 징역이나 금고의 집행 중에 있는 사람이 행상(行狀)이 양호하여 뉘우침이 뚜렷한 때에는 무기형은 20년, 유기형은 형기의 3분의 1이 지난 후 행정처분으로 가석방을 할 수 있다. 벌금 과료가 병과되어 있는 때에는 그 금액을 완납하여야 하며, 벌금이나 과료에 관한 노역장 유치기간에 산입된 판결선고 전 구금일수는 그에 해당하는 금액이 납입된 것으로 본다.

해설

① [○] 집행유예의 선고를 받은 후 그 선고의 실효 또는 취소됨이 없이 유예기간을 경과한 때에는 형법 제65조가 정하는 바에 따라 형의 선고는 효력을 잃는 것이고, 그와 같이 유예기간이 경과 함으로써 형의 선고가 효력을 잃은 후에는 형법 제62조 단행의 사유가 발각되었다고 하더라도 그와 같은 이유로 집행유예를 취소할 수 없고 그대로 유예기간 경과의 효과가 발생한다 (대결 1999.1.12. 98모151).

② [×] 1년 이하의 징역이나 금고, 자격정지 또는 벌금의 형을 선고할 경우에 형법 제51조의 사항을 고려하여 뉘우치는 정상이 뚜렷할 때에는 그 형의 선고를 유예할 수 있다. 다만, 자격정지 이상의 형을 받은 전과가 있는 사람에 대해서는 예외로 한다(형법 제59조 제1항). ▶ 구류형에 대하여는 선고를 유예할 수 없다(대판 1993.6.22. 93오1).

③ [○] 형법 제62조의2의 규정에 의하여 보호관찰이나 사회봉사 또는 수강을 명한 집행유예를 받은 자가 준수사항이나 명령을 위반한 경우에 그 위반사실이 동시에 범죄행위로 되더라도, 그 기소나 재판의 확정 여부 등 형사절차와는 별도로 법원이 보호관찰 등에 관한 법률에 의한 검사의 청구에 의하여 형법 제64조 제2항에 규정된 집행유예 취소의 요건에 해당하는가를 심리하여 준수사항이나 명령 위반사실이 인정되고 위반의 정도가 무거운 때에는 집행유예를 취소할 수 있다(대결 1999.3.10. 99모33).

④ [○] 징역이나 금고의 집행 중에 있는 사람이 행상이 양호하여 뉘우침이 뚜렷한 때에는 무기형은 20년, 유기형은 형기의 3분의 1이 지난 후 행정처분으로 가석방을 할 수 있다. 제1항의 경우에 벌금이나 과료가 병과되어 있는 때에는 그 금액을 완납하여야 한다(제72조 제1항·제2항). 제72조 제2항의 경우에 벌금이나 과료에 관한 노역장 유치기간에 산입된 판결선고 전 구금일수는 그에 해당하는 금액이 납입된 것으로 한다(제73조 제2항).

정답 ②

MEMO

MEMO

MEMO

2024 최신개정판

해커스경찰
허정
형사법

기출문제집 | 1권 형법총론

개정 2판 1쇄 발행 2024년 3월 21일

지은이	이용배 · 허정 공편저
펴낸곳	해커스패스
펴낸이	해커스경찰 출판팀

주소	서울특별시 강남구 강남대로 428 해커스경찰
고객센터	1588-4055
교재 관련 문의	gosi@hackerspass.com
	해커스경찰 사이트(police.Hackers.com) 교재 Q&A 게시판
	카카오톡 플러스 친구 [해커스경찰]
학원 강의 및 동영상강의	police.Hackers.com

ISBN	979-11-6999-945-8 (13360)
Serial Number	02-01-01

저작권자 ⓒ 2024, 허정

**경찰공무원 1위,
해커스경찰 police.Hackers.com**

해커스경찰

· 정확한 성적 분석으로 약점 극복이 가능한 **합격예측 온라인 모의고사**(교재 내 응시권 및 해설강의 수강권 수록)
· 해커스 스타강사의 **경찰 형사법 무료 특강**
· **해커스경찰 학원 및 인강**(교재 내 인강 할인쿠폰 수록)

해커스경찰간부 전 강좌

100% 환급+평생패스

경찰간부 전강좌 100%
환급+평생패스 바로가기

경찰간부 시험 완벽대비

경찰간부&순경 전 과목 무제한 수강